UTB **2427**

Eine Arbeitsgemeinschaft der Verlage

Beltz Verlag Weinheim · Berlin · Basel
Böhlau Verlag Köln · Weimar · Wien
Wilhelm Fink Verlag München
A. Francke Verlag Tübingen und Basel
Paul Haupt Verlag Bern · Stuttgart · Wien
Verlag Leske + Budrich Opladen
Lucius & Lucius Verlagsgesellschaft Stuttgart
Mohr Siebeck Tübingen
C. F. Müller Verlag Heidelberg
Ernst Reinhardt Verlag München und Basel
Ferdinand Schöningh Verlag Paderborn · München · Wien · Zürich
Eugen Ulmer Verlag Stuttgart
UVK Verlagsgesellschaft Konstanz
Vandenhoeck & Ruprecht Göttingen
WUV Facultas · Wien

Handbuch der Geschichte Europas
herausgegeben von Peter Blickle

Band 1 Wolfgang Schuller
Das Erste Europa, 1000 v. Chr.–500 n. Chr.

Band 2 Hans-Werner Goetz
Europa im frühen Mittelalter, 500–1050

Band 3 Michael Borgolte
Europa entdeckt seine Vielfalt, 1050–1250

Band 4 Michael North
Europa expandiert, 1250–1500

Band 5 Günter Vogler
Europas Aufbruch in die Neuzeit, 1500–1650

Band 6 Heinz Duchhardt
Europa am Vorabend der Moderne, 1650–1800

Band 7 Wolfgang von Hippel
Europa zwischen Reform und Revolution, 1800–1850

Band 8 Jörg Fisch
Europa zwischen Wachstum und Gleichheit, 1850–1914

Band 9 Walther L. Bernecker
Europa zwischen den Weltkriegen, 1914–1945

Band 10 Rainer Hudemann
Europa auf dem Weg zur Union, 1945–1990

Handbuch der Geschichte Europas – Band 2

Hans-Werner Goetz

Europa im frühen Mittelalter
500–1050

8 Karten

Verlag Eugen Ulmer Stuttgart

Hans-Werner Goetz, ist Professor für mittelalterliche Geschichte an der Universität Hamburg. Die Forschungsinteressen des Autors berühren neben verfassungs- und sozialgeschichtlichen Problemen vor allem die Vorstellungswelten und Lebensformen der mittelalterlichen Menschen, die mittelalterliche Geschichtsschreibung und das Geschichtsdenken sowie Reflexionen über den Stand und die Perspektiven der heutigen Mediävistik. Zu seinen wichtigsten Veröffentlichungen zählen: Das Geschichtsbild Ottos von Freising (1984); Leben im Mittelalter (1986; 6. Aufl., 2002); Proseminar Geschichte: Mittelalter (1993; 2. Aufl., 2000; UTB 1719); Frauen im frühen Mittelalter, (1995); Geschichtsschreibung und Geschichtsbewußtsein im hohen Mittelalter (1999); Modene Mediävistik. Stand und Perspektiven der Mittelalterforschung (1999).

Titelfoto: Artus, sagenhafter Koenig der keltischen Briten, um 500.
– Der heilige Gral erscheint den Rittern der Tafelrunde.–
Buchmalerei, franzoesisch, 15.Jh. Aus dem »Livre de Messire
Lancelot du lac« von Gautier de Moap. Ms. français 120,
fol. 524 v, Paris, Bibliotheque Nationale.
(Foto: akg-images)

Bibliografische Information Der Deutschen Bibliothek
Die Deutsche Bibliothek verzeichnet diese Publikationen in der Deutschen Nationalbibliografie; detaillierte bibliografische Daten sind im Internet über http://dnb.ddb.de abrufbar.

ISBN 3-8001-2790-3 (Ulmer)
ISBN 3-8252-2427-9 (UTB)

Das Werk einschließlich aller seiner Teile ist urheberrechtlich geschützt. Jede Verwertung außerhalb der engen Grenzen des Urheberrechtsgesetzes ist ohne Zustimmung des Verlages unzulässig und strafbar. Das gilt insbesondere für Vervielfältigungen, Übersetzungen, Mikroverfilmungen und die Einspeicherung und Verarbeitung in elektronischen Systemen.

© 2003 Verlag Eugen Ulmer GmbH & Co.
Wollgrasweg 41, 70599 Stuttgart (Hohenheim)
E-Mail: info@ulmer.de
Internet: www.ulmer.de
Lektorat: Dr. Caroline Schnyder, Dr. Nadja Kneissler
Herstellung: Otmar Schwerdt
Umschlagentwurf: Atelier Reichert, Stuttgart
Satz: KL-Grafik, München
Druck: Gutmann, Heilbronn-Talheim
Bindung: Dollinger, Metzingen
Printed in Germany

ISBN 3-8252-2427-9 (UTB-Bestellnummer)

Inhaltsverzeichnis

Verzeichnis der Abkürzungen 10

Vorwort des Herausgebers 12
Vorwort des Verfassers 13

1	**Das frühe Mittelalter als Epoche:**	
	Kennzeichen und Entwicklungen	17
1.1	Das Konzept „Europa" in der Geschichte Europas	17
1.2	Das frühe Mittelalter als Epoche und der Wandel von der „Antike" zum „Mittelalter"	18
1.3	Kennzeichen der frühmittelalterlichen Epoche	22
1.3.1	Politische Entwicklung	22
1.3.2	Verfassung	24
1.3.3	Kirche und Religion	27
1.3.4	Gesellschaft, Wirtschaft und Kultur	29
2	**Die politische Entwicklung in den einzelnen Reichen**	34
2.1	Die Ausgangslage: Die Germanenreiche (500–700)	34
2.1.1	Ostgoten	36
2.1.2	Westgoten	37
2.1.3	Sueben	40
2.1.4	Vandalen	41
2.1.5	Burgunder	41
2.1.6	Angelsachsen	42
2.1.7	Langobarden	44
2.1.8	Fazit	46
2.2	**Das Frankenreich**	49
2.2.1	Die Zeit der Merowinger (500–751)	49
2.2.1.1	Die Frühgeschichte der Franken	50
2.2.1.2	Chlodwigs Reichsgründung	51
2.2.1.3	Herrschaft der Merowinger	53
2.2.1.4	Niedergang und Hausmeierherrschaft	56
2.2.2	Die Zeit der Karolinger: Aufstieg und Höhepunkt (751–829)	58

2.2.3	Die Ausbildung neuer Teilreiche (829–888)	65
2.2.4	Die äußeren Gefahren: Bretonen, Slawen, Normannen, Sarazenen und Ungarn	71
2.3	**Ostfranken-Deutschland (888–1056)**	73
2.4	**Westfranken-Frankreich (888–1050)**	82
2.5	**Burgund (888–1033) und Italien (888–1050)**	85
2.5.1	Burgund	85
2.5.2	Nord- und Mittelitalien	86
2.5.3	Venedig	87
2.5.4	Süditalien	88
2.6	**Britische Inseln (700–1066)**	89
2.6.1	Die angelsächsischen Königreiche	89
2.6.2	Die keltischen Gebiete	94
2.7	**Skandinavien (800–1050)**	96
2.8	**Ost- und Südosteuropa (700–1050)**	99
2.9	**Spanien (711–1050)**	107
2.9.1	Das christliche Spanien	107
2.9.2	Das islamische Spanien	110
2.10	**Byzanz**	112
2.11	**Ausblick**	115
3	**Strukturgeschichte des frühen Mittelalters**	118
3.1	**Verfassung, Recht und Politik**	118
3.1.1	Königtum und Königsherrschaft	119
3.1.1.1	Königtum und Reichsbildung	119
3.1.1.2	Königsherrschaft und Königswahl	122
3.1.1.3	Königsideologie	127
3.1.1.4	Herrschaftsgrundlagen und Herrschaftspraxis	129
3.1.1.5	Herrschaftsrepräsentation	136
3.1.2	Personaler Herrschaftsverband und politische Bindungen (Lehnswesen)	138
3.1.3	Verwaltung, Ämter und Institutionen	142
3.1.4	Herzogtümer und Fürstentümer	147
3.1.5	Kaisertum	151
3.1.6	Rechtsstrukturen	153
3.1.7	Heerwesen	157

3.2	**Gesellschaft und Wirtschaft**	160
3.2.1	Naturräumliche, geographische und demographische Bedingungen, Kulturlandschaft und Siedlung	160
3.2.2	Ansätze mittelalterlicher Gesellschaftstheorie	166
3.2.3	Die „Ständegesellschaft": Adel – Freie – Unfreie. Ideal und Realität	168
3.2.4	Gesellschaftsschichtung: Differenzierungen und Mobilität	171
3.2.5	Randgruppen, Minderheiten, Außenseiter, Reisende	172
3.2.6	Lebensformen und Lebenskreise	176
3.2.6.1	Ehe, Familie, Verwandtschaft	176
3.2.6.2	Die Stellung der Frauen und das Geschlechterverhältnis in der frühmittelalterlichen Gesellschaft	180
3.2.6.3	Grundherrschaft, Dorf und Pfarrei	183
3.2.6.4	Klostergemeinschaften	188
3.2.6.5	„Schwurgemeinschaften", Genossen- und Bruderschaften	190
3.2.6.6	Anfänge höfischer Gemeinschaften	192
3.2.6.7	Anfänge städtischer Gemeinschaften	192
3.2.7	Wirtschaft und Technik	195
3.2.7.1	Landwirtschaft	195
3.2.7.2	Handwerk	199
3.2.7.3	Handel und Verkehr	200
3.2.7.4	Münzwesen und Geldwirtschaft	204
3.2.7.5	Technik	205
3.3	**Kirche und Religion**	207
3.3.1	Mission und Christianisierung	209
3.3.2	Ausbildung und Hierarchie der Amtskirche	215
3.3.2.1	Kirchliche Organisation (Metropolitanverband und Synoden)	215
3.3.2.2	Bischöfe und Domkapitel	220
3.3.2.3	Hofkapelle und Reichskirche	223
3.3.2.4	Papsttum	227
3.3.2.5	Pfarreien und Niederkirchen	230
3.3.2.6	Eigenkirchenwesen	231
3.3.3	Mönchtum und Klosterwesen	232
3.3.4	Religiöses Leben	238
3.3.4.1	Heidnische und christliche Vorstellungswelten	240
3.3.4.2	Heiligen- und Reliquienkult	242
3.3.4.3	Kirche und Privatleben, Bußpraxis und Totenmemoria	244
3.3.5	Theologische Streitigkeiten und Häresien	246
3.3.6	Anfänge der Kirchenreform	248
3.4	**Kultur, Alltag, Mentalität**	249
3.4.1	Bildung und Wissenschaft	250
3.4.2	Lateinische Dichtung, volkssprachige Literaturen und Kunst	260
3.4.3	Orale und literalisierte Gesellschaft	267

3.4.4	Vorstellungswelt und Mentalität der frühmittelalterlichen Menschen	268
3.4.5	Historiographie und Geschichtsvorstellungen	271
4	**Forschungskontroversen, -methoden, -perspektiven und -probleme**	**276**
4.1	**Verfassung, Recht und Politik**	**276**
4.1.1	Die Ausgangslage: Bemerkungen zur Situation mediävistischer Forschung	276
4.1.2	„Antike" und „Mittelalter": Das Kontinuitätsproblem	280
4.1.3	„Staat", „Institution", „Herrschaftsverband": Kontroversen und verfassungsgeschichtliche Perspektiven um „Staat" und „Staatlichkeit"	284
4.1.4	Neue Ansätze zur königlichen Herrschaftspraxis der Ottonen	289
4.1.5	Die Entstehung der europäischen „Nationen"	292
4.1.6	Entstehung und Stellenwert des Lehnswesens	298
4.1.7	Forschungsprobleme um Grafschaftsverfassung und Herzogtümer	300
4.1.8	Konflikte in der frühmittelalterlichen Gesellschaft	305
4.1.9	Kaisertum und Italienpolitik	307
4.1.10	Charakter und Geltung des frühmittelalterlichen Rechts	309
4.1.11	Probleme der frühmittelalterlichen Leges	311
4.2	**Gesellschaft und Wirtschaft**	**312**
4.2.1	Der Perspektivenwandel der frühmittelalterlichen Sozialgeschichte. Quellen- und Theorieprobleme	312
4.2.2	Stände und Schichten	315
4.2.2.1	„Adel" oder „Oberschicht"? Der frühmittelalterliche Adel als Forschungsproblem	315
4.2.2.2	„Freie", „Gemeinfreie", „Königsfreie"	319
4.2.2.3	Gab es eine mittelalterliche Sklaverei?	319
4.2.2.4	Randgruppen	321
4.2.3	Das Verhältnis von Individuum und Gemeinschaft	323
4.2.4	Lebensformen und Lebenskreise	324
4.2.4.1	Probleme um Ehe und Familie	324
4.2.4.2	Fortschritte und Probleme der frühmittelalterlichen Frauen- und Geschlechtergeschichte	328
4.2.4.3	Kontroversen um die frühmittelalterliche Grundherrschaft	332
4.2.5	Gesellschaftswandel um das Jahr 1000?	340
4.2.6	Tendenzen und Probleme der Wirtschaftsgeschichte	342
4.3	**Kirche**	**344**
4.3.1	Kirchen- und Religionsgeschichte des frühen Mittelalters als Forschungsproblem	344
4.3.2	Probleme der Christianisierung	345
4.3.3	Entstehung und Charakter der „Bischofsherrschaften"	347

4.3.4	Gab es ein ottonisch-salisches „Reichskirchensystem"?	348
4.3.5	Entwicklung und Probleme der Erforschung des frühmittelalterlichen Mönchtums	350
4.3.6	Gebetsverbrüderungen und Memorialwesen	352
4.4	**Kultur, Alltag, Mentalität**	**353**
4.4.1	„Volkskultur" – „Elitekultur"	353
4.4.2	Schriftlichkeit, Mündlichkeit und nonverbale Kommunikation: Das frühe Mittelalter als „orale Gesellschaft"?	355
4.4.3	Probleme und Ansätze einer frühmittelalterlichen Alltagsgeschichte	360
4.4.4	Probleme und Ansätze einer frühmittelalterlichen Vorstellungs- und Mentalitätsgeschichte	362
4.4.5	Endzeiterwartungen um das Jahr 1000?	365
4.4.6	Ein neues Verhältnis zu den Quellen?	366
5	**Bibliographie**	**368**
5.1	Allgemeine und übergreifende Literatur	368
5.1.1	Das Konzept „Europa" in der mittelalterlichen Geschichte	368
5.1.2	Zur Situation mediävistischer Forschung	368
5.1.3	Übergreifende Literatur	369
5.2	Geschichte der einzelnen Länder	369
5.2.1	Germanenreiche/Transformation der Antike zum Mittelalter	369
5.2.2	Frankenreich	373
5.2.3	Ostfranken-Deutschland	378
5.2.4	Westfranken-Frankreich	379
5.2.5	Burgund und Italien	380
5.2.6	Britische Inseln	380
5.2.7	Skandinavien	382
5.2.8	Ost- und Südosteuropa	382
5.2.9	Spanien	383
5.2.10	Byzanz	384
5.3	Strukturen der frühmittelalterlichen Geschichte	385
5.3.1	Verfassung, Recht und Politik	385
5.3.2	Gesellschaft und Wirtschaft	399
5.3.3	Kirche und Religion	420
5.3.4	Kultur, Alltag, Mentalität	431

Zeittafel 500–1050	441
Verzeichnis der Karten	449
Personen-, Orts- und Sachregister	451
Autorenregister	473

Verzeichnis der Abkürzungen

Allgemeine Abkürzungen
Anm.	= Anmerkung
Bd., Bde.	= Band, Bände
Bibl.	= Bibliographie
Ders.	= Derselbe
Dies.	= Dieselbe(n)
Diss.	= Dissertation
dt.	= deutsch
ebd.	= ebenda
ed.	= Editor
engl.	= englisch
f. oder ff.	= folgende
Lit.	= Literatur
n.s.	= nouvelle série (u.ä.)
s.	= siehe
T.	= Teil
vgl.	= vergleiche

Abkürzungen für Zeitschriften
Annales	= Annales Économies, Sociétés, Civilisations
ADH	= Annales de démographie historique
AHC	= Annuarium Historiae Conciliorum
AfD	= Archiv für Diplomatik
AKG	= Archiv für Kulturgeschichte
AUF	= Archiv für Urkundenforschung
ALMA	= Archivum Latinitatis medii aevi
BECh	= Bibliothèque de l'Ecole des Chartes
CCM	= Cahiers de civilisation médiévale
DA	= Deutsches Archiv für Erforschung des Mittelalters
EME	= Early Medieval Europe
EHR	= English Historical Review
FHS	= French Historical Studies
FMSt	= Frühmittelalterliche Studien
GG	= Geschichte und Gesellschaft
GWU	= Geschichte in Wissenschaft und Unterricht
HA	= Historische Anthropologie

HJb	= Historisches Jahrbuch
HZ	= Historische Zeitschrift
JGF	= Jahrbuch für Geschichte des Feudalismus
Jb. fränk. LF	= Jahrbuch für fränkische Landesforschung
JbWG	= Jahrbuch für Wirtschaftsgeschichte
JEcclH	= Journal of Ecclesiastical History
JFH	= Journal of Family History
JHIdeas	= Journal of the History of Ideas
JMedH	= Journal of Medieval History
MA	= Le Moyen Age
MEFRM	= Mélanges de l'Ecole française de Rome
MIÖG	= Mitteilungen des Instituts für österreichische Geschichtsforschung
NdsJb	= Niedersächsisches Jahrbuch für Landesgeschichte
P&P	= Past and Present
RBPH	= Revue Belge de philologie et d'histoire
Rev. Bén.	= Revue Bénédictine
RGA	= Reallexikon der Germanischen Altertumskunde
RHE	= Revue d'histoire ecclésiastique
RH	= Revue historique
RhVjbll	= Rheinische Vierteljahrsblätter
RömHM	= Römische Historische Mitteilungen
RQA	= Römische Quartalschrift für christliche Altertumskunde und für Kirchengeschichte
StMittOSB	= Studien und Mitteilungen zur Geschichte des Benediktinerordens
StCH	= Studies in Church History
StMH	= Studies in Medieval History
StMRH (n.s.)	= Studies in Medieval and Renaissance Histroy (n.s.)
TG	= Tijdschrift voor Geschiedenis
TRG	= Tijdschrift voor Rechtsgeschiedenis
TRHS	= Transactions of the Royal Historical Society
VSWG	= Vierteljahrschrift für Sozial- und Wirtschaftsgeschichte
WestF	= Westfälische Forschungen
ZAA	= Zeitschrift für Agrargeschichte und Agrarsoziologie
ZAM	= Zeitschrift für Archäologie des Mittelalters
ZBLG	= Zeitschrift für bayerische Landesgeschichte
ZGO	= Zeitschrift für die Geschichte des Oberrheins
ZfG	= Zeitschrift für Geschichtswissenschaft
ZHF	= Zeitschrift für historische Forschung
ZKiG	= Zeitschrift für Kirchengeschichte
ZRG GA	= Zeitschrift der Savigny-Stiftung für Rechtsgeschichte, Germanistische Abteilung
ZRG KA	= Zeitschrift der Savigny-Stiftung für Rechtsgeschichte, Kanonistische Abteilung
ZRG RA	= Zeitschrift der Savigny-Stiftung für Rechtsgeschichte, Romanistische Abteilung

Vorwort des Herausgebers

Das Handbuch der Geschichte Europas (HGE) zeigt die historischen Voraussetzungen des modernen Europa. Es ermöglicht die kritische Auseinandersetzung mit Europa durch den Nachweis geschichtlicher Kontinuitäten und Brüche und dient damit dem Verständnis der europäischen Integration.

Das Handbuch der Geschichte Europas (HGE) umfasst 10 Bände in chronologischer Abfolge. Es behandelt jedes europäische Land gesondert sowie Europa als kulturelle Einheit insgesamt und ist in dieser Konzeption neu.

Das Handbuch der Geschichte Europas (HGE) vermittelt in kompakter Form gesichertes historisches Wissen auf dem neuesten Forschungsstand. Für jeden Band trägt ein Autor die Verantwortung. Alle Bände folgen der gleichen Gliederung. In einem einleitenden Kapitel über den Charakter der Epoche bringt der Autor seine eigene Interpretation zur Darstellung. Das Länderkapitel behandelt jedes europäische Land entsprechend seiner Bedeutung für die Epoche. Im Sachbereichskapitel werden die europäischen Gemeinsamkeiten herausgearbeitet, systematisiert nach Verfassung und Recht, Politik und internationalen Beziehungen, Gesellschaft und Wirtschaft sowie Kultur und Religion. Ein Schlusskapitel erörtert Forschungsstand, Forschungskontroversen und Forschungsperspektiven, wobei die nationalen historiographischen Traditionen angemessen berücksichtigt werden. Gelegentliche Modifikationen des Schemas sind sachbezogen. Ein umfassendes Verzeichnis der Literatur schließt jeden Band ab.

Bern, im Frühjahr 2002   *Peter Blickle*

Vorwort des Verfassers

Die Ansprüche, die sich an ein „Handbuch der Geschichte Europas" stellen, das, in der Konzeptionierung der Reihe mit Länder-, Struktur- und Forschungskapiteln, über einen langen Zeitraum von 550 Jahren hinweg eine gesamteuropäische Perspektive vermitteln soll, erfordern notwendigerweise Kompromisse und Vorentscheidungen. Von einem Handbuch erwartet man einerseits Übersichtlichkeit und die Möglichkeit, etwas „nachschlagen" und sich schnell über historische Sachverhalte informieren zu können, und man erwartet außerdem, dass dabei der neueste Forschungsstand berücksichtigt ist (ein angesichts der hier angezielten Breite allerdings kaum in allen Aspekten einzulösendes Postulat). Andererseits sollte zugleich eine als Ganzes lesbare Darstellung im Sinne moderner Überblickswerke geboten werden. Zwischen diesen Polen zu jonglieren bzw. beides zu vereinigen und dem Buch gleichwohl ein eigenes Gepräge und nicht nur den Charakter eines formalistisch zusammengetragenen Forschungsstandes zu verleihen, lässt sich nur mittels selbst gesteckter Leitlinien realisieren, die spezifische Akzente setzen, zwangsläufig aber auch empfindliche Einbußen zur Folge haben und die zur Klarstellung der Benutzbarkeit dieses Bandes vorab kurz erläutert seien.

(1) Leitziel des Bandes ist im Hinblick auf die Funktion des HGE eine systematisierende und vergleichende Darstellung der frühmittelalterlichen Geschichte der einzelnen europäischen Regionen in den wichtigen historischen Teilbereichen. Das bedingt zwangsläufig eine strukturgeschichtliche und verbietet – schon aus Raumgründen – eine chronologisch erzählende Darstellungsweise, auch in den Länderkapiteln. Wer folglich an der Abfolge der Ereignisse interessiert ist (die im Übrigen immer nur bei einem beschränkten Gegenstandsbereich, beispielsweise als Reichs- und Königsgeschichte, möglich ist), wird zumindest ergänzend zu anderen Hilfsmitteln greifen müssen. Demgegenüber bietet eine strukturgeschichtliche Darstellung den Vorteil bündiger Informationen im jeweiligen Sachzusammenhang, in welchem die zur Verdeutlichung herangezogenen Ereignisse lediglich exemplarischen Charakter haben können. Stattdessen war es ein Ziel, möglichst viele Erscheinungsformen der vielfältigen mittelalterlichen Geschichte anzusprechen, neben Verfassung, Gesellschaft und Wirtschaft auch Kultur und Mentalität zu behandeln. Die für die Reihe vorgesehenen Strukturkapitel Politik und Verfassung wurden wegen ihrer inneren Verknüpfung zusammengelegt, um Wiederholungen zu vermeiden. Der Kirche wurde, ihrer Bedeutung in diesem Zeitraum gemäß, in Ausweitung des Reihenkonzepts hingegen ein eigenes Kapitel gewidmet.

(2) Eine lesbare Darstellung ist nicht durch Addition neuester Forschungsmeinungen zu erreichen, sondern erfordert einen zusammenhängenden Text. Damit gewinnt

die Darlegung, bei allem Bemühen um Ausgewogenheit, aber die durchaus persönliche Perspektive des Autors, die sich auch in einem Handbuch nicht ausschalten lässt und sich schon in der notwendigen Auswahl des behandelten Stoffs zeigt. Historische Handbücher sind nun einmal keine „Lehr- und Lernbücher", die einen Anspruch auf allgemeine Anerkennung erheben können, sondern sie bieten unserer Zeit gemäße Geschichtsbilder.

(3) Die flüssige Darstellung der Entwicklungen und Strukturen in den ersten drei Kapiteln dieses Bandes erlaubt in diesem Rahmen keine gebührende Dokumentation der Forschungsprobleme, die im Sinne des Reihenkonzepts ihren Platz im vierten Kapitel finden. Dieses sollte jedoch keinesfalls den Charakter eines in Fließtext gefassten Anmerkungsapparats erhalten. In kurzen Essays sollten vielmehr exemplarisch ausgewählte Beispiele für interessante oder aktuelle Diskussionen, Forschungs- und Quellenprobleme, Forschungsansätze, -ergebnisse und -perspektiven zu einzelnen Aspekten der Kernbereiche (parallel der Gliederung des dritten Kapitels) gegeben werden. Vollständigkeit konnte auch hier kein Ziel sein. Die Essays berücksichtigen neben Berufungen auf grundlegende oder exemplarisch genannte Werke vor allem die neuere Literatur, ein Auswahlkriterium, das auch für die Bibliographie am Ende des Bandes angewandt wurde, wohl wissend, dass manches ältere Werk durch Neueres nicht überholt ist. Um den Umfang zu entlasten, wurde bei den in den Fußnoten genannten Literaturtiteln auf Verweise zum jeweiligen Bibliographieabschnitt verzichtet. Die bibliographischen Angaben bleiben mit Hilfe des Autorenregisters am Ende des Bandes auffindbar. Aufsätze in Sammelbänden sind, um ständige Wiederholungen zu vermeiden, in den Anmerkungen genannt und nicht mehr in die Bibliographie aufgenommen.

(4) Im konzeptuellen Zentrum dieser Handbuchreihe steht zweifellos zu Recht die europäische Perspektive. Je nach Zeitraum sind hier allerdings jeweils andere Schwerpunkte zu setzen. Die Hegemonie des Fränkischen Reichs und seiner Nachfolgereiche im frühen Mittelalter und die Quellenarmut vor allem des Nordens und Ostens ließen es sinnvoll erscheinen, in den Strukturkapiteln von den fränkischen Verhältnissen gewissermaßen als Leitmotiven auszugehen, mit denen die Situation in anderen Teilen Europas dann jeweils zu vergleichen war, soweit der in den einzelnen Ländern in Perspektiven und Herangehensweisen durchaus differierende Forschungsstand das zuließ. Regionale Unterschiede mögen daher vielfach eher die auseinander gehenden Forschungstraditionen und die unterschiedliche Quellenlage als abweichende Entwicklungen und Deutungen anzeigen. Für viele Aspekte wäre ein europäischer Vergleich tatsächlich erst noch zu leisten. Eine vergleichende europäische Geschichte des Mittelalters steht, so scheint es, erst am Anfang ihrer Erforschung.[1] Hier bleibt noch viel zu tun, liegen aber auch lohnende Zukunftsaufgaben.

An der Gestaltung dieses Bandes haben meine Mitarbeiterinnen und Mitarbeiter, vor allem in der äußerst arbeitsintensiven Phase der letzten beiden Jahre, durch ihre engagierte und aufopfernde Mitarbeit wesentlichen Anteil. Eva Hambach und Jessica Bierend widmeten ihre Arbeitskraft der Aktualisierung der ständig be- und überarbei-

---

[1] Vgl. jetzt M. Borgolte (Hg.), Das europäische Mittelalter.

teten Kapitel und Dateien. Simon Elling, Bele Freudenberg, Sören Kaschke, Anja Lutz, M.A., Dr. Steffen Patzold und Maike Steenblock halfen über Gebühr durch Bibliographieren, Lektüre und Exzerpieren der Forschungsliteratur, kritische Lektüre des Manuskripts, Überprüfung der Belege und Daten sowie die formale Einrichtung und Vereinheitlichung des Manuskripts. Anja Lutz fertigte darüber hinaus die Register an. Ihnen allen gebührt mein herzlicher Dank ebenso wie Frau Dr. Caroline Schnyder für die gründliche redaktionelle Bearbeitung des Manuskripts, dem Reihenherausgeber Peter Blickle und dem Ulmer Verlag, besonders Frau Dr. Nadja Kneissler, für eine fruchtbare und reibungslose Zusammenarbeit.

Hamburg, Dezember 2002 *Hans-Werner Goetz*

1 Das frühe Mittelalter als Epoche: Kennzeichen und Entwicklungen

1.1 Das Konzept „Europa" in der Geschichte Europas[1]

Viel ist in den jüngsten Jahrzehnten über Europa und seine mittelalterlichen Ursprünge geschrieben worden. Man mag darüber streiten können, ob Karl der Große zu Recht immer wieder als „Vater Europas" gefeiert wird oder ob man gerade die hier behandelte Epoche als „The Making of Europe" (C. Dawson) betrachten darf; ein kürzlich erschienener Band über „The First European Revolution" (R. I. Moore) sucht die Anfänge erst in dem großen Wandlungsprozess des hohen Mittelalters. Dass das moderne Europa seine Wurzeln im Mittelalter hat, dürfte hingegen weithin Konsens sein. Das Erbe des Mittelalters ist, insgesamt gesehen, tatsächlich sehr vielfältig. Die Anfänge Europas wird man dabei nicht in einer bestimmten mittelalterlichen Epoche suchen dürfen. Vielmehr hat jedes Zeitalter seinen spezifischen Beitrag zur Folgezeit bis hin zur Moderne erbracht: das frühe Mittelalter beispielsweise mit seiner religiös vereinheitlichenden Christianisierung, das hohe Mittelalter mit der Entstehung der Nationen und dem Aufbruch rationalen Denkens, das späte Mittelalter mit der Ausbildung des europäischen Staatensystems und dem Wunsch nach Reformen in Reich und Kirche. Solche (und andere) Entwicklungen sind im Laufe der Geschichte aber auch vielfach (und bis zur Unkenntlichkeit) gebrochen worden. Sie sind allenfalls Etappen auf dem Weg zu einem modernen Europa. Entsprechend schwierig ist es, die Grundlagen Europas im Mittelalter zu benennen. Wenn Jacques Le Goff sie einerseits in der Gemeinschaft des Christentums, andererseits in den auf ethnischen und multikulturellen Traditionen aufbauenden Königreichen erblickt,[2] so ist die Einheit des katholischen Christentums spätestens in der Reformation auseinander gebrochen, während die politischen Reiche sich gerade in der Gegenwart durch die Ausrichtung auf ein gemeinsames Europa in einem Umbruchprozess befinden.

Europa steht dank dieses Umbruchs heute vielfach im Zentrum des Interesses und folglich auch des Geschichtsbildes; seine heutige Bedeutung muss daher zwangsläufig auch die Frage nach seiner Geschichte provozieren und Werke wie ein „Handbuch der Geschichte Europas" initiieren. Die Umsetzung auf das Mittelalter ist notwendig zur

---

1 Lit.: Bibl. 5.1.1.
2 J. LE GOFF, Das alte Europa, 12f.

Revision eines traditionell sowohl nationalen wie latinozentrischen Geschichtsbildes, bleibt aber schwierig (M. Borgolte). Das moderne Europa ist auch ein ideologisches Konzept, das sich nicht einfach auf frühere Zeiten übertragen lässt. Die Geschichtswissenschaft darf sich hier nicht mit dem Aufdecken von Wurzeln begnügen, sondern muss diese in die Zeitgemäßheit, in die Charakteristika und Denkweisen der untersuchten Epoche, einordnen. Das beginnt bereits bei dem Begriff: „Europa" meinte im frühen Mittelalter etwas anderes als heute (J. Fischer) und bezeichnete am Hof Karls des Großen nicht zuletzt dessen Herrschaftsbereich in Abgrenzung sowohl von Rom wie von Byzanz, keinesfalls aber den gesamten Kontinent, und ihm kam auch keinerlei identitätsstiftende Funktion zu (P. Segl). Versteht man „Europa", oder besser: das „Abendland", als einen historischen und nicht als einen geographischen Begriff und projiziert nicht moderne Vorstellungen in das Mittelalter zurück, dann hat sich dieses Abendland allmählich entwickelt. Peter Segl unterscheidet in diesem Prozess zu Recht drei maßgebliche Strukturgrenzen: die Grenze des antiken Imperium Romanum (Rhein-Donau), die Grenze des Karolingerreiches (Elbe-Saale) und die zwischen Polen und Russland, Ungarn und Byzanz verlaufende Grenze zwischen katholischem und orthodoxem Christentum. Dieses sich historisch ausbildende frühmittelalterliche Abendland gehört unzweifelhaft zu unserer Geschichte und verdient deshalb einen Platz im Rahmen der Geschichte Europas. Es ist jedoch nicht einfach als „Vorgeschichte", sondern in seiner „Mittelalterlichkeit", seinen zeitspezifischen Eigenheiten und seinem damaligen Selbstverständnis vorzustellen, die durchaus auch entwicklungsgeschichtliche Bezüge und anthropologische Parallelen enthalten, nicht minder jedoch der Abgrenzung vom heutigen Leben und Denken und von der heutigen Geschichte dienen.

1.2 Das frühe Mittelalter als Epoche und der Wandel von der „Antike" zum „Mittelalter"

Die Diskussion um das Ende der Antike und den Beginn des Mittelalters ist so alt wie ein Bewusstsein darüber, dass es überhaupt ein „Mittelalter" gibt, welches in den Tagen der italienischen Renaissance im 14. Jahrhundert aufkam und spätestens im 18. Jahrhundert einen fest institutionalisierten Charakter annahm.[3] Darüber zu einem einhelligen Urteil zu gelangen, ist ebenso unmöglich wie der Versuch, feste Daten anzugeben, an denen das Mittelalter „geboren" wurde. Solche „Epochenjahre" tragen, wie man heute allgemein weiß, lediglich Symbolcharakter und enthüllen mehr über die Kriterien und Geschichtsanschauungen des jeweiligen Forschers als über den tatsächlichen Geschichtsablauf: „Geschichte" konstituiert sich zwangsläufig in einem unaufhörlichen Wandlungsprozess, der von dauernden Änderungen bei gleich- und ungleichzeitigen Kontinuitäten geprägt ist. Epochen bilden sich nicht historisch, sondern im wissenschaftlichen Streitgespräch oder in Übereinkunft. Sie sind daher weniger Ausdruck des Geschichtsablaufs als vielmehr unserer Vorstellung davon, unseres (jeweiligen, sich wandelnden) Geschichtsbildes. Jede Erklärung dieses Wandels ist

---

[3] Ausführlich A. DEMANDT, Fall Roms.

folglich eine zeitverhaftete Theorie, wie ein Blick in ältere Theorien über das Ende der Antike sofort bestätigen wird.

Kaum ein Thema der Geschichte ist so anhaltend diskutiert worden wie der „Untergang" des Römischen Reiches. Man hat, um nur einige Elemente zu benennen, das Christentum, die Ausrottung des alten Adels, die „Rassenmischung", die politischen Krisen und das Versagen des Staates, den „Verlust der Nation" oder den „Verlust der Freiheit" im spätantiken Zwangsstaat, die „Kulturmetamorphose", die Germanenstürme, den Niedergang der Städte und der Sklavenwirtschaft, den Gesellschaftswandel, ja selbst eine klimatische Verschlechterung und einen Bevölkerungsschwund oder die Entfremdung von Staat und Gesellschaft verantwortlich machen wollen (vgl. 4.1.2). Solche Theorien sind nicht nur deutlich zeitgebunden, sondern zudem viel zu einfach. Wer den Wandel von der Antike zum Mittelalter erklären will, wird ein umfängliches Faktorengeflecht untersuchen müssen. Entgegen fast allen, implizit oder explizit argumentierenden Theorien ist dabei aber auch zwischen dem Ende des (West-)Römischen Reiches und dem Ende der Antike zu unterscheiden; jedenfalls steht beides nicht von vornherein in einem ursächlichen Zusammenhang. Der Fall des Imperium Romanum ist ein politischer Vorgang, der nicht schon das Ganze der antiken Welt erfasst.[4] Das Ende der Antike vollzog sich hingegen in einem allmählichen Wandel, in dem Neues und Altes miteinander konkurrierten, so dass man heute lieber von „Transformationen" spricht, in denen eine römische Kontinuität noch lange fortwirkte.

Trotz weit differierender Auffassungen im Einzelnen bleibt es bezeichnend, dass der Wandel von der Antike zum Mittelalter fast durchweg als ein bedeutender historischer Umbruch gilt. Diese Wandlung oder „Transformation" von der Antike zum Mittelalter und die Entstehung der abendländischen Gesellschaft (die den Zeitgenossen als solche tatsächlich kaum bewusst war und wurde) vollzog sich jedoch in einem langwierigen und komplizierten Prozess, in einer Übergangsphase, die, wie die Spätantike, als eine eigene Epoche betrachtet werden kann. Politisch setzte dieser Prozess mit dem Wandel der spätantiken Monarchie zum Dominat im 3. Jahrhundert ein und erreichte einen Höhepunkt in der Abschaffung des weströmischen Kaisertums und den sich konsolidierenden Germanenreichen, die wohl nur bedingt etwas Neues schaffen *wollten*, das langfristig aber doch bewirkten. Die Herrschaft ging allmählich von den Römern auf neue Träger über. Selbst mit der Konsolidierung und Vorherrschaft des Frankenreichs war dieser Prozess aber noch längst nicht abgeschlossen, sondern er lässt sich, gerade aus jüngerer Forschungsperspektive, bis zur beginnenden Ausbildung der europäischen „Nationen" weiterverfolgen. Aus sozioökonomischer Perspektive ist der Wandel ohnehin stets als ein langfristiger betrachtet worden: Mit der Ausbildung der Kolonen- und dem Rückgang der Sklavenwirtschaft lagen die zarten Anfänge bereits in der frühen römischen Kaiserzeit, während diese Entwicklung nach der berühmten, im allgemeinen aber zurückgewiesenen These Henri Pirennes erst mit der Islamisierung des Mittelmeerraums und dem Abbrechen des Mittelmeerhandels zur Zeit Karls des Großen abgeschlossen war und neuere französische Theorien ein Ende der Sklavenwirtschaft sogar erst um das Jahr 1000 ansetzen. In seinem Kern ist der Umbruchsprozess aber (irgendwo) zwischen dem 3. und dem 8. Jahrhundert anzusiedeln. „Um

---

[4] So W. POHL, Einleitung, in: DERS. (Hg.), Kingdoms of the Empire, 1–11.

500" ist deshalb ein Datum, auf das man sich weithin, wenngleich ohne zwingende Gründe, geeinigt hat.

Auch wenn Epochengrenzen zwangsläufig erst im Rückblick zu gewinnen sind, sollte man die Sicht der jeweiligen Zeitgenossen nicht außer Acht lassen, denen das Bewusstsein eines entscheidenden Umbruchs fehlte. Es ist bezeichnend, dass die Franken nach bekannten Äußerungen bei Fredegar und im späteren Prolog der Lex Salica zwar ein neues Selbstwertgefühl erlangten, das sie den Römern gleichstellte, daraus aber nicht das Bewusstsein eines Epochenwandels ableiteten, und es ist aus unserer Sicht verwirrend, wenn die Menschen im hohen Mittelalter glauben, immer noch im Römischen Reich zu leben. Solche Vorstellungen zeigen, wie breit das Spektrum der Deutungen tatsächlich ist (und es sind solche Vorstellungen und nicht die historischen Realitäten, die unser Handeln leiten und damit „Geschichte" machen). Für das christliche Mittelalter war die Spätantike im Rückblick ohnehin weder die Zeit eines Niedergangs noch einer „Transformation", sondern die Epoche der Kirchenväter, in der die christliche Lehre grundgelegt und ausgearbeitet wurde, eine – im Rückblick – durchaus richtige Einschätzung. Die „christliche" Spätantike war jedoch ebenso eine Zeit des polemischen Ringens *um* den richtigen Glauben und – innerhalb des Christentums – um die richtige Glaubenslehre.

Wenn das frühe Mittelalter hier also – konventionsgemäß – „um 500" begonnen wird, so ist diese zeitliche Eingrenzung zunächst nicht mehr als eine herausgeberische und organisatorische Hilfskonstruktion, die nicht darüber hinwegtäuschen darf, dass das neue Zeitalter sich in einem langen Entwicklungsprozess ausgebildet und nur allmählich Konturen angenommen hat. In *dieser* Hinsicht sind die ersten beiden Bände des Handbuchs daher als eine Einheit zu betrachten. Die Entscheidung fiel aber nichtsdestotrotz vor der Überzeugung, dass die antiken Traditionslinien zwar spürbar weit in unseren Zeitraum hineinwirkten – „gesprengt" wurde „das Imperium, nicht die Romania" (T. Schieffer) –, dass gleichwohl aber ein Entwicklungsprozess stattfand, in dem neue Elemente bereits überwogen, dass also aus den vielfältigen Krisenerscheinungen der Spätantike eine weithin andere Welt erwuchs: Der vorliegende Band beschreibt daher nicht (jedenfalls nicht primär) den Wandel zum Mittelalter, sondern bereits die erste Phase dieser neuen Epoche: das frühe Mittelalter.

Ähnlich willkürlich und gleichwohl begründet, wenngleich weit weniger spektakulär, erscheint die hintere Grenze dieses Bandes, die um 1050 angesetzt wurde. Auch dabei ergeben sich selbstverständlich engste Berührungspunkte mit dem nachfolgenden Band. Von einer Epochenscheide wird man hier allerdings kaum sprechen können, und doch setzte nach verbreiteter Ansicht mit dem Investiturstreit und der Kirchenreform (oder besser: in dieser Zeit) ein tief greifender Wandel in vielen Lebensbereichen ein, der in seinem Ergebnis Früh- und Spätmittelalter sichtlich voneinander trennt. Damit wird das hohe Mittelalter (die Zeit des späteren 11. bis zur Mitte des 13. Jahrhunderts) seinerseits zu einer Epoche des Wandels, der demographische und Siedlungsphänomene (Bevölkerungszunahme, Kolonisation und Stadtbildung) ebenso einschließt wie wirtschaftliche und soziale (Wandel in der Grundherrschaft, Entstehung von Ministerialität und Rittertum) oder geistesgeschichtlich-mentalitäre Aspekte (Armuts- und Frömmigkeitsideal, neue Orden, Verschriftlichung und frühscholastische Denkweisen).

Es wird deutlich, dass das Früh-, Hoch- und Spätmittelalter hier als jeweils eigene, wenngleich vielfach miteinander verbundene „Epochen" und nicht als Phasen einer einzigen, geradlinigen oder gar aufsteigenden genetisch-historischen Entwicklung begriffen werden sollen. Das frühe Mittelalter wäre dann eine von drei mittelalterlichen Epochen, mit fließenden, aber konstruierbaren Grenzen nach hinten wie nach vorn. Es ist einerseits nicht *nur* die Epoche, in der antike Strukturen noch am nachhaltigsten weiterwirkten (obwohl man zweifellos auch das behaupten kann), und es ist andererseits nicht *nur* die Epoche der Ausgestaltung der „eigentlichen" mittelalterlichen Lebensordnungen, an deren Ende dann alle Voraussetzungen für *das* Mittelalter oder, wie in der Konzeption Marc Blochs oder Jacques Le Goffs, das „klassische Mittelalter", geschaffen wären, sondern ein Zeitalter mit eigenständigen Elementen, die im übrigen keineswegs nur oder vorwiegend „germanisch" geprägt waren. Wenn man das Mittelalter mit einer gängigen Formel als eine „Synthese" oder „Symbiose" aus Römertum, Christentum und Germanentum betrachten will, so dürfen die landständigen Traditionen in den romanischen Teilen nicht unterschätzt werden, waren Römertum und Christentum tatsächlich bereits in der Spätantike untrennbar zusammengewachsen und somit schon als „Synthese" in das Mittelalter eingeflossen. Als Germanenkönige die Herrschaft in Teilen des römischen Imperiums übernahmen, stießen sie jedenfalls bereits auf ein christianisiertes Römertum, und sie waren ihrerseits oft schon im kaiserlichen Dienst „romanisiert". Wieweit der Wandel auf Impulse seitens der neuen „germanischen" Herrscher zurückgeht, ist vor solchem Hintergrund fraglich. Im frühen Mittelalter entstand aus römisch-romanischer und bodenständiger Tradition in einer christianisierten Gesellschaft aber eine neue Kultur, die ihrerseits nicht unwesentlich durch weitere, von außen kommende Elemente (wie die irische und die angelsächsische Mission) bereichert wurde. Im Zuge der so genannten karolingischen Renaissance machten sich in der Politik (Großreichsbildung), im Kult (Christentum) und in der Kultur (Schrift und Bildung) zudem Tendenzen der Vereinheitlichung bemerkbar, die wiederum nach außen wirkten und der abendländischen Gesellschaft, trotz aller inneren Differenzierungen, insgesamt und zumindest von außen gesehen, einen einheitlichen Anstrich gaben.

Die Epoche des frühen Mittelalters, wie es gern geschieht, als „archaisch" zu bezeichnen, würde sie als primitive Frühform einer späteren Entwicklung charakterisieren und ihren eigenständigen Charakter, der in diesem Band im Mittelpunkt stehen soll, verdecken. Aus solchen Gründen wurde dem Band auch nicht einer jener ebenso gängigen wie griffigen Buchtitel verliehen, die den „Startcharakter" des frühen Mittelalters betonen, wie „Die Gestaltung des Abendlandes" (C. Dawson), „Die Formierung Europas" (J. Fried), „Grundlagen und Anfänge" (F. Prinz) oder gar „Der Weg in die Geschichte" (J. Fried). Der Gegenstand dieses Bandes ist nicht „Europa im Wandel von der Antike zum Mittelalter", sondern die abendländisch-christlich-katholische Welt im frühen Mittelalter. Es geht hier also nicht um das Werden des Mittelalters, sondern um die Konturen des frühen Mittelalters als einer Epoche der abendländisch-europäischen Geschichte, die sie, trotz aller Abhängigkeit von der „Vor-Geschichte" und trotz des späteren Nachwirkens, vom Vorher und Nachher unterscheidet, und damit um den Charakter dieser Epoche. Welches sind nun diese Konturen?

1.3 Kennzeichen der frühmittelalterlichen Epoche

Antworten auf solche Fragen können kaum homogen sein, doch wird man zwei allgemeine Merkmale voranstellen dürfen. Das eine ist das bereits angeschnittene Problem der *Kontinuitäten* und *des Wandels* gegenüber der römischen (Spät-)Antike. Hier wird man in unserer Epoche in allen Bereichen, wenngleich unterschiedlich gewichtet, phasenverschoben und raumabhängig, mit einer Spannung zwischen Übernahme, Umwandlung und Neuformierung rechnen müssen, die am Ende jeweils etwas Neues schuf. „Kirche" und „Staat" fungierten dabei als Kontinuitätsträger, die Kirche im Kult und als Vermittler von Kultur und Bildung, der „Staat" (die Germanenreiche), allerdings bereits mit Abstrichen sowie mit eigenständigen Elementen, im Bereich der Administration und der Herrschaftspraxis. Das andere Merkmal betrifft die im Imperium bereits in der Spätantike vollzogene und sich in unserer Epoche über das gesamte Abendland ausbreitende *Christianisierung* nach römisch-katholischer Konfession und die damit einhergehende, nicht minder aber politisch bedingte Absonderung von West und Ost, die am Ende dieser Zeit (1054) mit der gegenseitigen Bannbulle die praktisch schon längst verwirklichte Spaltung einer Ost- und einer Westkirche endgültig besiegelte. Mit der Ausbreitung des Islams über den ganzen südlichen Mittelmeerraum (einschließlich seiner östlichen und westlichen Grenzen) im Verlauf des 7. und frühen 8. Jahrhunderts war eine *Aufteilung der antiken Welt in drei, von den Religionen her bestimmte Kulturkreise* erreicht, die zwar politisch, wirtschaftlich und auch geistig miteinander in Kontakt blieben, jedoch einander fremd waren und jeweils eigene Welten bildeten, während die ostasiatischen Kulturen überhaupt nicht in das Bewusstsein der abendländischen Menschen drangen.

1.3.1 Politische Entwicklung

Im politischen Sektor lässt sich im Abendland eine Entwicklung beobachten, die von der Einheit des Imperium Romanum zunächst zur Vielheit der germanischen Königreiche auf römischem Boden und dann zu einer neuen, schließlich im Kaisertum Karls des Großen gipfelnden Hegemonialstellung des Frankenreichs führte und in ihrem Ergebnis eine deutliche räumliche Verlagerung des politischen Schwerpunkts vom Mittelmeerraum nach West- und Mitteleuropa und in der Folgezeit die Ausbildung eines neuen, europäischen Staatensystems bewirkte. Diese Entwicklung vollzog sich, unbeschadet mancher Ungleichzeitigkeiten und Phasenverschiebungen in den Regionen, in mehreren Phasen.

Die *erste Phase* (5./6. Jahrhundert) war durch die *Zergliederung des Römischen Reichs in zahlreiche germanische Herrschaftsbildungen auf römischem Boden* geprägt: der Sueben in Galicien, der Westgoten zunächst (418) in Aquitanien und dann in Spanien, der Vandalen in Nordafrika (429/30), der Burgunder (443) an Rhône und Saône, der Ostgoten (493) in Italien und schließlich der Franken in Gallien. In England formierten die später als „Angelsachsen" zusammengefassten Angeln, Sachsen, Friesen und Jüten eine Reihe kleinerer Herrschaften, während außerhalb des ehemals Römischen Reichs Thüringern und Gepiden vorübergehend eine bedeutendere Herrschaftsbildung gelang. Der Einfluss des oströmischen Kaisers auf diese Entwicklung schwand zusehends. Im Rückblick stellt sich dieser Zustand als ein Übergangsstadium dar, doch prägte dieses zergliederte Imperium tatsächlich längere Zeit die politische Landschaft. Diese Konstellation wurde, zunächst noch parallel, in einer *zweiten Phase* (6./7. Jahrhundert) überlagert von einer *Hegemonie des merowingischen Frankenreichs*, die durch die gewaltige Reichsbildung Chlodwigs und seiner Nachfolger mit der Eingliederung der Reiche der Westgoten und Burgunder sowie der Alemannen und Thüringer grundgelegt und mit dem Untergang des Ostgotenreichs bekräftigt war, durch die bald einsetzenden Reichsteilungen und inneren Kämpfe und den daraus resultierenden Niedergang der Merowingerherrschaft, aber auch durch die mächtigen Reiche der Westgoten im kirchlich und kulturell führenden und zukunftsweisenden Spanien sowie der Langobarden in Italien jedoch weitgehend neutralisiert wurde. Während der byzantinischen Rekuperationspolitik Kaiser Justinians in Italien und Nordafrika wegen der Ausbildung des Langobardenreichs in Italien (568) und des Siegeszugs des Islams über das gesamte östliche und südliche Mittelmeer im Verlauf des 7. Jahrhunderts nur ein kurzer Erfolg beschieden war, wurden mit der islamischen Eroberung auch der Iberischen Halbinsel (711/21) – nur in den nördlichen Gebirgslandschaften hielten sich kleine christliche Reiche – eine neue politische Landschaft und neue Grenzen des Abendlandes geschaffen, die lange Zeit bestimmend blieben. Byzanz und das Abendland lebten sich zunehmend auseinander, auch wenn es die ganze Zeit über – durchaus nicht immer spannungsfreie – Kontakte und diplomatische Beziehungen gab.[5]

Die *dritte Phase* (8. und frühes 9. Jahrhundert) ist durch die innere Konsolidierung und die Ausdehnung des Frankenreichs unter den Karolingern geprägt, die, stärker noch als in der Merowingerzeit, eine sowohl geistige wie *politische Vorherrschaft des karolingischen Frankenreichs* bewirkte. Das Frankenreich Karls des Großen und Ludwigs des Frommen umfasste ganz Mittel- und Westeuropa vom Ebro im Südwesten bis zur Eider im Norden und zur Elbe im Osten; im Südosten reichte der fränkische Einfluss bis zum Donauknie und im Süden erfasste er mit dem Herzogtum Benevent zeitweise auch Mittelitalien. Nur der äußerste Süden blieb byzantinisch. Gegenüber solcher Übermacht, die in der Kaiserkrönung Karls des Großen im Jahre 800 einen symbolischen Ausdruck fand, waren die übrigen christlichen Königreiche und Fürstentümer in Spanien, England, Dänemark und in der Bretagne politisch eher bedeutungslos, sie bewahrten im Innern jedoch ihre volle Souveränität. Innerhalb des Frankenreichs bedeutete die Karolingerherrschaft eine Verlagerung des politischen Schwergewichts von Nordfrankreich nach Lothringen.

Die *vierte Phase* (späteres 9. und frühes 10. Jahrhundert) ist durch die mit den Brüderkämpfen der Söhne Ludwigs des Frommen einsetzenden bzw. sich fortsetzenden Reichsteilungen und den Niedergang des karolingischen Frankenreichs bestimmt, dessen mittelfristiges Ergebnis die *Ausbildung von vier Nachfolgereichen auf fränkischem Boden* (West- und Ostfrankenreich, Burgund und Italien) und dessen langfristiges Resultat später die „Nationsbildung" der mittelalterlichen Reiche vor allem in Deutschland und Frankreich bildete. Diese Phase ist nicht minder geprägt durch Bedrohungen von außen: durch die Normannen im nördlichen und westlichen Frankenreich sowie auf den Britischen Inseln, durch die Ungarn in Norditalien und Deutschland und die nord-

---

5 Vgl. die Dokumentation bei: D. NERLICH, Diplomatische Gesandtschaften.

afrikanischen Sarazenen, die das gesamte westliche Mittelmeer kontrollierten, in Südfrankreich und Italien. Im Innern bildeten sich in dieser Phase, in Anlehnung an Vorläufer, karolingische Teilreiche und zukunftsweisende Territorialgewalten (Fürstentümer) aus, die weit eher politische Schöpfungen als ethnische Einheiten darstellten: In Frankreich bildeten sie praktisch königsgleiche Herrschaften, in Deutschland wurden sie als Herzogtümer stärker in die Reichsverfassung integriert. Hier wie dort aber sind sie kennzeichnend für ein schwankendes Verhältnis zwischen Reichs- und Territorialgewalten und nicht einfach mit der älteren Forschung als Ausdruck eines „Partikularismus" zu verurteilen.

Die *fünfte und letzte Phase* (10. und frühes 11. Jahrhundert) brachte eine *Konsolidierung* sowohl *der fränkischen Nachfolgereiche* als auch der wieder nach Süden expandierenden spanischen Reiche, vor allem Asturiens, sowie im Norden der angelsächsischen Reiche, die in dieser Phase unter der Führung von Wessex allmählich zu einem gesamtenglischen Königreich zusammenwuchsen. Kennzeichnend für diese Phase ist aber nicht minder die Christianisierung und Integration der früheren Gefahrenherde, der Normannen und Ungarn, die zu deren Sesshaftigkeit und zu eigenen Reichsbildungen führten, auch wenn sich diese in Skandinavien (Dänemark, Norwegen, Schweden) zunächst noch als wenig stabil erwiesen und gegenseitige Eroberungen und weitere Expansionen (England, Island, Grönland) bedingten. Festere Reichs- und Herrschaftsbildungen sind seit dem Ende des 9. Jahrhunderts aber auch bei den Slawen und anderen Völkern in Ost- und Südosteuropa zu beobachten (elbslawische Fürstentümer, „Großmährisches Reich", russisches Reich von Kiev, Polen, Königreich Kroatien, Ungarn, Bulgarien). Dadurch traten die bisherigen Randzonen im Norden und Osten Europas aktiv in die abendländische Geschichte ein, deren Mittelpunkt jedoch nach wie vor die fränkischen Nachfolgereiche bildeten. Politisch ist dabei eine weitere Verlagerung des Schwergewichts vom Westen (Westfrankenreich) nach Mitteleuropa auf das Ostfränkisch-Deutsche Reich zu beobachten, die sich in der Kaiserkrönung Ottos des Großen und der fortan mit dem deutschen Königtum verbundenen Kaiserkrone niederschlug.

1.3.2 Verfassung

Es besteht weitgehend Konsens darüber, dass die Verfassung im frühen Mittelalter durch *„Herrschaft"* bestimmt war, die ihrerseits von verschiedenen Trägern ausgeübt wurde (Königsherrschaft, Adelsherrschaft, Bischofsherrschaft), vielfältige Formen annehmen und sich auf unterschiedliche Bereiche beziehen konnte (als Haus-, Leib-, Grund-, Lehns-, Kirchen-, Vogtei- oder Gerichtsherrschaft). Eine strikte Trennung zwischen solchen Manifestationen wäre jedoch zu modern gedacht und den Zeitgenossen fremd. Ebenso wenig wird man den Charakter der frühmittelalterlichen Verfassung mit der Geschichtswissenschaft der 30er bis 60er Jahre des 20. Jahrhunderts einseitig als „germanisch" klassifizieren dürfen. Das Etikett „germanisch" ist, nicht nur wegen der ideologischen Verstrickung, längst problematisch geworden. Darüber hinaus finden sich die meisten Elemente auch in anderen Kulturen, und die Germanenreiche sind schließlich ohne ihre römische Grundlage kaum denkbar: Die frühmittelalterliche Verfassung wuchs aus antiken Traditionen und bodenständigen Elementen zusammen, auch wenn im Einzelnen noch manches umstritten ist.

Dass Herrschaft im Wesentlichen „monarchisch" verstanden wurde und in königlicher oder königsgleicher Herrschaft gipfelte, war den Zeitgenossen selbstverständlich. Die einzelnen Reiche waren jeweils souverän, wenngleich das mit der Herrschaft über Rom und Italien verbundene Kaisertum, in antiker Tradition, gewissermaßen eine Klammer bildete. Dem Kaiser kam allenfalls noch ein höherer Rang zu, der sich nicht mehr mit konkreten Rechten verband. Die *Könige* beriefen sich, von kirchlichen Lehrmeinungen unterstützt, auf eine religiös-göttliche Legitimation (Sakralkönigtum), die ihnen eine abgehobene Stellung mit ausgedehnten Hoheitsansprüchen, auch über die Kirche, zusicherte, sie aber auch zu entsprechenden Verhaltensnormen verpflichtete. Dieser ausgeprägten Königsideologie standen in der Praxis jedoch überall recht beschränkte Befugnisse gegenüber: Die Könige regierten im Konsens mit dem „Volk", das am „Reich" beteiligt war („konsensuale Herrschaft"). Eine solche Mitwirkung des Volkes schränkte sich praktisch mehr und mehr auf die Großen, nämlich den führenden Adel und die hohe Geistlichkeit, ein. Die einzelnen Maßnahmen wurden auf den Reichsversammlungen gemeinsam beschlossen und anschließend von den Amtsträgern, die demselben Personenkreis entstammten, ausgeführt. So zeichnet sich dieses System dadurch aus, dass es im Prinzip derselbe, enge, aus hohem Adel und hoher Geistlichkeit zusammengesetzte Personenkreis war, der den König bestimmte, die Reichsgeschäfte lenkte, die Entscheidungen traf und für die Ausführung dieser Beschlüsse sorgte. Charakteristisch ist daher nicht nur ein auf „Herrschaft" gründendes Staatsverständnis, sondern auch das unteilbare Zusammenwirken herrschaftlicher und „genossenschaftlicher" Elemente in einem aus König und Adel zusammengesetzten *„Herrschaftsverband"*. Beide waren daher, trotz mancher Auseinandersetzungen, nicht Gegenspieler, sondern aufeinander angewiesen. Politische Konflikte waren keine Prinzipienstreitigkeiten – weder wollten die Könige den Adel noch dieser das Königtum abschaffen –, sondern aus konkreten Anlässen und Ansprüchen erwachsen, und sie hatten ihre Ursache nicht zuletzt in der Bevorzugung oder Benachteiligung bestimmter Großer oder ihrer Familien.

Zu den Kennzeichen des frühmittelalterlichen Herrschaftssystems zählte zunehmend, wenngleich in den einzelnen Reichen in unterschiedlichem Ausmaß, auch das *Reisekönigtum*: Die Könige hatten keine feste Residenz, sondern zunächst mehrere „sedes regiae" und übten ihre Herrschaft, die neben Kriegszügen vor allem in der Abhaltung von Reichsversammlungen und Synoden, in der Ausstellung von Urkunden bzw. in der dort dokumentierten Vergabe und Bestätigung königlicher Rechte an die Getreuen sowie in der Rechtsprechung bestand, an wechselnden Orten aus: Der „Hof" war also, zumal im Fränkischen und dann im Deutschen Reich, ständig unterwegs. Das ermöglichte erst ein Zusammentreffen mit den Großen des ganzen Reichs, deren Beteiligung an den Versammlungen damit ebenfalls variierte, auch wenn kein König jemals sämtliche, seiner Herrschaft unterstehenden Gebiete besucht hat. Vielmehr schälten sich von König zu König und von Dynastie zu Dynastie wechselnde Kernzonen der Herrschaftspraxis heraus. Dafür waren nicht zuletzt die wirtschaftlichen Grundlagen entscheidend, denn der „Staat" finanzierte sich in Ermangelung fester Steuern, neben Einnahmen aus Regalien, Gerichtsrechten und Tributen, vor allem aus den Erträgen des Reichsguts, das zugleich zur Entlohnung (Belehnung) der Amtsträger und Getreuen diente. Die Könige gastierten folglich in ihren Pfalzen und Wirtschaftshöfen, daneben aber auch, zunehmend, in den Bischofsstädten, die im Rahmen ihres Königsdienstes („servitium regis") zur Gastung verpflichtet waren.

Aufgrund solcher Strukturen fußte die frühmittelalterliche Verfassung zu einem großen Teil auf persönlichen *Bindungen*, die in zeremoniellen Akten und symbolischen Formen geknüpft wurden und unter denen das (vielfach überschätzte) Lehnswesen lediglich ein Element bildete, das sich darin einfügte. In diesem Sinn war der frühmittelalterliche Staat (mit Theodor Mayer) ein *„Personenverbandsstaat"*, der nicht auf Befehlsgewalt, sondern auf „Einung" beruhte: Der König bedurfte der Anerkennung durch das „Volk", die im Akt der Huldigung zum Ausdruck gebracht wurde. Gleichwohl sollte man sich den frühmittelalterlichen Staat nicht als ein „archaisches" Gebilde ohne feste Institutionen vorstellen. Dazu zählten neben dem Königtum selbst und dem Königshof auch die schon erwähnten Reichsversammlungen und die staatlichen Organe: die Hof- und Reichsverwaltung mit einem allmählich sich ausbildenden System von Ämtern auf verschiedenen Ebenen (Reichsgut, Rechtsprechung, Hof, regionale Administration sowie, nicht zu vergessen, die Kirchen). Die Reiche hatten durchaus feste Grenzen, und sie waren mit einem Netz von Grafschaften oder anderen Sprengeln überzogen, die ebenfalls territorial abgegrenzt waren, und auch die Fürstentümer und Herzogtümer waren Teil dieser Organisation. Karl der Große und Ludwig der Fromme suchten, unter vermehrtem Einsatz der Schriftlichkeit, offenbar sogar eine hierarchisch gestufte Verwaltungsgliederung, mit den „Königsboten" als kontrollierenden Zwischengewalten zwischen Hof und Grafschaft, aufzubauen.

Nicht das Fehlen von Institutionen war also das Kennzeichen des frühmittelalterlichen Staates, sondern ihre zwanglose Einbindung in die beschriebenen Strukturen: Zwar waren die Ämter stets personengebunden, doch entstammten die Amtsträger durchweg demselben Personenkreis und denselben, allenfalls einander ablösenden Familien, mit zunehmender Tendenz zur Erblichkeit. Die frühmittelalterliche Verfassung ist nicht nur durch eine mangelnde Trennung von Legislative, Exekutive und Jurisdiktion, sondern vor allem auch dadurch charakterisiert, dass es keine wirkliche Trennung von Amtsgewalt und Eigenherrschaft gab, da beide vielmehr stets zum Verschmelzen neigten und damit Probleme der Abgrenzung und Vererbung aufwarfen. Die Verschmelzung förderte eine „Allodialisierung" der Ämter und den Ausbau von Herrschaften kraft eigenen Rechts, so dass die (erblichen) Grafen des 10. Jahrhunderts zwar noch königliche Amtsträger, jedoch kaum mehr wirklich kontrollierbar waren. Man wird darüber hinaus aber auch die personellen Bindungen und die Mechanismen und Regularien, auf denen die Herrschaftspraxis beruhte, als institutionelle Elemente betrachten dürfen: Personenbindung und Institutionen waren keine Gegensätze, sondern der „Staat" institutionalisierte sich *in* „persönlichen" (das heißt jedoch eben nicht: „privaten") Abmachungen, in verpflichtenden Gewohnheiten und ungeschriebenen Regeln.

Der „Staat" beschränkte sich dabei weitgehend auf seine wesentlichen Aufgaben: die *Verteidigung* nach außen *und* die *Rechts- und Friedenswahrung* nach innen. Die Herrschenden suchten die Ordnung aufrechtzuerhalten, wo sie gefährdet war, und solchen Gefährdungen durch gesetzgeberische Maßnahmen und Verordnungen vorzubeugen, doch griffen die staatlichen Organe im wesentlichen nur dort ein, wo sie „gerufen" wurden. Das galt auch für die Justiz. Es gab, modern gesprochen, keine „Staatsanwälte", und die Richter fällten die Urteile nicht, sondern vollstreckten sie. Weite Bereiche blieben den Mächten unterhalb der Ebene des Königtums und seiner Organe überlassen: Die Unfreien unterstanden nicht den Grafen, sondern ihrem Leibherrn, Haus und Familie der Munt des Hausherrn, und Kirchen bildeten oft Immunitätsbezirke, die aus der weltlichen Administration herausgenommen waren. Mag man auch im Verlauf unserer Epoche – eher von kirchlicher als von weltlicher Seite, die allerdings nur schwer zu trennen sind – zunehmende Tendenzen zu Eingriffen in das „Privatleben" erkennen, so sind entscheidende Kennzeichen des frühmittelalterlichen Staates in der durch angestammte Herrschaftsrechte ebenso wie durch verliehene Privilegien bewirkten „Exklusivität" weiter gesellschaftlicher Bereiche zu sehen. Dem entspricht es, dass das Recht zwar nicht gänzlich unveränderlich war, dass eingebürgerte Gewohnheiten aber doch als rechtsbildend und rechtsverbindlich angesehen wurden, so dass man sich auf sie berufen konnte. Die Herrschaftsspielräume aber waren dadurch eng begrenzt, und die Kunst des Regierens bestand nicht zuletzt in der Wahrung und Nutzung solcher Spielräume, während gleichzeitig eine gezielte Herrschaftsrepräsentation den ideologischen Anspruch auf den Rang allen sichtbar zur Schau tragen sollte.

1.3.3 Kirche und Religion

Das Christentum hatte sich zu Beginn des hier behandelten Zeitraums zumindest bei den herrschenden Schichten der Germanenreiche, meist allerdings in der arianischen „Konfession", durchgesetzt, war im wesentlichen jedoch auf das Gebiet des einstigen Imperium Romanum beschränkt. Die weitere *Christianisierung* und die Durchsetzung des katholischen Glaubens, die innere Mission und die Ausbildung kirchlicher Organisationsstrukturen sowie die Erfassung der Randvölker blieben Aufgaben, die im Verlauf dieser Epoche bewältigt wurden. An deren Ende stand dann eine – von griechisch-orthodoxer Kirche und Islam dogmatisch und räumlich abgegrenzte – abendländische Glaubenseinheit, aber auch eine verfestigte, zunehmend hierarchisch strukturierte katholische Kirche, die sich als universal empfand und an deren Spitze allmählich der Papst rückte, ja die Epoche „schließt" mit der inneren Reform dieser institutionalisierten, universalen Kirche.

Den symbolhaften Beginn der Christianisierung bildet die Taufe Chlodwigs und seiner Gefolgsleute und deren programmatische, aber noch keineswegs selbstverständliche Bekehrung zum katholischen Glauben (dem Bekenntnis von Nicäa), die die Einheit von römisch-katholischer Kirche und fränkischer Herrschaft in Gallien bewirkte. Im Verlauf der nächsten beiden Jahrhunderte traten auch die anderen Germanenherrscher und deren Reiche (Burgunder, Westgoten, Langobarden) zum katholischen Glauben über; in England fasste ein romzentriertes Christentum seit dem Ende des 6. Jahrhunderts Fuß. Durch Mission und Eroberung wurden vom karolingischen Frankenreich aus zunächst die Sachsen integriert, von hier aus dann in einem langfristigen Prozess die Skandinavier und Slawen bekehrt, ein Vorgang, der noch vor der Jahrtausendwende weitgehend abgeschlossen schien, aber durch Rückfälle verzögert wurde. Bereits im 9. Jahrhundert entschied sich mit der Mission des Methodius und Kyrill der Anschluss der Südslawen an Rom, im 10. Jahrhundert umgekehrt die kirchliche Anbindung Russlands an Byzanz. Damit waren die Grenzen zwischen Ost- und Westkirche weitgehend abgesteckt.

War die Annahme des Christentums zunächst nicht mehr als ein formaler, auch politisch bedingter Prozess, so blieben die *innere Christianisierung* und die Aufrichtung einer kirchlichen Organisation künftige Aufgaben. Bei der ersteren spielte das *Mönchtum* mit seinen Missions- und Reformwellen (irische und angelsächsische Mission, karolingisch-anianische, cluniazensische und lothringische Reformen) eine entscheidende Rolle. Die von den weltlichen Mächten gestützten Reformen hatten zunächst eine Vereinheitlichung der Mischformen und eine Rückbesinnung auf die asketischen Ideale zum Ziel, führten seit dem 10. Jahrhundert aber auch zu einer inneren Ausdifferenzierung des Mönchtums. Nicht minder wichtig waren die kirchlichen Synoden, deren Beschlüsse („canones") das Kirchenrecht schufen und damit nicht nur Organisation und Dogmatik, sondern auch das Glaubens- und Privatleben der Christen zu regeln und zu disziplinieren suchten. Bereits vom 8. Jahrhundert an systematisierten nach sachlichen Gesichtspunkten gegliederte Canonessammlungen das Kirchenrecht.

Die *Organisation der Kirche* lehnte sich mit der Aufteilung des Landes in Provinzen und Diözesen und zunächst stadtorientierter Raumerfassung an die weltliche, diokletianische Verwaltungsreform an, die im Süden Europas meist erhalten blieb, im Frankenreich nördlich der Loire unter den Merowingern und frühen Karolingern wiederhergestellt und in der Folgezeit auf die neu christianisierten Gebiete östlich des Rheins ausgedehnt wurde. Die kirchliche Landschaft wurde in Kirchenprovinzen (Metropolitanverbände) eingeteilt, die ihrerseits jeweils mehrere (Suffragan-)Bistümer umfassten, ein Prozess, der im Frankenreich mit Bonifatius und dem Aufbau einer „germanischen" Kirchenprovinz des Mainzer Erzbischofs begann und in dessen Ostteil mit der Gründung der Erzbistümer Salzburg (798), Hamburg (834/64) und Magdeburg (968) ihren Abschluss fand. Die Gründung der Erzbistümer Gnesen und Gran unter Otto III. dokumentierte die kirchliche Selbständigkeit der polnischen und der ungarischen Kirche, während Skandinavien erst 1104 mit dem dänischen Lund ein eigenes Erzbistum erhielt. Für die örtliche Organisation war die Ausbildung der so genannten Niederkirchen, der Pfarreien, vor allem auf dem Land entscheidend. Dieser lange, im 6. Jahrhundert einsetzende Prozess, breitete sich allmählich von Westen nach Osten aus, nahm im 9. Jahrhundert durch die Abgrenzung von Zehntsprengeln einen Aufschwung, kann aber nicht vor dem 12. Jahrhundert als abgeschlossen betrachtet werden. Die einzelnen Kirchen waren zunächst als „Nationalkirchen" politisch dem jeweiligen Herrscher unterstellt. Durch die Bindung zunächst der angelsächsischen und dann vor allem der fränkisch-karolingischen Kirche an das Papsttum gewann dieses, im Zusammenwirken mit dem westlichen Kaisertum, eine universalere Bedeutung, die sich in diesem Zeitraum aber auf einen auf den Primatsanspruch gründenden geistlichen Vorrang ohne praktische Vorrechte beschränkte. Erst die Kirchenreform des 11. Jahrhunderts verwirklichte die universale Geltung des Papstes und schloss die Hierarchisierung der Kirche ab.

Ein entscheidendes Kennzeichen der frühmittelalterlichen Kirche ist ihre vollständige *Einbindung in die „Welt"*, in Verfassung und Gesellschaft. Kirchen und Klöster waren Gründungen des Königs und Adels (oder aber anderer Kirchen) und diesen als „Eigenkirchen" herrschaftlich und wirtschaftlich unterstellt, während ihnen die geistliche Leitung und Aufsicht spätestens seit dem 9. Jahrhundert durch Reformen entzogen wurde. „Adelsklöster" spielten eine wichtige Rolle auch als ideale Herrschaftsmittelpunkte, Traditionskerne und Grablegen der Adelsfamilien. Die Bistümer wiederum unterstanden den Königen oder, wie in Südfrankreich, den Territorialgewalten, welche die Bischöfe einsetzten oder zumindest bestätigten und zum Reichsdienst („servitium regis") heranzogen. Das System einer „Reichskirche" (aus Bistümern und Reichsklöstern) war bereits in fränkischer Zeit angelegt, erreichte in der ottonisch-frühsalischen Zeit aber einen Höhepunkt, als die Bischöfe mit Kriegs- und Gastungspflichten voll in die Verfassung einbezogen wurden, nicht selten aus der Hofkapelle stammten und zu den Reichsfürsten zählten, die maßgeblich an der Regierung beteiligt waren. Dabei handelte es sich trotz gradueller Abstufungen letztlich um ein gesamteuropäisches Phänomen. Unterstanden die Kirchen in dieser Phase also der weltlichen Herrschaft, so waren die – meist adligen – Bischöfe und Äbte ihrerseits Herrschaftsträger, die weltliche Rechte ausübten und zu den größten Grundherren zählten. Die Folge war eine „Verweltlichung" der Kirchen und des Klerus bzw. der Mönche, doch enthält dieses Schlagwort bereits eine Wertung, die den Zeitumständen nicht unbedingt gerecht wird. Kennzeichnend war vielmehr der Verzicht auf eine klare Abgrenzung zwischen weltlicher und geistlicher Gewalt und eine bewusste Verschränkung, die im Prinzip von niemandem in Frage gestellt wurde und ihren Ausdruck ebenso in einer sakralen Stellung des Königs wie in der bischöflichen Herrschaft oder – mentalitätsgeschichtlich – in der Nutzung von Kirchenfesten für politische Handlungen erhielt. Die Reformen suchten gleichwohl Auswüchse zu unterbinden und die Erfüllung der geistlichen Pflichten zu gewährleisten, während ein Bewusstsein von der Verschiedenheit und der Notwendigkeit einer Trennung von „spiritualia" und „temporalia" erst im Verlauf der großen Kirchenreform gegen Ende des 11. Jahrhunderts heranwuchs.

In den kirchlichen Bereich fällt schließlich der *Kult*, der in der Liturgie im Verlauf der Karolingerzeit eine feste Gestalt erlangte und im Taufkult, im weit verbreiteten Totengedenken sowie im Heiligenkult zu einem mentalitätsgeschichtlich bedeutsamen Massenphänomen wurde, das jeweils aber auch soziale und politische Auswirkungen zeigte und das man nicht einseitig als „Volksglauben" klassifizieren darf. Die Reliquienverehrung ist eine gesamtmittelalterliche Erscheinung, die im frühen Mittelalter ihre Ausprägung erhielt, hier meist aber noch lokal (und institutionell) bestimmt und keinen festen Regeln unterworfen war und bald sogar voll in die Welt integrierte Reichsbischöfe zu Heiligen werden ließ. Entsprechend vielfältig und reichhaltig ist der hagiographische Niederschlag.

1.3.4 Gesellschaft, Wirtschaft und Kultur

Obwohl es gerade im frühen Mittelalter noch keine rechtlich klar fixierten „Stände" gab, wird man die frühmittelalterliche Gesellschaft am ehesten als eine *„Ständegesellschaft"* bezeichnen können. Der Stand („ordo") galt als ein in der göttlichen Weltordnung verankertes Merkmal und bestimmte damit weithin auch den sozialen Status. Die Volksrechte gingen von den beiden Rechtsständen der Freien und Unfreien (mit Zwischenstufen) aus, über die sich, wenngleich ohne klare rechtliche Abgrenzung, ein Adel erhob. Dabei wird den vielfältigen, inneren Differenzierungen allerdings zu wenig Rechnung getragen. Das der modernen Sozialgeschichte angemessenere Modell einer Gesellschaftsschichtung stößt in der Anwendung auf das Mittelalter jedoch sowohl auf begriffliche wie auf inhaltliche Probleme, da der soziale Status sich nach ganz anderen Kriterien bestimmte als später. Eine Unterscheidung in Ober-, Mittel- und Unterschichten ist daher möglich, eine konkrete Zuordnung bestimmter Gruppen bleibt zumeist aber schwierig. In der neueren Forschung schiebt sich über das Standes- und Schichtenmodell oft eine Unterscheidung von – sich ihrerseits überlappenden – Lebensformen oder Lebenskreisen (wie Haus/Familie, Kloster, Grundherrschaft, Genossen- und Bruderschaften, Dorf/Nachbarschaftsverband, Pfarrei und Stadt), die den Vorteil hat, spezifisch mittelalterliche Sozialbereiche zu erfassen und darüber hinaus jeweils das Zusammenwirken und die Sozialbindungen zwischen den verschiedenen Gruppen und hierarchischen Schichten innerhalb der Lebenskreise in den Blick zu nehmen. Nur eine Kombination dieser verschiedenen Modelle wird allerdings ein der gesellschaftlichen Wirklichkeit angemessenes Bild entwerfen können. Man wird aber wohl auch eine Entwicklung von älteren, rechts- und sippenorientierten Strukturen hin zu standes- und familienübergreifenden, die alten Strukturen zerschneidenden Einheiten feststellen können: Hörigkeit wurde wichtiger als der Rechtsstand, Klosterzugehörigkeit oder Lehnsbindung übertrafen die Familienbande. Das Eingebundensein der Individuen in Gruppen und Verbände schlechthin aber war zweifellos ein vorrangiges Kennzeichen dieser Gesellschaft.

Aus sozioökonomischer Perspektive war die frühmittelalterliche Gesellschaft eine Adelsgesellschaft und eine Agrargesellschaft. In der *Adelsgesellschaft* erhob sich eine durch Geburt, Besitz und Herrschaftsrechte privilegierte Führungsschicht über die anderen, die sie beherrschte, und beanspruchte die führenden Positionen in Staat, Kirche und Gesellschaft. Auch wenn dieser „Adel" lange Zeit kein rechtlich fest abgegrenzter Stand war und eine soziale Mobilität jederzeit möglich blieb, wurde sein Führungsanspruch doch nirgends bestritten und war Kennzeichen der frühmittelalterlichen Gesellschaft. Er hob sich schon früh aus der großen, rechtlich bestimmten Schicht der Freien heraus, die für die frühmittelalterlichen Volksrechte noch den „Maßstab" bildeten, bald aber einen guten Teil ihrer rechtlichen, politischen und militärischen Befugnisse verloren. Die Ausübung von Herrschaft wurde somit auch zu einem bestimmenden sozialen Merkmal, das die Gesellschaft in die beiden großen Gruppen der Herrschenden und der Beherrschten teilte, eine Unterscheidung, die letztlich wichtiger wurde als die rechtsständische Gliederung in Freie und Unfreie. Daneben entwickelte sich in der zeitgenössischen Selbstsicht eine aus Christianisierung und Institutionalisierung der Kirche resultierende Einteilung in Klerus und Laien. Beide Konzepte verbanden sich in dem seit dem 10./11. Jahrhundert begegnenden, nach Funktionen differenzierenden „Dreiständemodell" der „oratores", „bellatores" und „laboratores". Für die Laien wurde dann im hohen Mittelalter die Gliederung in „Ritter" („milites") und „Bauern" („rustici") ebenfalls wichtiger als die alten Rechtsstände. In der Praxis aber war die dem festen Ordo-Denken verpflichtete mittelalterliche Gesellschaft vielfach zergliedert und von einer sozialen wie auch horizontalen Mobilität geprägt.

Die *Agrargesellschaft* des frühen Mittelalters beruhte auf dem Grundbesitz und dessen wirtschaftlicher Nutzung: Grundbesitz war die Basis der wirtschaftlichen Versorgung (wobei der Ackerbau schon bald gegenüber der Viehzucht überwog), aber auch der Herrschaftsrechte („Grund"-Rechte) über die darauf arbeitenden Menschen und somit auch der Sozialbindungen. Deshalb wurde die *Grundherrschaft* des Königs, der

Kirchen und des Adels im Verlauf dieser Jahrhunderte nicht nur zur bestimmenden Produktionsweise, sondern sie war Wirtschafts-, Herrschafts- und Gesellschaftsform zugleich. Grundherr und Hörige waren aufeinander bezogen, letztere wurden als seine „familia" bezeichnet. Diese – hier bewusst weit verstandene – „Grundherrschaft" umfasste in der Praxis vielgestaltige Ausprägungen: von der einer Sklavenwirtschaft ähnelnden, nun aber meist mit Frondiensten abhängiger Bauern betriebenen Gutswirtschaft über die auf Abgaben und Diensten beruhende „Kolonenwirtschaft" abhängiger, aber selbständig bewirtschafteter Bauernhöfe und die auf Natural- oder gar Geldabgaben beschränkte „Rentengrundherrschaft" besser gestellter Bauern bis zur Lehnsherrschaft (denn auch die Lehen entstammten dem Grundbesitz des Herrn). Große Grundherrschaften vereinten alle diese Formen, und die „bipartite" Grundherrschaft mit herrschaftlichem Sal- *und* ausgegebenem Hufenland wurde in vielen Teilen Europas, vor allem im nördlichen Frankreich, aber auch in Mitteleuropa und Norditalien (nicht dagegen in Südfrankreich und Nordspanien), zur charakteristischen Wirtschaftsform. Die dadurch entstandene Sozialbindung war immerhin so entscheidend, dass sie vom 9. Jahrhundert an allmählich die traditionelle rechtliche Trennung in Freie und Unfreie verdrängte: Nicht mehr frei oder unfrei, sondern frei oder hörig wurden zum de facto bestimmenden Merkmal, auch wenn dem noch kein mittelalterlicher Begriffsgebrauch entsprach. Es ist aber bezeichnend, dass Begriffe wie „servus" und „mancipia" nun mehr und mehr auf den Charakter der Hörigkeit verwiesen, während die innere Differenzierung zwar auf gewaltige Unterschiede schließen lässt, begrifflich aber nur in uneinheitlichen und ungenügenden Ansätzen bewältigt wurde.

Mit der Tatsache, dass Adelsherrschaft, Grundbesitz und Grundherrschaft die wichtigsten Grundlagen der mittelalterlichen Wirtschaft und der Produktionsformen waren, verbindet sich durchweg auch die oft ge- wie missbrauchte Kennzeichnung des Mittelalters als eines Zeitalters des *„Feudalismus"* (während der Begriff etymologisch auf das Lehnswesen abzielt). Der „feudale" Charakter dieser frühen Jahrhunderte ist zwar seit Jahrzehnten (und bis heute) umstritten, doch bildeten überall Landbesitz und Herrschaftsrechte über Personen, die dieses Land bearbeiteten, die Grundlage der Sozial- und Wirtschaftsverfassung.

Zum Charakter der Agrargesellschaft trug auch bei, dass der Adel vielerorts Landsitze bevorzugte. Zwar gab es durchaus weiterhin *Städte*, die sich vom Land abhoben, sie genossen jedoch keine rechtliche oder politische Sonderstellung, sondern waren als wirtschaftliche und administrative Zentralorte in das Herrschaftssystem integriert. Die frühmittelalterlichen Städte waren in der Regel Bischofsstädte; der Begriff „civitas" verband sich daher vornehmlich mit dem Vorhandensein eines Bischofssitzes und einer Befestigung als den wesentlichen Merkmalen. Im Verlauf dieser Epoche kam es zu zahlreichen (früh-)städtischen Neugründungen, gerade auch in den ehemals nichtrömischen, stadtfreien Gebieten östlich des Rheins und nördlich der Donau. Diese Städte schlossen sich vor allem an Kirchen und Burgen, Märkte, Brücken und wichtige Fernstraßenkreuzungen an. Gegen Ende unserer Epoche kündigte sich allmählich der demographische Aufschwung der Städte zu Ballungszentren an, der später zu einer klareren und schließlich auch rechtlichen Abgrenzung vom Land führen sollte und mit der städtischen Selbstverwaltung einen Wandel in der herrschaftlichen Organisation mit sich brachte. Mit der Stadtentwicklung verband sich eine zunehmende Spe-

32 Das frühe Mittelalter als Epoche: Kennzeichen und Entwicklungen

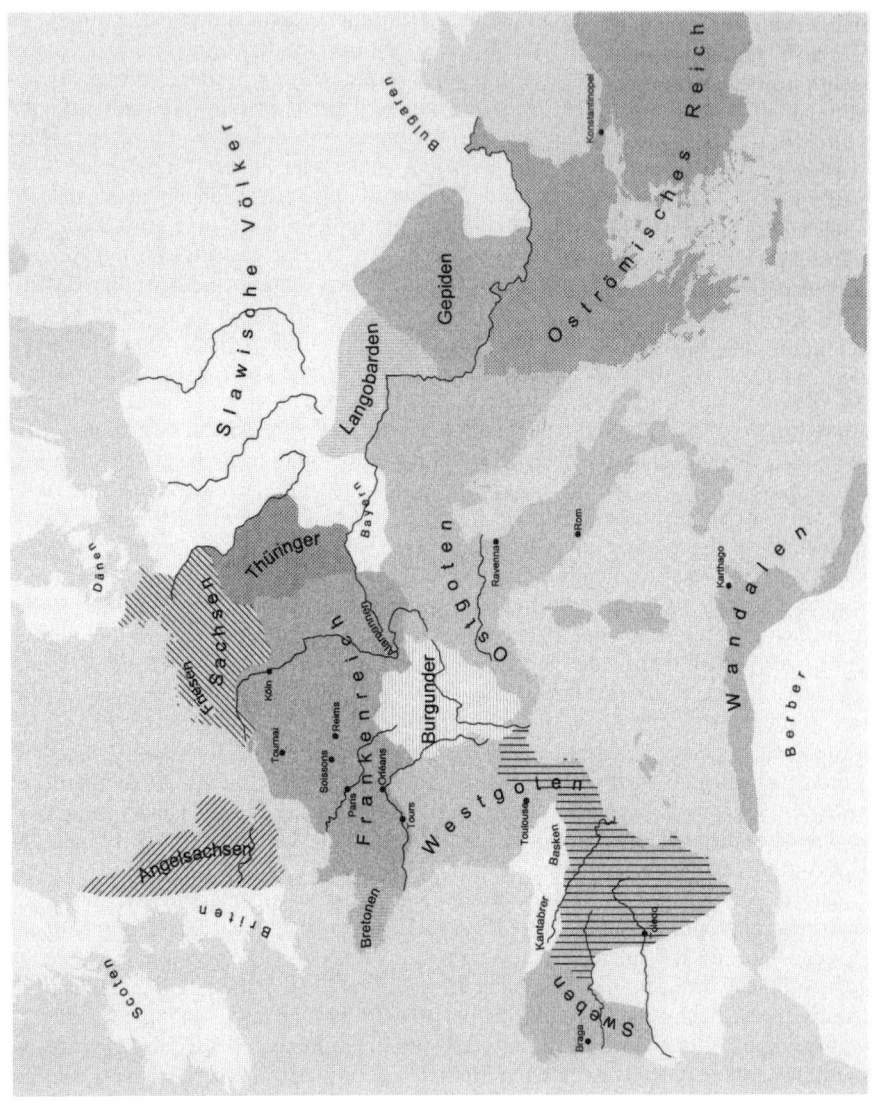

Abb. 1: *Europa um 500*

zialisierung von Handel und Handwerk, die rechtlich und herrschaftlich jedoch ebenfalls noch ganz in die bestehenden Strukturen integriert waren. Markt- und Geldwirtschaft spielten entgegen älteren Ansichten jedoch schon früh eine Rolle: Das frühe Mittelalter war keineswegs nur ein Zeitalter der Tausch- und Naturalwirtschaft.

In jüngster Zeit wird das frühe Mittelalter zunehmend und zu Recht als eine *orale Gesellschaft* gekennzeichnet, denn der weitaus überwiegende Teil der Bevölkerung konnte weder lesen noch schreiben, und auch wenn man eine gewisse Bildung des höheren Adels vielleicht nicht unterschätzen darf, blieb diese doch überwiegend auf den Klerus oder jedenfalls auf den Erwerb in Kloster- und Domschulen beschränkt. Leistung und Bedeutung der Schriftkultur für die frühmittelalterliche Gesellschaft sind nicht zu bezweifeln, doch hatte die Beschränkung auf eine geistige Elite Auswirkungen auf das Schriftgut (das überwiegend theologischen Bedürfnissen diente), die Schrift selbst (Verzicht auf eine Kursivschrift) und die Schriftsprache (mit wenigen Ausnahmen Latein). Die Erforschung der „oralen Kultur" – und damit auch der „Volkskultur" – aber bleibt ein Desiderat, dem die Quellenlage ärgste Hindernisse entgegenstellt.

Die in der jüngeren Forschung wieder stärker in das Blickfeld gerückten *Menschen* des frühen Mittelalters lebten in einem Zeitalter, dessen staatliche Kontrolle zwar äußerst beschränkt und punktuell war, das aber dennoch durch ein religiös-moralisches Normensystem und eine Normenkontrolle seitens der überschaubaren Gesellschaft selbst geprägt war, ein System, das durch kirchliche Regelungen zunehmend verstärkt wurde. Der einzelne war notwendig auf den Schutz seitens seiner Angehörigen wie seines Herrn angewiesen und daher unverzichtbar in entsprechende Gruppenbindungen integriert. Außerhalb solcher schützenden Bindungen Stehende waren weitgehend rechtlos und sozial randständig.

Das Leben insgesamt war von solchen moralischen, sozialen und herrschaftlichen Bindungen und Verpflichtungen geprägt, nicht minder aber durch die Abhängigkeit gegenüber der Natur (Jahreszeiten, Wetter, Überschwemmungen) und die Gefahr von Missernten, Hungersnöten und Viehseuchen sowie die Gefährdung durch Krankheiten bestimmt. Das förderte zwangsläufig eine Hinwendung zu religiösen Riten und ein Vertrauen in höhere Schutzmächte und deren irdisch-himmlische „Intervenienten". Solche Vorstellungen erklären den Heiligenkult ebenso wie die kaum zu überschätzende Bedeutung des Mönchtums (als „Beter") in einer Gesellschaft, die alles andere als eine „Überflussgesellschaft", sondern eigentlich auf die „Produktivität" jedes einzelnen angewiesen war. Man sollte sich hüten, Elemente wie Heiligenkult und Wunderglauben als „Volksreligiosität" abzustempeln und dieser einen ganz anders gearteten Kirchenglauben entgegenzuhalten. Die Kirche war mindestens ebenso durch agrarische Denk- und Verhaltensweisen – sichtbar beispielsweise in den „Monatskalendern" mit Szenen aus dem bäuerlichen Leben, aber auch an der an natürlichen Gegebenheiten wie Tages- und Jahreslauf orientierten Zeitordnung – geprägt, wie sie umgekehrt in das traditionelle Leben und Denken einzugreifen suchte. In der – bislang nicht zufällig vor allem im religiösen Bereich untersuchten – Mentalität der mittelalterlichen Menschen zeigt sich, mehr noch als in den sie beeinflussenden Strukturen oder den daraus erwachsenden Ereignissen, die Fremdheit und Andersartigkeit dieser fernen, zu Unrecht als „finster", „archaisch" oder unzivilisiert beschriebenen Epoche vielleicht am deutlichsten.

2 Die politische Entwicklung in den einzelnen Reichen

2.1 Die Ausgangslage: Die Germanenreiche (500–700)[1]

Um 500 hatten sich auf dem Boden des ehemaligen Römischen Reichs in den westlichen Provinzen, oft auf der Grundlage von Föderatenverträgen, allenthalben Germanenreiche ausgebildet, die den Kaiser in Konstantinopel zwar formell als Oberhaupt anerkannten, faktisch aber selbständig waren. Einen weströmischen Kaiser gab es seit der Absetzung des „Kinderkaisers" Romulus Augustulus durch Odoaker im Jahre 476 nicht mehr. Nicht zufällig entstanden die meisten Reiche in der Zeit kurz vor oder nach dem Ende des weströmischen Kaisertums, so dass ein Zusammenhang zwischen den neuen Germanenreichen und der Schwäche des Imperiums anzunehmen ist. In Italien hatten die Ostgoten unter Theoderich die Übergangsherrschaft Odoakers beseitigt und ein eigenes Reich errichtet; an Rhône und Saône saßen bereits seit 443 die von den Hunnen aus der Wormser Gegend vertriebenen Burgunder, westlich davon, in Aquitanien, seit 418 die Westgoten, als ältestes Germanenreich auf römischem Boden; nördlich der Loire hatten sich die Franken unter Chlodwig ausgebreitet und 486 die römische Statthalterschaft des Syagrius' beendet, während die Alemannen in Rätien wohl noch nicht unter einer einheitlichen Führung standen. In Nordafrika herrschten seit 429/39, von der Iberischen Halbinsel kommend, die Vandalen, und in Nordwestspanien (Galicien) hatte sich ein Suebenreich gebildet. Im Osten hatten die Gepiden eine bis 567 bestehende Herrschaft um Sirmium und in der Theißebene (im Zentrum des Hunnenreichs Attilas) und die Thüringer ein weit über ihr engeres Siedlungsgebiet an mittlerer Elbe und Saale hinausgreifendes Reich errichtet, und die im 5. Jahrhundert in Britannien einfallenden Angeln, Sachsen, Jüten und Friesen verdrängten die romanisierte, britisch-keltische Bevölkerung in die Randgebiete (Cornwall, Wales) und schufen bald eigene, kleinere Reiche.

Um 500 stand somit nahezu der gesamte Westen unter der Herrschaft germanischer Könige, die mit einer kleinen Minderheit von Einwanderern das weithin romanisierte Land befehligten und dabei die römischen Strukturen weitgehend übernahmen, durch den vorherrschenden arianischen Glauben allerdings in einen zusätzlichen Gegensatz zur römisch-katholischen Kirche wie auch zur Masse der romanisierten Bevölkerung gerieten. Ein nennenswerter Widerstand ist diesen Reichsgründungen je-

---

[1] Lit.: Bibl. 5.2.1.1 und 5.2.1.2.

doch nicht entgegengesetzt worden, weder von Seiten des römischen Kaisers noch von Seiten der Bevölkerung. Die herrschenden Germanenvölker waren ihrerseits bereits aus der Wanderzeit resultierende Völkergemische mit einem namengebenden Traditionskern. Die Völkerwanderung gilt als eine Zeit der ständigen Stammes- und Volksum- oder -neubildungen durch Abspaltung und Anreicherung, oft unter Verlegung des Wohnsitzes.[2] Die germanischen Reichsbildungen waren daher aus Siedlungs- und Wanderbewegungen unter einheitlicher Führung entstanden – wobei dem in der Wanderzeit ausgebildeten „Heerkönigtum" eine entscheidende Bedeutung zukam –, die Reiche waren polyethnische Gebilde mit einer romanisch-germanischen Mischbevölkerung, in denen sich das namengebende „Reichsvolk" erst institutionalisierte: Die Ethnogenese dieser „Germanenvölker" ist als ein lang gestreckter, politischer Prozess daher *auch* erst als Folge von Landnahme und Reichsbildung zu sehen. Erst später, im Rückblick, bildeten sich entsprechend Stammessagen aus, die zur Legitimierung der neuen Völker und ihrer Herrschaften beitragen sollten und bezeichnenderweise stets einen fernen Ursprung annahmen und damit der Wanderung im kulturellen Gedächtnis einen hohen Stellenwert beimaßen. Aus dieser Perspektive ist es eher erstaunlich, wie lang sich einige dieser an sich labilen Herrschaften halten konnten. Eine Dynastiebildung und die Formierung eines Dauerkönigtums waren daran anscheinend ebenso maßgeblich beteiligt wie die Anbindung an römische Vorbilder und Traditionen.

Der archäologische Befund beweist demgegenüber selbst bei den östlichen Reichen eine Formenkontinuität, die auf eine Siedlungskontinuität zumindest eines großen Teils der Bevölkerung schließen lässt. Die Verhältnisse waren demnach auch im Hinblick auf die Siedlung keineswegs so „labil", wie die vielen Wanderungen vermuten lassen könnten. Die Völkerwanderung war im Wesentlichen ohnehin eine Angelegenheit der sich über Ost- und Südeuropa und Afrika ausbreitenden so genannten Ostgermanen gewesen. Im freien Germanien hatten sich die Stämme hingegen mehr oder weniger friedlich und ohne spektakuläre Wanderungen zu neuen Großverbänden formiert (Franken, Alemannen, Sachsen, Thüringer). Hier ist daher von vornherein eine größere Kontinuität zu erwarten. Doch auch auf römischem Boden war die Landnahme der „Germanen" tatsächlich lange vorbereitet durch eine „Barbarisierung" vor allem des römischen Heeres und eine Romanisierung der barbarischen Reichstruppen bereits seit dem 1., vor allem aber seit dem 3. Jahrhundert. Im 4. und 5. Jahrhundert stiegen germanische Führer zu römischen Heermeistern auf, die nicht selten auch die Träger der ältesten Germanenreiche waren. Die ersten Reichsgründungen erfolgten daher nicht oder nicht ausschließlich durch Eroberung, sondern gewissermaßen aus dem Inneren heraus durch längst romanisierte und vielfach offiziell als Föderaten angesiedelte Germanen.

---

2 Vgl. R. Wenskus, Stammesbildung und Verfassung.

2.1.1 Ostgoten[3]

Könige
Theoderich (493–526)
Athalarich/Amalaswintha (526–534)
Theodahad (534–536)
Witigis (536–540)
Childebad (540–541)
Erarich (541)
Totila (541–552)
Teja (552)
(Aligernus 552/53)

Die Ostgoten, deren größerer Teil im Hunnenreich Attilas aufgegangen war, wanderten nach dessen Untergang unter Führung der Amaler, die sich fortan als Königsgeschlecht herausschälten, ins Römerreich ab und wurden an dessen nördlicher Grenze in Pannonien angesiedelt. Eine gotische Gruppe unter Theoderich, dem Sohn Thiudimirs, erhielt Wohnsitze in Dakien und Untermösien. 488/89 wandte sich Theoderich im Auftrag und als Heermeister des Kaisers Zenon nach Italien, errichtete hier nach längeren Auseinandersetzungen mit Odoaker, den Theoderich nach einer trügerischen Einigung schließlich eigenhändig ermordete, jedoch ein eigenes Reich (Königsausrufung 493), das vier Jahre später auch von Byzanz anerkannt wurde. In kurzer Zeit stieg Theoderich zur führenden Persönlichkeit des gesamten Westens auf. Der auf Ausgleich bedachten Politik im Innern entsprach ein auf Ehebündnissen beruhendes, ausgeklügeltes System des Gleichgewichts zwischen den einzelnen Germanenreichen (Vandalen, Franken, Westgoten, Burgundern), das eine Epoche der Stabilität garantierte und dem inneren Ausbau zugute kam (vgl. Schema 1, S. 48).

Theoderichs Herrschaft war der Versuch, das weströmische Reich mit germanischen Kräften fortzusetzen (H. Wolfram). Der spätrömische Verwaltungsapparat wurde fast vollständig übernommen, durch germanische Elemente, vor allem der Hofverwaltung und der Gefolgsleute am Hof, ergänzt und nun ganz auf den Gotenkönig konzentriert. In dem Vielvölkerstaat bildeten die Germanen insgesamt nur eine kleine Minderheit, blieben zunächst aber bewusst von der romanischen Bevölkerung getrennt, wobei das Wehrrecht den Goten vorbehalten blieb. Es gab kein Konnubium, wohl aber eine Toleranz gegenüber den Romanen und der katholischen Kirche. Dass trotz dieser formellen Trennung auch bei den Ostgoten, die der älteren Forschung als Beispiel für einen germanisch-romanischen Dualismus galten, tatsächlich eine schnelle, vom Heer ausgehende Assimilierung und damit ein neuer Prozess der Ethnogenese stattfand, ist die wichtigste, aber strittige These der auf Namengut und prosopographische Studien gestützten Arbeit Patrick Amorys. Dabei ist zu berücksichtigen, dass Theoderichs Goten längst in kaiserlichem Dienst und in ständigem Kontakt mit Römern standen, bevor sie nach Italien kamen. Trotz zunehmender Integration ist aber auch ein politisches gotisches Bewusstsein unverkennbar. Für dieses Selbstverständnis der Goten

---

[3] Lit.: Bibl. 5.2.1.2.2.

bzw. des Gotenreichs ist es freilich nicht minder bezeichnend, dass Theoderichs „magister officiorum", der Römer Cassiodor, eine Gotengeschichte und damit die älteste Geschichte eines Germanenvolkes überhaupt verfasste und dass hier bzw. in der allein erhaltenen, gekürzten Neufassung des Jordanes das Bemühen durchscheint, zur Legitimierung der Herrschaft die lange Tradition der Goten und ihres Königsgeschlechts, der Amaler, darzulegen.

Innere Wirren schon gegen Ende der Regierungszeit Theoderichs und unter seinen Nachfolgern sowie das Eingreifen der Byzantiner im Zuge der justinianischen Rekuperationspolitik, deren erstes Ziel natürlich Italien sein musste, führten nach Theoderichs Tod (526) schnell zum Niedergang des Reichs. Nach verschiedenen Aufständen wurden 535 die Regentin Athalarichs und Theodahads, Theoderichs Tochter Amalaswintha, und ein Jahr später auch Theodahad, der letzte Amaler, von der Adelspartei ermordet. Diese Spannungen erleichterten ein byzantinisches Eingreifen. Die byzantinischen Feldherren, Belisar und später Narses, schlugen Einigungsvorschläge wie auch die ihnen angebotene gotische Königskrone aus und eroberten weite Teile des Landes. 540 wurde der Ostgotenkönig Witigis gefangen genommen und die „Hauptstadt" Ravenna erobert. Nach zeitweiligen Erfolgen und verlustreichen, wechselvollen Kämpfen unterlagen die Ostgoten 552 unter ihren letzten Königen Totila (bei Gualdo Tadino) und Teja (bei Salerno) den Römern. Drei Jahre später waren sämtliche Städte für Byzanz zurückerobert. Das Ostgotenreich hatte dank der byzantinischen Eroberungspolitik nur zwei Generationen überdauert.

2.1.2 Westgoten[4]

Könige
Tolosanisches Reich:
Athaulf (410–415)
Sigerich (415)
Wallia (415–418)
Theoderid (418–451)
Thurismund (451–453)
Theoderich (453–466)
Eurich (466–484)
Alarich II. (484–507)

Gotisches Restreich um Narbonne:
Gesalech (507–511)
Amalarich (511–531, seit 526 selbständig)
Theudis (531–548)
Theudegisel (548–549)
Agila (549–555)
Athanagild (555–567)

---

4 Lit.: Bibl. 5.2.1.2.3; ferner P. Heather, Goths; H. Wolfram, Geschichte.

Toledanisches Reich:
Liuva I. (567–572)
Leovigild (568/72–586)
Rekkared (586–601)
Liuva II. (601–603)
Witterich (603–610)
Gundemar (610–612)
Sisebut (612–621)
Rekkared II. (621)
Suinthila (621–631)
Sisenand (631–636)
Chinthila (636–639)
Tulga (639–642)
Chindasvinth (642–653)
Rekkasvinth (649/53–672)
Wamba (672–680)
Ervig (680–687)
Egica (687–702)
Witiza (702–710)
Roderich (710–711)

Teile der Westgoten, die wohl erst in der „Ära" Athanarichs (365–375/81) zu einem aristokratisch bestimmten Großverband organisiert worden waren und in dieser Zeit den arianischen Glauben angenommen hatten (Bibelübersetzung Wulfilas), waren 376 in Thrakien angesiedelt worden. Nach wechselvoller Geschichte begann 391 unter der Führung Alarichs erneut eine lange Wanderung durch die Osthälfte des Römischen Reichs, die 402 und schließlich erneut 408 nach Italien führte. Nach dem missglückten Versuch, nach Afrika überzusetzen, und dem Tod Alarichs zogen die Westgoten unter ihren Königen Athaulf, der über die Heirat mit der Kaiserschwester Galla Placidia offenbar nach Höherem strebte, und – nach dessen Ermordung – Wallia nach Narbonne und Spanien weiter und wurden 418 unter Theoderid als Föderaten in Südgallien (um Toulouse) angesiedelt, indem sie zwei Drittel des Landes oder aber, mit Walter Goffart, der dortigen Steuern erhielten, dem galloromanischen Adel aber Besitz und Stellung beließen. Das „*Tolosanische Reich*", das unter der Herrschaft der Dynastie der so genannten Balthen stand, gilt als das erste Germanenreich auf Römischem Boden und wurde im Verlauf des Jahrhunderts unter Theoderid und seinen Nachfolgern allmählich über ganz Südgallien bis zur Loire im Norden, zur Auvergne und zur Rhône und Durance im Osten und zur Tarraconensis (Katalanien) im Süden ausgedehnt, während eine geplante Expansion nach Spanien nicht recht gelang. Im Innern wurde es durch weitgehende Übernahme der römischen Verwaltung und ihrer Organe („comites civitatum" und Dukate), Anerkennung der römischen Senatorenschicht, Rechtskodifikationen (Codex Euricianus als ältestes Germanenrecht) und den Plan einer arianischen Reichskirche abgesichert, erlag jedoch 507 in der Schlacht von Vouillé bei Poitiers dem Frankenkönig Chlodwig und wurde dem Frankenreich einverleibt.

Ein westgotisches Restreich hielt sich, mit ostgotischer Unterstützung und zeitweise unter ostgotischer Herrschaft, nur noch am Mittelmeer in *Septimanien* (um Narbonne, Agde, Nîmes und Carcassonne). Infolge des anhaltenden fränkischen Drucks orientierten sich die Westgoten mehr und mehr nach Spanien hin, wo eine Gotensiedlung längst vor 500 eingesetzt hatte. Das gotische Siedlungsgebiet lag vor allem zwischen oberem Ebro und oberem Tajo (Toledo), während der Süden Spaniens den Goten verschlossen blieb. Dabei ist schon früh eine Mischbesiedlung aus Romanen und Germanen zu beobachten. Mit der Verlegung des Schwerpunkts nach Süden unter Athanagild (554–567) und Liuva I. (568–572) war das bis 711 währende *„Toledanische Reich"* „gegründet", als dessen Hauptort sich in der Folgezeit allmählich Toledo herausschälte und das sich allmählich über die ganze Iberische Halbinsel ausbreitete und schließlich (um 579/84) auch das Suebenreich im Nordwesten integrierte. Dieser Prozess war jedoch erst unter König Suinthila (621–631) mit der Auflösung der byzantinischen Restherrschaft an den Küsten abgeschlossen.

Die westgotischen Könige von Toledo entwickelten seit Leovigild (568/72–586) einen an das römische Kaisertum angelehnten Führungs- und Repräsentationsstil und übernahmen nach dem Übertritt Rekkareds (586–601) zum katholischen Glauben (587) und der Schaffung einer einheitlichen, von Rom weitgehend unabhängigen Landeskirche auf dem 3. Konzil von Toledo (589), auf dem fast alle Bistümer vertreten waren, eine Führungsrolle auch in Glaubensfragen sowie (damit verbunden) in der Kultur: Die Beschlüsse der westgotischen Konzilien wurden zu einer Grundlage des mittelalterlichen Kirchenrechts, und der Bischof Isidor von Sevilla wurde mit seinen Schriften eine der größten Autoritäten des Mittelalters. Der gemeinsame Glaube und die Möglichkeit des Konnubiums beendeten zugleich den Gegensatz zwischen Germanen und Romanen, so dass aus dem Einheitsstaat auch ein zunehmendes Zusammengehörigkeitsgefühl erwuchs, auch wenn sich das nur bedingt in der Namengebung spiegelte, die, bei aller Problematik der ethnischen Zuordnung, ein deutliches Übergewicht gotischer Namen bei weltlichen und romanischer Namen bei geistlichen Ämtern aufweist (G. Kampers). Allmählich ging die westgotische Bevölkerung jedoch in der iberoromanischen auf. Das Westgotenreich war damit der erste Germanenstaat, dem eine innere Einheit gelang (D. Claude). Dazu trug, anders als bei den Franken, nicht zuletzt die in der Regel ungeteilte Königsherrschaft bei. Die römische Provinzeinteilung mit ihren Metropolen (Gallaecia/Braga, Lusitania/Mérida, Baetica/Sevilla, Carthaginensis/Toledo, Tarraconensis/Tarragona, später Narbonensis/Narbonne) wurde ebenso übernommen wie die Provinzverwaltung durch „rectores provinciae", die zunehmend zivile Befugnisse erlangten, und das römische Finanzwesen. Die Kirche wurde in dieses Herrschaftssystem integriert, die Bischöfe waren weltlichen Amtsträgern gleichgestellt, teilweise aber auch von diesen abhängig.

Adelsverschwörungen, dynastische Kämpfe, Usurpationen und kurze Regierungszeiten bestimmten dagegen die Geschichte des früheren 7. Jahrhunderts. Die Einrichtung eines von den weltlichen und geistlichen Großen erkorenen Wahlkönigtums (633) setzte sich gegenüber den dynastischen Ansprüchen vor allem zweier konkurrierender Familien kaum durch, während die theokratische Sakralisierung des Königtums in dieser Zeit, unter Chindasvinth (642–653) und dessen Sohn Rekkasvinth (653–672), einen Höhepunkt erreichte. In der Praxis hatten sich die Könige des späteren 7. Jahrhunderts hingegen, als Folge der unruhigen Königserhebungen, mit einem größer werdenden Einfluss und Revolten des Adels und dann auch der Bischöfe auseinanderzusetzen. Die islamische Invasion nach Spanien im Jahre 711 traf daher auf ein innerlich geschwächtes Westgotenreich. In einem Zeitraum von zehn Jahren war die gesamte Halbinsel erobert und weitgehend islamisiert. Die schnelle Eroberung war aber wohl auch erst durch die politische Einigung des Landes durch die Westgoten möglich geworden. Lediglich im Norden, in den Pyrenäen, hielten sich kleine westgotische Reiche (Asturien, Pamplona, Aragón), die ihre Selbständigkeit bewahren konnten und Ausgangspunkt der späteren Rückeroberung werden sollten.

2.1.3 Sueben[5]

Könige
Hermerich (–441)
Rechila (441–448)
Rechiar (448–456)
Agilulf
Malchras/Frumari (–464)
Remismund
...
Chararich (um 550–559)
Theodemir (–570)
Miro (570–583)
Eborich (583–585)

Im Gefolge der Alanen und Vandalen hatten 409 auch Sueben die Iberische Halbinsel betreten, deren nordwestlichen Teil am Atlantik (um Braga, Vilana de Castilo und Porto) in Besitz genommen und sich hier gegen die silingischen Vandalen in Galizien und gegen die Römer nicht nur behaupten, sondern das Reich nach dem Abzug der (hasdingischen) Vandalen nach Afrika (429) noch gewaltig ausdehnen können. Die Sueben bildeten aber wohl keine Einheit, sondern waren nach der Mitte des 5. Jahrhunderts in mindestens zwei Gruppen bzw. Heere geteilt („conventus lucensis" und „conventus bracarensis") und gerieten nach dem Tod des Königs Rechiar unter den westgotischen Einfluss Theoderichs II. Versuche verschiedener Könige, den katholischen Glauben anzunehmen, blieben anscheinend Episode: Die Konversion des Sueben Rechiar um 448 wurde schon 455/56 nach einer Niederlage rückgängig gemacht, die zweite Konversion im Konzil von Lugo 569 erfuhr 585 noch einmal für kurze Zeit einen Rückschlag, als das Suebenreich dem toledanischen Westgotenreich einverleibt wurde.

---

[5] Lit.: Bibl. 5.2.1.2.4.

2.1.4 Vandalen[6]

Könige
Geiserich (428–477)
Hunerich (477–484)
Gunthamund (484–496)
Thrasamund (496–523)
Hilderich (523–530)
Gelimar (530–534)

Die Vandalen, die zu Beginn des 5. Jahrhunderts in verschiedenen Gruppen (vor allem Silingen und Hasdingen) zusammen mit Sueben und Alanen von ihren Sitzen im oberen Oder-Warthe-Gebiet zum Rhein marschiert waren, 409 die Pyrenäen überquert und sich eine Zeitlang auf der Iberischen Halbinsel („Andalusien") festgesetzt hatten, wurden hier unter ihrem König Guntharich politisch geeint. Infolge des ständigen Drucks durch Westgoten und Römer setzten sie 429 unter Guntharichs Halbbruder Geiserich nach Nordafrika über und eroberten es in kurzer Zeit. Mit der Einnahme Karthagos (439), das Hauptstadt blieb, und des Ostteils war die Eroberung abgeschlossen. Drei Jahre später wurde Geiserichs Herrschaft in der Ifrikija gegen Abtretung des weit weniger romanisierten Westens (Mauretanien und Westnumidien) von Rom als erstes weitgehend unabhängiges Germanenreich anerkannt. In der Folge wurden auch die Mittelmeerinseln erobert (455 die Balearen, Sardinien und Korsika, 468/76 Sizilien). Im Innern verhinderten hingegen Berberunruhen, Vertreibungen der römischen Bevölkerung um Karthago, Katholikenverfolgungen (unter Hunerich), eine arianische Bekehrungspolitik (unter Thrasamund) und soziale Spannungen eine dauerhafte Konsolidierung und ein friedliches Zusammenleben in dem als Fremdherrschaft empfundenen, auf einem starken Königtum beruhenden Reich, das einen römischen Angriff unter Kaiser Zenon (468/74) zunächst noch überstand. Im Zuge der oströmischen Rekuperationspolitik wurde die Vandalenherrschaft 533 jedoch beendet und Nordafrika (bis zum Siegeszug des Islam) dem Oströmischen Reich wieder eingegliedert.

2.1.5 Burgunder[7]

Könige
Gundiok (vor 456 bis ca. 470)
Chilperich I. (ca. 470 bis ca. 480)
Gundobad (ca. 480–516), Godegisel, Chilperich II., Godomar I.
Sigismund (516–524)
Godomar II. (524–534)

Die Burgunder, die im 3. Jahrhundert von mittlerer Oder und unterer Weichsel an den Main übergesiedelt waren, erhielten unter ihrem König Gundahar (dem Gunther des

---
[6] Lit.: Bibl. 5.2.1.2.5.
[7] Lit.: Bibl. 5.2.1.2.6.

Nibelungenliedes) durch Kaiser Honorius zunächst als Föderaten Wohnsitze am Rhein (um Worms). Als die Burgunder unter hunnischem Druck nach Süden vertrieben wurden, siedelte der römische Heermeister Aëtius Teile des Stammes unter König Gundiok in der „Sapaudia" (zwischen Genfer See, Rhône und Jura) mit dem Hauptort Genf als Schutzwall gegen die Hunnen an. Die Burgunder erhielten zwei Drittel des Bodens, die Hälfte der Höfe, des Waldes und der Weiden sowie ein Drittel der Kolonen. Die Romanen behielten aber Rechte und Besitz, und die römische Verwaltung (mit „comites civitatis") wurde weitgehend übernommen. Das burgundische Recht kannte eine Differenzierung der Freien in drei Stände („optimates", „mediani", „minimi"). Da Zuzug – wohl infolge der großen Verluste in den Hunnenkriegen – gefördert wurde und auch Mischehen erlaubt waren, zeichnet sich das Burgunderreich durch eine Tendenz zur Symbiose von Germanen und Romanen aus, die zur schnellen – auch am Namengut ablesbaren – Romanisierung der Burgunder führte. Gegenüber der These, die burgundischen Personennamen besagten daher nichts über Ethnizität, sondern verteilten sich auf kirchliche und weltliche Amtsträgerschichten (P. Amory), bleibt es vielleicht doch bezeichnend, wenn die romanischen Namen sich deutlich auf Kirchenämter, germanische hingegen auf weltliche Ämter konzentrierten.

Nach der Mitte des 5. Jahrhunderts breitete sich die Burgunderherrschaft nach Westen in die Lugdunensis, nach Norden bis nach Windisch und nach Süden gegenüber der Provence (Die, Autun, Vienne) aus; Lyon wurde neue „Hauptstadt". Seit 474 bildete die Durance die Grenze zu den Westgoten, während das Reich nun nach Norden gegenüber den Alemannen expandierte (Dijon, Besançon, Langres). Das Königtum war in der Familie der Gibichingen erblich. Von den vier Söhnen Chilperichs I. setzte sich nach längeren Kämpfen und blutigen Auseinandersetzungen der im römischen Heeresdienst zum katholischen Glauben übergetretene Gundobad (seit 500 als Alleinherrscher) durch, der seine Nichte Chrodechilde mit dem Frankenkönig Chlodwig verheiratete. Um 501 hatte Gundobad das burgundische Recht aufzeichnen lassen, 506 folgte die „Lex Romana Burgundionum" für die Romanen. Unter Gundobads Sohn Sigismund (516–524) trat auch der Großteil des Volkes zum katholischen Bekenntnis über. Die Ermordung des Königssohnes aus erster Ehe, Sigerich, führte jedoch zu Spannungen mit dem Ostgoten Theoderich (Sigerichs Großvater) und damit zur endgültigen Beendigung des Gleichgewichtssystems. Zur Buße förderte Sigismund das 515 gegründete Kloster Agaunum (St. Maurice), in dem er später als Heiliger verehrt wurde. Zwischen Ostgoten und Franken völlig isoliert, unterlag Sigismund 523 einem fränkischen Angriff. 532/34 wurde das Burgunderreich endgültig dem Frankenreich einverleibt.

2.1.6 Angelsachsen[8]

Nachdem die Römer die Britischen Inseln zu Beginn des 5. Jahrhunderts endgültig verlassen hatten, entstand hier eine Reihe kleinerer Britenreiche, die im 5. Jahrhundert von (schottischen) Pikten und (irischen) „Schotten" bedroht wurden. Die Mitte des 5. Jahrhunderts zu Hilfe gerufenen Angeln, Sachsen, Friesen und Jüten nahmen

---

[8] Lit.: Bibl. 5.2.1.2.7.

gemäß der sehr viel späteren, mythischen Überlieferung zunächst unter den sagenhaften Anführern Hengist und Horsa („Hengst" und „Pferd") und dann unter weiteren Führern ihrerseits das Land in Besitz und vertrieben die romanisierte, keltische Bevölkerung in die Randgebiete (Cornwall, Wales) und in die Bretagne (die aber schon vorher britisch besiedelt war).

Die Frühgeschichte der angelsächsischen Reiche ist infolge der späten schriftlichen Überlieferung nur verschwommen erkennbar. Entgegen den lange vorherrschenden Ansichten geht die heutige Forschung kaum mehr von einer großen germanischen Invasion, sondern von vielen kleinen, einwandernden Gruppen aus. Wie bei der fränkischen Siedlung in Gallien, ist tatsächlich auch hier nicht mit einer gezielten Eroberung, sondern mit einem allmählichen, bereits im 3. Jahrhundert einsetzenden Eindringen zu rechnen. Die Herrschaftsübernahme erfolgte nicht vor der Mitte des 5. Jahrhunderts in einem längeren Prozess, der erst gegen Ende des 6. Jahrhunderts deutlichere Konturen annahm; noch im 6. Jahrhundert gab es mächtige britische Herrschaften (von denen der allerdings erst spät bezeugte König Artus eine große literarische Nachwirkung erfahren sollte). Wie auf dem Kontinent, ist auch hier keineswegs mit einer vollständigen Vertreibung der Briten zu rechnen; die jüngere, vor allem die archäologische Forschung betont vielmehr die Kontinuitäten. Entromanisierung und Anglisierung waren folglich langfristige Prozesse, die in vielen Gegenden nicht vor dem 7. Jahrhundert abgeschlossen waren und regional sehr unterschiedlich verliefen. Anders als in den übrigen, ehemals römischen Gebieten bestimmten die Einwanderer in England jedoch nicht nur die Herrschaft, sondern auch die Sprache, so dass sie sicherlich nicht nur eine kleine Minderheit bildeten.

Von den sich vielleicht noch im 5. und vor allem im 6. Jahrhundert ausbildenden Kleinreichen (u.a. Surrey, Middlesex, Lindsay) konnten sich bis zum Beginn des 7. Jahrhunderts allmählich sieben oder acht konsolidieren. Nach Beda und dem Namen nach verteilten sie sich unter die einzelnen Einwanderervölker, während der archäologische Befund eher eine Mischbevölkerung nahe legt: Beda nennt nur noch ein Reich der Jüten in Kent, Reiche der Süd- (Sussex), Ost- (Essex) und Westsachsen (Wessex) im Südwesten und der Angeln nördlich der Themse (East Anglia, Middle Anglia, Mercia und Northumbria), die zusammen das „englische" (anglische) Volk bildeten. Einer dieser Kleinkönige soll als „Bretwalda" („rex Britanniae") eine Art Oberhoheit ausgeübt haben, ohne dass dessen Befugnisse und Stellung genauer erkennbar wären. Neben den Franken waren die so genannten Angelsachsen dank der im frühen 10. Jahrhundert erreichten Einigung das einzige „Germanenvolk", dessen Reich Bestand hatte (vgl. 2.6 zur Geschichte Englands).

2.1.7 Langobarden[9]

Könige (in Italien)
Alboin (568–572)
Cleph (*Bergamo*: 572–574)
Authari 584–590)
Agilulf (*Turin*: 590/91–615/16)
Adaloald (615/16–625)
Ariold (*Turin*: 625/26–636)
Rothari (*Brescia*: 636–652)
Rodoald (652–653)
Aripert I. (*Asti*: 653–661)
Godepert (661/62) und Perctarit (661/62, 671–688)
Grimoald (*Benevent*: 662–671)
Garibald (671)
Cunincpert (688–700)
Liutpert (700–701)
Raginpert (*Turin*: 701)
Aripert II. (701–712)
Ansprand (712)
Liutprand (712–744)
Hildeprand (744)
Ratchis (*Friaul*: 744–749, 756–757)
Aistulf (749–756)
Desiderius (*Tuscien*: 757–774) und Adelchis (759–774)

Als letzte errichteten die Langobarden, die, unter ständigem Zuzug anderer Volksgruppen, zu Beginn des 6. Jahrhunderts unter ihrem König Wacho zunächst von der Elbe nach Böhmen und Pannonien, 547/48 dann unter Audoin in das Gebiet zwischen Save und Drau gezogen waren und 567 unter Audoins Sohn Alboin das Gepidenreich vernichtet hatten, seit 568 eine Herrschaft in dem damals wieder byzantinischen, aber im Niedergang begriffenen Italien. Die „Fahrtgenossenschaften" („farae") der Wanderzeit siedelten in den einzelnen Regionen, ihre Führer („duces") setzten sich an die Spitze der nach und nach eroberten städtischen Territorien. Die langobardische Herrschaft und Siedlung hatte ihr Zentrum im Norden in der Poebene (Hauptort wurde zunächst Verona, später Pavia), reichte im Süden aber bis nach Spoleto und Benevent. Süditalien (Apulien, Kalabrien und die Inseln), aber auch Teile Nord- und Mittelitaliens, darunter Istrien, Venedig, Ravenna mit der Pentapolis und Rom, blieben byzantinisch und wurden von einem Exarchen mit Sitz in Ravenna geleitet. Die dadurch bedingte Trennung des Langobardenreichs in einen Nord- und einen Südteil ermöglichte eine relativ selbständige Entwicklung der unter erblichen Dynastien stehenden südlichen Fürstentümer Spoleto und Benevent und eine im ganzen Mittelalter und darüber hinaus entscheidende Sonderentwicklung Süditaliens.

---

9 Lit.: Bibl. 5.2.1.2.8.

In der in Grundherren und Bauern gegliederten langobardischen Gesellschaft blieben politisch die Freien, die zugleich Krieger („arimanni" = Heermannen) waren, bestimmend. Anders als im Ostgoten- oder Burgunderreich verloren die Romanen im Langobardenreich zunächst jeden politischen Einfluss und den Zugang zum Heeresdienst, und sie waren minderberechtigt. Das Land wurde unter den Eroberern aufgeteilt. Die römischen Schlüsselpositionen wurden durch neue Amtsträger ersetzt. Romanen und Germanen blieben daher noch lange weitgehend getrennt; erst im 7. Jahrhundert schritt auch hier die Romanisierung der langobardischen Oberschicht voran. Die Städte aber behielten ihre zentralörtliche Funktion in administrativer, gerichtlicher, militärischer und wirtschaftlicher Hinsicht, vor allem aber als Herzogssitze, und bildeten, neben König und Herzögen, einen wichtigen Integrationsfaktor.

Sowohl Alboin (572) als auch sein Nachfolger Cleph (574) wurden ermordet. Für zehn Jahre regierten jetzt die Herzöge allein. 584 aber wählte man angesichts der fränkischen Bedrohung Clephs Sohn Authari, der alsbald wieder eine offensive Politik gegenüber den byzantinischen Gebieten betrieb, zum König und trat ihm die Hälfte des Besitzes ab. Die langobardische Verfassung beruhte seither auf einem Wechselspiel zwischen den „Herzögen" („duces") und dem König, der ihrem Kreis entstammte und gewählt wurde: Im Wechsel folgten Könige aus verschiedenen Herzogtümern, die durch Heirat allerdings gern den dynastischen Anschluss an die Familie des Vorgängers zu gewinnen suchten. Viele Könige wurden – als ein Indiz der inneren Spannungen – ermordet. Dennoch wurde die Königsherrschaft zunehmend intensiviert. Unter Authari traten königliche Amtsträger, die Gastalden, neben die Herzöge; unter Agilulf konnte sich die langobardische Königsherrschaft nach innen und außen stabilisieren. Dem Iren Columban wurde eine christliche Mission erlaubt. Die Annäherungen an die katholische Kirche führten jedoch zum Sturz des Sohnes und Nachfolgers Adaloald. Die Gesetzgebung (der „Edictus") Rotharis von 643 betonte dann bereits die herausragende Stellung des Königs als des obersten Heerführers, Gesetzgebers und Richters sowie immer noch die langobardische Dominanz gegenüber den Romanen.

Im Verlauf des 7. Jahrhunderts verstärkten sich die Beziehungen zu Bayern. Unter Aripert I. und seinem Sohn Perctarit begann eine Katholisierung, die sich, anfangs noch im Wechsel mit arianischen Reaktionen, zu Beginn des 8. Jahrhunderts dann endgültig durchsetzen konnte. Gleichzeitig setzten Bestrebungen zum Ausgleich mit den Romanen ein, die zu einer schnellen Romanisierung der Langobarden führten. Unter Ansprand und seinem Sohn Liutprand (712–744), die Pavia zu einer regelrechten Hauptstadt ausbauten, erreichte die Langobardenherrschaft ihren Höhepunkt. Trotz der Katholisierung verschärften sich die traditionellen politischen Spannungen mit dem (im byzantinischen Gebiet residierenden) Papst, seit Liutprand die Expansionspolitik gegenüber Byzanz wieder aufnahm. 735 eroberte er Ravenna und die Pentapolis. Als er 739 Rom belagerte, wandte sich Papst Gregor III. Hilfe suchend, jedoch vergeblich, an den fränkischen Hausmeier Karl Martell, so dass sich Papst Zacharias 742 zu einem 20-jährigen Waffenstillstand mit den Langobarden gezwungen sah. In diesem Konflikt ging es längst nicht mehr um Glaubensgegensätze, sondern um politische Machtfragen, zumal die Lage Roms durch die langobardische Eroberung der südlichen Fürstentümer Spoleto und Benevent immer bedrohlicher wurde. Bei einem neuerlichen Angriff König Aistulfs auf Rom (753) wandte sich Papst Stephan II. an den Karolinger Pippin, der in den folgenden Jahren (755/56) zweimal erfolgreich militärisch eingriff, das Langobardenreich jedoch weiter bestehen ließ, die ehemals byzantinischen Gebiete aber in der „Pippinischen Schenkung" dem Papst tradierte. Der neue Langobardenkönig Desiderius von Tuscien (757–774) übernahm zeitweise sogar die Schutzherrschaft über den Papst. Als auch er die Expansionspolitik wieder aufnahm, griff Karl der Große auf Drängen des Papstes ein, eroberte Pavia, schickte Desiderius ins Kloster und übernahm selbst die Herrschaft über das Langobardenreich, dessen eigenständige Geschichte damit beendet war. Italien wurde dem Frankenreich einverleibt, bewahrte aber seine eigenen Strukturen und eine gewisse Selbständigkeit.

2.1.8 Fazit

Alle Germanenreiche[10] waren gewissermaßen aus den Wanderungen oder Siedlungsbewegungen großer Völkergemische – nicht aber ganzer Völker – auf der Suche nach neuem Siedelland, als Folge äußerer Bedrohungen (Hunnen) wie auch innerer Spannungen, teilweise in engen Beziehungen zum Römischen Reich, entstanden. Nach Landnahme, Siedlung und Herrschaftsbildung in unterschiedlichen Formen – teils als Föderaten, teils durch Eroberung, teils durch allmähliches Einsickern – traten sie im Westen an die Stelle des Imperiums und des seit 476 nicht mehr existenten Westkaisers. Die vieldiskutierten, bei Orosius überlieferten Worte des Gotenkönigs Athaulf, eigentlich habe er das Imperium Romanum auslöschen und, gleichsam als ein neuer Augustus, durch ein gotisches ersetzen wollen, dann aber eingesehen, dass die Barbaren sich nicht dem Gesetz als dem Fundament aller staatlichen Ordnung unterwerfen könnten und daher den Entschluss gefasst, das Römische Reich mit gotischen Kräften wiederherzustellen (Oros. hist. 7,43,3ff.): diese Worte spiegeln – trotz vielfacher, gegenteiliger Deutungen – zunächst weit eher die Wunschwelt des Orosius (und die Angst der Römer) als die Denkweise Athaulfs oder die Politik der Germanenfürsten wider; im Rückblick scheinen sie aber doch symptomatisch für diese Zeit, die das „Abendland" gleichsam wider Willen schuf. Die Übernahme der Herrschaft war durch eine allmähliche Integration in das Reich, vor allem im Heer, aber auch durch die Siedlung auf römischem Boden vorbereitet worden und verlief durchaus in römischen Bahnen. Die Germanenreiche lassen sich aus dieser Sicht als konsequente Fortsetzung eines langen Integrationsprozesses deuten. Eine gewichtige Vorstufe der Reiche bilden die Föderatenverträge, auch wenn deren Inhalt und Bedeutung nach wie vor strittig sind[11] und unser Wissen darüber aus den Quellen sehr lückenhaft ist.[12] Gegen die revolutionierenden Thesen von Walter Goffart und Jean Durliat, dass die Germanen nicht ein Drittel des Landes, sondern ein Drittel der Steuereinkünfte erhielten, sind inzwischen gewichtige Einwände geltend gemacht worden.[13]

---

[10] Unter Einschluss des merowingischen Frankenreichs, das wegen des Fortwirkens erst im nächsten Abschnitt (2.2.1) behandelt wird.
[11] Vgl. jetzt W. POHL (Hg.), Kingdoms of the Empire.
[12] Vgl. die Aufsätze von G. WIRTH und P. HEATHER, ebd., 13–74.
[13] W. LIEBESCHÜTZ, Cities, Taxes and the Accomodation of Barbarians, ebd., 135–151.

Das Verhältnis von „Volk" und „Reich" bleibt ein schwieriges Problem,[14] doch kam der Reichsbildung als politischem Prozess ein entscheidendes Gewicht auch in den ethnogenetischen Entwicklungen zu. Schon im Verlauf der Wanderungen hatte sich das Volkssubstrat entscheidend verändert, während in den neuen Germanenreichen, die sich – als „Vielvölkerreiche" und Völkergemische – auf einen namengebenden Kern beriefen und ihre Herrschaft – später – nicht selten durch eine weit in die Vergangenheit zurückreichende Stammessage und Stammestradition legitimierten, ein neuer Prozess der Integration in die (romanische) Bevölkerung einsetzte. Dabei ist ein Fortwirken römischer Strukturen unverkennbar. Mit der Herrschaft übernahmen die neuen Könige auch einen guten Teil der Verwaltungsstrukturen samt der Schriftlichkeit der Administration, der Münzprägung, der Gesetzeskodifikation sowie der Besteuerung und Domänenverwaltung. Als Erben des Römerreichs schufen sie langfristig eine neue politische Ordnung, die, mit wenigen Ausnahmen (Alemannen, Sachsen, Bayern), auf einem mächtigen, aber keineswegs konsolidierten Königtum beruhte, das aus dem Heerkönigtum erwachsen war, sich im Herrschaftsstil aber an dem Vorbild des römischen Kaisers orientierte (Goldmünzen, Zeremoniell) und erst auf dieser Grundlage nach der Christianisierung wieder sakrale Züge annahm. Die meisten Königsherrschaften neigten zur Erblichkeit, die manchmal, wie bei den Merowingern, geradezu verbindlich wurde, ohne jedoch zur unbestrittenen Nachfolgeregelung zu werden. Überall gab es vielmehr innere Spannungen: zwischen den Mitgliedern der „stirps regia" (des Königsgeschlechts), zwischen verschiedenen Familien oder verschiedenen Anwärtern wie auch zwischen den Königen und den „Großen". Die „Ansippung" neuer Könige an das alte Geschlecht (meist durch Einheirat) belegt aber die legitimierende Bedeutung königlicher Geburt. Das Königtum an sich, als Institution, wurde bald nirgends mehr in Frage gestellt und bildete das wichtigste Element einer (politischen) Integration der unterschiedlichen Bevölkerungsteile.

Alle Reiche standen unter der Herrschaft einer germanischen Minderheit, deren Bevölkerungsanteil oft nur auf 2–5 % geschätzt wird, sich regional aber unterschiedlich konzentrierte. Das setzte zwangsläufig eine Duldung ihrer Herrschaft seitens der romanischen Bevölkerung voraus, die weiterhin Verwaltung, Kirche und Kultur bestimmte, ihrerseits zunehmend an der Herrschaft beteiligt wurde und der man in der Regel mit religiöser Toleranz begegnete. Nur selten (wie bei Vandalen und frühen Langobarden) kam es zu Katholiken- und Römerverfolgungen. Minderes Recht und Eheschranken führten in manchen Reichen aber zu einem ethnisch-rechtlich-religiösen Dualismus zwischen (arianischen) Germanen und (katholischen) Romanen, der nur allmählich, dank der Katholisierung der Germanen und der Einbeziehung der Romanen in Reich und Gesellschaft, einer Verschmelzung und inneren Einigung, damit aber auch einer schnellen Romanisierung der germanischen Herrenschichten wich. Bei Burgundern und Franken setzte dieser Prozess schon früh ein, lediglich bei Franken und Angelsachsen verlief er ohne den „Umweg" über den Arianismus. Mit Ausnahme der Britischen Inseln setzten sich langfristig überall auch die romanischen Sprachen (oft sogar ohne nennenswerten germanischen Einfluss) durch. Germanische Elemente der neuen Herrschaften (wie die Königsgefolgschaft) waren zweifellos vor-

---

14 Vgl. H.-W. GOETZ/J. JARNUT/W. POHL (Hg.), Regna and Gentes.

handen, sind von der älteren Verfassungsgeschichte aber überbewertet worden. Die romanischen Grundlagen unterlagen jedoch ihrerseits einer „Transformation", so dass sich neue Strukturen gerade innerhalb der Germanenreiche ausbildeten, denen somit eine wichtige Rolle im Übergang von der Antike zum Mittelalter zufiel.

Die Dauer dieser Reiche war allerdings recht unterschiedlich. Sorgten einerseits wechselnde, durch Ehen zwischen den Herrscherhäusern besiegelte Bündnisse zeitweise für eine gewisse Stabilität, so führten die häufigen Auseinandersetzungen zwischen den Germanenreichen, die byzantinische Rekuperationspolitik gegenüber Ostgoten und Vandalen sowie das Expansionsstreben der Franken, denen die Reiche der Westgoten, Burgunder, Thüringer und später der Langobarden zum Opfer fielen, andererseits zum vorzeitigen Ende und zur Eingliederung der meisten Regna. Lediglich die Franken und die – in Kleinkönigreiche zersplitterten – Angelsachsen „überlebten". Die Germanenreiche waren somit kaum das Ferment, das den Wandel von der Antike zum Mittelalter bewirkt hat, sondern selbst in diesen Wandel eingebunden. „Die Germanen haben die Römische Welt weder zerstört noch erneuert, sie haben sich in ihr eingerichtet."[15] Am Ende aber war – nicht zuletzt durch Abgrenzung vom Kaiser in Byzanz – das erreicht, was angeblich schon Athaulf ursprünglich vorgeschwebt hatte: Germanische Herrschaften waren im Westen an die Stelle des untergegangenen bzw. auf Byzanz begrenzten Imperium Romanum getreten. Die Einheit des Imperium war einer Vielfalt germanischer Herrschaften gewichen, wobei sich das Zentrum allmählich vom Mittelmeer nach Norden verlagerte. Die wenig dauerhaften Germanenreiche zeitigten in dieser Hinsicht dauerhafte Folgen.[16]

Schema 1: Gleichgewichtspolitik Theoderichs in den Germanenreichen

	1. Generation		2. Generation	
Westgoten:	Alarich II.	∞ Thiudigota (Tochter Theoderichs)	Amalarich	∞ Chlothilde (Tochter Chlodwigs)
Ostgoten:	Theoderich	∞ Audofleda (Schwester Chlodwigs)		
Franken:	Chlodwig	∞ Chrodechilde (Tochter Gundobads, Burgund)	Theudebert (Sohn Theuderichs)	∞ Wisigard (Tochter Wachos, Langobarden)
	Chlothar	∞ Radegund (Tochter Berthachars, des Sohnes Bisins, Thüringer)		
Burgund:	Sigismund	∞ Ostrogotha (Tochter Theoderichs)		
Vandalen:	Thrasamund	∞ Amalafrida (Schwester Theoderichs)		
Langobarden:			Alboin	∞ Chlodoswind (Tochter Chlothars)

---

15 H. Wolfram, Das Reich und die Germanen, 440.
16 Ebd., 432.

2.2 Das Frankenreich

2.2.1 Die Zeit der Merowinger (500–751)[1]

Könige
Chlodwig (481/82–511)
Chlodwigs Söhne: Theuderich I. (*Reims:* 511–533), Chlodomer (*Orléans:* 511–524), Childebert I. (*Paris:* 511–558), Chlothar I. (*Soissons:* 511–561)
Reims: Theudebert I. (533–547), Theudebald (547–555)
Söhne Chlothars I.: Charibert (*Paris:* 561–567), Guntchramn (*Orléans:* 561–593), Sigibert I. (*Reims:* 561–575), Chilperich I. (*Soissons:* 561–584)

Neustrien:	Burgund:	Austrasien:
		Childebert II. (575–596)
	Theuderich II. (596–613)	Theudebert II. (596–612)
	Sigibert II. (613)	
Chlothar II. (584–629, 613–629 Gesamtreich)		
Dagobert I. (623–639, 629–639 Gesamtreich)		
Chlodwig II. (639–657)		Sigibert III. (633–656)
Chlothar III. (657–673)		Childerich II. (662–675)
Theuderich III. (673/75–690/91)		Dagobert II. (676–679)

Gesamtreich:
Chlodwig III. (691–694)
Childebert III. (694–711)
Dagobert III. (711–715/16)
Chilperich II. (715/16–721)
Theuderich IV. (721–737)
Childerich III. (743–751)

Das erfolgreichste und langlebigste Germanenreich hatten zweifellos die Merowinger in Gallien errichtet, doch erscheint ein solches Urteil erst im Rückblick gerechtfertigt. Zeitspezifisch ordnet sich das Frankenreich ganz in die übrigen Germanenreiche auf römischem Boden ein, deren Herrschaft nur selten auf einen erbitterten Widerstand der Bevölkerung stieß. Die Zeit der Merowinger ist eine Übergangsepoche, die noch nicht wirklich „mittelalterlich" wirkt, aber entscheidend auf die künftige Entwicklung einwirkt. Kennzeichnend für die Geschichte des merowingischen Frankenreichs sind die Großreichsbildung und der Aufstieg zu einer hegemonialen Stellung unter den Germanenreichen im Verlauf von nur zwei Generationen und, mehr noch, der durch Romanisierung, Katholisierung und Respektierung der Eigenständigkeit eroberter Rei-

---

[1] Allgemeine Lit.: R. BAUTIER, Recherches; W. BLEIBER, Frankenreich; E. EWIG, Merowinger; P. GEARY, Before France; E. JAMES, Franks; R. KAISER, Das römische Erbe; P. PÉRIN/L.-C. FEFFER, Francs; R. SCHNEIDER, Frankenreich; K. von WELCK/A. WIECZOREK/P. PÉRIN, Franken; I. WOOD, Merovingian Kingdoms; E. ZÖLLNER, Franken. Vgl. Bibl. 5.2.2.2. Ferner C. GAUVARD, France; R. LE JAN, Histoire.

che sowie vor allem durch die schnelle Symbiose von Germanen und Romanen bewirkte lange Bestand. Das erbliche merowingische Königtum bildete zweifellos eine feste Klammer des Vielvölkerreichs. Nicht minder kennzeichnend sind aber die inneren Spannungen und grausamen Kämpfe der Herrscher untereinander und die Folge der Reichsteilungen, an deren Ende eine gewisse Verfestigung in drei und schließlich zwei Teilreiche (Neustrien – Burgund, Austrien oder Austrasien) steht. Dass das Frankenreich trotz der vielfältigen Teilungen und der inneren Auseinandersetzungen in der Folgezeit als Einheit erhalten blieb, dürfte deshalb auch den wechselnden Machtverhältnissen (Untergang des Ostgotenreichs) und einer gewissen Abgrenzung der Interessensphären zwischen Franken, spanischen Westgoten und Langobarden zu verdanken sein. Politisch lässt sich die Geschichte des Merowingerreichs in vier Phasen unterteilen: die Frühgeschichte, die Großreichsbildung Chlodwigs, die Herrschaft seiner Nachfolger bis ins 7. Jahrhundert und die faktische Herrschaft der (karolingischen) Hausmeier unter der nominellen Vorherrschaft der Merowingerkönige bis zur Königserhebung Pippins im Jahre 751.

2.2.1.1 Die Frühgeschichte der Franken

Die erstmals zum Jahre 257/58, allerdings erst in einer Quelle vom Ende des 3. Jahrhunderts erwähnten Franken sind eines jener mysteriösen, aus vielen Kleinstämmen an beiden Seiten des Niederrheins (Tubanten, Bataver, Chamaven, Chattuarier, Ampsivarier, Usipeter, Tenkterer, Brukterer) zusammengewachsenen Völker, die im 3. Jahrhundert plötzlich auftauchen bzw. in das Blickfeld römischer Quellen gelangen, ohne dass größere Wanderbewegungen oder archäologische Brüche zu verzeichnen sind. Die „Tabula Peutingeriana" verzeichnet am Rhein „Chamavi qui et Franci", so dass hier vielleicht der namengebende Kern zu vermuten ist. Einer zwei Jahrhunderte andauernden Bedrohung der Reichsgrenzen durch fränkische Kleinverbände folgte vor allem nach der Mitte des 4. Jahrhunderts eine intensiver werdende fränkische Siedlung in Nordgallien, die nach sprachlichen und archäologischen Befunden auf ein Nebeneinander und eine Symbiose mit der ansässigen romanischen Bevölkerung, mit vielen „Sprachinseln", schließen lässt. Entgegen der Betonung rechtlicher Unterschiede zwischen Franken und Romanen in der Lex Salica und den eigenständigen Volksrechten der germanischen Völker im Frankenreich scheinen die ethnischen Differenzen für die Königsherrschaft wie auch für die merowingischen Geschichtsschreiber von geringer Bedeutung gewesen zu sein, und sie verblassen in der Folgezeit zusehends.

Im 5. Jahrhundert schälten sich unter den Franken zwei Gruppen heraus: die so genannten Rheinfranken („Ribuarier") und die in der Forschung „Salier" genannten Franken (wobei beides aber wohl nicht als Stammesname verstanden werden darf).[2] Die zukunftsweisende Wirkung ging von den letzteren aus, die seit 358 das Gebiet zwischen Schelde und Maas in Besitz genommen hatten. Im 5. Jahrhundert herrschten hier zunächst wohl mehrere Kleinkönige in ehemals römischen Zentren wie Tournai und Cambrai. Von hier aus begannen jedoch die – nach Chlodios angeblich mit einem

---

[2] Das betont Matthias SPRINGER, Salier und salisches Recht. Beobachtungen zu den Wörtern *Salii* und *Salicus*, in: K. von WELCK/A. WIECZOREK/P. PÉRIN (Hg.), Franken, 485–487.

Meeresungeheuer gezeugten Sohn Merowech benannten – „Merowinger" unter ihren mit den römischen Statthaltern Aegidius und dessen Sohn Syagrius eng verbündeten oder auch in deren Diensten stehenden Königen Chlodio und Childerich, dessen Grab 1653 in Tournai entdeckt wurde, ihren Herrschaftbereich bis zur Somme und Maas auszudehnen. Seit der Herrschaftsbildung Chlodwigs war der Anspruch der Merowinger, die sich unter anderem durch ihre langen Haare und familientypische Namen abgrenzten, auf das Königtum unstrittig.[3] Da die wenigen zeitgenössischen Quellen (Heiligenviten, Volksrechte, Urkunden und Konzilsbeschlüsse) nur punktuelle Eindrücke vermitteln und eine „fränkische" Geschichtsschreibung erst gegen Ende des 6. Jahrhunderts mit dem ergiebigen, aber nicht unproblematischen Bericht des romanischen Bischofs Gregor von Tours einsetzt, erfahren wir von vielen Begebenheiten unter den ersten Frankenkönigen nur aus dem späteren Rückblick.

2.2.1.2 Chlodwigs Reichsgründung

Die fränkische Großreichsbildung war das Werk des Childerichsohnes Chlodwig (481/82–511),[4] der zunächst nur einer von mehreren Merowingerkönigen war, im Verlauf seiner Regierungszeit aber durch Ausschaltung der anderen Kleinkönige und Expansion aus dem Kleinreich ein Großfränkisches Reich entstehen ließ, das die anderen Germanenreiche an Macht und Umfang übertraf.[5] Chlodwigs historische Leistung war eine dreifache: die innere Einigung, die Expansion und die Annahme des katholischen Glaubens. Die längst eingetretene Entfremdung von Rom dürfte ebenso zu dem schnellen Erfolg beigetragen haben wie die Übernahme römischer Verwaltungsstrukturen und die Annahme des katholischen Christentums: Beides ermöglichte eine weitgehende Symbiose von Romanen und Germanen, zumal der galloromanische Senatorenadel, trotz rechtlicher Unterschiede, zumindest im Süden des Landes maßgeblich an der Regierung beteiligt wurde. Ausgangspunkt der Expansion war die 486/87 in einer Entscheidungsschlacht gegen den römischen Statthalter Syagrius errungene Übernahme der Herrschaft im römischen Restreich Galliens, das fortan Mittelpunkt und Kernlandschaft des fränkischen Reichs werden sollte: Chlodwig verlegte seinen Hauptsitz sogleich demonstrativ von Tournai nach Soissons, dem Zentrum des Syagriusreichs, als dessen Nachfolger er sich fühlte. In den nächsten Jahren breitete sich die fränkische Herrschaft bis zur Loire aus und grenzte damit an die Herrschaftsgebiete der Westgoten im Süden und der Burgunder im Südosten. Nach verschiedenen Auseinandersetzungen und Angriffen (seit 496) siegte Chlodwig 507 im Bündnis mit den Burgundern bei Vouillé in der Nähe von Poitiers entscheidend über die Westgoten, deren König Alarich II. fiel. Er nahm im weiteren Vormarsch die „Hauptstadt" Toulouse ein und beendete damit das „Tolosanische" Westgotenreich, das sich als kleines Restreich in der Narbonnensis („Septimanien") hielt und später nach Spanien hin orien-

---

[3] Zur Namengebung und Prosopographie der Merowinger vgl. E. Ewig, Namengebung; M. Weidemann, Chronologie.
[4] Zur reichen Literatur über Chlodwig (v.a. angesichts des Jubiläumsjahres) vgl. W. Daly, Clovis; M. Rouche, Clovis; L. Theis, Clovis; M. Rouche (Hg.), Histoire; O. Guyotjeannin (Hg.), Clovis; J. Heuclin, L'année Clovis. Zur Bedeutung der Taufe: A. Bernet, Clovis; G. Tessier, Baptême; D. Shanzer, Dating.
[5] Zu dem (durchaus positiven) Chlodwigbild der zeitgenössischen Quellen vgl. W. Daly, Clovis.

tierte. Der weithin romanisch geprägte Süden Galliens stand fortan unter fränkischer Herrschaft, blieb jedoch in seiner Struktur erhalten; die Hauptstadt wurde erneut etwas weiter südwärts, nach Paris, verlegt, wo Chlodwig an der Stelle des heutigen Palais de Justice seinen Königspalast errichtete.

Die Rheinfranken hatten sich indes mit den Alemannen auseinanderzusetzen, die 496/97 das Reich Sigiberts angriffen, jedoch mit Chlodwigs Hilfe bei Zülpich geschlagen wurden. Entscheidender war ein zweiter Alemannensieg 506, durch den das nördlich der Oos (auf der Höhe von Baden-Baden) gelegene Oberrheingebiet fränkisch wurde. Welcher dieser beiden Alemannensiege legendär im Namen Gottes errungen wurde und Chlodwigs anschließende Taufe bewirkte oder ob es tatsächlich nur eine einzige Alemannenschlacht gab, ist allerdings umstritten.[6] Im Innern schaltete Chlodwig in skrupellosem Vorgehen nach und nach die anderen Frankenkönige (Chararich, Ragnachar von Cambrai mit seinen Brüdern Richar und Rignomer) aus und dehnte seinen Herrschaftsbereich dadurch nach Norden bis zur Maas aus. Zuletzt, zwischen 509 und 511, wurde auch das Kölner Reich Sigiberts einbezogen. Erst von diesem Zeitpunkt an stand das gesamte Frankenreich unter einheitlicher Führung. Bei seinem Tod (27.11.511) hinterließ Chlodwig ein Großreich, das von der Schelde zu den Pyrenäen und vom Atlantik bis zum Rhein reichte und dem neben dem Ostgotenreich Theoderichs die Hegemonie im Westen zufiel.

Die schnelle Ausdehnung deutet auf die Instabilität der Machtverhältnisse in Gallien. Zur inneren Einigung trug neben der Königsherrschaft vor allem der institutionelle Aufbau des Reichs bei. Die bewusste Übernahme römischer Herrschaftsformen, Verwaltungs- und Kirchenstrukturen und die Einbindung der galloromanischen Senatsaristokratie schufen hier wichtige Grundlagen und sicherten zugleich Kontinuitäten, die Voraussetzung für eine Romanisierung wie auch eine Weiterentwicklung waren. Römischen Ursprungs waren Kanzlei und Urkundenwesen,[7] Steuern, Münzprägung und die Staatsländereien im Syagriusreich als wesentliche Machtgrundlage des fränkischen Königtums. In dieser Kernlandschaft lagen nicht zufällig auch die Regierungssitze („sedes regiae") und die wichtigsten merowingischen Klöster. Steuerregister und städtische Archive wurden weitergeführt, und auch die Kodifizierung des fränkischen Rechts im so genannten Pactus legis Salicae, dessen älteste Fassung (65-Titel-Text) wohl noch von Chlodwig selbst angeregt wurde, ging (wie manches andere) auf römische Traditionen wie auch auf das Vorbild des eroberten Westgotenreichs zurück.

Besonders bedeutsam für eine innere Integration war die Annahme des katholischen Glaubens unter dem Einfluss von Chlodwigs katholischer Gemahlin Chrodechilde, aber auch infolge der längst bestehenden Kontakte zum römischen Episkopat und der romanischen Umgebung. Konkreter Anlass der – wahrscheinlich doch um 498

---

6 Dazu zuletzt Dieter GEUENICH, Chlodwigs Alemannenschlacht(en) und Taufe, in: DERS. (Hg.), Franken und Alemannen, 423–437.
7 Zur Problematik der Merowingerurkunden (anhand einzelner Beispiele): C. BRÜHL, Studien; T. KÖLZER, Merowingerstudien I und II.

erfolgten – Taufe[8] mit mehr als 3000 Gefolgsleuten soll nach der ebenso wunderträchtigen wie geschichtsbewussten Erzählung Gregors von Tours, der oben erwähnte, im Namen Christi geglückte Alemannensieg gewesen sein: Für Gregor, der Chlodwig in Parallele zu Kaiser Konstantin stellte, war bei den Franken hier der historische Moment erreicht, den die Römer unter Konstantin errungen hatten; die Franken waren für ihn damit zugleich die Erben der Römer. Der Katholik Chlodwig besaß nun den uneingeschränkten Rückhalt der Galloromanen; für den Bischof Avitus von Vienne war er *der* Schutzherr aller römischen Christen schlechthin. Nach dem Westgotensieg wurde Tours ein weiteres Zentrum des Frankenreichs, der heilige Martin zum Reichsheiligen. Die Folge war jedenfalls, dass es im Frankenreich, im Gegensatz zu den meisten anderen Germanenreichen, schon früh keinen Religionsgegensatz mehr zwischen Franken und Romanen gab und somit ein Zusammenwachsen erleichtert war, auch wenn die Christianisierung des Volkes noch eine geraume Zeit in Anspruch nehmen sollte. Der Romane Gregor von Tours ist mit seinem fränkischen Reichsbewusstsein selbst Beweis des gelungenen Zusammenwachsens beider Bevölkerungsgruppen. Erst Chlodwigs Taufe ermöglichte auch ein engeres Zusammenwirken von König und Kirche, nicht minder aber die Unterstellung der Kirche unter das herrscherliche Regiment, und sie mag schließlich auch die Anerkennung durch den byzantinischen Kaiser erleichtert haben. Eine Gesandtschaft aus Konstantinopel (508), die Chlodwig – wie zuvor (497) Theoderich – den Ehrenkonsulat mit kaiserlichen Abzeichen verlieh, bestätigte die Anerkennung der fränkischen Herrschaft seitens Ostroms. Auf der anderen Seite scheint es, dass Chlodwig und seine Nachfolger, so souverän sie praktisch auch regieren mochten, die Hoheit des oströmischen Kaisers anerkannten und dessen Rechte sogar in Bezug auf den Süden Galliens (wie hinsichtlich der Einsetzung der Erzbischöfe) respektierten.[9] In seinem letzten Regierungsjahr (511) versammelte der Frankenkönig nach westgotischem Vorbild das erste fränkische Reichskonzil in Orléans, an dem 32 (noch durchweg galloromanische) Bischöfe aus verschiedenen Teilen Galliens teilnahmen und das gleichsam eine merowingische Reichskirche konstituierte. Mit dem Begräbnis in der Apostelbasilika (der späteren Kirche der hl. Genovefa) in Paris, deren Bau die konstantinische Grabkirche nachahmte, brach Chlodwig bewusst mit der heidnischen Tradition seiner Vorgänger.

2.2.1.3 Herrschaft der Merowinger
Kennzeichnend für das Merowingerreich war die Teilung der Herrschaft unter die gleichberechtigten Söhne nach dem Vorbild der gesetzlichen Besitzteilung, ohne dass die Einheitsidee aufgegeben wurde (so genannte merowingische Samtherrschaft). Tatsächlich gab es im Laufe der Zeit sehr verschiedenartige Teilungen aus unterschiedlichen Ansprüchen und Machtverhältnissen, so dass man nur bedingt von einem Tei-

---

8 Die Diskussion, die R. WEISS, Chlodwigs Taufe, mit dem Versuch, die Taufe auf das Jahr 508 zu verlegen, ausgelöst hat, hat zunächst zu einer weitgehenden Ablehnung dieser These geführt, die in Westeuropa zuletzt aber wieder favorisiert wird. Vgl. I. WOOD, Gregory of Tours; zuletzt Alain DIERKENS, Die Taufe Chlodwigs, in: K. von WELCK/A. WIECZOREK/P. PÉRIN (Hg.), Franken, Bd. 1, 183–191. Anders aber M. ROUCHE, ebd., 192–199, hier 194ff.
9 Vgl. E. EWIG, Die Merowinger und das Imperium.

lungsprinzip, wohl aber von einer Teilungspraxis sprechen kann.¹⁰ Die Teilungen gewährleisteten im Übrigen eine königliche Präsenz. In der zweiten Generation, unter den vier Söhnen Chlodwigs (511–561), blieb die ideelle Reichseinheit noch weitgehend gewahrt. Dennoch bedeutete die komplizierte Teilung von 511, die jedem Sohn einen Anteil am Syagrius- wie am Westgotenreich mit einer Residenz im ersteren sicherte und wohl auch einen Kompromiss zwischen Theuderich (aus Chlodwigs erster Ehe) und den Söhnen Chrodechildes darstellte, die Abkehr von der allmählich erkämpften Alleinherrschaft Chlodwigs; die Kernlandschaften wurden dadurch in der Praxis zudem zerstückelt, während die Könige zugleich über wenig zusammenhängende Gebiete herrschten. Demgegenüber wirkte dieses System allerdings einer schnellen Verselbständigung der Teilreiche entgegen. Der älteste Sohn Theuderich (in Reims) erhielt mit den östlichen Gebieten Nordgalliens und Aquitaniens zwar den größten und ausbaufähigsten, allerdings nicht den bedeutendsten Anteil. Da er später keinen Anspruch auf das Erbe Chlodomers erhob, hat es den Anschein, als ob dieser Sohn aus erster Ehe gesondert abgeschichtet wurde. Von den drei Söhnen Chrodechildes herrschte Chlodomer (in Orléans) mit der südlichen Francia und den angrenzenden Teilen Aquitaniens mit Tours, Poitiers und Bourges über das geschlossenste Territorium, Childebert (in Paris) erhielt die westliche Francia von der Somme bis zur Bretagne und Süd- oder Westaquitanien, Chlothar, der jüngste (in Soissons), die nördliche Francia mit der Belgica II und den alten fränkischen Königssitzen.

Trotz der Teilung setzte sich die von Chlodwig eingeleitete Expansionspolitik zunächst fort. Die politische Isolation der Burgunder infolge der Entfremdung zwischen deren König Sigismund und dem Ostgoten Theoderich wegen der Ermordung seines Sohnes ermutigte seit 523 zu – nun nicht mehr religiös motivierten – fränkischen Angriffen auf das Burgunderreich, das 532–534 erobert und unter die Frankenkönige aufgeteilt wurde. Das Frankenreich bestand damit aus drei ehemaligen Germanenreichen (Frankenland, Aquitanien, Burgund), die jeweils eine gewisse Eigenständigkeit bewahrten. Theuderich im Osten griff in die Erbfolgekämpfe im Thüringerreich nach dem Tod König Bisins zunächst zugunsten Herminafrids ein, eroberte später (531/33) dessen Reich und dehnte seinen Machtbereich damit bis zur Elbe aus, ohne dass das nach archäologischem Befund einen Kultur- oder Bevölkerungswandel in diesem Gebiet bewirkt hätte. Durch einen Sieg über die Westgoten in Septimanien weitete Childebert seine Herrschaft 532/33 bis an die Pyrenäen aus. Im Zuge der byzantinischen Kämpfe um Italien erhielten 537 Childebert die Provence und Theudebert (der Sohn Theuderichs) Churrätien; letzterer konnte, allerdings nur vorübergehend (bis zur Restitution durch den byzantinischen Feldherrn Narses), mit dem Ziel, das Ostgotenreich zu gewinnen, sogar in Norditalien und Pannonien Fuß fassen. Damit hatte das Merowingerreich seine größte Ausdehnung überhaupt erreicht und war angesichts des Zustands der anderen Reiche innerhalb von zwei Generationen zu dem weitaus bedeutendsten Germanenreich im Westen aufgestiegen.

Im Innern herrschte hingegen keine Einigkeit. Die von zahlreichen Morden und Grausamkeiten begleitete Geschichte des Merowingerreichs ist hier nicht im Einzelnen zu verfolgen. Das Erbe Chlodomers teilten sich nach jahrelangem Streit die leiblichen

---

10 So F.-R. Erkens, Divisio legitima.

Brüder (Chlothar und Childebert) unter Ermordung oder Ausschaltung der Söhne. Hingegen konnte sich beim Tod Theuderichs 533 dessen bereits erwachsener Sohn Theudebert gegen die Ansprüche der Oheime durchsetzen,[11] und Gleiches wiederholte sich 547 zugunsten seines Sohnes Theudebald. Dessen baldiges Ende (555) verhinderte zunächst jedoch eine eigenständige Entwicklung des Ostens. Als 558 auch Childebert starb, fiel dem jüngsten Chlodwigsohn, Chlothar, für drei Jahre noch einmal die Alleinherrschaft im Merowingerreich zu. So wiederholte sich, da auch er vier überlebende Söhne hatte, bei seinem Tod 561 die Situation von 511, und die nunmehrige Reichsteilung folgte, unbeschadet der zwischenzeitlichen Reichserweiterungen, grundsätzlich denselben Prinzipien (Anteile an der Francia und Aquitanien, dieselben Hauptorte): Charibert (Paris) erhielt den gesamten Westen, Guntchramn (Orléans) den Südosten mit Burgund, Sigibert (Reims) den Osten mit Enklaven in Aquitanien und in der Provence, Chilperich (Soissons) den (flächenmäßig weit geringeren) Norden. Beim Tode Chariberts 567 kam es durch Aufteilung seines Gebiets jedoch einerseits zu einer völligen Zerstückelung der Herrschaftsbereiche in Aquitanien, zum andern schälte sich in Ansätzen die künftige Dreiteilung in Neustrien (Chilperich), Austrasien (Sigibert), später mit Metz, und Burgund (Guntchramn), später mit Chalon-sur-Saône als neuem Hauptort, heraus, die sich vielleicht an ältere Gebilde anschlossen (K. F. Werner). Hinzu kamen Aquitanien und die Provence (die ehemaligen Westgotenreiche). Da die Teilung keineswegs nach „ethnischen" Gesichtspunkten erfolgte, verbindet sich die spätere Identität und zeitweilige offene Gegnerschaft zwischen Neustrien und Austrasien mit der Schaffung dieser Königreiche und der Bildung politisch und kulturell abgegrenzter Räume.[12]

Der Teilung entsprach eine jeweils eigenständigere Politik der Chlotharsöhne. Die Expansionsphase war vorüber und wich sogar äußeren Angriffen wie dem der Awaren im Osten (562/67) oder der Langobarden in die Rhônegegend (569/75), aber auch inneren Streitigkeiten der Brüder und Empörungen der Königssöhne und anderer Anwärter.[13] Die Ehen Sigiberts und Chilperichs mit den westgotischen Prinzessinnen Brunichild und Galswinth bzw. die Ermordung der letzteren (um 570) zugunsten Fredegunds führten zu Spannungen mit dem spanischen Westgotenreich und zum Bruderkrieg der beiden Merowinger und fanden später eine Fortsetzung in den erbitterten Kämpfen zwischen Brunichild (Austrasien) und Fredegund (Neustrien) als den Regentinnen ihrer minderjährigen Söhne (seit 575 bzw. 584). Beim Tode Guntchramns 593 fiel dessen Reich (Burgund) gemäß dem Vertrag von Andelot (28.11.587) an Austrasien, das jedoch schon drei Jahre später erneut unter die Söhne Childeberts II., Theuderich II. und Theudebert II., geteilt wurde. In den inneren Wirren – 599 wurde Brunichild, erneut Regentin, aus Austrasien vertrieben, während die Brüder miteinander in Konflikt gerieten – gewannen die Großen zunehmend an poli-

---

11 Zu Theudebert vgl. F. BEISEL, Theudebertus.
12 Vgl. Régine LE JAN, Austrasien – Versuch einer Begriffsdefinition, in: K. von WELCK/A. WIECZOREK/P. PÉRIN (Hg.), Die Franken, Bd. 1, 222–226. Austrasien bezeichnete zunächst wohl nur die Gebiete westlich des Rheins, denen erst allmählich auch die ostrheinischen Landschaften zugeordnet wurden.
13 Vgl. exemplarisch B. BACHRACH, Anatomy.

tischem Einfluss. Nach der Ermordung Theudeberts (612) und dem Tod Theuderichs (612/13) sowie der Ausschaltung der greisen Brunichild – sie wurde zu Tode geschleift – und ihres Urenkels Sigibert II. fiel Chlothar II., dem „Kleinkönig von Rouen" (E. Ewig), dessen Herrschaft seit 600 auf zwölf Gaue seines einstigen Reichs beschränkt worden war, noch einmal die Alleinherrschaft zu.

Die (Allein-)Herrschaft Chlothars II. (613–629) und seines Sohnes Dagobert (629–638/39) bedeutete dank der inneren Befriedung einen letzten Höhepunkt des Merowingerreichs, dessen Zentrum wieder eindeutig im Westen lag. Die Teilreiche führten auch insofern ein Eigenleben, als sie einen eigenen Hausmeier erhielten und Dagobert 623 Unterkönig in Austrasien wurde. Ihm wurde Pippin (der Ältere), ein Stammvater der späteren Karolinger, als Hausmeier an die Seite gestellt. Auf einer Reichsversammlung von Paris („Edictum Chlotharii" von 614) wurden die Gerichte gestärkt und das Verhältnis zu den Großen geregelt; die Amtsträger sollten in ihrem Bezirk beheimatet sein (Indigenat) und mit ihrem Gut haften. Das bedeutete eine engere Bindung an den König, aber auch einen Schutz vor Überfremdung mit neustrischen Adligen und förderte eine Erblichkeit der Ämter.[14] Eine zweite wesentliche Neuerung war das Alleinerbe Dagoberts (629), der seinen Bruder Charibert mit einem kleinen Unterkönigreich in Südwestaquitanien abfand, eine dritte die Verlegung der wichtigsten Kultstätte und Grablege von Saint-Germain-des-Prés südlich von Paris nach Saint-Denis im Norden. Der heilige Dionysius wurde zu einem Haupttheiligen des Frankenreichs (und später Frankreichs). An der Ostgrenze entstanden bedrohliche Spannungen durch die slawische Reichsbildung des Franken Samo, der ein fränkisches Heer bei der Wogastisburg schlug.

2.2.1.4 Niedergang und Hausmeierherrschaft

Nach Dagoberts Tod (638/39) wurde das für ein Vierteljahrhundert geeinte Reich unter der Regentschaft Nanthilds wieder unter seine minderjährigen Söhne Chlodwig II. (Neustrien-Burgund) und Sigibert III. (Austrasien) geteilt. Die folgenden Jahrzehnte waren wesentlich durch Minderjährigkeitsregierungen und Regentschaften – kein König wurde älter als 26 Jahre, viele wurden ermordet – sowie einen weiter anwachsenden Einfluss des Adels und vor allem der Hausmeier geprägt, die die Politik wesentlich bestimmten. Die Folge waren Kämpfe verschiedener Familien um das Hausmeieramt, Auseinandersetzungen zwischen König und Adel, aber auch der Adelsgruppen untereinander sowie Widerstände in Burgund gegen die neustrische Herrschaft. Die amtierenden Hausmeier, die immer mehr durch den Adel als durch den König bestimmt wurden, büßten im Osten (der Karolinger Grimoald, der nach traditioneller Ansicht in einem „Staatsstreich" seinen Sohn Childebert zum König machte, tatsächlich aber wohl einen jungen Merowinger adoptierte[15]) wie im Westen (Ebroin) vorübergehend ihre Position ein. Nach dem Tod Childerichs II. (675) nahmen die Machtkämpfe erschreckende Ausmaße an, während die formelle Reichseinheit unter einem – allerdings machtlosen – König merkwürdigerweise in Zukunft gewahrt

---

14 Vgl. A. Murray, Immunity.
15 So Matthias Becher, Der sogenannte Staatsstreich Grimoalds, in: J. Jarnut/U. Nonn/M. Richter, Karl Martell, 119–147.

blieb. Der austrasische Hausmeier Pippin (der Mittlere), ein Neffe Grimoalds, suchte seit 680 mehrfach auch im Westen Einfluss zu gewinnen. Erst in der Folge seines Sieges bei Tertry-sur-Somme (687) über den neustrischen Hausmeier Berchar war auch das Hausmeieramt in einer Hand, das Pippin 697/701 an seine Söhne Grimoald (II.) und Drogo (Burgund) weitergab. So schien am Ende der Merowingerzeit nach einer langen Folge von Teilungen die von Chlodwig bewirkte, in der Teilung von 511 tatsächlich jedoch auf lange Sicht aufgegebene Einheit des Reichs wiederhergestellt: Seit 679 gab es praktisch nur noch einen König. In dieser Zeit verselbständigten sich allerdings auf der politischen Ebene die äußeren Provinzen (Thüringen, Bayern, Alemannien, Aquitanien, Provence) unter eigenen Leitern (Herzögen), die ursprünglich von den Merowingern eingesetzte Amtsträger gewesen waren, während die Anbindung an die „fränkische" Kultur kaum mehr rückgängig zu machen war.

Offiziell währte die Merowingerherrschaft noch bis zur Königserhebung Pippins des Jüngeren (751), tatsächlich wurde sie seit dem Ende des 7. Jahrhunderts kontinuierlich zur Herrschaft der Karolinger übergeleitet, die als Hausmeier längst die faktische Regierungsgewalt ausübten. Karl Martell (714–741), ein Sohn Pippins des Mittleren und Chalpaidas – seine illegitime Geburt ist jüngst, wohl zu Recht, bezweifelt worden[16] –, war zunächst, anscheinend auf Drängen von Pippins Gemahlin Plektrud, zugunsten von deren Söhnen Drogo und Grimoald vom politischen Erbe ausgeschaltet worden, setzte sich aber nach längeren Auseinandersetzungen 717 gegen Plektrud, die die Regentschaft für ihren Enkel Theudoald führte, im Hausmeieramt in Austrasien und seit 718 auch in Neustrien durch. Das Bild Karl Martells, der Ansprüche seiner karolingischen Verwandten nach und nach ausschaltete, hat sich in den letzten Jahren verändert.[17] Man wird ihn weder mit der älteren Forschung als weit blickenden Realpolitiker feiern noch mit den späteren Quellen als Kirchenguträuber und Gegner einer „Kirchenreform" verdammen dürfen,[18] wenn er – zeitgemäß – auf Säkularisationen zurückgriff. Auch die lange behauptete Einführung des Lehnswesens (als Verbindung von Vasallität und Beneficium) zu seiner Zeit ist letztlich nicht beweisbar. Die zeitgenössischen Quellen stellten ihn durchaus als fromm dar und erachteten seine Kirchenpolitik als rechtmäßig und angemessen. Seine tatkräftige Regierung hat gleichwohl die Grundlagen für die Herrschaft der Karolinger ausgebaut, wobei er sich aber – vielleicht nicht ganz so rücksichtslos, wie man früher gemeint hat, sondern durchaus auf Integration bedacht (W. Joch) – gegen seine eigenen Verwandten (die Söhne seines Halbbruders Drogo) durchsetzte. Eine große, in der Forschung aber auch überschätzte Bedeutung[19] kam den Siegen über die Sarazenen bei Poitiers (732) und in weiteren Schlachten zu, die langfristig ein weiteres Ausbreiten der spanischen Araber nach Europa beendeten. In seinen letzten Jahren (seit 737) regierte Karl sogar ohne König, ohne doch selbst Ambitionen auf dieses Amt zu verfolgen. Bei seinem Tod (741) konnte er das Reich erneut wie ein Merowinger unter seine Söhne Karlmann (Austrasien) und Pippin (Neustrien mit Burgund) teilen, und er ließ sich (wie auch seine Nachkommen) in der merowingischen Grablege Saint-Denis bestatten.

---

16 Vgl. W. Joch, Legitimation.
17 Vgl. J. Jarnut/U. Nonn/M. Richter (Hg.), Karl Martell; P. Fouracre, Age.
18 Vgl. Ulrich Nonn, Die Schlacht bei Poitiers 732, in: R. Schieffer (Hg.), Beiträge, 37–56.
19 Vgl. U. Nonn, Schlacht bei Poitiers (wie Anm. 18).

Unter Karl Martell und seinen Söhnen begann auch die Missionierung durch die Angelsachsen, die politische Wiedereingliederung der Außengebiete (Aquitanien, Bayern, Alemannien: Gericht von Cannstatt 746) und deren kirchliche Reformierung (im Westen) und Organisation durch Bonifatius und seine angelsächsischen Helfer (im Osten; vgl. 3.3.1). Nachdem Karlmann sich 747 – offenbar nach politischen Auseinandersetzungen zwischen den Brüdern und nicht so freiwillig, wie die Quellen behaupten – als Mönch nach Rom und später in das Kloster Montecassino zurückgezogen hatte, herrschte Pippin allein.[20] Es ist aber bezeichnend, dass der Aufstieg der karolingischen Hausmeier nicht nur gegen die Merowinger gerichtet, sondern auch innerhalb der eigenen Familie umkämpft war: Pippins Aufstieg zum Königtum ging die Ausschaltung zunächst seines Halbbruders Grifo und, nach Karlmanns Rücktritt, dessen Sohnes Drogo voraus,[21] wenngleich die frühen Karolinger, vielleicht unter christlichem Einfluss, an Stelle von Mordanschlägen eine politische Ausschaltung durch Haft oder Einweisung in ein Kloster bevorzugten.[22] Als Pippin 751 den letzten Merowinger, Childerich III., absetzen, scheren und mit seinem Sohn Theuderich in das Kloster Sithiu (Saint-Bertin) einweisen ließ, war die Zeit der merowingischen Herrschaft auch offiziell beendet.

2.2.2 Die Zeit der Karolinger: Aufstieg und Höhepunkt (751–829)[23]

Könige
Pippin (751–768)
Karlmann (768–771) – Karl der Große (768–814)
Ludwig der Fromme (814–840)

Die Königszeit Pippins und, vor allem, Karls des Großen sowie die Anfangsjahre Ludwigs des Frommen gelten als Blütezeit des karolingischen Frankenreichs. Die Karolinger, ein ribuarisches *Geschlecht*, dessen Aufstieg allmählich und keineswegs geradlinig erfolgte, das sich aber auf Ämter, reichen Grundbesitz und einen großen Anhang gründen konnte, berief sich erst später auf seine beiden Stammväter Pippin den Älteren und den Bischof Arnulf von Metz: Beide entstammten bereits begüterten, einflussreichen Familien des Lütticher Raums bzw. der Maasregion; beide starben 640; aus der Ehe ihrer Kinder Begga und Ansegisel ging Pippin der Mittlere hervor.[24] Im Rückblick erscheint ihr Königtum gleichsam als zwangsläufige Folge der tatsächlichen Regierungsgewalt als Hausmeier zunächst in Austrasien und dann im gesamten Reich. Jedenfalls suchte die spätere karolingische Geschichtsschreibung, die nicht selten mit

---

20 Vgl. Jörg JARNUT, Alemannien zur Zeit der Doppelherrschaft der Hausmeier Karlmann und Pippin, in: R. SCHIEFFER (Hg.), Beiträge, 56–66.
21 Vgl. M. BECHER, Drogo.
22 Vgl. J. W. BUSCH, Attentat.
23 Allgemeine Lit.: R. BAUTIER, Recherches; E. MÜHLBACHER, Deutsche Geschichte; P. RICHÉ, Karolinger; R. SCHNEIDER, Frankenreich; R. SCHIEFFER, Karolinger; H. K. SCHULZE, Reich der Franken. Vgl. Bibl. 5.2.2.3.
24 Zur Herkunft: vgl. M. WERNER, Lütticher Raum; zur Familie: E. HLAWITSCHKA, Die Vorfahren Karls des Großen, in: W. BRAUNFELS (Hg.), Karl der Große, Bd. 1, 51–82.

dem Jahr 687 beginnt, die Merowingerkönige als machtlose Marionetten hinzustellen. Entsprechend mehrschichtig wurde die – lange vorbereitete – Königserhebung Pippins begründet,[25] und auch hier verfolgte die karolingische Historiographie erkennbar den Zweck der Herrschaftslegitimierung: Auf die Frage der fränkischen Gesandten, ob es gut sei, dass die Könige im Frankenreich keine königliche Macht mehr besäßen, soll der Papst (Zacharias) geantwortet haben, es sei besser, denjenigen als König zu bezeichnen, der die Macht habe, und dass daher kraft apostolischer Autorität Pippin König werden solle. Daraufhin erhoben die fränkischen Großen in der alten merowingischen Königsstadt Soissons Pippin zum König. War rechtlich auch diese „Wahl" entscheidend, so bleibt hinsichtlich der gesuchten Legitimierung die Stützung auf die päpstliche Autorität doch ebenso bezeichnend wie die sich anschließende, bei den Merowingern nicht bezeugte Weihe in Form der Salbung. Damit begann ein entscheidendes Bündnis zwischen Karolingern und Päpsten, die einen Schutzherrn gegenüber den Langobarden suchten. Bei einem Treffen in Ponthion garantierte Pippin Papst Stephan II. das „Patrimonium Petri" (den „Kirchenstaat") über die ehemals byzantinischen Gebiete in Nord- und Mittelitalien, die sich allerdings noch in langobardischer Hand befanden. Als Schutzherr („patricius") der römischen Kirche unternahm Pippin – gegen Widerstände im eigenen Reich – zwei Italienzüge (754, 756), auf denen er den Langobardenkönig Aistulf zur Anerkennung der päpstlichen Herrschaft zwang. Lag die Königsherrschaft der Karolinger auch in der Konsequenz der politischen Entwicklung und suchten sich die neuen Könige in ihrer Regierung wie auch in der Namengebung („Ansippung") oder der Grablege in Saint-Denis eng an die Merowinger anzulehnen, so bedeutete die Herrschaft der neuen Dynastie doch eine Verlagerung des Schwergewichts nach Osten, und sie bildete die Grundlage für eine Herrschaftsintensivierung, weil Titel und Herrschaft nun wieder in einer Hand vereint waren und die Karolinger keine neuen Hausmeier mehr einsetzten.

Karls Regierungsantritt war wenig spektakulär.[26] Das Reich wurde nach Pippins Tod (768) nach den Vorgaben von 741 unter dessen Söhne geteilt. „Karl und Karlmann wurden zu Königen erhoben," heißt es schlicht in den Fränkischen Reichsannalen, und zwar gleichzeitig am Dionysiustag (9.10.) jeder in seinem Teilreich, doch nicht weit voneinander entfernt (Karlmann in Soissons, Karl in Noyon). Seit dem Tod Karlmanns 771 – auch hier hatte es wie in der vorigen Generation offenbar Spannungen zwischen den Brüdern gegeben – war der junge (wohl 748 geborene)[27] Karl dann Alleinherrscher. Das glorifizierende Karlsbild, das bis heute nachwirkt, setzte erst mit der herausragenden, wohl in den 20er Jahren des 9. Jahrhunderts verfassten Biographie Einhards ein und wurde in der Folgezeit (wie durch Notker den Stammler) ständig überhöht. Im Mittelalter (und zwar bereits in der folgenden Generation) als Idealherrscher und in der neuzeitlichen Geschichtsschreibung als großer Kaiser gefeiert, ist

---

25 Dazu W. Affeldt, Untersuchungen.
26 Zu Karl dem Großen vgl. J. Fleckenstein, Karl der Große; M. Becher, Karl der Große; D. Hägermann, Karl der Große; R. Collins, Charlemagne; W. Braunfels (Hg.), Karl der Große; P. Butzer/M. Kerner/W. Oberschelp, Karl der Große; C. Stiegemann, 799.
27 Vgl. Matthias Becher, Neue Überlegungen zum Geburtsdatum Karls des Großen, in: Francia 19/1 (1992), 37–60.

Karl in den jüngsten Jahrzehnten als (angeblicher) „Vater Europas" erneut zu aktuellen Ehren gelangt.[28] Seine größten Leistungen bestanden in der Ausdehnung des Reichs und der Integration der erworbenen Reichsteile, in der inneren Festigung und rechtlichen Verankerung der Reichsteile und in der Sorge um Bildung und Kultur.

In der *„Außenpolitik"* waren Karl Martells, Pippins und vor allem Karls Regierungszeit durch eine enorme, mit dem Motiv der Glaubensausbreitung kaum hinreichend erklärte Expansion des fränkischen Herrschaftsgebiets geprägt; vor allem unter Karl verging kaum ein Jahr ohne einen Feldzug. Karl schloss zunächst (769) die unter Pippin (seit 760) begonnene Wiedereingliederung Septimaniens, Aquitaniens und der Gascogne ab, während ein Feldzug gegen den Emir Abderrahman von Cordoba in Nordspanien später (778) gänzlich scheiterte und Karls Heer auf dem Rückweg bei Roncevaux (Roncesvalles) eine empfindliche Niederlage gegen die Basken erlitt. Wie Aquitanien wurde auch das ebenfalls unter seinen Herzögen verselbständigte Bayern integriert, der letzte Bayernherzog Tassilo III. 788 – in einem Schauprozess angeblich wegen unterlassener Heereshilfe im Jahre 763! – abgesetzt und in ein Kloster (wahrscheinlich Jumièges) eingewiesen.[29] Bayern wurde von einem fränkischen Präfekten (Gerold) verwaltet. Die übrigen Eroberungen gingen über ehemals fränkisches Gebiet hinaus. In einem Feldzug von 773/74 entmachtete Karl den letzten Langobardenkönig Desiderius und ließ sich in Pavia zum König erheben; das Langobardenreich war damit als eigenständige Größe beseitigt (Karl nannte sich fortan „rex Francorum et Langobardorum"). Im Juni oder Juli 774 erneuerte er dem Papst die Pippinische Schenkung über das „Patrimonium Petri". Hingegen blieben spätere Versuche (seit 787), auch den südlichen Nachbarn Benevent zu unterwerfen, letztlich erfolglos. In verschiedenen Feldzügen vernichtete Karl seit 791 schrittweise, bewusst als Heidenkrieg, auch das Awarenreich, dessen sagenumwobene Schätze ihm wenige Jahre später zufielen. Dadurch wurde der fränkische Einflussbereich bis nach Karantanien und Pannonien vorgeschoben, doch blieb das Gebiet vorerst noch unruhig. Den langwierigsten Krieg führte Karl – allerdings in mehreren Phasen – gegen die Sachsen, die in Feldzügen zwischen 772 und 775 zumindest oberflächlich und im Zuge der Unterdrückung des 778 ausbrechenden, großen Aufstands Widukinds in den folgenden Jahren noch einmal unterworfen wurden. Auf dem Reichstag in Paderborn 782 wurden sie administrativ (Grafschaften) und kirchlich (Missionsbistümer) in das Fränkische Reich eingegliedert, während Missionsbestrebungen selbst längst vorher im Gang waren. Nach erneuten Aufständen und harten Maßnahmen (Strafgericht in Verden an der Aller; „Capitulatio de partibus Saxoniae") schien die Eroberung 785 (Unterwerfung Widukinds) zunächst abgeschlossen.[30] Neue Aufstände seit 792 verbanden sich in den folgenden Jahren mit einer Ausweitung der fränkischen Herrschaft über Nord-

---

28 Zum Nachleben: W. BRAUNFELS, Karl der Große, Bd. 4; zuletzt M. KERNER, Karl der Große.
29 Vgl. dazu G. WOLF, Bemerkungen; vor allem M. BECHER, Eid und Herrschaft. Gegen Bechers Thesen und für die Beibehaltung eines vasallitischen Eides Tassilos gegenüber Pippin und Karl dem Großen: P. DEPREUX, Tassilon III. Zur Einordnung in Karls Bayernpolitik und zu einer großen „Koalition" gegen Tassilo: S. AIRLIE, Narratives.
30 Zur „Capitulatio de partibus Saxoniae" zuletzt E. SCHUBERT, Capitulatio, der die Kontinuität der Sachsenpolitik Karls betont und sich gegen die traditionelle These einer späteren Abschwächung der harten Maßnahmen wendet.

albingien. Die neue sächsische Grenze führte aber zu Konflikten mit den Dänen, deren Königtum sich unter Gottfried (Göttrik) gerade in dieser Zeit zu konsolidieren begann und die sich durch die Eroberung Nordalbingiens bedroht fühlen mussten, aber auch ihrerseits in das Abodritengebiet expandierten. Erst 811 kam es hier zu einem Friedensschluss. Gleichzeitig gab es Auseinandersetzungen mit den Slawen, die teilweise in eine lockere Abhängigkeit vom Frankenreich gerieten. Gegen die Sorben wurde zur Landessicherung die „Sorbische Mark" errichtet. Ähnliche Marken gab es im Nordwesten des Reichs gegen die Bretonen und im Südwesten gegen die Araber (sog. Spanische Mark); hier konnte Karl seinen Einflussbereich 801 bis über die Grafschaft Barcelona ausdehnen. Am Ende seiner Regierungszeit war das Fränkische Reich gegenüber seinen Anfängen stark angewachsen: Aquitanien und Bayern waren wieder eingegliedert, Sachsen und das langobardische Italien erobert, die Grenzen durch Marken gesichert. Dem Frankenreich fiel damit zum zweiten Mal in seiner Geschichte, aber noch augenfälliger, eine politische Hegemonialstellung im Abendland zu.

So schien die – lange und sorgfältig vorbereitete – *Kaiserkrönung* in Rom durch Papst Leo III. am Weihnachtstag des Jahres 800, die das westliche Kaisertum, wenn auch in neuen Formen, wiederherstellte und daher zu Auseinandersetzungen mit Byzanz führte, fast zwangsläufig. Karls Kaisertum[31] war ebenso eine Folge der im 8. Jahrhundert einsetzenden Abwendung des Papsttums von Byzanz, das ihm keinen Schutz mehr gegen die Langobarden gewähren konnte – seit 781/82 datierten die päpstlichen Urkunden nicht mehr nach den Kaiserjahren –, wie der spätestens seit Pippin ständig intensivierten päpstlich-fränkischen Beziehungen. Aktueller Anlass der Kaiserkrönung aber war ein römischer Aufstand gegen Papst Leo III., der – allerdings ohne bleibende Folgeschäden – geblendet und an der Zunge verstümmelt wurde. Wieweit Karl selbst in solche Machenschaften verwickelt war, wie kürzlich behauptet worden ist, wird sich letztlich kaum erweisen lassen. Hingegen darf es als gesichert gelten, dass Karl bei den Vorgängen der Folgezeit eine aktive Rolle zufiel. Sein Romzug wurde wohl bereits auf dem denkwürdigen Treffen mit Leo III. in Paderborn (799) vereinbart, und er nahm sich hinfort der päpstlichen Sache an. Überrascht, wie Einhard meint, war der Frankenkönig von der Kaiserkrönung jedenfalls nicht. Während der Vorgang der Erhebung byzantinische (Akklamation), kirchliche (Weihe) und fränkische Elemente in sich vereinigte, ist es in der Forschung strittig, wieweit Karl und die Franken sich gegen ein römisches Kaisertum wandten und dem eine aus dem hegemonialen Anspruch heraus begründete „fränkische" Kaiseridee entgegensetzten (vgl. 3.1.5). Karl und Leo waren sich anscheinend nicht so einig, wie es die Quellen nahe legen (M. Becher). Es kann jedoch kaum bestritten werden, dass Karl die neue Würde annahm – seine Bulle von 802 enthielt auf der Rückseite den Wahlspruch „Renovatio Roman(i) Imp(erii)" – und dass er sie durch einen allgemeinen Treueid auf das „nomen cesaris" in die Verfassung einzugliedern suchte.[32] Veranlasste er seinen Sohn Lud-

---

31 Zum Kaisertum Karls des Großen vgl. G. Wolf (Hg.), Zum Kaisertum; vor allem P. Classen, Karl der Große. Neuere Diskussionen ergaben sich anlässlich des Jubiläumsjahres 1999; vgl. jetzt: P. Godman/J. Jarnut/P. Johanek (Hg.), Am Vorabend der Kaiserkrönung; J. Fried, Papst Leo III.; J. Jarnut, 799 und die Folgen; M. Becher, Kaiserkrönung.
32 MGH Capit. 1, Nr. 33, c. 2, S. 92, (a. 802).

62 Die politische Entwicklung in den einzelnen Reichen

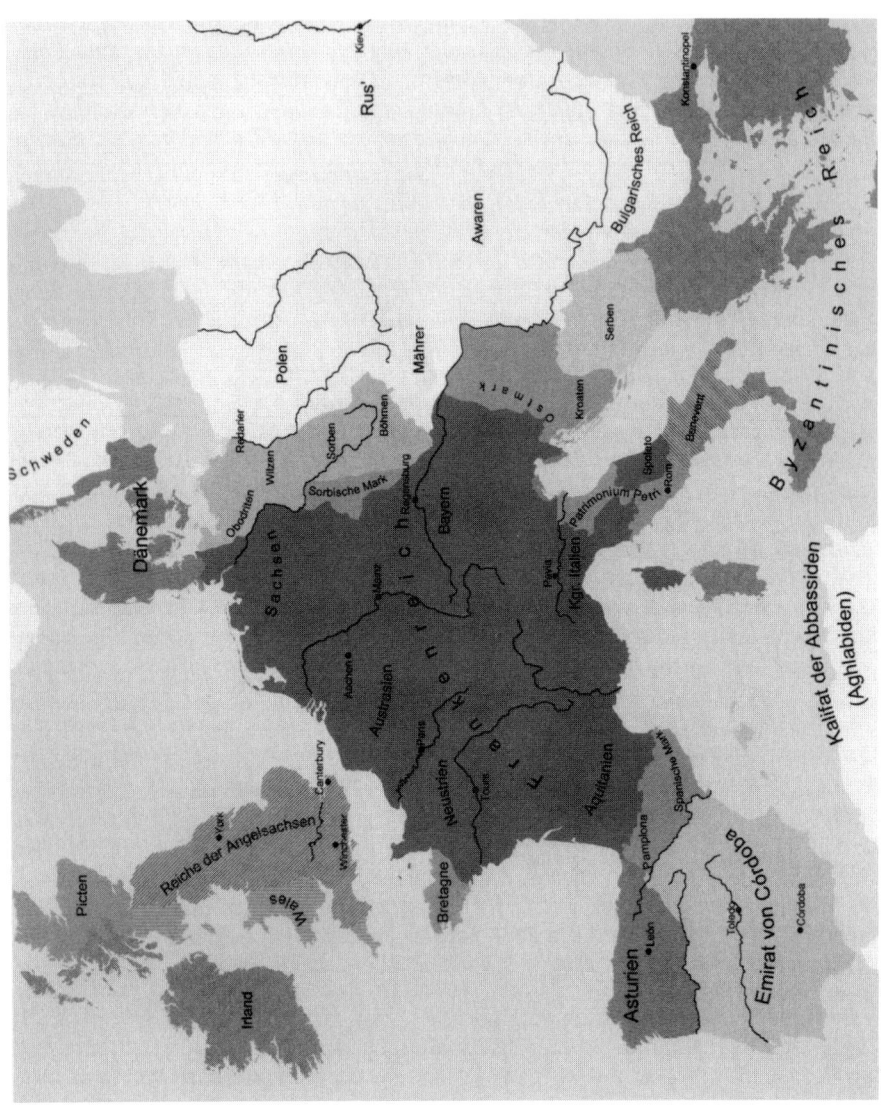

Abb. 2: *Europa um 800*

wig 813 noch zur Selbstkrönung, so ließ dieser sich 816 noch einmal vom Papst (Stephan IV.), dessen Krönungsanspruch in der Folgezeit anerkannt wurde, zum Kaiser krönen. Karl unterhielt im Übrigen diplomatische Beziehungen zu den anderen christlichen Reichen in Spanien und England, aber auch zu den nichtkatholischen Teilen der Welt: zu Byzanz ebenso wie zum Abbasidenkalifen in Bagdad und zum islamischen Spanien.[33] Mit Byzanz kam es über dem Kaisertum (dem „Zweikaiserproblem"), dogmatischen Streitfragen („Ikonoklasmus") und nicht minder Karls Ansprüchen in Italien auf die ehemals byzantinischen Gebiete Venetien und Istrien zu jahrelangen Spannungen, die erst nach 811 unter dem neuen Basileus Michael angesichts der Bulgarengefahr zu einer Lösung führten, der zufolge Karl zwar den Kaisertitel führen, sich aber nicht „Kaiser der Römer" nennen durfte.

Mit den späten Eroberungen Karls ging die Zeit der fränkischen Expansion zu Ende. Das Interesse Ludwigs des Frommen galt stärker der *inneren Konsolidierung*, und man wird sagen dürfen, dass die Integration und Festigung der Eroberungen Karls des Großen vornehmlich unter der Regierung seines Sohnes erfolgte.[34] Die Zeit Pippins, Karls des Großen und Ludwigs des Frommen war aber auch insgesamt eine Epoche der Wiederherstellung und Neuordnung der inneren Verhältnisse und der Intensivierung der Herrschaft. Dazu zählten Karls Versuche, in Aachen eine Art „Dauerresidenz" einzurichten, ebenso wie Maßnahmen zur Institutionalisierung der Verwaltung, die fester an den Hof gebunden und stärker kontrolliert werden sollte. Diesem Zweck dienten administrative Anordnungen in Form der karolingischen Kapitularien, die die Beschlüsse des Hofes und der Hoftage in den Regionen bekannt machen und Rechtswahrung, Verwaltung, Güterwirtschaft und kirchliches Leben ordnen sollten. Dem gleichen Ziel galten die stärkere Systematisierung und Anbindung der regionalen Amtsträger, der Grafen, vor allem aber die Ausgestaltung der so genannten Königsboten, der „missi dominici", zu einem festen Institut und einem notwendigen Bindeglied zwischen Hof und Regionen, das allerdings seine Bedeutung als Kontrollorgan verlor, sobald die „missi" der Regionalverwaltung entstammten.

Ein wichtiger Aspekt der administrativen Intensivierung war die *Verschriftlichung*, der Volksrechte (Leges) ebenso wie der königlichen Urkunden und Anordnungen (Kapitularien). Die Rechtsvorschriften beinhalteten allerdings Normen, die nicht der sozialen und politischen Realität entsprachen, sondern eher auf diese (und hier vor allem auf Missstände) reagierten und nur insofern die Wirklichkeit widerspiegelten. Sie zeigen aber, wie sehr der König darauf bedacht war, über alles informiert zu werden. Der administrative Einsatz der Schriftlichkeit erreichte in den frühen Regierungsjahren Ludwigs des Frommen seinen Höhepunkt. Einfaches Indiz dafür ist eine Vervielfachung der Urkundentätigkeit, und es ist kein Zufall, dass nun auch die ersten Kapitulariensammlungen angefertigt wurden.

---

33 Vgl. Hans Hubert Anton, Beobachtungen zum fränkisch-byzantinischen Verhältnis in karolingischer Zeit, in: R. Schieffer (Hg.), Beiträge, 97–119; M. Borgolte, Gesandtenaustausch; D. Nerlich, Diplomatische Gesandtschaften.
34 Zu Ludwig vgl. vor allem R. Collins/P. Godman, Charlemagne's Heir; ferner P. Depreux, Prosopographie; T. Noble, Monastic Ideal.

Zur Intensivierung der Herrschaft zählt schließlich auch die Einbeziehung der *Kirche* in die Regierung und eine stärkere königliche Verfügung über die „Reichskirche" (Bistümer und Reichsklöster). Im Verlauf von rund 60 Jahren wurden bis gegen 800 die Kirchenprovinzen im Westteil des Reichs restauriert (Reformen Fulrads von Saint-Denis und Chrodegangs von Metz) und die kirchliche Organisation auf die östlichen Reichsteile übertragen. Die bayerischen Bistümer wurden 798 in der Salzburger Kirchenprovinz zusammengefasst, die sächsischen spätestens 805 institutionalisiert. Die Hofkapelle formierte sich wohl unter Pippin zu einer Institution, die auch Kanzleiaufgaben und politische Missionen übernahm und deren Mitglieder dem König besonders nahe standen. Vor allem weibliche Angehörige der frühen Karolinger hatten sich auch als Gründerinnen bedeutender Klöster hervorgetan (Nivelles, Andenne, Oeren, Pfalzel bei Trier, Echternach). Karl und Ludwig betrieben zudem eine regelrechte Klosterpolitik und förderten beispielsweise zunächst thüringisch-hessische, dann sächsische Klöster zur Eroberung, Mission und Integration Sachsens in das Frankenreich. Hier gliedert sich letztlich auch die so genannte Karolingische Renaissance ein, deren Ziel – durchaus auch zu politischen Zwecken – eine Hebung von Bildung (Schulwesen) und Kultur, vor allem aber eine Reform und Vereinheitlichung der Überlieferung (der Bibel, der Liturgie, der Klosterregeln und der Schrift) war (vgl. 3.4.1).

Ludwig der Fromme hat gerade hier angesetzt und vieles von dem, was Karl initiiert hatte, intensiviert, indem er die Verleihung der Immunität beispielsweise grundsätzlich mit dem Königsschutz verband. Das lange währende, abwertende Urteil über Ludwig als „des großen Kaisers kleiner Sohn" (A. Hauck),[35] dessen Frömmigkeit – der Beiname ist allerdings erheblich jünger[36] – als Schwäche ausgelegt wurde, ist in dieser Form kaum mehr haltbar, und gerade die Anfangsjahre des gebildeten Kaisers erlebten, sicherlich auf vorbereiteter Grundlage, den Höhepunkt und eine nochmalige Intensivierung der kirchlich-monastischen und administrativen Reformmaßnahmen und die fruchtbaren Auswirkungen der „Karolingischen Renaissance". Ludwig schuf gleich zu Beginn seiner Regierung eine strengere Ordnung am Hof und ersetzte führende Berater durch Vertraute, die überwiegend aus Aquitanien stammten (wie der Kanzler Helisachar, der Erzbischof Ebo von Reims, Abt Hilduin von Saint-Denis oder Bischof Jonas von Orléans). Die Verbannung bisheriger Ratgeber vom Hof, vor allem der Brüder Adalhard und Wala, gab freilich sogleich Anlass zu inneren Konflikten, die später offen ausbrechen sollten. Ein Kernpunkt des Reformprogramms war die durch den Abt Benedikt von Aniane (den Westgoten Witiza) durchgeführte Klosterreform, die nicht zuletzt die verbindliche Durchsetzung der Benediktregel für alle Klöster und damit eine – auch politisch wichtige – Vereinheitlichung erzielte, allerdings nur bedingt erfolgreich war. Auf drei Aachener Synoden von 816, 817 und 818/19 wurde die Regel verbindlich vorgeschrieben und durch „consuetudines" (Gewohnheiten) ergänzt; darüber hinaus wurden vergleichbare Bestimmungen auch für Nonnen und Kanoniker erlassen (vgl. 3.3.2.2). Auch das „Pactum Hludovicianum" von 817, das

---

35 Vgl. Nikolaus STAUBACH, „Des großen Kaisers kleiner Sohn". Zum Bild Ludwigs des Frommen in der älteren deutschen Geschichtsforschung, in: R. COLLINS/P. GODMAN (Hg.), Charlemagne's Heir, 701–721.
36 Vgl. R. SCHIEFFER, Ludwig ‚der Fromme'.

dem Papst die Pippinische und Karolische Schenkung des Kirchenstaates erneuerte, dürfte in diesem Zusammenhang zu sehen sein, denn in der Folgezeit unternahm Ludwig verschiedene Ansätze, auch die römische Kirche zu reformieren.[37] In diese Phase fallen entsprechend auch der Ausbau der Kirchen und Klöster in Sachsen und die Anfänge der Mission in Skandinavien durch Ebo von Reims (821/23) und den (späteren) Hamburger Erzbischof Anskar (829/52) sowie die spektakuläre Taufe des dänischen Thronprätendenten Harald (Herlad) Klak, dessen Patenschaft Ludwig übernahm, in Ingelheim im Jahre 826. In der „Admonitio ad omnes regni ordines" von 823/25 entfaltete Ludwig noch einmal sein (keineswegs bereits durchgesetztes) „Regierungsprogramm" der „Renovatio regni Francorum", das auf ein gemeinsames Regieren aller „Stände" und auf Reform ausgerichtet war. 829 erlebte die Verwaltungstätigkeit ihren Höhepunkt und zugleich ihr abruptes Ende, weil die spätere Regierungszeit des Kaisers ganz von den inneren Wirren um Nachfolge und Reichsteilungen bestimmt war, über denen alle Reformansätze versiegten.

2.2.3 Die Ausbildung neuer Teilreiche (829–888)[38]

Könige

Westen:	Mitte:	Osten:
Karl der Kahle (840–877)	Lothar I. (840–855)	Ludwig der „Deutsche" (840–876)
Ludwig der Stammler (877–879)	Ludwig II. (855–875)/	Karlmann (876–879)/
Karlmann (877–79)/	Lothar II. (855–869)/	Ludwig der Jüngere (876–882)/
Ludwig III. (–884)	Karl v.d.Prov. (855–863)	Karl III. (876–887)

Die spätkarolingische Epoche steht politisch unter dem Zeichen dauernder *Reichsteilungen*, aus denen allmählich neue politische Gebilde, vor allem Ostfranken-Deutschland und Westfranken-Frankreich erwuchsen. Im Rückblick lässt sich diese Epoche daher als Beginn der mittelalterlichen „Nationsbildung" verfolgen, doch war den Zeitgenossen eine solche Entwicklung noch in keiner Weise bewusst (vgl. 4.1.5). Reichsteilungen waren seit der frühen Merowingerzeit üblich, und sie hatten sich später selbst unter den Hausmeiern fortgesetzt. Insofern – und das kann gar nicht deutlich genug betont werden – sind nicht sie die Ursache für den „Zerfall" des Frankenreichs, sondern dessen Einheit unter Pippin, Karl dem Großen und Ludwig dem Frommen war (jeweils) eine unvorhergesehene Ausnahme (vgl. 3.1.1.1). Auch Karl der Große hatte das Reich in der „Divisio regnorum" von 806 für den Fall seines Todes unter seine drei Söhne geteilt und sogar neue Teilungen für den Tod eines jeden der Brüder vorauskalkuliert, wenn auch der Älteste, Karl, hier das ganze fränkische Kernland beherrschen sollte.[39] Die „Divisio" realisierte sich allerdings nicht, weil bei

---

37 Vgl. Johannes Fried, Ludwig der Fromme, das Papsttum und die fränkische Kirche, in: R. Collins/P. Godman (Hg.), Charlemagne's Heir, 231–273.
38 Lit.: R. Bautier, Recherches; E. Dümmler, Geschichte; J. Fleckenstein, Grundlagen; J. Fried, Formierung Europas; F. Prinz, Grundlagen; T. Reuter, Germany; T. Schieffer (Hg.), HEG 1; R. Schieffer, Karolinger; H. K. Schulze, Reich der Franken.
39 Vgl. P. Classen, Karl der Große.

Karls Tod nur noch der jüngste Sohn, eben Ludwig der Fromme, überlebt hatte. Es wäre daher verfehlt, das Fränkische Reich stets an dieser Ausnahmezeit der Reichseinheit und an dem Großreich Karls des Großen zu messen, zumal es der Forschung durchaus fraglich erscheint, ob sich ein solches Großreich mit damaligen Mitteln überhaupt auf Dauer hätte regieren lassen. Das Gesamtreich war aus dieser Erfahrung heraus jedoch immerhin politisch denkbar geworden und gab einer „Reichseinheitsidee" und Diskussionen um Einheit oder Teilung noch lange Nahrung (U. Penndorf).[40] Die Regierungszeit Karls des Großen galt – ob zu Recht oder Unrecht – dank ihrer Einheit und mehr noch ihrer Stabilität jedenfalls schon bald und gerade seit dieser Zeit der Brüderkriege bereits den Zeitgenossen als Idealepoche.

Ähnlich verfehlt ist es, den „Niedergang" mit der älteren Forschung ganz der Schwäche Ludwigs des Frommen zuschreiben zu wollen, zumal sich Spannungen bereits in den Spätjahren Karls zeigten.[41] Gerade Ludwig betonte zunächst die Wahrung der Reichseinheit und brachte das bereits darin zum Ausdruck, dass der Kaisertitel in seinen Urkunden alle anderen (Königstitel) ersetzte. Ein entsprechendes Programm verfolgte auch der erste Reichsteilungsplan, die „Ordinatio imperii" von 817, die sich ganz in die Reformbestrebungen und Vereinheitlichungsbestrebungen einfügte: „Die Einheit des Reichs, die Gott uns verliehen hat," hieß es dort, solle nicht „durch eine menschliche Teilung zerspalten" werden.[42] Der älteste Sohn, Lothar, wurde Mitkaiser und erhielt sämtliche Kerngebiete des Reichs (Neustrien, Austrasien, Burgund und Italien), den beiden Brüdern Ludwig und Pippin wurden nur verhältnismäßig kleine Randgebiete (Bayern und Aquitanien mit umgrenzenden Regionen) zugesprochen, in denen sie im Innern souverän herrschen sollten, ihre „Außenpolitik" aber mit Lothar abzustimmen hatten. Dieser Versuch, die Reichseinheit unter der Oberhoheit des Kaisers zu erhalten, war ein Bruch mit der Tradition und schon bei seiner Entstehung keineswegs unumstritten. Er entsprach aber den Vereinheitlichungsbestrebungen Karls und Ludwigs und wurde von den Verfechtern mit theologischen Argumenten unterstützt.[43]

Fortan stritten (von diesem Standpunkt aus gesehen) gleichsam zwei „Parteien" für Einheit und Teilung, doch richtete sich gleichzeitig eine Opposition vornehmlich des alten Adels gegen die Aufsteiger im Königsdienst (wie Ebo von Reims). Eine Reihe von Versöhnungen und ein öffentliches Schuldbekenntnis des Kaisers (822) sollten die Eintracht wohl wiederherstellen. Ein Wandel zeichnete sich seit der Geburt eines vier-

---

40 Lit. zu diesem Komplex: C. BRÜHL, Deutschland – Frankreich; W. EGGERT, Das ostfränkisch-deutsche Reich; Ders., Ostfränkisch; J. FLECKENSTEIN, Das Großfränkische Reich; U. PENNDORF, Problem der „Reichseinheitsidee".
41 Vgl. T. SCHIEFFER, Krise; Walter SCHLESINGER, Die Auflösung des Karlsreiches, in: W. BRAUNFELS (Hg.), Karl der Große, Bd. 1, 792–857.
42 MGH Capit. 1, Nr. 136, prol., S. 270, (a. 817).
43 So F.-R. ERKENS, Divisio legitima, 472ff. Erkens wendet sich gegen die These, die Einheitsidee sei unzeitgemäß und Ludwigs Plan weltfremd gewesen und erklärt das Scheitern allein mit politischen Gründen der Abkehr Ludwigs von der Ordinatio. Zur Diskussion vgl. T. BAUER, Ordinatio imperii; Egon BOSHOF, Einheitsidee und Teilungsprinzip in der Regierungszeit Ludwigs des Frommen, in: R. COLLINS/P. GODMAN (Hg.), Charlemagne's Heir, 161–189; D. HÄGERMANN, Reichseinheit.

ten Sohnes (Karls des Kahlen) im Jahre 823 von Ludwigs zweiter Gemahlin, der „Welfin" Judith, ab, die der Kaiser 819 geheiratet hatte. Wahrscheinlich kündigte bereits der mittlerweile traditionsreiche Name symbolhaft den Herrschaftsanspruch des jüngsten Sohnes an. Gleichwohl sollte man nicht die Ansprüche Judiths und ihres Sohnes allein für die folgende Krise verantwortlich machen; sie bildeten (nur) die gegebenen Anlässe für die schwelende Opposition und den Zwang zur Reichsteilung. Nicht die (gewohnten) Teilungen an sich waren für die Krise des Reichs verantwortlich, sondern der Streit um die konkreten Herrschaftsräume der einzelnen Brüder. Das Jahr 829, in dem die Unruhen offen ausbrachen, bedeutete jedenfalls das Ende der Reformpolitik: Die Fränkischen Reichsannalen brachen jetzt ebenso ab wie die Kette der Kapitularien. Gegen das Regiment des Kaisers (die Hofkapelle und die neuen Berater) und die Kaiserin wurden, unter anderem vom Erzbischof Agobard von Lyon, schwere Vorwürfe erhoben. Dem nachgeborenen Karl aber wurde auf einer Reichsversammlung Alemannien, das Elsass, Churrätien und ein Teil Burgunds zugesprochen. Als sich dagegen Widerstand erhob und Lothar sich der Opposition anschloss, war der Bruch perfekt: Lothar wurde vom Hof nach Italien verbannt, die opponierenden Ratgeber (wie Wala, Helisachar und der Erzkaplan Hilduin) wurden durch neue ersetzt (wie Bernhard von Septimanien). Zwietracht, Bürgerkrieg und immer neue Teilungspläne erschütterten fortan das Reich, während Lothar noch lange Zeit seinen kaiserlichen Anspruch auf die Reichseinheit aufrechterhielt. 830 und noch einmal 833, als sich Ludwig der Fromme auf dem „Lügenfeld" bei Colmar seinen Söhnen ergeben musste, wurde der Kaiser sogar seines Amtes enthoben, erlangte die Herrschaft dank der Uneinigkeit der Söhne jedoch beide Male relativ schnell zurück. Nach Pippins Tod wurde dessen Reich unter Karl und Lothar aufgeteilt. Eine Einigung kam bis zum Tod Ludwigs des Frommen und noch drei Jahre darüber hinaus nicht mehr zustande. Zu den Bruder- und Bürgerkriegen gesellten sich vielmehr noch äußere Bedrohungen, vor allem die 834 dauerhaft einsetzenden Normanneneinfälle im Norden, aber auch Sarazeneneinfälle nach Südfrankreich und Italien (vgl. 2.2.4).

Der Tod Ludwigs des Frommen (840) hat die Krise noch verschärft. Die von dem auf Seiten Karls stehenden Nithard beschriebenen und zugleich zeitkritisch verurteilten Bruderkriege resultierten letztlich aus Lothars Ansprüchen auf das Gesamtreich und kulminierten in der verlustreichen Schlacht von Fontenoy (bei Auxerre) am 25. Juni 841, in der Lothar seinen Brüdern unterlag und die noch lange tiefe Spuren im kulturellen Gedächtnis der Geschichtsschreiber hinterließ.[44] „In diesem Kampf," schrieb über 60 Jahre später Regino von Prüm, „wurde die Streitmacht der Franken so aufgerieben und ihr glorreiches Heldentum so geschwächt, dass sie fortan nicht einmal zum Schutz des eigenen Gebietes ausreichten, geschweige denn zu einer Erweiterung des Reiches."[45] Die Niederlage von Fontenoy war eine Vorentscheidung, auch wenn sie Lothars Schicksal noch nicht besiegelte. Ludwig und Karl verbündeten sich noch enger in den berühmten Straßburger Eiden (dem ältesten Schriftzeugnis des Altfranzösischen). Nach mehrfachen, immer wieder gescheiterten Verhandlungen kam es

---

44 Vgl. A. Krah, Entstehung der „potestas regia"; J. Nelson, Search for Peace.
45 Regino von Prüm, Chronik a. 841 (Freiherr-vom-Stein-Gedächtnisausgabe 7), Darmstadt 1960 (²2002), 184f.

im August 843 schließlich zu einer Einigung im Vertrag von Verdun auf der Grundlage einer gleichmäßigen Teilung („aequitas") in zusammenhängende Teilreiche („affinitas") unter Berücksichtigung der jeweiligen Wünsche („congruentia"): Ludwig erhielt die ostrheinischen Gebiete, Karl die Länder westlich von Schelde, Maas, Saône und Rhône, Lothar das lang gestreckte Mittelreich von Friesland über das Mosselland und Burgund bis nach Italien. Die (vor allem im Mittelreich künstlich geschaffene) Nord-Süd-Teilung nahm auf die kirchliche Gliederung und den Adelsbesitz wenig Rücksicht. Lothar beherrschte zwar weiterhin die karolingischen Kerngebiete und führte den Kaisertitel, übte jedoch keine Oberhoheit mehr über die Brüder aus. In der Praxis konnte die Teilung von Verdun langfristig weiterwirken, weil alle Teilreiche – entgegen Ansprüchen der Oheime – auch auf die Söhne übergingen und weil spätere Teilungen kein neues Teilungs*system* schufen. Nach einer Phase ständiger und wechselnder Teilungen begann seit dem Vertrag von Verdun daher eine zunehmende Konsolidierung der (allerdings noch keineswegs festen) Teilreiche, die es erlaubt, von einer Entwicklung vom „Reichsteil" zum „Teilreich" zu sprechen (T. Schieffer). Ideell hielt man an der Brüdergemeinschaft („fraternitas") und an der Zusammengehörigkeit des Frankenreichs fest. Tatsächlich aber wuchs in der Folgezeit die Selbständigkeit der Teilreiche.

Nach Lothars Niederlegung der Herrschaft (Rückzug ins Kloster) und seinem baldigem Tod (855) wurde das *Mittelreich*, nicht ohne Streitigkeiten, unter seine drei Söhne Ludwig II. (Italien)[46], Lothar II. („Lothringen") und Karl (Provence) geteilt. Während Ludwig ganz von den Sarazeneneinfällen und vom erfolgreichen Widerstand Benevents in Anspruch genommen war, durchzog die gesamte Regierung Lothars II. der aus dem Wunsch nach einem Erben motivierte Ehestreit um die Scheidung von seiner Gemahlin Theutberga und die Anerkennung seiner „Konkubine" Waldrada als rechtmäßige Ehefrau, in den sich auch die Oheime und der Papst (Nikolaus I.) einmischten, der aber nicht gelöst werden konnte und – bei aller kirchenrechtlichen Argumentation – letztlich ein Machtkampf war.[47] Nach Lothars II. Tod (869) wurde sein Reich nach einigen Auseinandersetzungen im Vertrag von Meerssen im August 870 zwischen Ludwig dem „Deutschen" und Karl dem Kahlen entlang der Maas-Murthe-Mosel-Linie aufgeteilt, zehn Jahre später fiel es (als Kompromiss gegen die Aufgabe der Ansprüche Ludwigs des Jüngeren auf Westfranken) im Vertrag von Ribémont ganz an das Ostreich.

Im *Westreich* folgte nach dem Tod Karls des Kahlen, der seit 875, durchaus gegen den Willen eines Teils seiner Großen, auch Kaiser war, 877 dessen Sohn Ludwig der Stammler nach. Zwei Jahre später wurde das Reich unter seine Söhne aus der ersten (vom Vater nicht anerkannten) Ehe, Ludwig (Norden) und Karlmann (Süden), geteilt. Gleichzeitig errichtete Boso von Vienne in der Provence das erste nichtkarolingische

---

46 Vgl. François BOUGARD, La cour et le gouvernement de Louis II, 840–875, in: R. LE JAN (Hg.), La royauté, 249–267.

47 Zum Ehestreit Lothars vgl. S. AIRLIE, Private Bodies; T. BAUER, Rechtliche Implikationen; Wolfgang GEORGI, Erzbischof Gunthar von Köln und die Konflikte um das Reich König Lothars II. Überlegungen zum politischen und rechtlichen Konflikt der Absetzung durch Papst Nikolaus I. im Jahre 863, in: Jahrbuch des Kölnischen Geschichtsvereins 66 (1995), 1–33; K. HEIDECKER, Kerk. Zu Italien: G. ALBERTONI, L'Italia carolingia; F. BOUGARD, La cour (wie Anm. 46).

Reich auf fränkischem Boden (Niederburgund). Nach Ludwigs Tod übernahm Karlmann in einer förmlichen Erhebung, die den Teilreichscharakter selbst dieses kurzlebigen Reichs beweist, die Führung im gesamten Westen.

Das *Ostfränkische Reich* wurde nach dem Tod Ludwigs des „Deutschen" 876 gemäß einer bereits 865 getroffenen Vereinbarung ebenfalls unter die drei Söhne Karlmann (Bayern, also Ludwigs Stammreich), Ludwig den Jüngeren (Ostfranken-Thüringen-Sachsen) und Karl III., den Dicken (Schwaben), geteilt, die zur Absicherung sämtlich in den hohen Stammesadel einheirateten. Karlmanns Anteil fiel 879 an Ludwig, dessen Reich 882 an Karl III., der 885 nach dem Tod des Westfranken Karlmann auch die Herrschaft im Westen übernehmen konnte, so dass das gesamte Frankenreich für zwei Jahre noch ein letztes Mal in einer Hand vereint war.

Die *Beziehungen zwischen den Teilreichen* beruhten ideell zunächst auf der Brüdergemeinschaft („fraternitas") und dann mehr und mehr auf gleichberechtigter Schwurfreundschaft („amicitia"). Sie manifestierten sich in den tatsächlich sehr zahlreichen, meist in Lothringen stattfindenden Herrschertreffen und „Frankentagen" – 80 solcher erfassbaren Treffen zwischen 840 und 899 stehen lediglich 14 im 10. Jahrhundert gegenüber –, aber auch in gegenseitigen Herrschaftsansprüchen, während die Herrschaftspraxis zunehmend sowohl durch eine eigenständige Regierung der Könige – immer häufiger war auch im Plural von „regna" die Rede – wie durch Auseinandersetzungen zwischen den Reichen und eine allmähliche Entfremdung gekennzeichnet war. Die „Frankentage" hielten daher formal am Zusammenhalt des Reichs fest, förderten zugleich aber eine Abgrenzung der Teilreiche. Dieser Zwiespalt zeigt sich in den wechselnden Bündniskonstellationen der auf die Nachfolge Lothars II. erpichten Oheime (Karl und Ludwig), die nach Lothars Tod beide den verwaisten Erzbischofsstuhl von Köln zu besetzen suchten, in den Einladungen ostfränkischer Herrscher ins Westfrankenreich 854, 858, 875 und 879, die den Vereinbarungen des Meerssener Frankentags zuwiderliefen, oder in den Einfällen Karls des Kahlen 869 nach dem Tod Lothars II. (Krönung in Metz) und 876 nach dem Tod seines Bruders Ludwig des „Deutschen" nach Lothringen (Niederlage bei Andernach gegen Ludwig den Jüngeren): Alle diese Unternehmungen dokumentieren Herrschaftsansprüche, die jedoch scheiterten, weil ein hinreichender Rückhalt bei den Großen des anderen Reichs kaum mehr zu erlangen war.[48]

Die Auseinandersetzungen zwischen den Reichen sind kaum erklärbar ohne die Spannungen in den einzelnen Teilreichen selbst. Im *Westfränkischen Reich*[49] schwelte noch lange der Konflikt um Aquitanien, das unter Pippin, den Karl 845 offiziell als Unterkönig anerkennen musste, Selbständigkeitsbestrebungen zeigte; zweimal, 854 und 856, luden die Aquitanier auch Ludwig den „Deutschen" ein, ehe sie sich 858 Karl unterwarfen.[50] Das Verhältnis Karls des Kahlen zu den Großen bzw. seinen „Getreuen" (*fideles*) wurde bereits 843 nach Beendigung der Bruderkriege mit der gegenseitigen Anerkennung der Würden im Vertrag von Coulaines geregelt, den man geradezu als

---

48 Vgl. H. H. ANTON, Zum politischen Konzept; W. KOLB, Herrscherbegegnungen; R. SCHNEIDER, Brüdergemeine; I. VOSS, Herrschertreffen.
49 Zu Karl vgl. A. KRAH, Entstehung der „potestas regia"; J. NELSON, Charles the Bald.
50 Vgl. J. MARTINDALE, Charles the Bald.

„Grundgesetz des Westreichs" bezeichnet hat (P. Classen). Die zweiseitigen Verfassungsverträge, in Coulaines wie auch in Quierzy 858, deuten auf gleichberechtigte Partner, stützten aber auch Karls Königsherrschaft ab. Den Italienzug von 877 zur Ausübung der Kaiserpflichten musste sich Karl allerdings durch eine Anerkennung der Erblichkeit der Lehen im Todesfall „erkaufen", um seine Herrschaft im eigenen Land zu sichern. Spannungen gab es zudem im Königshaus selbst: Ludwig der Stammler heiratete Ansgard gegen den väterlichen Willen; der zum Geistlichen bestimmte Karlmann erhob sich 870 gegen den Vater und wurde später zur Strafe geblendet. Zur beherrschenden Figur im Reich Karls des Kahlen und seiner Nachfolger wurde Erzbischof Hinkmar von Reims, der als oberster Hofkaplan weit über seine Kirchenprovinz hinaus wirken wollte.

Solche Spannungen gab es nicht nur im Westen. Im *Ostreich* musste Ludwig der „Deutsche" sich nicht nur der Eingliederung der zusätzlich erworbenen Gebiete und vor allem der weiteren Integration Sachsens widmen, sondern hatte sich ebenfalls Aufständen der Großen (Markgraf Ernst 861) und der eigenen Söhne (Karlmann 862, Ludwig der Jüngere 866, Ludwig und Karl 871/73) zu erwehren, mit denen er sich im Gegensatz zu Karl dem Kahlen jedoch immer wieder aussöhnte. Der Aufstand Arnulfs, des unehelichen Sohnes Karlmanns und Markgrafen von Kärnten (Karantanien), gegen Karl III. fügt sich durchaus in diese Reihe ein.

Als Karl III. schließlich in einem in der Forschung viel umstrittenen Akt 887 wegen Unfähigkeit und Krankheit abgesetzt und im Ostreich durch Arnulf ersetzt wurde, entstanden in den übrigen Reichsteilen überall faktisch unabhängige, nichtkarolingische Herrschaften: des „Robertiners" Odo im Westen, der sich hier später (seit 893) auch gegen Karl den Einfältigen, den nachgeborenen Sohn Ludwigs des Stammlers, durchsetzen konnte, des „Welfen" Rudolf in Hochburgund und des Markgrafen Wido von Spoleto in Italien, der hier gegenüber Berengar von Friaul die Oberhand gewann, nachdem er im Westen gescheitert war. Bodenständig waren diese Herrschaften, deren Träger sämtlich dem karolingischen Reichsadel entstammten, noch nicht. Um 900 gab es als Folge der Teilungen auf dem Boden des Großfränkischen Reichs vier Nachfolgereiche: Ostfranken, Westfranken, Italien und Burgund, deren Eigenständigkeit erst eine Frage der künftigen Entwicklung war und deren Herrscher durchaus weiterhin gegenseitige Ansprüche (auf Lothringen, Italien und Burgund) erhoben. Dabei verblasste ein Einheitsgefühl im Westen anscheinend am schnellsten, während sich (nur) hier der Königstitel „rex Francorum" hielt, mit dem man die legitime Nachfolge des alten Frankenreichs für sich in Anspruch nahm.

Das karolingische Frankenreich war kein Reich der Franken, sondern ein Vielvölkerstaat unter fränkischer Führung gewesen. Die Teilungen auf der einen und die Verselbständigungen der merowingischen Dukate auf der anderen Seite schufen neue, teils an die alten Reiche und Territorien (wie Aquitanien, Burgund, Bayern) angelehnte, teils davon gänzlich unabhängige Einheiten (am deutlichsten ist das im Fall Lotharingiens), die im Verlauf des 9. Jahrhunderts ein zunehmendes Gewicht erlangten, jedoch – über den Namen hinaus – kaum mehr etwas mit den alten germanischen Völkern zu tun hatten und auch nur bedingt oder in Einzelfällen eine Wiederbelebung der von Karl dem Großen beseitigten, so genannten älteren Stammesherzogtümer der späten Merowingerzeit bedeuteten. Vielmehr fanden hier innerhalb des Frankenreichs neue (oder neue Phasen der) Ethnogenesen statt, die nach einer Klärung des Verhältnisses von Königreich und „Stammesprovinz" verlangten. Im Westen wie im Osten bildeten sich in dieser Zeit neue Zwischengewalten in Gestalt mächtiger Fürstentümer heraus (vgl. 3.1.4). Gerade durch die großen, weiträumig begüterten und miteinander verwandten Adelsfamilien des so genannten karolingischen Reichsadels (vgl. 3.2.3) waren die Provinzen aber miteinander verklammert und zugleich stets auf das Königtum und das (Teil-)Reich ausgerichtet. Ein politisches Einheitsbewusstsein konnte sich hier infolge der ständigen Teilungen hingegen nur allmählich ausbilden. Doch lassen sich zumindest im Rückblick die Anfänge der hochmittelalterlichen Nationen bis in das 9. Jahrhundert zurückverfolgen (vgl. 3.1.1.1).

2.2.4 Die äußeren Gefahren: Bretonen, Slawen, Normannen, Sarazenen und Ungarn

Zu den inneren Spannungen kamen äußere Bedrohungen, die zwar kaum den Zerfall des Großreichs herbeiführten, dazu jedoch ebenso beitrugen wie zu den soeben angesprochenen inneren Strukturveränderungen. Die *Bretonen* im Nordwesten gründeten 850 ein eigenes Königtum unter Nominoë und blieben bis zum Ausbruch innerer Streitigkeiten gegen Ende des Jahrhunderts relativ selbständig.[51] Die noch nicht christianisierten *slawischen Völker* östlich der Elbe errichteten im 9. Jahrhundert eigene Fürstentümer, die in lockerer Abhängigkeit vom Ostfränkischen Reich lebten, jedoch durch Feldzüge immer wieder unterworfen werden mussten, so dass die Ostgrenze während der ganzen Zeit unruhig blieb. Eine wirkliche Gefahr aber erstand im Südosten des Reichs, in den Böhmen und vor allem den Mähren, deren von Ludwig dem „Deutschen" eingesetzte Fürsten Rastislav (846) und Svatopluk (870) sich jeweils verselbständigten und mehrfach Bayern bedrohten. Die südöstlichen Marken (Donaugrafschaft, Karantanien) sollten diese Grenze absichern und wurden zum Ausgangspunkt neuer Machtbildungen. Gegen Ende des Jahrhunderts entstand das so genannte Großmährische Reich (vgl. 2.8), während die Fürsten in Karantanien und Pannonien, Pribina und Kocel, reichstreu blieben. Hier und in Mähren führte die ursprünglich von Konstantinopel ausgehende Mission Kyrills und Methodius' zu einem romverbundenen, aber doch eigenständigen slawischen Christentum mit eigener Liturgie. Aus dem bayerischen Einflussgebiet Salzburgs und Passaus war der Südosten damit kirchlich ebenso herausgelöst wie politisch.

Die größte Gefahr drohte von den *Normannen*.[52] Seit dem Überfall normannischer Abenteurer auf die englische Insel Lindisfarne im Jahre 793 wurden die Britischen Inseln, wenig später Irland (seit 795) und das Frankenreich (seit 799) heimgesucht. Seit 834 wurden Friesland, seit den 40er Jahren auch die Mündungsgebiete und Ufer der großen Flüsse (Seine, Loire, Garonne) fast jährlich von einzelnen Trupps mit ihren beweglichen Schiffen heimgesucht; 845 war erstmals Paris bedroht. In dieser Zeit war vor allem das Westreich von den Einfällen betroffen. Anfangs handelte es sich wohl eher um einzelne Unternehmungen, die untereinander keinen organisatorischen Zu-

---
51 Vgl. J. Smith, Province and Empire.
52 Lit.: Bibl. 5.2.2.4.

sammenhalt aufwiesen, deutlich aber auf die innenpolitischen Schwierigkeiten reagierten und die inneren Streitigkeiten zu Einfällen nutzten. Mit der Überwinterung auf einer Seineinsel bei Rouen 851 trat die Normannengefahr in eine neue Phase ein. Als 879 das so genannte Große Heer aus England auf den Kontinent kam und jahrelang Brabant, die Scheldegegend, Lothringen und die Seineufer beunruhigte, erreichte die Normannengefahr ihren Höhepunkt. Die Ursachen dieser Normannenzüge sind weitgehend unbekannt. Vielleicht demographische, eher aber politische Gründe mögen dazu ebenso beigetragen haben wie der Wunsch nach militärischer Übung, Abenteuerlust und Beutestreben, nicht minder aber – und zunehmend – nach Landgewinnung. Viele Normannenführer suchten und fanden den Kontakt zu den fränkischen Königen, wurden mit Land an den Grenzen, vor allem in Friesland, ausgestattet und – vereinzelt, wie der Dänenkönig Harald (Heriald) Klak 826 – bereits getauft, ohne dass die Einfälle damit aufhörten. Die Gegenmaßnahmen schufen nur kurzfristige Befreiung; ein militärisches Vorgehen schien zunächst aussichtslos. Die Bewohner flohen vor den Eindringlingen, die Könige zahlten Tribute und siedelten normannische Gefolgsleute zur Abwehr der eigenen Volksgenossen in Grenzgegenden an, ein Beweis zugleich sowohl für die Siedlungsabsicht einzelner Normannenscharen wie für die politische Uneinheitlichkeit der Angreifer. Erst seit den 80er Jahren war die Gegenwehr erfolgreicher (Siege Ludwigs des Jüngeren bei Thiméon 880 und des Westfranken Ludwig bei Saucourt im Jahr darauf). Während Karl III. und sein wichtigster Heerführer, der Babenberger Heinrich, eher auf Integration (Taufe des Normannen Gottfried 882) als auf militärische Konfrontation setzten, der langjährigen Gefahr und der monatelangen Belagerung von Paris 885 aber letztlich nur durch Tributzahlungen Herr werden konnten, gelang Arnulf 891 ein Sieg an der Dyle (bei Leuven), dem eine Ruhephase folgte. Während das Quellenbild durch das barbarische Heidentum und die Grausamkeit der Normannen geprägt war, dürfen das Ausmaß der Verheerungen und zumal die langfristigen Auswirkungen insgesamt doch nicht übertrieben werden, zeugen Bekehrungen und Abkommen außerdem von einer Integrationsbereitschaft mancher Führer. Darüber hinaus fand ständig ein Handelsaustausch mit Skandinavien statt. Die früh erkennbaren Siedelabsichten (826 Harald/Heriald in Rüstringen in Friesland, 843 Rorik in Walcheren, 882 Gottfried im Kennemerland) gipfelten 911 in der vertragsmäßig zugestandenen Besiedlung der Normandie unter Rollo. In Nordengland und Irland hatten sich schon im 9. Jahrhundert normannische Herrschaften gebildet („Danelaw"), die im 10. Jahrhundert zurückgewonnen und allmählich integriert wurden.

Südfrankreich und Italien wurden im 9. Jahrhundert von den muslimischen *Sarazenen* bedroht, die, vom spanischen Omayyadenreich und mehr noch vom nordafrikanischen Aglabidenreich aus, die Mittelmeerinseln, vor allem Sizilien, eroberten und bei Fréjus in der Provence eine Dauersiedlung errichteten. Ihren politischen Hintergrund hatten die Einfälle in Herrschaftskämpfen in Nordafrika. 845 wurde Neapel, im folgenden Jahr Rom belagert. Die Dauerfeldzüge Lothars I. und vor allem Ludwigs II. blieben gleichwohl erfolglos. Die Bedrohung durch die Sarazenen hielt daher noch im 10. Jahrhundert unvermindert an. Am Ende des 9. Jahrhunderts bahnte sich mit den Ungarneinfällen eine neue Gefahr an. Die *Ungarn* waren als Reiterkrieger seit 894 unter ihren Führern Árpád und Kursan in das Karpatenbecken eingedrungen; 902 war die Landnahme erfolgreich abgeschlossen, 906 zerstörten sie das Großmährische Reich. 899 drangen ungarische Scharen erstmals in Italien, 901 in Bayern ein. Seit 904 wurde das Ostfränkische Reich bis weit in die Ottonenzeit hinein ständig bedroht.

2.3 Ostfranken-Deutschland (888–1056)[1]

Könige
Karolinger:
Arnulf (888–899)
Ludwig das Kind (900–911)
Konradiner:
Konrad I. (911–918)
Ottonen:
Heinrich I. (919–936)
Otto I. (936–973)
Otto II. (973–983)
Otto III. (983–1002)
Heinrich II. (1002–1024)
Salier:
Konrad II. (1024–1039)
Heinrich III. (1039–1056)

Die Entstehungszeit eines Deutschen Reiches ist, trotz umfangreicher Diskussion (vgl. 4.1.5) nicht genau datierbar, sondern abhängig von den jeweils angelegten Kriterien. Das Ostfränkische Reich ging in einem langen Prozess „lautlos" in ein Deutsches Reich über, und dieser „Übergang" wurde von den Zeitgenossen selbst weder als Bruch noch als Gegensatz empfunden. Eine gewisse Verfestigung der Fränkischen Teilreiche bildet dafür eine wichtige Voraussetzung, auch wenn sie sich kaum aus einem klaren Konzept der Einheit und Unteilbarkeit, sondern aus der (zufälligen) politischen Entwicklung ergab, wenngleich kürzlich noch einmal betont worden ist, dass die Theorie einer Reichseinheit durchaus noch virulent war.[2] Doch nicht das unter Karl III. noch einmal kurzfristig vereinte Großfränkische Reich wurde zu einer politischen, unteilbaren Einheit, sondern die aus seinem Zerfall hervorgegangenen Nachfolgestaaten, und die Forschung ist sich einig darin, dass der Einheitsgedanke schnell nachließ, ohne dass man (mit F.-R. Erkens) die Ursachen dafür wohl allein im Königshaus selbst suchen darf.

In der Folgezeit aber verfestigten sich die Teilreiche zunehmend. Wenn Versuche zu Reichsteilungen mit dem Sturz Karls III. auch keineswegs beendet waren, so waren sie

---

[1] Lit.: Bibl. 2.3. Allgemein: G. Althoff, Ottonen; B. Arnold, Medieval Germany; H. Beumann, Ottonen; J. Fleckenstein, Grundlagen; J. Fried, Formierung Europas; Ders., Weg; W. Glocker, Verwandten der Ottonen; E. Hlawitschka, Vom Frankenreich; Il secolo di ferro; H. Keller, Ottonen; K. Leyser, Communications and Power; F. Prinz, Grundlagen; T. Reuter, Germany; B. Schneidmüller/S. Weinfurter (Hg.), Ottonische Neuanfänge; H. K. Schulze, Hegemoniales Kaisertum; C. Violante/J. Fried (Hg.), Il secolo XI.
[2] So F.-R. Erkens, Einheit.

in der Praxis doch nicht mehr erfolgreich. Der Begriff für ein deutsches Reich („regnum Teutonic[or]um") ist – von einem vereinzelten, umstrittenen Beleg in den Salzburger Annalen abgesehen – zwar erst für das 11. Jahrhundert belegt, doch grenzte sich das Ostfränkische Reich, trotz anhaltender Auseinandersetzungen um Lothringen seit dem Sturz Karls III., vom Westen zunehmend ab und verselbständigte sich in einem Maße, dass von hier aus ein neues – anfangs noch labiles – politisches Gebilde seinen Ausgang nahm. Dafür mag es auch bezeichnend sein, dass Arnulf seinen unehelichen Sohn Zwentibold 895 nicht mehr mit Bayern oder Kärnten, sondern mit Lothringen ausstattete, auch wenn er selbst seinen Rückhalt stets in seinem Kernland Bayern suchte.³ Möglicherweise war damit eine Wiederherstellung des einstigen Mittelreichs geplant. Mit dem Erwerb der westlichen Kaiserkrone (896) fiel diese ein zweites und letztes Mal an einen ostfränkischen Karolinger; in der Folgezeit verblieb sie bei den italischen Herrschern, bis sie schließlich gar nicht mehr vergeben wurde (seit 924). Mit dem Tod Ludwigs des Kindes (911) erlosch die karolingische Dynastie im Osten, und bezeichnenderweise gab es anscheinend jetzt keinerlei Versuche mehr, den westfränkischen Karolinger Karl den Einfältigen zur Herrschaft auch im Osten einzuladen, der seinerseits allerdings noch mit Erfolg versuchte, Lothringen zurückzugewinnen.

Die von der modernen Forschung viel geschmähte Regierung Konrads I. (911–918), die durch seine tragende Rolle am Hof Ludwigs des Kindes vorbereitet war, gilt als eine Übergangszeit, obwohl sie seiner Politik nach ganz in karolingischen Bahnen verlief.⁴ Konrad suchte das Reich mit Hilfe der Bischöfe zwar energisch zusammenzuhalten, konnte aber weder den Verlust Lothringens verhindern noch, trotz einzelner Erfolge, sich gegenüber den 913 ausbrechenden Aufständen in Schwaben und Bayern durchsetzen oder der nun immer bedrohlicher werdenden Ungarneinfälle Herr werden. Die bereits unter Arnulf und Ludwig dem Kind – zunächst durchaus in Konkurrenz zueinander – im Königsdienst und in der Grenzverteidigung emporgestiegenen Adelsherrschaften (Konradiner in Rhein- und Mainfranken/Hessen/Südthüringen, Liudolfinger in Ostsachen/Nordthüringen, Liutpoldinger in Nordbayern/Kärnten, Hunfridinger im Südbodenseeraum, Reginare in Mittellothringen) konnten nach Ausschaltung ihrer Konkurrenten (der Babenberger in Mainfranken, der Popponen in Thüringen, der Wilhelminer in Bayern, Erchangers und Bertholds in Schwaben) nicht nur eine gewisse Vorrangstellung in den einzelnen Regionen und Stammesprovinzen erlangen, sondern gerieten nun auch in Gegensatz zum Königtum. Ihre Unterwerfung gelang Konrad trotz zeitweiliger Erfolge (Hinrichtung Erchangers und Bertholds) und einer konsequenten Politik, der erst am Ende seiner Regierungszeit der notwendige Rückhalt fehlte, letztlich jedoch nicht.

Konrads Scheitern mag der Grund für die Übertragung der Königsherrschaft auf den Sachsen Heinrich I. gewesen sein,⁵ den die spätere sächsische Historiographie (Widukind von Corvey) mittels einer Designation durch Konrad selbst und des ganz unwahrscheinlichen Berichts von einem früheren Thronverzicht bereits Ottos des Er-

---

3 Vgl. A. Krah, Bayern und das Reich.
4 Vgl. H.-W. Goetz, Der letzte »Karolinger«.
5 Zu Heinrich I. vgl. G. Althoff/H. Keller, Heinrich I. und Otto der Große.

lauchten, des Vaters Heinrichs I., im Jahre 911 zu legitimieren suchte. Von einem „bindenden Wahlvorschlag" (H. Mitteis) kann sicherlich keine Rede sein, doch muss Konrads Bruder Eberhard tatsächlich seine Zustimmung gegeben haben, denn er blieb fortan königstreu. Wie ungesichert die Lage dennoch war, zeigen die Auseinandersetzungen mit Burchard von Schwaben und vor allem Arnulf von Bayern, der selbst nach der ostfränkischen (oder, gemäß anderer Meinung, der bayerischen) Königskrone strebte. Als hier 921 ein Ausgleich erzielt wurde, im gleichen Jahr im Bonner Vertrag mit Karl dem Einfältigen die Gleichberechtigung beider Reiche und Könige (des „rex Francorum orientalium" und des „rex Francorum occidentalium") dokumentiert und 925 Lothringen nach mehrfachen Schwankungen endgültig dem Ostreich gewonnen wurde, war das Herrschaftsgebiet des ostfränkischen Königs fürs Erste abgesteckt, ohne dass die gegenseitigen Ansprüche gänzlich beendet gewesen wären.

Auch Heinrich I. brauchte lange zur Konsolidierung seiner Herrschaft, ihm gelang es im Gegensatz zu Konrad jedoch nicht nur, durch die Einsetzung des Franken Hermann als Herzog in Schwaben (926) die Amtsstellung der „duces" wieder stärker zu betonen, sondern, vorbereitet durch die so genannte Hausordnung von 929, auch eine neue Dynastie zu begründen und eine neue Thronfolgeordnung durchzusetzen: Otto I. wurde damals anlässlich seiner Hochzeit mit der angelsächsischen Prinzessin Edgith zum alleinigen Nachfolger designiert und konnte 936, ohne Reichsteilung, die Herrschaft ungehindert übernehmen. Damit war, zumindest im Rückblick, eine – tatsächlich noch in einem langem Prozess durchzusetzende – Nachfolgeordnung geschaffen, die, wie man gesagt hat, dem neuen Prinzip der „Unteilbarkeit des Reichs" entsprach. Das Verhältnis zu den Großen beruhte gerade in dieser Zeit auf beschworenen Freundschaftsbünden („amicitiae"), die oft in Form von Gebetsverbrüderungen geschlossen wurden.[6] Heinrich I. war schließlich auch gegenüber den Slawen und *Ungarn* erfolgreich. Hatten Ludwig das Kind und Konrad I. den Raubzügen der Ungarn noch hilflos zusehen müssen, so erreichte Heinrich I. spätestens 926 durch eine Tributzahlung einen mehrjährigen Waffenstillstand, der zum Ausbau des Verteidigungssystems genutzt wurde (sog. „Burgenordnung" Heinrichs I.).[7] Nach solcher Vorbereitung verweigerte er 932 die Tributzahlung und erlangte im folgenden Jahr einen Sieg an der Unstrut über die hereinbrechenden Ungarn. Mit dem Sieg Ottos I. auf dem Lechfeld bei Augsburg von 955 war die Ungarngefahr praktisch beendet.

Die Zeit der *drei „Ottonen"* (Otto I. 936–973,[8] Otto II. 973–983, Otto III. 983–1002) war einerseits durch eine durch Designation oder Vorauswahl gesicherte, ungeteilte Erbfolge, andererseits jedoch durch zahlreiche *Aufstände und Konflikte* geprägt, die das Spannungsverhältnis der aufeinander angewiesenen Kräfte der Karolingerzeit (König und Adel) fortsetzten, an denen erneut aber auch Angehörige des Königshauses be-

---

6 Vgl. G. Althoff, Amicitiae.
7 Zum Problem der »agrarii milites« Widukinds von Corvey, die als »Ministerialen«, »Königsfreie«, »gewöhnliche Freie« oder »Unfreie«, als »Reste des altgermanischen Volksaufgebots« oder als »grundherrliche Dienstmannen« gedeutet wurden, vgl. zuletzt Matthias Springer, Agrarii milites, in: NdsJb 66 (1994), 129–166, der den Begriff nicht als Fachterminus, sondern als abhängige, auf dem Lande lebende Krieger im Gegensatz zu den Burgbesatzungen versteht und die These des Baus neuer Burgen durch Heinrich I. verwirft.
8 Zu Otto I. vgl. J. Laudage, Otto der Große.

teiligt waren, um ihren Erbanspruch durchzusetzen. Das zeigt, dass die neue Thronfolgeregelung der Ottonen noch keineswegs gesichert war.[9] Die meisten Aufstände – die wieder in Formen der Schwureinigungen vorbereitet wurden – gründeten sich auf übergangene Rechts- und Ehransprüche und gefährdeten den inneren Frieden, nicht aber das grundsätzliche Miteinander von König und Adel. Die sächsischen Aufstände gruppierten sich durchweg um Angehörige der Liudolfinger: 938 rebellierte Ottos I. Halbbruder Thankmar (der Sohn von Heinrichs erster Gemahlin Hatheburg), wenig später Ottos Bruder Heinrich, 953/54 sein ältester Sohn aus erster Ehe Liudolf, der durch die Geburt Ottos II. mit gutem Grund seine Erbfolge gefährdet sah. Später, zur Zeit Ottos II., erhob sich Heinrichs Sohn Heinrich „der Zänker" mehrfach gegen den König. Da immer wieder dieselben Aufständischen oder deren Angehörige beteiligt waren, handelte es sich um lange schwelende Konflikte. Bezeichnend ist aber auch eine Konfliktlösung, die dem sich (freiwillig) Unterwerfenden sein (bisheriges) Recht zugestand und besonders den Angehörigen des Königshauses immer wieder Gnade zuteil werden ließ.

An den Aufständen waren meist auch die Herzöge beteiligt. Hatte bereits Heinrich I. versucht, die Herzöge einzusetzen (Hermann in Schwaben) und familiär an sich zu binden (Verheiratung seiner Tochter Gerberga mit Giselbert von Lothringen), so setzte Otto I. diese Politik in verstärktem Maße fort, indem er nach den Aufständen und dem Tod Giselberts von Lothringen und Eberhards von Franken (939) Verwandte zu Herzögen erhob: seinen Bruder Heinrich in Bayern, seinen Sohn Liudolf und später dessen Sohn Otto in Schwaben; Ottos Bruder, der Erzbischof Brun von Köln, übte herzogliche Rechte in Lothringen aus, während in Franken nach Eberhards Tod kein Herzog mehr eingesetzt wurde. Im Zuge der Auseinandersetzungen mit Heinrich dem Zänker wurden von Bayern die Ostmark unter dem Babenberger Liutpold und, als eigenes Herzogtum, Kärnten abgetrennt.

Ein besonderes Augenmerk der Ottonen galt der *Kirchenpolitik*. Hatte Heinrich I. noch eine kirchliche Salbung abgelehnt (ein viel umrätseltes Problem),[10] mit seiner späteren Regierung und dem Erwerb der Heiligen Lanze von Rudolf von Burgund (wohl 926 gegen die Abtretung Basels) aber durchaus die kirchliche Bindung seines Vorgängers fortgesetzt, so gliederte Otto I., der schon bei der Wahl die kirchliche Stützung betonte, die ottonische Reichskirche noch stärker in die Verfassung ein. Das Zentrum des Hauses wurde von Quedlinburg (Grablege Heinrichs und seiner zweiten Gemahlin Mathilde) ostwärts nach Magdeburg verlegt, wo Otto 937 ein Kloster gründete und mit den Reliquien des heiligen Mauritius ausstattete, der gleichsam zum ottonischen Reichsheiligen aufstieg. Nach langen inneren Auseinandersetzungen mit Mainz und Halberstadt wurde Magdeburg 968 zu einem Erzbistum für die ostelbischen Gebiete erhoben, dem die beiden 948 gegründeten Suffraganbistümer Havelberg und Brandenburg sowie die neu gegründeten Bistümer in Merseburg, Meißen und Zeitz unterstellt wurden. Gleichzeitig wurden 968 in Posen und 973 in Prag Bistümer gegründet und damit die kirchliche Erschließung des Slawenlandes vorangetrieben. Hingegen scheiterte ein zu zögerlich unternommener Versuch, auch Russland zu missio-

---

9 Vgl. J. Laudage, Hausrecht und Thronfolge.
10 Vgl. W. Giese, Ensis sine capulo.

nieren. Der erfolglose Missionsbischof Adalbert wurde dann erster Erzbischof von Magdeburg.

Neben der (seit der Lechfeldschlacht von 955 faktisch beendeten) Ungarngefahr galt das Interesse der Könige vor allem der sächsischen *Ostgrenze* gegen die Slawen. Otto I. richtete hier 936/37 unter Hermann Billung an der Unterelbe und Gero im Elbe-Saale-Gebiet Marken ein und sicherte die Region durch um Burgen zentrierte Verteidigungsbezirke, die so genannten Burgwarde, doch führte später der groß angelegte Liutizenaufstand von 983 unter Führung der Redarier nach dem Tod Ottos II. zu einer politisch-heidnischen Reaktion, die den ostfränkisch-sächsischen Einfluss östlich von Elbe und Saale (mit Ausnahme der südlichen Marken Lausitz und Meißen) vorerst beendete.

Die erstarkte Herrschaft der Ottonen, die deutlich geschwächte und unter den Auseinandersetzungen mit den robertinischen Herzögen leidende Stellung des westfränkischen Königs und die ständigen Thronkämpfe in Italien verliehen dem Ostfrankenreich unter den Ottonen eine *Hegemonialstellung*, die Otto 946 sogar zu einem Eingreifen im Westen veranlassten. Von der Weltstellung zeugt auch der Austausch von Gesandtschaften sowohl mit Córdoba (Johannes von Gorze 953/55) wie mit Byzanz (Liudprand von Cremona 949/968), auch wenn beide Legationen letztlich ergebnislos verliefen. Ottos letzter Reichstag in Quedlinburg am Palmsonntag 973, auf dem „alle Welt" vertreten war, gilt als glanzvoller Höhe- und Endpunkt seiner Regierung.

Die Hegemonialstellung mündete in die *Italien- und Kaiserpolitik* Ottos und seiner Nachfolger ein, über deren Nutzen man im 19. Jahrhundert zu Unrecht viel gestritten hat (vgl. 4.1.9). Italien war nie aus dem Blick geraten. 933/34 griff Herzog Arnulf von Bayern hier ein, und auch Heinrich I. soll bereits einen Italienzug geplant haben. Einen solchen unternahm jedoch auf Drängen Adelheids, der Witwe des vorigen Königs Lothar, erst sein Sohn Otto 951, der die ein Jahr zuvor usurpierte Herrschaft Berengars von Ivrea beendete und Adelheid heiratete. Nach der Lechfeldschlacht soll Otto zum (Heer-)Kaiser ausgerufen worden sein, doch hatte das keine rechtliche Bedeutung. Mit der *Kaiserkrönung* von 962 in Rom auf seinem zweiten Italienzug (961–965) aber wurde das seit 924 vakante Kaisertum wiedererrichtet, und es verband sich fortan mit der Herrschaft des deutschen Königs, der die Kaiserweihe aber nur in Rom erwerben konnte. Das „Ottonianum" wiederholte Schutzversprechen und Pippinisch-Karolische Schenkung, verhinderte jedoch nicht schon bald darauf ausbrechende Auseinandersetzungen mit dem Papst (Johannes XII.), und auch ein Aufstand Adalberts, des Sohnes Berengars, zwang Otto zu einem weiteren, mehrjährigen Italienzug (966–972). Ansprüche auf Süditalien dienten gleichzeitig der Abwehr der Sarazenen und führten hier zu vermehrten Konflikten, schufen darüber hinaus aber auch Spannungen mit Byzanz, dem das Gebiet nominell immer noch gehörte. Erst der Thronwechsel unter Johannes Tzimiskes führte zu einer vorübergehenden Versöhnung (Hochzeit Ottos II. mit der griechischen Prinzessin Theophanu). Nach erneutem Ausbrechen des Konflikts (976) nannte sich Otto II. demonstrativ „Romanorum imperator augustus" (982), ein Titel, der fortan beibehalten wurde.[11] 980 griff Otto II. in die

---

[11] Vgl. Hubertus SEIBERT, Eines großen Vaters glückloser Sohn? Die neue Politik Ottos II., in: B. SCHNEIDMÜLLER/S. WEINFURTER (Hg.), Ottonische Neuanfänge, 293–320.

78 Die politische Entwicklung in den einzelnen Reichen

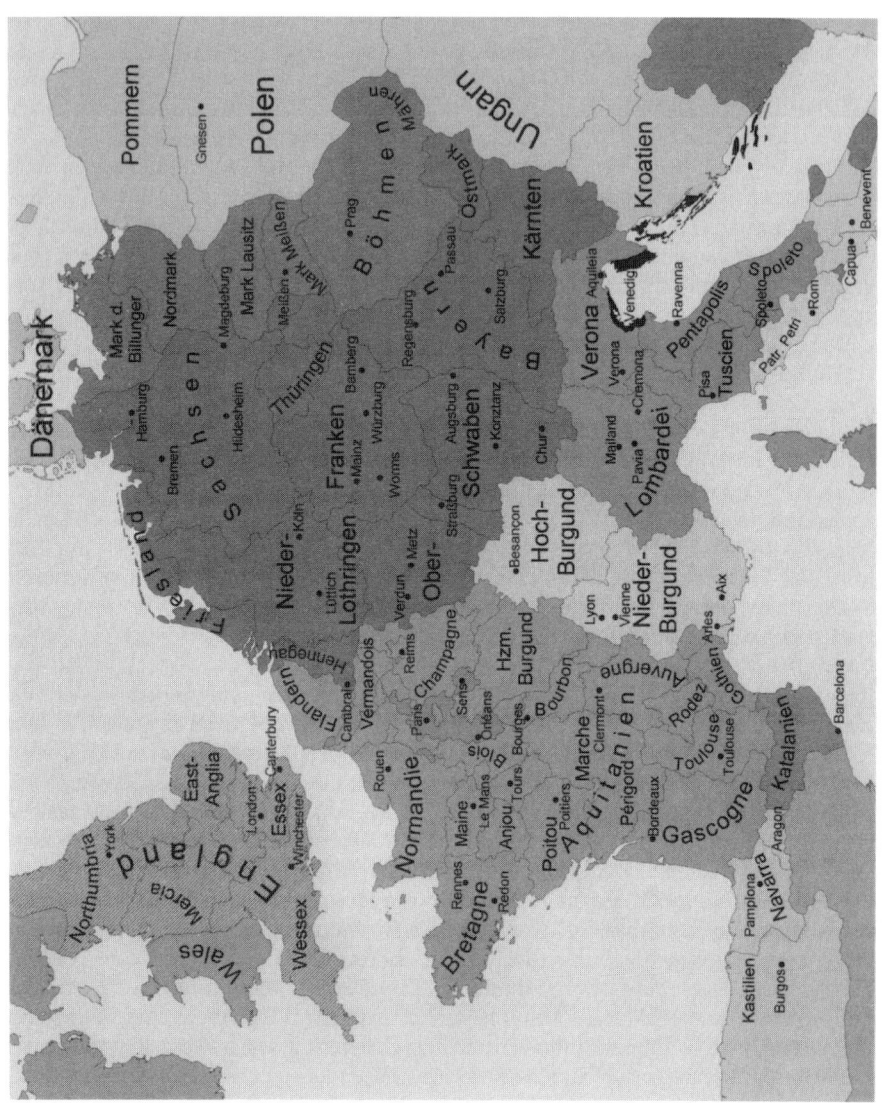

Abb. 3: *Deutschland und Frankreich um 1000*

neuerlichen römischen Konflikte um den Papst ein (Rückführung des vertriebenen Benedikt VII.). Die Sarazenenpolitik hingegen war wenig erfolgreich; 982 erlitt Otto am Cap Colonne südlich von Cotrone eine vernichtende Niederlage.

Nach Ottos II. vorzeitigem Tod noch im gleichen Jahr nahmen unter Abwehr der Regentschafts- und wohl auch Thronansprüche Heinrichs des Zänkers, zumindest auf ein Mitkönigtum, durchaus gegen die ostfränkisch-deutsche Gewohnheit, aber nach byzantinischem Vorbild die Kaiserin Theophanu[12] und nach ihrem Tod (991) die Kaiserin Adelheid, die zweite Gemahlin Ottos I., die Regentschaft für den minderjährigen Otto III. tatkräftig wahr.[13] In den wenigen Jahren seiner selbständigen Regierung (seit September 994)[14] weilte der Kaiser (Kaiserkrönung 996), der sich bewusst in die Tradition Karls des Großen stellte, Aachen reich ausstattete und, wohl in diesem Zusammhang, das Grab Karls öffnen ließ,[15] meist in Rom, das zum Zentrum seiner Herrschaft und nach byzantinischem Vorbild organisiert wurde. Im Zusammenwirken mit den Päpsten Gregor V. (seinem Vetter Brun, dem ersten deutschen Papst) und Silvester II. (Gerbert von Aurillac, dem bedeutendsten Gelehrten seiner Zeit) schwebte Otto eine Politik vor, die von Rom als dem Zentrum von Kirche und Kaisertum aus das Geschehen im Imperium und den abhängigen Gebieten lenkte. Diese imperiale Herrschaftsidee drückte sich nicht nur im Herrschertitel „(imperator) Romanus, Saxonicus et Italicus" und im Titel „servus apostolorum" während der Polenreise aus, der den Anspruch auf eine Apostelnachfolge unterstrich, sondern auch in verschiedenen Bildminiaturen, in denen die Provinzen des Reichs (Roma, Germania, Gallia und Sclavinia) dem thronenden Kaiser huldigen. Kennzeichnend für diese Politik war auch die Gründung der Erzbistümer Gnesen in Polen (1000) und Gran in Ungarn (1001), die eine kaiserliche Mitwirkung und eine Missionierung voraussetzten, zugleich aber eine Herauslösung dieser „Landeskirchen" aus der Reichskirche zur Folge hatten. Vor allem der Anspruch des seit dem Liutizenaufstand von 983 allerdings ohnehin in seiner Wirkung nach Osten beschränkten, ottonischen Hausbistums Magdeburg war beschnitten. An der von Percy Ernst Schramm entwickelten Theorie einer an antik-römische Vorbilder anknüpfenden „Renovatio imperii Romanorum" (nach der Umschrift in Ottos Bulle, deren Rückseite eine gewappnete Roma schmückte, ab 998), die zu einer Vernachlässigung des Reichs geführt habe, ist in jüngster Zeit jedoch Kritik geübt worden (vgl. 4.1.4). Knut Görich spricht demgegenüber von einer den „veränderten Bedingungen angepaßten Fortsetzung ottonischer Herrschaftspraxis",[16] und Gerd Althoff will keinerlei festes Programm mehr hinter Ottos Politik erkennen. Man wird die „Renovatio"-Politik daher kaum als ein imponierend geschlossenes Programm eines noch sehr jungen Kaisers werten können, doch setzte Otto III., den bereits ein Zeitgenosse „Wunder der Welt" („mirabilia mundi") nannte, die Italien- und Rompolitik der Vor-

---

12 Vgl. A. von Euw/P. Schreiner (Hg.), Kaiserin Theophanu.
13 Vgl. F.-R. Erkens, More Grecorum.
14 Zu Otto III. vgl. G. Althoff, Otto III.; K. Görich, Otto III.; B. Schneidmüller/S. Weinfurter, Otto III. – Heinrich II.; P. E. Schramm, Kaiser, Rom und Renovatio.
15 Vgl. dazu Knut Görich, Otto III. öffnet das Karlsgrab in Aachen. Überlegungen zu Heiligenverehrung, Heiligsprechung und Traditionsbildung, in: G. Althoff/E. Schubert (Hg.), Herrschaftsrepräsentation, 381–430.
16 K. Görich, Otto III., 280.

gänger zweifellos in verstärktem Maße fort, ohne dass sich dagegen nördlich der Alpen ein nennenswerter Widerstand erhob, und er folgte dabei durchaus römisch-christlichen Idealen.[17] Gescheitert ist der Kaiser letztlich vielmehr am Widerstand der Römer. Hatte er 998 noch mit größter Härte den Aufstand des Stadtherrn Crescentius niedergeschlagen und dessen Familie entmachtet, so wurde er im Februar 1001 mit seinem Papst für den Rest seines kurzen Lebens aus Rom vertrieben.

Ottos früher, kinderloser Tod am 24.1.1002 – eine byzantinische Braut befand sich gerade auf dem Weg nach Italien – hinterließ eine strittige Nachfolgefrage, in der sich der bayerische Herzog Heinrich (IV.), der Sohn des „Zänkers", als König *Heinrich II.* zielstrebig gegen seine Mitbewerber Ekkehard von Meißen und Hermann von Schwaben durchzusetzen vermochte und sich in einem „Wahlumritt" durch das Reich sukzessive die Zustimmung der einzelnen Landesteile sicherte.[18] Wieweit dabei der (bessere) Erbanspruch entscheidend war, ist ebenso umstritten wie die Frage, ob die neue Bulle des gebürtigen Ottonen und bisherigen Bayernherzogs mit der Umschrift „Renovatio regni Francorum" eine bewusste Abkehr von der Politik Ottos III. andeutete. Jedenfalls brachte Heinrichs Regierung keine Aufgabe der Italienpolitik, wo er den Aufstand Arduins von Ivrea 1004, der sich tatsächlich in die Tradition eines selbständigen Regnum Italiae eingliederte und sehr verschiedenartige Kräfte an sich binden konnte, niederschlug[19] und auf seinem zweiten Italienzug 1014 die Kaiserkrone empfing. Neue Akzente setzten Heinrich wie auch seine Nachfolger hinsichtlich einer stärkeren Verfügung sowohl über die Herzogtümer, deren zunehmend königsgleiche Stellung Heinrich zu begrenzen suchte, damit allerdings auf Widerstände stieß (Anspruch Heinrichs von Schweinfurt auf das Herzogtum Bayern, „Luxemburger Fehde" um die Bistümer Metz und Trier), als auch über die Bistümer, die von nun an verstärkt zum Königsdienst (Gastung) herangezogen wurden, und entsprechend stärker griff Heinrich auch in die Bischofserhebungen ein, so dass man von „Zentralisierungstendenzen" gesprochen hat (S. Weinfurter). Spannungen mit Polen – Boleslaw hatte 1002 die Mark Meißen besetzt – endeten erst 1013 und 1018 mit den Friedensschlüssen von Merseburg und Bautzen, die Boleslaw die Lausitz als Lehen zugestanden. In der Tradition der Vorgänger gründeten Heinrich und seine Gemahlin Kunigunde[20] 1007 das Bistum Bamberg, das dem kinderlosen Königspaar ein ehrendes Gedenken bewahrte.

Nach dem Tod Heinrichs II. (des letzten „Ottonenherrschers") 1024 übernahm mit der Wahl *Konrads II.* in Kamba, der sich gegen seinen gleichnamigen Vetter durchzusetzen vermochte, die neue Dynastie der *Salier* die Herrschaft, die eigene Akzente setz-

---

17 Vgl. D. Warner, Ideals and action.
18 Zu Heinrich II. vgl. H. Hoffmann, Mönchskönig und *rex idiota*; B. Schneidmüller, Neues über einen alten Kaiser?; B. Schneidmüller/S. Weinfurter (Hg.), Otto III. – Heinrich II.; S. Weinfurter, Heinrich II.; Ders., Zentralisierung.
19 Für eine rechtmäßige Königsherrschaft Arduins plädiert G. Wolf, Der so genannte Gegenkönig Arduin von Ivrea (ca. 955–1015), in: AfD 39 (1993), 19–34. Ausführlich jetzt U. Brunhofer, Arduin von Ivrea.
20 Zu Kunigunde vgl. I. Baumgärtner (Hg.), Kunigunde.
21 Zu Konrad II. vgl. F.-R. Erkens, Konrad II.; H. Hoffmann, Mönchskönig und *rex idiota*; W. Trillmich, Kaiser Konrad II.; H. Wolfram, Konrad II.

te.[21] Ob Konrad wirklich eine handfestere Politik als seine Vorgänger geführt und eine neue Kirchenpolitik begründet hat, wie kürzlich noch einmal strikt betont wurde (H. Hoffmann), scheint überaus fraglich, zumal Konrad die Reformpolitik durchaus fortsetzte, während das Quellenbild, mit Ausnahme seiner von seinem Hofkaplan Wipo verfassten „Gesta", im Rückblick des beginnenden Reformzeitalters jedoch negativ verzerrt ist. Die Zerstörung der Pfalz Pavia und die berühmte Argumentation bei Wipo, aus der man den Beginn eines transpersonalen Staatsgedankens herauslesen wollte, zeigten, wie wenig gesichert die Herrschaft über Italien beim Antritt eines jeden neuen Herrschers noch war – die Niederwerfung gelang erst 1027 –, wie zielstrebig alle Könige aber auch die erneute Eingliederung verfolgten. Im Valvassorenaufstand in Mailand (1036) sicherte Konrad mit der „Constitutio de feudis" von 1037 diesem niederen Adel Erblichkeit der Lehen und Standesgerichte zu, zog sich damit aber zeitlebens die Feindschaft des Erzbischofs zu.[22] Auch sonst führte Konrad eher die Politik seines Vorgängers fort. Wie er im Innern der Aufstände, vor allem seines Schwiegersohnes, des schwäbischen Herzogs Ernst II., Herr wurde, so führte er in der Außenpolitik zwei „Erbschaften" Heinrichs II. glücklich zu Ende: Hatte dieser die Selbständigkeits- und Ausdehnungsbestrebungen Polens mit einem Kompromiss beenden können, bei dem Polen die Mark Lausitz behielt, aber vom deutschen König zu Lehen empfing, so ließ sich Boleslaw von Polen 1025 zum König krönen; sein Sohn Mieszko II., 1025 ebenfalls zum König gekrönt, verzichtete jedoch 1033 auf den Königstitel und die Lausitz. Im gleichen Jahr oder im Jahr darauf konnte Konrad nach dem Aussterben der Rudolfinger nach langen Kämpfen gegen andere Prätendenten, vor allem den Grafen Odo von Blois, Burgund hinzuerwerben. Damit unterstanden dem deutschen König bzw. dem Kaiser fortan drei Reiche: Deutschland, Italien und Burgund.

Die neue Politik der ersten Salier, Konrads II. (1024–1039) und Heinrichs III. (1039–1056), zeigt sich in anderen Bereichen, nämlich einmal im zielstrebigen Ausbau eines neuen geistlichen Herrschaftszentrums in Speyer, dessen Dom noch für viele Generationen als Grablege Platz bieten sollte, und zum andern in einer Verlagerung des Herrschaftszentrums in Sachsen durch den Ausbau Goslars, die den Widerstand der Sachsen nach sich zog. Im Innern suchten die Salier durch die Einsetzung landfremder Herzöge und, wie die Ottonen, ihrer eigenen Angehörigen ihren Einfluss zu sichern. Die Zeit *Heinrichs III.* galt lange als ein Höhepunkt der deutschen Geschichte. Außenpolitische Erfolge (Huldigung des Böhmenherzogs 1041, Eingriff in den ungarischen Thronstreit zugunsten Peter Orseolos bis 1044, Unterwerfung der Liutizen im gleichen Jahr) bestärkten die Hegemonialstellung des Reichs. Das machtvolle Eingreifen in das Papstschisma auf der Synode von Sutri (1046), auf der gleich drei Päpste (Benedikt IX., Silvester III. und Gregor VI.) abgesetzt wurden, und die Einsetzung von vier deutschen Päpsten in Folge (Suidger von Bamberg als Clemens II. 1046, Poppo von Brixen als Damasus II. 1048, Bruno von Toul als Leo IX. 1049, Gebhard von Eichstätt als Viktor II. 1055) führten den Kaiser auf den Gipfel der Macht. Entscheidendes Kennzeichen seiner Regierung war das Eintreten für die Kirchenreform, die mit Leo

---

22 Dazu zuletzt Hagen Keller, Das Edictum de beneficiis Konrads II. und die Entwicklung des Lehnswesens in der ersten Hälfte des 11. Jh., in: Il feudalesimo, Bd. I, 227–258.

IX. auch in Rom einzog. Allerdings steht dem Bild des Friedensfürsten in den Quellen durchaus eine charakterliche Kritik gegenüber,[23] und gegen Ende seiner Regierung mehrten sich bereits Anzeichen einer Krise (Selbständigkeitsbestrebungen in Ungarn, Polen und Böhmen; Sieg der Liutizen 1056; Fehden und Aufstände in Sachsen und Lothringen).[24] Der Aufstand Gottfrieds des Bärtigen von Oberlothringen, der sich gegen die erneute Teilung des Herzogtums unter die Söhne des 1044 verstorbenen Herzogs Gozelo wandte, und Gottfrieds Heirat mit Beatrix von Tuszien 1054 führten dank der Herrschaftsrechte in Italien zu einer gefährlichen Umklammerung des Kaisers, die dieser im folgenden Jahr allerdings noch einmal zerschlagen konnte, und auch die Kirchenreform zeigte erste Anzeichen, sich gegen den Kaiser zu wenden (Halinard von Lyon verweigerte den Treueid). Ein Aufstandsplan der süddeutschen Herzöge brach infolge des Todes Welfs III. 1055 nicht offen aus. So war bei dem vorzeitigen Tod Heinrichs III. die Lage gespannt, als die Kaiserin Agnes, eine Tochter des Herzogs Wilhelm V. von Aquitanien, am Vorabend des Investiturstreits die Regentschaft für den sechsjährigen Heinrich IV. übernahm.

2.4 Westfranken-Frankreich (888–1050)[1]

Könige
Karolinger und Robertiner:
Odo (888–898)
Karl der Einfältige (893/98–922/23)
Robert (922/23)
Rudolf (923–936)
Ludwig IV. (936–954)
Lothar (954–986)
Ludwig V. (986/87)
Kapetinger:
Hugo Capet (987–996)
Robert II. (996–1031)
Heinrich I. (1031–1060)

Die Anfänge der „französischen" Geschichte sind nicht weniger dunkel als die der deutschen. Vom Namen („regnum Francorum") her herrschte hier ohnehin Kontinuität, und *Karl der Einfältige* betonte mit dem bezeichnenderweise nach dem Aussterben der ostfränkischen Karolinger 911 aufgenommenen und seither üblichen Königstitel „rex Francorum" bewusst die fränkisch-karolingische Tradition. Außerdem

---

23 Vgl. P. G. Schmidt, Heinrich III.
24 Vgl. E. Boshof, Das Reich in der Krise; F.-R. Erkens, Fürstliche Opposition.
1 Lit.: Bibl. 5.2.4. Allgemein: R. Bautier, Recherches; J. Dunbabin, France; J. Ehlers, Kapetinger; R. Favier, Temps des principautés; C. Gauvard, France; E. Hallam, Capetian France; R. Le Jan, Histoire; A. Lewis, Royal Succession; E. Magnou-Nortier (Hg.), Pouvoirs et libertés; F. Menant/H. Martin/B. Merdrignac/M. Chauvin, Capétiens; K. F. Werner, Naissance.

herrschten die Karolinger im Westen, wenngleich mit Unterbrechungen, noch bis 987. Gleichwohl ist auch hier eine Verselbständigung und Verfestigung im Zuge der langen, faktischen Konsolidierung eines Ost- und Westreichs im Laufe des 9. Jahrhunderts festzustellen. Trotz beiderseitiger Ansprüche beschränkten sich die Auseinandersetzungen praktisch auf das Mittelreich (Lothringen, Burgund und Italien).

Nach der Absetzung Karls III. und dem endgültigen Zerfall eines fränkischen Gesamtreichs im Westen wurde mit dem Robertiner Odo 888 ein Nichtkarolinger zum König erhoben – der Versuch einer Adelsgruppe um Fulco von Reims, Arnulf einzuladen, blieb erfolglos. Das 10. Jahrhundert sollte dann weitgehend durch den Gegensatz zwischen Karolingern und Robertinern geprägt sein. Der 893 als Gegenkönig erhobene Karl „der Einfältige", ein nachgeborener Sohn Ludwigs des Stammlers, konnte sich erst nach Odos Tod (898) durchsetzen. Mit dem „Aussterben" der ostfränkischen Karolinger kam ihm sogar eine gewisse Führungsrolle zu, doch blieben die Reiche fortan getrennt; im ausgeklügelten Bonner Vertrag von 921 mit Heinrich I. wurde ihre Gleichrangigkeit ausdrücklich bestätigt. In Karls Regierungszeit fällt – nach später Schilderung – 911 auch die Ansiedlung der Normannen unter Rollo (Hrolf) in der späteren Normandie (um Rouen), ein Vorgang, der an sich durchaus Vorläufer hatte und erst infolge der Auswirkung so bedeutend erscheint. Dass Lothringen bald (seit 923/25) Heinrich I. zufiel, resultierte vor allem aus der Gegnerschaft der Großen gegen Karls Lothringenpolitik. Doch auch in seinem Reich stieß Karl auf Widerstand, der schließlich zu seiner Absetzung und zur Wahl des robertinischen Gegenkönigs Robert (922/23), eines Bruders Odos, und nach dessen Schlachtentod zur Nachfolge Rudolfs, des Herzogs von Burgund (923–936), führte, gegen die Karl sich nicht mehr durchzusetzen vermochte.

Nach Rudolfs Tod im Jahre 936 betrieb der Robertiner Hugo, der dann zum „Herzog" („dux") von Franzien ernannte Sohn Roberts, die Einsetzung des mit seiner angelsächsischen Mutter Eadgifu nach England emigrierten Sohnes Karls des Einfältigen, *Ludwigs IV.* „d'Outremer". Damit schien die Thronfolge fortan geklärt. Die Karolinger regierten nun bis 987 in Vater-Sohn-Folge (Ludwig IV. 936–954, Lothar 954–986, Ludwig V. 986/87), wenngleich die Spannungen mit den Robertinern wegen der engen Nachbarschaft ihrer politischen Herrschaft im nordfranzösischen Raum andauerten. Hugo wurde als „dux Francorum" in gleichsam vizeköniglicher Stellung im Kerngebiet des Westfrankenreichs anerkannt. Die Gleichrangigkeit der beiden Königsgeschlechter spiegelt sich auch in der Heirat sowohl Ludwigs IV. wie Hugos mit Schwestern Ottos I. (Gerberga und Hadwig) wider. Ludwigs Ehe mit Gerberga als Witwe des Herzogs Giselbert sollte wohl auch entsprechende Ansprüche auf Lothringen begründen. Die Königsherrschaft war jetzt aber weitgehend auf die Krondomäne um Reims und Laon und an der Oise beschränkt. Während sich die Fürstentümer daher spätestens in dieser Zeit zunehmend verselbständigten, emanzipierte sich das Westreich doch weiter vom Osten. Hatte Otto I. 940 und 945 noch in die westfränkischen Verhältnisse eingegriffen, so suchte Lothar unter Otto II. (984/85) sogar noch einmal, allerdings vergeblich, Lothringen einzunehmen, und provozierte damit einen Gegenzug des ostfränkisch-deutschen Königs bis vor Paris (978). Beide Übergriffe stützten sich noch auf eine erbrechtliche Legitimation.

Mit dem Tod Ludwigs V. ergab sich eine neue Situation. Auf Betreiben des Erzbischofs Adalbero von Reims wählten die Großen mit *Hugo „Capet"*, dem Sohn Hugos des Großen, den mächtigsten Fürsten zum neuen König,[2] dessen Nachkommen (die Kapetinger) Frankreich bis 1328 (in Seitenlinien sogar bis 1589) regieren sollten, der sich zunächst aber gegen den Karolinger Karl von Niederlothringen, einen 954 von der Erbfolge ausgeschlossenen Bruder Lothars, und gegen den Erzbischof Arnulf von Reims[3] durchsetzen und seine Herrschaft legitimieren musste. Der *Dynastiewechsel* bewirkte zunächst weder einen Wandel im Reichsbestand noch einen merklichen Bruch in der Regierungspraxis, und weder Hugo noch sein bereits im ersten Herrschaftsjahr zum Mitkönig erhobener Sohn und Nachfolger Robert II. (996–1031) konnten ihren Einfluss trotz verschiedener Bemühungen wesentlich über die Krondomäne hinaus geltend machen. Die ehemaligen, nordfranzösischen Vasallen waren jetzt nicht nur zu reichsunmittelbaren *Fürsten* geworden, die kapetingische Hausmacht wurde bald auch durch die Herrschaft des Grafen Odo II. von Blois (996/1023–1037), der sich gegen den König 1023 auch in mehreren, durch Erbfall gewonnenen Grafschaften (Troyes, Meaux und Provins) durchsetzen konnte und 1032 nach der burgundischen Königskrone strebte, sowie durch die Grafschaft Vermandois gefährlich umklammert. Nur Burgund war in die kapetingische Herrschaft integriert. In den anderen Reichsteilen, wie in Flandern, der Normandie und der Bretagne, in den Loiregrafschaften Anjou und Blois, in Aquitanien, Toulouse und der Gascogne, setzte sich die Konsolidierung der Fürstentümer fort, allerdings verselbständigten sich in der Folgezeit in diesen Großgrafschaften die Vizegrafen zunehmend. Mit der älteren Forschung hier von einer „feudalen Anarchie" zu sprechen, würde die Entwicklung allerdings zu sehr am monarchischen Grundprinzip messen und die neue Staatlichkeit dieser Fürstentümer unterbewerten. Die „Zeit der Fürstentümer" (J. Favier) bildet vielmehr eine entscheidende Phase der französischen Geschichte.

Robert II., der Fromme (996–1031), von seinem Biographen Helgaud zum Heiligen stilisiert, stand der mönchischen Reformbewegung nahe, geriet aber wegen seiner unkanonischen Ehe mit Bertha, der Witwe Odos von Blois, in Konflikt mit der Kirche. Der Anspruch auf Gleichrangigkeit mit dem Imperium setzte sich fort – in einem Treffen mit Kaiser Heinrich II. an der Grenze in Ivois 1023 vereinbarte man ein gemeinsames Vorgehen in Friedens- und Reformfragen –, doch konnte Roberts Sohn *Heinrich I.* (1031–1060) den Fall Burgunds an das Reich (1033/34), nicht zuletzt infolge innerer Streitigkeiten, nicht verhindern. Das Verhältnis zum Reich blieb, durch Heinrichs III. Heirat mit Agnes von Poitou noch verstärkt, gespannt, und gleichzeitig baute Gottfried von Anjou durch seine Regentschaft über Aquitanien einen gewaltigen Machtbereich in Westfrankreich auf. Die Anfänge der Kapetinger waren also keineswegs besonders machtvoll. Langfristig aber brachten die Konzentration der Macht in Neustrien mit dem Wegfall des Antagonismus zwischen Karolingern und Robertinern und die zähe, auf Krondomäne und Kronepiskopat gestützte Politik, die alle Gegnerschaften durch wechselnde Bündnisse überwand, eine Festigung der Königsmacht.

---

2 Vgl. Y. Sassier, Hugues Capet.
3 Vgl. zuletzt V. Huth, Erzbischof Arnulf von Reims.

2.5 Burgund (888–1033) und Italien (888–1050)

2.5.1 Burgund

Das alte Burgunderreich um Rhône und Saône hatte im spätmerowingischen und endgültig im karolingischen Reich seine frühere Eigenständigkeit weitgehend verloren. Die spätkarolingischen Neugründungen knüpften daran bezeichnenderweise auch kaum mehr an. Mit der Königserhebung des Grafen Boso von Vienne (879) war das erste nichtkarolingische Reich auf fränkischem Boden (Niederburgund) entstanden, das durch die spätere Nachfolge seines Sohnes Ludwig (des Blinden, 887–928) einen dynastischen Bestand bewahrte. Sowohl Boso wie Ludwig trachteten aber nach Italien und der Kaiserkrone: ersterer vergeblich, letzterer wurde 901 gekrönt, dann aber 905 geblendet, das Reich fortan faktisch vom Grafen Hugo von Arles regiert. 933 trat Hugo gegen Zusicherung seiner italischen Herrschaft das niederburgundische Reich an Hochburgund ab. Beide bildeten fortan eine (später Arelat genannte) Einheit.

In Hochburgund hatte sich im Jahre 888 im Zuge der Absetzung Karls III. der Welfe Rudolf zum König erhoben. Ihm schwebte wohl eine Wiederherstellung des Mittelreichs vor, denn auch er erhob Ansprüche auf Italien. Im Gegensatz zum Westfrankenreich Odos wurde seine Herrschaft vom Ostfranken Arnulf nicht anerkannt. Rudolfs gleichnamiger Sohn (Rudolf II.) griff sogar in Alemannien ein, erkannte 926 jedoch die Oberhoheit Heinrichs I. an, der ihm das Territorium Basel gegen Aushändigung der Heiligen Lanze abtrat. Die Streitigkeiten mit den italischen Königen hielten, nun umgekehrt mit deren Ansprüchen auf Burgund, im 10. Jahrhundert, wenngleich ergebnislos, an. Sie zeigen aber, dass auch hier nicht wirklich neue, feste Reiche entstanden waren, sondern sich erst allmählich konsolidierten. Die langen Regierungszeiten Konrads I. (937–993), der Ehebündnisse mit den Ottonen einging, und Rudolfs III. (993–1032) waren einerseits von Spannungen mit den Fürsten, einer Territorialisierung des Landes und der Ausbildung von vier Großgrafschaften (Arles-Provence, Vienne, Belley-Maurienne-Savoyen-Aosta, Mâcon-Besançon), andererseits von einer zunehmenden, durch Heiratsbeziehungen untermauerten Annäherung an das Reich geprägt. Nachdem Rudolf III. bereits 1016 Heinrich II. als Erben eingesetzt und das nach kurzer Auseinandersetzung 1027 auch gegenüber Konrad II. wiederholt hatte, kam es nach seinem Tod 1032 dennoch zu einem Erbfolgekrieg zwischen dem Kaiser, den schwäbischen Herzögen und vor allem dem Grafen Odo II. von Blois. 1033 konnte Burgund, als eigenes Reich, unter der Herrschaft des deutschen Königs auf Dauer mit dem Imperium vereint werden, auch wenn die Kämpfe noch eine Zeitlang andauerten. Damit endete seine eigenständige Geschichte.

2.5.2 Nord- und Mittelitalien[1]

Wie eng die Beziehungen zwischen den anderen Teilreichen und Italien in der Karolingerzeit noch waren, spiegelt sich nicht nur in den der Herkunft nach vielfach, aber keineswegs ausschließlich fränkischen Amtsträgern, deren Einfluss in der Karolingerzeit gestiegen war, sondern auch in den gegenseitigen Verbrüderungen und Gedenkbucheinträgen der Klöster wider.[2] Entgegen den langobardischen Traditionen tendierte die karolingische Herrschaft zunächst zu einer Zentralisierung, bei der die Kapitularien eine wichtige Rolle spielten. Die langobardischen Herzogtümer wurden zu fränkischen Grafschaften. Italien behielt mit seiner Hauptstadt Pavia und seiner Kanzlei aber eine gewisse Selbständigkeit nicht zuletzt dadurch, dass es mehrfach ein karolingisches Unterkönigtum war (unter Pippins Sohn Bernhard, Lothar I. und Ludwig II.). Auf der Synode von Pavia (850) klagten die lombardischen Bischöfe ihr Recht gegenüber den sich ausdehnenden Grafen und Königsvasallen ein. Nach dem Tod Kaiser Ludwigs II. (875) wurde Italien, das in eine Vielzahl verschiedener Herrschaften zergliedert war, zu einem Streitobjekt zwischen ost- und westfränkischen Karolingern und dann auch der niederburgundischen Bosoniden. Die bereits in karolingischer Zeit einsetzende Autonomie der lokalen und regionalen Gewalten setzte sich dadurch fort. Das politische Gewicht fiel in dieser Zeit den sich ausbildenden Markgrafschaften zu, in denen auch in Italien fränkische Fürstenfamilien zu mächtigen Mittelgewalten aufgestiegen waren: die Unruochinger in Friaul, die Widonen in Spoleto, die Adalberte in der Toskana, deren Stellung gegenüber Adel und Städten aber doch nicht ganz mit den west- und ostfränkischen Fürsten vergleichbar war. Nach der Absetzung Karls III. (887) konnte sich im ehemaligen Teilreich der Markgraf Wido von Spoleto, dessen Ambitionen auf Westfranken gegenüber Odo chancenlos geblieben waren, zunächst gegen Berengar von Friaul durchsetzen (Kaiserkrönung 891), musste sich dann aber dem ostfränkischen König Arnulf unterwerfen. Nach dessen Tod scheint es zu einer Abgrenzung der Interessensphären zwischen Berengar und Wido gekommen zu sein. In der Folgezeit wurde Italien, das zudem ständig von den Ungarn bedroht wurde, von Dauerstreitigkeiten um die Königsherrschaft erschüttert, wobei sämtliche Könige eine Dynastiebildung anstrebten, indem sie ihre Söhne zu Mitregenten erhoben, und – wenngleich vielfach vergeblich – nach der Kaiserkrone strebten. Ansprüche Ludwigs von der Provence konnte Berengar (Kaiserkrönung 915), dessen Familienpolitik durchaus erfolgreich war, abwehren.[3] Bald nach seiner Ermordung (924) errang jedoch Hugo von Vienne (926–947) mit seinem Sohn Lothar (931–950) die Herrschaft, während ihm die Kaiserkrone vom römischen Stadtpräfekten Alberich verweigert wurde. Rom stand in dieser Zeit nach längeren Wirren – zwischen 882 und 914 gab es 15 Päpste – ganz unter der Adelsherrschaft des Patricius, der auch über das Papsttum verfügte. Lothars Gegner und Nachfolger, der Markgraf Berengar von Ivrea, musste sich 951 Otto I. beugen, der Pavia eroberte und Lothars Witwe Adelheid heiratete,

---

1 Vgl. Bibl. 5.2.5. Allgemein: G. ALBERTONI, L'Italia carolingia; O. CAPITANI, Storia; O. CAPITANI/ G. CHERUBINI (Hg.), L'Italia; P. MORO, Cenni.
2 Vgl. U. LUDWIG, Transalpine Beziehungen.
3 Vgl. B. ROSENWEIN, Family Politics.

dem die Kaiserkrone jedoch ebenfalls noch verweigert wurde und der Berengar seinerseits mit Italien belehnte. Erst 962 gelang die Kaiserkrönung; das Deutsche Reich und Reichsitalien wurden auf Dauer vereint, Berengar wurde nach Bamberg verbannt. Die Unruhen und Aufstände gegen die deutsche Herrschaft in Rom und Norditalien hielten jedoch an, auch wenn die Herrschaft der drei Ottonen an sich unstrittig blieb. Noch Otto III., der Rom zum Zentrum seiner Kaiserherrschaft machte, wurde aber vertrieben. Nach seinem Tod hatte sich Heinrich II. gegen Arduin von Ivrea durchzusetzen, der sich im Jahre 1002 zum König erheben ließ, und nach Heinrichs Tod wurde in einem berühmten Akt die kaiserliche Pfalz in Pavia zerstört. Gleichwohl blieb die Vereinigung mit dem Deutschen Reich fortan erhalten, während in Rom die beiden mächtigen Familien der Crescentier und der Tusculaner um die Stadt- und Territorialherrschaft stritten. Die Ottonen stärkten zunächst die gräfliche Macht gegenüber den Bischöfen, die teilweise aber auch selbst über Grafenrechte verfügten und ihre Herrschaft im früheren 11. Jahrhundert zurückgewinnen und erweitern konnten.

2.5.3 Venedig[4]

Das eigentlich byzantinische Venedig, das sich in der Auseinandersetzung mit Aquileja um den Patriarchat – nach der langobardischen Eroberung hatte sich der Patriarch nach Grado zurückgezogen – neben mythischen Anfängen auf die um 827 überführten Reliquien des Evangelisten Markus berief, war nur kurz unter die Herrschaft Karls des Großen geraten, 810 aber an Byzanz zurückgegeben worden und blieb zumindest formell bis zum Ende des Byzantinischen Reiches dessen Bestandteil. Tatsächlich wurde es seit dem 7. oder frühen 8. Jahrhundert von „duces" (den Dogen) regiert, deren Regierungssitz von Heraklea zunächst (742) nach Malamocco, dann (809/10) nach Rialto verlegt wurde, die sich zunehmend von Byzanz lösten und deren Herrschaft sich im 9. Jahrhundert festigen konnte und erblich wurde. Venedig hatte sich zudem aber gegen dalmatinische und sarazenische Angriffe wie auch gegen Ansprüche Aquilejas und am Ende des 9. Jahrhunderts gegen die Ungarn zur Wehr zu setzen. Im 10. Jahrhundert betrieben die Dogen eine erfolgreich zwischen dem Königreich Italien bzw. später dem Deutschen Reich und Byzanz lavierende Politik, in deren Gefolge Venedig, das seit dem Beginn des 11. Jahrhunderts auch Dalmatien beherrschte, zur adriatischen Vormacht aufstieg, die den dortigen Handel kontrollierte, auch wenn verschiedene Aufstände und Dogenstürze auf innere Spannungen schließen lassen – im Zeitraum zwischen 800 und 1070 wurden immerhin sechs der 22 Dogen abgesetzt, weitere drei traten zurück – und man der Gefahr einer Eingliederung in das Imperium unter Otto II. nur mit Mühe entging. Mit Petrus II. Orseolo (991–1008) erlangte der Doge dann eine quasi monarchische Stellung. Nach Versuchen, daraus eine Erbmonarchie zu machen, wurde die Erblichkeit des Amtes jedoch 1032 endgültig beendet und durch eine Wahl und ein Adelsregiment ersetzt.

---

4 Lit.: G. RÖSCH, Venedig.

2.5.4 Süditalien[5]

Abgesehen von den beiden weitgehend unabhängigen „langobardischen" Fürstentümern Spoleto und Benevent war Süditalien weiterhin byzantinisch geprägt und auch formell dem byzantinischen Kaiser unterstellt, tatsächlich aber zwischen verschiedenen Mächten umstritten: den Fürsten, dem Kaiser, Byzanz und den Sarazenen, deren Bedrohung zunächst allerdings eine territoriale Zersplitterung verhinderte. Alle Eroberungsversuche der fränkischen und deutschen Könige sind letztlich gescheitert, während die Wiedereroberungsversuche aus Byzanz meist nur von begrenzter Dauer und Wirkung waren und nicht zu einer Einigung des Landes führten. Ludwig II. unternahm vorerst die letzten Anstrengungen, Süditalien zu unterwerfen; nach seinem Tod lag es vorerst außerhalb des kaiserlichen Einflussbereichs, aber auch Byzanz hatte gegen Ende des Jahrhunderts jegliche Kontrolle verloren. In Gaeta, Neapel und Amalfi, das zur Handelsmacht aufstieg, entstanden neue, eher unabhängige Herrschaften. Süditalien war daher weitgehend auf sich gestellt und faktisch unabhängig, im 9. und 10. Jahrhundert aber ständig von den Sarazenen bedroht, die seit dem 7. Jahrhundert die Mittelmeerinseln angriffen und sich seit 827 von der aglabidischen Ifriqiya aus in Sizilien, das sie seit dem Fall Taorminas (902) sogar vollständig beherrschten, und dann auch in Italien selbst (Bari, Tarent) festsetzten. Nach der Eroberung der Aglabidenherrschaft durch die ägyptischen Fatimiden (975) wurde Sizilien von fatimidischen Statthaltern (Emiren) regiert. Nach der Kaiserkrönung Ottos I. (962) griff auch die kaiserliche Politik vorübergehend wieder auf Süditalien über, was zu erneuten Spannungen mit Byzanz führte, doch endete diese Phase mit der Niederlage Ottos II. am Cap Colonne gegen die Sarazenen.

Eine neue Entwicklung bahnte sich 1015/17 an, als die Fürsten normannische Söldner bzw. Vasallen gegen die Sarazenen heranzogen und ihnen in der Folgezeit kleinere Lehnsherrschaften unterstellten. In Aversa entstand 1029/30 unter Rainulf der erste „Normannenstaat" in Italien, dem bald weitere folgten. Die Normannen entrissen den Byzantinern das erst 1035 zurückgewonnene Sizilien, Richard von Aversa erhielt 1059 auch Capua, während Robert Guiskard über Apulien und Kalabrien herrschte. Beide nahmen ihre Herrschaften 1050 als päpstliche Lehen entgegen. Bis 1071 war die griechische Herrschaft in Süditalien beseitigt, 1072 eroberte Roger I. Palermo, bis 1088 waren die letzten Sarazenen aus Sizilien vertrieben. Süditalien war normannisch und wuchs später, in der langen Regierungszeit Rogers II. von Sizilien (1101/12–1154), zu einem sizilisch-unteritalienischen Reich mit zentralistischer Verwaltung zusammen.

---

5 Lit.: B. Kreutz, Before the Normans; H. Taviani-Carozzi, La principauté lombarde; B. Rill, Sizilien.

2.6 Britische Inseln (700–1066)

2.6.1 Die angelsächsischen Königreiche[1]

Könige
Wessex/England:
Egbert (802–839)
Aethelwulf (839–855/58)
Aethelbald (855–860)
Aethelbert (860–865/66)
Aethelred (865/66–871)
Alfred (871–899)
Edward der Ältere (899–924)
Aethelstan (924–939)
Edmund (939–946)
Eadred (946–955)
Edwin (955–959)
Edgar (959–975)
Edward der Märtyrer (975–978)
Aethelred „Unread" (978–1016)
Dänenherrschaft:
Sven Gabelbart (1013–1014)
Knut der Große (1016–1035)
Harald Hasenfuß (1035–1040)
Hardeknut (1040–1042)
Englische Herrscher:
Edward der Bekenner (1042–1066)
Harald Godwinson (1066)

Die sich im Verlauf des späten 6. und frühen 7. Jahrhunderts konsolidierenden *angelsächsischen Reiche* in Süd- und Nordengland – am Ende waren es sieben: Kent, Sussex, Essex, Wessex, East Anglia, Mercia und Northumbria – bestanden nebeneinander, doch bildeten sich wechselnde Vorherrschaften aus (zum Bretwalda vgl. 2.1.6). Zu Beginn kam *Kent*, das unter Aethelbert (560/65–616) dank der Ehe mit der merowingischen Prinzessin Berta, einer Tochter Chariberts, und des von Papst Gregor dem Großen aus Rom ausgesandten Mönchs Augustinus als erstes Reich christianisiert wurde, eine hegemoniale Stellung zu, die jedoch spätestens im 7. Jahrhundert, unter Edwin und Oswald, auf *Northumbria* im Norden, das jüngste Reich, überging, das zugleich eine kulturelle Blüte erlebte (Beda Venerabilis).[2] York wurde – neben dem älteren Canterbury, dessen kirchliche Autorität weit über das Königreich Kent ausstrahlte – die zweite Metropole (Wiederherstellung des Bistums 618/664, offizielle Erhebung

---

[1] Lit.: Bibl. 5.2.6.
[2] Vgl. C. STANCLIFF/E. CAMBRIDGE (Hg.), Oswald; J. HAWKES/S. MILLS, Northumbria's Golden Age.

90 Die politische Entwicklung in den einzelnen Reichen

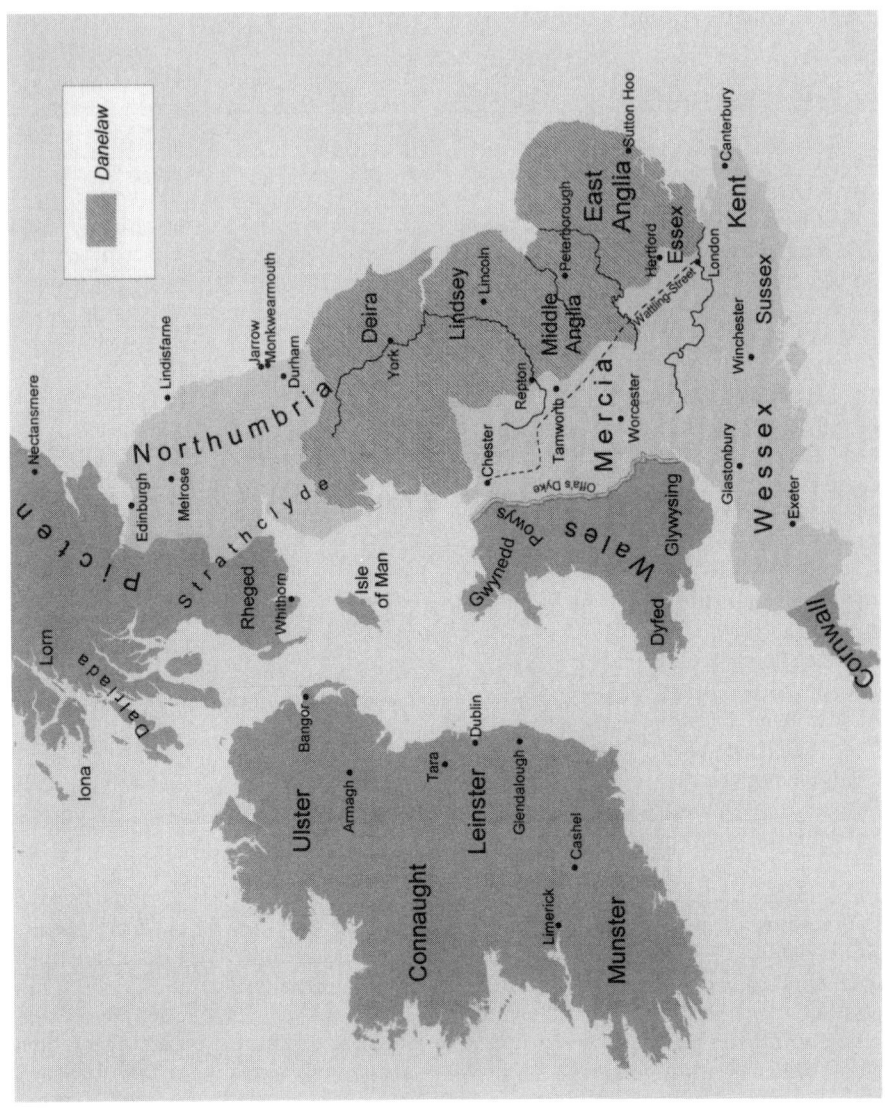

Abb. 4: *England und Irland im früheren Mittelalter*

zum Erzbistum 735 durch den Papst). In dieser Zeit waren, nach manchen Rückschlägen in der Mission Britanniens, die meisten Könige und Reiche bereits christlich. Northumbrias Vorherrschaft, die allerdings nicht bis nach Kent hinunterreichte, war zunächst im Konflikt mit Mercia errungen. Dessen König Penda hatte zwar 633, bezeichnenderweise im Bunde mit britisch-walisischen Kräften, bei Hexham über Edwin und noch einmal – entscheidender – 642 bei „Maserfelth" über Oswald von Northumbria gesiegt – Oswald fiel und wurde später als Märtyrer verehrt –, unterlag 655 oder 656 aber König Oswiu (642–670) am Fluss „Winwaed". Die Rivalität hielt jedoch an. Der Humber bildete die Grenze zwischen beiden Reichen, und auch den northumbrischen Vorstößen nach Norden gegen die schottischen Pikten wurde durch die Niederlage Ecgfriths bei „Neahtanesmere" (685) Einhalt geboten, während sich im Süden Wessex in die britischen Gebiete nach Somerset ausdehnte.

War ein großer Teil der angelsächsischen *Kirche* anfangs noch irisch beeinflusst, so legte die Synode von Whitby (Streaneshalh) von 664 mit der Anbindung an Rom den Grundstein für eine einheitliche Landeskirche, in der die bis zur Mitte des 9. Jahrhunderts regelmäßig tagenden (Provinzial-)Synoden die Linien der Politik bestimmten und zu allen anstehenden Problemen (Disziplinfragen, Kirchendispute, Gerichtsfälle, Fragen der Kirchenverwaltung, Bischofserhebung) Stellung nahmen.[3] Die Synoden stärkten die Position des Erzbischofs gegenüber seinen Suffraganen und betonten die Stellung der angelsächsischen Kirche im Rahmen der römischen, festigten aber auch die königliche Autorität. Die kirchliche Einheit war nicht zuletzt das Werk des gelehrten griechischen Erzbischofs Theodor von Canterbury († 690), der eine straffere Kirchenorganisation schuf und unter dessen Pontifikat eine neue Blüte angelsächsischer Gelehrsamkeit begann (Abt Aldhelm von Malmesbury, Benedict Biscop als Gründer der Klöster Wearmouth und Jarrow sowie Beda Venerabilis). Nicht zufällig setzte in dieser Zeit die angelsächsische Mission auf dem Kontinent ein (vgl. 3.3.1).

Im 8. Jahrhundert war die politische Vorherrschaft für ein ganzes Jahrhundert (bis 825) auf *Mercia* übergegangen, während das Verhältnis zu den einzelnen Königen der anderen Reiche nur schwer zu bestimmen ist. Hatte Ine von Wessex (688–726), der nicht zuletzt wegen seines Gesetzbuches Berühmtheit erlangte, sich gegenüber Mercia noch behaupten können, so vermochte sich Aethelbald von Mercia (716–757) bald auch im Süden durchzusetzen. Den Höhepunkt bildete die Regierung Offas (757–796) und Cenwulfs (796–821), unter deren Herrschaft die anderen Könige zu „subreguli" und „duces" oder Ealdormen und damit zu königlichen Amtsträgern herabgestuft wurden. Das bewirkte zugleich erste Einheitsbestrebungen im angelsächsischen England. Der gegen Wales gerichtete „Offa's Dyke", mit 150 Meilen das längste, teils bis heute erhaltene archäologische Monument der Insel, deutet allerdings an, dass eine Expansion nach Westen nicht beabsichtigt war, sondern dass man sich hier auf eine Verteidigung einrichtete.

Einen wichtigen Einschnitt bildet die seit der Plünderung Lindisfarnes im Jahre 793 andauernde Bedrohung durch die *Normannen*,[4] die von anfänglichen Raubzügen seit

---

[3] Vgl. C. Cubitt, Church Councils.
[4] Lit.: Simon Keynes, The Vikings in England, c. 790–1016, in: P. Sawyer, Oxford Illustrated History, 48–82; H. Loyn, Vikings in Britain. Zur Beschreibung des (späteren) Danelaw vgl. B. Crawford (Hg.), Scandinavian Settlements; D. Hadley, Northern Danelaw; C. Hart, Danelaw.

der Mitte des 9. Jahrhunderts allmählich zur Besiedlung und Beherrschung zunächst der vorgelagerten Inseln und dann vor allem Nordenglands (Danelaw), nördlich der Watlingstraße (London – St. Albans – Wroxeter), mit eigenen Gesetzen, aber ähnlicher Organisation, übergingen.[5] Der Schwerpunkt der normannischen Siedlung lag nach Ausweis der Ortsnamen (by-Orte; thorp-Orte; thweit-Orte mit skandinavischem Anfangselement) in East Anglia, Middle Anglia, Lindsay und zwischen den Flüssen Trent und Tees mit dem Zentrum York. Die Normannen dürften dennoch überall die Minderheit gebildet haben, auch wenn ihr Einfluss auf die Sprache unbestreitbar ist. Wenn das Domesday Book noch später (1086) Unterschiede in der Sozialstruktur gegenüber den Midlands und Südengland erkennen lässt, dann ist das, wie kürzlich betont wurde, nicht zwangsläufig auf normannische Einflüsse zurückzuführen (D. M. Hadley).

In den 860er Jahren wurden die northumbrischen und mercischen Heere vernichtend geschlagen. Damit ging die Führungsrolle unter den Angelsachsen endgültig auf den Süden, das Königreich *Wessex*, über, das sich bereits 825 unter Egbert (802–839) mit dem Sieg bei „Ellendun" (Wroughton in Wiltshire) über Beornwulf von der mercischen Suprematie hatte befreien können und unter Egberts Sohn Aethelwulf (839–858) Beziehungen zum Westfrankenreich knüpfte (Ehe mit Judith, der Tochter Karls des Kahlen). Der Süden Englands stand nun unter einheitlicher Herrschaft, auch wenn es weiterhin Unterkönige gab – Aethelwulfs Söhne Aethelstan, Aethelbald und Aethelswith herrschten jeweils in Kent, Wessex und Mercia –, während ein Ausgreifen nach Norden bald durch die Normannenherrschaft verhindert wurde. Die westsächsische Perspektive der Quellen lässt das Schicksal der anderen Reiche jedoch nicht recht erkennen. Nach Aethelwulfs Tod wurde das Reich – nach fränkischem Muster – unter seine Söhne aufgeteilt, doch bereits 866 unter Aethelred († 871) wieder vereint.

Auf dieser Grundlage gelang es dem jüngsten Sohn Aethelwulfs, *Alfred dem Großen* (871–899/901),[6] nach zunächst wechselhaften Kämpfen (Niederlage bei Wilton 871) und schweren Bedrohungen durch das „Große Heer" der Wikinger, die Normannengefahr durch einen Sieg bei Edington abzuwenden und im Frieden von Wedmore (878) sowohl eine Abgrenzung der Interessenbereiche als auch die Taufe des Dänenkönigs Guttorm (Guthrum) zu erreichen. Nach der Eroberung Londons wurden in einem Vertrag (886) die Herrschaftsgebiete entlang der Themse-Lea-Linie und der Watlingstraße gegeneinander abgegrenzt, in der Folgezeit wurde Mercia dem Königreich Wessex eingegliedert. Mittels einer Heeresreform wurde das Bauernheer zur besseren Verteidigung nun in zwei Kontingente geteilt, von denen eines jeweils zur Verfügung stehen sollte, und das Land mit Verteidigungsplätzen überzogen (Errichtung von rund 30 „burhs" als befestigten Dauersiedlungen). Alfred, unter dem das werdende England eine politische und kulturelle Blüte erlebte, trug aber auch Sorge

---

5 Gegen die Verharmlosung der normannischen Raubzüge, die tatsächlich einer Katastrophe für die betroffenen christlichen Kulturen gleichgekommen sei: A. Smyth, Effect of Scandinavian raiders.

6 Lit.: R. Abels, Alfred the Great; A. Smyth, King Alfred; D. Sturdy, Alfred the Great. Das Bild Alfreds beruht zu großen Teilen auf der von der Mehrheit der Forschung hoch geschätzten, zeitgenössischen Biographie Assers. Die gelegentlich vertretene Meinung, es handle sich dabei um eine spätere Fälschung aus dem späten 10. oder frühen 11. Jahrhundert (zuletzt vehement A. Smyth), wurde kürzlich noch einmal von R. Abels zurückgewiesen.

für Bildung und Sprache („Alfredian Renaissance", Übersetzungen bzw. eher Adaptationen spätrömischer Schriften), die administrative Ordnung des Reichs (Grafschaften) und die Sammlung der Volksrechte. Dabei erhielt er wichtige Impulse aus dem fränkischen Vorbild.

Alfreds Sohn *Edward* (899/901–924) konnte seit 918 das mittlerweile in kleinere Herrschaften aufgesplittete „Dänenland" bis zum Humber zurückerobern, sein Sohn Aethelstan (924–939), der sich „rex totius Britanniae" nannte und die Kontakte zum Kontinent mittels Heirat seiner Schwestern Eadgifu, Eadhild und Eadgyth mit Karl dem Einfältigen, Hugo von Franzien bzw. Otto dem Großen verstärkte, eroberte 927 die dänische Metropole York; seine in der Herrschaft nachfolgenden Brüder Edmund (939–946) und Eadred (946–955) konnten die Rückeroberung des „Dänenlandes" gegenüber manchen Anfechtungen abschließen und damit den Grundstein für ein geeintes, angelsächsisches England legen. Als symbolisches Ende der norwegischen Angriffs- und Siedlungsphase gilt der Sieg über Erich Blutaxt (954). Die Normannen wurden nicht vertrieben, sondern als gleichberechtigte Mitglieder mit eigenem Recht in das Reich integriert und bereits im späten 10. Jahrhundert nicht mehr als Dänen betrachtet. Das Gebiet des ehemaligen Danelaw brachte deshalb keine dauerhafte Teilung Englands in ein „englisches" und ein „skandinavisches" Gebiet mit sich.

Unter Edmunds Sohn Edgar (959–975), dessen Gesetzbuch einen rechtlichen Höhepunkt bedeutete, erlangte das politisch konsolidierte Reich auch eine neue kulturelle und religiöse Blüte (Förderung der Klosterreform). Nach der Ermordung seines Sohnes und Nachfolgers Edward (978) setzten unter dessen Halbbruder Aethelred „Unread" (978–1016) seit 980 die Normanneneinfälle zunächst aus Norwegen, dann aus Dänemark, nicht nur erneut ein, sondern sie erreichten bald auch eine andere Qualität, da sie unmittelbar von den normannischen Königen organisiert waren. Der Norweger Olaf Trygvasson konnte nach seinem Sieg bei Maldon 991 noch gegen eine Zahlung („Danegeld") zum Abzug bewogen werden. Der Däne Sven Gabelbart aber setzte, zunächst zusammen mit Olaf, der sich 994 taufen ließ, die Angriffe fort und konnte, angestachelt durch den Aufruf Aethelreds zur Ermordung der Dänen (13. November 1002; St. Brice's Day), bis 1013 das ganze Reich der Angelsachsen erobern. Sein Sohn *Knut* siegte 1016 über Aethelreds Nachfolger Edmund, der nur Wessex behielt, jedoch bald darauf verstarb. Knut (1017–1035) heiratete Aethelreds Witwe Emma und wurde Gesamtherrscher über alle angelsächsischen Königreiche (Mercia, East Anglia, Northumbria und Wessex), über die er jeweils einen Jarl (Earl) setzte, wobei er Wessex zunächst in eigener Hand behielt, 1020 aber an Godwin verlieh. Dänen und Angelsachsen wuchsen nun zu einem gemeinsamen Reichsverband zusammen. Winchester wurde zur bevorzugten Residenz. Nachdem Knut auch den dänischen Thron erlangt hatte, wurde England zu einem Teil seines skandinavisch-britannischen Großreichs.

Nach dem Tod der beiden Söhne Knuts des Großen, Harold († 1040) und Hardeknut († 1042), gelangte mit Aethelreds Sohn *Edward* („dem Bekenner", 1042–1066) noch einmal die angelsächsische Dynastie von Wessex auf den Thron. Edward, der Westminster zur Königskirche ausbaute, war allerdings in der Normandie aufgewachsen und umgab sich mit normannischen Ratgebern. Das führte, zusammen mit der inzwischen gesteigerten Machtstellung der Earls, zu Spannungen, die in Auseinandersetzungen mit Godwin von Wessex gipfelten. Als nach Edwards Tod der Earl Harold von Wessex zum König ausgerufen wurde, wurde ihm der Thron von zwei normannischen Prätendenten streitig gemacht: Während der norwegische König Harald Hardrada bei Stamfordbridge in Yorkshire am 25.9.1066 geschlagen werden konnte, fand Harold am 14. Oktober in der Schlacht bei Hastings gegen den Herzog *Wilhelm von der Normandie* (den „Eroberer"), der Erbrechte geltend machte, Niederlage und Tod. Das Geschehen ist in vielen Bildern und Beschriftungen auf dem berühmten Teppich von Bayeux aus normannischer Sicht dargestellt. Zu Weihnachten ließ sich Wilhelm in Westminster zum König krönen und begründete die anglonormannische Herrschaft über England.

2.6.2 Die keltischen Gebiete[7]

Die romanisierten Kelten waren von den Angelsachsen teils überlagert, teils nach Devon und Cornwall, nach Wales und in die Bretagne vertrieben worden, teilweise, wie um 500 unter dem sagenhaften König Arthur, hatten sie erfolgreich ihre Abwehrkräfte gegenüber den Angelsachsen mobilisiert. Im 6. und 7. Jahrhundert schritt die angelsächsische Landnahme jedoch kontinuierlich voran. In der *Bretagne*,[8] die in merowingischer und frühkarolingischer Zeit relativ selbständig blieb, bildeten sich im 6. Jahrhundert mehrere Fürstentümer aus. Im 9. Jahrhundert lag die Macht bei lokalen Magnaten („machtyerns"), während die Verfassungs- und Sozialstrukturen zunehmend von den fränkischen Einflüssen bestimmt waren. Versuche der Karolinger, die Bretagne mit deren geistlichen Mittelpunkt Redon zu erobern, blieben jedoch vergeblich. Unter der Herrschaft Mormans, Nominoës, dessen Sohnes Erispoë sowie Salomons erlebte die Bretagne sogar einen Höhepunkt der Selbständigkeit, bevor innere Streitigkeiten den fränkischen sowie, im 10. Jahrhundert, auch den normannischen Einfluss stärkten.

Wales[9] wurde durch die angelsächsische Expansion auf den späteren Umfang beschränkt und von Devon und Cornwall getrennt. Es war seinerseits in eine Reihe kleiner Fürstentümer oder Königreiche zersplittert, die sich jedoch gegenüber den angelsächsischen Reichen behaupten konnten: Gwynedd im Nordwesten, das unter der Dynastie Rhodri Mawr seit der Mitte des 9. Jahrhunderts eine Vorherrschaft beanspruchte, Powys im Nordosten, Dyfed im Südwesten, Gwent im Südosten und weitere. Nur vorübergehend, unter Hywel († 950), wurden die Regionen geeint.

Eine eigene Kultur entstand in *Irland*[10] (Hibernia, gaelisch Eriu), das politisch ebenfalls in Kleinreiche zersplittert und, da die Sohnesfolge nicht gesichert war, durch häu-

---

7 Lit.: Bibl. 5.2.6.2; ferner: Donnchadh Ó Corráin, Ireland, Wales, Man and the Hebrides, in: P. Sawyer (Hg.), Oxford Illustrated History, 83–109.
8 Lit.: J. Smith, Province and Empire.
9 Lit.: W. Davies, Wales in the early Middle Ages; N. Edwards/J. Lane (Hg.), Early Church in Wales.
10 Lit.: H. Clarke/M. Ní Mhaonaigh/R. Ó Floinn (Hg.), Ireland and Scandinavia; D. Dumville, Saint Patrick; C. Etchingham, Viking Raids; R. Kottje, Beiträge; H. Löwe (Hg.), Iren und Europa; H. Mytum, Origins of Early Christian Ireland; P. Ní Chathain/M. Richter (Hg.), Irland und Europa; D. Ó Cróinín, Early Medieval Ireland; J.-M. Picard (Hg.), Aquitaine and Ireland; M. Richter, Irland im Mittelalter.

fige Thronfehden geschwächt war, kulturell aber seit der Christianisierung in der ersten Hälfte des 5. Jahrhunderts, die sich mit dem Namen des späteren „Nationalheiligen" Patricius (Patrick) verbindet, weitgehend eine Einheit bildete. (Als Nachfolger des Palladius war Patrick allerdings bereits auf eine christliche Gesellschaft gestoßen.) Die irische Kirche und Gesellschaft war insofern klosterzentriert, als die großen Klöster zugleich Bischofssitze und städtische Zentren und schon im 6. Jahrhundert so gefestigt waren, dass man von hier aus sowohl auf dem Kontinent (Columban) wie in England, Wales und Schottland missionierte. Armagh beanspruchte als Kloster des heiligen Patrick eine Führungsposition, erreichte das aber erst seit dem 7. Jahrhundert. Schon im 6. Jahrhundert gab es eine volkssprachige (Ogham-Schrift), in der zweiten. Hälfte des 7. Jahrhunderts auch eine lateinische Schriftkultur (Bibelexegese, Bußbücher, Rechtstexte, Kirchenrecht), seit dem 7. Jahrhundert hielt man die Geschichte in Annalen und Heiligenviten fest. Irland nahm daher eine eigenständige Entwicklung, während gleichzeitig ständig politische, wirtschaftliche und nicht zuletzt kulturelle Kontakte zum Kontinent bestanden, wo die irische Mission entscheidende Einflüsse ausübte. Die soziale Gliederung war von Familienverbänden und Stämmen („túath") geprägt, denen nach Aussage der Rechtsquellen jeweils bestimmte Regionen zufielen.

Bereits im 5. und 6. Jahrhundert hatten sich in den einzelnen Landschaften (Ulster, Leinster, Munster, aber auch Ulaid, Connaught, Laigin und Bréifne) festere Dynastien ausgebildet, unter denen den Königen von Tara (Connaught) aus der Dynastie Uí Néill bis ins 12. Jahrhundert eine gewisse Vorherrschaft zumindest über den nördlichen Teil Irlands zufiel. Seit dem 8. Jahrhundert wechselte das Oberkönigtum von Tara zwischen zwei Linien der Uí Néill: den Dynastien Cenél Conaill und Cenél nEógain. Seit 795 wurde auch Irland von normannischen (norwegischen) Angriffen heimgesucht, die zwischen 830 und 850 ihren Höhepunkt erreichten und nach 837 in eine Eroberung umschlugen: Die Normannen errichteten an den Küsten, vor allem an der Ostküste, feste Stützpunkte (Lough Neagh 839, Dublin 841, Lough Ree 845, Cork 848, Dunrally 862, Youghal 866, Clondalkin 867), die sich später zu Städten entwickeln sollten (Louth, Waterford, Wexford, vor allem Dublin); sie ließen die irischen Königreiche jedoch weiter bestehen und drangen nur sporadisch ins Landesinnere vor, plünderten aber immer wieder die reichen Klöster aus und gründeten nach neueren Erkenntnissen auch hier Siedlungen, doch scheint ihr Einfluss auf Gesellschaft und Kultur insgesamt geringer zu sein als früher angenommen. Nach 876 ließen die Überfälle nach. 902 wurden die Normannen vertrieben, doch nach 914 setzten die Einfälle für rund 20 Jahre erneut ein. In der Folgezeit griffen die Normannen des Reichs von Dublin nach Nordengland und Island über. Zu Beginn des 11. Jahrhunderts stand die Insel, wiederum nur vorübergehend, unter der Vorherrschaft des Brian Bóruma von Munster (976–1014), bis dieser 1014 in der Schlacht von Clontarf von den Normannen von Dublin geschlagen wurde. Irland blieb ein ungeeintes Land von Kleinkönigreichen.

Schottland[11] war von Pikten (im Norden und Osten), Iren („Schotten") aus Nordirland im Königreich Dál Riata in Argyll (im Westen), mit denen eine erste Christiani-

---

11 Lit.: A. BARRELL, Medieval Scotland; B. CRAWFORD (Hg.), Scotland; W. CUMMINS, The Age of the Picts; S. FOSTER, Picts, Gaels and Scots; B. HUDSON, Kings and Church in Early Scotland; S. TAYLOR (Hg.), Kings, Clerics and Chronicles.

sierung einsetzte (Ankunft Columbas und Gründung des Klosters Iona 563), Briten (in Cumbrien/Strathclyde) und Angeln (in Lothian/"Bernicia") besiedelt. Während die Schotten im 7. Jahrhundert unter northumbrische Herrschaft gelangten, errichteten die Pikten ein kräftiges Königtum, das im 8. Jahrhundert eine Vorherrschaft in Schottland ausübte. Im 9. Jahrhundert waren in diesem Reich, das später den Namen Alba trug und dessen politisches und kirchliches Zentrum in Dunkeld lag, Pikten und Schotten vereinigt (Kenneth I. Mac Alpin, 843–858, dessen Regierung gern als Beginn eines schottischen Königreichs angesehen wird). Seit 794 wurde auch Schottland in weiten Teilen von Wikingereinfällen bedroht; im Verlauf des 9. und 10. Jahrhunderts wurden die nördlichen und westlichen Inseln, vor allem die Shetland- und Orkney-Inseln, die Nord- und Nordwestküste sowie das Caledonian Mainland normannisch besiedelt. Im 10. Jahrhundert wurde Schottland vom angelsächsischen England bedroht, jedoch trotz vieler Unruhen und dynastischer Kämpfe nicht eingegliedert. Unter Malcolm II. (1005–1034) wurden die Fürstentümer zum Königreich Schottland vereinigt. Unter Macbeth und Duncan setzte sich die Ausdehnung nach Süden trotz der Thronwirren fort. Damit begann aber auch ein Prozess der Anglisierung.

2.7 Skandinavien (800–1050)[1]

Könige
Dänemark:
(Die Daten der frühen Könige sind unsicher; mehrfach gab es mehrere Könige nebeneinander)
Siegfried (777/798)
Gottfrid (Göttrik, 804–810)
Hemming (810–812
Harald Klak (812–826/41) und Reginfrid (812–814)/Söhne Gottfrieds (819–827)
Horich I. (827–854)
Horich II. (854 bis um 864)/Rorik (ca. 857 bis um 864)
Sigifred/Godefrid (ca. 873–887)
...
Gorm der Alte (vor 934 bis ca. 958)
Harald Blauzahn (ca. 958 bis ca. 987)
Sven Gabelbart (ca. 987–1014)
Harald (1014–1018)
Knut der Große (1018–1035)
Hardeknut (1035–1042)
Magnus (1042–1047)
Sven(d) Estridsson (1047–1074)

---

[1] Lit.: Bibl. 5.2.7.

Norwegen:
Harald Schönhaar (ca. 880 bis ca. 930)
Erich I. Blutaxt (ca. 930–935)
Hákon I. „Aðalsteinfóstri" (ca. 930 bis ca. 960)
Harald II. Graufell (ca. 960 bis ca. 970)
Hakon Sigurdsson (974 bis um 990)(Statthalter des dänischen Königs)
Olaf I. Trygvasson (994/95–999/1000)
Dänische Herrschaft ca. 1000–1016
Olaf II. Haraldsson der Heilige (1015/16–1028/30)
Magnus Olafsson der Gute (1035–1046/47)
Harald Sigurdsson „Hardrada" (1046/47–1066)

Schweden:
Erik (ca. 970–994/95)
Olaf Eriksson Schoßkönig (994/95–1021/22)
Anund Jakob (1021/22 bis ca. 1050)
Emund (ca. 1050 bis ca. 1060)

Skandinavien, das weithin germanisch besiedelt war, war im frühen Mittelalter zunächst eine europäische Randregion, von der man anderwärts nur unklare Vorstellungen hatte (es galt als Insel), und trat zuerst mit den Ende des 8. Jahrhunderts einsetzenden Normanneneinfällen nach Friesland, Gallien und den Britischen Inseln sowie, von Schweden aus, nach Russland (die so genannten Waräger, die Handel mit Byzanz und den Abbasiden führten) in das Blickfeld schriftlicher Quellen (vgl. 2.2.4). Damit begann das „Zeitalter der Wikinger". Über deren Heimat ist hingegen verhältnismäßig wenig bekannt. Abgesehen von wertvollen, inhaltlich jedoch überwiegend auf religiöse Motive beschränkten Runeninschriften – oft handelt es sich um Grabsteine – und der historisch unzuverlässigen, durchweg späteren Überlieferung der Sagas und der Rechtsaufzeichnungen, beruht das Wissen über Skandinavien auf der Fremdwahrnehmung nichtskandinavischer Schriften und auf den archäologischen Befunden. Ist das Bild sowohl der Wikingereinfälle wie der Heldendichtung von einer kämpfenden Adelsschicht geprägt, so bildete Skandinavien nach Ausweis der Archäologie eine vorwiegend bäuerliche Gesellschaft, neben der aber auch Handelsplätze wie Birka, Haithabu (Hedeby) oder Ribe eine große Rolle spielten, die allerdings keinen langfristigen Bestand hatten. Hier bahnte sich jedoch der Kontakt mit dem christlichen Abendland an. Handel und Raubzüge profitierten von den Wikingerschiffen, deren Aussehen wir aus Funden kennen. Das frühmittelalterliche Skandinavien war allerdings keineswegs eine Gesellschaft freier Kleinbauern, wie die frühere Germanenforschung glaubte, sondern gliederte sich in eine Vielzahl kleinerer Herrschaften. Aus diesen kleinen, noch lange heidnischen, von Fürsten geleiteten (Stammes-)Verbänden mit dem Thing als Volks- und Gerichtsversammlung der Orte und Regionen, auf dem aber bereits die Führungsschicht bestimmend war, entwickelten sich im Verlauf des Frühmittelalters aus einer Art Oberkönigtum heraus in Dänemark, Norwegen und Schweden schließlich Königsherrschaften, die immer wieder Ansprüche auch auf andere skandinavische Reiche erhoben. Gleichzeitig mit den Normanneneinfällen (vgl.

2.2.4), die vermutlich aus politischen Kämpfen um eine Einigung in der Heimat und schon bald aus der Suche nach neuem Siedelland resultierten, bestand ein engerer Kontakt mit dem Kontinent durch einen regen Handel sowie durch Missionare aus England und aus dem Frankenreich (Anskar).

Mit dem Beginn der Normanneneinfälle wurden spätestens am Ende des 8. Jahrhunderts auch erste Herrschaftsbildungen in *Dänemark* unter König Göttrik (Gottfrid) erkennbar. Beiderseitige Expansionsbestrebungen führten zu Beginn des 9. Jahrhunderts zu bewaffneten Konflikten mit dem Frankenreich Karls des Großen. Vermutlich schon einige Jahrzehnte vorher war das „Danewerk" als sichtbare Grenze beider Herrschaftsbereiche entstanden. Die dänischen Könige entstammten sämtlich derselben, allerdings in verschiedene Linien verzweigten Familie (oder auch zwei Dynastien), wobei die Herrschaft anscheinend entweder unter die gemeinsam regierenden Brüder aufgeteilt (Mehrkönigtum) oder einem der Brüder übertragen werden konnte.[2] Thronfolgewirren der Folgezeit – Göttriks Sohn Harald (Herlald) Klak ließ sich 826 von Ludwig dem Frommen taufen, konnte sich in Dänemark aber nicht dauerhaft durchsetzen – führten zu Niedergang und fränkischem Einfluss, während Schweden vorübergehend (bis 934) Nordjütland besetzten, bis sich mit Gorm († ca. 958) und dessen Sohn Harald Blauzahn (ca. 958 bis ca. 987), der zum christlichen Glauben übertrat, die bis 1042 herrschende Jelling-Dynastie durchsetzte, die ihrerseits nun eine Oberhoheit über Norwegen beanspruchen konnte. Unter Haralds Sohn Sven Gabelbart und dessen Sohn Knut erstreckte sich die dänische Herrschaft auch über Norwegen und England und entfaltete sich damit zu einer europäischen Großmacht (vgl. 2.2.6). Gegen Ende des hier behandelten Zeitraums, unter Sven(d) Estridsson (1047–1074), zeigen sich Tendenzen der Verselbständigung auch in kirchlicher Hinsicht. In Schleswig, Ribe und Århus (948), dann in Lund, Roskilde, Odense, Viborg und Vestervig waren im Verlauf des 10. und 11. Jahrhunderts Bistümer gegründet worden, die später (1104) in einer eigenen skandinavischen Kirchenprovinz Lund zusammengefasst und damit dem bis dahin zumindest nominell für den Norden zuständigen Erzbistum Hamburg entzogen wurden.

Während die dänischen Wikinger im 9. Jahrhundert die kontinentalen Küsten und Südengland unsicher machten, gingen die Einfälle und später die Besiedlung Nordenglands, Schottlands, Irlands und schließlich Islands vornehmlich von *Norwegen* aus. Hier errichtete nach der frühmittelalterlichen Herrschaft der Jarle vor 900 Harald I. Schönhaar (um 880 bis ca. 930), der Jarl von Westfeld aus dem Geschlecht der Ynglingar, ein Königtum. In der Folgezeit wechselten die politischen Zustände in Norwegen zwischen Einheit, Zerfall und dänischer Herrschaft. Unter Olaf I. Trygvasson (994/95–999/1000), der jedoch gestürzt wurde, und erneut unter Olaf II. Haraldsson, dem Heiligen (1015–1030), der das Land gewaltsam christianisierte, erlangte Norwegen die Eigenständigkeit zurück, unter Olafs Sohn Magnus (1035–1047) erstreckte sich die norwegische Herrschaft seit 1042 dann ihrerseits über Dänemark. Harald Hardrada (1047–1066) erhob 1066 auch Anspruch auf das englische Erbe, fiel aber bei seinem Eroberungsversuch bei Stamfordbridge.

Island, das um 870 von Norwegern besiedelt worden war, stand im 10. Jahrhundert unter der politisch-religiösen Herrschaft von (insgesamt 36, später 39) Goden, die sich

---

2 So K. MAUND, „A Turmoil of Warring Princes".

allmählich fester zusammenschlossen und vor 930 eine Gesamtversammlung, das Allthing, einführten. 965 wurde die Insel in vier Viertel eingeteilt. Um 1000 nahm die Volksversammlung das Christentum an. Von Island aus erfolgten „Entdeckungsfahrten" nach Grönland (Erik der Rote) und Nordamerika (Leif Eriksson). Unsere Kenntnisse sind allerdings beschränkt, da das „Landnámabók" (wohl des 11. Jahrhunderts) nur in späteren Versionen erhalten ist.

Schweden wurde im 8. Jahrhundert von den – namengebenden – Svear beherrscht, die vom Mälargebiet (um Uppsala) nach Süden expandierten (Sieg über die Götar). Als Anskar hier im frühen 9. Jahrhundert, von seinem Stützpunkt in Birka am Mälarsee aus, missionierte, herrschte dort bereits ein König, doch war bis zum Ende des 11. Jahrhunderts noch keine Einigung erreicht, und auch die Missionserfolge zeigten keine dauerhafte Wirkung. Das Land war heidnisch (Fruchtbarkeits- und Kriegsgötter), kaum erschlossen und Kleinkönigen unterstellt, die nur zur See größere Kompetenzen besaßen. Erst unter Olaf Schoßkönig (ca. 980–1021/22) hielt das Christentum in Schweden Einzug (Taufe Olafs um 1008), doch war die Christianisierung erst unter Stenkil (um 1060) abgeschlossen.

2.8 Ost- und Südosteuropa (700–1050)[1]

Die im Zuge der Völkerwanderung von den germanischen Oberschichten weitgehend, aber keineswegs vollständig geräumten Regionen östlich der Elbe und an der Donau wurden allmählich von slawischen Völkerschaften besiedelt, deren historische „Urheimat" nach traditioneller Ansicht nördlich der Karpaten zwischen oberer Weichsel und Dnjepr zu suchen ist, die sich tatsächlich jedoch eher bodenständig entwickelt und nach Ausweis der Archäologie jedenfalls mit einheimischen, die Germanenzeit überdauernden Elementen vermischt haben. Im Blickwinkel ethnogenetischer Forschungen erscheinen auch die Slawen, wie kürzlich betont wurde, als ein (byzantinisches) Konstrukt für die Völker jenseits des Oströmischen Reichs (F. Curta), die sich zumindest aber durch eine eigene Sprache von ihrer Umgebung abhoben. Seit dem frühen 6. Jahrhundert sind die Slawen archäologisch und historisch nachweisbar, sie traten jedoch nur langsam, in ihren Berührungen mit dem Abendland und mit Byzanz, in das Blickfeld der Quellen. Im 8. Jahrhundert war dieser Prozess abgeschlossen. Dabei wird gewöhnlich zwischen den ostmitteleuropäischen (Abodriten, Wilzen, Sorben, Böhmen, Mährer), den ostslawischen (Polen, Russen) und den südslawischen Völkern (Karantanen, Kroaten, Serben) unterschieden, auch wenn die Grenzen hier tatsächlich nur schwer zu ziehen sind und eine strikte Unterscheidung zuletzt bestritten worden ist. Von bescheidenen Anfängen kam es im Verlauf der hier behandelten Epoche auch hier zur Ausbildung einzelner Großreiche.

Die *ostelbischen Gebiete* waren zunächst in Kleinstämme zersplittert, die von Fürsten von ihren Burgmittelpunkten aus regiert wurden.[2] In der Mitte des 7. Jahrhunderts

---

1 Lit.: Bibl. 5.2.8. Übergreifend: F. Curta, Making of the Slavs; J. Herrmann (Hg.), Welt der Slawen; H. Kunstmann, Slaven; L. Leciejewicz, Słowianie zachodni; C. Lübke, Regesten.
2 Vgl. B. Friedmann, Untersuchungen.

errichtete der fränkische Kaufmann Samo hier zum ersten Mal ein slawisches Großreich, das aber keine dauernde Wirkung zeigte. Schon in merowingischer und vor allem in karolingischer Zeit gerieten die grenznahen Völkerschaften – politisch wie kulturell – unter fränkischen Einfluss; die Grenzregionen wurden als Marken in das Reich integriert (vgl. 2.2.4). Die Vielzahl der Stämme formierte sich nun zu Großstämmen, die politisch in ständigen Auseinandersetzungen mit den ostfränkischen Königen standen: die Abodriten im Norden (zwischen Dänen und Sachsen), die Wilzen in Mecklenburg, die Linonen und Heveller in der späteren Mark Brandenburg und die Sorben in Thüringen, die am frühesten unter fränkischen Einfluss gerieten und unter Heinrich I. und Otto I. dem Reich eingegliedert wurden. Im Norden erhob sich noch im 10. Jahrhundert unter Führung der Redarier ein ethnisch-heidnischer Widerstand (Liutizenbund als politische wie als Kultgemeinschaft) gegen die deutsche Herrschaft und die christliche Mission mit ihren Bistumsgründungen in Brandenburg, Havelberg und Oldenburg in Holstein (948): Nach dem Tod Ottos II. (983) lösten sich die ostelbischen Gegenden erfolgreich vom Reich und konnten nur allmählich wieder eingegliedert werden.[3]

An der mittleren Donau schwankten *Böhmen*[4] und Mährer im 9. Jahrhundert zwischen fränkischem Einfluss und Unabhängigkeit: 845 ließen sich 14 böhmische Fürsten taufen, ohne dass dadurch ein entscheidender Wandel einsetzte. Seit der zweiten Hälfte des 9. Jahrhunderts setzten sich hier mit Bořivoj die in Prag residierenden so genannten Přemysliden als Fürstengeschlecht durch. Im 10. Jahrhundert geriet Böhmen unter ottonischen Einfluss (Ermordung Wenzels, des späteren Nationalheiligen, um 929/935), doch konnten Boleslav I. (929/935–967/973) und Boleslav II. (967/973–999) eine gewisse Eigenständigkeit wahren und 972/76 in Prag ein eigenes Bistum errichten, das dem Erzbistum Mainz unterstellt und damit aus der bayerischen Kirchenprovinz ausgegliedert wurde. Von hier aus setzte mit Bischof Adalbert bereits eine Mission bei Ungarn und Preußen ein. Boleslav II. konnte Böhmen politisch einigen und seinen Machtbereich über südpolnische Gebiete ausdehnen. Im 11. Jahrhundert (Boleslav III. 999–1002/3, Jaromir 1004–1012, Udalrich 1012–1034, Břetislav I. 1034–1055) war Böhmen wieder fest in das Reich integriert, geriet zeitweilig aber unter polnische Herrschaft.

Den *Mährern* gelang nach dem Zerfall des Awarenreichs unter Mojmir I. (830–846), Rastislav (847–870) und Svatopluk (Sventopulk) (870–894) – in wechselhafter Beziehung zum Frankenreich – eine Herrschaftsbildung, die sich unter Svatopluk zu dem so genannten Großmährischen Reich ausweitete, dessen Umfang und Bedeutung allerdings ebenso strittig sind wie seine geographische Lage:[5] Nach jüngerer Ansicht lag der Schwerpunkt nicht in Mähren, sondern in der ungarischen Theißebene, wofür nach Bowlus auch die Ausrichtung der spätkarolingischen Heerzüge spricht. Zu Beginn des 10. Jahrhunderts, unter Mojmir II. (894–905/6), geriet Mähren bereits wieder unter ostfränkischen Einfluss, 907 fiel es schließlich den Ungarn zum Opfer.

---

3 Vgl. C. Lübke (Hg.), Struktur und Wandel.
4 Lit.: E. Nittner (Hg.), Nachbarschaft; F. Prinz, Böhmen.
5 Vgl. C. Bowlus, Franks, Moravians; Ders., Militärische Organisation; M. Eggers, Das „Großmährische Reich".

Unter den slawischen Völkerschaften östlich der Oder war das Volk der *Polen* das bedeutendste. Nach frühen Herrschaftsbildungen der Wislanen an der Weichsel ging die weitere Entwicklung des in adlige Burgherrschaften gegliederten Landes vornehmlich von den Polen mit dem Zentrum in Gnesen aus, die hier im 10. Jahrhundert unter der Herzogsherrschaft der (bis 1370 regierenden) Piasten eine Verwaltung nach ottonischem Vorbild errichteten. Mieszko I. (960–992) wurde dem deutschen König tributpflichtig und nahm 966 das Christentum an. Unter diesen Vorzeichen konnte er sein Reich dann im Norden bis zur Ostsee, im Südwesten bis nach Schlesien ausdehnen. Gleichzeitig wurde das Burgensystem ausgebaut. Noch vor 968 wurde ein erstes Missionsbistum in Posen gegründet. Als unter Mieszkos Sohn Bolesław I. Chrobry (992–1025), der sich die Alleinherrschaft gegenüber seinen Brüdern sicherte, auch Böhmen und Mähren in polnische Abhängigkeit gerieten, war Polen zu einem Großreich geworden, das sich, zunächst noch in engem Zusammenwirken mit Kaiser Otto III. gegen die heidnische Reaktion in den ostelbischen Gebieten, Zug um Zug Selbständigkeit und Gleichrangigkeit sicherte: Im Jahre 1000 wurde in der Hauptstadt Gnesen ein Erzbistum errichtet. Dadurch wurden die polnischen Bistümer aus der deutschen Abhängigkeit als Suffraganbistümer von Magdeburg gelöst; die polnischen Herzöge förderten fortan die Heidenmission. Gegenüber Heinrich II. kam es wegen der Verweigerung des Lehnseides für die Marken Lausitz und Meißen (Milzener Land) sowie vor allem für Böhmen hingegen zu offenen Auseinandersetzungen, die, nach Friedensschlüssen in Posen (1005) und Merseburg (1013) endgültig erst im Frieden von Bautzen (1018) zugunsten Bolesławs beendet werden konnten, und 1024 (dem Todesjahr Heinrichs) oder wenig später (vielleicht zu Ostern 1025) ließ sich Bolesław sogar selbst zum König krönen. Als Ergebnis der daraus resultierenden Kämpfe mit Konrad II. musste Bolesławs Sohn Mieszko II. (1025–1034) jedoch 1031 die Marken Lausitz und Meißen abtreten und zwei Jahre später auf die Königswürde verzichten. Im Innern kam es zu Unruhen, zum Auseinanderfall der Herrschaft und zur zeitweiligen Vertreibung Mieszkos. Dessen Sohn Kasimir I. (1034–1058) restituierte dann in Anlehnung an die Salierkönige ein verkleinertes Polen mit der Hauptstadt Krakau.

Fürsten/Könige
Mieszko I. (ca. 960–992)
Bołeslaw I. Chrobry (992–1025)
Mieszko II. (1025–1034)
Kasimir I. (1034–1058)

Am längsten heidnisch blieben die Völker zwischen Oder und unterer Weichsel, unter denen die *Pomoranen* die bedeutendsten waren, die sich schon früh auch am Ostseehandel beteiligten. Eine Herrschaftsbildung ist hier erst im 11. Jahrhundert erkennbar; polnischen Angriffen und Missionsbestrebungen leistete man erfolgreich Widerstand. Die östlich der Weichsel siedelnden *baltischen Völker*, Pr(e)ußen, Litauer, Kuren und Letten, wurden durch die polnische Expansion nordwärts verdrängt und nahmen den Raum entlang der Ostseeküste ein. Der (quasi von Bolesław vertriebene) Bischof Adalbert von Prag musste seine Preußenmission 997 mit dem Märtyrertod bezahlen.

Verhältnismäßig wenig ist über das Reich der *Rus'* (oder Rhos) in Kiev bekannt.[6] Die Anfänge sind erst im Rückblick, in der altrussischen Chronik (so genannte Nestor-Chronik oder „Erzählung der vergangenen Jahre") des 12. Jahrhunderts beschrieben, und auch arabische Nachrichten gehen nur bis ins 10. Jahrhundert zurück. Die zunächst im Gebiet zwischen Bug, Pripjet und Dnjepr siedelnden Ostslawen scheinen sich erst im 7. Jahrhundert zu einer größeren Einheit verbunden zu haben, wurden jedoch immer wieder von den Raubzügen der Steppenvölker bedroht. Im späten 8. oder frühen 9. Jahrhundert errichteten schwedische Normannen, die Waräger, Handelsgenossenschaften auf der Route nach Byzanz, die im Norden militärisch mit Stützpunkten, vor allem in Staraja Ladoga (Altladoga), Gorodishche und Novgorod, gesichert wurden. Diese waren Ausgangspunkte einzelner Herrschaften, denen die nördlichen Ostslawen zeitweise tributpflichtig wurden. Nach der Mitte des 9. Jahrhunderts entstand um Kiev erstmals ein größeres Reich unter einem Khan („khagan"). Ob dessen Träger, die nach dem ersten Herrscher Rjurik benannten Rjurikiden, heidnische Waräger waren, wie die westliche Forschung mehrheitlich annimmt, oder ob es sich um den ersten slawischen Staat in Russland handelte, ist allerdings strittig; die sowjetische Geschichtswissenschaft und neuerdings auch die Sprachwissenschaft (H. Kunstmann) wollten sie als einheimisch erweisen, und der lange – eher politische als wissenschaftliche – Streit zwischen „Normannisten" und „Antinormannisten" tendiert erst in jüngster Zeit zu einem Ausgleich. Dabei ist weder die Anwesenheit von Skandinaviern im ostslawischen Raum noch ihre Beteiligung an der politischen Organisation zu bezweifeln, und sie zählten zur Oberschicht auch der frühen Kiever Rus', während sich ihr Anteil an der Staatsbildung nicht klar erkennen lässt.[7] Wenn es sich bei den Rjurikiden um eine warägische Herrschaft gehandelt hat, so wurde das Reich jedenfalls schnell slawisiert.

In der Folgezeit, vor allem unter Oleg (879–912/13), der Kiev errichtete oder ausbaute und hier seinen Sitz nahm, dehnte sich die Herrschaft beträchtlich in Richtung Dnjepr aus und konnte sich von der bis dahin dominierenden Chazarenherrschaft befreien. Selbst Byzanz wurde bedroht (860). Im 10. Jahrhundert bestanden Kontakte sowohl zu Byzanz wie zum Reich Ottos des Großen. Unter Oleg und seinem Nachfolger Igor (912/13–945/46) wurde Byzanz mehrfach (zum Beispiel 941) militärisch bedroht, wurden aber auch Handelsverträge geschlossen (944).

Die nach byzantinischem Ritus getaufte Regentin Ol'ga, die Witwe Igors, die den Taufnamen der Gemahlin Konstantins, Helena, annahm, wollte die Eigenständigkeit wahren und bat um katholische Missionare. Doch die Missionsversuche des Mönchs Adalbert von St. Maximin, des späteren ersten Erzbischofs von Magdeburg, im Jahre 962 scheiterten an dem inzwischen eingetretenen Herrschaftswechsel seit der Regierungsmächtigkeit Svjatoslavs (962–972), der heidnisch blieb. Unter ihm dehnte das Reich von Kiev seine Herrschaft in ständigen kriegerischen Operationen über die Chazaren an der Wolga aus, während man die byzantinische Oberherrschaft über Bulgaren und Krimgoten, trotz anfänglicher Siege über die Bulgaren, letztlich anerkennen musste. Nach dem Ende des Chazarenreichs befand sich Kiev zudem in dauernder Ausein-

---

6 Lit.: G. BIRKFELLNER (Hg.), Millenium Russiae Christianae; S. FRANKLIN/J. SHEPARD, Emergence of the Rus; E. HÖSCH, Geschichte Rußlands; J. MARTIN, Medieval Russia.
7 Zur Geschichte des Forschungsstreits vgl. P. NITSCHE, Waräger.

andersetzung mit den Petschenegen, die im 10. Jahrhundert die Steppen zwischen Don und Donau besiedelt hatten. Von den drei Söhnen Svjatoslavs, der 973 von Petschenegen überfallen und getötet wurde, setzte sich nach anfänglicher Aufteilung der Herrschaftssitze (bei wohl gemeinsamer Regierung) schließlich Vladimir (979/80–1015), der mit der byzantinischen Kaiserschwester Anna verheiratet war, gegenüber seinen Brüdern Iaropolk und Oleg durch (Eroberung Kievs und Ermordung Iaropolks). Er richtete seine Politik nun ganz nach Byzanz aus und nahm 988/89 das orthodoxe Christentum an: Kirchlich und kulturell war Russland damit dem lateinischen Abendland verloren, Kirchenstrukturen und -lehren lehnten sich eng an das orthodoxe Christentum an, während das Kiever Reich politisch durchaus seine Unabhängigkeit von Byzanz bewahren und in der Folgezeit auch die Bedrohung durch die Petschenegen abwehren konnte. Die Thronfolgekämpfe zwischen Vladimirs Söhnen endeten 1036 mit dem Sieg Jaroslavs (des Weisen), der Kontakt zu den europäischen Reichen hielt und Konrad II. gegen den Polenherzog Mieszko II. unterstützte. Drei seiner Töchter wurden mit den Königen von Frankreich (Heinrich I. ∞ Anna), Ungarn (Andreas I. ∞ Anastasja) und Norwegen (Harald Hardrada ∞ Elisabeth) verheiratet. Jaroslav bemühte sich jedoch, die Eigenständigkeit der Rus' zu behaupten. 1037 wurde Kiev Metropole, 1051 mit Ilarion erstmals auch ein nichtgriechischer Metropolit gewählt, auch wenn die Deutung dieser Vorgänge strittig ist und Kiev weiterhin in die byzantinische Kirchenorganisation eingegliedert war. In einer Rede „Über das Gesetz und die Gnade" hob Ilarion aber die Gleichberechtigung des russischen Volkes in der christlichen Heilsgeschichte hervor und setzte Vladimir, dem er die Bekehrung zuschrieb, mit Konstantin dem Großen gleich. 1054, im Jahr des Schismas zwischen Byzanz und Rom, verstarb Jaroslav, der Kiev zu einer königlichen Residenz ausgebaut und die Kultur in seinem Land gefördert hatte. In diese Zeit fallen auch die Anfänge der russischen Historiographie.

Das Kiever Reich war eine vorwiegend bäuerliche Gesellschaft mit einer ganzen Reihe städtischer Zentren (Burgstädten) – im 11. Jahrhundert waren es 89 – von teilweise beachtlicher Größe und mit einem florierenden Fernhandel, vor allem mit Byzanz, aber auch mit Innerasien und Mitteleuropa. Die Erbfolge der Rjurikiden folgte im Prinzip dem Seniorat, wobei die häufigen Brüderkämpfe sich aber auf Herrschaftsansprüche gründeten, die vielleicht auch davon geleitet waren, dass es sich um Söhne von verschiedenen Frauen handelte (J. Martin).

Könige
(Rjurik, -879)
Oleg (879–912)
Igor (912/13–945/46)
Regentschaft Olgas (945/46–962)
Svjatoslav Igorevič (962–972)
Iaropolk (972/73–978), Oleg (972/73–977), Vladimir I. (972/73–1015)
Boris (1015), Gleb (1015), Svjatopolk (1015/1019), Mstislav (1019–1036), Jaroslav I. der Weise (1019–1054)

Die *Südslawen* standen teils unter fränkischem, teils byzantinischem Einfluss, dessen Akkulturationswirkung erst kürzlich noch einmal betont wurde (A. Avenarius). Die ersten Kontakte mit den Alpenslawen bezeugt die „Conversio Bagoariorum et Carantanorum" für das 8. Jahrhundert. Die Karantanen hatten in den Ostalpen unter ihrem Herzog Boruth eine Herrschaft um Klagenfurt errichtet, die bald unter awarischen Druck und dann unter bayerischen Einfluss geriet, unter Karl dem Großen zur Pannonischen bzw. Karantanischen Mark erklärt und unter Ludwig dem Deutschen als wichtige, von Königssöhnen verwaltete Mark ganz dem Ostfränkischen Reich eingegliedert wurde. Später gehörte sie zum Herzogtum Bayern, bis Kärnten 976 wieder als eigenes Herzogtum verselbständigt wurde.

Bereits in der ersten Hälfte des 6. Jahrhunderts besiedelten *Kroaten und Serben* Pannonien, von hier aus im frühen 7. Jahrhundert auch Dalmatien und das Land südlich der Save. Die Zerstörung des Awarenreichs durch Karl den Großen brachte sie in Grenznähe zum Frankenreich. Zu Beginn des 9. Jahrhunderts gab es eine Konkurrenz zwischen den Kroatenfürsten Ljudevit und Borna, der 818 Ludwig den Frommen um Hilfe ersuchte. Der Versuch, ein eigenständiges pannonisches Reich zwischen Frankenreich, Byzanz und Bulgarien zu errichten, scheiterte. Der von dem Mährerfürsten Mojmir aus Nitra vertriebene Pribina errichtete mit Billigung Ludwigs in der Grenzgegend um Moosburg eine wohl gegen die Kroaten gerichtete Herrschaft. In der zweiten Hälfte des 9. Jahrhunderts (862/63) begann auf Einladung Rastislavs unter den byzantinischen Missionaren Methodius und Kyrill (Constantin) in Mähren und im Reich Kocels, des Sohnes Pribinas, eine Christianisierung, die sich bald zwar an Rom anlehnte (870 Weihe des Methodius zum Erzbischof von Sirmium), doch eine eigene slawische Liturgie entwickelte.[8] „Pannonien" als Amtsbereich des neuen Erzbischofs ging wohl weit über die antik-römische Provinz hinaus.[9]

In Dalmatien bildete sich Mitte des 9. Jahrhunderts unter Trpimir (ca. 845 bis vor 864) ein kroatisches Reich aus, das sich unter seinen Nachfolgern dem byzantinischen Einfluss entziehen konnte; 924 wurde Tomislavs Königstitel vom Papst, 986 die Herrschaft Stefan Drzislavs auch von Byzanz anerkannt. Trotz steigenden venetianischen Einflusses im 10. Jahrhundert konnte sich das Reich zwischen Ungarn, Venetien und Byzanz nicht nur bis zum Ende der hier behandelten Periode halten, sondern es entwickelte sich um 1050 sogar zu einem Großreich. Südlich davon behielten die Narentaner ihre Unabhängigkeit, während die – orthodoxen – Serben unter zunächst bulgarischen und dann byzantinischen Einfluss gerieten. Bereits im 10. Jahrhundert vollzog sich auf dem Balkan weithin ein „Byzantinierungsprozess". Erst nach 1035 erhielten die Serben unter Stefan Vojislav größere Selbständigkeit und begannen zu expandieren.

Den größten Einfluss in Südosteuropa übten allerdings drei nichtslawische Völker aus. Die *Bulgaren*,[10] die im Verlauf des 6. Jahrhunderts unter dem Ansturm der Chazaren aus der Gegend zwischen Asowschem und Kaspischem Meer teilweise in die slawisch besiedelten Balkangegenden eingewandert waren und Byzanz bedroht hatten, errichteten an der unteren Donau unter ihrem Khan gegen Ende des 7. Jahrhunderts ein straff regiertes, in alle Richtungen expandierendes Reich (Friedensvertrag mit Byzanz 681), das in der Mitte des 8. Jahrhunderts seine größte Ausdehnung erreichte. Es

---

8 Lit.: E. Konstantinou (Hg.), Methodios und Kyrillos.
9 Vgl. M. Eggers, Erzbistum des Method.
10 Lit.: H.-J. Härtel/R. Schönfeld, Bulgarien; E. Hösch, Geschichte der Balkanländer.

lebte fortan gewissermaßen in dauernder Auseinandersetzung mit Byzanz, konnte sich dessen Einfluss aber nicht entziehen; Versuche Boris' I. (852–889), der als Michael I. 865 das orthodoxe Glaubensbekenntnis angenommen hatte, sich an die westliche Christenheit und das Frankenreich anzulehnen, blieben erfolglos. Den politischen und kulturellen Höhepunkt erreichte die Bulgarenherrschaft unter Boris' zweitem Sohn Symeon I. (893–927), der sogar, wenngleich vergeblich, versuchte, seinerseits Byzanz zu erobern (Belagerung 913 und 924), es zeitweise zumindest tributpflichtig machte, sich 913 Basileus betitelte und im folgenden Jahr zum Zaren (Caesar) krönen ließ. In der Folgezeit geriet Bulgarien jedoch unter innen- und außenpolitischen Druck und stand bald wieder unter byzantinischem Einfluss; 971 wurde Ostbulgarien ganz dem Byzantinischen Reich eingegliedert. Versuche einer Wiederherstellung des Reichs von Westbulgarien aus gegen Ende des 10. Jahrhunderts endeten abrupt mit dem Tod Samuils (1014): Bulgarien wurde 1018 dem Byzantinischen Reich einverleibt und administrativ und kirchlich in das Imperium integriert.

Khane/Könige (die Daten sind unsicher)
Asparuch (ca. 642 bis ca. 701)
Tervel (ca. 701 bis ca. 721)
Kormesij (ca. 721–738)
Sevar (738–753)
Kormisos (753–756)
Vinech (756–762)
Telec (762–765)
Sabin (765–766)
Umor (766)
Toktu (766–767)
Bajan (767–768)
Telerig (768–777)
Kardam (777–802)
Krum (802–814)
Omurtag (814–831)
Malamir (831–836)
Presian (836–852)
Boris I. (852–889)
Vladimir (889–893)
Simeon der Große (893–927)
Petar (927–970)
Boris II. (970–971)
Romanos (Symeon) (977–991)
Westbulgarisches Reich:
Samuil (991–1014)
Gavril Radomir (1014–1015)
Ivan Vladislav (1015–1018)
Zweites Bulgarisches Reich:
Petar II. Odeljan (1040–1041)

Auf den Spuren der Hunnen zogen zunächst, Mitte des 6. Jahrhunderts, die *Awaren*[11] aus den innerasiatischen Steppen an die Donau und errichteten 567/68 im Karpatenbecken ein – ethnisch keineswegs homogenes – Reich (Khaganat), das auf Kriegen, Tributen und der Landwirtschaft der (unterworfenen?) Bevölkerung basierte. Im 7. Jahrhundert machte sich, vielleicht durch Zuwanderung gefördert, ein grundlegender Wandel bemerkbar, der zur Agrarisierung, aber auch zu inneren Krisen und zu einem Ende der Bedrohungen führte. Dabei glichen sich die Lebensformen der Awaren denen der Slawen weitgehend an. Mit den 791 einsetzenden Awarenkriegen Karls des Großen wurde die Herrschaft des Awarenkhaganats gebrochen und in der Folgezeit durch slawische Fürstentümer abgelöst.

Bald darauf folgten den awarischen Spuren, ebenfalls aus den innerasiatischen Steppen kommend, die in Stammesverbände gegliederten *Ungarn*,[12] die von den Gegenden nördlich des Kaspischen Meeres aus (zwischen Ural und Kama) vom Ende des 6. bis zum Ende des 7. Jahrhunderts zunächst das Gebiet zwischen Dnjepr und unterer Donau und unter dem Druck der Petschenegen und Bulgaren dann im 9. Jahrhundert das Karpatenbecken eroberten und seit 863 Pannonien mit Raubzügen bedrohten. Hier, in der Puszta, setzten sie sich am Ende des 9. Jahrhunderts unter der Führung des Stammes der Megyer (Magyaren) und deren Fürstengeschlechts, der Arpaden, fest, unternahmen von hier aus weite, schnelle Reiterattacken nach Norditalien und in das Fränkische Reich (bis nach Lothringen), aber auch ins Byzantinische Reich (vgl. 2.2.4) und zerstörten 906 oder 907 das Großmährische Reich. Nach den Niederlagen gegen Heinrich I. (an der Unstrut 933) und Otto I. (Lechfeldschlacht 955) begann ein doppelter Wandel, nämlich ein Prozess der Sesshaftwerdung und, unter Géza, der Christianisierung: Gézas Sohn Vajk (997–1038) heiratete Gisela, die Tochter des Bayernherzogs Heinrich, und wurde als Stephan I. getauft; wenig später (1001) erhielt das Reich mit dem Erzbistum Gran – parallel der Gründung Gnesens in Polen – eine eigene Kirchenprovinz: Ungarn war damit in das abendländische Staaten- und Kirchensystem integriert; 1058 wurde es definitiv aus einer bis dahin noch spürbaren deutschen Oberhoheit gelöst.

Könige
Géza (970/72–997)
Vajk (Stephan I. der Heilige) (997–1038)
Peter I. Orseolo (1038–41, 1044–45)
Andreas I. (1046–1060)

---

11 Lit.: W. Pohl, Awaren.
12 Lit.: M. Kellner, Ungarneinfälle; G. Kristó, Arpaden-Dynastie; Ders./F. Makk, Die ersten Könige Ungarns; A. Rona-Tas, Hungarians and Europe.

2.9 Spanien (711–1050)

2.9.1 Das christliche Spanien[1]

Nach der arabisch-berberischen Eroberung und Islamisierung des größten Teils der Iberischen Halbinsel (vgl. 2.9.2) hielten sich nur noch im Norden, vor allem in den Berggegenden der Pyrenäen, kleine christlich-westgotische Herrschaften, nämlich (von Westen nach Osten) die Königreiche Asturien, Navarra und Aragón sowie Septimanien, das zunächst nur mit Mühen von den frühen Karolingern gehalten bzw. wiedererobert werden konnte. Sie beriefen sich noch lange auf eine westgotische Tradition.

Vor allem *Asturien* im Westen, das größte dieser Reiche, das sich von der Nordwestspitze bis zu den Pyrenäen erstreckte, war weithin eine Neuschöpfung, betrachtete sich aber als legitimen Nachfolger des Westgotenreichs. Hierhin hatten sich führende Persönlichkeiten vom Westgotenhof zurückgezogen und 718 Pelagius (Pelayo) zu ihrem Oberhaupt erwählt. Ihm und seinem Schwiegersohn Alfons I. (739–757) gelang angesichts der inneren Streitigkeiten im islamischen Spanien (al-Andalus) die Konsolidierung des neuen Reichs, auch wenn die Eingliederung der einheimischen asturisch-kantabrischen Volksgruppen und die Ausdehnung zumindest über den Norden Galiciens wohl auf größere Widerstände stieß. Noch im 8. Jahrhundert setzte jedoch eine Reconquista der verlorenen Gebiete ein: Die Muslime wurden aus Kantabrien, Galicien und Nordportugal, aber auch aus Astorga, Âlava und Rioja vertrieben. Zwischen der islamischen und der christlichen Herrschaft lag gewissermaßen ein breites „Niemandsland", das ein Eigenleben des christlichen Nordens ermöglichte. Nach erneuten islamischen Angriffen auf die Grenzregionen gegen Ende des 8. Jahrhunderts setzte sich die christliche Ausdehnung fort. Alfons II. (791–842), der eine gotische Restauration anstrebte, verständigte sich – zum Aufbau einer asturischen Reichskirche – im Kampf gegen die Metropoliten in Toledo und den Adoptianismus mit Karl dem Großen und initiierte den Jakobuskult in Santiago de Compostela. Unter Alfons, Ordoño I. (850–866), der weitere Gebiete, darunter León, zurückeroberte, und Alfons III. (866–910) breitete sich die asturische Herrschaft bis zum Duero aus. Die Hauptstadt wurde gemäß dieser Expansionsrichtung – endgültig 910 – vom küstennahen Oviedo nach León verlegt (das Reich entsprechend häufig nach dieser Stadt benannt). Das Land wurde nach siegreicher Abwehr islamischer Gegenangriffe im Zuge einer „repoblación" besiedelt und, mittels Klöstern und mozarabischem Einfluss, kulturell und religiös integriert. Im frühen 10. Jahrhundert erlebte das Königreich von León, das Eheverbindungen auch mit den anderen christlichen Reichen Spaniens knüpfte, eine Blütezeit. In den Thronwirren der Folgezeit und als das islamische Spanien unter Abderrahman III. wieder erstarkte, stagnierte jedoch die Reconquista, während sich die den islamischen Angriffen ausgesetzten Regionen im Westen (Galicien und Nordportugal) und der burgenreiche Osten (Kastilien) zu quasi autonomen Herrschaften verselbständigten. Ferdinand González (931–970) einte Kastilien zu einer Großgrafschaft.

---

[1] Lit.: Bibl. 5.2.9.

Gleichwohl konnte die Duerogrenze durch eine Sicherheitszone, die Extremadura, gefestigt werden. Erst gegen Ende des 10. Jahrhunderts bedrohten islamische Feldzüge al-Mansurs das Land (Einnahme Leóns und Plünderung Santiagos als Antwort auf die Vertreibung der arabischen Besatzungen aus dem Reich).

Das Königtum in León war – trotz gelegentlicher Nachfolgewirren – erblich; die Könige führten, vielleicht als Gegengewicht gegen den Kalifat, teilweise sogar den *imperator*-Titel. Ein Adel wurde den Quellen zufolge erst seit dem 9. Jahrhundert sozial abgegrenzt. Im 10. Jahrhundert machten sich aber erste Feudalisierungsbestrebungen bemerkbar.[2] Ein berittenes Vasallenheer löste die allgemeine Wehrpflicht ab, während sich kulturell (über mozarabische Christen) vorübergehend der arabische Einfluss auswirkte.

Könige
Pelagius (718–737)
Fáfila (737–739)
Alfons I. (739–757)
Fruela I. (757–768)
Aurelius (768–774)
Silo (774–783)
Mauregatus (783–788)
Vermudo I. (788–791)
Alfons II. (791–842)
Ramiro I. (842–850)
Ordoño I. (850–866)
Alfons III. (866–910)
García (910–914)
Ordoño II. (914–924)
Fruela II. (924–925)
Alfons IV. (926–931)
Ramiro II. (931–951)
Ordoño III. (950/51–956)
Sancho I. (956–958, 960–966)
Ordoño IV. (958–960)
Ramiro III. (966–982)
Vermudo II. (982–999)
Alfons V. (999–1028)
Vermudo III. (1028–1037)
Ferdinand I. (1038–1065)

Während *Katalanien* (Einnahme Barcelonas 801) als „Spanische Mark" dem Reich Karls des Großen eingegliedert und später Teil des Westfränkischen Reichs wurde, allerdings unter der Herrschaft einer erblichen und selbständig agierenden Grafenfamilie stand und Beziehungen auch zu den islamischen Regionen aufrechterhielt (und da-

---

2 Vgl. M.-C. Gerbet, Noblesses espagnoles au Moyen Âge.

durch eine kulturelle Blüte erlangte und eine Vermittlerfunktion ins Abendland erhielt),[3] sperrte sich die kleine Region um die Hauptstadt *Pamplona* (seit dem 11. Jahrhundert Navarra) ebenso wie *Aragón* im Zentrum der Pyrenäen zunächst erfolgreich sowohl gegen die islamische wie gegen die fränkische Expansion, ohne jedoch an der Reconquista teilzuhaben. Aragón geriet zunehmend in Abhängigkeit von Navarra. Zu Beginn des 9. Jahrhunderts war Nordspanien somit von der islamischen Herrschaft befreit, doch nur Asturien-León erreichte einen beachtlichen Umfang.

In *Navarra*,[4] im Gebiet der – aus der vor-indoeuropäischen Bevölkerung stammenden – Basken (*Vascones*), die sich schon früher der Herrschaft zunächst der Römer und dann der Westgoten widersetzt hatten, konsolidierte sich die bis dahin unter vier führenden Familien strittige Herrschaft unter Sancho I. Garcés (905–925) aus der Jimenafamilie; dessen Sohn García Sánchez (925–970) erwarb durch Heirat auch Aragón. Seine Blütezeit erlebte Navarra kurz nach der Jahrtausendwende unter Sancho III. (1004–1035), der seinen Herrschaftsbereich – nicht zuletzt dank der von Sancho I. geknüpften Heiratsverbindungen mit dem Königshaus León und den Grafenhäusern Aragón, Álava und Kastilien – kontinuierlich von Kastilien bis nach Barcelona und im Norden in die Gascogne hinein ausdehnte. In dieser Zeit des Niedergangs des Kalifats verband sich die politische Vormachtstellung im christlichen Spanien mit einer Rückbesinnung auf die christlich-abendländische Kultur. Dabei spielte die Klosterreform eine gewichtige Rolle. Indem Sancho die erworbenen Reiche unter seine vier Söhne teilte (García 1035–1054 in Navarra, Ferdinand I. 1035–1065 in Kastilien und, seit 1037, auch in León, Ramiro I. 1035–1063 in Aragón, Gonzalo war auf die Grafschaften Ribagorza und Sobrarbe beschränkt), blieb die vormalige Selbständigkeit der christlichen Reiche gewahrt, auch wenn sämtliche Königreiche nun unter der Herrschaft der Dynastie(n) Sanchos standen. Als Ferdinand I. 1037 den letzten König von León, Vermudo III., der mit einer Schwester Ferdinands verheiratet war, besiegte und beerbte, war das Königreich León-Kastilien wieder vereint, sein Schwerpunkt hatte sich aber nach Osten verlagert. Als Ferdinands Sohn Alfons VI. (1072–1109) im Jahre 1085 schließlich Toledo eroberte und zur Hauptstadt machte, war eine neue Phase des größten christlichen Reichs Spaniens erreicht.

Könige
Iñigo Arista († 851)
García Iñiguez (852–882)
Fortun Garcés (882–905)
Sancho Garcés I. (905–925)
García Sánchez I. (925–970)
Sancho Garcés II. Abarca (970–994)
García Sánchez II. „le Trembleur" (994–1004)
Sancho Garcés III. der Große (1004–1035)
García Sanchez IV. „de Nájera" (1035–1054)

---

3 Gründlichste Darstellung der katalanischen Gesellschaft dieser Zeit: P. BONNASSIE, Catalogne au tournant de l'an mil.
4 Lit.: J. LARREA, Navarre.

2.9.2 Das islamische Spanien[5]

Emirat (seit 929 Kalifat)
Abderrahman I. (756–788)
Hischam I. (789–796)
al-Hakam I. (796–822)
Abderrahman II. (822–852)
Muhammad I. (852–886)
al-Mundhier (886–888)
Abdallah (888–912)
Abderrahman III. (912–961)
al-Hakam II. (961–976)
Hischam II. (976–1013)
Sulayman (1013–1018)
Abderrahman IV. (1018)
Abderrahman V. (1018)
Muhammad III. (1024–1028)
Hischam III. (1027–1031)

Nachdem Tariq im Auftrag Mūsâs, des Statthalters der Ifriquija, und zugleich als Verbündeter der westgotischen Partei Witizas im Jahre 711 den letzten Westgotenkönig Roderich bei Arcos de la Frontera geschlagen hatte, geriet die Iberische Halbinsel, trotz bald auftretender Spannungen zwischen Mūsâ und Tariq und zwischen Arabern und Berbern, binnen zehn Jahren fast ganz unter islamische Herrschaft. Der – anfangs kaum planmäßig organisierten, zunächst auf einzelne Stützpunkte (Écija, Córdoba, Toledo) gerichteten und erst allmählich mit stärkeren Kräften unternommenen und vom Kalifen in Damaskus zudem eher misstrauisch betrachteten – Eroberung wurde infolge der Schwäche der westgotischen Herrschaft verhältnismäßig wenig Widerstand entgegengesetzt, zumal die Bevölkerung glimpflich behandelt wurde. Mūsâs Sohn Abd-al-Asis heiratete sogar die Witwe Roderichs. Bereits zehn Jahre später aber suchten die schnell wechselnden Statthalter, trotz innerer Spannungen, ihre Macht sogar über die Pyrenäen hinaus auszuweiten, bis Karl Martells Siege von 732 und 738 ihre Herrschaft endgültig auf Spanien begrenzten, wenngleich den Schlachten faktisch wohl nicht jene welthistorische Bedeutung zukommt, die frühere Forschergenerationen ihnen als Symbol für die Rettung des christlichen Abendlandes zusprechen wollten.

Die islamischen Eroberer wurden mit Gütern ausgestattet, wobei die Araber mehr in den Städten Andalusiens und in den fruchtbaren Flusstälern des Guadalquivir sowie in der Levante (um Murcia) und am mittleren Ebro (um Zaragossa), später dann insgesamt stärker im Osten, die zahlenmäßig weit stärkeren Berber eher in den Gebirgsgegenden Andalusiens und der Meseta sowie im gesamten Norden und Westen angesiedelt wurden. Besonders der Süden Spaniens wurde schnell islamisiert. Die christliche, aber kulturell assimilierte Bevölkerung („Mozaraber") wurde zwar, trotz

---

[5] Lit.: Bibl. 5.2.9.

gewisser Beschränkungen und gelegentlicher Repressionen, ebenso geduldet wie die jüdische, so dass man vom „Land der drei Religionen" gesprochen hat, und die Christen behielten ihre Bischöfe und Kirchenorganisation. Dennoch traten die meisten Christen zum Islam über (so genannte Muladíes/„muwalladun"). Bereits in der ersten Hälfte des 8. Jahrhunderts gab es aber auch innere, aus Spannungen zwischen Arabern und Berbern resultierende Kämpfe, die im Gefolge des großen Berberaufstandes in Nordafrika nach 740 ihren Höhepunkt erreichten. In der Folgezeit mehrten sich auch Aufstände der Mozaraber und der Muladíes.

Ein politischer Wandel trat ein, als nach der Entmachtung der Omayyaden durch die Abbasiden der einzige Überlebende der alten Kalifenfamilie, Abderrahman I. (756–788), den *Emirat von Córdoba* begründete, die Statthalterschaft, trotz des Widerstandes des abgesetzten Statthalters (Jūsuf), der vom Kalifen in Bagdad ausgesandten Prätendenten und der Berber, allmählich durch eine festere Herrschaft ersetzte und zugleich einen vom Kalifat unabhängigen, leistungsstarken und zentral gelenkten Einheitsstaat begründete, der sich, gegen Aufstände vor allem während der Herrschaft al-Hakams (796–822), über mehrere Generationen halten konnte und unter Abderrahman II. (822–852) eine politische, wirtschaftliche, geistige und kulturelle Blüte erlebte. Hofzeremoniell und Prachtentfaltung folgten dem Vorbild Bagdads. Das Zentrum des Emirats lag im Süden, dem im Norden die obere, mittlere und untere Mark vorgelagert war. Residenz war Córdoba. In der Folgezeit aber wurde dieses Reich lange Zeit durch die Verselbständigungsbestrebungen der Provinzen und den Aufstieg und Aufstand der Neubekehrten (Muladíes) gefährdet, die die Mehrheit der Bevölkerung stellten und nach Gleichberechtigung mit den Eroberern strebten; die Zentren des Widerstands lagen in Toledo, Mérida und Badajoz sowie nördlich des Ebro (Zaragossa, Tudela, Huesca, Daroca); gegen Ende des 9. Jahrhunderts erreichten die Unruhen Andalusien selbst (Aufstand Omars ibn Hafsūn). Im frühen 10. Jahrhundert konnte Abderrahman III. (912–961) jedoch nicht nur der verschiedenen Aufstände Herr werden, die abtrünnigen Städte zurückerobern (zuletzt Toledo 932), die Ansprüche der neu erstarkten ägyptisch-nordafrikanischen Dynastie der Fatimiden abwehren, die einen Kalifat mit dem Zentrum in Kairuan errichtet hatten, und wieder offensiv gegen die christlichen Reiche im Norden vorgehen, sondern er nahm 929 sogar den Kalifentitel an und sonderte sich damit endgültig von der übrigen islamischen Herrschaft ab. In der Mitte des 10. Jahrhunderts wurde Córdoba – neben Konstantinopel – zu dem politischen und kulturellen Zentrum Europas schlechthin. Wirtschaft und Handel florierten. Die hohen Amtsträger kamen jetzt unterschiedslos aus allen Bevölkerungsteilen (wobei auch „Sklaven" in hohe Positionen aufrücken konnten); das Heer rekrutierte sich zunehmend aus Söldnern und Freiwilligen. Die berberischen und vor allem die arabischen Einwanderer hielten zwar – zumindest in den dichter besiedelten Regionen – bis ins 11. Jahrhundert hinein an ihrer Tradition und ihren Familienclans fest, doch machte sich zunehmend auch eine Verschmelzung dieser Minderheit mit der einheimischen Bevölkerung bemerkbar, durch Heirat (wobei Muslime christliche Frauen heiraten konnten, nicht aber umgekehrt), aber auch sprachlich. In den dicht besiedelten städtischen Zentren und Residenzen entfaltete sich hingegen eine islamische (die „maurische") Kultur höchsten Ranges, deren Mittelpunkt der Hof in Córdoba bildete. Die Kalifen waren selbst hoch gebildet und teilweise, wie al-Hakam II., sogar Literaten.

Als die Kalifen seit Hischam II. (976–1013) mehr und mehr dem Hofleben zuneigten und sich auf ihren Palast beschränkten, übernahm der Wesir Muhammad ibn Abi Amir (al-Mansur) das – auf fremde, vorwiegend berberische Söldnertruppen gestützte – Regiment, das sich nun gewaltsam ebenso gegen die Christen und die christlichen Königreiche des Nordens, wo zahlreiche Klöster zerstört wurden, wie auch gegen die arabische Aristokratie richtete. Danach aber begann der Niedergang des Kalifats. Im frühen 11. Jahrhundert folgten einander sieben Kalifen mit kurzen Regierungszeiten. Mit der Vertreibung des letzten Kalifen Hischam III. (1031) und der Übernahme der Herrschaft in Córdoba durch das dortige „Bürgertum" wurde der Kalifat möglicherweise zwar noch nicht ganz abgeschafft – die bis 1056 regierenden Hammudiden, vormals Statthalter in Ceuta und Tanger, beanspruchten jedenfalls den Titel –,[6] doch er war bedeutungslos geworden und hatte seine Hegemonie über das islamische Spanien verloren, das nun bis zur Eroberung durch die nordafrikanischen Almoraviden (1086) in 38 Kleinstaaten (Reyes de Taifas) zerfiel, in denen die vielfach schon seit langem in den Städten und Provinzen führenden Familien nun eine eigenständige Herrschaft errichteten.

2.10 Byzanz[1]

Kaiser
Justin I. (518–527)
Justinian (527–565)
Justin II. (565–575)
Tiberios I. Konstantinos (575–582)
Maurikios (582–602)
Phokas (602–610)
„Herakleische Dynastie":
Herakleios (610–641)
Konstans II. (641–668)
Konstantin IV. (668–685)
Justinian II. (685–695, 705–711)
„Syrische/isaurische Dynastie":
Leon III. (717–741)
Konstantin V. (741–775)
Leon IV. (775–780)
Konstantin VI. (780–797); Irene (797–802)
Nikephoros Phokas (802–811)
Michael I. (811–813)
Leon V. (813–820)

---

6 So argumentiert anhand der Münzen D. Wasserstein, Caliphate in the West.
1 Lit.: Bibl. 5.2.10.

„Amorische Dynastie":
Michael II. (820–829)
Theophilos (829–842)
Michael III. (842–867; Regentschaft Theodoras bis 856)
„Makedonische Dynastie":
Basileios I. (867–886)
Leon VI. (886–912)
Konstantin VII. Porphyrogennetos (912–920/959); Romanos I. Lakapenos (920–944)
Romanos II. (959–963)
„Regenten":
Nikephoros Phokas (963–969)
Johannes I. Tzimiskes (969–976)
Basileios II. (976–1025)
Konstantin VIII. (1025–1028)
Romanos III. (1028–1034)
Michael IV. (1034–1041)
Michael V. Kalaphates (1042)
Konstantin IX. Monomachos (1042–1055)

Nach dem Ende des weströmischen Kaisertums und der Errichtung der Germanenreiche auf römischem Boden war der Kaiser in Byzanz der alleinige rechtmäßige Nachfolger des Imperium Romanum, und er erhielt diesen universalen Anspruch während der gesamten Epoche aufrecht, auch wenn das kaum mehr den realen Verhältnissen entsprach und Osten und Westen sich zunehmend auseinander entwickelten. In Byzanz selbst wechselten Phasen der Restauration mit solchen starker Bedrohung. Nachdem Justinian noch einmal eine Rekuperationspolitik, mit Erfolgen in Italien und Afrika, zeitweise auch in Spanien, nicht aber an der Ostgrenze, betrieben hatte (vgl. Band 1), gingen diese Eroberungen in der Folgezeit nicht nur sämtlich wieder verloren, sondern Byzanz sah sich nun seinerseits zunehmend dem Druck der Slawen und Bulgaren ausgesetzt. Die größten Rückschläge erfolgten im frühen 7. Jahrhundert, mit Vorstößen der Awaren und Bulgaren im Norden wie auch der Perser im Osten – diesen Gefahren konnte Herakleios zunächst noch erfolgreich begegnen – und gipfelten im schließlichen Verlust der Donau- und Balkanprovinzen. In der Folgezeit fielen dann der schnellen Ausbreitung des Islam zwischen 634 und 642 alle Ostprovinzen und Afrika zum Opfer: Das Oströmische Reich wurde dadurch zu einem griechisch-byzantinischen Staat, der auf Südgriechenland und Westkleinasien beschränkt war. Die politische Universalmacht war lediglich eine ideelle Größe geworden, die der eigenständigen Entwicklung des Abendlandes nichts mehr entgegensetzen konnte. Von 674 an wurde sogar Konstantinopel selbst vier Jahre lang lebensgefährlich belagert, bevor es durch die Erfindung und Anwendung des so genannten griechischen Feuers gerettet und dadurch ein weiterer islamischer Vorstoß verhindert wurde. Byzanz befand sich seitdem aber in einem permanenten Verteidigungszustand. Araber- und Bulgarengefahr hielten im gesamten 8. und 9. Jahrhundert an. Gegen Ende des 8. Jahrhunderts traten innere Spannungen hinzu (Absetzung und Blendung Konstantins VI. 797 und Regiment der Irene, Usurpationen des Nikephoras Phokas 802,

Michaels I. 811 und Michaels II. 820). Seit der Kaiserkrönung Karls des Großen gab es zudem ein „Zweikaiserproblem", das nur nach schwierigen Verhandlungen 811/12 geregelt – nur dem Byzantiner stand der Titel „Kaiser der Römer" zu –, aber nie wirklich gelöst werden konnte (vgl. 3.1.5).

Eine außenpolitische Entspannung in der zweiten Hälfte des 9. Jahrhunderts unter Michael III. (842–867; Abwehr der Russen vor Konstantinopel 860, Siege über die Araber 863) und Basileios I. (867–886), mit dem die „mittelbyzantinische Zeit" begann, bedeutete zunächst, parallel zum Niedergang der Abbasidendynastie, das Ende des islamischen Vordringens und setzte die Mission bei den Slawen in Gang, währte jedoch nur kurz, und bereits Leon VI. (886–912) und Konstantin VII. (912–920) waren wieder ganz von Abwehrkämpfen gegen Bulgaren und Araber in Anspruch genommen. 913 stand der Bulgarenkhan Symeon vor Konstantinopel. Erst 927 folgte ein Friedensschluss. In der zweiten Hälfte des 10. und im frühen 11. Jahrhundert, unter Nikephoros Phokas (963–969), Johannes Tzimiskes (969–976) und vor allem Basileios II. (976–1025), unter dem das mittelbyzantinische Reich seinen Höhepunkt erlebte, setzte eine Wiedergewinnung der ehemals verlorenen Gebiete ein, zunächst im Osten, wo viele der seit dem 7. Jahrhundert islamischen Gebiete zurückerobert werden konnten und der byzantinische Hoheitsbereich wieder auf Kleinasien und Syrien ausgeweitet wurde. 1018 wurde auch der größere Teil Bulgariens wieder byzantinisch. Nach Basileios II. setzte allerdings ein erneuter Niedergang ein. Byzanz wurde von Russen, Petschenegen und bald auch von den Seldschuken bedroht und zudem im Innern von Usurpationen und Rebellionen erschüttert, in deren Verlauf die Kaiser mit durchwegs kurzen Regierungszeiten – sie waren jeweils mit Zoe, der Tochter Konstantins VIII. verheiratet – häufig gestürzt wurden.

Im Inneren wandelte sich der byzantinische *Staat* durch die Abschaffung der Konsulate (541) und die rückläufige Bedeutung der alten Institutionen (wie des Senats; das „Sacrum consistorium" wurde zu einem reinen Repräsentativorgan und durch das „Silention" als kaiserlicher Rat ersetzt). Der Kaiser blieb das zentrale Organ, auf das alles zulief. Sein offizieller Titel war seit Herakleios Basileos. Von den drei Faktoren, welche an der Erhebung des Kaisers, dem Ideal nach in Übereinstimmung, mitwirkten (Senat, Volk, Heer), wurde das Heer das entscheidende Element, und Usurpatoren waren in der Regel selbst Feldherren. Anschließend wurde der Kaiser vom Patriarchen zunächst im Hippodrom, seit dem 7. Jahrhundert in der Hagia Sophia gekrönt. Trotz der Kaiserwahlen kam es darüber hinaus immer wieder zu Dynastiebildungen, und die kaiserliche Familie hatte meist insgesamt Anteil am Regiment. Seit Leo IV. (775–780) setzte sich das Primogeniturrecht durch. Folgenreich war die Umgestaltung der Provinzen (Wegfall der „vicarii"), in denen militärische und zivile Gewalt zusammenwuchsen. Bis zum 8. Jahrhundert wurde dadurch – allmählich und nicht durch eine punktuelle Reform, etwa unter Herakleios, wie man früher annahm – die Themenverfassung eingeführt: Dem militärischen Führer („strategos") im Militärbezirk („thema"), der mehrere Provinzen umfasste, im 7. Jahrhundert aber verkleinert wurde, fiel, vielleicht nach dem Vorbild der Exarchate (Ravenna und Karthago), zumindest ein Vorrang vor der zivilen Gewalt und eventuell auch diese selbst zu. Im 8. Jahrhundert wurde auf diese Weise aus der militärischen Ordnung eine administrative. Um die Mitte des 10. Jahrhunderts war das Reich in 33 Themen eingeteilt. Seither verfiel die Themenverfassung allerdings wieder zugunsten einer Regionalisierung. Wandlungen zeichneten sich auch in der byzantinischen Gesellschaft ab. Während Zahl und Bedeutung der freien Kleinbauern seit dem 7. Jahrhundert gegenüber der Großgrundbesitzerschicht zugenommen hatte und der Adel in Abhängigkeit vom Hof geraten war, kam es später zu erneuter Großgrundbesitzbildung. Im 10./11. Jahrhundert wuchs die Macht des Adels gegenüber dem Kaiser merklich an, der sich auf die Hauptstadt konzentrierte und die Provinzherrschaft zunehmend dem Adel überließ.

Der Kaiser war zugleich Herrscher über die *Kirche* (wenngleich die früher übliche Etikettierung als „Cäsaropapismus" seine Stellung übertreibt), der Patriarch von Konstantinopel hier die führende Persönlichkeit. Der Klerus war aber weniger als im Deutschen Reich in die weltliche Verwaltung einbezogen. Hatte Justinian Heidentum und Häresien strikt verboten (Schließung der Akademie 529), so waren die dogmatischen Streitigkeiten auch nach der Verurteilung der Monophysiten auf dem 5. Ökumenischen Konzil von 553 keineswegs beendet. Neue Turbulenzen erwuchsen im 8. und 9. Jahrhundert aus dem ikonoklastischen Streit um die religiöse Verehrung von Bildern, der zu einer weiteren Entfremdung mit dem Westen sowie zu schweren inneren Spannungen führte: In einem Edikt von 730 ordnete Leon III. die Vernichtung aller Kultbilder an. Nach einer wechselhaften Politik der Kaiser nahmen Leon V. (813–820) und Theophilos (829–842) das Bilderverbot wieder auf. Erst unter Michael III. (842–867) wurde die orthodoxe Bilderverehrung wiederhergestellt. Die in der gesamten Zeit anhaltenden bzw. immer wieder aufflammenden Konflikte mit dem Papsttum gipfelten schließlich in dem Schisma von 1054, das sich in eine ganze Reihe solcher Schismen einordnete, sich im nachhinein aber als endgültig erweisen sollte. Insgesamt hatte sich Byzanz im Verlauf der hier behandelten Epoche von dem ideellen „römischen" Universalreich zu einer immer bedeutungsloser werdenden Herrschaft am Rande des Abendlandes entwickelt, die – nicht zuletzt infolge der religiösen Auseinanderentwicklung und der Sprachunterschiede – einen eigenen Kulturkreis zwischen dem Abendland und dem Islam bildete, wenngleich es seinen universalen Anspruch nie aufgab. Byzanz blieb die ganze Zeit über eine Macht, die, über die militärischen Auseinandersetzungen mit Bulgaren, Russen und Petschenegen hinaus, diplomatische und politische (einschließlich Heiratsplänen), ökonomische, religiöse und kulturelle Kontakte mit den Reichen Europas aufrechterhielt und deren Tradition, Lebensstil und Kultur, trotz despektierlicher Äußerungen (etwa bei Notker Balbulus oder Liudprand von Cremona), immer noch eine faszinierende Wirkung ausübte.

2.11 Ausblick

Von den zahlreichen germanischen Nachfolgereichen im ehemaligen Imperium Romanum hatten sich langfristig lediglich die Franken, allerdings mit vielen Wandlungen, durchgesetzt. Das Fränkische Großreich aber war im Verlauf des 9. und 10. Jahrhunderts in Nachfolgereiche zerfallen, die in dieser Periode das abendländische Geschehen bestimmten und unter denen das mit der Kaiserwürde verbundene Imperium schließlich, mit der Trias der Königreiche Deutschland, Italien und Burgund, einen Vorrang genoss. Von den ehemaligen Germanenreichen in Spanien (Westgoten)

116 Die politische Entwicklung in den einzelnen Reichen

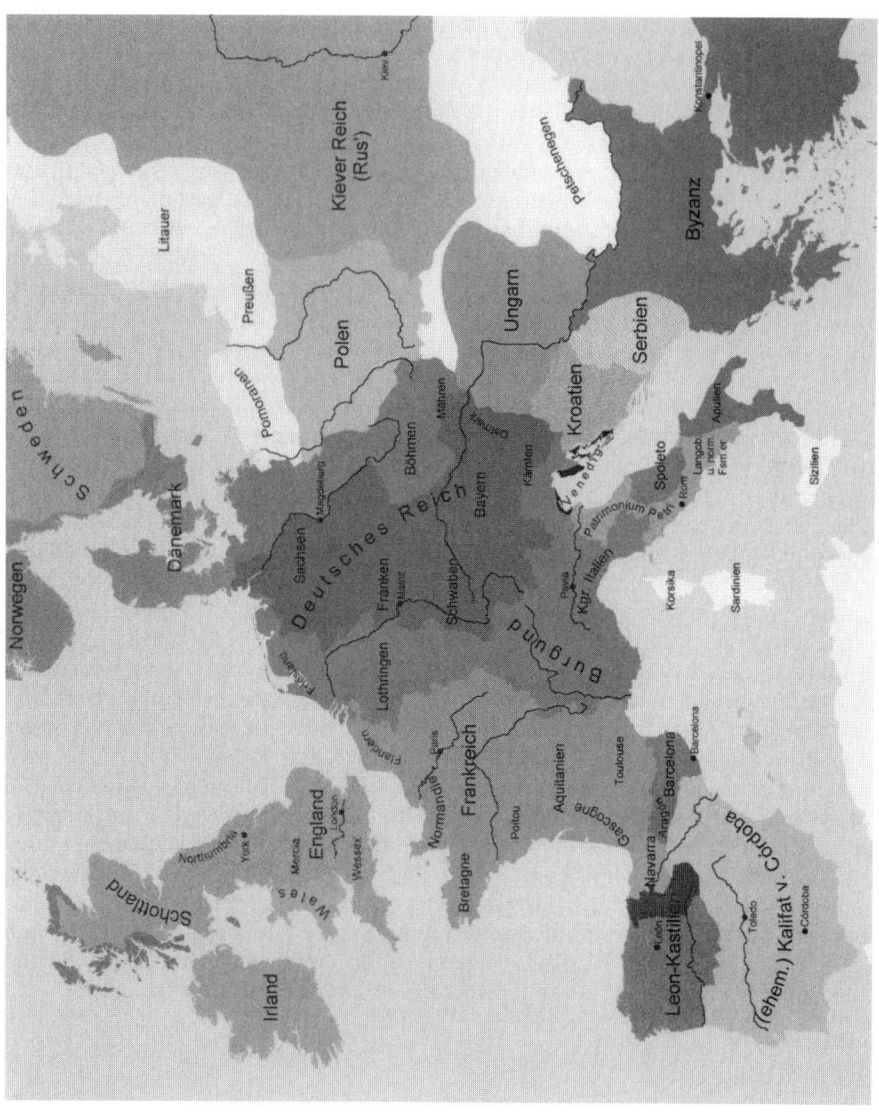

Abb. 5: *Europa um 1050*

und Süditalien (Spoleto und Benevent) verblieben zunächst nur Restreiche ohne großen Einfluss, doch begann in dieser Periode auf der Iberischen Halbinsel bereits die Reconquista gegenüber der islamischen Eroberung, und in Süditalien kündete sich schließlich die machtvolle Herrschaftsbildung der Normannen an. Die zersplitterten Reiche der Angelsachsen aber wuchsen – von Wessex aus und nicht zuletzt durch die Dänenherrschaft Knuts des Großen – zu einem „englischen" Königreich zusammen. Die heidnischen Völker am Rande der christlichen Welt (Normannen, Slawen, Ungarn), die zunächst durchweg eine Bedrohung dargestellt hatten, gliederten sich im Verlauf des früheren Mittelalters mit der Reichsbildung und Christianisierung in die abendländische Welt ein. Am Ende der behandelten Epoche war die Hegemonialstellung des Imperium stärker bedroht als in fränkischer Zeit. Die ihm zur Seite getretene Staatenwelt wurde zunehmend gleichgewichtig, und selbst an den Rändern entstanden zeitweise machtvolle Großreiche wie das skandinavisch-englische Reich Knuts des Großen. Das 11. Jahrhundert wurde die Epoche normannischer Staatsbildungen. Auf dem Wege zur Nationsbildung (vgl. 4.1.5) stieg allmählich das Bewusstsein, in einem eigenen Reich zu leben: In den kontinuierlich fortbestehenden Reichen wuchsen die Bewohner zu (neuen) Völkern zusammen (nicht umgekehrt). Das machte die Beziehungen zwischen den Reichen, die nicht zuletzt durch Heiratsverbindungen gefördert wurden, „internationaler", führte aber auch zu neuen Spannungen.

3 Strukturgeschichte des frühen Mittelalters

3.1 Verfassung, Recht und Politik[1]

Die frühmittelalterlichen Reiche waren als Herrschaftsbildungen einzelner Könige, zunächst auf römischem Boden, dann aber auch außerhalb, mit oder ohne römischen Einfluss, entstanden, um sich bald nach der „Landnahme" zu vielfach von erblichen Dynastien beherrschten Königreichen zu konsolidieren. Dabei bildet die Frage, wieweit diese Reiche auf römischen Grundlagen fußten oder von germanischen Elementen bestimmt waren, ein bis heute strittiges Problem, das sich zudem mit der Streitfrage verbindet, wieweit diese Herrschaftsbildungen bereits „Staaten" mit festen Institutionen oder (noch) vorstaatliche, auf „archaischen" Grundlagen fußende, durch personale Bindungen geprägte politische Ordnungen waren (vgl. 4.1.3). Während die so genannte „neue Verfassungsgeschichte" dezidiert den germanischen Charakter herausstellen wollte, werden die römischen Einflüsse und die Elemente der Kontinuität heute wieder stärker betont (vgl. 4.1.1). Da die hier behandelte Epoche politisch vom Fränkischen Reich dominiert wird, muss dessen Verfassung – in den einzelnen Reichsteilen und Nachfolgereichen – eine besondere Aufmerksamkeit zuteil werden. An ihr ist die Verfassung der anderen Reiche zu messen, aber auch vergleichend zu betrachten. „Verfassung", seinerseits ein staatsrechtlicher Begriff des 19. Jahrhunderts, ist dabei selbstverständlich allgemein, nämlich als die politische Ordnung eines Reiches, zu verstehen, die weder notwendig eine schriftliche Grundordnung im modernen Sinn – in diesem Sinne gäbe es im frühen Mittelalter keine Verfassung – noch eine volk- oder nationshafte Grundlage voraussetzt (vgl. 4.1.5). Die frühmittelalterlichen Reiche waren „Vielvölkerstaaten", die durch die Königsherrschaft zusammengehalten wurden. In der Ausbalancierung der Befugnisse – etwa zwischen Romanen und Germanen, aber auch zwischen König und „Volk" – lag ein wesentliches Problem. Im Frankenreich waren die Völker politisch jedenfalls voll integriert, während der Name („regnum Francorum") die „Franken" als Trägerschicht ausweist, die allerdings sehr bald die ethnische Konnotation verloren und in Bedeutung und Identität auf das gesamte Reich bezogen wurden.

Die frühmittelalterliche Verfassung war einerseits auf den König und seine Organe zugeschnitten, denen daher besondere Aufmerksamkeit zu widmen ist, andererseits

---

1 Allgemeine und übergreifende Lit.: M. Ascheri, Istituzioni medievali; O. Guillot/Y. Sassier, Pouvoirs et institutions dans la France médiévale; H. Loyn, Governance of Anglo-Saxon England.

aber durch ein „Mitbestimmungsrecht" des „Volkes" im Sinne der an der Herrschaft Beteiligten und damit durch einen „Herrschaftsverband" (mit seinen personalen und institutionellen Bindungen) geprägt (vgl. 3.1.2). Sie beruhte in diesem Sinne auf „Herrschaft" (vgl. 4.1.3) und war somit wesentlich von den Herrschaftsträgern, König, Adel und Kirche, und deren Verhältnis untereinander dominiert. Demgegenüber werden heute aber auch die „genossenschaftlichen" Elemente betont, auf die um die Jahrhundertwende bereits Otto Gierke hinwies. In solcher Sichtweise war „Verfassung" sehr wohl ein Rechtsverhältnis, das jedoch gewohnheitsrechtlich bestimmt und daher Wandlungen und Schwankungen unterworfen war und sich eigentlich dauernd bewähren und durchsetzen musste. Die Verfassungsgeschichte sieht die frühmittelalterliche Verfassung daher längst nicht mehr, wie im 19. Jahrhundert, ausschließlich unter monarchisch-königlicher und zentralistischer Perspektive, sondern betrachtet alle am „Staat" beteiligten Personenkreise. Sie fasst diese nicht nur rechtsgeschichtlich in ihren Funktionen, sondern sozialgeschichtlich in ihren Bindungen und blickt entsprechend nicht mehr nur oder vorwiegend auf die Herrschaftsrechte, sondern vor allem auch auf die Herrschaftspraxis, nicht nur auf die Norm, sondern auch auf die Realität, nicht allein auf die Herrschafts-, sondern auf die Machtstrukturen; sie bezieht hier nicht nur die schriftlichen Verordnungen und Rechtshandlungen, sondern auch die zeitspezifischen – auch nonverbalen und symbolischen – Formen, Mechanismen und Regularien, nicht nur die Absichten, sondern auch die Wirkungen, nicht nur die tatsächlichen Zustände, sondern auch deren Wahrnehmung ein, und sie untersucht die Machtstrukturen auf allen sozialen und räumlichen Ebenen und in verschiedenen Lebenskreisen und Lebensformen.

3.1.1 Königtum und Königsherrschaft

3.1.1.1 Königtum und Reichsbildung[2]

Abgesehen von den frühen keltischen und angelsächsischen Kleinkönigtümern – und auch hier bildete sich schließlich ein „overking" aus, dessen Autorität über das eigene Reich hinausgriff –, tendierten die mittelalterlichen Reiche schon früh zu einem starken Königtum, und sie waren sämtlich monarchisch strukturiert; eine Stammesstruktur mit fürstlichen Herrschaften, wie bei den Sachsen oder den frühen Slawen, blieb die Ausnahme. Die mittelalterlichen Reiche waren weithin auf das Königtum bezogen, Reich und Königreich („regnum") begrifflich identisch, und sie definierten sich gleichsam vom König her (als „regnum N. regis"); im Frankenreich mit seinen ständigen Reichsteilungen war das ohnehin unvermeidlich, um die wechselnden Reiche eindeutig zu kennzeichnen. Herrschaft war für die Zeitgenossen daher letztlich Königsherrschaft. Das zeigt sich auch, wenn Gregor von Tours bedauerte, dass er bei den frühen Franken keine Könige ausfindig machen konnte, oder wenn die Langobarden nach zehnjährigem Interregnum zu einer Königsherrschaft zurückkehrten. Man konnte einen bestimmten König verlassen, dachte aber nicht daran, das Königtum an sich ab-

---

2 Allgemeine Lit.: E. Boshof, Königtum; A. Duggan (Hg.), Kings and Kingship.

zuschaffen. Gleichwohl gewann dieses Königreich in damaliger Vorstellung bereits in den Germanenreichen wie auch später eine zwar immer wieder von der jeweiligen Herrschaft abhängige und damit veränderbare, doch jeweils feste Gestalt; es ließ sich räumlich abgrenzen, erweitern oder umformen. Ein „institutioneller" Charakter dieser Reiche scheint jedenfalls viel früher ausgebildet, als ein Großteil der Forschung annimmt (vgl. 4.1.3), und war wohl von Anfang an aus der römischen Tradition übernommen. Bereits das fränkische Königtum der Merowinger wies nur noch wenige Züge eines germanischen Heerkönigtums auf, sondern stützte sich weit stärker auf das römische Erbe. Frühmittelalterliche Königsherrschaft war allerdings alles andere als „absolut", sondern an den Willen des „Volkes", nämlich der anderen Herrschaftsträger, Königsherrschaft damit an die Akzeptanz durch die Großen gebunden.

Die frühmittelalterliche *Königsherrschaft* stützte sich auf Hausherrschaft und königliches Gefolge, auf die Anerkennung durch das Volk (Wahl) und personale Bindungen, auf materielle Ressourcen (Reichsgut und Einnahmen) und auf eine ideologische Legitimation (wie das Gottesgnadentum). Der König regiere sozusagen nicht ständig, sondern griff ein, wenn es erforderlich war bzw. erbeten wurde. Er war dann oberster Schutz- und Gerichtsherr sowie Heerführer. In den germanischen Reichen auf römischem Boden hatte das Königtum – in idealtypischer Stilisierung – möglicherweise zwei Grundlagen, die in der hier behandelten Zeit allerdings bereits eng miteinander verwachsen waren: eine religiöse im „Sakralkönigtum" und eine militärisch-politische im „Heerkönigtum" der Wanderzeit. Tatsächlich schufen die frühen Könige mit ihren Gefolgschaftsverbänden politische Organisationen, die durch die Landnahme Stabilität erlangten und erst durch ihre Herrschaft zu Reichen wurden und die, im Spiegel der neueren Ethnogeneseforschung, sogar erst die (neuen) Völker und später die „Nationen" formten (vgl. 4.1.5). Das Königtum war – trotz der Zuordnung seitens der römischen Quellen wie auch der modernen Forschung zu bestimmten Völkern – an den letztlich übergentilen Reichsbildungen jedenfalls wesentlich beteiligt. Dazu trat als ein weiteres Charakteristikum vielfach der Dienst im Römischen Reich (vor allem als Heermeister) und in Einzelfällen sogar ein kaiserlicher Auftrag. Nach der Reichsgründung übernahm man wesentliche Teile der römischen Verwaltungsstrukturen und der Kirchenorganisation wie auch des Staatshaushalts, während der Kaiser (in Byzanz) im Westen in aller Regel faktisch keine Rolle mehr spielte, auch wenn er seine Ansprüche nie wirklich aufgab. Alle „Germanenkönige" auf römischem Boden – alle Reiche lagen im Westen des Reichs – regierten gleichsam als Nachfolger oder Stellvertreter des Kaisers und ahmten diesen nach, wie sich das beispielsweise in den Epitheta der Königstitel („gloriosissimus", „piissimus" etc.) ausdrückte, waren faktisch aber selbständig. Der Frankenkönig Theudebert I. ließ sogar Goldmünzen mit dem Titel „Augustus" prägen. So bleibt es bezeichnend, wenn die Herkunftssage der Franken von den Trojanern beide Völker auch „historisch" auf eine Stufe stellte.

Nahezu alle Reiche tendierten schon bald zur *Erblichkeit*; lediglich bei den Langobarden gewinnt man zeitweilig den Eindruck, dass eine Dynastiebildung verhindert werden sollte. Das deutet darauf hin, dass man die Herrschaftsqualität durchaus an die Abstammung gebunden sah, während daneben gleichzeitig ein Mitspracherecht („Wahlrecht") des Volkes trat, das den König erhob. Insgesamt gab es durchaus bezeichnende Unterschiede. Man wird davon ausgehen müssen, dass Königtum und

Reich in den frühmittelalterlichen Gemeinwesen auf unterschiedlichen Grundlagen fußten und sich erst allmählich aus- und umgebildet haben.

Solche Grundlagen lassen sich zunächst auch im merowingischen Frankenreich beobachten, in dem die Erblichkeit der Merowinger allerdings nicht nur gänzlich unstrittig war, sondern sich – anders als etwa im Westgotenreich – auch auf alle Söhne erstreckte. Das Fränkische Reich sowohl der Merowinger wie dann auch der Karolinger war daher durch ständige, in sich keineswegs stabilen oder gleich bleibenden Kriterien folgende Reichsteilungen wie auch durch Kämpfe der Angehörigen der Königssippe untereinander um die Herrschaft geprägt. Während bei den Merowingern grundsätzlich alle Söhne – trotz Reichsteilungen – gemeinsam regieren („Samtherrschaft") und so die Reichseinheit wahren sollten, gewannen die Reichsteile tatsächlich bereits im 6. Jahrhundert eine weitgehende Eigenständigkeit. Seit dem 7. Jahrhundert verfestigte sich zunächst die Trias der Teilreiche Neustrien, Burgund (das später politisch in Neustrien aufging) und Austr(as)ien. Unter den Karolingern setzten sich die Reichsteilungen, wenngleich nach anderen Teilungskriterien, bis in das ausgehende 9. Jahrhundert hin fort. Zwar wurde auch hier ein Zusammenwirken der Könige erwartet, doch in der Praxis wurden die Teilreiche zunehmend selbständiger. Folglich bildeten nicht die Phasen der Einheit eines Großfränkischen Reichs (747–768, 771–830/40), an der die ältere Forschung stets den anschließenden „Zerfall" gemessen hat, sondern die Teilreiche den Normalzustand. Die Einheit war entweder der „Ausschaltung" des Bruders und der Neffen (Pippin – Grifo, Karlmann/Drogo), dessen frühen Tod (Karl der Große – Karlmann) oder dem vorzeitigen Ableben der Brüder (Ludwig der Fromme) zu verdanken. Der „Zerfall" war von vornherein im Teilungsprinzip angelegt und eine Folge der politischen Entwicklung. Damit würde sich auch die vielfach gestellte Frage nach den Gründen für das Zerbrechen des Großreichs[3] ganz anders darbieten: Dafür sind letztlich weder eine – durch die administrative Leistung Karls des Großen widerlegte – Unregierbarkeit des Großreichs mit damaligen Mitteln noch eine mangelnde Rücksicht auf das Eigenleben der Völker noch die angebliche Schwäche seines Sohnes, der die Reformansätze in den ersten Regierungsjahren tatsächlich erst vollendete, noch die Bedrohungen durch Normannen, Slawen, Ungarn und Sarazenen verantwortlich, auch wenn sie sämtlich zur Auflösung beigetragen haben mögen. Legt man vielmehr die gängige Teilungspraxis zugrunde, dann ist nicht nur der viel beklagte Zerfall des Karolingerreichs im 9. Jahrhundert an völlig falschen Voraussetzungen gemessen, sondern es relativieren sich auch die intensiven Forschungsdiskussionen, die seit der Regierungszeit Ludwigs des Frommen einen Streit zwischen einer „Reichseinheitspartei" und den Befürwortern der Teilreiche annehmen. Gleichwohl hat die Phase der Einheit bewirkt, dass zumindest in der Zeit Karls des Großen und vor allem Ludwigs des Frommen, nicht zuletzt vor dem Hintergrund eines unteilbaren Kaisertums, zeitweise eine „Reichseinheitsidee" (U. Penndorf) an Gewicht gewann, die in der „Ordinatio imperii" von 817 sogar eine Änderung der bis dahin üblichen Teilungspraxis erzielen konnte und dem ältesten Sohn, Lothar I.,

---

3 Lit.: F.-R. Erkens, Divisio legitima; J. Fleckenstein, Das Großfränkische Reich; W. Schlesinger, Auflösung des Karlsreiches (wie Anm. 41, Kap. 2.2); T. Schieffer, Krise; R. Schneider, Stabilisierende und destabilisierende Faktoren.

Kaisertum und Oberherrschaft zusichern wollte.[4] Aus den langen Auseinandersetzungen Ludwigs des Frommen mit seinen Söhnen und den sich anschließenden Brüderkriegen (830–843) gingen dann aber gleichberechtigte Teilreiche hervor, die sämtlich ihrerseits wieder geteilt wurden und nur mangels Nachkommen unter Karl III. kurzzeitig (885–887) noch einmal zusammengeführt werden konnten. Teilreichssynoden belegen, dass auch die kirchlichen Institutionen hier eine neue politische Identität fanden,[5] und die Idee der Reichseinheit verlor im Verlauf des 9. Jahrhunderts schnell an Attraktivität. Aus einer gewissen Stabilität der Grenzen heraus formten sich als Folge der politischen Entwicklung seither vielmehr festere Reiche aus, die schließlich, ansatzweise bereits nach 888, im Osten endgültig unter den Ottonen, zur Unteilbarkeit neigten, ohne dass mit der älteren Forschung ein Unteilbarkeits*prinzip* dafür verantwortlich wäre. Anderwärts, wie bei den Westgoten und Angelsachsen, war dieser Zustand bereits früher erreicht, doch kam es auch hier später immer wieder zu Reichsteilungen, die allerdings auf frühere Reiche Rücksicht nahmen, wie in Wessex unter die Söhne Aethelwulfs oder in Navarra unter die Söhne Sanchos des Großen.

3.1.1.2 Königsherrschaft und Königswahl[6]

Hinsichtlich des Herrschaftsrechts finden wir in allen mittelalterlichen Reichen eine – allerdings sehr unterschiedlich ausgeprägte – Mischung aus *Erb- und Wahlgedanken* vor. Das Volk bzw. die Großen waren grundsätzlich an der Erhebung beteiligt, doch suchten die Herrscher dort, wo ein Erbrecht sich nicht eindeutig durchsetzen ließ, durch Designation oder Mitregierung der Söhne schon zu Lebzeiten – vielfach erfolgreich – eine Dynastiebildung zu gewährleisten. Die Nachfolge des Sohnes war in den meisten Fällen tatsächlich völlig unstrittig, zumal im gesamten Zeitraum die Unmündigkeit des Thronfolgers kein Hindernis war, so dass der Wahl letztlich nur beim Erlöschen einer Dynastie eine größere Bedeutung zukam. Die nicht seltenen Minderjährigkeitsregierungen – und auch hier gab es ein breites Spektrum von Möglichkeiten, die nicht verfassungsrechtlich vorbestimmt waren – setzten eine Dynastiebildung und ein unabhängig vom König existierendes Regierungssystem bereits voraus (T. Offergeld), auch wenn sie angesichts der Fiktion regierungsfähiger Kinderkönige nur „faktische Regentschaften" kannten (T. Kölzer). Sie stärkten aber den politischen Einfluss der Regentinnen und Berater.

Am deutlichsten war der familiäre Anspruch auf das Königtum zweifellos bei den fränkischen Merowingern ausgeprägt, die das Reich ganz nach hausrechtlichen Bedingungen teilten und deren Herrschaft – trotz aller Wirren – als selbstverständlich galt, so dass sie selbst in der Phase des Niedergangs und der Machtlosigkeit noch lange Zeit aufrechterhalten wurde. Usurpatoren (wie Gundowald oder Chramn) gaben sich bezeichnenderweise als merowingische Königssöhne aus. Die zeitweilige Regierung des Hausmeiers Karl Martell ohne König und die Königserhebung Pippins (751) zeigen jedoch, dass darin kein unabänderliches Gesetz gesehen wurde; die vielfältigen Legitimierungsbestrebungen Pippins beweisen aber auch, dass man seine Erhebung

---

4 Zu den Teilungen zuletzt: F.-R. Erkens, Divisio legitima.
5 Vgl. zu Lothringen: H. H. Anton, Synoden, Teilreichsepiskopat.
6 Lit.: Bibl. 5.3.1.2.2.

kaum einhellig als unproblematisch empfand, wie überhaupt Herrscher aus neuen „Häusern" in nahezu allen frühmittelalterlichen Reichen durchweg den Anschluss an die bisherigen Traditionen suchten, in das alte Königsgeschlecht einheirateten und nicht selten die Witwe des Vorgängers ehelichten. Die Nachfolgeregelungen der Karolinger sind vor diesem Hintergrund auch als ein Versuch zu deuten, die (eben nicht völlig selbstverständliche) Nachfolge abzusichern (B. Kasten).

Wieweit, wie im Fall der Merowinger, ein sakraler Charakter für das lange Festhalten an der Dynastie verantwortlich war, ist strittig. Verschiedene Symbole wie die Haartracht der „long-haired kings" (J. M. Wallace-Hadrill) und das unvermeidliche Scheren bei einer Absetzung sprächen dafür, doch dürfte das kaum allein ausschlaggebend gewesen sein (F.-R. Erkens). Die Verchristlichung der Königsidee in karolingischer Zeit bezog sich hingegen eher auf das Königtum als Amt und auf die Person des Königs als auf die Königssippe bzw. mit einem daraus abgeleiteten Erbanspruch. Gleichwohl blieb auch das Herrschaftsrecht der Karolinger lange Zeit unbestritten, und die Abkehr davon rechtfertigte sich durchweg aus den besonderen Umständen (Absetzung Karls III. 887 oder Karls des Einfältigen 923) oder aus dem Erlöschen der Dynastie (911 im Osten, 987 im Westen). Der vieldiskutierte Bericht Widukinds von Corvey über die Designation Heinrichs I. durch Konrad I., wie erfunden er auch sein mag, beweist gerade in seiner Ausführlichkeit, dass der Herrscherwechsel auf ein anderes Geschlecht einer gründlichen Legitimierung bedurfte. Dem gleichen Ziel diente auch die deutliche Anknüpfung der Kapetinger an karolingische Traditionen, während die imperiale Überhöhung des westfränkischen Königtums sich gegen die kaiserlichen Ansprüche im Osten richtete.[7]

Insgesamt lässt sich eine zunehmende Bedeutung des Wahlgedankens feststellen, doch auch Ottonen, Kapetingern und Saliern gelang erneut die Dynastiebildung. Man wird dafür politische Gründe anführen können, zumal die Nachfolge in einigen Fällen größerer Anstrengungen bedurfte, und sollte daher nicht mit der älteren Forschung von einem „Geblüts*recht*" sprechen. Doch war zweifellos ein allgemeiner Wunsch nach kontinuierlicher, dynastischer Herrschaft vorhanden, neben dem allerdings stets das Prinzip der persönlichen und sittlichen Eignung lebendig blieb. Erb- und Wahlprinzip dürfen daher nicht modern als Gegensätze gewertet werden. Versuche, genealogisch die königliche Abstammung aller Prätendenten nachzuweisen und daraus ein Erbprinzip als Rechtsvoraussetzung der Wahl abzuleiten (so Hlawitschka zu 1002), treffen somit nicht den Kern. Die Kontroverse um ein dynastisches Recht übersieht, dass nicht nur die ottonische Abstammung an sich, sondern auch die Nähe der Verwandtschaft zum Vorgänger von Bedeutung war und dass sich in dem Thronstreit selbst anscheinend keiner der Bewerber auf seine Abstammung berief. Mittelalterliche Königsherrschaft stützte sich in der Praxis auf die Anerkennung der Großen und bedurfte damit deren Zustimmung, während sich der Kreis der Wählbaren für die Wähler wie selbstverständlich auf die höchsten Kreise und hier vor allem auf die Königssippe einschränkte. „Keine Thronerhebung geschieht ohne Wahl, aber keine Wahl ist völlig frei".[8]

---

7 Vgl. B. Schneidmüller, Karolingische Tradition.
8 So E. Boshof, Königtum, 56.

In anderen Ländern scheint das nicht grundsätzlich anders gewesen zu sein. In Frankreich berief sich Hugo Capet nicht auf seine Vorfahren, die früheren robertinischen Könige, und damit auf ein dynastisches Recht, sondern schloss sich in seinem Herrschaftsverständnis eng an die karolingischen Vorgänger an, während der Gegenkandidat Karl von Niederlothringen, der auf seine karolingische Herkunft pochte, sich damit nicht durchsetzen konnte. Ein Erbrecht, so argumentierte Erzbischof Adalbero von Reims nach den – zweifellos parteiischen – Worten Richers von Saint-Remi, gebe es nicht, doch bleibt es bezeichnend, wie ausführlich gerade Richer Hugos Wahl rechtfertigen musste. Hugo selbst soll sogar geäußert haben, einem legitimen Karolinger hätte er sich selbstverständlich gebeugt. Wie wenig glaubhaft diese Nachricht auch sein mag, sie kündet jedenfalls von der Vitalität des Erbgedankens, der sich in Frankreich dann weit über das Mittelalter hinaus durchsetzen sollte. Gleichwohl fand auch hier bei der Erbfolge eine „Wahl", mindestens in Form einer öffentlichen Anerkennung, statt: König Lothar betonte in einer Urkunde, er sei von allen Fürsten Frankreichs gewählt worden.

Auch in den angelsächsischen Königreichen hatte sich die Erblichkeit schon früh ebenso durchgesetzt wie in den westgotischen Nachfolgereichen Spaniens,[9] in den skandinavischen Normannenreichen oder in den slawischen Reichen Ost- und Südosteuropas, wenngleich die Entwicklung in Asturien erst mit Ramiro III. (966–982) abgeschlossen war und eine direkte Sohnesnachfolge in Wessex erst von 839 an wieder bezeugt ist. In dem von Wessex aus geeinten England wurde die Erbfolge zwar durch die beiden normannischen Eroberungen Knuts von Dänemark (1016) und Wilhelms von der Normandie (1066) unterbrochen, doch begründeten beide sogleich eine neue Dynastie, und Wilhelm berief sich selbst durchaus auf sein Erbfolgerecht. Selbst für Irland hat man kürzlich eine klare, dem Kontinent vergleichbare Nachfolgeregelung (Erbfolge und Teilung unter die Söhne) nachweisen wollen.[10]

Dieses *Recht auf die Nachfolge* war allerdings unterschiedlich geregelt. Während bei Merowingern und Karolingern grundsätzlich alle legitimen Söhne nachfolgeberechtigt waren und entsprechende Ansprüche sowohl auf das Erbe wie oft auch auf eine Mitregierung erhoben (B. Kasten), bildete die Erbberechtigung innerhalb der Königsfamilie durchaus ein Problem, und die Ansprüche der Merowinger auf die Teilreiche der Verwandten führten zu ständigen Wirren. Im 9. Jahrhundert war dann – wie schon zur Zeit der Merowinger – das Erbrecht zwischen Söhnen und Brüdern strittig und blieb letztlich eine Machtfrage, die im Zuge einer Verfestigung der Teilreiche schließlich zugunsten der Söhne entschieden wurde. Doch setzten sich Ansprüche auf andere Teilreiche (zumal zwischen Burgund und Italien, aber auch um Lothringen) noch im ganzen 10. Jahrhundert fort, als sich sowohl im Ost- wie im Westfränkischen Reich die Nachfolge des ältesten Sohnes (bzw. des ältesten unter der Königsherrschaft geborenen Sohnes) bereits weitgehend durchgesetzt hatte. Einerseits ist eine bevorzugte Rolle des ältesten Königssohnes schon in karolingischer Zeit zu beobachten. Daraus erwuchsen in karolingischer und ottonischer Zeit, nicht erst seit den eskalierenden Rebellionen und Brüderkriegen der Söhne Ludwigs des Frommen, immer wieder große politische Konflikte. Die Königssöhne wurden als „Mittelgewalten" mehrfach zunächst

---

9 Vgl. A. Isla, Monarchy and Neogothicism.
10 B. Jaski, Early Irish Kingship.

mit Unterkönigreichen, in ottonisch-salischer Zeit dann mit Herzogtümern ausgestattet und auf diese Weise in das Reichsregiment eingegliedert. Andererseits zeigen die mehrfachen Aufstände der Brüder und Söhne Ottos I., dass auch diese noch Ansprüche auf eine Mit- (oder auch Allein-)herrschaft aufrechterhielten und nur aufgrund politisch-militärischer Entscheidungen unterlagen.[11] In anderen Teilen Europas setzte sich oft die Primogenitur schon früher durch, doch waren eine Mitherrschaft der jüngeren Brüder oder deren Herrschaftsansprüche (wie mehrfach im Kiever Reich der Rus' unter den Söhnen Svjatoslavs und Vladimirs) ebenso wenig ungewöhnlich wie eine Königserhebung und Mitherrschaft schon zu Lebzeiten des Vaters.

Die *Mitwirkung der Großen* wird in – durchweg von Teilen der „Wähler" ausgesprochenen – „Einladungen" an fremde Herrscher sichtbar, Herrschaft im eigenen Reich zu übernehmen, wie sie im 9. und früheren 10. Jahrhundert gegenseitig mehrfach an die Könige des Ost- und Westfränkischen Reichs ergingen. Die Durchsetzung der Herrschaft war in solchen Fällen selten unmittelbar von militärischen Erfolgen, sondern von der Anerkennung, nämlich der Größe des Anhangs, abhängig. Dem entspricht auch der umgekehrte Fall: Die „Absetzung" eines Königs regelte sich dadurch, dass immer mehr Anhänger diesen verließen und sich einem anderen Herrscher zuwandten. Bei Karl III. wird das besonders deutlich. Es ist jedoch wiederum bezeichnend, dass ein solches Vorgehen nur selten erfolgreich war: Von den 34 Absetzungsversuchen, die Konrad Bund für die fränkische Zeit zusammenstellt, waren nur drei erfolgreich.

Die (gut erforschte) *Königserhebung* selbst fand in wechselnden, sich erst allmählich verfestigenden und erweiternden, aber doch stets traditionsgebundenen, zeremoniellen Formen statt. (Die Erhebung Pippins erfolgte nach der „mos maiorum"!). Wieweit in merowingischer Zeit die germanische Schilderhebung noch eine Rolle spielte, bleibt unsicher; bezeugt ist sie nur bei Usurpationen. Stattdessen gewannen Einkleidung, Thronsetzung und Akklamation des Volkes an Bedeutung. Auch die karolingischen Königserhebungen waren keineswegs formlos, doch bildeten sich die später üblichen Elemente erst allmählich aus: Eine Krönung wurde vielleicht erst seit der Kaiserkrönung Karls des Großen angewandt, die Salbung (Weihe) ist – nach dem frühen Beleg über Pippin zu 751, über dessen Ursprünge und Reichweite man bis heute streitet – regelhaft erst gegen Ende des 9. Jahrhunderts bezeugt, war nach alttestamentlichem und westgotischem Vorbild und mit Anklängen an Bischofsweihe und Taufe aber wohl schon bei den späten Merowingern gebräuchlich. Falls Heinrich I. nach seiner Wahl – einer vieldiskutierten Nachricht Widukinds von Corvey zufolge – tatsächlich auf die Salbung verzichtete, so wäre das sicher auch vor dem Hintergrund einer noch keineswegs fest ausgebildeten Tradition zu sehen und wird heute weder mehr als Absage an die fränkische Tradition (C. Erdmann) noch an die Kirche (R. Holtzmann) gewertet.

Als konstitutive Akte gelten in karolingischer Zeit Thronerhebung und (die mit einem Treueid verbundene) Huldigung.[12] Das Zeremoniell der ottonischen und salischen

---

11 Vgl. B. Kasten, Königssöhne und Königsherrschaft; J. Laudage, Hausrecht und Thronfolge; R. Schieffer, Väter und Söhne.
12 Zur Einordnung in die Eidespraxis vgl. A. Holenstein, Die Huldigung der Untertanen, der, allerdings in weitem zeitlichen Rahmen, die Huldigung als Aktualisierung der Verfassung und Begründung eines Abhängigkeitsverhältnisses versteht und nicht auf die Königswahl beschränkt.

Zeit ist durch ausführliche Wahlberichte und Krönungsordines weit besser greifbar, wenngleich der in vielen Darstellungen früher als geradezu paradigmatisch bewertete Bericht Widukinds von Corvey über die Wahl Ottos I. in Aachen (936) eher idealtypisch ist und vermutlich einem Ordo entstammt, als dass er den historischen Abläufen entspricht,[13] gerade deshalb aber die als entscheidend erachteten Elemente erkennen lässt: Der Thronfolgeakt, dem eventuell eine Designation durch den Vorgänger voranging, bestand aus Wahl, Thronsetzung, Huldigung und Akklamation, Investitur mit den Insignien, Salbung und Krönungsmahl. Ein „Königsumritt" durch das ganze Reich, wie er bei Heinrich II. und Konrad II. bezeugt ist, entsprach ebenfalls bereits älteren Gepflogenheiten vor allem im Ostfränkisch-Deutschen Reich, die einzelnen Reichsteile möglichst bald zu bereisen.

Die *Wahl* selbst war bewusst weder frei noch gleich noch allgemein noch geheim, sondern aus dem nur vage greifbaren Wählerpotential der (anwesenden) Freien bzw. der Großen hob sich ein zu keiner Zeit fest abgrenzbarer Kreis hoher Amtsträger ab, die zuerst ihren Willen bekundeten. Seit der Wahl Konrads II. (1024) ist im Deutschen Reich ein Erststimmrecht des Mainzer Erzbischofs bezeugt. Die Menge stimmte per Akklamation zu, während bei strittigen Wahlen Macht, Anhang, kriegerische Auseinandersetzungen und Kapitulationsvereinbarungen entschieden. In der Einstimmigkeit erblickte man daher ein Zeichen des göttlichen Willens. Ließ sich das nicht erreichen, so bedeutete es in der Praxis erneut, dass man möglichst viele Anhänger um sich scharte, um den Gegner zu isolieren, wie sich das besonders deutlich im Vorgehen Heinrichs II. nach seiner Wahl im Jahre 1002 zeigt. Den Vorgang der Huldigung schildert Wipo (Gesta Chuonradi 4) in idealtypischer Weise im Hinblick auf die Erhebung Konrads II., wenn er betont, dass nach ständigem Brauch alle Bischöfe, Herzöge und sonstigen Fürsten und Vasallen und sogar alle Freien von Bedeutung den Königen einen Eid leisteten, sich Konrad aber noch aufrichtiger und freiwilliger unterstellten. Die Anerkennung des Königs hing von solcher Huldigungshandlung ab. Auch das Weiherecht war im Deutschen Reich anfangs zwischen den drei rheinischen Erzbischöfen umstritten, bis sich hier der Mainzer Erzbischof durchsetzen konnte, während der Kölner Erzbischof die Krönung vornahm.

Im karolingischen und frühkapetingischen Frankreich kam dem Reimser Erzbischof die wichtigste Funktion bei der Königserhebung zu. Die Verhältnisse in anderen Regionen Europas dürften dieser Praxis im Wesentlichen entsprochen haben, auch wenn uns ähnlich genaue und zusammenhängende Zeugnisse hier fehlen. Im angelsächsischen England sind Salbung und Krönung beispielsweise erst im späten 8. Jahrhundert, im Westgotenreich hingegen bereits spätestens seit der Mitte des 7. Jahrhunderts als kirchliche Zeremonien bezeugt. Hier mögen die fränkischen Vorbilder gelegen haben (eine allerdings umstrittene Frage).[14] Westfränkische Krönungsordines wurden dann in England und Deutschland rezipiert, während die Krönung in den christlichen

---

13 Anders zuletzt H. Keller, Widukinds Bericht, 416ff., der die Anlehnung an einen Krönungsordo zurückweist und glaubt, Widukind sei Augenzeuge bei der Krönung Ottos II. gewesen und habe das auf Otto I. übertragen.
14 Vgl. zuletzt A. Hack, Herkunft.

Reichen Spaniens – im Gegensatz zur Salbung – anscheinend wieder an Bedeutung verlor.[15]

3.1.1.3 Königsideologie[16]

Während die frühmittelalterlichen Geschichtsschreiber vom einzelnen König zuweilen, je nach politischer Tendenz, recht gegensätzliche Bilder entwerfen konnten, verband sie doch eine weithin einheitliche Vorstellung vom *Königsideal*.[17] Dabei spielten bereits seit der merowingischen Zeit die königliche Abstammung, eine gerechte Regierung im Innern, die Verteidigung nach außen, die religiöse, tugendhafte Gesinnung und die Bildung eine wichtige Rolle. Den merowingischen Königen hafteten durchaus sakrale Züge an, wenngleich die frühere Vorstellung von einem an die Sippe gebundenen „Königsheil" seit langem relativiert ist und bereits Avitus von Vienne etwa in seinem Glückwunschschreiben zur Taufe Chlodwigs das „Heil" („felicitas") ganz auf die christliche Taufe bezog. Nachwirkungen eines „Königsheils" hat man in Widukind von Corveys Begriffen „fortuna atque mores" finden wollen, mit denen dieser Chronist Heinrich I. legitimiert sah (919), da Konrad I. und seinem Geschlecht gerade diese Eigenschaften fehlten.[18] Allerdings musste Heinrichs neue Königsherrschaft hier erst gerechtfertigt werden, das „Glück" eignete damit seiner Person oder seinem Geschlecht, nicht aber dem König oder dem Königtum schlechthin an. Die Sakralität des Königtums wurde hingegen theologisch fundiert und in eine alttestamentliche Tradition gestellt; das „Königsheil" wurde zum Gottesgnadentum. Vor allem in karolingischer Zeit wurde eine – sich schon vorher ankündigende – theokratische Legitimation seitens der Kirche betont, die das Königtum als ein im Auftrag Gottes geführtes Amt erscheinen ließ und den König dadurch ideologisch noch stärker aus dem Volk heraushob, ihm aber auch die sittliche Bindung und seine Verantwortlichkeit vor Gott für sein Volk bewusster machte. Hier trat nicht eine christliche Königsauffassung an die Stelle einer heidnisch-archaischen, wohl aber wurde der Sakralcharakter des Königtums theologisch gestützt und die Königsidee verchristlicht, ohne dass man von einem „Priesterkönigtum" sprechen könnte. Solche Elemente, die in den karolingischen *Fürstenspiegeln* entwickelt wurden und, aus irisch-angelsächsischen Ursprüngen, vor allem in den ersten beiden Dritteln des 9. Jahrhunderts im Westteil des Frankenreichs, vorwiegend in Aquitanien, entstanden, mögen zunächst dem kirchlichen Wunsch entsprungen sein, den König an ethische Normen zu binden und ihn daran zu erinnern, dass er als Vorbild zu handeln habe; doch machten sich die Könige dieses Herrscherideal bald selbst zu eigen, weil es ihre Stellung stärkte. Im Umkreis Karls des Großen, Ludwigs des Frommen und, mehr noch, Karls des Kahlen (Sedulius Scottus), entstand eine „Herrschaftspropaganda" und eine Herrscherparänese,[19] die ihre Fortsetzung im ottonisch-salischen Herrscherbild fand. Die Urkundenarengen künden ständig von der

---

15 So jetzt A. Bronisch, Krönungsritus.
16 Lit.: Bibl. 5.3.1.2.3.
17 Vgl. H. H. Anton, Fürstenspiegel; J. Canning, Medieval political thought; H. Hecker (Hg.), Herrscher.
18 Vgl. vor allem H. Beumann, Widukind von Korvei, 238ff.
19 Vgl. N. Staubach, Rex christianus.

Würde und den Aufgaben des Königs. Der König war danach Stellvertreter Gottes bzw., seit ottonischer Zeit, Christi auf Erden und für sein Volk verantwortlich (konnte aber auch zum „Tyrannen" werden, wenn er seine Pflichten nicht erfüllte, eine Argumentation, die schon bei den Absetzungen Ludwigs des Frommen eine Rolle spielte).[20] Letztlich aber galt es, den König (auch den schlechtesten) zu ertragen, von dessen Herrschaft das Wohl des ganzen Landes abhing. Symbolhaft galten Konrads II. erste Regierungshandlungen (1024) nach Wipo dem Schutz der Schwachen.

Wenn mittelalterliche Herrscher ihren Klöstern Besuche abstatteten, Pilgerfahrten unternahmen oder den Heiligen Schenkungen machten, dann waren das sicherlich Akte persönlicher Religiosität, zugleich aber politische Handlungen, denn in solchem „Herrschen mit den Heiligen" drückte sich die königliche *Sakralität* aus,[21] die, wie Franz-Reiner Erkens kürzlich betonte, keineswegs an den Akt der Herrscherweihe gebunden war, sondern in den Quellen auch schon vorher beansprucht wurde. Sie zeigt sich nicht minder in den erhaltenen Krönungsordines, die den neuen König in eine Linie mit den Führern des Gottesvolkes stellten und durch den kirchlichen Segen noch einmal heraushoben, damit allerdings zugleich die Stellung der Kirche bzw. der Bischöfe betonten.[22] Auch Insignien wie die Heilige Lanze vermittelten einen sakralen Charakter und erlangten eine hohe Bedeutung für Herrschaft und Kriegsführung. Die wahrscheinlich von Konrad II. in die endgültige Gestalt gebrachte Reichskrone (aus ottonischer oder frühsalischer Zeit) symbolisiert durch die achteckige Form und den Edelsteinschmuck das himmlische Jerusalem, während die Inschrift der Maiestas-Domini-Platte („Per me reges regnant") Gottesgnadentum und Stellvertreterschaft Christi ausdrückt.

Auch auf *Herrscherbildern* war der König, zumeist majestätisch mit seinen Herrschaftsinsignien dargestellt, in seiner Funktion herausgehoben. Eindrucksvolle Beispiele liefern das Bildnis Karls des Kahlen in der Vivianbibel und die ottonische Buchmalerei.[23] In spätottonisch-frühsalischer Zeit wurde der theokratische Charakter hier durch den unmittelbaren Kontakt zu Christus und den Heiligen noch stärker betont, der König, wie im Liuthar-Evangeliar des Aachener Domschatzes, geradezu als „imago Christi" repräsentiert. Die liturgische Buchmalerei, deren aktuelle Bezüge (J. Fried) strittig sind, wandte sich allerdings nicht an das Volk, sondern eher an den Herrscher selbst, der zu entsprechendem Handeln ermahnt werden sollte (H. Keller). „Gottesgnadentum" war in dieser Hinsicht daher nicht einfach eine theokratische Überhöhung des Königs, sondern – wie schon im „ministerium"-Gedanken der karolingischen Fürstenspiegel – auch eine kirchliche Aufforderung an den Herrscher, diesem Ideal gerecht zu werden (L. Körntgen). Herrschaftslegitimation betrieb schließlich auch die *Geschichtsschreibung*.[24] „Jede Herrschaft dieser Welt," schrieb Thietmar von

---

20 Vgl. H. H. ANTON, Fürstenspiegel; M. BLATTMANN, 'Ein Unglück für sein Volk'.
21 Vgl. U. SWINARSKI, Herrschen mit den Heiligen.
22 Zu Kronen und Krönungsbildern vgl. J. OTT, Krone und Krönung; M. KRAMP (Hg.), Krönungen.
23 Vgl. J. FRIED, Otto III. und Boleslaw Chrobry; H. HOFFMANN, Buchkunst und Königtum; H. KELLER, Herrscherbild und Herrschaftslegitimation; Ulrich KUDER, Die Ottonen in der ottonischen Buchmalerei. Identifikation und Ikonographie, in: G. ALTHOFF/E. SCHUBERT (Hg.), Herrschaftsrepräsentation, 137–234; P. E. SCHRAMM, Die deutschen Kaiser und Könige; S. WEINFURTER, Sakralkönigtum und Herrschaftsbegründung; J. WOLLASCH, Kaiser und Könige als Brüder der Mönche.
24 Vgl. E. KARPF, Herrscherlegitimation und Reichsbegriff.

Merseburg (Chr. 5,32) in Anlehnung an Paulus, „stammt von Gott, und wer sich gegen sie erhebt, vergeht sich an der Majestät Gottes." Die frühfranzösische Historiographie war sogar weithin Propaganda im Dienste handfester Interessen des Königtums und der Absonderung eines Westfränkisch-Französischen Reichs. Die Geschichtsschreibung war meist reichsbewusst und vielfach auch hofnah in den Anschauungen, wenngleich eine wirkliche „Hofhistoriographie", die im Auftrag des jeweiligen Königs am Hof entstand, im frühen Mittelalter die Ausnahme blieb.

Im Gegensatz zu verschiedenen angelsächsischen Königen (Edwin, Oswiu und Oswald von Northumbrien), dem Burgunderkönig Sigismund oder Stephan I. von Ungarn wurde indes kein fränkischer und deutscher König selbst als Reichsheiliger verehrt. Bei den wenigen Fällen *heiliger Könige*[25] setzte der Kult erst später ein und blieb räumlich beschränkt: bei dem Merowinger Dagobert ebenso wie bei Karl dem Großen und dem Ottonen Heinrich II. Helgaud von Fleury suchte den zweiten Kapetinger Robert II. in dessen Vita zu einem Heiligen zu stilisieren – Robert soll durch Auflegen der Hand Wunden geheilt haben –, doch entsprach dem kein wirklicher Kult. Häufiger wurden Königinnen als Heilige verehrt, vor allem bei den Merowingern (Radegund, Balthild) und Ottonen (Mathilde), doch auch hier spielte in den Viten ihr Königtum gegenüber der persönlichen Heiligkeit durchweg eine eher untergeordnete Rolle. Ein Versuch, das Königsamt oder die Königssippe durch die Heiligkeit einzelner Träger aufzuwerten, blieb daher eher marginal. Hingegen spricht ein ausgeprägtes dynastisches Bewusstsein aus den seit karolingischer Zeit überlieferten Königsgenealogien und aus den in Reichs- und Hausklöstern zentrierten Grablegen der Könige (Saint-Vincent/Saint-Germain, Saint-Denis, Quedlinburg, Magdeburg, Speyer). Der Wechsel der Grablege entsprach dabei durchaus einer politischen Neuorientierung.[26] Schließlich spielte auch das – durchaus auf die Kernlandschaften zentrierte – durch Stiftungen erbetene Gebetsgedenken der Kirchen und Klöster für das Königtum eine Rolle (vgl. 3.3.4.3).[27] Vor solchem Denken aber wird es überhaupt erst verständlich, weshalb der Investiturstreit später einen Einschnitt und eine Gefahr für die Stellung des Königs bilden konnte. In der hier behandelten Epoche wurde die Herrschaft des Königs, auch in geistlichen Fragen, trotz immer wieder geäußerter Kritik an einzelnen Königen und einzelnen Handlungen, nirgends in Frage gestellt.

3.1.1.4 Herrschaftsgrundlagen und Herrschaftspraxis[28]

Neben den „geistigen" Grundlagen eines (legitimierenden) Königsideals standen die *materiellen Grundlagen* der Königsherrschaft. Sie beruhen vor allem auf dem königlichen Grundbesitz (dem „Reichsgut" und, in der Praxis kaum davon geschieden, dem

---

25 Lit.: P. CORBET, Saints ottoniens; R. FOLZ, Saints rois; DERS., Saintes reines; S. WEINFURTER, Idee und Funktion des „Sakralkönigtums".
26 Zur Grablege: P. AUFGEBAUER, Der tote König; Joachim EHLERS, Magdeburg – Rom – Aachen – Bamberg. Grablege des Königs und Herrschaftsverständnis in ottonischer Zeit, in: B. SCHNEIDMÜLLER/S. WEINFURTER (Hg.), Otto III. – Heinrich II., 47–76; DERS., Heinrich I. in Quedlinburg, in: G. ALTHOFF/E. SCHUBERT, Herrschaftsrepräsentation, 235–266; Mort des grands; J. NELSON, Carolingian royal funerals.
27 Vgl. W. WAGNER, Gebetsgedenken der Liudolfinger.
28 Lit.: Bibl. 5.3.1.2.4.

„Hausgut" der jeweiligen Dynastie), der sich in fränkischer Zeit vornehmlich in der Île-de-France, dem Fiskalland im ehemaligen Syagriusreich, und im lothringischen Hausgut der Karolinger (um Metz und Namur, an der mittleren Mosel und in der Eifel) zentrierte, ferner auf den „Steuern" (Kopf- und Grundabgaben) und Tributen – in England wurde der ursprüngliche Dänentribut (Danegeld) unter Knut in eine Grundbesitzsteuer umgewandelt –, Gerichtseinnahmen (Friedens- und Strafgeldern), Heeresgeldern, Zöllen und Einnahmen aus anderen Regalien sowie dem Königsschatz. Der Versuch, ein Fortleben des antiken Steuerwesens bis ins ausgehende 9. Jahrhundert in der geistlichen Grundherrschaft nachzuweisen (J. Durliat), ist zweifellos überspitzt, doch ist das Steuerwesen auf der anderen Seite wohl nicht mit dem Römischen Reich zugrunde gegangen. Auch in England bildeten die grundherrschaftlichen Einheiten („hides") die Basis der Besteuerung. Die königlichen Domänen dienten dem Aufenthalt ebenso wie der Versorgung des Königs und – durch Schenkungen und Lehen – seiner Getreuen.

Neben römischen Elementen (wie Finanz-, Münz- und Urkundenwesen sowie der Schriftlichkeit der Verwaltung insgesamt) standen „germanische" bzw. nichtrömische, zum Beispiel der Königsbann: das Recht, bei Strafe zu gebieten und zu verbieten. Frühmittelalterliche Königsherrschaft erwuchs dabei wesentlich aus der *Hausherrschaft* und übertrug deren Elemente auf das Reich (als „verlängerte Hausherrschaft"): Der Königshof blieb Mittelpunkt des Regierungsgeschehens. Die Regierung selbst bestand weithin in der Ausstellung von Urkunden, wenn man das nicht auf den Akt der Ausfertigung, sondern auf die darin festgehaltenen Inhalte bezieht: als Verleihung bzw. Schenkung oder Bestätigung von Reichsgut und Reichsrechten (Regalien) an Kirchen und Getreue, deren Gewogenheit damit gesichert werden sollte. Die hofnahe Annalistik hielt neben Kriegszügen, Reichsversammlungen und dem Empfang auswärtiger Gesandter gewissenhaft fest, wo der König die hohen Kirchenfeste verbrachte und wo er auf die Jagd ging, denn auch das stand für die Zeitgenossen offenbar im Mittelpunkt der Herrschaftspraxis, und die königlichen Forste waren ein wichtiges Regal.[29]

Die großen politischen (und rechtlichen) Entscheidungen wurden auf den Zusammenkünften von König und Volk auf den *Hof- und Reichstagen* getroffen. Mag die Nachricht Hinkmars von Reims (De ordine palatii, c. 6) von zwei jährlichen Versammlungen, einer allgemeinen zur Regelung der Angelegenheiten des ganzen Reiches für das laufende Jahr und einer Art Fürstenversammlung zur Vorberatung des nächsten Jahres, auch idealtypisch und so nie eingehalten worden sein, so wurden Reichsversammlungen an sich doch durchgehend und, spätestens seit dem 9. Jahrhundert, mehrmals im Jahr an wechselnden Orten und zu allen Jahreszeiten (vor allem aber im Februar, Mai/Juni und Oktober) in Anwesenheit der Amtsträger und anderer Großer abgehalten.[30] Hier wurden alle wichtigen Beschlüsse gefasst. Teilnahme- (und damit herrschafts)berechtigt waren grundsätzlich nur die „Freien", die sowohl die Gerichtsversammlung als auch das Heer bildeten, aus denen sich aber ein – nirgends fest ab-

---

29 Dazu zuletzt Sönke Lorenz, Der Königsforst (*forestis*) in den Quellen der Merowinger- und Karolingerzeit, in: D. Bauer/B. Hiestand/B. Kasten/S. Lorenz (Hg.), Mönchtum, 261–285; T. Zotz, Beobachtungen zu Königtum und Forst.
30 Vgl. H. Weber, Reichsversammlungen.

gegrenzter – Kreis einflussreicher Würdenträger heraushob, die in den Quellen als die „Großen" („principes", „optimates", „proceres", „primates", „maiores natu") bezeichnet werden. Dieses „Volk" besaß ein Mitspracherecht, das den König erst legitimierte, denn dieser war, jedenfalls seit karolingischer Zeit, an das Einverständnis des Volkes, den „consensus fidelium", gebunden (J. Hannig). Für den König bedeutete die Formel, die faktische Machtstellung des Adels in das Reich zu integrieren, für den Adel war sie ein Instrument, seine Mitherrschaftsansprüche durchzusetzen. In England ist ganz parallel spätestens seit dem 10. Jahrhundert der „Rat der Weisen" („witan") als Beratungsorgan des Königs bezeugt, der zu Versammlungen („witenagemôt") an rund 50 verschiedenen Orten, vornehmlich aber nach London oder Winchester, einberufen wurde, ohne dass sich Kompetenz und Zusammensetzung näher erkennen lassen, dem aber eine wichtige Funktion bei der Umsetzung der Maßnahmen in den Reichsteilen zukam.

Durch das Zusammenwirken von König und Großen (vgl. 3.1.2) waren die Beschlüsse der Reichsversammlungen für alle bindend. Überhaupt war die in der Theorie auffällig betonte Souveränität des Königs in der konkreten Herrschaftspraxis vielfältigen Beschränkungen unterworfen. Der König wahrte Recht und Frieden, aber er stand nicht über dem Recht, und er konnte Fehden nicht verbieten. Kennzeichnend für die königliche Politik (an der man oft klare Leitlinien vermisst hat) ist es aber auch, dass hier keineswegs durchgängig nach einer festen „Regierungserklärung" oder definierten Herrschaftszielen verfahren wurde; man reagierte vielmehr auf Herausforderungen und Appellationen: Der frühmittelalterliche „Staat" griff (politisch, vor allem aber rechtlich) meist nur dann ein, wenn das gefordert wurde. Das bedeutet freilich keinen Verzicht auf jegliche politische Ziele. Vielmehr lässt die Schenkungspolitik der Könige durchaus vorrangige Interessen erkennen. So förderte Karl der Große die Klöster Fulda und Hersfeld bezeichnenderweise so lange, wie sie für die Sachsenmission wichtig waren.

Der „Hof" wies seinerseits *Herrschaftszentren* auf. Hatten die Merowinger mit relativ kleinem Aktionsradius von ihren „sedes regiae" aus regiert, so begann in karolingischer Zeit die Epoche des eigentlichen *Reisekönigtums*: Während sich im Westgotenreich (Toledo) und im Langobardenreich (Pavia) ein residenzartiger Hauptort herausbildete, zog der König im Frankenreich und seinen Nachfolgestaaten mit seinem Hof umher, wenngleich das nirgendwo so extreme Ausmaße annahm wie später im Ostfränkisch-Deutschen Reich. Hier war der König mit seinem Hof gleichsam ständig unterwegs, um seine Herrschaft „vor Ort" auszuüben und gleichzeitig durchzusetzen. Dennoch gab es auch im Ostfränkisch-Deutschen Reich „Hauptorte", die sich durch bevorzugten Aufenthalt und Grablegefunktion auszeichneten. Dem Itinerar des Herrschers kommt daher eine hohe Aussagekraft über die Herrschaftspraxis zu (vgl. 4.1.4).[31]

---

31 Zu Itinerar und Urkundenausstellung als Element der Herrschaftspraxis sind vor allem die Forschungen Eckhard Müller-Mertens und seiner Schüler wichtig: E. MÜLLER-MERTENS, Reichsstruktur (zu Otto I.); DERS./W. HUSCHNER, Reichsintegration (zu Konrad II.); D. ALVERMANN, Königsherrschaft (zu Otto II.). Ferner C. BRÜHL, Fodrum. Zur Rolle der Klöster im Itinerar vgl. J. BERNHARDT, Itinerant Kingship.

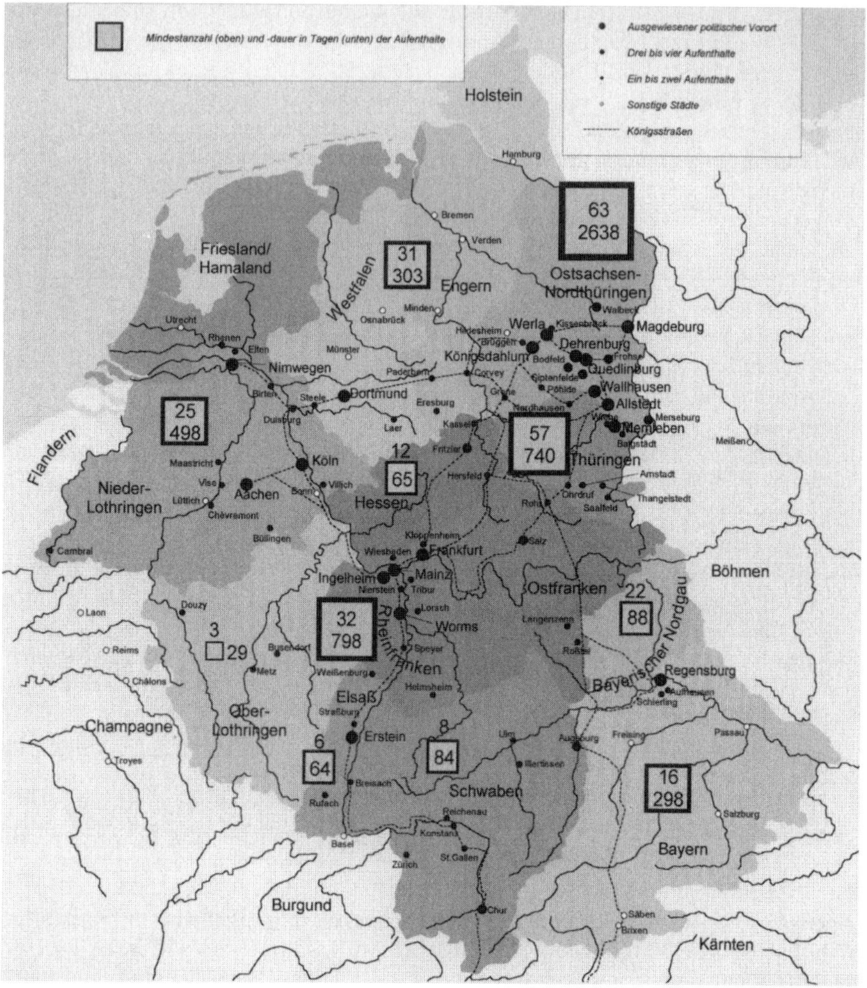

Abb. 6: *Itinerar Ottos des Großen*

Man hat viel über die Gründe dieses „Herrschens im Wandern" spekuliert. Dabei dürfte das Versorgungsproblem als Erklärung kaum ausreichen – das wird schon durch den Versuch Karls des Großen widerlegt, Aachen nach italienischem Vorbild seit 788 zwar auf bereits römisch besiedeltem Boden, aber in einem völlig neuen Grundriss zu einer Art Residenz auszugestalten, in der er sich seit 806 fast ausschließlich aufhielt. Entscheidender dürfte in einer weitgehend schriftlosen oder schriftunabhängigen Gesellschaft eine entsprechende Mentalität, eine Erwartung an den Herrscher gewesen sein, den notwendigen Kontakt zu den Regionen und Menschen zu halten und hier für Ordnung zu sorgen. Umgekehrt war die Anwesenheit des Königs notwendig, um die Königsrechte in Erinnerung zu rufen und durchzusetzen,[32] doch haben die mittelalterlichen Herrscher die Reichsteile keineswegs gleichmäßig und manche sogar nur selten oder gar nicht besucht. Vielmehr zeichnen sich Herrschaftsräume mit regelmäßiger und häufiger Königspräsenz ab, die auch von den materiellen Grundlagen abhingen. Dadurch lassen sich „politische Zentralräume" und „Randzonen" der Königsherrschaft unterscheiden. Die Reisetätigkeit Karls des Großen beschränkte sich im Wesentlichen auf den im Vergleich zu seinem Großreich recht beschränkten Raum zwischen Saint-Denis im Westen, Aachen im Norden, Frankfurt im Osten und Remiremont im Süden. Die ostfränkischen Könige des 9. Jahrhunderts hatten ihre Schwerpunkte in Bayern, Franken und Lothringen. Die späteren deutschen Könige bereisten ihr Land nur scheinbar etwas kontinuierlicher, vielmehr blieben auch hier bezeichnende Unterschiede. Unter Otto I. dominierte Ostsachsen bei weitem vor Rheinfranken, Thüringen und Niederlothringen. Erst unter Konrad II. erscheint das Itinerar dann weit ausgeglichener. Ostsachsen als Zentrum der Ottonen wurde unter der neuen, rheinfränkischen Dynastie der Salier dabei keineswegs zu einem „Nebenland", sondern blieb ein Hauptzielgebiet. Die Regierungstätigkeit beschränkte sich jedoch nicht auf die Kerngebiete, die in Bezug auf die Urkundentätigkeit die wichtigsten Ausstellungs-, aber nicht zugleich auch die wichtigsten „Empfängergebiete" waren: Urkunden wurden vielmehr – vergleichsweise homogen – für Empfänger in allen Regionen ausgestellt. Die Regierungstätigkeit erstreckte sich also auf das gesamte Reich, während die königliche Präsenz sich höchst ungleich verteilte. Daraus folgt zugleich, dass nicht nur der König durch das Land reiste, sondern auch die Großen an den Hof kamen, wobei es bevorzugte Zielgebiete der einzelnen Regionen gab. Auch wenn die deutschen Könige seit 951 einen – unterschiedlich großen – Anteil ihrer Regierung in Italien verbrachten – und auch hier beschränkte sich die Anwesenheit auf bestimmte Gebiete –, blieb Deutschland, mit Ausnahme Ottos III., stets Hauptregierungsgebiet.

Bildeten Reisekönigtum und Itinerar auch ein charakteristisches Merkmal des ostfränkisch-deutschen Königtums,[33] so handelte es sich grundsätzlich um eine verbreitete Erscheinung. In England waren die Wege allerdings erheblich kürzer. In Frankreich waren die Könige, Karolinger ebenso wie Kapetinger, praktisch auf das Gebiet der Krondomäne beschränkt, wo sie über umfangreiche Güter und zahlreiche Pfalzen, Herrschaftsrechte, vasallitisch an sie gebundene Grafen und „fideles" sowie über die

---

32 Vgl. G. Althoff, Vom Zwang zur Mobilität.
33 So Thomas Zotz, Carolingian Tradition and Ottonian-Salian Innovation: comparative observations on palatine policy in the Empire, in: A. Duggan (Hg.), Kings and Kingship, 69–100, hier 98.

Kronbistümer zwischen Tours, Amiens, Reims und Bourges verfügten. Im 11. Jahrhundert setzte von hier aus eine Modernisierung der zentralen Verwaltung ein. Während der französische König folglich auf die Unterstützung der nordfranzösischen Bischöfe angewiesen blieb und außerhalb dieses Raumes kaum einzugreifen vermochte, fand der deutsche König durchaus, wenngleich ebenfalls unterschiedlich intensiv, Anerkennung im ganzen Land, indem er sich auf die Reichskirche (vgl. 3.3.2.3) und die Herzöge stützen konnte, die zumindest dem Anspruch nach als königliche Amtsträger in den Provinzen fungierten (vgl. 3.1.4). Da sich die Königspräsenz aber auch hier auf bestimmte Gegenden konzentrierte, war der Unterschied eher graduell als prinzipiell. In Frankreich tendierte allerdings Paris schon früh dahin, zur „Hauptstadt" zu werden, in England fiel Winchester und dann vor allem London bzw. Westminster eine ähnliche Funktion zu. Das Itinerar der westeuropäischen Könige war entsprechend weit beschränkter. Das spanische Omayyadenreich war ganz auf Córdoba, das Byzantinische Reich ganz auf Konstantinopel zentriert.

Die Aufenthaltsorte der reisenden Könige – mit einer durchschnittlichen Reisegeschwindigkeit von 20–30 Kilometern am Tag – waren in erster Linie *Pfalzen* (Anlagen auf Reichsgut zur Beherbergung und Versorgung des reisenden Königs, mit einem „Wohn- und Repräsentationstrakt", einer Kapelle oder Kirche und Wirtschaftshöfen),[34] Bischofsstädte und, seltener für Regierungshandlungen, Klöster. Die Reisen des Königs waren daher an das Vorhandensein von Pfalzen wie auch an bestimmte Straßen (so genannte „Königsstraßen") gebunden (Rieckenberg). Während die Pfalzen in karolingischer Zeit noch weitgehend unbefestigt waren, verbanden sie sich seit der ottonischen Zeit mit befestigten Burgen. Sowohl zur „Überwinterung" wie für Festtags- und Jagdaufenthalte wurden meist bestimmte Pfalzen bevorzugt. Besonders seit Heinrich II. gasteten die Könige vor allem in Bischofsstädten, doch traf auch das weit mehr auf die „Fernzonen" als auf die Kerngebiete mit ihren zahlreichen Pfalzen zu. Diese Praxis, die gern als Ausdruck des unter Heinrich II. intensivierten „Reichskirchensystems" (vgl. 4.3.4) gesehen wird, korrespondierte tatsächlich auffällig mit der Tendenz, das Reich gleichmäßiger zu bereisen und damit nun häufiger Regionen aufzusuchen, in denen Königsgut und Pfalzen spärlicher vorhanden waren.

Nur schwer allgemein zu beurteilen ist schließlich auch die Rolle der *Königinnen*.[35] Die Mehrehen der Merowinger boten Aufstiegschancen, aber auch Gefahren, und manche Königin wurde verstoßen. Andererseits belegen prunkvolle Grabausstattungen (Grab Arneguds) die hohe Stellung der Königinnen und bezeugt die Geschichtsschreibung ihren politischen Einfluss. Besonders als Regentinnen minderjähriger

---

34 Vgl. Deutsche Königspfalzen. Repertorium der Pfalzen, Königshöfe und übrigen Aufenthaltsorte der Könige im deutschen Reich des Mittelalters, hg. von MPI für Geschichte in Göttingen, 1983ff. (in Lieferungen, bislang Bd. 1–5); C. Ehlers, Orte der Herrschaft; F. Staab (Hg.), Pfalz. Überblick über die einzelnen Orte: C. Brühl, Palatium und Civitas. „Palatium" erhält in Königsurkunden seit dem 9. Jahrhundert eine entsprechende Bedeutung, wurde aber nie konsequent angewandt; die „Pfalz" im beschriebenen Sinn ist daher ein moderner Ordnungsbegriff.

35 Lit.: A. von Euw/P. Schreiner (Hg.), Kaiserin Theophanu; F.-R. Erkens, Die Frau als Herrscherin in ottonisch-frühsalischer Zeit, in: ebd. 2, 245–259; A. Fößel, Königin; K.-U. Jäschke, Notwendige Gefährtinnen; J. C. Parsons (Hg.), Medieval Queenship; P. Stafford, Queens, Concubines and Dowagers. Überwiegend hoch- und spätmittelalterlich: A. Duggan (Hg.), Queens and Queenship.

Nachkommen konnten Königinnen, wie die Rivalinnen Fredegund und Brunichild, eine enorme Macht erlangen, wobei der Königsmutter eine wichtige Rolle zufiel, das Regentschaftsrecht aber keineswegs verbindlich geregelt war und in nachmerowingischer Zeit tatsächlich erst wieder – nach byzantinischem Vorbild – seit Theophanu eine Rolle spielte. Die Regentschaft resultierte folglich weniger aus der Vormundschaft als vielmehr aus der Stellung als Königin.[36]

Wenn Gregor von Tours fortwährend Brunichild lobte und vor allem Fredegund schmähte, so hing diese Wertung offensichtlich von seiner politischen Tendenz ab und war nicht gegen ein Frauenregiment an sich gerichtet. Ähnliches wird man auch von den anderen Chronisten unseres Zeitraums sagen dürfen. Nach Hinkmars „Hofordnung" (De ordine palatii) oblag der Königin vielmehr die gesamte innere Verwaltung des Hofes (um den König für die Reichsaufgaben zu entlasten), und sie nahm die Jahresgeschenke der Vasallen entgegen. Wenn Agobard von Lyon in seiner Invektive gegen Judith, die Gemahlin Ludwigs des Frommen, beklagte, dass sie ihre Pflichten am Hof und im Reich vernachlässige, so bestätigt er trotz seiner Tendenz damit zugleich, dass man von der Königin eine Mitregierung erwartete, die sich keineswegs auf den Hof beschränkte; Agobard bezeichnete die Königin als „Helferin in der Lenkung und Verwaltung von Hof und Reich".[37] Krönungsordines zeigen, dass die Königin zunehmend auch in die sakrale Stellung des Königtums einbezogen war. Die frühmittelalterliche Königin wurde spätestens im 9. Jahrhundert – nach dem biblischen Vorbild Esthers – zur Königin gesalbt und gekrönt.[38] Sie war nicht nur Mutter künftiger Könige, sondern Partnerin ihres königlichen Gemahls und Teilhaberin an seiner Herrschaft. In spätkarolingischer Zeit kam dafür die Wendung „consors regni" auf, die von der Forschung geradezu als Symbolformel für die Stellung der ottonischen Königin betrachtet wird. Diese äußerte sich beispielsweise in häufigen Interventionen der Königinnen wie Adelheid (Gemahlin Ottos I.), Gisela (Gemahlin Konrads II.) oder Agnes (Gemahlin Heinrichs III.), aber auch Theophanu (Gemahlin Ottos II.) und Kunigunde (Gemahlin Heinrichs II.), die ihren Gemahl meistens auf seinen Reisen begleiteten. Auch die bildlichen Darstellungen des Herrscherpaares sind durchweg als eine „liturgische Gemeinschaft" konzipiert.[39] Auf einer Elfenbeintafel aus Italien krönt Gott gleichzeitig Otto II. und Theophanu. Diese intervenierte in einer Urkunde sogar als „coimperatrix augusta nec non imperii regnorumque consors" (DO II 76), doch war das weder der Normalfall noch ein Rechtstitel. Manche Königinnen stellten vereinzelt auch selbst Urkunden aus, während man die vieldiskutierte, vielleicht nur dem üblichen Formular folgende Datierung Theophanus im 18. Jahr „domni Theophanii imperatoris" wohl doch nicht überbewerten und etwa auf ein weibliches Kaisertum nach byzantinischem Muster auch im Abendland beziehen sollte.

---

36 Vgl. F.-R. ERKENS, More Grecorum; T. KÖLZER, Königtum Minderjähriger; T. OFFERGELD, Reges pueri.
37 Agobard von Lyon, Libri duo pro filiis et contra Iudith uxorem Ludovici Pii 2,2, ed. G. WAITZ, MGH SS 15, S. 277.
38 Vgl. F.-R. ERKENS, „Sicut Esther regina"; Janet L. NELSON, Early Medieval Rites of Queen-Making and the Shaping of Medieval Queenship, in: A. DUGGAN (Hg.), Queens and Queenship, 301–315.
39 Vgl. G. PAMME-VOGELSANG, Ehe der mittelalterlichen Herrscher im Bild.

Solche Indizien zeigen aber, dass die Königinnen eine aktive Rolle in der Reichspolitik spielten, als es die wenigen überlieferten Handlungen in den Chroniken nahe legen, die sie durchweg hinter die Herrscher zurücktreten lassen, und dass ihre Beteiligung am Reichsregiment geradezu erwartet wurde. Das bezog sich im Reich vor allem auf die Bereiche der Rechtsprechung, der Lehens- und Kirchenpolitik sowie der Memoria (A. Fößel). Auch die fast anderthalb Meter lange, mit Tiermedaillons ausgeschmückte und in kalligraphischer Goldschrift auf Purpur geschriebene Heiratsurkunde Ottos II. für Theophanu, mit der der Kaiser die neue Königin umfangreich ausstattete, weist auf deren Bedeutung hin, auch wenn sie vielleicht als ein auf die byzantinische Prinzessin bezogener Sonderfall zu werten ist. Ein weiterer Einflussbereich der Königin lag im Kult. Chrodechilde, der Gattin Chlodwigs, wird ein bestimmender Einfluss bei der Bekehrung ihres Gemahls zugeschrieben. Viele Königinnen stifteten Kirchen und Klöster, einige (wie Radegund oder Balthild) führten (später) selbst ein religiöses Leben.

Tatsächlich war die Rolle der Königin im frühen Mittelalter noch kaum institutionell festgelegt, sondern hing davon ab, was sie jeweils daraus machte (P. Stafford). In der Regel standen die Königinnen als „notwendige Gefährtinnen" an der Seite des Königs (K.-U. Jäschke), doch wird man sich davor hüten müssen, das modern als Einschränkung auf die Rolle der Ehefrau zu begreifen: Die Königin war (gesalbte) Herrscherin. Dem Eindruck nach scheint ihr Einfluss in ottonisch-frühsalischer Zeit größer gewesen zu sein als zuvor und danach, doch wird man auch hier differenzieren müssen. Bei genauerer Betrachtung erweist sich die Königin überall als notwendige und oft genug einflussreiche Institution, für das Königsgeschlecht ebenso wie für das Reich. Von daher erklären sich auch die – seit langem beachteten – sorgsam ausgewählten und vorbereiteten dynastischen Eheschließungen. Ihre Tätigkeit aber erwuchs jedoch nicht aus einer verfassungsmäßig geregelten Stellung als Königin (A. Fößel).

3.1.1.5 Herrschaftsrepräsentation[40]

Frühmittelalterliche Königsherrschaft war weithin durch Rituale (J. Nelson) und Herrschaftsrepräsentation geprägt (G. Althoff). Huldigung und Empfang des Herrschers folgten einem feierlichen Zeremoniell. Im Itinerar waren Zeit, Ort und Handlung oft fein aufeinander abgestimmt, wurde zum Beispiel wichtigen politischen Handlungen ein sakraler Sinn verliehen, indem man sie auf hohe Kirchenfeste legte.[41] So fand, um nur wenige Beispiele aus ottonischer Zeit zu nennen, die Gründung der Bistümer Brandenburg und Havelberg am Remigiustag 948, die Lechfeldschlacht gegen die Ungarn am Laurentiustag 955, Ottos Kaiserkrönung an Mariä Reinigung 962, die Hochzeit Ottos II. mit Theophanu an der Osteroktav 972 statt. Rund 80 % der Staatsakte Ottos I. koinzidierten – zweifellos nicht zufällig – mit den 32 höchsten Festtagen (W. Huschner). Solche Beobachtungen decken den mentalitätsgeschichtlichen Rahmen der Herrschaftspraxis auf. Der Sachsenherzog demonstrierte seine Stellvertretung des Königs während dessen Italienzugs, indem er in der Magdeburger Pfalz nicht nur des-

---

[40] Lit.: Bibl. 5.3.1.2.5.
[41] Vgl. H.-W. Goetz, Kirchenfest und weltliches Alltagsleben; W. Huschner, Kirchenfest und Herrschaftspraxis; H. M. Schaller, Der Heilige Tag; M. Sierck, Festtag und Politik.

sen Tafel, sondern auch dessen Bett beanspruchte, wurde dafür allerdings anschließend vom König getadelt: Die Usurpation des königlichen Zeremoniells symbolisierte die Aneignung königlicher Rechte. Otto I. bestätigte ein solches Denken, indem er nach seiner Rückkehr aus Italien sogleich nach Magdeburg zog, um demonstrativ seine Rechte zu sichern (Thietmar, 2,28/30). Dass dieser Empfang gerade am Palmsonntag stattfand und damit den Einzug Christi in Jerusalem imitierte, verlieh dem Geschehen die notwendige heilsgeschichtliche Einordnung und entsprach der bereits angesprochenen Königsideologie.[42]

Politische „Bewährung" erfolgte ebenso wie die Anmeldung und Durchsetzung politischer Ansprüche in symbolischer, ja geradezu ritueller oder „inszenierter" Handlungsweise (G. Althoff), die für die Umstehenden klar erkennbare Botschaften transportierte; symbolische Gesten waren Teil einer „öffentlichen Kommunikation". Hulderweis und Huldverlust waren nicht nur entscheidende Elemente ottonischer Staatlichkeit, sondern sie vollzogen sich in festen, symbolischen Formen und mit bestimmten Erwartungen. Das zeigt sich nicht zuletzt in der Austragung und Lösung von Konflikten (die allerdings wohl nicht, wie von der neueren Forschung angenommen wird, überwiegend „außergerichtlich" ausgetragen wurden; vielmehr gliedern sich auch das mittelalterliche Recht und das Gerichtsverfahren in diese symbolbetonte Handlungsweise ein): In politischen Handlungen und Verhandlungen ging es immer wieder darum, dass beide Parteien ihr Gesicht wahrten und das Ergebnis nach außen hin zugleich in einem repräsentativ-symbolischen Akt verkündet wurde. So rebellierte Heinrich von Schweinfurt in vollem Rechtsbewusstsein, nachdem Heinrich II. das ihm zuvor versprochene Herzogtum Bayern einem anderen übertragen hatte; der Waffengang aber erfolgte keineswegs unvorbereitet, sondern nach symbolischen Ankündigungen: Abzug, Entfernung aus der königlichen „familiaritas", Zeichen der Trauer. Die Aufkündigung der Treue wurde ebenso symbolisch deutlich gemacht wie die Versöhnung, die durch Fürsprecher, Verhandlungen und Vereinbarungen vorbereitet wurde. Dass solche Verhandlungen („colloquia") sich nicht nur als Unterredungen, sondern als verbindende „convivia", als Festgelage, präsentieren, unterstreicht ihren rituellen Charakter und bindet sie zugleich an die „Verschwörungen" der Eidgenossenschaften an.[43] Eine „bedingungslose" Unterwerfung in entsprechender Kleidung, barfuss und unterwürfig, symbolisierte zwar das Eingeständnis der Niederlage und die Aufgabe weiterreichender Ansprüche, beinhaltete aber auch die berechtigte Erwartung auf Begnadigung und Wiedereinsetzung in die bisherigen Würden, und entsprechend milde fiel oft die Strafe aus. Dem stehen allerdings auch Fälle bewusster königlicher Härte gegenüber.

So dominierten in dieser Zeit in der Öffentlichkeit oft Akte nichtverbaler Kommunikation, Rituale und Zeremonien, wie sie etwa beim Einzug des Königs in eine Stadt oder in ein Kloster oder auch in den feierlichen Investituren oder bei den Königserhebungen selbst deutlich werden. Solche Vorgänge mögen in ottonischer Zeit besondere Merkmale tragen, waren, unterschiedlich ausgeprägt, letztlich aber bezeichnend für das ganze frühere Mittelalter und den gesamten abendländischen Raum: „Das

---

42 Vgl. G. Althoff, Bett des Königs.
43 Vgl. dazu die in der Bibl. genannten Arbeiten G. Althoffs. Zusammenfassend Ders., Spielregeln.

ganze weltliche und geistliche Leben des Mittelalters wurde geprägt von Handlungen zeichenhaften Charakters".[44] Man wird sie daher kaum mehr einer „privaten" Sphäre zuordnen dürfen, der sie ihrem Ursprung nach vielleicht entstammten; sie sind vielmehr kennzeichnend für die frühmittelalterliche Staatlichkeit. Bezeichnend ist auch, dass es fast immer eines Vermittlers bedurfte. Die Intervenienten in Urkunden zeugen davon ebenso wie die Fürsprecher, deren Bedeutung Herbert Zielinski für die Vergabe von Bistümern herausgearbeitet hat. Besonders wichtig aber wurden sie bei der Beilegung von Konflikten (vgl. 4.1.8). In ein solches Denken fügte sich zwanglos die Vorstellung von der Rolle Christi als „mediator" zwischen Gott und den Menschen ein.

3.1.2 Personaler Herrschaftsverband und politische Bindungen (Lehnswesen)[45]

Unmittelbare Herrschaft übte der König nur dort aus, wo er selbst „Herr" war, nämlich über sein Gefolge, seinen Hof, seine Grundherrschaft. Staatliche Herrschaft beruhte auf zusätzlichen, personalen Bindungen („Herrschaftsverband"). Dabei ging es weniger um das Verhältnis zwischen Herrscher und Volk als Ganzes, die frühmittelalterliche Verfassung und Gesellschaft war vielmehr weithin durch ein sich überlagerndes Geflecht von Einzelbindungen gekennzeichnet: gegenüber Bischöfen und Reichsäbten, Vasallen, Gefolgsleuten und „Getreuen" („fideles"), gegenüber der königlichen „familia" (den Hörigen im Königsdienst), aber auch gegenüber einzelnen Gruppen und Personen, Verbrüderten und Vertragspartnern. Herrschaft verstand sich gleichsam nicht von selbst, sondern bedurfte der spezifischen Begründung und der dauernden Bestätigung. Umso wichtiger wurden die besonderen Bindungen zu einzelnen Gruppen und Personen im Reich. Das hatte aber zur Folge, dass deren Verhältnis zum Königtum durchaus unterschiedlich begründet und vor allem auch unterschiedlich intensiv und vielfältig ausgestaltet war. Manche Gruppen (wie die nichtfreien Hörigen nichtköniglicher Grundherrschaften) entzogen sich ganz dem herrscherlichen Zugriff, andere waren ihm über die königliche Schutzherrschaft verbunden (wie Kaufleute, Pilger, Witwen und Waisen). Es gab folglich keinen allgemeinen „Untertanenverband" im frühneuzeitlichen Sinn. Das Verhältnis zum „Volk", nämlich zu den Freien im Reich, ergab sich nicht aus der Hausherrschaft, sondern aus der Wahl und dem damit verbundenen Treueid (Huldigung), der erstmals unter König Theuderich bezeugt ist, und wurde im Verlauf des frühen Mittelalters zunehmend mediatisiert. Nur von Karl dem Großen sind 789 und 802 Versuche eines allgemeinen „Untertaneneides" aller Freien und der unfreien Amtsträger überliefert, dessen Formular sich großenteils aus seit der Merowingerzeit gängigen Formeln zusammensetzte.[46] Auch die Treueide verpflichteten dem Wortlaut nach jedoch eher negativ zum Verzicht auf schädliche Handlungen als zur aktiven Hilfeleistung.

Die Merowinger umgaben sich, wie auch die anderen frühmittelalterlichen Herrscher, mit einer kriegerischen, berittenen Königsgefolgschaft, den *Antrustionen* („trustis

---

44 So G. Althoff, Verwandte, 185.
45 Lit.: R. Le Jan (Hg.), La Royauté.
46 Vgl. M. Becher, Eid und Herrschaft.

dominica"), die rechtlich durch ein dreifaches Wergeld geschützt und dadurch auch sozial herausgehoben waren, unterhielten (daneben?) aber auch ein frühvasallitisch gebundenes, militärisches Dienstgefolge, die „leudes". Das schon bei Tacitus bezeugte frühe Gefolgschaftswesen (das keineswegs spezifisch germanisch war) mündete letztlich in die fränkische Vasallität ein, scheint aber noch in den Beutezügen der Wikinger und in der normannischen Gesellschaft (als „lið") eine Rolle gespielt zu haben. In Skandinavien wich diese eher private „lið" (als Kriegsgefolge) der staatlichen „ledung", deren Ursprünge in der Wikingerzeit aber umstritten sind und die eindeutig erst im späten 11. Jahrhundert nachweisbar ist.[47] In England wurde das ältere Institut der Königsgefolgschaft, die „gesiths", seit dem 8. Jahrhundert durch eine ursprünglich sozial darunter stehende kriegerische Gefolgschaft, die „thegns", ersetzt, denen das sechsfache Wergeld eines „ceorl" zustand und die zu einem privilegierten „Dienstadel" aufstieg. Wie wichtig das Gefolge, der jeweilige Anhang, auch in der Karolingerzeit war, zeigt der Ausgang verschiedener Auseinandersetzungen: Ludwig der Fromme wurde auf dem „Lügenfeld" von Colmar ebenso von seinen Getreuen verlassen wie später Karl III. Die „fideles" (als Adressatenkreis nahezu sämtlicher Urkunden) bilden daher keine leere Formel, sondern umschreiben den Personenkreis, mit dessen Hilfe der König regiert.

Viele Besonderheiten der mittelalterlichen Verfassung erklären sich aus dem Recht des Adels auf Herrschaft und Mitherrschaft (und somit auch auf die Ämter); der Adel war kein „Gegenspieler" des Königs, wie die ältere Forschung glaubte, sondern an der Herrschaft beteiligt: Der mittelalterliche Staat war eine „Aristokratie mit monarchischer Spitze" (H. Mitteis), die politische Ordnung des frühen Mittelalters gewissermaßen eine kooperative Auseinandersetzung zwischen König und Adel um das Verhältnis ihrer Macht im Reich. Der König brauchte den Adel als Amtsträger, weil eine Adelsgesellschaft nur die Befehle eines Vornehmeren respektierte: Nur ein adliger Abt, so argumentierte eine Mönchspartei in Fulda im Jahre 818 bei der Abtwahl, könne das Kloster gegen die Mächtigen verteidigen und die Gunst des Herrschers erwerben,[48] und eine St. Galler Formel begründete den Ungehorsam eines adligen Ehepaares gegen die Anordnungen eines nichtadligen Bischofs damit, dass der Adel nur gleichrangige Autoritäten anerkenne.[49] Der Adel aber brauchte seinerseits den König zur Sicherung seiner Herrschaft und seiner Teilhabe am Reich. Einen Reichsadel (Tellenbachs „Reichsaristokratie") gab es nicht nur, weil ein mächtiger Herrscher ihn zum Dienst heranzog, sondern auch, weil er sich dabei an eine dafür privilegierte Schicht gebunden sah (K. F. Werner), deren Einfluss sich an der häufigen Königsnähe und an den Interventionen in Königsurkunden namentlich festmachen lässt, während sich die politische Führungsschicht der königsnahen Adelsfamilien von König zu König wandelte (K. Schmid). Wenn ein König von der gängigen Praxis abwich und weniger Hochgestellte förderte (beispielsweise als Karl der Kahle seinen Günstling Hagano in Lothringen gegenüber den eingesessenen Mächten bevorzugte), regte sich dagegen zwangsläufig Wi-

---

47 Vgl. N. Lund, Lið.
48 Bruun Candidus, Vita Eigilis 4–7, ed. G. Becht-Jördens, Marburg 1994, 6ff.
49 Collectio Sangallensis Salomonis III. tempore conscripta, Nr. 1, ed. K. Zeumer, MGH Form., S. 395f.

derstand. Tellenbachs These einer „Reichsaristokratie" beinhaltet darüber hinaus die Feststellung, dass in neu oder wiedereroberten und zu integrierenden Gebieten wie Bayern oder Italien „fränkische", das heißt vor allem: lothringische, aber auch burgundische und schwäbische Adlige mit hohen Ämtern betraut wurden. Aufstände „oppositioneller Gruppen" (K. Brunner) gegen den König waren daher in der Regel auch nicht „Rebellionen" gegen den Herrscher, sondern oft Reaktionen auf vorangegangene Zurücksetzungen und damit der – als rechtmäßig empfundene – Versuch, verlorene Rechte und Ansprüche wiederzuerlangen. Das lässt sich besonders in ottonischer Zeit nachweisen, wo zahlreiche Aufstände der Königssöhne und des Adels jeweils das Recht (der Thronfolge oder bestimmter Würden) durchsetzen wollten (vgl. 4.1.4). So fühlte sich beispielsweise Graf Wichmann bei der Vergabe des „Herzogtums" an seinen jüngeren Bruder Hermann (Billung) zurückgesetzt.

Politische Bindungssysteme durchschnitten die traditionellen Bindungen, unter denen an erster Stelle der Verwandtschaftsverband zu nennen wäre, der durch Freundschaftsbünde („amicitiae"), Verbrüderungen („confraternitates") oder „Schwurgenossenschaften" („coniurationes") überlagert wurde (vgl. 3.2.6.5). Ein wichtiger Faktor besonderer (sozialer wie politischer) Beziehungen zwischen König und Adel bildete das *Lehnswesen*,[50] dessen Bedeutung trotz neuerlicher Angriffe (vgl. 4.1.6) wohl nicht zu bestreiten ist, auch wenn Walther Kienasts Versuch, die Vasallen auch prosopographisch zu bestimmen, deren Zahl auf eine überschaubare Gruppe reduziert (unter Karl dem Großen zählte Kienast ganze 24 „vassi dominici"). Das Lehnswesen – der Begriff ist modern – belegt eindrucksvoll, wie sich herrschaftliche und „genossenschaftliche" Beziehungen, die in der Forschung oft zu sehr als Gegensätze angesehen wurden, gegenseitig durchdrangen. Es ist aus verschiedenen Wurzeln zusammengewachsen: dem Gefolgschaftswesen als einem Zusammenschluss von Freien unter der Führung eines Herrn, der keltischen Vasallität, der die Begrifflichkeit zumeist entstammt, die demgegenüber aber Herrschaft über Unfreie war, und der Benefizialleihe, nach der Güter – als Lohn oder Auszeichnung – zu besonders günstigen Zinsbedingungen vergeben wurden. Noch bis weit in die späte Karolingerzeit hinein finden wir diese Elemente zwar auch einzeln vor, doch wuchsen sie spätestens seit dem 8. Jahrhundert mehr und mehr zusammen. In idealtypischer Sicht hat die rechtsgeschichtliche Forschung aus einer Fülle von – meist erst späteren – Einzelnachrichten ein geschlossenes, in dieser Form zweifellos zu undifferenziertes, Formen und Bedeutung des Lehnswesens erfassendes System geschaffen: In einem zweiseitigen, persönlichen Vertrag, der in symbolischen Formen vorgenommenen „Kommendation" (später: dem Handgang, bei dem der Vasall seine gefalteten Hände dem Herrn entgegenstreckte, der sie seinerseits mit seinen Händen umschloss), die mit einem Treueschwur besiegelt wurde, gelobte der „Vasall" (oder „Mann", „homo") dem Herrn („dominus" oder „senior") Gehorsam und Dienst. Der Dienst bestand in „Rat und Tat" („consilium et auxilium"), die Tat (Hilfe) vor allem in der Waffenhilfe. Demgegenüber verpflichtete sich der Herr zu Schutz und

---

50 Lit.: G. ALTHOFF, Verwandte; M. BLOCH, Société féodale; F.-L. GANSHOF, Was ist das Lehnswesen; Brigitte KASTEN, Beneficium zwischen Landleihe und Lehen – eine alte Frage neu gestellt, in: Dieter R. BAUER (Hg.), Festschrift Josef Semmler, Sigmaringen 1998, 243–260; W. KIENAST, Fränkische Vasallität; S. REYNOLDS, Fiefs and Vassals.

Unterhalt, der nun zunehmend in Form der Vergabe eines Lehens, meist eines Landgutes, gewährleistet wurde, das zwar Herreneigentum blieb, aber im Nutzungsrecht des Vasallen lag: Die Landleihe wurde zur festen oder jedenfalls vorherrschenden Form der Gegenleistung für die Vasallendienste. Tatsächlich sind Entstehung und Bedeutung des Lehnswesens jedoch nur unklar zu erfassen, und man wird zweifellos von einer sehr allmählichen Ausbildung der dargestellten idealtypischen Verhältnisse ausgehen müssen, wobei es strittig ist, welche Rolle dabei die Säkularisationen von Kirchengut unter Karl Martell und das Aufkommen des Reiterheeres spielten. Eine festere Institutionalisierung ist jedenfalls erst seit dem 9. Jahrhundert erkennbar.

Lehnsmann eines Höheren zu werden, galt nicht als sozial mindernd, sondern stärkte im Gegenteil die eigene Stellung. Die verfassungsgeschichtliche Bedeutung des Lehnswesens liegt daher erstens darin, dass sich die Führungsschicht des Reichs hier gleichsam zu einem herrschaftlich (und genossenschaftlich) organisierten Verband zusammenschloss, in dem der Vasall gegenüber dem Herrn – im Gegensatz zur Grundherrschaft – nicht nur seine Freiheit bewahrte, sondern zusätzlich eine Rangerhöhung erfuhr, während die Macht des Herrn wesentlich von der Stärke seiner Vasallen abhing. Sie liegt zweitens darin, dass das Heer sich in einem Maße zum Vasallenheer umbildete, dass „miles" am Ende nicht mehr einfach den Krieger, sondern den Vasall bezeichnete. Drittens wurden wohl seit Karl dem Großen auch die Amtsträger Vasallen. Damit setzte eine Entwicklung ein, die nicht nur das Landgut, sondern auch das Amt als Lehen begriff: Das Reich wurde – so jedenfalls die bislang vorherrschende Ansicht – ebenso wie die Verwaltung und das Heer weithin lehnsrechtlich organisiert, wenngleich man nach jüngeren Einwänden fragen muss, ob die rechtsgeschichtliche Forschung (H. Mitteis) hier nicht ein theoretisches Gebäude konstruiert hat, das in der Realität weit flexibler war. Längst nicht alles erklärt sich aus dem Lehnswesen. Der Eid etwa war ein so gängiges Bindungsmittel, dass die überlieferten Treueide von Bischöfen – ein solcher Eid ist beispielsweise von Hinkmar von Laon überliefert – diese nicht zwangsläufig zu Lehnsmannen des Herrschers machten. Gleichwohl bleibt die Parallelität der Vorgänge bezeichnend, und die Lehnsbindung der Großen an den König bildete ein wichtiges, staatstragendes Verfassungselement. Das Lehen (bzw. „beneficium") war gleichsam eine Art Entlohnung für geleistete Dienste. Wenn Karl der Große gegen Ende seiner Regierungszeit die Königsboten anwies, aufschreiben zu lassen, was jeder einzelne an Lehen habe und wozu diese verpflichtet seien, dann beweist das einerseits bereits eine weite Verbreitung der Belehnungspraxis, zeigt andererseits aber auch, dass der Königshof keinen Überblick über den Umfang solcher Bindungen besaß.

Misst man die Entwicklung an einem funktionierenden, bereits weithin durchgesetzten System, dessen Allgemeingültigkeit gar nicht beweisbar ist, so zeigten sich schon im 9. Jahrhundert Tendenzen, welche die Wirksamkeit des Lehnswesens einschränkten. Begründete die Kommendation zunächst ein persönliches Verhältnis, das mit dem Tod des Herrn oder des Vasallen endete, so setzte sich erstens bald die Erblichkeit der Lehen durch – die westfränkischen Großen zwangen sie Karl dem Kahlen 877 in Quierzy für den Todesfall auf dem bevorstehenden Italienzug ab –, die aber auch eine Kontinuität der Lehnsbande zur Folge hatte; zweitens lag es nahe, die Lehen bald wie Eigengut zu behandeln („Allodialisierung" der Lehen) und weiterzuverleihen, und drittens wurde, im Zusammenhang damit, das Lehen gewissermaßen zu einem Rechtsanspruch, indem es Vasallität erst begründete (und nicht nur aus ihr folgte). Dieser Zustand ist – auch in Bezug auf die Ämter – in Deutschland im 10. Jahrhundert überall erreicht. Lehnsrechtliche Mehrfachbindungen, wie sie seit dem ausgehenden 9. Jahrhundert belegt sind, machten die Vasallen im Konfliktfall außerdem zu unsicheren Verbündeten. Und schließlich schuf das Lehnswesen auch eine Mediatisierung der politischen Gesellschaft: Der Königsvasall stellte sich zwischen den König und die eigenen (Unter-)Vasallen, die dem direkten Zugriff des Herrschers dadurch entfremdet wurden.

Vasallität und Lehnswesen setzten sich zudem nicht in allen europäischen Regionen gleichermaßen bzw. gleichzeitig durch. In Italien wurden sie erst mit der fränkischen Eroberung eingeführt. In England hat das Lehnswesen nach gängiger Meinung mit der normannischen Eroberung, in Spanien ebenfalls im 11. Jahrhundert, in Skandinavien vielleicht noch später Fuß gefasst. Andere Länder, wie Polen oder Ungarn, blieben in diesem Zeitraum vom Lehnswesen gänzlich unberührt, doch fällt es oft nicht leicht, das Lehnswesen eindeutig von ähnlichen Sozialformen abzugrenzen. Es ist daher kaum zu bezweifeln, dass ein (einheitliches) Lehnswesen als staatstragendes System ein Forschungskonstrukt darstellt, das der vielschichtigen Realität kaum entsprochen hat (vgl. 4.1.6). Eine klare rechtsgeschichtliche Abgrenzung widerspräche mittelalterlichem Denken. Während die Existenz und Bedeutung vasallitischer Bindungen unabweisbar ist, scheint es doch wenig berechtigt, die gesamte hochmittelalterliche Verfassung aus „dem" Lehnswesen zu erklären. Besitz- und amtsrechtliche Bindungen tragen eine nicht minder hohe Bedeutung. Mittelalterlich gesehen ist die Bindung an sich das Entscheidende, nicht die Form, in der sie geschlossen wurde, oder der Ursprung, aus dem sie erwuchs. Die Formen waren möglicherweise recht ähnlich.

3.1.3 Verwaltung, Ämter und Institutionen[51]

Drei Besonderheiten kennzeichnen das frühmittelalterliche Königtum und die frühmittelalterliche Verwaltung: die Regierung vom Hof aus und mit dem Hofpersonal, die Rekrutierung der Funktionsträger aus dem Adel und damit deren „Doppelstellung" als Amtsträger und Herrenschicht und die Einbeziehung der hohen Geistlichkeit. Die frühmittelalterliche Verwaltung erstreckte sich tendenziell auf drei oder vier Ebenen: Reichs-, Regional- und Lokalverwaltung, die aber ineinander verwoben waren und von der zunächst eigenständigen kirchlichen Administration überlagert wurden. Den Mittelpunkt bildete der *Königshof*, der sich eher personell durch die jeweilige Umgebung des Königs als räumlich definieren lässt. Die Reichsverwaltung nahm ihren Ausgang zunächst vom Hof (als „verlängerte Hofverwaltung"), indem die Könige hier nicht ausschließlich das ausgeklügelte System des spätantiken Imperium mit dem „sacrum palatium" als Mittelpunkt übernahmen, sondern sich auf ihren Anhang und die so genannten germanischen *Hofämter* stützten, denen ein Stab von Bediensteten unterstand. Den Begriffen nach ursprünglich von Unfreien ausgeübt, stiegen diese in ihrem Amt zur Führungsschicht auf und bekleideten nun entsprechende Funktionen

---

[51] Lit.: Bibl. 5.3.1.4.

im Reich: Der *Kämmerer* war für die Kammer, die königlichen Gemächer, und damit für den Schatz, also die Einnahmen („Finanzen"), der *Marschall* für Stall und Pferde und somit für Transport und Kriegswesen, der *Mundschenk* für Keller und Weinberge, Getränke und Gefäße und somit für die Versorgung, der *Truchseß* oder *Seneschall* (= „Altknecht") für Gesinde, Unterhalt und Küche verantwortlich und zugleich Vorsteher des gesamten Hofes. Die Hofämter haben sich jedoch wohl nie auf diese „klassische" Vierzahl beschränkt. Daneben gab es weitere Funktionen wie den Türwart (und Zeremonienmeister) oder den „mansionarius" (Quartiermeister), dem in der Epoche des Reisekönigtums eine wichtige Aufgabe zufiel. Der *Pfalzgraf* (als Verwalter der Pfalz) war seit dem 6. Jahrhundert zugleich Beisitzer und dann Vertreter des Herrschers im Königsgericht und selbständiger Richter in kleineren Rechtsfällen. Das Amt des *Hausmeiers* („maior domus") der Merowingerzeit, der vom Hofvorsteher und Leiter der königlichen Gefolgschaft zum Reichsregenten aufgestiegen war, wurde nach der Königserhebung Pippins (751) nicht mehr besetzt. Diese Amtsträger wurden zu verschiedensten Aufgaben einschließlich Gesandtschaften und Heeresführung herangezogen. Seit der spätkarolingischen Zeit gibt es hingegen nur noch spärliche Belege, was möglicherweise auf eine abnehmende Bedeutung in der Reichsverwaltung schließen lässt, doch beteuert noch Wipo, dass die Ämter des „maior domus", der Kämmerer, Truchsessen, Mundschenken und anderer unter keinem König besser und würdiger besetzt worden seien als unter Konrad II., der sie beim Herrscher- und Dynastiewechsel 1024 offenbar neu vergab.[52] Diese Hofämter sind nicht nur im Frankenreich und seinen Nachfolgestaaten, sondern auch anderwärts, wie im angelsächsischen England des 9. und 10. Jahrhunderts, bezeugt, wo sie allem Anschein nach jedoch keine übergeordnete Bedeutung erlangten.

Zu den Institutionen des königlichen Hofes gehörte nicht zuletzt die *Hofkapelle*,[53] die für die geistlichen Belange am Hof (den Gottesdienst) zuständig war (vgl. 3.3.2.3). Mit der schwindenden Schriftlichkeit unter den Laien wuchs den Kaplänen auch die schriftliche Verwaltungstätigkeit zu, die in der Merowingerzeit nach römischem Vorbild noch von weltlichen „Referendaren" ausgeübt worden war: Kanzlei und Kapelle wurden identisch bzw. wurden einige Kapläne zugleich als königliche Notare eingesetzt, ein Vorbild für alle Höfe der Folgezeit. Ihre Leiter waren einflussreiche Persönlichkeiten. Zwar wurde nur ein Teil der Reichsverwaltung vom Schriftverkehr erfasst, doch bildet zumindest die Urkundentätigkeit ein durchgängiges, für die mittelalterliche Herrschaft geradezu typisches Element der Regierung aller entwickelten Reiche. Vor allem die Karolinger (Karl der Große, Ludwig der Fromme, Karl der Kahle) lassen die Tendenz erkennen, die *Schriftlichkeit* als Element der Reichsverwaltung auszubauen. Die vermehrte Urkundenpraxis zeugt davon ebenso wie die (in ihrer Bedeutung immer noch nicht voll entschlüsselten) Kapitularien, mit denen die am Hof getroffenen Vereinbarungen in den Reichsteilen bekannt gemacht und durchgesetzt werden sollten, oder die Aufzeichnung der Volksrechte. Manche Kapitularien Karls und Ludwigs, wie die „Admonitio generalis" oder die so genannte „Divisio regnorum" (die tatsächlich weit mehr ist als ein Teilungsplan), wirken geradezu wie politische Grund-

---

52 Wipo, Gesta Chuonradi II. imperatoris 4, ed. H. Bresslau, MGH SSrG ³1915, S. 24.
53 Lit.: J. Fleckenstein, Hofkapelle.

satzprogramme. Ähnliche Bestrebungen lassen sich in Spanien (auch nach 711), bei den Angelsachsen und natürlich im kirchlichen Bereich nachweisen. In England sind neben einem ansehnlichen Corpus von rund 1500 Urkunden und Rechtsaufzeichnungen seit dem 10. Jahrhundert ein Schriftverkehr zwischen Hof und Grafschaften in Form der „writs", als – eher informellen – Bekanntmachungen für die Amtsträger, sowie schriftliche Gerichtsurteile überliefert.

Die *Regional- und Lokalverwaltung* wurde in den Gebieten des ehemaligen Imperium Romanum im wesentlichen beibehalten, auch wenn der – allerdings bereits für die spätrömischen „Minister" übliche – Titel „comes" vielleicht darauf verweist, dass die Amtsträger bevorzugt aus der königlichen Gefolgschaft stammten. Das Land war hier administrativ in „civitates" unterteilt, die eine Stadt mit ihrem Umland umfassten und in Gallien bereits an keltische Organisationsformen anknüpften. Sie wurden von den „comites civitatum" verwaltet und waren in der Regel zugleich Bischofsstädte. In Nordgallien und den nichtrömischen Gebieten lehnte sich eine vergleichbare Verwaltung an die Gaue („pagi") an, auch wenn Gau und Grafschaft nicht (oder jedenfalls nicht durchweg) deckungsgleich waren (vgl. 4.1.7): Eine Grafschaft (Komitat) umfasste oft mehrere Gaue (und umgekehrt). Der früher beliebte Begriff der Gaugrafschaft ist daher zu vermeiden.

Die *Grafen* („comites")[54] – in diesem Amt „verschmolzen" der aus der spätrömischen Verwaltung übernommene „comes civitatis" (der weltlich-militärische Verwalter der „civitas") und der germanische „grafio", der Richter im Thing („Iudex hoc est episcopus aut grafio")[55] – waren die Repräsentanten königlicher Amtsgewalt in den Komitaten, mit militärischen, administrativen und richterlichen Funktionen. Im Edikt Chlothars II. von 614 wurde das Grafenamt an Besitz in der jeweiligen Grafschaft gebunden und damit endgültig vom Hofamt gelöst, der „comes" blieb aber königlicher Amtsträger. Dass die „comites", wie die ältere Forschung meinte, eher in ländlichen Gebieten herrschten, wird sich kaum allgemein halten lassen. In den Städten entstand vielmehr nicht selten eine Konkurrenz zu den Bischöfen, die sich hier seit der Spätantike zunehmend weltliche Aufgaben und Herrschaftsrechte angeeignet hatten. Die spätantikmerowingische „Grafschaftsverfassung" Galliens wurde auch nach Austrasien und – allmählich – in die eroberten Gebiete östlich des Rheins übertragen. In Lothringen reichen die frühesten Zeugnisse in das späte 6., in Schwaben in das 7. Jahrhundert zurück. Tendenzen zu einer durchgängigen Reichsgliederung werden hier jedoch erst unter Karl dem Großen und vor allem Ludwig dem Frommen erkennbar. Ob es sich bei der „Grafschaftsverfassung" um ein „lückenloses System" handelt, ist ebenso strittig wie die Reichweite gräflicher Rechte, doch bildete sich, in einigen Gegenden gut erkennbar, spätestens im frühen 9. Jahrhundert ein stabiles System mit territorial abgegrenzten Komitaten heraus, das sich weder auf personale Beziehungen reduzieren lässt noch auf das Königsgut beschränkte, sondern alle Freien erfasste (zur Diskussion

---

54 Lit.: T. Bauer, Graf; M. Borgolte, Grafen Alemanniens; Ders., Geschichte der Grafschaften Alemanniens; A. Murray, Position of the grafio; U. Nonn, Pagus und Comitatus; H. K. Schulze, Grafschaftsverfassung; K. F. Werner, Missus – marchio – comes.

55 Lex Salica 100,1. Nach A. Murray, Position of the grafio, waren beide Ämter von Anfang an identisch. Diese These bleibt aber strittig; vgl. T. Bauer, Graf, 540.

vgl. 4.1.7). Die Grafen besaßen letztlich umfassende Vollmachten, die sich vor allem auf die Rechtsprechung (Grafengericht) und die Heeresführung erstreckten. Eine genaue Abgrenzung der Befugnisse ist jedoch kaum erkennbar und war wohl auch gar nicht intendiert. Da die Grafen, die durchweg dem hohen Adel entstammten, einerseits zumeist in ihren Grafschaften begütert waren und das Amt andererseits zur Erblichkeit tendierte, verschmolzen Amt und Patrimonium zunehmend zu so genannten „Allodialgrafschaften", bis die Grafen seit dem 10. Jahrhundert eine vom ursprünglichen Amt weitgehend entfremdete Herrengewalt ausübten, die aber lehnsrechtlich an den König gebunden blieb.

Als Verbindungsglied zwischen Hof und Regionen und als Kontrollorgan der Amtsträger fungierten bereits in merowingischer Zeit *Königsboten* („missi dominici"), die dem Kreis hoher Amtsträger entstammten und nach Bedarf als „Sonderbeauftragte" mit speziellen königlichen Vollmachten ausgeschickt wurden, um die Wahrung der königlichen Rechte in den Provinzen zu gewährleisten.[56] Unter Karl dem Großen und (mehr noch) Ludwig dem Frommen sollte daraus eine Institution mit festen, wohl an die Kirchenprovinzen angelehnten Sprengeln („missatica") und Visitationspflicht werden: Die „missi", der Norm nach ein Weltlicher und ein Geistlicher, vertraten den König in ihren „missatica", verkündeten die Beschlüsse (mittels der Kapitularien) und kontrollierten die weltlichen und geistlichen Amtsträger, das Königsgut sowie den Zustand von Kirchen und Klöstern, sprachen Recht und stellten Missstände ab. Wieweit sich solche Pläne überhaupt flächendeckend durchgesetzt haben, ist von der Quellenlage her kaum eindeutig zu beurteilen. Das Amt verlor seine ursprüngliche Bedeutung jedenfalls schon bald wieder, weil mit Bischöfen und Grafen die „ansässigen" Großen selbst als „Königsboten" fungierten. Dadurch war es nur noch bedingt als Kontroll- und Verbindungsorgan zum Hof geeignet und spielte in der spätkarolingischen Zeit keine Rolle mehr.

In *England*[57] bildeten die erst seit dem 9. Jahrhundert eindeutig bezeugten, aber wohl schon älteren Grafschaften („shires"/„scir") das Fundament einer Regionalisierung wie auch der Rechtsprechung (Gerichtsversammlungen). In angelsächsischer Zeit geboten hochadlige Ealdormen als königliche Amtsträger über eine, seit dem frühen 10. Jahrhundert auch über mehrere Grafschaften; in der Folgezeit wurde ihre Zahl begrenzt, und unter Knut erlangten sie den Rang eines Earl (altnord. Jarl) mit vizeköniglicher Gewalt in Gebieten, die an die alten Königreiche anknüpften; sie blieben aber königliche Amtsträger. Unter Edward dem Bekenner gab es – nach Aussage des Domesday Book – nur noch vier Earldoms, welche die Familien Godwins im Süden und Leofrics im Norden sowie, mit weitem Abstand hinsichtlich Besitz und Macht, Siwards und Ralphs innehatten.[58] Der Sheriff („scir-gerefa", „shire-reeve") übernahm die ursprünglichen Funktionen der Earls und wurde nun zum eigentlichen Verwalter der Grafschaft. Innerhalb der Grafschaften zeichneten sich frühstädtische Orte königlichen Ursprungs mit besonderen Privilegien, die „boroughs", und kleinere Gerichts-

---

56 Lit.: J. Hannig, Pauperiores vassi; Ders., Zur Funktion der karolingischen „missi dominici"; K. F. Werner, Missus – marchio – comes.
57 Lit.: H. Loyn, Governance of Anglo-Saxon England.
58 Vgl. P. Clarke, English Nobility.

bezirke, die „hundreds", ab (im Gebiet des Danelaw gab es statt dessen „wapentakes"). Das System scheint insgesamt traditioneller, so dass die englische Verwaltung des 10. und 11. Jahrhunderts in weiten Teilen der des Karolingerreichs im 8. und 9. Jahrhundert glich, doch bleiben die Nachrichten spärlich.

Ein wesentliches Kennzeichen der frühmittelalterlichen Verwaltung ist die Tatsache, dass es keinen eigenen „Beamtenstand" gab, sondern die Amtsträger prinzipiell den königlichen Gefolgsleuten und der ohnehin herrschenden Adelsschicht entstammten: Der König beauftragte gleichsam einen Mächtigen damit, seine Interessen in seinem Sprengel zu wahren. Die Amtsträger übten daher Doppelfunktionen als Herren und als „Beamte" aus, deren Rechte in der Praxis – wohl bewusst – nicht eindeutig geschieden waren. Es gab weder eine klare Trennung von Amt und Eigenherrschaft noch eine „Gewaltenteilung" von Verwaltung und Gericht. Die Tendenz zur Erblichkeit schränkte eine königliche Verfügung weiter ein. Misst man die Entwicklung an einem durchorganisierten Verwaltungssystem unter Karl dem Großen und Ludwig dem Frommen, so zeichnen sich im 9. Jahrhundert anscheinend bedeutende Veränderungen ab, doch darf man bezweifeln, ob ein solches, den Rechtsquellen nach intendiertes System in der Praxis überhaupt jemals funktioniert hat. Die – in der Forschung verbreitete – These eines anschließenden Verfalls in spätkarolingischer Zeit wäre aus solcher Perspektive daher gehörig zu modifizieren. Im 9. Jahrhundert setzte sich aber eine Regionalisierung der Verwaltung und in der Folgezeit auch eine „Allodialisierung" der Ämter durch. Darüber hinaus darf nicht vergessen werden, dass überall „die" Kirche, dass Bistümer, Klöster und Kirchen in Verwaltung und Politik einbezogen waren und „Staat" und „Kirche" in dieser Zeit weitgehend eine Einheit bildeten (vgl. 3.3).

Die frühmittelalterliche Verfassung mag in manchen Elementen – und zumal im Vergleich mit dem spätrömischen Staat oder der Neuzeit – primitiv wirken, zeigt insgesamt aber charakteristische Züge, die sich zu einem „System" zusammenfügen. Bei allem Bemühen um eine ausgeprägte und geistlich untermauerte Herrschaftstheorie und Legitimation bestimmte sich Herrschaft aus der Praxis, die durch ein Miteinander von König und Volk (in Gestalt der Großen) geprägt war und damit die Bedeutung personaler Bindungen ebenso wie amtlicher Funktionen betonte. Auch wenn der Stellenwert einer administrativen Schriftlichkeit seit der spätkarolingischen Zeit in manchen Regionen wieder nachließ (bzw. erst jetzt aufgebaut wurde) und die karolingische Verwaltung in gewissem Sinn erstarrte, indem die Ämter erblich und Teil eines Patroziniums wurden, so war das doch seinerseits Ausdruck einer neuen Staatlichkeit mit anerkannten Instanzen und Normen. Der „Staat" funktionierte nach festen, gewohnheitsmäßigen Regeln („Spielregeln"), „ungeschriebenen Gesetzen" (G. Althoff), die dennoch nicht weniger verbindlich waren, auch wenn sie einen Spielraum ließen und den Ausgang eines Verfahrens nicht von vornherein festlegten.[59]

In frühsalischer Zeit begann der Versuch, anstelle der dem Reich weithin entfremdeten Amtsträger *Ministerialen* mit der Wahrnehmung der königlichen Rechte zu betrauen, denen dadurch (später) der Aufstieg vom Unfreien in den (niederen) Adel geebnet wurde. Im 11. Jahrhundert lagen erst die Anfänge, doch zeigt das Limburger

---

[59] Vgl. W. Brown, Use of Norms.

Hofrecht, dass die „Hofleute" bereits darangingen, ihre Rechte zu formulieren und, auch gegenüber dem Herrn, durchzusetzen. Das Bemühen um eine effizientere Verwaltung findet durchaus Parallelen (oder besser Vorläufer) in Westeuropa, obwohl sich hier langfristig kein ähnlich starker „Ministerialenstand" als niederer Adel ausbilden konnte. Hingegen sind in Westeuropa mit solchen Bemühungen, trotz eines angeblich weit schwächeren Königtums, bereits die ersten Anzeichen einer stärkeren Zentralisierung zu beobachten, deren Durchsetzung allerdings ebenfalls ein langer Prozess war. In anderen Ländern entwickelten sich jetzt ebenfalls neue Formen der Administration. In (Süd-)Frankreich und Italien sticht um die Jahrtausendwende der Prozess des *„incastellamento"* (Einbeziehung des Landes in den Schutzbezirk der Burg) hervor. Das verband sich mit einer lokalen Herrschaftsintensivierung durch Grundherren und örtliche Machthaber, die als Vasallen und Amtsträger der Fürsten walteten, jedoch innerhalb eines Festungsgürtels zunehmend selbst Herrschaftsrechte über die ansässigen Bauern und Städter an sich zogen und dadurch in Konkurrenz zu den bischöflichen Stadtherren gerieten. Kastellane übten Herrschaft von ihren Burgen aus; die Kastellanate wurden zu wichtigen Verwaltungseinheiten, in denen sich leichter als in den großen Grafschaften und Gauen, im Zusammenhang mit Lehnsbindungen, die „seigneurie banale", die (gerichtliche) „Banngrundherrschaft", ausbilden konnte (Y. Sassier). Von einer „territorialen Zerstückelung" hat man gesprochen (F.-L. Lemarignier), doch darf das nicht mit der älteren Forschung als eine schematische Entwicklung gesehen werden.

3.1.4 Herzogtümer und Fürstentümer

Adelsherrschaft, Erblichkeit und die Kumulation von Komitaten ließen bereits im 9. Jahrhundert teilweise mächtige Gewalten entstehen, die zur Errichtung fürstlicher Herrschaften strebten. Darin lag zumindest eine Wurzel auch der *Herzogtümer* oder Dukate (zur Diskussion vgl. 4.1.7). Die „duces", ursprünglich militärische Führer unterhalb der Legionslegaten, waren im spätrömischen Reich Führer der beweglichen Grenztruppen in den Provinzen, die dort in den Germanenreichen (bei Westgoten und Langobarden) Statthalterfunktionen übernahmen („duces provinciae"). Die merowingische Verwaltung kennt eine ganze Reihe solcher „duces" (zuerst Sigiwald 532 in der Auvergne), deren Amtsbezirk wohl mehrere Grafschaften umfasste, ohne dass eine durchgängige Gliederung des Reichs in Dukate erkennbar wäre.[60] Ihre im Vergleich zu den Grafen weit häufigere Erwähnung belegt ihre Bedeutung (Gregor von Tours nennt nur 25 „comites" gegenüber 41 „duces", Fredegar 10 „comites" gegenüber 37 „duces"). Eine Kontinuität zumindest einiger Amtsbezirke ist schon bei Gregor von Tours erkennbar, eine dauerhafte Herrschaft ist aber nur in einigen Randgebieten mit selbständigen Traditionen (wie in Aquitanien, in Burgund oder im Elsass) belegt. In den ostrheinischen Gebieten (Mainfranken/Thüringen, Alemannien, Bayern) setzten die Merowinger teils einheimische (Leuthari und Butilin in Alemannien bzw. eher in Teilen Alemanniens), teils fremde Herzöge (Agilolfinger in Bayern) als Verwalter ein. In Alemannien ist vor dem 8. Jahrhundert weder ein Herzogshaus noch ein gesamtale-

---

[60] Vgl. A. Lewis, Dukes.

mannisches Herzogtum eindeutig nachweisbar. Diese so genannten älteren Stammesherzöge[61] waren ihrem Ursprung nach durchweg königliche Amtsträger, die in der Niedergangsphase des Merowingerreichs jedoch eine selbständige, erbliche Stellung erringen konnten – das austrasische Hausmeiertum der frühen Karolinger fügte sich hier durchaus ein –, so dass Pippin der Jüngere und Karl der Große diese Gebiete erneut unterwerfen mussten und künftig keine Herzöge mehr einsetzten. In Alemannien erlosch das Herzogtum 746 nach dem Blutbad von Cannstatt; die Absetzung des Bayernherzogs Tassilo III. im Jahre 788 bildet den Abschluss dieser Entwicklung.

Erst gegen Ende des 9. Jahrhunderts entstanden in einzelnen Provinzen des Fränkischen Reichs neue Machtgebilde,[62] deren Träger in ihrem Herrschaftsbereich eine quasi königsgleiche Gewalt ausübten. Sie spielten fortan eine wichtige Rolle, da die Reichsstruktur entscheidend auf ihnen fußte. Hingegen ist ihre Entstehung ebenso umstritten wie ihr Charakter (vgl. 4.1.7). Ihre Machtstellung gründete zunächst auf königlicher Förderung und Ämterhäufungen (Grafschaften und Markgrafschaften) sowie auf der regionalen Abwehr äußerer Bedrohungen durch Normannen, Slawen und Ungarn. Charakteristisch sind außerdem Machtkämpfe zwischen rivalisierenden Familien in den einzelnen Reichsteilen, die schließlich – oft mit königlicher Unterstützung – überall zur Vorherrschaft einer Familie und zu einer königsgleichen Stellung dieser Fürsten führten (Konradiner in Franken, Liudolfinger in Sachsen, Hunfridinger in Schwaben, Liutpoldinger in Bayern, Reginare in Lothringen). Der Versuch, die neuen Gewalten einzudämmen, führte unter Konrad I., der selbst Exponent eines fränkischen, im Königsdienst aufgestiegenen Fürstengeschlechts war, zu offenen Auseinandersetzungen zwischen dem König und den süddeutschen Fürsten (Burchard von Schwaben und Arnulf von Bayern), deren Stellung von Heinrich I. bestätigt und jetzt, als Herzöge, in die Reichsverwaltung eingegliedert wurden. Heinrich hat sich mit diesen Gewalten gleichsam „arrangiert", sein Sohn Otto suchte bereits massiv gegen die Ansprüche der bisherigen Herzogsfamilien auf die Besetzung Einfluss zu nehmen.

Gründeten die Ursprünge dieses „jüngeren" Herzogtums demnach durchaus auf vielfältigem Machtausbau aus Ämtern, Eigengut und anderen Rechten, aber auch auf der militärischen Grenzverteidigung, so waren die Herzöge der ottonisch-salischen Zeit zweifelsfrei königliche, vom Herrscher eingesetzte Amtsträger. Ottonen und Salier verfügten über die Herzogtümer, wenngleich sie bei der Besetzung Rücksicht auf die herzoglichen Familien nehmen mussten, sie betrieben aber auch eine Herzogspolitik, indem sie teilweise bewusst Landfremde und mehrfach auch Angehörige des eigenen Hauses als Herzöge einsetzten (die sich oft ehelich mit dem alten Herzogsgeschlecht verbanden). Otto I. machte 947 seinen Bruder Heinrich zum Herzog von Bayern und 949 seinen Sohn Liudolf zum Herzog von Schwaben (Heinrich heiratete Judith, die

---

[61] Zum so genannten älteren Stammesherzogtum in Alemannien vgl. B. Behr, Das alemannische Herzogtum; H. Keller, Fränkische Herrschaft und alemannisches Herzogtum; zu Bayern: H.-L. Gastroph, Herrschaft und Gesellschaft in der Lex Baiuvariorum.

[62] Lit.: M. Becher, Rex, Dux und Gens; K. Brunner, Fränkische Fürstentitel; H.-W. Goetz, „Dux" und „Ducatus"; Ders., Herzogtum der Billunger; Ders., Das Herzogtum im Spiegel der salierzeitlichen Geschichtsschreibung, in: Stefan Weinfurter (Hg.), Die Salier und das Reich, Bd. 1, Sigmaringen 1990, 253–271; W. Kienast, Herzogstitel; H. Maurer, Herzog von Schwaben; H. Stingl, Entstehung der deutschen Stammesherzogtümer.

Tochter Arnulfs „des Bösen", Liudolf Ida, die Tochter des letzten Schwabenherzogs Hermann). Die Familienpolitik band die Herzöge enger an den König und löste zugleich das Problem der Abschichtung der jüngeren, nun nicht mehr thronberechtigten Brüder und Söhne. Umgekehrt wurden die Herzöge Giselbert und Konrad von Lothringen mit Ottos Schwester Gerberga bzw. mit seiner Tochter Liudgard verheiratet. Die Salier setzten mehrfach sogar minderjährige Königssöhne als Herzöge ein, um dann selbst die Regentschaft zu führen. Bayern wurde auf diese Weise insgesamt (allerdings über unseren Zeitraum hinaus) 53 Jahre lang von Königen, Königinnen und Königssöhnen verwaltet. Dem ehemaligen Bayernherzog Heinrich II. hat man als König gerade gegenüber Bayern sogar eine regelrechte „Zentralitätspolitik" nachgewiesen.[63] In der Praxis kam es dennoch immer wieder zu Streitigkeiten um das Herzogtum wie auch zu Auseinandersetzungen mit den amtierenden Herzögen.[64]

Das Amt an sich war fest etabliert, während die herzoglichen Rechte sich nirgends klar abgrenzen lassen. Die Herzöge fungierten vielmehr, wie einst die Grafen, nun aber in größeren Bezirken, als Stellvertreter des Königs, denen vor allem die Rechtswahrung und die militärische Führung oblag. Treffend drückt das (im Rückblick) Adam von Bremen in Bezug auf den – von der Forschung teilweise gar nicht als „echter" Herzog anerkannten – Billunger Hermann aus, dem der König „die Stellvertretung königlicher Macht zur Rechtswahrung in den barbarischen Grenzgegenden" anvertraut habe; er übertrug Hermann „an seiner Stelle den Schutz Sachsens", nämlich den Dukat; daraufhin regierte Hermann diese Provinz mit Recht und Gerechtigkeit.

Waren die jeweiligen Herrschaftszentren der frühen Fürstengeschlechter einerseits auf Teile der so genannten Stammesprovinzen beschränkt, andererseits durchweg provinzübergreifend, so entsprachen die Dukate als Amtsbezirke im Ostfränkisch-Deutschen Reich begrifflich weithin den alten Provinzen, die teilweise ihrerseits mit Teilreichen identisch waren, doch waren sie keineswegs systematisch an feste, traditionelle Räume gebunden. So wurde das Herzogtum Franken seit 939 nicht mehr besetzt, Lothringen seit 959 geteilt, Kärnten 976 von Bayern abgetrennt: Herzogsherrschaft konnte aber auch ihrerseits neue Provinzen schaffen. Zum andern bedeutete Herzogsherrschaft trotz territorialer Bindung keine gleichmäßige Gebietsherrschaft, sondern konzentrierte sich auf – mit dem Herzogsgeschlecht wechselnde – „Vororte" und Kernlandschaften (H. Maurer). Die Herzöge verfügten daher wohl nicht über den gesamten Adel der Dukate und konnten durchaus auch in Konflikt mit den Großen geraten. Als Herzog Heinrich der Zänker von Bayern nach der Königskrone strebte, widersetzte sich ihm Herzog Bernhard I. von Sachsen, während viele sächsische Große ihn, der zu Ostern 984 nicht zufällig gerade im sächsischen Quedlinburg öffentlich zum König proklamiert wurde, unterstützten. Dem aufständischen Schwabenherzog Ernst II. kündigten seine Vasallen die Treue auf. Wieweit ein Rückhalt seitens des Stammesadels, ein Stammesbewusstsein oder gar eine Herzogswahl Grundlagen *des* Herzogtums bildeten, ist daher fraglich: Die Herzogsherrschaft stützte sich zunächst – und bei Landfremden ausschließlich – auf die königliche Einsetzung und die eigene Macht. Das Herzogtum bildete aber eine zentrale Institution der ottonisch-salischen

---

63 Vgl. S. WEINFURTER, Zentralisierung.
64 Vgl. H. KELLER, Reichsstruktur.

Reichsverfassung, die Herzöge zählten vorrangig, aber niemals ausschließlich, zu den die Reichsgeschäfte mitbestimmenden weltlichen Fürsten. Das schloss Aufstände und Konflikte mit dem König im Einzelfall natürlich nicht aus, wie die Kämpfe Giselberts von Lothringen und Eberhards von Franken gegen Otto I., Heinrichs des Zänkers von Bayern gegen Otto II. und Otto III. oder Ernsts II. von Schwaben gegen Konrad II. zeigen.

Im *Westfränkischen Reich* hatten einige karolingische Amtsträger schon früher eine fürstliche Stellung erlangt. Wie im Ostfränkisch-Deutschen Reich waren auch sie ein bedeutendes Element der frühmittelalterlichen Verfassung; anders als im Osten wurden sie aber nicht in die Reichsverwaltung eingegliedert, sondern gewannen als vizekönigliche Gewalten („secundus a rege") eine gegenüber dem König weitgehend selbständige Stellung, die neben Eigenrechten (Domänen und Eigenkirchen/-klöstern) aus der Kumulation von Reichsämtern (Grafschaften) und Rechten (Kirchenhoheit, Abgaben, Heeresführung, Gerichtsrechte, Friedenssicherung) im Territorium (Regnum) resultierte und sich, nach anfänglichen Kämpfen verschiedener Familien um die Führung, meist innerhalb der Fürstenfamilie und oft über viele Generationen vererbte. Die Bildung solcher Fürstentümer (Prinzipate/"principautés territoriales") begann in der Zeit Ludwigs des Frommen und Karls des Kahlen und bestimmte fortan die regionale Struktur des Westfrankenreichs. Entscheidend für den Ausbau der Prinzipate im 10. Jahrhundert waren die territoriale Grundlage, die Machtfülle und die faktische Erblichkeit. Solche Fürstentümer entstanden – allmählich – in den drei alten Regna Aquitanien, Neustrien (Robertiner) und Burgund, das unter den Kapetingern zeitweise der Krondomäne angeschlossen wurde, wie auch in den ethnisch längst nicht mehr einheitlichen Randgebieten Bretagne, Gothien/Septimanien, der Gascogne und (zuletzt) Normandie, den sieben „Herzogtümern" des Westfränkischen Reichs, aber auch, strukturell davon kaum zu unterscheiden, in anderen Grafschaften wie Flandern (Balduine), Anjou (Fulconen), Vermandois (Heriberte) und Blois-Champagne, die ihren Herrschaftsbereich immer mehr erweitern konnten. Die wachsende Souveränität dieser Fürsten beschränkte die tatsächliche Macht des formell durchweg anerkannten Königs immer mehr auf seine Krondomäne, während die – vielfach mit dem Königshaus verwandten – Fürsten selbständig über Reichsgut, Steuerwesen und Kirche verfügten, ohne in der hier behandelten Epoche, wie im Osten, seine Vasallen zu werden, aber auch ohne sich als Gegengewicht gegen das Königtum zu einer Gruppe zu formieren. Im Norden schränkte die Nähe des Königtums, mit Ausnahme Flanderns und der Normandie, die fürstliche Bewegungsfreiheit stärker ein. Die Prinzipate sind mit der neueren Forschung als Elemente der Verfassung (und nicht als „anarchische", antimonarchische Gewalten) zu betrachten, nämlich als Träger der staatlichen Gewalt in den Regionen. Wegweisend war im Innern der in den nordfranzösischen Fürstentümern entwickelte, dann auch vom Königtum übernommene Aufbau einer zentralen Hofverwaltung aus Hofämtern, „curia principis" und Kanzlei sowie einer Regionalverwaltung mit fürstlichen Amtsträgern („praepositi"/prévôts, Kastellane in den Burgbezirken) mit Steuer-, Gerichts- und Militärrechten in den Grafschaften. Die französischen Fürsten wurden zudem zu Trägern der großen geistigen Bewegungen des 10. und 11. Jahrhunderts (Kloster- und Kirchenreform, Gottesfriedensbewegung), ihre Höfe später zu Kristallisationspunkten „höfischer" Kultur.

Die *italienischen Markgrafschaften*[65] knüpften im wesentlichen an die langobardischen, nun aber durchweg von fränkischen Familien geleiteten Dukate an, ihre Inhaber gewannen in spätkarolingischer Zeit aber ebenfalls eine weitgehende Selbständigkeit, auch wenn sie infolge der großen Grundherrschaften und der Macht der Städte hier nicht eine der französischen Entwicklung vergleichbare fürstliche Stellung erlangen konnten. Nach dem Ende der Karolingerherrschaft in Italien stritten die Markgrafschaften Friaul (Unruochinger), Toskana (Bonifaz/Adalbert) und Spoleto (Widonen), später auch Ivrea um die Königsherrschaft, während die Stadtherrschaft weitgehend in der Hand der Bischöfe lag, die zu wichtigen Trägern der regionalen Ordnung in den „civitates" wurden. Einer Neuordnung des Landes durch die Ottonen nach der Eroberung durch Otto I. (951) waren daher von vornherein enge Grenzen gesetzt. Dass die Ottonen ein System gleich starker Grafschaften und Bistümer schaffen wollten und die Grafschaftspolitik vor eine Bistumspolitik stellten (R. Pauler), ist kaum haltbar. Viel verändert haben sie in der Verwaltungsgliederung Italiens nicht. In spätottonischer Zeit bildeten die – erblich gewordenen – Markgrafschaften von Turin, Ligurien, Piemont und Canossa starke Gegengewichte gegen die Königs- und Kaiserherrschaft, während sich in Mittelitalien die neuen „Marche" Ancona und Fermo ausbildeten.

3.1.5 Kaisertum[66]

Das mittelalterliche Kaisertum steht in der Tradition des spätantiken Imperium Romanum. Nach der Absetzung des letzten weströmischen Kaisers (476) gab es, trotz verschiedener Versuche der Wiedererrichtung, für mehr als drei Jahrhunderte nur noch einen Kaiser in Byzanz, der weiterhin den Anspruch erhob, alleiniger Repräsentant des Imperium Romanum zu sein, im Westen faktisch jedoch nur noch nominell über einige Gebiete in Italien (Ravenna, Pentapolis, Süditalien) verfügte. Erst die Bindung der Karolinger an das Papsttum führte durch die – wohl lange vorbereitete – Kaiserkrönung Karls des Großen durch Papst Leo III. am Weihnachtstag des Jahres 800 in Rom, die dem Modell der Papsterhebung mit anschließender Akklamation des Volkes nach byzantinischem Vorbild folgte, sich nicht minder aber aus der hegemonialen Stellung des Frankenherrschers und aus dessen Herrschaft über das italische Langobardenreich begründete, zur Erneuerung des westlichen Kaisertums. Wie immer man die vieldiskutierte Stelle Einhards, Karl hätte die Kirche nicht betreten, wenn er die päpstliche Absicht vorhergesehen hätte, und Karls frühen, umständlichen, auf die Konstantinische Schenkung zurückgehenden Kaisertitel („Romanum gubernans imperium") deuten will: Falls anfangs noch verschiedene Kaisergedanken miteinander konkurriert haben – der Romgedanke wurde auf fränkischer Seite wohl bewusst heruntergespielt, während Alkuin eine heilsgeschichtliche Begründung des „imperium christianum" betonte –, so war das Kaisertum tatsächlich eine Synthese aus verschiedenen Ideen, die sich schnell verfestigten: der antiken Kaisertradition, dem Gedanken eines christlichen Weltreichs („a Deo coronatus"), der Idee eines „imperialen König-

---

65 Lit.: Bibl. 5.2.1.2 (Langobarden); R. Pauler, Regnum Italiae.
66 Lit.: Bibl. 5.3.1.6.

tums" als Herrschaft über mehrere Reiche und der päpstlichen Verleihung einer sakralen Würde. Ein von der deutschen Forschung angenommenes „romfreies" Kaisertum unter den frühen Karolingern und Ottonen konnte sich gegenüber den päpstlichen Ansprüchen jedenfalls nicht durchsetzen und diente wohl vor allem der nachträglichen Legitimierung des fränkisch-deutschen Anspruchs auf diese Würde. Die von Karl befohlene Selbstkrönung Ludwigs des Frommen (813) und die Krönung Lothars I. durch den Vater (817) blieben Ausnahmen, und auch ihnen folgten später jeweils päpstliche Krönungen; der Kaiser wurde fortan vielmehr in Rom vom Papst gekrönt, und auch Ottos I. Kaisertum war von Anfang an auf Rom bezogen.[67] Das ermöglichte ein enges Zusammenwirken von Kaiser und Papst, hatte jedoch auch zur Folge, dass es immer wieder längere Zeiten ohne einen Kaiser gab, während das Kaisertum selbst als Institution fortbestand. Der Titel („imperator augustus") verband sich mit der Kaiserkrönung und wurde von anderen Titeln in der Regel strikt geschieden. Der Idee nach gab es nur einen Kaiser, auch wenn anfangs angelsächsische und später kastilische Könige vereinzelt den Kaisertitel führten. Die Kaiserkrönung Karls des Großen schuf aber auch ein „Zweikaiserproblem", das zu jahrelangen Spannungen mit Byzanz führte und erst 812 infolge des Machtwechsels in Byzanz dadurch gelöst werden konnte, dass der dort fortan üblich werdende Titel „Kaiser der Römer" mit entsprechenden Ansprüchen dem Basileus vorbehalten blieb.

Während die Regelung der Kaisernachfolge in der „Divisio regnorum" von 806 noch ausgespart blieb, verknüpfte die „Ordinatio imperii" von 817 die Überordnung des ältesten Sohnes mit der Kaiserkrone. In den Teilungen der Folgezeit blieb das Kaisertum durchweg mit der Herrschaft über Italien verbunden, dessen Königen nach dem Tod Berengars I. (924) der Erwerb der Kaiserkrone wegen der Machtverhältnisse in Rom jedoch nicht mehr gelang. Daher bildet die Kaiserkrönung Ottos I. (962), elf Jahre nach der Eroberung Italiens, zugleich einen Neubeginn, der sich wieder auch aus der hegemonialen Stellung Ottos („imperiales Königtum") begründete. Erneute Spannungen mit Byzanz – wenn Liudprand von Cremona als Gesandter Ottos I. in Konstantinopel äußerst kühl empfangen wurde, so hatte das eben darin seine Ursache – wurden schließlich mit dem Heiratsprojekt des Thronfolgers beigelegt (Hochzeit Ottos II. mit der griechischen Prinzessin Theophanu 972). Entscheidend für die Zukunft war es, dass das Kaisertum fortan den Königen des Ostfränkisch-Deutschen Reichs vorbehalten blieb, auch wenn es in frühkapetingischer Zeit vereinzelte Versuche gab, die Kapetinger mit dem Kaisernamen zu ehren.

Eine verfassungsgeschichtliche Erweiterung der herrschaftlichen Rechte brachte das Kaisertum im Abendland, im Gegensatz zur Stellung des Basileus in Byzanz, ebenso wenig wie ein Eingriffsrecht in die Souveränität anderer Reiche. Karl ließ zwar einen allgemeinen Treueid auf den neuen Titel schwören, an der Verfassungsstruktur des Fränkischen Reichs änderte die Kaiserkrönung jedoch nichts. Das Kaisertum war keine „staatsrechtliche", sondern eine geistige Größe, es bedeutete keine neuen Rechte, sondern eine höhere Würde, die sich mit der Schutzaufgabe gegenüber der römischen Kirche verband und einen Vorrang und eine Führungsstellung ausdrückte, die

---

[67] So jetzt Ernst-Dieter HEHL, Kaisertum, Rom und Papstbezug im Zeitalter Ottos I., in: B. SCHNEIDMÜLLER/S. WEINFURTER (Hg.), Ottonische Neuanfänge, 213–235.

erstrebenswert erschien: Der Kaiser war (nominelles) weltliches Oberhaupt der gesamten abendländischen Christenheit. Seit Otto I. reklamierten alle deutschen Könige für sich das Recht, Kaiser zu werden, und in der hier behandelten Epoche haben sie dieses Ziel auch erreicht, wenngleich häufig erst längere Zeit nach ihrem Herrschaftsantritt. So erscheint das Kaisertum einerseits als eine entbehrliche, jahrelang unbesetzte, andererseits aber als eine unbestreitbar erstrebenswerte Institution, ja der Erwerb der Kaiserkrone erschien den deutschen Königen geradezu zwingend; der Streit um die Sinnhaftigkeit der deutschen Italienpolitik verfehlt daher die mittelalterlichen Maßstäbe (vgl. 4.1.9). Eindeutig war in der hier behandelten Periode auch das Verhältnis zwischen Kaiser und Papst zugunsten des Kaisers geregelt, der von Beginn an (Karl der Große und wieder Otto I.) in die römischen Verhältnisse eingriff, hier aber auch immer wieder auf erbitterte Widerstände stieß.

Der Versuch Ottos III., das Zentrum seiner Herrschaft im Rahmen seiner Politik einer „Renovatio imperii Romanorum" nach Rom zu verlegen, sollte nicht überbewertet werden (vgl. 2.3) und blieb ohnehin Episode. Ottos Nachfolger suchten den Schwerpunkt ihrer Regierung zwar nicht mehr in Rom, erhielten jedoch den Anspruch auf das Kaisertum und damit auf die Führung der Christenheit aufrecht. Den Höhepunkt bildete die Synode von Sutri (1046), auf der unter entscheidender Mitwirkung Heinrichs III. drei Päpste abgesetzt wurden. Erst in der Folge des Investiturstreits wurde die kaiserliche Position strittig; erst jetzt wurde aber auch die Idee eines universalen Kaisertums in der Folge der vier Weltreiche (mit dem – ideellen – Anspruch auf die Weltherrschaft und eschatologischen Implikationen) ideologisch ausgestaltet.

3.1.6 Rechtsstrukturen[68]

In mittelalterlicher *Vorstellung* war das Recht – aus vorchristlicher wie aus christlicher Wurzel – Teil der (göttlichen) Weltordnung: Recht stand in einem unmittelbaren Bezug zur Religion und zur Moral. Unrecht war folglich Sünde, Rechtswahrung die wichtigste Aufgabe der Herrschenden. Da Recht sich zudem unmittelbar mit Frieden verband („pax et iustitia"), war Rechtswahrung zugleich Friedenswahrung (im Innern) und Garant der inneren Ordnung. Als Teil der von Gott gegebenen Ordnung konnte Recht nicht eigentlich (oder nur im vorgegebenen Rahmen) „gesetzt", sondern allenfalls „reformiert" – der Gedanke der Wiederherstellung oder Erneuerung alten Rechts spielt eine große Rolle im mittelalterlichen Rechtswesen – und durchgesetzt, ansonsten aber nur „gefunden" oder „gewiesen" werden. Die Verschriftlichung wurde daher nicht als Gesetzgebung, sondern als Aufzeichnung des geltenden Rechts empfunden (vgl. 4.1.10). Rechtsgutachten waren – nicht nur im dörflichen Bereich – „Weistümer". Dem entspricht es, dass Recht durchaus mündlich überliefertes *„Gewohnheitsrecht"* ist, das nur im Streitfall sichtbar wird, und als solches einer weithin oralen Gesellschaft angemessen war; neuere Forschungen sprechen, um gerade dieses Element zu betonen, von „Rechtsgewohnheiten".

---

[68] Lit.: Bibl. 5.3.1.8.

Die bedeutendsten *Kodifikationen* waren in unserem Zeitraum zweifellos die – antikem Vorbild nachstrebenden – „Volksrechte" (Leges) der Westgoten, Burgunder und Franken, später auch der Langobarden, Angelsachsen (unter Ine, Alfred, Edward, Aethelstan, Edgar und Aethelred), Alemannen und Bayern und, erst unter Karl dem Großen, der Friesen und Sachsen. Sie wurden jeweils auf Initiative der Könige aufgezeichnet und enthielten, entgegen der mittelalterlichen Theorie, tatsächlich auch (neues) „Königsrecht". Nach der Verbreitung der Handschriften über den gesamten Zeitraum zu urteilen, waren sie durchaus – im Übrigen immer wieder bearbeitete – „Gebrauchstexte", auch wenn sie wohl kaum als Grundlage in gerichtlichen Prozessen benutzt wurden. Sie drücken zugleich den Wunsch nach einer Verfestigung und Vereinheitlichung des Rechts aus, denn gerade mündlich überliefertes Gewohnheitsrecht ist in der Praxis starken Wandlungen unterworfen. Andererseits zeigen die verschiedenen Rezensionen, deren Zeitstellung und Abhängigkeit beispielsweise bei der „Lex Salica" noch immer nicht eindeutig geklärt sind, dass hier verschiedene Entwicklungsstufen und Anwendungsbereiche zu unterscheiden sind (vgl. 4.1.11). Nur die älteste Fassung war noch nicht christlich beeinflusst. Rechtliche, volkssprachige Fachausdrücke, die so genannten Malbergischen Glossen, zeugen hier von der Schwierigkeit, das germanische Recht in die lateinische Sprache zu übersetzen, wie auch von einer eigenen Rechtssprache und bieten einen Zugang zu einem frühmittelalterlichen Rechtsverständnis voller Symbolik. Tatsächlich gab es also immer wieder Anpassungen, und karolingische Kapitularien ergänzten und interpretierten die „Lex Salica" mehrfach in strittig gewordenen oder ungeklärten Fragen (so genannte „Capitularia legibus addenda"). Ansonsten scheint das überlieferte Recht bzw. die Form seiner Anwendung den gesellschaftlichen Ansprüchen jedoch vollauf genügt zu haben, denn ein neuerliches Bedürfnis nach schriftlicher Fixierung kam im weltlichen Bereich erst wieder seit dem 12. Jahrhundert auf. Nur in England gab es weiterhin Gesetzessammlungen einzelner Könige, die jedoch ebenso wenig Grundlage einer schriftlichen Rechtskultur oder Rechtswissenschaft wurden (P. Wormald).

Mittelalterliches Recht war trotz der Vorstellung eines „göttlichen" Rechts alles andere als einheitlich. Schon die Volksrechte, die in sich eine gentile Differenzierung beweisen, unterschieden strikt zwischen den Rechtsständen. Spätere Rechtsaufzeichnungen wandten sich an einzelne *Rechtskreise*: Es gab – bei aller inhaltlichen Überschneidung – ein weltliches und ein kirchliches Recht, es gab (später) das „Landrecht" der Freien, das Lehnrecht (das die Beziehungen zwischen den Vasallen regelte) und das „Hofrecht" (der Grundherrschaften), das seit dem frühen 11. Jahrhundert aufgezeichnet wurde. Im Übrigen bestand mittelalterliches Recht weitgehend aus Einzel- und Sonderrechten, Privilegien, die urkundlich (oder durch eine Symbolhandlung) unter Zeugen an einzelne Personen oder Institutionen verliehen wurden. Davon zeugt das breite Urkundenwesen dieses Zeitalters, vor allem der Könige: Die Urkunden waren in der Regel an einen bestimmten Empfänger (meist eine kirchliche Institution) gerichtet. Es ist nicht minder bezeichnend, dass die frühmittelalterlichen Urkunden überwiegend Beweisurkunden waren, die ein bereits erfolgtes Rechtsgeschäft (eine Verleihung, eine Besitzübertragung oder ein Gerichtsurteil) zusätzlich – und meist nachträglich – schriftlich festhielten, und dass die Empfänger sich diese Privilegierungen von neuen Herrschern immer wieder bestätigen ließen.

Die Parzellierung des Rechts schlug sich auch in der *Rechtswahrung* nieder, für die zunächst die Sippe, bei übergreifenden Streitigkeiten der König bzw. seine Amtsträger zuständig waren, deren Herrschaft, wie noch kürzlich betont wurde, sich nicht zuletzt auf die Rechtstradition stützte:[69] Freie unterstanden dem Grafengericht (als Nachfolger des alten Volksgerichts), Unfreie ihrem Herrn. Viele kirchliche Institutionen und vielleicht auch Einzelpersonen erhielten das Privilegium der Immunität, das sie aus der allgemeinen Gerichtsbarkeit herausnahm und das ihnen eine eigene, vogteiliche Rechtsprechung zubilligte. Wieweit der Adel anfangs per se die Immunität besaß, ist eine seit langem strittige, heute wieder eher kritisch beurteilte Frage.[70] Geistliche unterlagen ohnehin einer eigenen kirchlichen Gerichtsbarkeit (der Bischöfe und Synoden), während das Kirchenrecht in alle Bereiche des täglichen Lebens hineinwirkte.

Richter waren die Herren bzw. die entsprechenden Amtsträger, also der König und seine lokalen Stellvertreter, die Grafen, oder, in Immunitätsbezirken, die Vögte. Die alte Volksversammlung hörte auf zu bestehen bzw. trat nun auf Einberufung durch den Grafen zusammen. Der Richter war Gerichtsherr, Vorsitzender und Vollstrecker, nicht jedoch Urteiler. Er profitierte von den Verfahren aber auch materiell durch das „Friedensgeld" („fredus"), das ihm zu leisten war. In der Frühzeit des Frankenreichs setzten Schiedsmänner, so genannte Rachinburgen, die Bußleistungen fest; seit der Zeit Karls des Großen wurden sie durch sieben Schöffen („scabini") als ständige, vom Grafen eingesetzte Urteilsfinder ersetzt. Aktiv rechtsfähig, nämlich als Zeugen, Urteiler oder Schlichter einsetzbar, war bald nur noch eine herausgehobene Schicht der Freien, die in den Quellen als „boni homines" bezeichnet wurde[71] und die sich in der Folgezeit immer mehr einengte, wie es sich am besten in Italien verfolgen lässt. In einem „Inquisitionsverfahren" wurde durch Befragung glaubwürdiger „Zeugen" (der Parteien, also nicht Tatzeugen) die (Un-)Bescholtenheit ermittelt. Üblicher aber war das ältere Verfahren, nach dem sich der beschuldigte Freie, dem die Beweispflicht oblag, durch einen Reinigungseid bzw. durch standesgemäße Eidhelfer, die seit karolingischer Zeit einzeln und auf Reliquien schwören sollten, von der Klage freisprach. Außerdem erhielt der Kläger Einfluss auf die Auswahl der Eidhelfer. Führte das nicht zum Ziel, konnte ein „Gottesurteil", etwa durch die Eisen-, Kessel- oder Wasserprobe oder auch durch Zweikampf, entscheiden, wenngleich die gerichtliche Anwendung von Gottesurteilen wohl seltener war als oft angenommen und besonderen Fällen vorbehalten blieb.[72]

Es ist charakteristisch für das frühmittelalterliche Rechtsverständnis, wenn die Volksrechte überwiegend aus Bußtarifen für Vergehen bestanden: Das frühmittelalterliche Recht klagte nicht an, sondern es regelte die Schadensbegleichung; sein Ziel war weniger die Bestrafung der Rechtsbrecher als vielmehr die Sühnung des begangenen Unrechts und die Wiedergutmachung im Wert des verursachten Schadens.[73] Unter Freien war jeder Schaden, auch die Tötung eines Menschen, „bezahlbar" (in diesem

---

69 Vgl. S. Esders, Römische Rechtstradition.
70 Vgl. A. Murray, Immunity.
71 Vgl. K. Nehlsen-Van Stryk, Boni homines.
72 Vgl. W. Davies/P. Fouracre, Settlement of Disputes.
73 Vgl. V. Achter, Geburt der Strafe; H. Hattenhauer, Über Buße und Strafe im Mittelalter.

Fall mit dem Wergeld). Man unterschied zwischen Mord und Totschlag, differenzierte dabei jedoch nicht, wie heute, nach Motiv und Absicht, sondern danach, ob die Tötung eingestanden oder verheimlicht wurde. Die Volksrechte sahen für schwere Vergehen durchaus die Todesstrafe, meist durch Erhängen, Enthaupten oder Ertränken, sowie andere Körperstrafen (Verstümmelungen, Hiebe) vor, die zunächst Unfreienstrafen waren, und kannten ein geregeltes Strafverfahren.[74] Seit karolingischer Zeit traten Verbannung oder auch die Einweisung in ein Kloster vielfach an die Stelle der Todesstrafe.

Die Gerichte griffen allerdings nur dann ein, wenn sie angerufen wurden. Rechtliche Selbsthilfe – und dazu zählten auch Fehden – war nicht Folge einer Rechtsanarchie, sondern ein verbreitetes, legales Rechtsmittel, das auch noch nachträglich angewandt werden konnte, wenn die klagende Partei sich mit einem Gerichtsurteil nicht einverstanden erklärte. Außergerichtliche Verfahren, der Sühnung ebenso wie der Einigung, waren daher durchaus verbreitet, doch boten die Gerichte zumindest überall die Möglichkeit eines gerichtlichen Vergleichs. Sie wurden, wie viele Zeugnisse belegen, durchaus in Anspruch genommen, und sie dienten nicht zuletzt dem Schutz der Schwächeren, die sich ihr Recht nicht selbst verschaffen konnten. Trotz des Rechts auf „Selbsthilfe" gab es Ansätze zu einer stärkeren öffentlichen Reglementierung. Bereits die Volksrechte sind als ein Versuch der öffentlichen Gewalten zu verstehen, in die rechtliche Selbsthilfe der Sippen, einschließlich der Blutrache, einzugreifen und diese durch Sühneleistungen zu ersetzen. Die gegen Ende des 10. Jahrhunderts in Südfrankreich aufkommende und sich spätestens in den 1030er Jahren auch nach Nordfrankreich ausbreitende *Gottesfriedensbewegung*[75] hatte verschiedene Ursachen, reagierte nicht zuletzt aber auf sich häufende Rechtsbrüche infolge politischer und sozialer Wandlungen: Kirchliche Institutionen (Synoden) unternahmen es hier, durchweg im Einklang mit den Herzögen, Grafen oder Vizegrafen, dem (weltlichen) Recht durch zusätzliche geistliche Sanktionen (Exkommunikation) wieder Geltung zu verschaffen. Dabei lag ihnen zunächst der Schutz der Kirchen, der Wehrlosen (darunter nicht zuletzt der Geistlichen) und des Besitzes (nicht zuletzt der Kirchengüter) am Herzen. Im Verlauf der Bewegung wurde die Unrechtsahndung immer detaillierter geregelt, und in einer neuen Welle wurden in den 1030er Jahren ganze Zeiten (meist die hohen Kirchenfeste und bestimmte Wochentage) unter Friedensschutz („treuga Dei") gestellt und von Kriegs- und Fehdehandlungen freigehalten. Die Gottesfriedensbewegung mag in der Forschung sowohl als großes kirchliches Programm der Weltgestaltung wie auch als große Volksbewegung und als Ausdruck eines eschatologischen Bewusstseins sowie in ihrer Rückwirkung auf Kreuzzüge, Kommunebildung und Ausbildung des Rittertums überschätzt worden sein (so D. Barthélemy), sie fügt sich aber in solche Entwicklungen ein und bildet daher ein gutes Indiz für die Zustände um die Jahrtausendwende.

---

74 Vgl. J. Weitzel, Strafe und Strafverfahren.
75 Lit.: D. Barthélemy, L'an mil et la paix de Dieu; H.-W. Goetz, Gottesfriedensbewegung; Ders, Kirchenschutz, Rechtswahrung und Reform; T. Head/R. Landes, Peace of God; H. Hoffmann, Gottesfriede und Treuga Dei; L. Huberti, Studien zur Rechtsgeschichte; R. Kaiser, Selbsthilfe und Gewaltmonopol; Paix de Dieu; B. Töpfer, Volk und Kirche; E. Wadle, Gottesfrieden und Landfrieden.

Neben dem weltlichen stand das *kirchliche Recht*, vor allem in Form von Synodalbeschlüssen („canones") und päpstlichen Erlassen (Dekretalen), das sich in vielen Bereichen jedoch eher durch die kirchliche Trägerschaft der Synoden als in seinem Inhalt vom weltlichen Recht unterschied. Synodalbeschlüsse und Kapitularien der Karolingerzeit weisen jedenfalls manche inhaltlichen Berührungspunkte auf, und Synoden nahmen auch zu politischen Fragen Stellung. Auch hier sorgten bereits seit dem 5. Jahrhundert Canonessammlungen in chronologischer, bald aber auch systematischer Ordnung für eine Verschriftlichung des Kirchenrechts (Dionysio-Hadriana, Collectio Vetus Gallica, Pseudoisidor, Collectio Anselmo dedicata, Regino von Prüm, Burchard von Worms), wobei sie sowohl Synodalbeschlüsse und Dekretalen als auch Exzerpte aus Bußbüchern aufnahmen.

3.1.7 Heerwesen[76]

Dem Heerwesen kam im frühen Mittelalter eine hohe Bedeutung zu. Die Germanenreiche der Wanderzeit waren zumindest teilweise aus der Wanderung heraus unter „Heerkönigen" (warlords) entstanden, ihre weitere Geschichte war von vielen Kriegszügen geprägt, die der Expansion nach außen, oft aber auch der Herrschaftserweiterung gegenüber anderen (Teil-)Reichen dienten. Im 9. und 10. Jahrhundert verlangten in allen Teilen des Abendlandes Normannen-, Sarazenen-, Ungarn- und Slaweneinfälle nach einer militärischen Verteidigung, während die christlichen Reiche in Spanien einerseits von den Muslimen bedroht waren, sich andererseits aber auch erste Ansätze zur Reconquista bemerkbar machten. Die politische Bedeutung des Heeres ist in solchen Zeiten kaum zu überschätzen. Entsprechend sah das älteste fränkische Recht einen erhöhten Rechtsschutz der Krieger während eines Feldzugs vor. Es gab kein stehendes Heer, dieses wurde vielmehr aus dem Volk gebildet: Volk und Heer, Volks- und Heeresversammlung waren anfangs gleichsam identisch, das – politisch handelnde – Volk beschränkte sich in diesem Sinn aber auf die freien Männer. Im Langobardenreich hießen sie geradezu „arimanni", „Heermannen", die sich, bezeichnenderweise zugleich als sozialer Stand, noch lange hielten (A. Castagnetti). Dieses Volk wurde jährlich zum so genannten „Märzfeld" oder besser „Kriegsfeld" („campus Martis") zusammengerufen. Hingegen ist die mit der Umstellung auf ein Reiterheer begründete Verlegung der allgemeinen Heeresversammlung unter Karl dem Großen vom „Märzfeld" auf ein „Maifeld" vielleicht ein Mythos, der auf die Fehldeutung der Kriegsversammlung als „Märzversammlung" zurückgeht.[77] Nach wie vor beschränkten sich die Feldzüge mit wenigen Ausnahmen aber auf die Sommermonate.

Heer und Gesellschaft sind im frühen Mittelalter daher kaum zu trennen, das Heer spiegelte die Sozialordnung ebenso wider wie die politischen Rechte. Entsprechend verstand sich der *Heeresdienst*, anders als heute, wohl weniger als eine „Wehrpflicht", sondern eher als ein „Wehrrecht", und die Wandlungen der Heeresverfassung reflektieren zugleich wichtige soziale Wandlungen. Erfasste der Wehrdienst zunächst alle Freien – nur gelegentlich, wie unter dem Westgotenkönig Wamba, wurden auch Un-

---

[76] Lit.: Bibl. 5.3.1.9.
[77] Vgl. M. Springer, Jährliche Wiederkehr.

freie verpflichtet –, so zeichnen sich hier spätestens seit der Zeit Karls des Großen Änderungen ab. In einem Kapitular von 807[78] wurde zwar die allgemeine Wehrpflicht aller Freien nachdrücklich betont und eine gänzliche Befreiung ausgeschlossen, doch wurde der Heeresdienst in einem weiteren Kapitular von 808 zugleich aber an die Größe des Besitzes gebunden; Inhaber von weniger als vier Hufen sollten sich Versorgung und Heeresdienst entsprechend teilen.[79] Das begründete sich aus der Häufigkeit der Kriege, aber auch aus der Wandlung des Heeres von einem Fußheer mit Reiterunterstützung zu einer überwiegend berittenen und gepanzerten Truppe, deren Ausstattung mit Pferd und Rüstung ein gewisses Vermögen voraussetzte (ihr Wert entsprach etwa dem Gegenwert von 18–20 Kühen). Für die Ausrüstung aber musste der einzelne Krieger selbst aufkommen. Er folgte, wie das erwähnte Kapitular von 807 ausdrücklich belegt, entweder seinem (Lehns-)Herrn oder seinem Grafen. Das Aufgebot wurde an bestimmte Heerführer erlassen und richtete sich oft bevorzugt an die Bewohner bestimmter Regionen.

Die oberste Heeresführung oblag überall dem König, der sie jedoch delegieren konnte, und häufig teilte sich das Heer in mehrere Abteilungen unter einzelnen Führern, eine Maßnahme, die, neben strategischen Überlegungen, zugleich die Versorgung erleichterte. Die Amtsträger, voran „duces" (die Heerführer qua Begriff) und „comites", bald aber auch Bischöfe, übten ebenfalls militärische Funktionen aus, und die Landesverteidigung durch Markgrafen und Fürsten war ein wesentlicher Faktor der Wandlungen in der Verfassung der karolingischen Nachfolgereiche. Am Ende des 9. Jahrhunderts boten die Könige anscheinend nur noch ihre Vasallen und Amtsträger (und deren Vasallen) auf, im 10. Jahrhundert hatte sich diese Praxis anscheinend auf der ganzen Linie durchgesetzt. Die Freien sammelten sich also um ihre militärischen Führer, die in einer Art Doppelverfassung sowohl vasallitisch wie amtsrechtlich definiert sein konnten. Das blieb im Ostfränkisch-Deutschen Reich weitgehend erhalten, da die Herzöge als militärische Führer auftraten und das Heer sich im 9. und 10. Jahrhundert den Quellen zufolge meist nach Stammesprovinzen gliederte. In der Folgezeit schränkte sich die Wehrtätigkeit weiter ein, ersetzte eine Heeresabgabe oft den Wehrdienst (wie uns das aus grundherrlichen Urbaren überliefert ist). Mit der – wenngleich nie ausschließlichen – Wandlung des Heeres zu einem berittenen Vasallenheer engte sich das „Wehrrecht" auf diese adlige bis niederadlige Schicht ein. Darin spiegelt sich erneut ein sozialer Wandel wider: Wenn der Krieger „Träger der Herrschaft" war (P. Contamine), dann schränkte sich die Herrschaft, die Teilhabe am Reich, in dieser Zeit von den Freien endgültig auf den Adel ein. Kriegführung wurde zum Geschäft einer (weltlichen) Elite, der „miles" wandelte sich (begrifflich) vom Soldaten zum (berittenen) Vasallen und schließlich (im 12. Jahrhundert) zum „Ritter".

Die frühmittelalterliche *Bewaffnung* des Fußheeres bestand – mit regionalen Spezifika – aus einer Wurfaxt (der Franziska), einer Lanze und einem zweischneidigen Schwert, der Spatha; der Verteidigung dienten ein runder Schild, gelegentlich auch Panzer und Helm. (Speer und Schild waren die häufigsten Grabbeigaben des Man-

---

78 MGH Capit. 1, Nr. 48, c. 2, S. 134f., (a. 807).
79 Ebd., Nr. 50, c. 1, S. 137, (a. 808).

nes.[80]) Zwar wird in den Quellen immer wieder der heldenhafte, entscheidende Zweikampf erwähnt, entgegen den epischen und episierenden Schilderungen der Dichtung und Chronistik bestand der „Kampf" während der gesamten Epoche jedoch zum großen Teil aus der Verwüstung von Feldern, Gehöften und Siedlungen des Gegners oder aus der Belagerung und Einnahme befestigter Plätze. Die Schilderung Gregors von Tours über die Belagerung von Comminges durch Gundowald im Jahre 585 (Hist. 7,37) gibt hier einen plastischen Einblick.

Krieg war im Mittelalter daher nicht zuletzt ein Kampf um *Burgen*.[81] Befestigten Anlagen kam als Wohn-, Schutz- und Kriegsobjekten folglich ein hoher Stellenwert zu. Germanische Befestigungen im Norden und Nordosten mochten noch aus den Kämpfen mit den Römern resultieren und dienten wohl vor allem als Fluchtburgen, während die alemannischen Höhenburgen zugleich Herrensitze waren. Die frühmittelalterlichen Burgen waren jedoch weder dauerhaft noch ganzflächig besiedelt. Die frühen Burgen waren durchweg Holz-Erde-Konstruktionen; Steinburgen sind im deutschen Bereich erst seit dem 9. Jahrhundert bezeugt. Der fränkische Burgenbau bildete einen Neuansatz auf der Grundlage der spätrömischen Befestigungen: Fränkische Burgen waren Zentren der Herrschaftssicherung, die karolingischen Reichsburgen zugleich Verwaltungsmittelpunkte eines bestimmten Gebiets. Die weitere Entwicklung stand nach älterer Ansicht nicht zuletzt im Zusammenhang mit der Landesverteidigung gegen Normannen, Slawen und Ungarn; in Grenzgebieten entstanden ganze Befestigungssysteme. Seit dem 9. Jahrhundert verband sich das Burgenwesen aber wohl weit stärker – und zunehmend – mit dem grundherrschaftlich-adligen Milieu; Herrensitz und Wirtschaftshof wurden nun stärker getrennt; die Burg wurde zur Wohnburg, Burgenpolitik zu einem Herrschaftsinstrument der Kriegerklasse, das durch „Ministerialen" gesichert wurde. In Südfrankreich und Italien entwickelten sich die um Burgen gruppierten Kastellanate seit dem Ende des 10. Jahrhunderts zu neuartigen Herrschaftsbezirken, die von hier aus das umliegende Land beherrschten. Ihre Zahl vervielfachte sich. Bevorzugter Typ wurde die „Hügelburg" (Motte) als befestigter Adelssitz. Der Turm (donjon) wurde nun zum neuen, hervorstechenden Kennzeichen.

Wenn die dargestellten Elemente des Heerwesens im frühen Mittelalter insgesamt auch als eine gesamtabendländische Erscheinung gelten dürfen, so gab es doch bezeichnende Unterschiede. In den angelsächsischen Reichen scheint das Heer in seinem Kern beispielsweise bereits im 8. Jahrhundert aus dem Adel gebildet worden zu sein, während den Freien die Versorgung zufiel. Die irischen Rechtstraktate des 7./8. Jahrhunderts kannten hingegen eine allgemeine Wehrpflicht, unterschieden aber zwischen der Heerfolge gegen äußere Feinde („slógad"), der Spurfolge im Innern gegen Piraten und Diebe („fubae") und der Grenzwacht („rubae"). Die wikingischen Beutezüge wiederum beruhten anscheinend auf gefolgschaftlicher Heerfolge, spiegeln aber, schon in den Begriffen, den engen Zusammenhang militärischer und sozialer Struktu-

---

80 Vgl. zu angelsächsischen Gräbern H. Härke, Early Saxon Weapon Burials: frequencies, distributions and weapon combinations, in: S. Hawke (Hg.), Weapons and Warfare, 49–61.
81 Lit.: H. Brachmann, Der frühmittelalterliche Befestigungsbau; A. Debord, Aristocratie et pouvoir; J. Zeune, Burgen.

ren wider, indem Begriffe der Administration der Rudersprache entstammten („Roden", „lið", „ledung").⁸²

Die kriegerische Gesellschaft des frühen Mittelalters war, durch kirchlichen Einfluss, dennoch an Normen gebunden. Augustins Lehre vom gerechten Krieg bot dem Mittelalter eine *Kriegsethik*, aber auch eine Legitimation zur Kriegsführung, die ihre Grenzen jedoch im Bürgerkrieg und im Krieg ohne königliches Mandat hatte. Die Reaktionen auf die Bruderkriege der Söhne Ludwigs des Frommen und das Blutvergießen in der Schlacht von Fontenoy zeigen allerdings, wie wenig einheitlich die „kirchliche" Ansicht über die Tötung im Krieg war, die keineswegs grundsätzlich erlaubt, sondern in vielen Fällen mit Bußen belegt war.⁸³ Stufenweise erweiterte sich die Lehre vom „gerechten Krieg" zum erlaubten Krieg gegen Heiden, der in Kreuzzügen und Reconquista seinen Höhepunkt fand.⁸⁴ Ein mehrfach diskutiertes Problem bildet auch das Verhältnis des Klerus zum Krieg. Zwar war Klerikern und Mönchen das Waffentragen kirchenrechtlich verboten, doch nahm man Bischöfe und Äbte in der Praxis davon nicht nur aus, sondern übertrug ihnen immer wieder die Heeresführung. Der Chronist Thietmar von Merseburg etwa pries den Bischof Ramward von Minden, weil er mit einem Kreuz in der Hand, allerdings ohne Waffen, in der Schlacht voranritt. Bistümer und Klöster stellten mit ihren Vasallen darüber hinaus sogar die weitaus größten Kontingente.

3.2 Gesellschaft und Wirtschaft¹

3.2.1 Naturräumliche, geographische und demographische Bedingungen, Kulturlandschaft und Siedlung²

Weit mehr als die heutigen waren die Menschen im frühen Mittelalter von ihrer natürlichen Umwelt als Lebensraum und Lebensbedingung abhängig, war das Leben zum großen Teil „Kampf mit der Natur", der die Kulturlandschaft erst abgerungen werden musste, wie das in manchen Initialen des frühen Mittelalters bildhaft dargestellt worden ist. Die Kenntnisse in diesem Bereich sind noch lückenhaft und punktuell. Sie beruhen weithin auf Ergebnissen der Archäologie und Historischen Geographie, während Schriftzeugnisse nur isolierte Belege liefern, deren Verallgemeinerung

---

82 Vgl. C. WESTERDAHL, Society and Sail.
83 Vgl. R. KOTTJE, Die Tötung im Kriege.
84 Vgl. A. BRONISCH, Reconquista und Heiliger Krieg.
1 Lit.: Bibl. 5.3.2.1. Allgemein: J. VAN HOUTTE (Hg.), Handbuch der europäischen Wirtschafts- und Sozialgeschichte, Bd. 2. Überblicke: K. BOSL, Grundlagen der modernen Gesellschaft; G. DEPEYROT, Richesse et société; G. DUBY, Société; R. FOSSIER, Enfance de l'Europe; DERS., Histoire sociale; DERS., Société médiévale. Zu einzelnen Ländern und Regionen: T. GLICK, Islamic and Christian Spain; M. INNES, State and Society; J. J. LARREA, Navarre; A. LEWIS, Development of Southern French and Catalan Society; E. MAGNOU-NORTIER, Société laïque; F. STAAB, Untersuchungen zur Gesellschaft am Mittelrhein; C. WICKHAM, Early Medieval Italy; DERS., Land and Power. Sammelbände: R. FOSSIER, Hommes et villages; Campagnes médiévales; J.-M. DUVOSQUEL/E. THOEN (Hg.), Peasants and Townsmen.
2 Lit.: Bibl. 5.3.2.2.

Probleme bereitet. Hier können folglich nur wenige, skizzenhafte Bemerkungen über Verhältnisse und Entwicklungen vorangestellt werden.

Das Leben der Menschen war zunächst von den *Naturerscheinungen* geprägt, zu denen auch die *Zeit* gehört.[3] Infolge unzulänglicher künstlicher Beleuchtung (mit Wachskerzen und Talglichtern) war die Abhängigkeit von Tag und Nacht und von den Jahreszeiten entsprechend groß: Die (Arbeits-)Tage waren unterschiedlich lang, die Arbeitsprozesse an Sonnenlauf und klimatische Verhältnisse gebunden. Über diese „natürliche" Zeit aber legte sich die vom Menschen geschaffene, aus jüdischer und römischer Tradition übernommene „soziale Zeit", die im frühen Mittelalter von agrarischen Bedürfnissen („Monatskalender"), weithin aber auch von den kirchlichen Institutionen geprägt war, so dass man geradezu von einer „Zeit der Kirche" gesprochen hat (J. Le Goff): Das Jahr mit seinen vielen Fest- und Heiligentagen und die siebentägige Woche mit dem Sonntag als Ruhetag wurden vom christlichen Kalender, die (im Ursprung römische) Tageseinteilung im Drei-Stunden-Rhythmus von den Gebetsstunden der Klöster und Stifte bestimmt, wobei der kirchliche Glockenschlag den Tagesrhythmus in Stadt und Land verkündete. Entsprechend den Jahreszeiten waren aber auch die Horen unterschiedlich lang. Die Zeitmessung erfolgte mit teils von äußeren Bedingungen abhängigen (Sonnenuhren), teils unzuverlässigen und durchweg relativ ungenauen Mitteln (Wachskerzen von bestimmter Länge und Brenndauer, vereinzelt Wasseruhren).

Die kurzfristigen Naturbedingungen wurden durch das *Klima*[4] bestimmt. Untersuchungen zur Großklimalage anhand von Jahresringen der Bäume, Pollenkarten, Küsten- und Höhensiedlung, aber auch chronikalischen Nachrichten ergeben nach einer Klimaverschlechterung in Spätantike und Frühmittelalter für das 8. bis 13. Jahrhundert eine günstige Lage (Warmzeit), wobei das eher feuchtkalte 9. Jahrhundert um 950 einer Klimaverbesserung wich, die ihr Optimum aber erst nach 1150 erreichte. Die Menschen haben solche langfristigen Schwankungen allerdings kaum wahrgenommen. Ihr Alltag war vielmehr vom Tagesklima (Temperatur und Niederschlägen) abhängig und durch häufige Unwetter beeinträchtigt, die ihrerseits zu Missernten und Hungersnöten, Krankheiten und im Extremfall zu Vieh- und Menschenseuchen führten.[5] Es ist zweifellos bezeichnend für die Bedeutung und Abhängigkeit der Menschen von der Natur, dass Annalen und Chroniken sorgfältig jede Naturkatastrophe registrierten, erklärt sich aber auch aus den Einstellungen gegenüber der Natur, da Naturkatastrophen in der christlichen Gesellschaft als Sündenstrafe gedeutet wurden, die man durch Gebete und Fasten (selbst und gerade in Zeiten der Hungersnot!) abzuwenden suchte. 873 zogen Priester einem Heuschreckenschwarm mit Reliquien und Kreuzen entgegen, um den Schaden abzuwehren.

---

3 Lit.: N. Elias, Über die Zeit; H.-U. Grimm, „Zeit" als „Beziehungssymbol"; J. Le Goff, Au Moyen Âge; J. Leclercq, Zeiterfahrung und Zeitbegriff.
4 Lit.: P. Alexandre, Le climat; Ders., Histoire du climat; H. Flohn/R. Fantechi (Hg.), Climate of Europe; E. Le Roy Ladurie, Histoire du climat; Mario Pinna, Il clima nell'alto Medioevo, in: L'ambiente vegetale, Bd. 2, 431–459; Ulrich Willerding, Über Klima-Entwicklung und Vegetationsverhältnisse im Zeitraum Eisenzeit bis Mittelalter, in: H. Jankuhn/R. Schützeichel/F. Schwind (Hg.), Dorf, 357–405.
5 Lit.: J. Berlioz, Catastrophes naturelles (überwiegend spätmittelalterlich); F. Curschmann, Hungersnöte; J.-C. Hocquet, Pain; M. Rouche, Faim.

Seuchen und Krankheiten beeinflussten die *Bevölkerungsentwicklung*,[6] doch auch hier fehlen verlässliche Angaben. Die umfangreichsten „Statistiken", die großen Urbare kirchlicher Grundherrschaften des 9. Jahrhunderts, vor allem das Polyptychon von Saint-Germain-des-Prés bei Paris mit seinen genauen, namentlichen Auflistungen der Hufenhalter und ihrer Familien, liefern zwar Anhaltspunkte, aber keine demographische Genauigkeit, da hier erstens nur die Hörigen des Klosters erfasst und die Familien nicht vollständig aufgezählt sind (vielmehr nur die auf den Hufen ansässigen Mitglieder); Knechte und Mägde fehlen ebenso wie die Hofhörigen, Hörige anderer Grundherrschaften und freie Bauern. Darüber hinaus ist die dicht besiedelte Pariser Gegend alles andere als typisch für die normale Besiedlungsdichte. Weitere Aufschlüsse bieten archäologische Friedhofsgrabungen, die jedoch ebenfalls punktuell sind, selbst bei zeitlich und räumlich benachbarten Friedhöfen oft sehr unterschiedliche Ergebnisse aufweisen und sich außerdem nur in wenigen Ausnahmefällen auf ganze Friedhöfe beziehen können. Versuche einer Hochrechnung sind folglich durchweg auf berechtigte Kritik gestoßen, und die Schätzungen weichen entsprechend weit voneinander ab. Alle Zahlenangaben[7] sind deshalb nur grobe Schätzungen, die allenfalls Entwicklungstendenzen erkennen lassen. Doch geht man übereinstimmend davon aus, dass die Bevölkerung – nicht nur aufgrund der Seuchenzüge des frühen Mittelalters, deren Ausmaß wohl nicht überschätzt werden darf[8] – im 7. und frühen 8. Jahrhundert einen Tiefstand erreichte (und gegenüber dem 5. Jahrhundert vielleicht um ein Drittel zurückging), danach aber kontinuierlich zunahm und sich bis zur Jahrtausendwende möglicherweise verdoppelt hat, während der eigentliche Aufschwung erst im 11./12. Jahrhundert erfolgte.

Größer noch waren die räumlichen Unterschiede. In Groß- wie in Kleinregionen war die Besiedlungsdichte offenbar sehr unterschiedlich, wobei Griechenland, Italien und bestimmte Gebiete Frankreichs verhältnismäßig dicht, die Britischen Inseln, Skandinavien, der slawische Osten, aber auch weite Teile Germaniens relativ dünn besiedelt waren. Am dichtesten waren gegen Ende der hier behandelten Periode die Städtelandschaften der Lombardei und der Niederlande, im Deutschen Reich das Rhein-Main-Gebiet und die Oberrheinische Tiefebene, der Regensburger Raum, der Bodenseeraum und der Nordrand der Mittelgebirge besiedelt.

Nur in Umrissen erschließbar sind auch „interne" Daten der Bevölkerungsentwicklung, wie Heiratsalter, Fertilitätsrate und Kinderzahl, Geschlechterverhältnis, Gesundheitszustand, Lebenserwartung und Altersstruktur. Zu den vier letztgenannten Aspekten bieten anthropologische Untersuchungen an ergrabenen Friedhöfen wichtige Aufschlüsse, wenngleich die Daten meist stark voneinander differieren. Die Fertilität war durch eine im Vergleich zu heute später einsetzende Gebärfähigkeit und eine weit

---

6 Lit.: O. Benedictow, Demography of the Viking Age; Y. Bessmertny, Démographie historique; Ders., Vision du monde; C. Cipolla/J. C. Russel (Hg.), Bevölkerungsgeschichte Europas; R. Fossier, Enfance de l'Europe, Bd. 1; B. Herrmann/R. Sprandel, Determinanten der Bevölkerungsentwicklung; F. Lot, Conjectures démographiques; C.-E. Perrin, Note sur la population; J. C. Russell, Art. Bevölkerung, Lexikon des Mittelalters II, 1983, Sp. 11ff.; H. Sée, Peut-on évaluer la population.
7 Vgl. etwa J. C. Russell, Bevölkerung (wie Anm. 6), Sp. 14.
8 Vgl. J. R. Maddicott, Plague.

geringere Lebenserwartung beschränkt. Die Wachstumsrate war auch wegen der hohen Kindersterblichkeit gering, die in Extremfällen bis zu 50 % erreichte. Verschiedene Angaben sprechen für eine durchschnittliche Zahl von zwei oder drei lebenden Kindern pro (Haushalts-)Familie. Doch selbst eine hohe Kinderzahl, wie sie von manchen Königsfamilien bekannt ist – Karl der Große hatte von acht verschiedenen Frauen 18 Kinder, davon neun von seiner dritten Gemahlin Hildegard, von denen drei frühzeitig starben –, schützte nicht vor einem „Aussterben" des Geschlechts in männlicher Linie. Und auch über das Wiederverheiratungsverhalten sind wir nur in Einzelfällen informiert, doch ist es immerhin bemerkenswert, dass Volksrechte und Synoden sich mit dieser Frage befassten.

Die durchschnittliche Körpergröße wird meist mit 160 cm für Frauen und 168 cm für Männer angegeben. Die *Lebenserwartung* lag insgesamt vielleicht zwischen 25 und 32 Jahren, für diejenigen, die die kritische Kindheit überstanden, etwa bei 44 bis 47 Jahren. Alte Leute waren eher selten. Das Leben war durch Geburtsrisiken, Kriege und Fehden, Hungersnöte, Seuchen (Typhus, Pocken, Cholera, Malaria, Ruhr, Lepra) und Krankheiten sowie eine – trotz medizinischer Schriften in antiker Tradition – mangelnde medizinische Versorgung gefährdet: Krankheiten wurden mit Galen als Missverhältnis der vier Körpersäfte gedeutet. Die vielen Heilungswunder in Viten und Mirakelberichten und die Verehrung Jesu als „Christus medicus" mögen andeuten, wie sehr man sich auf göttliche Wunderhilfe angewiesen fühlte. Die medizinische Versorgung konzentrierte sich oft auf die großen Klöster und auf Heilkundige im Ort, doch gab es – mehrfach bezeugt – auch Ärzte.[9] Eine Königin veranlasste nach Gregor von Tours beispielsweise als letzten Wunsch die Tötung aller Ärzte, die ihr nicht hatten helfen können. Skelettuntersuchungen lassen viele Mangelerscheinungen, einen schlechten Zustand der Zähne, aber auch Brüche und Verletzungen erkennen.

Hatte hinsichtlich der *Ernährung*[10] in den frühmittelalterlichen Volksrechten die Viehwirtschaft noch eine entscheidende Rolle gespielt, so nahm der Getreideanbau im Verlauf des frühen Mittelalters beständig zu. Die Menschen ernährten sich überwiegend von Getreideprodukten (Brot, Brei, Bier), außerdem von Milchprodukten (Käse) und Gemüse (vor allem Rüben, Kohl und Hülsenfrüchte); Fett wurde tierisch (Butter) und pflanzlich (Ölpflanzen) gewonnen. Der Fleischhaushalt setzte sich nach Knochenfunden in Siedlungen weit überwiegend aus Haustieren zusammen, während Wild, mit Ausnahmen, wie bei den Ostslawen, nur eine untergeordnete Rolle spielte. Große Bedeutung kam, auch angesichts der Fastengebote und des Fleischverbots in Klöstern, dem Fisch zu, der, wie das Wild, jedoch weithin als Herrenspeise galt. Das Mahl diente nicht nur der Ernährung, sondern hatte darüber hinaus soziale Funktionen.

Die frühmittelalterliche *Kulturlandschaft* war der Natur abgerungen. Große Wälder[11] prägten vielerorts das Landschaftsbild; selbst in der Pariser Gegend umfassten sie noch

---

9 Lit.: M. Grmek (Hg.), Geschichte des medizinischen Denkens; H. Lutterbach, Christus medicus; A. Niederhellmann, Arzt und Heilkunde; H. Schipperges, Die Kranken.
10 Lit.: W. Janssen, Essen und Trinken; D. Menjot (Hg.), Manger et boire.
11 Lit.: L'ambiente vegetale; B. Andreolli/M. Montanari, Bosco nel medioevo; C. Higounet, Forêts de l'Europe occidentale.

rund zwei Fünftel des Bodens. In weniger dicht besiedelten Regionen, wie in Norddeutschland, konzentrierte sich die Siedlung auf einzelne „Siedlungskammern" oder gar „Siedlungsinseln" inmitten der Naturlandschaft. Bevorzugte Siedelplätze waren die Flusstäler und fruchtbaren Ebenen. Dabei mussten sowohl die Wasserversorgung wie die Verkehrsanbindung (meist noch an das antike Straßennetz) gewährleistet sein. Das Reisen blieb aber beschwerlich. Im 10. Jahrhundert brauchte der Mönch Richer von St. Remi (Reims) drei Tage, um nach Chartres zu gelangen, und er schildert eine ganze Reihe von Hindernissen auf dieser beschwerlichen Reise.[12] Die Flüsse waren daher die wichtigsten Transportwege. Ein Landesausbau ist, regional natürlich sehr phasenverschoben, vor allem in karolingischer Zeit, in Frankreich seit dem Ende des 7., in Deutschland seit dem Ende des 8. Jahrhunderts bezeugt. Er erfolgte vor allem durch Rodungen – Dorfnamen auf -hagen, -holz, -wald, -rode, -rath, -ried oder -reuth deuten darauf hin –, später auch durch Trockenlegung der Moore und seit dem 11. Jahrhundert durch Eindeichung der Küsten und Flusstäler. Da aus der gleichen Zeit bzw. zu allen Zeiten aber auch viele Wüstungen bekannt sind, ist nicht nur mit einem Ausbau, sondern auch mit umfänglichen Siedlungsverlagerungen zu rechnen.[13]

Die überwiegende Mehrheit der Bevölkerung, schätzungsweise weit über 90 %, lebte auf dem Land, doch blieben die *Städte* administrative, kirchliche und wirtschaftliche Zentren (Markt), und es ist bezeichnend, dass sich auch in den städtelosen Landschaften des ehemals „freien" Germanien bald stadtartige Siedlungen entwickelten (vgl. 3.2.6.7), während die antiken Städte in und nach der Wanderzeit zunächst einen Schrumpfungsprozess durchmachten, ehe in der Folgezeit ein neues Wachstum begann. Großstädte, auch nach mittelalterlichen Maßstäben, blieben aber selten. In England etwa erreichten in diesem Zeitraum lediglich London und Winchester eine Größenordnung von schätzungsweise über 5000 Einwohnern.

Einzelhöfe, vor allem aber Dörfer[14] von ganz unterschiedlicher Form und Größe bestimmten das *Siedlungsbild des Landes* – begrifflich sind die Unterschiede kaum zu fassen, weil „villa" Hof *und* Dorf bezeichnete und der altdeutsche Dorfbegriff noch ganz andere Konnotationen, nämlich der Einfriedung, hatte –: vor allem unregelmäßige (gewachsene) Haufendörfer, aber auch Straßendörfer; „Plansiedlungen" (Rundlinge, Angerdörfer und Waldhufendörfer) sind zumeist jüngeren Ursprungs und am ehesten in Rodungs- und Kolonisationsgebieten vorzufinden. Oft waren Einzelhöfe Ausgangspunkt der Dorfbildung; manche Dörfer gruppierten sich geradezu um einen Haupthof. Viele Orte auf -seli (sal), -heim, -hausen, -hofen, -stat oder -wilare, im französischen Sprachraum auf -ville oder -court, tragen „anthroponymische", einem Personenna-

---

12 Richer, Historien 4,50, ed. H. HOFFMANN, MGH SS 38, S. 263–266.
13 Vgl. W. JANSSEN, Methodische Probleme.
14 Lit.: Anfänge der Landgemeinde; K. S. BADER, Studien zur Rechtsgeschichte des mittelalterlichen Dorfes; H. W. BÖHME (Hg.), Siedlungen und Landesausbau; H. DÖLLING, Haus und Hof; J. CHAPELOT/R. FOSSIER, Village et la maison; P. DONAT, Haus, Hof und Dorf; H. JANKUHN/R. SCHÜTZEICHEL/F. SCHWIND (Hg.), Dorf; W. JANSSEN, Mittelalterliche Dorfsiedlungen; G. KOSSACK/K.-E. BEHRE/P. SCHMID (Hg.), Archäologische und naturwissenschaftliche Untersuchungen; W. RÖSENER, Strukturen und Wandlungen des Dorfes; P. SAWYER, English Medieval Settlement; M. BALARD (Hg.), Villages et villageois.

men angehängte Siedlungsnamen und deuten damit auf einen herrschaftlichen Ursprung hin. Manche Dörfer lagen in der Hand eines einzigen Grundherrn, in anderen gab es mehrere Herrschaften und daneben in der Regel eine uns unbekannte, aber wohl nicht unbeträchtliche Zahl freier Bauern; jedenfalls deuten die vielen Landschenkungen auf vorhandenen Eigenbesitz. In Dienheim am Mittelrhein konnte Fred Schwind im Verlauf der Karolingerzeit mehr als 200 Grundbesitzer ausmachen; in anderen Dörfern bildeten die Schenker hingegen einen Verwandtschaftsverband. Die Größe schwankte zwischen Kleinstdörfern aus vier oder fünf Gehöften, doch gab es in einigen Gegenden, wie am Mittelrhein oder im Pariser Raum, erheblich größere Siedlungen mit mehreren hundert Einwohnern.

Eine Verzelgung des Ackerlandes, der Fluren, setzte in breiterem Ausmaß wohl erst im hohen Mittelalter ein.[15] Vor allem zum Hochmittelalter hin bestanden die Fluren oft aus einem oder mehreren, rechteckigen oder quadratischen Landstücken (Blockflur, so genannte „celtic fields") oder Langstreifenfluren, von denen die Bauern jeweils einzelne Streifen besaßen. Das setzte bereits dörfliche Absprachen gemeinschaftlicher Bewirtschaftung voraus („Gewanndorf"). Da Gemeindeformen (als Rechtsverband) mit Ansätzen der Selbstverwaltung erst seit dem hohen Mittelalter bezeugt sind, spricht man in dieser früheren Zeit gern vom Dorf als einem „Nachbarschaftsverband" – von „vicini" handeln auch die Rechtsquellen –, dem bereits die Volksrechte bestimmte Entscheidungsbefugnisse zugestanden; so konnten die Nachbarn nach der Lex Salica (tit. 45) Zuziehenden die Niederlassung in ihrem Dorf verweigern.

Die *Häuser*[16] bestanden oft nur aus einem einzigen Wohn-, Schlaf- und Arbeitsraum, wobei Kammern durch einfaches Flechtwerk abgetrennt werden konnten. Am weitesten verbreitet waren ein- bis dreischiffige Pfostenhäuser. Erst im hohen Mittelalter setzten sich Ständerbauten durch, wie sie für Kirchen bereits im frühen Mittelalter üblich waren. Sie erlaubten eine zweigeschossige Bauweise und waren beständiger. Die Wände der Häuser waren meist aus mit Lehm abgedichtetem Flechtwerk errichtet, wobei lukenartige Fenster, die durch ein Geflecht geschlossen waren, für Lüftung und etwas Licht sorgten. Bis zum 10. Jahrhundert hatten diese Häuser keine Zwischendecken, so dass hier kein zusätzlicher Platz zum Lagern gewonnen wurde. Das Dach war mit Stroh, Schilf oder Schindeln gedeckt, der Boden bestand aus festgestampftem Lehm. Insgesamt gab es eine große Typenvielfalt. In Norddeutschland herrschte, vor allem im Marschengebiet, von der Bronzezeit bis in die Neuzeit hinein die lang gestreckte, oft dreischiffige Wohnstallhalle aus einem einzigen großen Raum mit Wohn- und Stallbereich, in der Regel mit einer zentralen Feuerstelle, vor. In Skandinavien wurden Wohn- und Stalltrakt hingegen zunehmend, in England von Anfang an getrennt. Pfahlspeicher und Grubenhäuser dienten meist als Wirtschafts- und Vorratsräume, waren im slawischen Raum jedoch weiter verbreitet. Daneben gab es, vor allem im Osten und Süden, zunehmend Blockhäuser, deren Wände aus waagerecht übereinander gelegten Baumstämmen bestanden und die die slawischen Grubenhäu-

---

15 Lit.: H. Beck/D. Denecke/H. Jankuhn (Hg.), Untersuchungen.
16 Lit.: J. Chapelot/R. Fossier, Village et la maison; U. Dirlmeier (Hg.), Geschichte des Wohnens; H. Dölling, Haus und Hof; P. Donat, Haus, Hof und Dorf; P. Galetti, Abitare nel Medioevo.

ser allmählich verdrängten. Fachwerkhäuser entstanden erst seit dem 11. Jahrhundert. Steinbauten waren in den Städten hingegen schon früh für Kirchen und auch einzelne Adelshäuser, Pfalzen und Burgen üblich.

3.2.2 Ansätze mittelalterlicher Gesellschaftstheorie[17]

Die frühmittelalterliche „Gesellschaftstheorie" betrachtete die (christliche) Gesellschaft („christianitas", „ecclesia") im Lichte christlich-religiöser Stände und deren heilsgeschichtlicher Funktion, also als Funktionsstände: „Ordnung" („ordo"), als Teil der göttlichen Weltordnung, war Maßstab und Ziel jeder politisch-sozialen Verfassung, wobei dem einzelnen jeweils ein fester Platz „zustand". Für den Kirchenvater Augustin war „Ordnung" die „einem jeden seinen Platz zuweisende Verteilung gleicher und ungleicher Dinge".[18] In der Gesellschaftsordnung spiegelte sich nach mittelalterlicher Anschauung folglich die göttliche Ordnung wider. Der Vergleich mit dem menschlichen Organismus (Mikrokosmos) lag nahe: Für Bonifatius bestand die Kirche („ecclesia") aus einem Körper („corpus") mit einer großen Zahl unterschiedlicher „Glieder".[19] Mit dieser (im Ursprung antiken und im Mittelalter verbreiteten) „organologischen" Gesellschaftstheorie verband sich eine Wertung der „Organe" (im Sinne einer vertikalen Schichtung), zugleich aber eine Wertschätzung ihrer jeweiligen Funktion für die Gesamtheit (im Sinne einer horizontalen Gliederung). Jeder einzelne, so verfügte ein Kapitular Ludwigs des Frommen, sollte beim Königsdienst einen seinem Stand angemessenen Platz haben.[20]

Am meisten verbreitet war eine Gliederung nach Rechtsständen (vgl. 3.2.3). Aber auch die Herrschaft spielte eine wesentliche Rolle, so dass das Begriffspaar „potens" und „pauper" in bestimmten Kontexten „Herrschende" und „Beherrschte" (bzw. „Machtlose") bezeichnen und die originale Unterscheidung von Reich und Arm („dives" – „pauper") überlagern,[21] „pauper" aber auch in Gegensatz zu „servus" geraten konnte (vgl. 4.2.1).[22] „Pauper" war hier – in manchem dem angelsächsischen „ceorl" vergleichbar – der wirtschaftlich schwache Freie, der sich beispielsweise in den Schutz eines Herrn begeben, nicht mehr allein in den Krieg ziehen und sich nicht selbst verteidigen konnte oder der selbst keine Knechte mehr besaß, aber – im eigentlichen Wortsinn – durchaus auch der Bedürftige, der sich nicht mehr selbst ernähren konnte. Armut war nicht ehrenrührig – und im christlichen Verständnis sogar positiv besetzt –, aber sie minderte das soziale Ansehen; der „Held" der mittellateinischen Dichtung „Unibos" (Einochs) wurde verspottet, weil er nicht die zum Pflügen des Ackers nötigen zwei Ochsen besaß. Armut war im zeitgenössischen Verständnis aber auch gar nicht schichtengebunden, sondern konnte – relativ verstanden – alle Schichten erfassen; der verarmte Adlige etwa konnte seinen herrschaftlichen Lebensstil nicht mehr

---

17 Lit.: Bibl. 5.3.2.3.
18 Augustinus, De civitate Dei 19,13, ed. B. Dombart/A. Kalb, Leipzig ⁵1928/29, 377.
19 Bonifatius, Sermo 9,1, Migne PL 89, Sp. 860.
20 Admonitio ad omnes regni ordines, MGH Capit. 1, Nr. 150, c. 3, S. 303, (a. 823/825).
21 Vgl. K. Bosl, Potens und Pauper.
22 Vgl. J.-C. Dufermont, Pauvres d'après les sources anglo-saxonnes.

aufrechterhalten. Stärker noch spiegelt sich der Herrschaftsaspekt in dem begrifflichen Gegensatz von „Herren" und „Knechten" („domini" und „servi"), doch ist in all diesen Fällen die Mehrdeutigkeit der Begriffe in Rechnung zu stellen (bis dahin, dass „servus" in dieser Abgrenzung sogar rechtlich freie Vasallen bezeichnen konnte): Nach dem Kriterium der Herrschaft waren gegenüber den „domini" alle anderen „machtlos" („impotens").

Daneben spielte natürlich die Trennung von Geistlichen und Laien eine Rolle: Die ersteren waren für Gebete und Seelenheil, die letzteren für die Verteidigung des Landes zuständig.[23] Die Tendenz zur Absonderung des Klerus nahm, trotz aller inneren Differenzierungen, im Verlauf der hier behandelten Epoche zweifellos zu, ohne schon beherrschend zu werden: Die Bindungen zwischen Klerus und Laien, etwa in der Familie, blieben vielmehr bestimmend. Erst im Hochmittelalter bildete sich eine Zweiteilung der (Laien-)Gesellschaft in „Krieger" („milites") und „Bauern" („rustici") aus. Es ist bezeichnend, dass Bauer oder „Landmann" in der agrarischen Gesellschaft begrifflich zum Synonym für den (politisch oder sozial) „Machtlosen" wurden und dass die Gesellschaft nach Kriterien des Waffenrechts *und* der bäuerlichen Tätigkeit gegliedert werden konnte. Das Modell ist nicht minder kennzeichnend für einen Wandel in der Gesellschaftsordnung, denn schließlich waren bis in das 9. Jahrhundert hinein die (freien) „Bauern" die Krieger gewesen. „Rusticus" war zudem nicht einfach der Bauer, sondern oft ein Schmähwort für dessen unstandesgemäßes Benehmen; wohl nicht zufällig wurde gerade dieser Begriff aufgegriffen, der nicht die einfachen Menschen an sich verunglimpfen, wohl aber ihre Abgrenzung von den „zivilisierten" Ständen ausdrücken wollte. Und schließlich ist es ebenso bezeichnend, dass die eigentlichen Begriffe für „Bauern" (wie „agricola") in der doch vorwiegend bäuerlich-landwirtschaftlich orientierten Welt des frühen Mittelalters höchst selten begegnen, weil gerade in der Landgesellschaft eine Differenzierung nach anderen Kriterien wichtiger wurde.[24]

In der Kombination der beiden zuletzt genannten Modelle ergab sich das vieldiskutierte Schema einer „dreigeteilten Gesellschaft" aus Betern („oratores"), Kämpfern („bellatores") und Arbeitern („laboratores"), das sich dem Sinn nach zuerst in der altenglischen Boethiusübersetzung Alfreds des Großen[25] und dann um 1025/27 in dem satirischen Gedicht Adalberos von Laon an Robert II. von Frankreich findet. Arbeit war, den Bedürfnissen zufolge und an den bildlichen Darstellungen der Monatsarbeiten gemessen, vor allem bäuerliche Arbeit und wurde, anders als in der Antike, durchaus positiv bewertet, aber – in der Art der Arbeit – auch standesspezifisch differenziert.

Es bleibt allerdings hinzuzufügen, dass die Mehrzahl der mittelalterlichen Ständelehren ganz anderen Kriterien folgte und, meist im Zusammenhang von Tugendspiegeln, beispielsweise nach Verheirateten, „Abstinenten" und Jungfrauen oder nach „Auserwählten" und „Verworfenen" unterschied. Die Relevanz solcher Funktionsstände für die soziale Realität ist durchaus strittig, und zweifellos war die Praxis er-

---

23 So Codex Carolinus 3, MGH Epp. 3, S. 480.
24 Vgl. R. WENSKUS/H. JANKUHN/K. GRINDA (Hg.), Wort und Begriff „Bauer".
25 Ed. W. J. SEDGEFIELD, King Alfred's Old English Version of Boethius 17, Oxford 1899, 40 („gebedmen", „fyrdmen", „weorcmen").

heblich vielfältiger und dynamischer. Gleichwohl bleiben solche Schemata bezeichnend für das Selbstverständnis der mittelalterlichen Gesellschaft wie auch für dessen Wandel.

3.2.3 Die „Ständegesellschaft": Adel – Freie – Unfreie. Ideal und Realität[26]

Die frühmittelalterliche Gesellschaft war weder eine Kastengesellschaft (mit klaren Abgrenzungen auf religiöser Grundlage) noch eine Klassengesellschaft (nach ökonomischen Kriterien). Sie glich am ehesten einer Ständegesellschaft, insofern rechtlichen Abgrenzungskriterien (mit unterschiedlich hohem Wergeld der einzelnen Stände) bis in das 10. Jahrhundert hinein eine entscheidende Funktion zufiel. Die Volksrechte hatten rechtlich noch nach zwei Kriterien differenziert: nach dem Rechtsstand, vor allem zwischen „frei" und „unfrei", und nach der ethnischen Herkunft, zwischen Germanen und Romanen, für die oft, wie im Frankenreich, zwar dasselbe Recht, aber unterschiedliche Bußsätze (das halbe Wergeld) galten. Es bleibt zu bedenken, dass die Romanen, denen die Forschung kaum genauere Aufmerksamkeit geschenkt hat, in allen Germanenreichen West- und Südeuropas bei weitem die Mehrheit der Bevölkerung bildeten. Mit dem Zusammenwachsen von Romanen und Germanen in der Folgezeit aber war nur noch der Rechtsstand ausschlaggebend. „Es gibt nichts außer frei und unfrei," verfügte ein Kapitular Karls des Großen.[27]

Dem Rechtsstand nach teilte sich die frühmittelalterliche Gesellschaft, soweit erkennbar, in allen Regionen des Abendlandes, wenngleich in unterschiedlicher Ausprägung, in den durch Herrschaftsrechte und Privilegien, doch nur gelegentlich und später (wie bei Angelsachsen und Sachsen) auch durch ein höheres Wergeld herausgehobenen *Adel*, die *Freien* („ingenui", „liberi"), als „Normalmaßstab" der Volksrechte, mit einem Wergeld von 200 Solidi in der Lex Salica, die (durchaus rechtsfähigen) *„Halbfreien"* mit halbem Wergeld (abgesunkene Freie oder freigelassene bzw. aufgestiegene Unfreie, in Wahrheit aber ein – moderner – Begriff für eine Vielzahl verschiedener Gruppen zwischen frei und unfrei) sowie die *Unfreien*, die einem Herrn „gehörten", der sie bestrafen, kaufen, verkaufen oder verschenken durfte, andererseits aber für sie haftpflichtig war. Sie waren also „Eigenleute" („proprii") oder „Leibeigene" – der Begriff ist allerdings wesentlich jünger und begegnet nicht vor dem 13. Jahrhundert – und somit persönlich abhängig. Die Unfreien waren nicht rechtsfähig, jedoch nicht völlig rechtlos. Sie waren eher Rechtsobjekt als Rechtsperson, besaßen keinen Anspruch auf ein Wergeld und unterlagen anderen, körperlichen Strafen sowie zumindest der Rechtsnorm nach Heiratsbeschränkungen, insofern ihnen eine Ehe mit Freien untersagt und die Heirat von der Zustimmung des Herrn abhängig war.[28]

---

26 Lit.: Bibl. 5.3.2.4.
27 MGH Capit. 1, Nr. 58, c. 1, S. 145, (a. 801/814).
28 Zur Unfreiheit vgl. M. Banzhaf, Unterschichten (zu Bayern, aus rechtsgeschichtlicher Perspektive); W. Davies, On servile status; P. Dollinger, L'évolution (zu Bayern); H. Hoffmann, Kirche und Sklaverei; H. Nehlsen, Sklavenrecht; F. Panero, Schiavi (zu Italien); D. Pelteret, Slavery (zu England).

Die Grenzen zur antiken Sklaverei sind durchaus fließend, und deren Fortwirken im frühen Mittelalter ist vor allem für die Mittelmeerregionen nachgewiesen worden (vgl. 4.2.2.3).[29] Auf der anderen Seite brachte der christliche Einfluss auch Verbesserungen des Sklaven- oder Unfreienstatus, dessen Abschaffung freilich nie zur Debatte stand. Ebenso schwierig ist eine klare Trennung von Sklaverei und Hörigkeit. In der frühmittelalterlichen Grundherrschaft (vgl. 3.2.6.3) änderte sich zunächst nicht die Rechtsstellung, wohl aber die Funktion vieler Unfreier, die am Herrenhof tätig sein, aber auch einen eigenen Hof („mansus") bewirtschaften oder bestimmte Funktionen übernehmen und auf diese Weise aufsteigen konnten. Dadurch nivellierte sich zumindest im bäuerlichen Bereich der Unterschied zwischen Freien und Unfreien, während die Hofhörigen – als unterste Schicht – ebenso wie die Knechte und Mägde auf den Hufen dem Rechtsstand nach weiterhin unfrei waren (und folglich als „servi" bzw. „ancillae" bezeichnet werden konnten).[30] Ob sich ihre Stellung bis zum 11. Jahrhundert wesentlich verbesserte (so M. Banzhaf), bleibt strittig. Darüber hinaus scheint aber auch die Rechts- und Ehefähigkeit der Unfreien zugenommen zu haben, die – entgegen früheren Ansichten – durchaus eigenen Besitz hatten und häufig verheiratet waren (wobei es unklar bleiben muss, wieweit das Zustimmungsrecht des Herrn sich in der Praxis auswirkte). Wenn Kapitularien des 8. und 9. Jahrhunderts Unfreienehen auch dann schützten, wenn die Eheleute verschiedenen Herren dienten (und nur die Zugehörigkeit der Kinder regelten), dann war das Eherecht der Unfreien hier bereits vorausgesetzt und anerkannt, und auch Ehen zwischen Freien und Unfreien, wie sie in Polyptychen des 9. Jahrhunderts vielfach bezeugt sind (vgl. 3.2.4), sollten nach Kapitularien und Konzilien den Rechtsstand des Ehepartners nur noch dann beeinflussen, wenn dieser schon vor der Eheschließung unterschiedlich war. Damit war – gegen die herrschende Theorie – zugleich anerkannt, dass selbst der Rechtsstand keineswegs unveränderlich war! Wie wichtig der Status eines Freien noch im 9. Jahrhundert genommen wurde, zeigen die immer wieder bezeugten Anstrengungen, ihn, etwa durch Schenkungen, für sich und/oder die eigene Familie, zu bewahren. Erst in der Folgezeit wurde die funktionale Stellung gegenüber dem Rechtsstand wichtiger.

Der *Adel*[31] war nach verbreiteter Ansicht älter als das Königtum, wenngleich fortan auch ein Aufstieg im Königsdienst eine Rolle spielte, der nach fränkischem Recht beispielsweise ein dreifaches Wergeld einbrachte. Seine Ursprünge sind aber ebenso strittig wie die Frage, ob er einen eigenen Rechtsstand bildete (vgl. 4.2.2.1). Politisch verschob sich das Schwergewicht spätestens in der Merowingerzeit auf eine herausragende Gruppe des Adels, die „proceres" oder „optimates", die den Königen zunehmend selbstbewusster gegenübertraten, die Geschicke des Reichs leiteten und in der Karolingerzeit als so genannter „karolingischer Reichsadel" reichsweite Verbindungen knüpften (vgl. 3.1.2): Zumindest der hohe Adel zeichnete sich überall durch weiträumige Besitzungen und Ehebindungen aus. Herkunft, Besitz und Herrschaft waren

---

29 Vgl. M. Bloch, Transformations; P. Bonnassie, Survie et extinction; H.-W. Goetz, Serfdom; C. Verlinden, L'esclavage.
30 Zu den „ancillae" im frühen Mittelalter vgl. M. Obermeier, „Ancilla"; S. Stuard, Ancillary Evidence. Kritisch dazu: J.-P. Devroey, Men and Women.
31 Lit.: Bibl. 5.3.2.4.1.

ebenso Kennzeichen des Adels wie ein dahinter stehendes Selbstverständnis, ein „Adelsbewusstsein". In diesem Sinne war bereits das frühe Mittelalter eine „Adelsgesellschaft": Es gab eine Führungsschicht, die von ihrer Herkunft her dazu bestimmt war, Herrschaft auszuüben und die entsprechenden Positionen zu bekleiden. Das wurde von den christlichen Autoren durchweg anerkannt und sogar christlich legitimiert.[32] Wie selbstverständlich die adlige Herkunft emporhob, zeigt wohl nichts deutlicher als ihre fast stereotype Betonung in Heiligenviten, in denen sie von der religiösen Funktion her eigentlich belanglos ist. Politische und soziale Führungsschicht waren prinzipiell, trotz vorhandener Unterschiede, identisch, und es ist nur folgerichtig, wenn der Adel auch die hohen Ämter in Kirche und Reich für sich beanspruchte und die Förderung von „Aufsteigern" immer wieder auf Kritik stieß (aber durchaus vorkam). Ämter, Lehen und Reichsdienst waren aber ihrerseits Elemente der Herrschaftsbildung, die die (vorhandenen) Abstufungen unter den Adligen und den Adelsgeschlechtern vergrößerten. Für das mittelalterliche Verständnis scheint es zudem wichtig zu sein, dass man seinen Adel auch zur Schau trug: durch einen entsprechenden repräsentativen Lebensstil und ein Selbstverständnis, das auf Ehrabgrenzung ebenso ausgerichtet war wie auf kriegerische Leistung, den Anspruch und die Verteidigung seines Ranges und symbolische Gesten und Gunsterweise. Dass „Adel verpflichtet", wird man deshalb bereits für diese Epoche geltend machen können: Die „nobilitas carnis" verlangte eine „nobilitas morum", eine entsprechende Lebens- und Verhaltensweise und ein Adelsethos. Große Unterschiede in den einzelnen europäischen Landschaften lassen sich hinsichtlich der Stellung des Adels kaum erkennen, und die Ähnlichkeit Englands mit dem Kontinent ist für die Mitte des 11. Jahrhunderts eigens hervorgehoben worden (P. L. Clarke). Wohl aber scheint der englische Adel stärker an den König gebunden gewesen zu sein, als das beispielsweise in Frankreich der Fall war, und er war zudem stärker durch Erbteilungen gefährdet.

Im Zuge einer „Feudalisierung" des Heeres ersetzten Adlige und Vasallen auch im Heerwesen die einstige „Freienarmee". Nach einem Kapitular Karls des Großen bedurfte es eines Besitzes von 12 Hufen, um einen Panzerreiter zu stellen.[33] Das 8. und 9. Jahrhundert bedeuteten in dieser Hinsicht einen „Abstieg" der Freien insgesamt, der sich durch die Einbindung vieler Freier in Grundherrschaften noch verschärfte, und im Gegenzug eine Tendenz zur Herrschaftsintensivierung des Adels, die sich im 10. und 11. Jahrhundert fortsetzte. Der Adel hob sich dadurch sozial noch stärker ab, und er tendierte jetzt immer mehr zur Begründung eines agnatisch ausgerichteten Geschlechts. Die in den Kapitularien ablesbaren Maßnahmen zum Schutz der Freien lassen sich durchaus als Versuch der Könige deuten, dieser Entwicklung entgegenzuwirken.

Der Norm nach waren die Stände geschieden, entschied die Geburt über den Stand, und man wird die rechtsständische Stufung in diesem Zeitalter von der Zahl der Belege her zweifellos als die bedeutendste Gliederung betrachten dürfen. In Wirklichkeit beobachten wir jedoch immer wieder, dass der Stand im Einzelfall keineswegs eindeutig bekannt oder unveränderlich, sondern dass ein sozialer Auf- und Abstieg mög-

---

32 Vgl. M. Heinzelmann, 'Adel' und 'Societas sanctorum'.
33 MGH Capit. 1, Nr. 44, c. 6, S. 123, (a. 805).

lich war und dass Prozesse um den Erhalt des Rechtsstandes geführt wurden, wie sie vor allem in Italien bezeugt sind. Solche Prozesse belegen ihrerseits aber die Bedeutung der Freiheit. Ein Kapitular von 803 drohte demjenigen den Tod an, der wegen seiner Freiheit vor Gericht gerufen wurde und, weil er fürchtete, in Knechtschaft zu fallen, einen nahen Verwandten, durch den diese Gefahr drohte, umbrachte.[34] Das Gericht sollte den Stand, der hier offensichtlich durch die Geburt bestimmt war, prüfen. Dass dieser Fall überhaupt eintreten konnte, beweist jedoch, dass der Geburtsstand auch für die Zeitgenossen keineswegs immer klar erkennbar war und dass man den Rechtsstand gerade infolge des Herkunftskriteriums, nämlich vor allem durch die ständische Ungleichheit der Eltern, verlieren konnte. Das konnte aber auch andere Ursachen haben: Ehemalige Herren konnten eine Freilassung später bestreiten, Freie sich in Schuldknechtschaft begeben, Unfreie freigelassen werden oder ihre Unfreiheit abstreifen. Im engeren Sinn bedeutete die rechtsständische Freiheit außerdem nichts anderes als die volle Rechtsfähigkeit, und sie schloss soziale Differenzierungen keineswegs aus: Der Rechtstand umschloss vielmehr eine Vielzahl möglicher sozialer Abstufungen. Das gilt für den Adel ebenso wie für die Freien und Unfreien. Unstrittig ist aber auch die Tatsache, dass der freie Rechtsstand infolge der sozialen Auffächerung im Verlauf der hier behandelten Epoche seine Bedeutung zugunsten anderer sozialer Gliederungen verlor: Der Abstieg der Freien resultierte aus der Ausbreitung der Grundherrschaft (vgl. 3.2.6.3) und der damit verbundenen Nivellierung als Hörige ebenso wie aus ihrer Verdrängung aus dem Heer (vgl. 3.1.7).

3.2.4 Gesellschaftsschichtung: Differenzierungen und Mobilität

Wies die frühmittelalterliche Gesellschaft in der Realität also weit größere Differenzierungen auf, als es die Rechtsnormen, religiösen Überzeugungen und sozialen Ideale („ordo"-Denken) vermuten lassen, und war sie tatsächlich von anderen Kriterien als den rechtlichen bestimmt, so ist entsprechend auch das Bild einer weitgehend statischen Gesellschaft überholt, die vielmehr von dynamischen Prozessen eines Auf- und Abstiegs, einer sozialen (vertikalen) Mobilität, geprägt war. Heiratsverbote der Leges für Angehörige verschiedener Rechtsstände spielten in der Praxis längst keine Rolle mehr; seit dem 9. Jahrhundert sind, vor allem im Hinblick auf die grundherrschaftlichen Hufenbauern, vielmehr zahlreiche Fälle „sozialer Mischehen" belegt. Im Polyptychon von Saint-Germain-des-Prés machen sie fast ein Fünftel aller Ehen aus. Auch wenn die frühmittelalterliche Gesellschaft eine durchweg agrarische war, bewirkten, unabhängig vom Rechtsstand, die unterschiedliche Arbeits- und Lebensweise und die daraus resultierenden Bedürfnisse von Bauern, Handwerkern und Händlern eine tätigkeitsbezogene Differenzierung, und auch geschlechterspezifisch lassen sich, zumindest normativ und idealtypisch, „Männer-" und „Frauenarbeiten" unterscheiden, wobei die Textilherstellung (in allen Phasen) geradezu zum Inbegriff der Frauenarbeit wurde.[35] In der

---

34 MGH Capit. 1, Nr. 39, c. 5, S. 113, (a. 803).
35 Vgl. H.-W. GOETZ, Frauen, 270 ff.; D. HERLIHY, Opera muliebra; Ludolf KUCHENBUCH, Opus feminile. Das Geschlechterverhältnis im Spiegel von Frauenarbeiten im früheren Mittelalter, in: H.-W. GOETZ (Hg.), Weibliche Lebensgestaltung, 139–175.

Grundherrschaft wurden andere „funktionale" Schichtungen nach Hofhörigen, Hufenbauern und Funktionsträgern, aber auch „Fronbauern" und „Zensualen" wichtig. Diese neuen, funktionalen Gruppen überlagerten das ständische Rechtssystem, das seit dem 9. Jahrhundert immer stärker in den Hintergrund trat und gewissermaßen der erwähnten Polarisierung von „Herren" und „Knechten" Platz machte. Innerhalb beider Gruppen aber blieben die Unterschiede groß. Allein der Status der Hufenbauern unterschied sich vielfältig nach der Größe ihrer Hufe, der Art und Höhe der Abgaben, der Zahl der Familienmitglieder oder der auf der Hufe ansässigen Familien wie auch danach, ob die Bauernfamilie allein wirtschaftete oder ihrerseits Knechte besaß. Hinzu kommt, dass in Städtelandschaften, vor allem in Norditalien, das „Bürgertum" sich bald ebenfalls zu einer die traditionelle Ständegliederung durchbrechenden Gruppe entwickelte.

Ein sozialer Aufstieg wurde im Übrigen vor allem durch Besitz und Ämter (Funktionen) gefördert. Das „spektakulärste" Beispiel bilden die Ministerialen, ursprünglich unfreie Funktionsträger der Herren, die sich – allerdings erst am Ende des hier behandelten Zeitraums – zum Aufstieg in die niedere Adelsschicht anschickten. Aber auch die Zensualen, Hörige, die nicht zu Frondiensten, sondern nur zu einem Geldzins verpflichtet waren, hoben sich von den übrigen Hörigen ab. Besonders lohnend konnte die Tradition an eine Kirche sein, wenn der Hörige nämlich fortan nur noch zur Zahlung eines Zinses in Wachs (so genannte Wachszinsige) verpflichtet war. Darüber hinaus schuf die Ansiedlung auf Rodungsland häufig Erleichterungen (so genannte Rodungsfreie). An der Grenze des christlichen Spanien zum Islam gewannen die zum Grenzschutz verpflichteten Hufenbauern, ob frei oder unfrei, eine besondere Stellung. Dem sozialen Aufstieg aber stand andererseits, wie erwähnt, ein sozialer Abstieg gegenüber: durch die Verknechtung von Freien, durch Schuldknechtschaft, Strafknechtschaft für ein Verbrechen, standesungemäße Heirat oder Abhängigkeit von einem Grundherrn, die Schlechterstellung durch Frondienste, den Verlust einer Amtsstellung usw. Der an sich gebürtige Adel war schnell vom Abstieg bedroht, wenn er verarmte und seinen adligen Lebensstil nicht mehr aufrechterhalten konnte; der hohe Reichsadel verlor diese Stellung, wenn es ihm nicht gelang, seine Mitglieder immer wieder in hohe Reichsämter zu bringen.

3.2.5 Randgruppen, Minderheiten, Außenseiter, Reisende

Mit den Schichtenanalysen und dem Blick auf alle Menschen sind in den letzten Jahrzehnten immer stärker auch die Unterschichten in das Forschungsinteresse gerückt: die Bauern (oder die Hörigen schlechthin) ebenso wie soziale Randgruppen und Außenseiter. Unter diesen modernen Begriffen werden tatsächlich aber sehr verschiedenartige Gruppen zusammengefasst, denen letztlich nur gemeinsam ist, dass sie von der Gesellschaft nicht als vollwertige Mitglieder akzeptiert wurden (vgl. 4.2.2.4).[36] Das konnte religiöse Gründe haben, wie bei den *Juden*,[37] die durch ihre Religionsverschiedenheit zu einer „Minderheit" in der christlichen Gesellschaft wurden (mit eigenen re-

---

36 Lit.: Bibl. 5.3.2.5.1.
37 Lit.: Bibl. 5.3.2.5.3.

ligiösen Versammlungsorten, Riten und Speisegesetzen sowie einem eigenen Kalender). Die Juden waren nach der Zerstörung Jerusalems im Jahre 70 n. Chr. zwar keineswegs vollständig aus Palästina und dem Nahen Osten vertrieben worden, doch verstärkte sich seither, mit einer weiteren Auswanderungswelle nach der islamischen Eroberung, der Hang vieler Juden zu einem Leben in der christlichen „Diaspora", ohne dass Glauben und Gebräuche wie auch ein Auserwähltheitsbewusstsein aufgegeben wurden: im Byzantinischen Reich, in Italien, Südfrankreich und Spanien, das seit der Spätantike ein Zentrum jüdischer Siedlung war („sephardisches Judentum") sowie seit dem 9./10. Jahrhundert, wenngleich zahlenmäßig weniger bedeutend als im Süden, auch in Mitteleuropa („aschkenasisches Judentum"); ob es auch in den Rheinstädten eine Kontinuität von der Spätantike her gab, ist nicht auszumachen. Ein sporadisches Auftreten ist hier erst wieder seit dem Ende des 8. Jahrhunderts zu beobachten, die erste jüdische Kaufmannskolonie wird im Jahre 888 für Metz erwähnt; eine Mainzer Synode gebot nach 900 für den Mord an einem Juden die gleiche Strafe wie an einem Christen und setzte damit die Anwesenheit von Juden voraus; für Worms ist sie im 10., für Speyer im 11. Jahrhundert bezeugt. In ottonischer Zeit wurde Mainz, wo um die Jahrtausendwende der bedeutende Gelehrte Gerschom bar Jehuda wirkte, zum wichtigsten Stützpunkt im Reich. Die Juden im christlichen Abendland lebten vor allem wohl in den (Bischofs-)Städten, wo sie jedenfalls hauptsächlich belegt sind, und waren oft (Fern-)Händler, die den Kontakt zum byzantinischen und islamischen Mittelmeerraum hielten. Zumindest im Bewusstsein der Zeitgenossen waren Juden in einem Maße als (Fern-)Händler tätig, dass beide Gruppen, wie in der Raffelstettener Zollordnung (903/5), geradezu gleichgesetzt werden konnten, doch waren Juden auch im lokalen Handel, als Handwerker oder Ärzte und entgegen früheren Ansichten, vor allem in Südeuropa, wohl auch als Bauern tätig. Seit dem 11. Jahrhundert sind in vielen deutschen Städten Judengemeinden bezeugt. Sie lebten nach eigenem Recht und Kult und hatten teilweise auch eigene Autoritäten, wie den vom König bestimmten „magister Iudeorum", standen seit der Karolingerzeit unter königlichem Schutz, und einzelne jüdische Kaufleute waren sogar vom König privilegiert; besonders von Ludwig dem Frommen sind (in den „Formulae imperiales") solche kaiserlichen Privilegien und Schutzbriefe erhalten, die sich nach neuerer Ansicht aber in eine kontinuierliche Politik einordneten (C. Geisel). Die Privilegierung betraf allem Anschein nach jedoch nur einzelne jüdische Fernhändler und nicht die Juden als Gruppe.

Das Judenrecht sah eine Reihe von Einschränkungen vor, und es gab immer wieder antijüdische Äußerungen, etwa im westgotischen Spanien, in den Invektiven des Erzbischofs Agobard von Lyon im 9. Jahrhundert oder in der gleichzeitigen, traditionsbewussten Bibelexegese der Paulusbriefe eines Hrabanus Maurus, Florus von Lyon oder Haimo von Auxerre, welche die Juden als Feinde Gottes sah und ihnen wegen des Christusmordes ewige, unsühnbare Schuld vorwarf.[38] Deshalb darf man die Situation der Juden infolge einer unterschwellig vorhandenen antijüdischen Polemik und Stimmung gewiss nicht idealisieren. Dennoch scheinen die Juden in diesem Zeitraum insgesamt, abgesehen von lokalen Erhebungen in Frankreich in der ersten Hälfte des 11. Jahrhunderts (Versuch Roberts des Frommen zur gewaltsamen Christianisierung 1007), bis

---

38 Vgl. J. HEIL, Kompilation oder Konstruktion?

zur Verfolgung in Lyon 1049, den Pogromen in Granada 1066 sowie vor allem des Ersten Kreuzzugs 1096 weithin toleriert und in ihrer Religionsausübung nicht nennenswert behindert oder gar verfolgt worden zu sein. Agobard beklagte vielmehr gerade ihre angebliche Privilegierung. Man wird das antijüdische Manifest Agobards zwar nicht als „das belächelte Produkt eines Außenseiters" (so C. Geisel) abtun dürfen, doch spiegelt es offenbar nicht verbreitete Tendenzen wider. Wenn in Byzanz Kaiser Heraklios (610–641) die Ausübung der jüdischen Religion ganz untersagte, so blieb auch das eine vorübergehende Erscheinung. Im weitgehend toleranten islamischen Spanien der Omayyadendynastie hatten die Juden gegenüber den westgotischen Bedrohungen trotz hoher Abgaben sogar eine gefestigte und oft angesehene Stellung, und in den Hauptstädten gab es eine ausgedehnte jüdische Siedlung mit einem entwickelten Geistesleben. Aber auch in den christlichen Reichen Spaniens verbesserte sich die Stellung der Juden, die ihren Landbesitz im Zuge der Reconquista beträchtlich vergrößern konnten und unter königlichem Schutz und oft auch in königlichem Dienst standen.

Eine Zwangstaufe, wie sie gelegentlich, zum Beispiel im Frankenreich unter Chilperich 582 und (vielleicht) Dagobert[39] oder im katholisierten Westgotenreich unter Rekkared und Sisebut, mit Tendenzen zur Ausgrenzung und, unter Egica (687–702), sogar zur Enteignung der Juden, angeordnet wurde, wurde kirchlicherseits später immer wieder verworfen. Die Ansiedlung von Juden wurde von den Stadtherren vielmehr teilweise sogar gefördert. Hingegen geht es zweifellos zu weit, von einer „projüdischen Stimmung" im Frankenreich zu sprechen, welche die Juden zu einem „angesehenen, wohlsituierten und durchaus machtvollen Personenverband" machte.[40] Auch wenn die Auswirkungen in der Praxis wohl gering blieben, darf man nicht übersehen, dass kirchliche Bestimmungen den Juden vielmehr bereits seit der Spätantike und dann im Westgoten- und (seit 533) im merowingischen Frankenreich die Heirat mit Christen, den Besitz christlicher Knechte – darauf konzentrierte sich das Interesse zunehmend –, gemeinsame Mahlzeiten mit Christen, den Aufenthalt auf öffentlichen Straßen und Plätzen in der Osterzeit sowie die Ausübung öffentlicher Ämter untersagten, die ihnen die Gewalt über Christen gegeben hätten. Die Juden waren somit nicht gleichberechtigt; sie wurden in ihren gesellschaftlichen Aktivitäten eingeschränkt – die Wiederholung solcher Konzilsbeschlüsse belegt allerdings, dass diese Verbote nicht strikt eingehalten wurden und vielleicht überhaupt eher theologische Interessen als eine soziale Wirklichkeit widerspiegelten – und kirchlicherseits als Fremde und „Christusmörder" und als Bedrohung für den Glauben empfunden. Die Ambivalenz der sozialen Stellung zeigt sich auch in der theologischen Deutung des Verhältnisses von „Synagoge" und „Kirche": Die alttestamentliche „Synagoge" war typologischer Vorläufer der neutestamentlichen „Ecclesia", die ihr nun aber die Herrschaft abnahm.

Ein ganz anderes Phänomen bildeten die *Armen und Bettler*[41] wie auch das Räuber(un)wesen (wobei sowohl der „pauper"- wie der „latro"-Begriff mehrdeutig sind und „pauper", entgegen verschiedenen Deutungen, durchaus auch die wirtschaftliche Armut umfasste; vgl. 3.2.2): Auf der einen Seite wurden Arme und Bettler verachtet,

---

39 Fredegars Nachricht (4,65) wird jetzt von C. GEISEL, Juden, 340ff., bezweifelt.
40 So C. GEISEL, Juden, 736.
41 Lit.: Bibl. 5.3.2.5.2.

weil sie sich nicht in die Gesellschaft fügten, auf der anderen Seite nicht nur ob ihres Schicksals bedauert, sondern geradezu als notwendiges Ziel christlicher Nächstenliebe gebraucht. Infolge der Kriege, Seuchen, Hungersnöte, Krankheiten und sozialen Bedrückungen scheint es insgesamt eine große Anzahl ständiger Armer wie auch zeitweise Verarmter gegeben zu haben. Insgesamt war Armut so verbreitet, dass es einer königlichen Fürsorgepolitik, vor allem aber einer von den Klöstern institutionalisierten, religiösen Motiven entspringenden und nicht zuletzt auch mit dem Gebetsgedenken und mit Stiftungen verknüpften Armenfürsorge bedurfte, für die ein großer Teil der kirchlichen Mittel verbraucht wurde. Die Kirchen und ihre Atrien boten auch räumlich die geeigneten Orte der Versorgung. An dieser Fürsorge waren neben den Klöstern auch – nicht nur von Amts wegen – Könige und Bischöfe beteiligt.[42] In der frühmerowingischen Zeit gab es in antiker Tradition sogar noch Armenverzeichnisse („matricula") der zur Fürsorge berechtigten Bedürftigen und ihrer Zuteilungen. Fränkische Synoden (zuerst 549 in Orléans) und Formeln belegen die Existenz von Pilger-, Armen- und Krankenhäusern („xenodochia"; „hospitales") bei Klöstern und Bischofskirchen und forderten deren Vorhandensein in jedem Kloster und Stift; im merowingischen Gallien sind solche Xenodochien, mehr oder weniger zufällig, an 34 Orten nachgewiesen. Karolingische Kapitularien verpflichteten – wohl angesichts aktueller Hungersnöte – kirchliche und weltliche Amtsträger zur Beköstigung Notleidender, die „pauperes" wurden ausdrücklich unter königlichen Schutz gestellt, während man das Betteln – vergeblich – zu verbieten suchte. Nach einer (wohl parodisierenden) Anekdote Notkers von St. Gallen formierten sich die Bettler hingegen sogar zu einer eigenen Gesellschaft mit einem Bettlerkönig an der Spitze.[43]

Eine weitere Gruppe bildeten die *Fahrenden*, wobei grundsätzlich zwischen (zeitweise) Reisenden und Pilgern oder auch Kaufleuten auf der einen und den Nicht-Sesshaften auf der anderen Seite zu unterscheiden ist. Dazu gehörten Gaukler und Spielleute ebenso wie die – leicht damit in Verbindung gebrachten – Prostituierten, aber auch die ausdrücklich aus der Gesellschaft Ausgestoßenen, sei es wegen ihrer ansteckenden Krankheit, wie die Leprosen, oder als Strafe für ein Vergehen, wie die Geächteten oder die von kirchlichen Autoritäten Exkommunizierten, denen jeder Umgang mit der Gesellschaft untersagt war. Reisende und vor allem Pilger besaßen demgegenüber, trotz einer wohl verbreiteten Scheu vor Fremden, ein weit höheres Ansehen, und sie waren durchaus keine Seltenheit: Die horizontale Mobilität war bereits im frühen Mittelalter erheblich größer als früher angenommen. Sie gehörte sogar zum Wesen einer Gesellschaft, in der die Könige wie auch andere geistliche und weltliche Amtsträger (fast) ständig unterwegs waren, um ihren Aufgaben gerecht zu werden, in der der Adel ebenso wie die geistlichen Grundherren weit verstreute Güter besaßen, Heere über weite Strecken zogen, Gesandte und Boten unterwegs waren, Fernkaufleute ihre Waren noch selbst begleiteten, der Heiligenkult ständig zur Pilgerschaft ermutigte, Fahrende ohne festen Wohnsitz von Ort zu Ort zogen und auch den Bauern verschiedene Arbeiten und Fuhren in entfernteren Gegenden abverlangt wurden – das bayerische Volksrecht mutete ihnen Fuhren in einer Entfernung bis zu

---

42 Vgl. M.-L. Laudage, Caritas und Memoria; T. Sternberg, Orientalium more secutus.
43 Notker, Gesta Karoli 2,21, ed. Hans F. Haefele, MGH SSrG n.s. 12, ²1980, S. 91.

50 Meilen zu: „Reisen" gehörte tatsächlich zur Normalität. Es hängt mit dieser Mobilität sowie mit dem Fehlen kommerzieller Gasthäuser in dieser Periode zusammen, dass der (unentgeltlichen) Gastfreundschaft[44] – als christliche Pflicht der Nächstenliebe – nicht nur in den Klöstern eine große Bedeutung beigemessen wurde, während die von der Kirche zudem als anrüchig betrachteten antiken Tavernen nach verbreiteter Ansicht nur an wenigen, verkehrsgeographisch wichtigen Punkten überlebten. Wiederholte Verbote des Tavernenbesuchs für Priester lassen jedoch auch hier eine größere Verbreitung vermuten. Gäste gehörten gewissermaßen zur Hausgemeinschaft, und das Gastrecht wurde sogar in den Volksrechten geregelt. Daneben spielte das Einquartierungsrecht der Herren eine wichtige Rolle. Andere (potentielle) Randgruppen, wie Sodomiter oder auch „Magier" und „Hexen", waren existent, werden in diesen Jahrhunderten aber (noch) nicht als Gruppe fassbar.

3.2.6 Lebensformen und Lebenskreise

In der jüngeren Forschung ist nach der Betrachtung der Stände und Schichten immer stärker die Untersuchung von Lebensformen und Lebenskreisen in den Vordergrund getreten, in denen sich die verschiedenen Schichten und Stände nicht nur vertikal abgrenzen, sondern auch in ihren Beziehungen und Bindungen zueinander in den Blick nehmen lassen und der Akzent nicht nur auf die Menschen selbst, sondern auch auf deren (alltägliche) Lebenswelt gelegt wird. Das entspricht einer stärker anthropologisch ausgerichteten Mediävistik, die gleichsam zwischen „Makro- und Mikroebene", zwischen dem Leben (Alltag) und dessen Bedingungen (den Strukturen) vermittelt. Eine solche Sichtweise erscheint umso angemessener, als die Menschen sich nach heutiger Anschauung gerade im frühen Mittelalter erst in und durch ihre „Gemeinschaft" definierten und erst darin ihren sozialen Wert und ihre Identität erlangten (vgl. 4.2.3).
In der Realität gehörten die Menschen allerdings jeweils verschiedenen, sich überlagernden Gemeinschaften an: der Mönch beispielsweise dem Konvent ebenso wie seiner Familie, der er durch Klausur und Klosterregel entfremdet, in den sozialen Beziehungen aber verbunden blieb, der Freie oder Adlige seiner Familie und dem Gefolgschafts- oder Lehnsverband seines Herrn, der hörige Bauer einer eigenen Familie ebenso wie der „familia" des Grundherrn, der Dorfgemeinschaft oder der kirchlichen Gemeinde. Gefolgschafts- und Lehnsverbände, über deren engeren Zusammenhalt wir wenig wissen, haben ihre Bedeutung anscheinend eher als politische denn als soziale Organisationsformen erlangt (vgl. 3.1.2).

3.2.6.1 Ehe, Familie, Verwandtschaft[45]
Die *Familie* galt im frühen Mittelalter als Grundform sozialen Zusammenlebens und als Modell für andere Gemeinschaften: für das Kloster, dessen Abt als „paterfamilias" fun-

---

44 Lit.: Bibl. 5.3.2.5.4; B.-S. ALBERT, Pèlerinage.
45 Lit.: Bibl. 5.3.2.6.2. Vgl. ferner C. BOUCHARD, Consanguinity; DIES., „Those of My Blood"; H.-W. GOETZ, Frauen, 165–196, K. HEENE, Legacy of Paradise, 61–113; D. HERLIHY, Medieval Households, bes. 73ff. und 98ff.; S. KONECNY, Frauen; M. MOSTERT u.a. (Hg.), Vrouw, familie en macht; S. F. WEMPLE, Women in Frankish Society.

gierte, für den Hörigenverband eines Grundherrn, den die Quellen als „familia" bezeichnen, und, von der Hausgemeinschaft her, sogar für die Verwaltung des königlichen Hofes und des Reiches. Es kann daher nicht verwundern, dass die Rechtsquellen der „Familiengründung" eine beachtliche Aufmerksamkeit schenkten, während die Familie nach innen hin ein weitgehend autonomer Bereich und ein eigenständiger Friedens- und Rechtsverband war, in den Königsherrschaft und Gerichte zunächst nicht eindrangen. Wer diese Familie repräsentierte, ist allerdings nicht leicht zu erkennen, da es verschiedene konkurrierende Systeme gab, deren Verhältnis zueinander durchaus strittig ist (vgl. 4.2.4.1): auf der einen Seite die auf Abstammung beruhende Verwandtschaftsfamilie (die „Sippe"), auf der anderen Seite die Haushaltsfamilie, das „Haus", zu dem auch andere Personen, vor allem das Gesinde, zählten. Zwischen beiden Formen bestanden enge Zusammenhänge, aber sie waren nicht identisch. Falls die Sippen in der Frühzeit jemals einen Siedelverband gebildet hatten, war das im frühen Mittelalter, vielleicht mit regionalen Ausnahmen, jedenfalls nicht mehr der Fall: Die „klassische" Lehre vom „ganzen Haus", in dem die „Großfamilie" aus mehreren Generationen unter einem Dach zusammenlebte, ist kaum mehr haltbar, wenngleich es noch Anzeichen dafür gibt, dass Haus und Hof wie auch die grundherrschaftliche Hufe als (gemeinsamer) Familienbesitz galten und durchaus Anverwandte (vor allem Geschwister) beherbergen oder mehrere Familienmitglieder sich Hufe, (Bauern-)Hof oder Adelsgut „teilen" oder auch darin „einheiraten" konnten. Wieweit das die Regel war, ist den Quellen allerdings nicht zu entnehmen. Die gängige Lebensgemeinschaft aber bildete in den meisten Gegenden bereits die so genannte Kernfamilie (oder Kleinfamilie) aus Eltern und Kindern, die auch rechtlich immer stärker in den Blickpunkt rückte: Der Verwandtschaftsverband, den die Volksrechte noch als – haftende – Rechtseinheit zugrunde gelegt hatten, verlor allmählich seine Bedeutung zugunsten der *Haushaltsfamilie*. Das wirkte auf das Erbrecht zurück: Blieb das Erbgut zunächst anscheinend im Besitz der Verwandtenfamilie und dann der Seitenverwandten (Brüder und Schwestern), so setzte sich zunehmend ein Erbrecht der Kinder durch, für die der überlebende Elternteil als Sachwalter fungierte. Im 10. Jahrhundert durften die Eltern Veräußerungen nicht mehr ohne Zustimmung der Kinder vornehmen (R. Le Jan). Das räumte aber auch den Ehepartnern gegenseitige Verfügungsrechte über das Erbe ein. Dieser Wandel lässt sich gut an der Erbfolge im Reich ablesen, wo im 9. Jahrhundert häufig noch Oheime ein Vorrecht gegenüber ihren Neffen beanspruchten, doch meist bereits unterlagen.

Die Gattenfamilie beruhte auf der *Ehe*, die öffentlich unter Zeugen und in bestimmten, symbolhaften Formen, jedoch als ein weltlicher Rechtsakt geschlossen wurde, der durch einen priesterlichen Segen bekräftigt werden konnte (und wohl auch zunehmend bekräftigt wurde). Auch wenn von einzelnen Merowingerkönigen und später noch in Skandinavien Mehrehen bezeugt sind, scheint die Einehe von Anfang an die übliche und kirchlicherseits geforderte Eheform gewesen zu sein. Synoden erlaubten bis in die Karolingerzeit hinein uneheliche Gemeinschaften, verboten hingegen mehrere Partner. Als rechtmäßige Form galt die *Muntehe*, der eine Verlobung vorausgehen konnte oder sollte und die zwischen den Elternfamilien vereinbart wurde und die Frau aus der Munt (Schutzherrschaft) des Vaters oder Vormunds in die Obhut des Bräutigams überführte. Die Ehe setzte daher die Einwilligung der Eltern als

Rechtsgrundlage voraus, die offenbar gleichwohl oft umgangen wurde. Die Quellen nennen das „Frauenraub" („raptus feminarum"). Dieser wurde strafrechtlich geahndet, doch die Häufigkeit der Sanktionen lässt vermuten, dass er noch im 9. Jahrhundert (und darüber hinaus) weit verbreitet war. Ein Konsens der Ehepartner selbst, zumal der Braut, wurde von kirchlicher Seite zunehmend angemahnt. Dem Akt der „Trauung" („traditio") schlossen sich bei der Muntehe die Heimführung der Braut, eventuell das Beilager (als „Vollzug" der Ehe) und ein Gastmahl an. Dazu gehörte aber auch eine „Witwenausstattung" der Frau (die „dos"), die in der Regel nicht veräußert werden sollte und später zum Erbteil der Kinder zählte.[46]

Wieweit es neben der Muntehe anfangs eine weitere (institutionalisierte) Eheform, die so genannte *Friedelehe* (dem Namen nach eine „Liebesehe") ohne Familienvertrag, Erbansprüche und „Dotierung" der Frau, gegeben hat, ist kaum zu erkennen, da sie in den Quellen keine klaren Konturen gewinnt. Ihre Idealisierung in der früheren Forschung ist jedenfalls nicht berechtigt. Wahrscheinlicher ist es, dass nicht jede Ehe in vollgültigen Formen vollzogen wurde und von daher Unterschiede auftreten konnten. Doch erst seit dem späteren 8. Jahrhundert suchten kirchliches und weltliches Recht die Muntehe als alleingültige Eheform durchzusetzen; alle anderen, bis dahin ebenfalls als rechtsgültig betrachteten, aber nicht in muntrechtlichen Formen geschlossenen Ehen gerieten dadurch in einen zweifelhaften Ruf und wurden schließlich als illegitimes Konkubinat verurteilt (A. Esmyol). Die von kirchlicher Seite vielfach betonte und propagierte Gemeinschaft der Ehepartner zeigt sich im Übrigen auch in der Lebenspraxis. Nach außen hin handelten die Eheleute immer wieder gemeinsam, sie waren gemeinschaftlich verantwortlich und wurden bei Straftaten oft entsprechend „kollektiv" zur Verantwortung gezogen. Die Ehe war eine Zweckgemeinschaft mit einer aufeinander bezogenen Arbeits- und Funktionsteilung der Partner, bei Adels- und Königshäusern ebenso wie in der bäuerlichen Familie. Ehepaar und Kleinfamilie galten in der zeitgenössischen Sicht daher als Einheit, als Norm und als Maßstab.

Vor allem in karolingischer Zeit ist eine „Verchristlichung" der Ehetheorie zu beobachten. Unter kirchlichem Einfluss wurden die Inzestverbote verschärft,[47] sonstige Ehehindernisse aber eher beseitigt, um die Ehe als Lebensform der Laien dadurch noch weiter zu fördern, wie überhaupt die lebenslange Dauer der Ehe entsprechend gestärkt wurde. Wenngleich die „Verstoßung" des Ehepartners und besonders der Ehefrau, auch nach weltlichem Recht, schon vorher nicht grundlos erfolgen sollte und zudem häufig zu Auseinandersetzungen zwischen den Familien führte, gab es anfangs doch eine ganze Reihe anerkannter Scheidungsgründe (wie ungleichen Rechtsstand, verschiedene Herkunft, schwere Krankheit, Impotenz), die bis zum Ende des 9. Jahrhunderts immer mehr eingeschränkt und zunächst auf „Unzuchtvergehen" und schließlich allein auf Inzest (bis zum 7., später bis zum 4. Verwandtschaftsgrad) begrenzt wurden. Rechtstexte und konkrete Fälle lassen zudem erkennen, dass die Scheidung entgegen gängigen Ansichten durchaus nicht einseitig nur vom Mann erwirkt werden konnte. Der lange Ehestreit Lothars II. (vgl. 2.2.3) zeigt allerdings, wie

---

46 Vgl. F. Bougard/L. Feller/R. Le Jan (Hg.), Dots et douaires.
47 Zum merowingischen Frankenreich vgl. P. Mikat, Inzestgesetzgebung; M. de Jong, An Unsolved Riddle.

wenig fest die rechtliche Argumentation noch war und wie sehr Machtfragen hier das Geschehen bestimmten.

Dass die Ehen hochgestellter Persönlichkeiten und zumal die Königsehen ein politischer Faktor ersten Ranges waren, ist allgemein bekannt: Mit der Eheschließung konnten Bündnisse zwischen Familien geschlossen (oder auch Streitigkeiten beendet) werden, suchte man Stellung, Stand und Besitz zu vermehren. Ähnliches gilt aber wohl auch auf niedrigeren Ebenen: Wenn die Bauern der Grundherrschaft des Klosters Saint-Germain-des-Prés auffälligerweise weit häufiger mit Frauen höheren als niedrigeren Rechtsstandes verheiratet waren, dann wird man dahinter eine gezielte Heiratspolitik vermuten dürfen, um die eigene Stellung oder zumindest die der Kinder zu verbessern. In diese Gemeinschaft (wie auch in die Politik) war die „künstliche" Verwandtschaft, waren Taufpatenschaft und Adoption, einbezogen, auch wenn letztere nicht mehr die gleiche Rolle spielte wie in der Antike.[48]

Die Möglichkeit der Eheschließung scheint von den wirtschaftlichen Verhältnissen, der Ernährungsgrundlage, abhängig gewesen zu sein und wurde daher nicht allgemein zur Pflicht gemacht, doch spielte die zahlenmäßig anscheinend nicht unbeträchtliche *Ehelosigkeit* vieler Erwachsener – unter den Bauern des Klosters Saint-Germain-des-Prés betrug der Anteil lediger Männer und Frauen (darunter waren aber auch Verwitwete) 31 %, der Anteil kinderloser Männer und Frauen immerhin noch 24,3 % – in den Quellen tatsächlich keine allzu große Rolle. Die Bezeichnung der Ledigen als „pueri" und „puellae" in Kapitularien und Konzilsbeschlüssen weist diese Gruppe der Norm nach als ein (jugendliches) Übergangsstadium aus. Selbst unter den Hörigen am Herrenhof waren – entgegen verbreiteten Ansichten – Ehen oder eheähnliche Verbindungen üblich. Insgesamt war die Ehe im frühen Mittelalter in kirchlicher Theorie und sozialer Praxis eine – trotz des kirchlichen Ideals der Jungfräulichkeit – geachtete und erstrebte Lebensform, die durchweg als Normalfall und Maßstab des laikalen Lebens aller Stände galt und daher allenthalben gefördert wurde; Synoden, Traktate (wie Jonas von Orléans' „De institutione laicali") und Bußbücher erstrebten aber eine Ethisierung des Ehelebens. Während die weltliche Gesetzgebung letztlich nur die Streitpunkte zwischen den Familien, nämlich Eheschließung und Eheauflösung, regelte, griffen kirchliche Synoden, Ehetraktate und vor allem das kirchliche Bußwesen weit stärker in das Eheleben selbst ein, stellten moralische Forderungen an die Ehepartner und suchten die – als Mittel der Fortpflanzung stets akzeptierte und sogar zur Pflicht gemachte – Sexualtätigkeit einzuschränken, indem sie sie an zahlreichen Tagen und kirchlichen Festzeiten untersagten und Verhütungsmittel ebenso verboten wie Aphrodisiaka. Nach Berechnungen hätte es bei peinlicher Beachtung der Vorschriften im Durchschnitt nur noch rund 90 Tage im Jahr gegeben, an denen der Geschlechtsverkehr erlaubt blieb. Die ständigen Wiederholungen der Verbote zeugen allerdings davon, dass von einer strengen Beachtung in der Praxis kaum die Rede sein kann.

Trotz wachsender Zuständigkeit der Haushalts- und der Kernfamilie ist eine rechtliche und auch politische *Bedeutung der Verwandtschaftsfamilie* kaum zu bestreiten. Die Familie wachte über die Moral ihrer Mitglieder und konnte Konflikte mit anderen

---

48 Vgl. A. ANGENENDT, Kaiserherrschaft und Königstaufe; A. GUERREAU-JALABERT, Qu'est-ce que l'adoptio; B. JUSSEN, Patenschaft und Adoption; E. SANTINELLI, Continuité ou rupture?

auch auf außergerichtlichem Wege in Form der Blutrache und der Fehde lösen, wie es, vor allem beim Adel, anscheinend weit verbreitet war. Wie sehr die Familie sich als eine Gemeinschaft, ein „Familienverband" verstand, zeigt sich in den vielen „Familieneinträgen" in frühmittelalterlichen Gedenkbüchern, in die Männer und Frauen ebenso integriert wurden wie Laien und Kleriker, die Verstorbenen ebenso wie die Lebenden. Es zeigt sich nicht minder in der genealogischen Berufung auf einen „Spitzenahn" und in einer weithin üblichen familiengebundenen *Namengebung*. Die Namen bzw. Namenglieder der Eltern, Großeltern oder anderer, naher Verwandter wurden – zunehmend – an die Kinder „vererbt" und so zum sichtbaren Zeichen einer bestimmten Familienzugehörigkeit: In der Zeit der Einnamigkeit war der Name gewissermaßen „Vor- und Sippenname" zugleich und folglich Ausdruck eines Familienbewusstseins (K. Schmid). Die Benennung nach nahen Verwandten (Eltern, Großeltern, Oheimen/Tanten) stieg im Bereich des fränkischen Adels vom 7. bis zum 8./9. Jahrhundert von 76 auf 90 % an (R. Le Jan). Die Namenwahl, die sich prinzipiell nach beiden Elternteilen richtete, weist auf ständige „Ansippungen" durch neues Namengut aus der Familie der Mutter. Namen *und* Familienbewusstsein unterlagen daher einem dauernden Wandlungsprozess. Während bei den zweigliederigen germanischen Namen zunächst die Namenvariation durch Weitergabe nur eines Namenglieds (Anfangs- oder Endglied) vorherrschte, wurde vom 9. Jahrhundert an die Weitergabe des ganzen Namens immer üblicher. Das hatte einen Namenschwund zur Folge, der, zumal in dichter besiedelten Städten, das Bedürfnis nach „Beinamen" zur Identifizierung aufkommen ließ, aus denen später „Familiennamen" wurden. Zumindest in einigen Gegenden Frankreichs vollzog sich der Wechsel von der Ein- zur Zweinamigkeit relativ rasch im Zeitraum zwischen 1030 und 1070 (M. Bourin). In Deutschland setzte er erst später ein. Mit dem Wandel der Namengebung verband sich in Frankreich seit dem 9. Jahrhundert (R. Le Jan), in Katalanien um 930 (M. Aurell), in Deutschland im Verlauf des 10. und 11. Jahrhunderts (K. Schmid) vor allem in den Adelsfamilien die stärkere Ausrichtung auf ein agnatisch bestimmtes „Geschlecht", das seinen – auch namengebenden – Sitz nun in der „Stammburg" fand, so dass sich die Adelsfamilie genealogisch fortan leichter verfolgen lässt.

3.2.6.2 Die Stellung der Frauen und das Geschlechterverhältnis in der frühmittelalterlichen Gesellschaft[49]

Auch wenn die in der modernen Geschichtswissenschaft so betonten (und manchmal auch überbetonten) Unterschiede zwischen den Geschlechtern in der zeitgenössischen Bewertung zweifellos hinter anderen Kriterien wie Amt, Stand und Rang zurücktraten, war man sich ihrer Existenz doch bewusst. In der mittelalterlichen Theorie rechtfertigten die biologischen Differenzen, die zur Unterscheidung eines „starken" und eines „schwachen" Geschlechts führten, soziale Unterschiede, wie sie sich in vor-

---

[49] Lit.: Bibl. 5.3.2.6.3. Forschungsberichte und Bibliographien: W. Affeldt, Frauen und Geschlechterbeziehungen; W. Affeldt/C. Nolte/S. Reiter/U. Vorwerk (Hg.), Frauen im frühen Mittelalter; Marco Mostert, Literatuurwijzer Vrouwen in de Middeleeuwen, in: Ders. u.a. (Hg.), Vrouw, familie en macht, 319–340; S. Stuard, Women in Medieval History; K. Walsh, Ein neues Bild der Frau.

christlicher Zeit deutlich an den unterschiedlichen Grabbeigaben ablesen lassen. Das führte später zu Vorstellungen von geschlechterspezifischer Kleidung oder unterschiedlichem Verhalten und letztlich zu einer – biologisch und biblisch begründeten – untergeordneten Stellung der Frauen, der als Gegengewicht und Ausgleich jedoch stets entsprechende Schutzpflichten der Männer entgegengehalten wurden. Die Volksrechte ließen besonders den gebärfähigen Frauen ein hohes Wergeld und damit einen besonderen Schutz angedeihen; im Salischen Recht betrug es sogar das Dreifache des Wergeldes freier Männer.

Rechtlich standen Frauen unter der Munt (der Schutz- ebenso wie der Rechtsgewalt) des Vaters, Vormunds oder Ehemannes; sie waren somit nicht selbst rechtsmündig: vor Gericht ebenso wenig wie in der Erb- und Besitzfähigkeit. Die Lex Salica sprach ihnen beispielsweise das Erbrecht auf „Salland" („terra salica") ab. Auch im Eherecht (bei Heirat, Scheidung oder Ehebruch) wird man nicht von einer Gleichbehandlung der Geschlechter ausgehen dürfen,[50] auch wenn kirchliche Rechtstexte und Kapitularien verschiedentlich gleiches Recht forderten und Urkundenformeln beispielsweise ein Scheidungsrecht der Frau regelrecht voraussetzten. Lassen demnach schon die Rechtstexte selbst Zweifel an einer strikten Unterordnung und Rechtlosigkeit der Frauen aufkommen,[51] so konnten auch hier ihre Besitzfähigkeit und ihr tatsächlicher Einfluss in der Praxis in der letzten Zeit mehrfach nachgewiesen werden:[52] Frauen waren – trotz rechtlich nachgeordneter Erbfähigkeit – nicht nur erbfähig und begütert, sondern sie verfügten nach Ausweis der Traditionsurkunden oft auch frei, mit oder ohne Ehemann, über ihren Besitz, und ihr hoher Anteil an der Namengebung der Kinder weist ihren Einfluss auf das Familienbewusstsein ebenso aus wie Bestrebungen, durch die Heirat mit Frauen höheren Standes oder begüterten Frauen die eigene Stellung zu verbessern.

In der Praxis hing die Stellung der Frau von ihrem Stand ab. Das Geschlechterverhältnis war daher nur auf gleicher Ebene durch die „Herrschaft" des Mannes geprägt, während die Frau selbstverständlich zugleich Herrin ihrer Untergebenen in Haus und Hof, die Königin zugleich Herrscherin (und nicht nur Ehegefährtin ihres königlichen Gemahls) war. Insgesamt wurden die Geschlechter weniger als Gegensätze denn als eine komplementäre Ergänzung empfunden, die in der Ehe ihren sinnvollen Ausdruck fand. Eine – durch die Gebärfähigkeit vorgegebene, sich aber auch auf andere familiäre Tätigkeitsbereiche erstreckende – Funktionsteilung stand der nachdrücklichen Betonung der Gemeinschaft und Zusammengehörigkeit von Mann und Frau sowie des Ideals gegenseitiger Zuneigung seitens der früh- und hochmittelalterlichen Theologen gegenüber. Die Königin war „consors regni" (vgl. 3.1.1.4), und auch auf bildlichen

---

50 Vgl. dezidiert R. KOTTJE, Eherechtliche Bestimmungen.
51 Vgl. R. SCHMIDT-WIEGAND, Der Lebenskreis der Frau im Spiegel der volkssprachigen Bezeichnungen der Leges barbarorum, in: W. AFFELDT (Hg.), Frauen in Spätantike, 195–209; Gabriele von OLBERG, Aspekte der rechtlich-sozialen Stellung der Frauen, in: ebd., 221–235.
52 Vgl. Ingrid HEIDRICH, Besitz und Besitzverfügung verheirateter und verwitweter freier Frauen im merowingischen Frankenreich, in: H.-W. GOETZ (Hg.), Weibliche Lebensgestaltung, 119–138; D. HELLMUTH, Frau und Besitz; D. HERLIHY, Land, Family, and Women; M. MEYER, Land Charters; B. POHL-RESL, „Quod me legibus contanget auere"; DIES., Vorsorge, Memoria und soziales Ereignis.

Darstellungen findet man zunehmend Paare dargestellt. Nicht zu unterschätzen ist zudem der indirekte Einfluss hoch stehender Frauen, und es bleibt in dieser Hinsicht bezeichnend, wenn man sich in Briefen und Audienzen immer wieder an die Herrscherinnen wandte und zunächst deren Fürsprache beim König erbat. In bäuerlichen Haushalten wiederum hatten die Frauenarbeiten – der Norm nach waren das vor allem Textilarbeiten – entscheidenden Anteil an der Hofwirtschaft, in die die Frauen bewusst einbezogen waren. Wenn die Frau in der mittelalterlichen Theorie oder in bildlichen Darstellungen gern der Sphäre des Hauses zugeordnet wird, so darf das im früheren Mittelalter nicht – wie in der bürgerlichen Gesellschaft – als Rückzug in die „private" Sphäre missdeutet werden. Die adlige Frau war nicht „Hausfrau", sondern „Hausherrin" („domina"). Wenngleich den Frauen weltliche und Kirchenämter sowie geistliche Weihen versagt blieben, hatten sie doch Anteil an der Herrschaft ebenso wie an Kultur und Schriftlichkeit. Letzteres galt besonders für Nonnen und Kanonissen, deren geistliches Leben zumindest für die hochgestellten Damen durchaus eine „Alternative" zur Ehe bot, aber kaum als „Flucht vor der Ehe" und der Munt des Mannes missdeutet werden darf, sondern religiös motiviert – die Nonne war „Braut Christi"! – und zudem, wie auch bei künftigen Mönchen, spätestens seit der Karolingerzeit weit eher von den Eltern bestimmt als frei gewählt war.

Man wird aus den Quellen nach den damaligen Vorstellungen insgesamt eine Wertschätzung der Frauen herauslesen, entgegen verbreiteten Ansichten jedenfalls nicht von bewusster, genereller „Frauenfeindlichkeit" sprechen dürfen (auch wenn uns heute manches als frauenfeindlich erscheinen mag). Wohl wird man aber eine als selbstverständlich erachtete Unterordnung in einer weithin patriarchalischen Gesellschaft feststellen müssen, die im übrigen, soweit aus den Quellen ersichtlich, von den Frauen selbst anerkannt und verschiedentlich betont wurde, beispielsweise im „Handbuch" der Gräfin Dhuoda von Septimanien für ihren Sohn Wilhelm, einem Zeugnis für die starke Familienbezogenheit der Frau, die den Sohn nicht nur zum Respekt gegenüber dem Vater, sondern auch zum Gebet für die Vorfahren ermahnte. „Frauen sind Untergebene ihres Mannes in aller guten Gesinnung und Sittsamkeit", heißt es in einem karolingischen Kapitular.[53] Neuere Untersuchungen sprechen daher – aus heutiger Sicht zu Recht – von einem „ambivalenten Frauenbild" des frühen Mittelalters. Tatsächlich wurden Frauen aber nur selten von ihrem Geschlecht her be- und nur in Einzelfällen um ihres Geschlechtes willen verurteilt – nicht einmal die „Ursünderin" Eva wurde durchweg negativ betrachtet –, sondern nach ihrem Charakter bewertet, wobei eine Überschreitung der Geschlechtsgrenzen, ein „männliches Verhalten", in religiösen Zusammenhängen, etwa bei Heiligen, durchaus positiv gesehen, in der sozialen Praxis hingegen oft abgelehnt wurde. „Die" Frau war nicht Eva oder Maria, Sünderin oder Heilige, wie vielfach behauptet wird, sondern in jedem Menschen steckten die guten wie die schlechten Eigenschaften der Stammmutter. Die zeitspezifischen Vorstellungen von der weiblichen Natur und die sozialen Praktiken behinderten zweifellos bestimmte Aktivitäten, und es ist bezeichnend, dass Frauenviten immer wieder die Überwindung der Geschlechtsgrenzen betonten, indem sie ihren „Heldinnen" Männlichkeit unterstellten. Sie schlossen aber Einfluss, Macht und Handlungsspiel-

---

53 MGH Capit. 1, Nr. 121, S. 240, (a. 801/812).

Gesellschaft und Wirtschaft 183

räume der Frauen keineswegs gänzlich aus, sondern gewährleisteten deren Anteilnahme an den Gemeinschaften, denen sie angehörten, und ihre Funktionen in der mittelalterlichen Gesellschaft.

3.2.6.3 Grundherrschaft, Dorf und Pfarrei[54]

Die frühmittelalterliche Gesellschaft und Wirtschaft beruhte weithin auf Grundbesitz und *Grundherrschaft* (jedenfalls wenn man den Begriff nicht zu eng auf bestimmte Organisationsformen bezieht), die, soweit wir das ermessen können, die entscheidende Herrschafts-, Sozial-, Wirtschafts- und Lebensform auf dem Lande bildete und dadurch charakterisiert war, dass Landbesitz sich mit Herrschaftsrechten über Personen verknüpfte: Grundherrschaft lag dort vor, wo die Verfügung über Landgüter zugleich Herrschaftsrechte über die Menschen auf diesem Land beinhaltete. Die Grundherrschaft versorgte und ernährte die Herren aus der Eigenwirtschaft und dem Mehrertrag der bäuerlichen Wirtschaften, sie verpflichtete sie aber auch zur Fürsorge gegenüber den Hörigen. Daraus entstand eine soziale oder personale Bindung zwischen Grundherrn und Hörigen, die über ein ebenfalls enthaltenes ökonomisches Verhältnis weit hinausging. Diese Herrschaftsrechte sowie der Umfang des Besitzes und dessen Bewirtschaftungsformen unterschieden die Grundherrschaft vom freien Bauerntum, das daneben existierte. Grundherren waren zunächst König, Adel und Kirche. In der Praxis umfasste die Grundherrschaft viele verschiedene Herrschaftsverhältnisse, einschließlich der Haus- und Gerichtsherrschaft über die Unfreien und teilweise der Kirchen- oder der Dorfherrschaft. Die ausgebildete „Großgrundherrschaft" war ein höchst komplexes Gebilde aus jeweils unterschiedlich begründeten Herrschaftsrechten, unterschiedlich erworbenem und genutzten Landbesitz, unterschiedlichen Bewirtschaftungsformen sowie unterschiedlich begründetem und gewachsenem Verhältnis zu verschiedenen Gruppen von Hörigen und Abhängigen. Die bäuerlichen Leistungen (Dienste und/oder Abgaben) resultierten teils aus der Bodennutzung, teils aus der persönlichen Abhängigkeit (der Leibeigenschaft), teils aus Präkarieverträgen.

Die Grundherrschaft hat im einzelnen antike Vorläufer, gilt als System jedoch als eine frühmittelalterliche Schöpfung, die sich in der modernen Theorie von der antiken Sklavenwirtschaft vor allem dadurch unterschied, dass das Land, in Anlehnung an den spätantiken Kolonat, zumindest zum Teil an hörige Bauern zur Bearbeitung gegen Dienste und/oder Abgaben ausgegeben war. Im Merowingerreich existierten noch beide Formen nebeneinander. Bischof Berthramn von Le Mans, dessen Testament aus dem Jahr 616 erhalten ist, besaß 120 Güter in 20 Civitates in Neustrien, Aquitanien, Burgund und in der Provence, von der Bretagne bis zu den Pyrenäen.[55] Das ist typisch für die weite Streuung des Adelsbesitzes. Berthramns Besitz aus Ackerland, Weinbergen, Wiesen und Wald konzentrierte sich aber auf die Gegend um Le Mans. Der Bischof war auch wirtschaftlich initiativ geworden und hatte Weingärten aus Brachland gewonnen, Besitzungen durch Kauf hinzu erworben und durch Tausch vervollstän-

---

54 Lit.: Bibl. 5.3.2.6.4. Zur Forschung: Hans-Werner Goetz, Frühmittelalterliche Grundherrschaften und ihre Erforschung im europäischen Vergleich, in: M. Borgolte (Hg.), Das europäische Mittelalter, 65–87; Y. Morimoto, État et perspectives; Ders., Autour du grand domaine.

55 Vgl. M. Weidemann, Testament.

digt, teilte aber manche Güter mit seinen Verwandten. Das Testament belegt die Existenz verschiedener Wirtschaftsformen: Einzelgehöfte („villae rusticae"), Großgüter („fundi", „massae") mit Sklavenwirtschaft und Pachthöfe abhängiger Bauern („colonicae"). Dieses Nebeneinander verschiedener Betriebsformen – Sklaven- und Kolonenwirtschaft – scheint typisch nicht nur für die Merowingerzeit, sondern für die frühmittelalterliche Grundherrschaft insgesamt. In der so genannten „klassischen" Grundherrschaft verschmolzen die verschiedenen Formen gewissermaßen zu einem „System" aus Salland- und Leihelandbetrieb, konnten weiterhin aber auch für sich existieren: Ein Teil des Landes wurde als Salland im Eigenbetrieb mit hofhörigen Unfreien („servi non casati"), die also kein eigenes Haus besaßen, sondern am Herrenhof wohnten und großenteils ungemessene Dienste zu leisten hatten, sowie mit Frondiensten abhängiger Bauern bewirtschaftet, ein anderer Teil war in kleine Parzellen aufgeteilt und als „Hufen- oder Leiheland" an hörige Hufenbauern („servi casati") ausgegeben, die nicht nur (Grund- und andere) Abgaben zahlten, sondern oft ihrerseits Frondienste auf dem Salland leisteten, welche sich teils nach Tagen (im Jahr oder in der Woche), teils nach bestimmten Flurstücken bestimmten. Die Leistungen hingen jeweils an der Hufe („mansus", „hoba"), nicht an den abhängigen Bauern. Die Hufen wiederum waren teils aus dem aufgeteilten Salland ausgegliedert, teils aber auch von freien Bauern aufgetragen. Die Hufen waren nicht selten geteilt oder beherbergten mehrere Familien. In der Regel aber galt die Hufe als ein „Familienbetrieb".

Dieses „bipartite" System, das zuerst auf den königlichen Domänen der Île-de-France im späten 6. oder frühen 7. Jahrhundert nachweisbar ist, war in der Merowingerzeit noch nicht weit verbreitet, im 9. Jahrhundert hingegen in manchen Regionen, vor allem in Nordfrankreich und Lothringen, voll ausgebildet. Hier zeichnet sich vielfach eine Zunahme des Hufenlandes auf Kosten des Sallandes ab. Vor diesem Hintergrund könnte man im Verlauf der Karolingerzeit eine allmähliche, regional phasenverschobene Ausbreitung zunächst bis zur Loire und nach Lothringen, dann auch östlich des Rheins und nach Norditalien annehmen, die sich in einigen Gebieten allerdings noch über mehrere Jahrhunderte hinzog. Vor allem südlich der Loire sowie in Süditalien, aber auch in einigen ostrheinischen Gegenden blieben die älteren Strukturen teilweise noch lange erhalten, während andererseits der Passus über die „Kirchenhörigen" in den süddeutschen Volksrechten den Fronhofsbetrieb hier bereits für die erste Hälfte des 8. Jahrhunderts belegt, allerdings noch streng zwischen „coloni" und „servi" unterschied; für letztere war hier die Drei-Tage-Fron pro Woche kennzeichnend.[56] Die frühesten Schenkungen an das Kloster St. Gallen belegen sogar eine ausgebildete zweigeteilte Grundherrschaft bereits der Vorbesitzer.[57] Tatsächlich wird man daher eine Vielzahl unterschiedlicher, nebeneinander existierender Betriebs- (und Herrschafts-)formen mit jeweils variablen „Spielarten" annehmen müssen, die zwar nicht überall der „zweigeteilten" Grundherrschaft entsprachen, die man aber dennoch unter dem Sammelbegriff „Grundherrschaft" subsumieren kann, da der Landbesitz sich, unab-

---

56 Vgl. T.-J. RIVERS, Manorial system; W. METZ, Die hofrechtlichen Bestimmungen.
57 Vgl. Hans-Werner GOETZ, Beobachtungen zur Grundherrschaftsentwicklung der Abtei St. Gallen vom 8. zum 10. Jh., in: W. RÖSENER (Hg.), Strukturen der Grundherrschaft, 197–246.

hängig von der jeweiligen Betriebsform, stets mit Herrschaftsrechten über die Grundhörigen verband, die im „patrocinium" des Grundherrn standen.

Die *Organisation der Grundherrschaft* lässt sich aus Verordnungen, wie dem berühmten „Capitulare de villis" Karls des Großen über die Reichsgüter, und, konkreter, aus den überlieferten Urbaren der königlichen und geistlichen Grundherrschaften erschließen. Der Gesamtbesitz war hier in einzelne Villikationen aufgeteilt, die sich um einen Herren- oder Fronhof gruppierten, je nach Besitzdichte oft mehrere Dörfer umfassten und von einem „villicus" oder „maior" (Meier) verwaltet wurden. Wo der Streubesitz überwog, so dass sich ein Eigenbetrieb nicht mehr lohnte, wie in den westfälischen und friesischen Besitzungen des Klosters Werden an der Ruhr, traten an die Stelle der Fronhöfe so genannte Hebeämter, die lediglich die Abgaben eintrieben. Manche Grundherrschaften nahmen gewaltige Ausmaße an. Das Kloster Saint-Germain-des-Prés südlich von Paris besaß um 820 mindestens 23 Höfe mit über 4700 Hektar Salland und 1150 abhängigen Hufen. Große Teile, ja oft der größte Teil des Besitzes (oft ganze Villikationen), waren aber auch an Vasallen zu Lehen ausgegeben. Das Kloster St. Wandrille (Fontanelle) besaß im Jahre 787 bereits 4264 Hufen (einschließlich der Halbhufen); nur von 1569 Hufen kamen Einnahmen herein; demgegenüber waren 2395 Hufen zu Lehen vergeben!

Als *Sozial- und Herrschaftsverband* war die frühmittelalterliche Grundherrschaft sowohl durch das Verhältnis zwischen Herrn und Hörigen als auch der Hörigen untereinander charakterisiert, die nicht zufällig als die „familia" des Herrn betrachtet und bezeichnet wurden. Darin mag sich der (oder besser ein) Ursprung in der Hausherrschaft widerspiegeln. In der Praxis war dieses Verhältnis aber nach Rechtsstand und sozialer Stellung ebenso ausdifferenziert wie nach der jeweiligen Funktion. Waren die (letztlich aus den antiken Sklaven erwachsenen) Hofhörigen durchweg rechtlich unfrei (oder auch „leibeigen"), so konnten die hörigen Bauern dem Rechtsstand nach Freie, Halbfreie oder Unfreie sein (vgl. 3.2.3). Ursprünglich entsprach das wohl der Aufgliederung des Hufenlandes in Freien-, Halbfreien- und Unfreienhufen, doch korrespondierte die tatsächliche Besetzung schon im 9. Jahrhundert nicht mehr mit dem „Stand" der Hufe. Die grundherrschaftlichen Beziehungen überlagerten gleichsam die personenrechtlichen und saugten sie auf; die funktionale Verwendung als Hufenbauer („casatus": mit eigenem Haus) oder als landloser Hofhöriger („non casatus") – mit verschiedenen Zwischenstufen – wurde zunehmend wichtiger als der Rechtsstand. Mischheiraten zwischen Hörigen verschiedener Grundherren bargen die Gefahr einer Entfremdung und vermehrten noch die Differenzierungen, indem nun auch die Hörigenfamilien nicht unbedingt geschlossen zu einer grundherrschaftlichen „familia" gehörten, auch wenn das eher die Ausnahme als die Regel war; karolingische Kapitularien suchten hier verbindliche Regelungen zu schaffen. Einige Bauern hatten ihrerseits unfreie Knechte und Mägde. Weitere Differenzierungen resultierten aus den Unterschieden in Hufengröße und Leistungen; einige Hufen waren von Diensten befreit, andere zahlten sogar nur einen Anerkennungszins (Geldzins). Vor allem die geistlichen Grundherrschaften bestanden dank der zahlreichen Schenkungen weithin aus Streubesitz mit ganz unterschiedlichen Leistungen. Dorfherrschaft und Kirchenherrschaft gingen daher oft ebenso auseinander wie die richterliche Gewalt der einzelnen Grundherrn, und in vielen Dörfern wirtschafteten daneben noch freie Bauern, die uns allerdings nur durch ihre Schenkungen an Kirchen entgegentreten und hier nur schwer von Grundherren zu unterscheiden sind. Die Dörfer des frühen Mittelalters beherbergten daher unterschiedliche soziale Gruppen (und Bauern unterschiedlicher Grundherrschaften).

Aus der Masse der (freien und unfreien) Hörigen hoben sich schließlich auch einzelne als herrschaftliche Funktionsträger, vor allem als Meier („maior", „villicus") in den Villikationen oder Dörfern, heraus, die im 9. Jahrhundert meist selbst noch Hufenbauern und Teil der grundherrschaftlichen „familia" waren und nur gewisse Vergünstigungen (eine zweite „Amtshufe" oder einen Leistungsnachlass) erhielten, sich aber noch nicht als dörfliche Herren über die Hörigen erhoben. Wenn Ekkehard von St. Gallen den Meiern des 10. Jahrhunderts vorwarf, sie würden sich wie Adlige benehmen und der Jagd frönen, dann hatte er weit eher seine eigene Zeit (Mitte des 11. Jahrhunderts) als die Berichtsepoche im Blick. Das Hofrecht Burchards von Worms von 1024/25 wurde hingegen bereits erlassen, „damit kein Vogt, Vitztum, Meier oder ein anderer geschwätziger Mensch unter ihnen irgendeine Neuerung bei der genannten Hausgenossenschaft einführen kann":[58] In großen Grundherrschaften mit weit gestreutem Besitz, in dem sich die Herren nur selten blicken ließen, konnte der Vertreter der Herrschaft leicht zur dörflichen Autorität aufrücken.

Die frühmittelalterlichen Grundherrschaften erwirtschafteten gezielt verschiedenartige Produkte (verschiedene Getreidesorten), umschlossen Ackerbau und Viehzucht, Waldwirtschaft und, soweit die Gegend es zuließ, Weinbau, und die Leistungen der Hörigen schlossen vielfach Wach- und Zäunungspflichten sowie die Verarbeitung der Holz-, Textil- und landwirtschaftlichen Rohprodukte (zu Latten, Schindeln und Fässern, Leinentüchern oder Kleidungsstücken, Bier, Brot oder Wein) ein. Zunehmend wurden zentral an den Fronhöfen aber auch spezialisierte *Wirtschaftsbetriebe*, vor allem Mühlen sowie Back- und Brauhäuser, eingerichtet. Auch Handwerker gehörten zu den Fronhöfen. Die Grundherren mögen daher eine weitgehende Selbstversorgung erstrebt haben, doch zeigt ein wohl umfänglicher Handel (bereits in der Karolingerzeit), dass hier tatsächlich ein ständiger Austausch stattfand, der eine Geldwirtschaft erforderlich machte. Es scheint, dass die Grundherren selbst maßgeblich an der Organisation dieses Handels und am Aufbau eines Marktsystems wie auch am Ausbau der Wirtschaftsbetriebe beteiligt waren.

Wieweit mit dem Großteil der Forschung eine zunehmende *„Vergrundholdung"* zu Lasten des freien Bauerntums anzunehmen ist, lässt sich nur schwer ermessen, da wir lediglich einzelne Berichte und Klagen kennen und die Quellen fast ausschließlich die Grundherrschaft behandeln. Eine gewaltsame Unterdrückung der Bauern ist zumindest in Einzelfällen bezeugt. Im 10. und 11. Jahrhundert kam es in Südfrankreich und anderwärts, im Zusammenhang mit der Entstehung der Kastellanate, zu einer Herrschaftsintensivierung, indem Dörfer und Bevölkerung im Umkreis einer Burg in deren Bannkreis gezogen wurden (die französische Forschung spricht von einer „seigneurie banale" bzw., für den letzten Vorgang, von einem „encellulement", italienisch „incastellamento"). Ob das zu einer allgemeinen Unterdrückung der Landbevölkerung ge-

---

[58] MGH Const. 1, Nr. 438 prol., S. 640.

führt hat, ist allerdings umstritten.⁵⁹ In anderen Gebieten, wie in Sachsen, sind Versuche einer Territorialisierung in dieser Zeit noch nicht nachweisbar.⁶⁰

Die Grundherrschaft an sich wurde nirgends in Frage gestellt, und die mehrfach bezeugten Klagen der Bauern betrafen durchweg einzelne, neu eingerichtete und als ungerecht empfundene Leistungen. So beschwerten sich die Kolonen in Micy auf dem Hoftag von Pîtres von 864, weil ihnen zusätzlich zu den üblichen Leistungen (die sie weiterhin erbringen wollten) ungewohnte Mergelfuhren abverlangt wurden. Die Grundherrschaft war demnach nicht frei von Spannungen, doch keineswegs ein ständiger Konfliktherd zwischen Herren und Knechten, sondern die zeitgemäße, allseits anerkannte Sozialform, deren Verpflichtungen (im Laufe der Zeit) weitgehend zur „Gewohnheit" wurden und damit rechtlich verankert waren, was ein Herrschaftsverhältnis natürlich ebenso wenig ausschloss wie beiderseitige Verstöße: Versuche zu Übergriffen auf der einen und Säumigkeit auf der anderen Seite. Das Limburger Hofrecht Konrads II. von 1035 wurde erlassen, „damit keiner der künftigen Äbte von der Hausgenossenschaft dieses Klosters mehr erpresst, als er darf, noch die Hausgenossenschaft ihrerseits in der langen Dauer der Zeit ihre Rechtsobliegenheiten vergisst, hochmütig gegen den Abt wird und es somit versäumt, ihre Pflichten gegenüber dem Kloster zu erfüllen".⁶¹ Den Herren waren jedoch Grenzen bezüglich eines Ausbaus der Herrschaftsrechte gesetzt. Nimmt man mit der neueren Forschung eine urbariale Aufnahme des Besitzes und der Leistungen „vor Ort" an, dann liegt es nahe, auch die Herrschaftsverhältnisse in der Regel als beidseitig respektierte Bindungen zu begreifen. Der „Widerstand" der Bauern gegen die Grundherren wiederum nahm im frühen Mittelalter allem Anschein nach keine politischen Formen an: Es gab in dieser Epoche keine größeren „Bauernaufstände", wohl aber ist in größerem Ausmaß mit Leistungsverweigerungen und auch mit „Fluchtbewegungen" in andere Grundherrschaften zu rechnen.⁶² Die unterschiedlichen Leistungen und Sozialbindungen schufen eine unübersichtliche Besitzstruktur, die es ermöglichte, dass die Bauern ihre Abgaben „vergaßen" oder die Meier (später) eigene Abgaben erhoben. In einer Urkunde des Trierer Klosters St. Maximin von 1042/47 heißt es, die Hörigen im Dorf Wasserbillig hätten sich „im Leisten der Abgaben des schuldigen Zinses und der Dienste stets hartnäckig und beharrlich rebellisch" gezeigt. Die Regelung, die diesen Zustand beenden sollte, aber war ein Kompromiss: Dienste und Zinsen sollten „ihnen [den Hörigen] nicht mehr unerträglich und uns [dem Kloster] nicht sehr schädlich sein".⁶³ Die Hintergründe solcher Regelungen und die bäuerlichen Klagen belegen somit, trotz aller Gewohnheiten, eine Dynamik der grundherrschaftlichen Verhältnisse wie auch den Versuch einzelner Herren, die Leistungen, sicherlich zu ihren Gunsten, zu erhöhen. „Aber niemanden bedrücke man ungerecht," hatte schon das bayerische Volksrecht in Bezug

---

59 Vgl. M. Barceló/P. Toubert (Hg.), „L'incastellamento".
60 Vgl. Timothy Reuter, Property transactions and social relations between rulers, bishops and nobles in early eleventh-century Saxony, in: W. Davies/P. Fouracre (Hg.), Property and Power, 165–199.
61 MGH D K II 216, S. 295f.
62 Vgl. S. Epperlein, Herrschaft und Volk.
63 H. Wopfner, Urkunden zur deutschen Agrargeschichte, Stuttgart 1928 (ND 1984), Nr. 72, 110.

auf die Hörigendienste gemahnt.[64] Nur ständige Kontrolle hätte hier unverminderte Einnahmen gewährleistet. Das Hofrecht Burchards von Worms zeigt allerdings noch eine andere Seite auf: dass nämlich nicht nur Herr und Hörige einen „Gegenpart" bildeten, sondern das Zusammenleben der Hörigen auch untereinander Konflikte auslöste, die bis zu Mord und Totschlag führen konnten. 35 Hörige waren in einem Jahr von anderen Bistumshörigen ermordet worden. Es war Sache des Grundherrn, hier Ordnung zu schaffen, und das Hofrecht bestätigte die Gerichtsrechte des Bischofs, der für solche Fälle strenge Strafen verfügte. Gleichwohl ist das Hofrecht in gemeinsamem Beschluss der Geistlichkeit, der Vasallen („milites") und der „familia" erlassen worden.[65]

3.2.6.4 Klostergemeinschaften

Während das frühmittelalterliche Klosterwesen seit langem ein zentrales Kapitel der Kirchen- und Religionsgeschichte bildet (vgl. 3.3.3), sind im Zuge der Frage nach den Lebensformen auch die Klostergemeinschaften unter verschiedenen Perspektiven in das Blickfeld gerückt, eine schon deshalb angemessene Sichtweise, weil Benedikt von Nursia das Kloster nach seiner Regel als eine Familie verstanden wissen wollte. Ein (älterer) Ansatzpunkt dazu war sicherlich bereits die Adelsforschung, die das (Eigen-) Kloster in das Sozialsystem einbettete und die gegenseitige Bedingtheit weltlichen und geistlichen Lebens betonte. Neuen Auftrieb erhielt die Erforschung der Klostergemeinschaften aber erst aus der Memorialforschung (vgl. 4.3.6), weil hier durch einen Vergleich der Mönchslisten in den Verbrüderungen erstmals die Konvente in ihrer personellen Zusammensetzung in den Blick traten. Nun wurden Aussagen über die Größe und Zusammensetzung der Klosterkonvente, die Altersstruktur, Weihegrade, Klosterämter, innerklösterliche Gruppierungen sowie die Wirkungsbereiche der Mönche möglich. An der exzeptionell günstigen Überlieferung des Klosters Fulda konnte das auf der Grundlage einer Edition der Mönchslisten und der prosopographischen, vergleichenden Aufarbeitung des gesamten Namenmaterials exemplarisch vorgeführt werden. Dieser Befund wurde durch eine ganze Reihe kleinerer Arbeiten zu einzelnen Konventen sowie vor allem zu Cluny ergänzt.[66] Dabei zeigte sich, wie schwankend die Zahl der Mönche sein konnte. In Fulda nahm sie, zeitgleich mit dem Bedeutungsverlust des Klosters, im Verlauf des 10. Jahrhunderts rapide ab.

Die Schenkungen offenbaren eine Übereinstimmung von Besitz und Einzugsgebieten der Klöster und belegen, dass einzelne Familien ihre Angehörigen immer wieder in denselben Klöstern unterbrachten und dadurch die Beziehungen verstärkten. Verbrüderungen und Gedenkbucheinträge enthüllen zugleich die – oft weitreichenden – Beziehungen der Klöster untereinander wie auch zur Außenwelt. Von anderer Seite her konnte die Gewohnheit der „Oblation" der (künftigen) Mönche im Kindesalter (als „pueri oblati") seitens der Familie untersucht werden, die zugleich als eine familiäre Schenkung an Gott und seine Heiligen verstanden wurde – als „oblatus" war das

---

64 Lex Baiwariorum I 13, ed. E. von Schwind, MGH LL nat. Germ. 5,2, S. 290.
65 Vgl. G. Dilcher, Mord und Totschlag.
66 Vgl. K. Schmid (Hg.), Klostergemeinschaft von Fulda; O. G. Oexle, Forschungen zu monastischen und geistlichen Gemeinschaften; K. Schmid, Mönchsgemeinschaft von Fulda.

Kind „Gott geopfert" –, ohne die sozialen Bezüge zu zerstören.[67] Auch darin zeigen sich die Verflechtung der Klöster mit der Welt und das Interesse der Adelsfamilien an den Klöstern. Da mancher sich seinen Lebensabend im Kloster mit einer Schenkung „erkaufte" und um die Klausur herum zudem Werkstätten und Wirtschaftsgebäude lagen, bildete das sich um die Mönchsgemeinschaft gruppierende Kloster als Ganzes eine durchaus heterogene Gesellschaft. Zum Klosteralltag zählten daher nicht nur innerkirchliche Auseinandersetzungen zwischen Klöstern oder zwischen Klöstern und Bistümern oder Streitigkeiten zwischen Klöstern und weltlichen Gewalten, sondern auch Konflikte innerhalb der Gemeinschaft, vor allem aber – jedenfalls tritt das in den Quellen deutlicher hervor – zwischen dem Abt und seinem Konvent, wie sie erst in jüngerer Zeit untersucht wurden.[68]

Die soziale Einbindung der Klostergemeinschaften in ihr politisch-soziales Umfeld bestätigt sich im übrigen in den Schenkungen, die neben den wirtschaftlichen (Grundbesitz als materielle Grundlage des Klosterlebens und einer Klosterökonomie) einen religiösen und einen mentalitätsgeschichtlichen Hintergrund enthalten, wie er am deutlichsten wohl – für das Hochmittelalter – von Stephen White und von Barbara Rosenwein in Bezug auf das Kloster Cluny herausgearbeitet worden ist: Die Schenkung verband Laien(familien) und Mönche zu einer (religiösen) Gemeinschaft; sie ließ jene am Kloster teilhaben und machte den Schenker – in einer Art Kreislauf des Gebens und Nehmens – zum „Nachbarn" des Klosterheiligen.[69]

Ein weiterer Ansatzpunkt zur Erforschung der Klostergemeinschaft resultierte aus der Alltagsgeschichte mit der Frage nach dem Tagesablauf und dem Leben der Mönche. Gemeinschaftsleben auf engem Raum verlangte nach Ordnung, wie sie Regeln und „Consuetudines" vorschrieben. Nach der Regel verging der Tag stereotyp zwischen Gebet, Lektüre und Handarbeit. Im Mittelpunkt stand das Chorgebet, das den Tagesablauf streng einteilte. Der Tag begann früh (zwischen Mitternacht und zwei Uhr morgens) mit der Matutin, von Tagesanbruch an folgten die Gebete im Dreistundenrhythmus (Prim, Terz, Sext, Non und Vesper, Komplet vor Sonnenuntergang). Dieser Tagesablauf wurde aber unterbrochen durch verschiedene Arbeiten, Aufgaben und Ämter sowie die – der Regel nach wenig üppigen – Mahlzeiten. Chroniken (wie Ekkehards „Casus sancti Galli") und Urkunden machen hier vielfach deutlich, wie groß der Spielraum zwischen Norm und Realität tatsächlich war. Wenn „Consuetudines" die Benediktregel zeitgemäß zu ergänzen und den Bedürfnissen anzupassen suchten, so stellen auch sie, trotz manch bezeichnendem Reflex auf inzwischen eingetretene Zustände, ein Ideal dar, das in der Praxis kaum eingehalten wurde, und Klagen über die Verweltlichung der Klöster und des Mönchslebens ziehen sich durch das ganze Mittelalter (vgl. 3.3.3 zur Klosterreform). So mag der (eigentlich verbotene) Genuss von Fleisch in manchen Klöstern und zu manchen Zeiten durchaus üblich gewesen sein, und der Weingenuss überstieg wohl regelmäßig den von Benedikt zugestandenen viertel Liter; das Reiseverbot wurde schon wegen der vielfältigen Aufgaben in der „Welt" immer wieder durchbrochen, und auch die Kleidung entsprach längst nicht im-

---

67 Vgl. M. DE JONG, In Samuel's Image.
68 Vgl. L. MILIS, Dispute and settlement; S. PATZOLD, Konflikte im Kloster; M. WIECH, Amt des Abtes.
69 Vgl. S. WHITE, Custom, Kinship, and Gifts; B. ROSENWEIN, To Be the Neighbor of Saint Peter.

mer den Vorschriften. Die vorgeschriebene Arbeit umschloss in Zeiten eines „aristokratischen" Mönchtums nur noch in Ausnahmefällen schwere Handarbeit. Reformen suchten zwar immer wieder – und anfangs nicht ohne Erfolg – neue Zucht in das Klosterleben zu bringen. Insgesamt aber war mönchisches Leben weniger ein Leben nach der Regel als allenfalls ein Kampf um ein regelgemäßes Leben.[70]

Einen wichtigen Anhaltspunkt für das Leben im Kloster bilden die Klostergebäude selbst, die aus verschiedenen erhaltenen oder ergrabenen Klosteranlagen bekannt sind. Ausführlich diskutiert ist der St. Galler Klosterplan, der – wohl im Zusammenhang mit den Aachener Reformsynoden von 816/17 – eine Idealvorstellung wiedergibt und zeigt, welch komplexe Anlage zumindest ein Großkloster darstellte. Den Mittelpunkt eines Klosters bildete stets die Klausur mit Kirche, Dormitorium, Refektorium und Kapitelsaal, darum aber waren vielfältige Gebäudekomplexe gelagert: das – im 9. Jahrhundert infolge der selbständigen Stellung des Abtes sich aus der Klausur auslagernde – Abthaus, Gäste- und Fremdenhäuser, Novizen- und Krankentrakt, Gärten, Werkstätten, Ställe und Scheunen. Das (ideale) Kloster strebte nach einer autarken Anlage.

Ein letzter Ansatzpunkt der Beschäftigung mit Klostergemeinschaften resultiert aus der Frauen- und Geschlechtergeschichte und dem Bemühen, sich gezielt mit den – bis dahin gänzlich vernachlässigten – Nonnengemeinschaften zu befassen und die Unterschiede zum Mönchsleben herauszustellen.[71] Verschiedentlich wurden auf der einen Seite die Tendenz zu stärkerer Klausur und Überwachung und die Unterschiede der Nonnenregeln (vor allem der „Regula ad virgines" des Caesarius von Arles und der Aachener „Institutio sanctimonialium" von 816) betont[72] – wobei die Kanonissenstifte in manchen Gegenden, wie in Sachsen, die Frauenklöster an Zahl weit übertrafen –, auf der anderen Seite wurde aber auch der Anteil der Frauen am religiösen Leben herausgestellt.

3.2.6.5 „Schwurgemeinschaften", Genossen- und Bruderschaften[73]

Wie sich Grundherrschaft und Klosterkommunität über die Kerngemeinschaft der Familie wölbten und die Familienstrukturen zumindest teilweise durchschnitten, so konnten die Menschen weitere (freiwillige) Bindungen eingehen, die ihrerseits gemeinschaftsbildend wirkten, aber verschiedenartigen Charakter annehmen und unterschiedliche Ziele verfolgen konnten. In der Regel stellten sie wohl „Interessengemeinschaften" mit Vertragscharakter im Hinblick auf einen aktuellen und zeitlich begrenzten Zweck dar, wie die politischen „Freundschaftsbündnisse" („amicitiae") der frühottonischen Zeit. Doch entwickelten sich daraus unter verschiedenen Begriffen (wie „consortium" oder „confratria") durchaus auch längerfristige, den (geistlichen)

---

70 Vgl. G. DE VALOUS, Monachisme clunisien; L. MOULIN, Vie quotidienne; G. ZIMMERMANN, Ordensleben und Lebensstandard; H.-W. GOETZ, Leben im Mittelalter, 65–114.
71 Vgl. M. PARISSE, Nonnes au Moyen Age.
72 Vgl. Cordula NOLTE, Klosterleben von Frauen in der frühen Merowingerzeit, in: W. AFFELDT/A. KUHN (Hg.), Interdisziplinäre Studien, 257–271.; J. SCHULENBURG, Strict Active Enclosures; P. HEIDEBRECHT/C. NOLTE, Leben im Kloster; T. SCHILP, Norm und Wirklichkeit.
73 Lit.: Bibl. 5.2.2.6.6; ferner: Otto Gerhard OEXLE, Gilden als soziale Gruppen in der Karolingerzeit, in: H. JANKUHN/W. JANSSEN/R. SCHMIDT-WIEGAND/T. TIEFENBACH (HG.), Handwerk, Bd. 1, 284–354.

Gebetsverbrüderungen zumindest teilweise ähnelnde, überwiegend aber weltliche Genossenschaften, die teils Menschen eines bestimmten Standes vereinten, wie Hörige („coniurationes servorum") oder Kleriker („coniurationes clericorum"), öfter jedoch aus Mitgliedern unterschiedlicher Herkunft und Funktion zusammengesetzt waren. Gemeinsam sind solchen Bindungen die rituellen Formen der Begründung – wie auch im Lehnsverhältnis –, das rituelle Gastmahl („convivium") und die gegenseitige eidliche Verpflichtung. Solche „Bündnisse" werden in den Quellen daher gern als „coniurationes", als „Verschwörungen" oder besser als „Eidgenossenschaften" bezeichnet. Da althochdeutsche Quellen vereinzelt den Begriff „gildonia" überliefern, hat man von „Gilden" gesprochen. Dabei handelt es sich zunächst aber wohl noch nicht um Vereinigungen bestimmter Berufsgruppen, wie die hoch- und spätmittelalterlichen Handwerkszünfte und Kaufmannsgilden, die anscheinend nur *eine* Folgeerscheinung dieser noch viel breiteren Entwicklung bildeten.

Da Begriffe und Formen friedlicher und rebellischer Gilden ähnlich waren und auch Aufständische sich zu solchen Bündnissen zusammenschlossen, ist es oft nicht leicht, regelrechte Verschwörungen von eher friedlichen „Genossenschaften" zu unterscheiden, zumal die Quellen solchen „Eidgenossenschaften" vielfach reserviert gegenüberstanden: Bei den in den karolingischen Kapitularien (zuerst im Kapitular von Herstal 779), aber auch bei den Angelsachsen und in Skandinavien bezeugten „coniurationes" – Alkuin bat den Erzbischof von Canterbury, sie zu unterbinden, da sie nicht den Predigten, sondern den Gelagen dienten – dürfte es sich meist um lokale Selbsthilfegemeinschaften gehandelt haben, die von kirchlicher und staatlicher Seite her immer wieder, wenn auch aus unterschiedlichen Gründen, verboten wurden; die Quellen rechtfertigten das meist mit ausschweifenden Gelagen und außerkirchlichen Gebräuchen. Möglicherweise waren sie den Autoritäten ein Dorn im Auge, weil sie die traditionellen Gemeinschaften zu sprengen drohten. Dass sich die Vorbehalte jedoch nicht gegen die Gilden an sich, sondern nur gegen einzelne Eidgenossenschaften richteten, deren heidnische oder jedenfalls außerkirchliche Gebräuche oder – eventuell politische – Absichten verdächtig erschienen, zeigt sich im Kapitular von Herstal, das zwar die Eide verbot, andere Vereinigungen aber ausdrücklich erlaubte: solche zur gegenseitigen Versorgung, zur Brandhilfe und zur Hilfe bei Schiffbruch.[74] Die „Hörigengilden", die in einem Kapitular Ludwigs des Frommen von 821 erwähnt wurden,[75] sollten von den Grundherren nicht länger unterstützt werden; sie wurden von diesen also offensichtlich geduldet und können daher keinesfalls, wie seitens der marxistischen Forschung, als Bauernverschwörungen *gegen* die Grundherren gedeutet werden. Auch die älteste bezeugte Kaufmannsgilde in Tiel, die Alpert von Metz für das frühe 11. Jahrhundert beschreibt,[76] stieß auf herbe Kritik des Klerikers, weil man hier geistliche Feste als Vorwand für Trinkgelage nutzte (vgl. 3.2.7.3). Auch wenn die überlieferten Beispiele sich zahlenmäßig in Grenzen halten, bestätigen sie doch die Existenz solcher „Eidgenossenschaften" und das Bedürfnis der frühmittelalterlichen Menschen zu genossenschaftlichen Zusammenschlüssen.

---

74 MGH Capit. 1, Nr. 20, c. 16, S. 51, (a. 779).
75 MGH Capit. 1, Nr. 148, c. 7, S. 301, (a. 821).
76 Alpert von METZ, De diversitate temporum 2,20, ed. H. von RIJ, Amsterdam 1980, S. 80.

3.2.6.6 Anfänge höfischer Gemeinschaften

Unsere Vorstellungen von einem „höfischen Leben" verbinden sich zu Recht mit dem Fürstentum und Rittertum des hohen und späten Mittelalters, einer Zeit, in der jenes zweifellos eine neue Qualität erlangte. Doch bereits im frühen Mittelalter waren die „Höfe" vor allem der Könige, aber auch der geistlichen und der weltlichen Fürsten Kristallisationspunkte sozialen und kulturellen Lebens (vgl. 3.1.1.5). Könige und Fürsten betätigten sich als Mäzene der Kultur. Ein herausragendes Beispiel bildet die so genannte „Hofakademie" Karls des Großen, der Gelehrte aus dem ganzen Abendland an seinen Hof zog, an dem sich nach Aussage Einhards und verschiedener Briefe eine Hofgemeinschaft entwickelte, die der geistvollen ebenso wie der entspannenden Unterhaltung diente (vgl. 3.4.1). Eine vergleichbare Hofkultur ist auch für Ludwig den Frommen und Karl den Kahlen, in England am Hof Alfreds des Großen bezeugt,[77] und dass nach zeitgenössischer, wenn auch übertriebener Ansicht Ähnliches noch für den Ottonenhof galt, bestätigt Ruotger in seiner Vita des Erzbischofs Brun von Köln: „Hier strömte aus aller Welt zusammen, wer immer sich etwas zu sein dünkte."[78] Man wird vermuten dürfen, dass sich das kulturelle Leben am Hof – wie bei Karl dem Großen – zwanglos in ein soziales Leben der Hofgesellschaft eingliederte, die gewissermaßen das „Gefolge" des Königs bildete und damit auch politischen Einfluss nahm. Der „Hof" bestand aus der (personellen) Umgebung des Königs und der Fürsten, die nicht an feste Orte gebunden war, sich aber doch auf die größeren Burgen und Pfalzen konzentrierte, die bis in die späte Karolingerzeit ohnehin weniger der Wehrfunktion dienten, sondern herrschaftliche und administrative Kristallisationspunkte waren. Dabei spielten Gastmähler eine bedeutende Rolle, so dass man geradezu von „Speisegemeinschaften" gesprochen hat. Nach einer pointiert kritischen Anekdote Notkers von St. Gallen suchte ein Bischof, der nicht gut predigen konnte, die kontrollierenden Königsboten durch ein opulentes Mahl zu gewinnen.[79] Prunk und Musikdarbietungen von Spielleuten waren ein wesentlicher Bestandteil der Festkultur, auch an geistlichen Höfen. Bischof Ulrich von Augsburg, so überliefert sein Biograph Gerhard, beendete die Fastenzeit zu Ostern regelmäßig mit einem gemeinsamen, von Spielleuten begleiteten Mahl seiner Kleriker.[80] Solche Feste aber brauchten einen Anlass und waren daher herausragende Höhepunkte eines sozialen und politischen Alltags. Dass „höfisches Leben" sich darüber hinaus mit einem Sittencodex verband, zeigt – teilweise in satirischer Umkehrung – die mittellateinische Dichtung „Ruodlieb" aus der zweiten Hälfte des 11. Jahrhunderts.

3.2.6.7 Anfänge städtischer Gemeinschaften[81]

Wieweit man im frühen Mittelalter von „Städten" sprechen kann, ist eine Frage der Definition. Während der Stadtbegriff in der rechtsgeschichtlichen Tradition oft weiterhin an das Stadtrecht gebunden wird, legt die archäologisch-geschichtswissenschaftli-

---

[77] Vgl. M. GIBSON/J. NELSON (Hg.), Charles the Bald; N. STAUBACH, Rex Christianus; S. AIRLIE, Palace of Memory.
[78] Ruotger, Vita Brunonis 5, ed. I. OTT, MGH SSrG n.s. 10, S. 6.
[79] Notker, Gesta Karoli 1,18, ed. Hans F. HAEFELE, MGH SSrG n.s. 12, München ²1980, S. 23ff.
[80] Gerhard von Augsburg, Vita Sancti Uodalrici I,4, ed. W. BERSCHIN/A. HÄSE, Heidelberg 1993, 134f.
[81] Lit.: Bibl. 5.3.2.6.5. Ferner G. BROGIOLO/B. WARD-PERKINS (Hg.), Idea and Ideal; N. CHRISTIE/ S. LOSEBY (Hg.), Towns in Transition.

che Forschung heute zumeist einen offeneren, geographisch-wirtschaftlichen Begriff zugrunde, auch wenn im Blick auf die frühere Epoche behelfsweise vielfach von der „früh- oder vorstädtischen Entwicklung" gesprochen wird: „Stadt" definierte sich im frühen Mittelalter zweifellos nach anderen Kriterien als rechtlichen. Im mittellateinischen Sprachgebrauch war „Stadt" („civitas") oftmals gleichbedeutend mit Bischofssitz, und nicht zufällig gelten gerade die antiken Städte als Prototypen auch der frühmittelalterlichen Stadt. Die Stadt war nicht nur in vielen (doch keineswegs allen) Fällen ummauert, sie war „Burg" – und entsprechend bezeichnete der deutsche Begriff, der sich in vielen Städtenamen erhalten hat, sowohl die Burg wie die Stadt –, sondern sie fungierte vor allem als Zentralort, auf den sich das Umland ausrichtete: als Bischofs- und Grafensitz, als Markt und Handelszentrum. Dem „burglichen" Ursprung entsprachen auch die englischen „boroughs", die vor allem um 900 entstanden sind und nicht nur Befestigungen, sondern Stätten dauernder Siedlung waren (aus den Quellen des 10. Jahrhunderts sind 62 solcher „boroughs" bekannt). Wenn die ältere Forschung im früheren Mittelalter daher eine Verlagerung der Zentren von der Stadt auf das Land feststellen wollte, so ist das nur bedingt, vor allem im Vergleich mit der römischen Antike, richtig, während eine strikte Abgrenzung von Stadt und Land weit eher ein Problem der modernen Forschung ist, für das mittelalterliche Verständnis hingegen unerheblich gewesen zu sein scheint und die Grenzen hier fließend bleiben. Die frühmittelalterliche Stadt war kein „Fremdkörper in einer durchweg agrarisch bestimmten Gesellschaft" (so E. Ennen), sondern in diese und in dieselben Herrschaftsstrukturen, vor allem in die Grundherrschaft, integriert. In vielen Städten teilten sich kirchliche (Bischof) und weltliche Autorität (Graf) die Herrschaft. Wirtschaftlich waren die Unterschiede dadurch begrenzt, dass auch in den Städten Landwirtschaft betrieben wurde und in den Dörfern Handwerker ansässig waren; ein eigenes Stadtrecht bildete sich erst im Zuge der Gemeindebildung seit dem 12. Jahrhundert aus, und auch in Topographie und Baubestand, in wirtschaftlicher und sozialer Hinsicht zeichnen sich erst im 11. und 12. Jahrhundert grundlegende Umformungen ab; im frühen Mittelalter waren kleinere Städte vielerorts kaum größer als große Dörfer, auch wenn sich die Stadt in der Regel durch eine größere Bevölkerungsdichte vom Land abhob. Dennoch gab es auch nach mittelalterlicher Vorstellung Unterschiede, zeichnete sich die (typische) Stadt, etwa in der Vorstellung Gregors von Tours, durch ihre Ummauerung und ihre Kirchen aus, die schon bald die hervorragendsten Gebäude und die großflächigen Zentren der Städte bildeten.

Der Wandel der Städte von der Spätantike zum Frühmittelalter erfolgte allmählich und betraf die Topographie ebenso wie die Entstehung der Kirchen, die Nutzung der antiken Gebäude und die Sozialstruktur. In den romanisch geprägten Landschaften gingen die frühmittelalterlichen Städte unmittelbar aus den antiken Vorläufern hervor, wobei allerdings häufig sowohl eine im Mittelmeerraum erst im 7. Jahrhundert einsetzende Verkleinerung als auch eine Zentrumsverlagerung an den Rand, nämlich um die in der Regel am Rand der antiken Stadt gelegene Domkirche, zu beobachten ist. Das gilt selbst für Italien und Südfrankreich, wo an sich eine weit größere städtische Kontinuität vorherrschte und die Städte ein urbanes Gepräge behielten. Nur in England scheint es keine ungebrochene Siedlungskontinuität in den römischen Städten gegeben zu haben. Ein Verlust städtischen Lebens setzte hier schon vor der angelsächsischen Eroberung ein. Dennoch entstanden die angelsächsischen Städte seit dem 7. Jahrhundert immerhin an denselben Stellen.

Die europäischen „Städtelandschaften" verteilten sich recht unterschiedlich. In Irland, den englischen Highlands und in Skandinavien gab es noch am Ende des hier behandelten Zeitraums nur wenige Städte. Hingegen war Italien im frühen 11. Jahrhundert mit Städten wie Mailand, Cremona, Mantua, Verona, Lucca, Brescia und Pavia sowie den aufstrebenden Seehäfen wie Pisa, Genua oder Venedig die ausgeprägteste Städtelandschaft des Abendlandes. Relativ früh entwickelte sich auch Flandern zu einer frühstädtisch geprägten Region. Burg und Handelsniederlassung bildeten hier die beiden wichtigsten, aber keineswegs einzigen Kerne. In Friesland, Dänemark und Südengland prägten im späten 8. und 9. Jahrhundert Handelsplätze („emporia" und „Wike") das Bild, die an zentralörtliche Funktionen früherer Perioden anknüpften, dem Fernhandel aber eine neue Bedeutung verdankten, allerdings bald, auf dem Kontinent ebenso wie in England, unter den Normanneneinfällen zu leiden hatten. In den frühen Slawenreichen, wie in Russland, lehnten sich großflächige Siedlungen mit zentralörtlichen Funktionen ganz an die Herrenburg an. In den übrigen Gegenden entstanden städtische oder vorstädtische Siedlungen meist in Anlehnung an administrative, kultische oder wirtschaftliche Mittelpunkte: an Kirchen, Klöster, Burgen, Brücken oder wichtige Fernstraßenkreuzungen. Oft, wie vor allem in Südfrankreich und Italien, lagen sie als „suburbium" (oder „burgus") zu Füßen einer Burg. In vielen Fällen wuchsen verschiedene Siedlungskerne erst später zu einer Stadt zusammen (wie in Reims die Siedlungen um den Dom und um das Kloster Saint-Remi). Man nimmt an, dass die Häuserparzellen schon früh relativ geschlossen erschienen, aber agglomerationsartig zusammenwuchsen.

Von ihrer Entstehung und ihren Formen her bot die europäische Stadt des frühen Mittelalters ein eher vielfältiges Erscheinungsbild: als Bischofsstadt (vor allem in antiker Kontinuität in den romanischen Gebieten), als neue Burgstadt (im mediterranen Raum, aber auch in England), als Marktsiedlung (in Frankreich, Deutschland und Spanien), als Fernhandelssiedlung (in Friesland, England und Skandinavien), als Burgstadt im slawischen Osten (E. Pitz). In Mittel- und Westeuropa spielte der Markt und damit die wirtschaftliche Funktion der Stadt eine entscheidende Rolle, und in ottonischer Zeit war die Verleihung des Marktrechts ein begehrtes Privileg. Burg und Markt dürfen hier daher als die beiden wichtigsten Elemente städtischer Siedlung gelten, während die hochragenden Kirchen das Stadtbild bestimmten. Um den Markt aber entwickelten sich, häufig gegenüber dem Dom (als kirchlich-herrschaftlichem Mittelpunkt) und damit auch topographisch als „Gegenpol" erkennbar, die Zentren einer kaufmännischen und gewerblichen Siedlung. In Köln bildete sich beispielsweise in dem schmalen Gebiet zwischen Dom und Rhein eine solche Kaufmannssiedlung, die im 10. Jahrhundert in die Ummauerung einbezogen wurde. In dieser Zeit begann vielerorts ein Wachstum, das in den beiden folgenden Jahrhunderten dann seinen Höhepunkt erreichen sollte. Seit dem späten 10. und 11. Jahrhundert wurden die Vorstädte zum Teil in die Mauerringe einbezogen.[82] Die frühmittelalterlichen Städte bildeten

---

[82] Zur Topographie der frühmittelalterlichen Städte vgl. C. Brühl, Palatium und Civitas; N. Gauthier (Hg.), Topographie chrétienne; T. Hall, Mittelalterliche Stadtgrundrisse; N. Leudemann, Deutsche Bischofsstädte.

jedoch weder eine Einheit, noch formierten sie sich zu (selbstverwalteten) „Gemeinden". Stadtbildung war in dieser Zeit ein lautloser Vorgang und noch unbeeinflusst von einem Anspruch der Städter auf Mitbestimmung. Nur ein Markt- und Kaufmannsrecht sind bereits in Ansätzen erkennbar. Wieweit sie als Motor der späteren Gemeindebildung anzusehen sind, bleibt strittig; weitere Faktoren sind in der Gerichts- und Pfarrgemeinde, aber auch in den herrschaftlichen Institutionen zu sehen, die später, trotz bewusster politischer Abgrenzung, oft das unmittelbare Vorbild für die städtische Selbstverwaltung bilden sollten. Eine Art Bürgerschaft zeichnete sich in manchen Städten erst im 11. Jahrhundert ab. Nur in einigen Städten Oberitaliens (wie Mailand) wird man die Anfänge der Kommunebildung bereits in das Ende der hier behandelten Epoche legen können.[83] So unspektakulär dieses Zeitalter im Vergleich mit den städtischen „coniurationes" des 11. und 12. Jahrhunderts daher erscheinen mag: hier wurden doch die siedlerischen und funktionellen Grundlagen für den Ausbau der Städte im hohen Mittelalter gelegt. Im 11. Jahrhundert präsentierten sich die Kathedralstädte westlich des Rheins, so hat man kürzlich gemeint, aber auch anderwärts, als ein Werk gezielter Stadtplanung, hinter der vor allem die Bischöfe standen:[84] Sie waren geschützt hinter wehrhaften Mauern und durch die zahlreichen darin und um sie herum gesammelten Reliquien in den Kirchen, Klöstern und Stiften, und sie beeindruckten durch ihre großen Kathedralen, repräsentativen Straßenzüge und prosperierenden Märkte, wobei die Hauptstraßen bzw. Hauptachsen – als Prozessionsstraßen bzw. -plätze – in der Regel geradlinig auf den Dom zuliefen.

3.2.7 Wirtschaft und Technik[85]

3.2.7.1 Landwirtschaft[86]
Unsere Kenntnisse von der frühmittelalterlichen Landwirtschaft beruhen fast durchweg auf verstreuten und unzusammenhängenden Quellenaussagen, während die Spezialforschung für unseren Zeitraum selten genügend zeitlich differenziert. Dabei spielen neben urkundlichen Erwähnungen die großen Urbare mit ihren teilweise detaillierten Angaben eine besondere Rolle, sie erfassen allerdings nur die bäuerlichen Leistungen im Rahmen der Grundherrschaft (vgl. 3.2.6.3), und ihre Verbreitung beschränkt sich – mit wenigen Ausnahmen – auf den zentralfranzösisch-lothringischen Raum. Daneben kommt bildlichen Darstellungen – bei aller Problematik der ikonographischen und traditionsverhafteten Bildlichkeit – ein hoher Stellenwert zu. Viele Fragen lassen sich nur von den archäologischen Befunden her klären. Hinsichtlich der Formen der Agrarwirtschaft wird man eine Kontinuität aus römischer Zeit nicht außer

---

83 Vgl. G. DILCHER, Bischof und Stadtverfassung; DERS., Entstehung der lombardischen Stadtkommune; H. KELLER, Entstehung der italienischen Stadtkommunen.
84 F. HIRSCHMANN, Stadtplanung, zusammenfassend 542.
85 Lit.: Bibl. 5.3.2.8.1. Allgemein vor allem: P. CONTAMINE/M. BOMPAIRE/S. LEBECQ/F.-L. SARRASIN, L'économie médiévale; A. VERHULST, Carolingian Economy; DERS., Rural and Urban Aspects.
86 Lit.: Bibl. 5.3.2.8.2.

Acht lassen, technische Neuerungen im früheren Mittelalter aber entgegen traditionellen Ansichten auch nicht unterschätzen dürfen.[87]

Unbeschadet der Existenz und Entstehung vor- und frühstädtischer Siedlungen, war die frühmittelalterliche Wirtschaft weitgehend Agrarwirtschaft auf der Grundlage des Landbesitzes. Die Landwirtschaft (Ackerbau, Weinbau und Viehzucht) bildete daher die Basis der Ernährung und der Produktion. Rekurrierten die frühen Volksrechte, vor allem der so genannte „Pactus legis Salicae", in zahlreichen Bestimmungen, mit feiner Differenzierung der Herdengrößen und der Tiere nach Geschlecht, Alter und Zuchtverhältnissen, noch beinahe ausschließlich auf die Viehzucht, so kam dieser gegenüber dem sich ausbreitenden Ackerbau, vor allem dem Getreideanbau – man hat von einem Prozess der „Vergetreidung" gesprochen –, bald überall, wenngleich in unterschiedlichem Ausmaß, nur noch ein subsidiärer, aber dennoch weithin wichtiger Stellenwert zu. Die Bauern spezialisierten sich aber nicht auf Ackerbau, Viehzucht oder Weinbau, sondern hatten meist Anteil an allen diesen Wirtschaftsflächen; lediglich beim Weinbau ist gelegentlich bereits eine Spezialisierung erkennbar. Urbarialen Angaben zufolge nahm das Ackerland jedenfalls den weitaus größten Teil der landwirtschaftlichen Nutzflächen ein. Dahinter traten Weiden („pascua") und Wiesen („prata"), die für die Heuernte und als Viehweide genutzt wurden, weit zurück, während der Anteil der Weinanbaugebiete naturgemäß in den einzelnen Gegenden erheblich schwankte. Ackerbau spielte selbst bei Völkern, denen ein halbnomadischer Charakter zugeschrieben wird, wie den frühen Ungarn, eine entscheidende Rolle. Wenngleich die Quellen immer wieder von großen „Urwäldern" berichten, zählte auch der Wald zu den wirtschaftlichen Nutzflächen und wurde in Urbaren sorgfältig registriert. Wälder dienten nicht nur der Jagd, sondern auch der Schweinemast und der Bau- und Brennholzgewinnung.

Ackerbau: Wichtigstes Anbauprodukt war natürlich das Getreide als wesentliche Nahrungsgrundlage (Brot, Brei, Bier) und Viehfutter. Punktuelle paläobotanische Befunde ergänzen hier seit einiger Zeit unsere ansonsten eher spärlichen, vor allem aus den Abgabebestimmungen der grundherrschaftlichen Urbare gewonnenen Kenntnisse. Die am meisten verbreiteten Getreidesorten waren anfangs, zumal in Mitteleuropa, Einkorn (Emmer) und Dinkel (Spelt), die auch weiterhin angebaut wurden – Spelt war noch in der Karolingerzeit das am häufigsten nachgewiesene Getreide –, dann aber – mit landschaftlichen Unterschieden – hinter Gerste (auch für die Bierherstellung) und Hafer (vorwiegend als Viehfutter) sowie Roggen und später auch Weizen zurücktraten. Der Höhepunkt des Weizenanbaus lag allerdings erst im Hochmittelalter. Mancherorts wurde auch Mischkorn ausgesät. Nicht nur in den Mittelmeerländern wurde zudem Hirse angebaut. Flachs und (seltener) Hanf sowie Lein dienten sowohl der Textil- wie der Ölherstellung; der Olivenanbau war in italischen Rechten sogar eigens geschützt. Da Obst und Gemüse im Gegensatz zum Getreide selten zu den bäuerlichen Abgaben zählten, wurde es wohl stärker im Eigenbau gewonnen, doch sind mehrfach auch Obst- und Gemüsegärten bezeugt. Die in den Quellen nur undeutlich

---

87 Vgl. Karl BRUNNER, Continuity and Discontinuity of Roman Agricultural Knowledge in the Early Middle Ages, in: D. SWEENEY (Hg.), Agriculture, 21–40.

durchschimmernde Gartenkultur dürfte daher nicht zu unterschätzen sein.[88] Schließlich waren Pflanzen wichtig, die dem Färben dienten (wie Waid oder Krapp).

Der landwirtschaftliche Betrieb wies bei aller Traditionalität im frühen Mittelalter auch einige Neuerungen auf. So wurde die ursprüngliche Feldgraswirtschaft in diesem Zeitraum durch die Zwei- und dann die Dreifelderwirtschaft ergänzt und vielleicht sogar zunehmend verdrängt, doch lassen sich Ausmaß und Verbreitung aufgrund der vereinzelten Belege kaum hinreichend erschließen. Als ältestes, doch keineswegs unumstrittenes Zeugnis der Dreifelderwirtschaft gilt eine St. Galler Urkunde von 763, die eine dreimalige Bearbeitung des Sallandes im Frühjahr, Juli und Herbst vorsah.[89] In den westfränkischen Zentrallandschaften war die Dreifelderwirtschaft, nach den in den Urbaren verlangten Fronarbeiten der Hufenbauern zu schließen, im 9. Jahrhundert bereits weit verbreitet. Der Wechsel der Getreidefelder zwischen Sommer- und Wintergetreide sowie Brachland – so ist es ausdrücklich im Polyptychon von Saint-Amand bezeugt[90] – verteilte die landwirtschaftlichen Arbeiten besser über das Jahr und wirkte der Bodenerschöpfung entgegen. Das führte zu höheren Erträgen, und außerdem ließen sich die häufigen Missernten besser ausgleichen. Die Dreifelderwirtschaft setzte aber Absprachen und eine vereinbarte Nutzungsfolge unter den Dorfbewohnern voraus. Ein landwirtschaftliches Problem stellte die Düngung dar, zu der neben Stallmist vor allem Kalk, Mergel sowie in entsprechenden Gegenden Torf und Tang verwendet wurden. Von einer künstlichen Bewässerung durch Zisternen, Bewässerungskanäle, Brunnen und Schöpfräder ist ebenfalls wenig bekannt. Nur im islamischen Spanien ist sie in größerem Umfang angewandt worden.

Die zunächst weit verbreiteten, offenen und in der Form unregelmäßigen, doch zum Viereck neigenden Blockfluren mit kurzen, breiten Äckern – auch sie unterlagen dank gemeinschaftlicher Arbeitszeiten einem „Flurzwang" – wurden vor allem nördlich der Loire zunehmend durch längliche Gewannfluren abgelöst. Zur Bearbeitung wurde weithin, zumal auf den leichten Böden im Süden Europas, noch der hölzerne Hakenpflug (Ard) mit Pflugmesser und Eisenschar, der den Boden nur zerkrümelte, mit menschlicher oder tierischer Kraft eingesetzt, wobei in der Regel ein zweimaliges, kreuzweises Pflügen erforderlich war. Vor allem im Norden wurde er zunehmend durch den schweren, von einem oder zwei Ochsengespannen gezogenen, weit tiefer furchenden Räder- oder Beetpflug ersetzt oder ergänzt, der die Erdschollen zugleich wendete und zur Seite warf, so dass die soeben gezogenen Furchen beim nächsten Gang wieder zugedeckt wurden. Dadurch entstanden auf Dauer die in der Mitte erhöhten Wölbäcker. Die Erfindung des Räderpflugs wurde als landwirtschaftliche Revolution gefeiert (Lynn White), doch wissen wir über die Verbreitung erneut nur wenig. Die Ochsengespanne waren bildlichen Darstellungen zufolge durch ein mit dem Pflugbaum (Grindel) verbundenes Joch zusammengebunden, das auf Hörnern und

---

88 Vgl. Bruno ANDREOLLI, Il ruolo dell'orticoltura e della frutticoltura nelle campagne dell'alto medioevo, in: L'ambiente vegetale, Bd. 1, 175–211; Jean-Pierre DEVROEY, La céréaculture dans le monde franc, in: ebd., 221–253.
89 UB St. Gallen I, ed. H. WARTMANN, Zürich 1964, Nr. 39, 41.
90 Das Polyptychon und die Notitia de Areis von Saint-Maur-des-Fossés, ed. D. HÄGERMANN und A. HEDWIG, Sigmaringen 1990, 103ff.

Stirnbein der Tiere lastete, so dass sich deren Kraft auf das Rückgrat übertrug. Der Vorgang erforderte mindestens zwei menschliche Arbeitskräfte: den Treiber, der das Vieh führte, und den Pflüger, der den Pflug in den Boden stemmte. Nach dem Pflügen wurde der Boden mit Strauchwerk oder mit der Egge, die sich noch nicht allgemein durchsetzte, geebnet und von Hand besät, das Saatgut wurde in einem Korb oder im umgeschlagenen Obergewand mitgeführt. Bei der Ernte (durchweg mit der kurzen Sichel) ließ man die langen Halme als Viehfutter stehen; auf diese Weise waren außerdem die Verluste geringer. Galt das Pflügen als reine Männerarbeit, so waren beim Säen und bei der Ernte auch Frauen beteiligt. Hinzu kam die Heuernte auf den Wiesen. Nach der Ernte wurde das Getreide mit dem Dreschflegel gedroschen und anschließend gereinigt und gemahlen. Neben den traditionellen Handmühlen waren schon seit der Spätantike Wassermühlen in Betrieb, die meist zentral zu den herrschaftlichen Einrichtungen zählten (vgl. 3.2.7.5).

Ein Forschungsproblem bilden die Erträge. Nach dem einzigen klaren Beleg, den Brevium Exempla zum Hof Annappes in Belgien, beliefen sie sich auf das 1,6- (Roggen, Gerste) bis 1,8-fache (Spelt) der Aussaat. Wie repräsentativ diese Zahlen sind, wissen wir nicht, zumal es höchst unsicher bleibt, ob hier wirklich die Erträge oder nur die noch verfügbaren Reste des Vorjahres verzeichnet waren. Viele Wirtschaftshistoriker gehen daher von höheren Erträgen aus. Es bleibt zu bedenken, dass diese sowohl zur Versorgung der Bauernfamilie wie des Herrn (Abgaben) ausreichen mussten und dass ein nicht geringer Teil zur Wiederaussaat zurückbehalten wurde. Die Überschüsse wurden aufbewahrt oder verkauft.

Viehzucht: Die Viehzucht – die domestizierten Tiere waren kleiner und schwächer als das heutige Vieh – folgte traditionellen Formen, zeigte aber Wandlungen im Bestand (Zunahme der Schweine- und Geflügelhaltung). Sie diente im frühen Mittelalter der Ernährung (Fleisch- und Milchprodukte), aber auch der Aufzucht der Arbeitstiere (Rinder) sowie der Textil- (Wolle), Leder- und Pergamentherstellung, und Viehmist war außerdem der wichtigste Dünger. Grundherrschaftliche Inventare und bäuerliche Abgaben lassen erkennen, dass Vieh sowohl am Herrenhof wie auf den einzelnen Bauernhufen gehalten wurde. Dazu zählten – mit regionalen Unterschieden in der Häufigkeit – vor allem Schweine (die Wildschweinen im Aussehen noch sehr ähnelten) und Rinder, ferner Schafe und Ziegen sowie Geflügel (Hühner, Gänse, Enten) und, an Herrenhöfen, Pferde (als Reit- und Lasttiere). Die Tiere wurden vielfach, in einigen Regionen ganzjährig, im Freien gehalten, oft aber auf dem Hof gefüttert (Trogfunde). Pferde und Hunde zählten im Allgemeinen nicht zu den Schlachttieren. Das Schlachtalter war unterschiedlich, doch wurden vor allem erwachsene Tiere geschlachtet, die das meiste Fleisch lieferten. Dieses Spektrum wurde ergänzt durch die Bienenzucht (zur Gewinnung von Honig als wichtigstem Süßmittel und Wachs zur Kerzenbeleuchtung als wichtigstem Kunstlicht), Fischfang und Fischzucht, die in der Regel zu den Grundherrschaftsrechten zählten, aber auch weiterverliehen werden konnten. Die Nahrungsprodukte wurden weitgehend auf den Höfen selbst hergestellt, während handwerkliche Produkte zumindest zum Teil in spezialisierten Betrieben gefertigt wurden (vgl. 3.2.7.2).

Weinbau: Wein als wichtiges Getränk wurde in unterschiedlicher Qualität in weit mehr Regionen angebaut als heute. Bevorzugte Weingegenden waren etwa das Seine-

und Loiretal, die Champagne sowie die Rhein- und Mosellande. Der Weinbau, der auf römische Grundlagen zurückging und erst allmählich auch von den Klöstern aufgegriffen wurde, war im frühen Mittelalter meist noch nicht spezialisiert, zum Bauernhof oder zur Hufe gehörten in entsprechenden Lagen vielmehr auch Weinberge, und Weinabgaben der Hörigen waren verbreitet. Nur in einigen Gegenden lassen sich spezialisierte Weinbauern und ganze Weindörfer nachweisen, beispielsweise in einigen Orten der Moselgegend des Prümer Urbars von 893, in denen die Abgaben in Wein *oder* Getreide gezahlt werden konnten.[91] Der arbeitsaufwendige, durchweg von Hand betriebene Weinbau (Beschneiden der Rebstöcke, Anbinden der Triebe, mehrmaliges Umgraben und Düngen, Lese und Anfuhr) war nicht selten Knechtsarbeit. Schrieb das „Capitulare de villis" bereits die Verwendung von Keltern (Baumkeltern mit Spindel) auf den Krongütern zwingend vor, so dürfte das Stampfen mit den Füßen dennoch weit verbreitet gewesen sein. Einige Weine waren bereits im frühen Mittelalter wegen ihrer Qualität bekannt, und es gab insgesamt einen regen Weinhandel.

3.2.7.2 Handwerk[92]

Viele Produkte, die dem täglichen Leben dienten, wurden im Heimwerk hergestellt. Das gilt für Nahrungsmittel (Käse, Butter, Brot, Bier, manchmal auch Senf) ebenso wie für Holz- und Textilprodukte: Grundherrschaftliche Urbare verlangten nicht selten die Abgabe von Schindeln, Zaunlatten, Fackeln, Leinentüchern oder fertigen Kleidungsstücken (vor allem Hemden). In manchen frühmittelalterlichen Grundherrschaften erhielten die Bauern Korn vom Herrenhof, das sie zu Brot und Bier verarbeiten mussten. Anderwärts waren bereits im 9. Jahrhundert an den Fronhöfen, etwa des Prümer Urbars, zentrale Back- und Braustuben sowie Mühlen und Weinkeltern oder „Genitien" („gynecaea"), Frauenwerkstätten zur Tuchproduktion, als herrschaftliche Einrichtungen vorhanden, deren Betreiber zwangsläufig Hörige des Grundherrn waren. Der St. Galler Klosterplan zeigt, dass auch die Klosteranlagen, zumindest potentiell, mit vielen Werkstätten ausgestattet waren. Daneben existierte in den Dörfern und – vor allem – den Städten aber auch ein freies Handwerk. Ein Zusammenschluss solcher Handwerker in „collegia" wie in der Antike ist im frühen Mittelalter hingegen nicht mehr bezeugt. Anders war es vielleicht in Süditalien, wo die „scholae" der Handwerker als Nachfolger der antiken „collegia" gedeutet werden können.

Nennenswert sind eine in Anlehnung an frühgeschichtliche Verhältnisse gewerblich mit der Drehscheibe betriebene Töpferei – ein Schwerpunkt lag hier im Rheinland (zum Beispiel die verbreitete Badorfer, Pingsdorfer oder Mayener Keramik) –, eine ganz in antik-römischer Tradition stehende Glasbläserei, die Metallverarbeitung (von Eisen, Kupfer, Bronze, Gold und Silber) zur Herstellung von Waffen, Geräten und Schmuck, die Lederverarbeitung sowie das Woll- und Textilgewerbe, deren Schwerpunkte in England und in Friesland lagen; die friesischen Tuche wurden weithin gelobt und vertrieben. Der Weinbau benötigte Böttcher zur Herstellung von Keltern und Fässern. Wenn wir insgesamt auch nur wenige Nachrichten über das frühmittelalter-

---

91 Vgl. Franz Irsigler, Mehring, ein Prümer Winzerdorf um 900, in: J.-M. Duvosquel/E. Thoen (Hg.), Peasants and Townsmen, 297–324.
92 Lit.: Bibl. 5.3.2.8.2.

liche Handwerk besitzen, so sind insgesamt doch viele verschiedene und bereits spezialisierte Handwerke bezeugt: Bauleute, Zimmerleute, Schreiner, Stellmacher, Steinmetzen, Tischler, Glasmacher, Glockengießer, Goldschmiede, Eisenschmiede, Schneider, Wollenweber, Müller, Bäcker, Köche und andere. Die meisten Handwerker waren ansässig; daneben hat aber wohl auch ein Wanderhandwerk existiert. Vor allem das Bauhandwerk für die großen Steinbauten organisierte sich bald in „Bauhütten", die je nach Bedarf geschlossen an neue Orte weiterzogen. Schließlich sind der Erz- und Silberbergbau sowie die Salzgewinnung zu erwähnen: in Südeuropa und England in Salinen, aus Meerwasser, in Mitteleuropa im Bergbau, wie im Salzkammergut oder in Reichenhall, dessen Salinen bereits um 700 nachgewiesen sind, später in Kissingen, Hersfeld und Lüneburg wie auch an vielen anderen Orten. Das Salz wurde hier von spezialisierten Salzsiedern in Siedeöfen, Kupferkesseln und Bleipfannen herausgekocht. Im Allgemeinen fertigte der frühmittelalterliche Handwerker seine Produkte allein an; nur im Bauhandwerk und in der Textilverarbeitung scheint es bereits Ansätze einer Arbeitsteilung gegeben zu haben. Waffenschmiede lieferten ebenso wie das Kunsthandwerk hochwertige Produkte. Der Handwerker selbst war „Künstler", „artifex" bzw. der „Künstler" noch Handwerker, dessen Arbeit durchaus gewürdigt wurde, der aber dennoch keine besonders angesehene soziale Stellung bekleidete.

3.2.7.3 Handel und Verkehr[93]

Während sich der Übergang von der Antike zum Mittelalter nach älterer Ansicht mit einem weitgehenden Erliegen des *Fernhandels* verband, nimmt man heute eher räumliche und sachliche Verschiebungen an. Das weitgehende Schweigen der Rechtsquellen darf nicht als Fehlen eines Handelsverkehrs missdeutet werden. Ein Handel mit Luxusgütern, aber auch, aus einer Überschusswirtschaft heraus, mit Gebrauchsgütern, hat nachweislich stattgefunden, wie neben Einzelnachrichten die Münzfunde – besonders dicht waren sie zwischen Loire und Garonne – ebenso belegen wie die erhobenen Zölle. Ein Rückgang des Fernhandels ist zwar unabweisbar, setzte jedoch einerseits bereits in der Spätantike ein, andererseits riss der Mittelmeerhandel auch in der Karolingerzeit nicht ab. Mit Byzanz und den islamischen Gebieten in Spanien, Nordafrika, Ägypten und dem Vorderen Orient herrschte weiterhin ein beachtlicher Warenaustausch, der in der zweiten Hälfte des 8. Jahrhunderts anscheinend noch zunahm (M. McCormick). Aus dem Orient kamen vor allem Gewürze, seltene Früchte, Seidenwaren und andere kostbare Textilien, aus Byzanz vielleicht Gold- und Silberwaren, aus den Ostgebieten vorwiegend Pelze, Wachs, Honig und nicht zuletzt Sklaven (wenngleich das in Schriftquellen nicht belegt ist). Der Orienthandel führte vor allem über das östliche Mittelmeer, während das westliche Mittelmeer sich von den spätantiken Einbußen nicht mehr richtig erholte.[94] Im merowingischen Frankenreich verlagerte sich der Schwerpunkt des Handels im 7. Jahrhundert entsprechend vom Süden auf den Norden. Über die Nord- und Ostsee herrschte ein insgesamt reger Han-

---

[93] Lit.: Bibl. 5.3.2.8.3.
[94] Zu methodischen Problemen einer quantitativen Analyse im frühen Mittelalter: J. DURLIAT, Commerce Méditerranéen.

delsverkehr mit England und Skandinavien, der auch während der Normanneneinfälle nicht stagnierte. In einem Brief an König Offa von Mercien von 796 beschwerte sich Karl der Große zwar, dass sich unter die Pilger, die aus England auf den Kontinent kamen, auf Gewinn bedachte Händler mischten, die auf diese Weise die Zollabgaben umgehen wollten; die angelsächsischen Kaufleute stellte er hingegen ausdrücklich unter seinen Schutz. Mit Skandinavien tauschte man nach archäologischen Befunden beispielsweise Keramik, Rohstoffe, Glas oder Eisen, sodann Waffen, Metallschmuck, Kämme und sogar Mühlsteine.

Massen- und Gebrauchswaren spielten eine große Rolle für den Binnenhandel. Man handelte mit Wein, Öl, Wachs, Salz und Getreide, mit Tuchen (vor allem aus Friesland), Leder, Papyrus, Waffen und Schmuck sowie handwerklichen Erzeugnissen. Der Handel mit Verbrauchsgütern widerlegt die alte These, die Grundherrschaften seien autarke Wirtschaftseinheiten gewesen. Karl der Große befahl in seinem „Capitulare de villis" entsprechend den Verkauf der Überschüsse. Insgesamt wird man den Handel daher nicht unterschätzen dürfen, und es ist bezeichnend, dass Harald Siems darüber allein aus den Rechtsquellen eine umfängliche Monographie erstellen konnte.[95] Kirchlicherseits verboten war nur der Wucher. Wenn die Preise, wie mehrfach bezeugt ist, zu Zeiten von Hungersnöten stiegen, so regelten Angebot und Nachfrage offenbar bereits im frühen Mittelalter die Preisbildung. Preisschwankungen waren daher anscheinend üblich. Versuche Karls des Großen, auf der Frankfurter Versammlung von 794 feste Preise für Getreide einzuführen, dürften erfolglos geblieben sein, zeugen aber zumindest von Ansätzen einer königlichen „Wirtschaftspolitik", die in der Regel allerdings auf konkrete Missstände und Bedrohungen reagierte.[96]

Die *Zollpolitik*[97] bildete ein Instrument herrscherlicher Überwachung des Handels und zugleich eine wichtige Einnahmequelle, doch wurden Zölle wohl nicht zu einer regelrechten Wirtschaftslenkung benutzt. Überliefert sind vor allem Zollprivilegien. Nach einer Urkunde Chilperichs II. von 716 erhielt das Kloster Corbie beispielsweise Gelder aus den in Fosses auf Öl, verschiedene Gewürze, Getreide, exotische Früchte, Erbsen und Reis erhobenen Zöllen. Die Formulare der Urkunden lassen dabei wichtige Nuancierungen, die vielfältige Terminologie (neben den allgemeinen Begriffen „theloneum", „muta" oder „vectigal") lässt darüber hinaus eine Vielzahl verschiedener Zölle an unterschiedlichen Orten, für verschiedene Transportmittel oder auf bestimmte Güter und für bestimmte Nutzungen erkennen. Zollstätten an Flüssen, Brücken, Alpenpässen und wichtigen Straßenkreuzen waren jedenfalls üblich. Hingegen ist es kaum bekannt, wie lange sie existierten. Eine Verzollung nach Mengen („Tarifzölle") ist in diesem Zeitraum nur in Ausnahmefällen belegt; Transport- und Marktzölle begegnen weit häufiger als Warenzölle. Die Zölle belegen ihrerseits einen durchaus florierenden Handel, dem man solche Zölle auferlegen konnte. Dass diese gleichwohl als Last empfunden wurden, zeigt das Bestreben nach Zollbefreiungen, wie sie seit dem 9. Jahrhundert häufig verliehen wurden.

---

95 H. Siems, Handel und Wucher.
96 Vgl. A. Verhulst, Karolingische Agrarpolitik.
97 Vgl. H. Adam, Zollwesen; F. Pfeiffer, Rheinische Transitzölle; A. Stoclet, Immunes ab omni teloneo.

Manche Orte waren bevorzugte *Handelsplätze*. In karolingischer Zeit waren beispielsweise Haithabu bei Schleswig sowie Dorestad oder Quentowic in Friesland wichtige, vermutlich feste, aber saisonal unterschiedlich anwachsende Handelszentren (Seehäfen), die ihre Bedeutung allerdings durch die Normanneneinfälle einbüßten. Im Ostfränkischen Reich wurde Mainz zum wichtigsten Umschlagplatz. Italienische Seestädte wie Pisa und Genua, Neapel, Venedig, Bari und Amalfi sicherten sich zunehmend die Vorherrschaft im Mittelmeerhandel. Bereits in der Merowingerzeit sind einzelne, jeweils um das Heiligenfest abgehaltene überregionale Jahrmärkte bezeugt, wie in Saint-Denis (634/35 erwähnt). Für den lokalen Handel aber waren die Wochenmärkte entscheidend, die an vielen Orten stattfanden und oft im Zusammenhang sowohl mit grundherrschaftlichen Domänen wie mit einer frühen Stadtbildung standen; im ottonischen Reich gilt das Markt-, Münz- und Zollprivileg als wichtiges Ferment der Stadtgründung.

Über die *Kaufleute* selbst ist wenig bekannt. Der mediterrane Fernhandel lag in merowingischer Zeit wohl nicht zuletzt, aber keineswegs ausschließlich, in den Händen von Juden, Griechen und – bis zum 8. Jahrhundert – Orientalen (die Quellen sprechen von „Syrern"). Die wichtigsten Stützpunkte lagen in Süditalien und Sizilien, aber auch in Spanien, Afrika und Südfrankreich. Die Beteiligung christlicher Kaufleute aus dem Abendland am Handel ist nachgewiesen, doch sind in merowingischer Zeit Reisen in das östliche Mittelmeer nicht überliefert, so dass sie wohl eher für den interregionalen Handel verantwortlich waren. Friesische Kaufleute bestimmten den Handel im Norden; sie waren (nach Ausweis von Schriftquellen, Münzen und Bodenfunden) in England, Neustrien, Rom, am Nieder- und Mittelrhein und in Skandinavien tätig, und die Friesen wurden nicht nur wegen ihrer Tuche, sondern auch als Seeleute gerühmt. Der Binnenhandel lag in der Hand freier Berufshändler ebenso wie Höriger, die im Auftrag der Grundherren Handel trieben. Möglicherweise unterlagen die Händler dem königlichen Schutz; zumindest einzelne erhielten weitreichendere Privilegien.

Handel war im früheren Mittelalter ein „Wanderhandel": Die Kaufleute begleiteten also ihre Waren. In Italien traf man gesetzliche Regelungen für Kaufleute, die mehr als drei Jahre außer Landes weilten. Eine Funktionsteilung zwischen Händlern und Transporteuren ist hier erst in Ansätzen erkennbar. Nur wenige Händler spezialisierten sich anscheinend auf bestimmte Waren und vielleicht auch auf bestimmte Handelsrouten. Wie weit und wie lange römische Organisationsformen noch nachlebten, ist nicht bekannt. Bereits in merowingischer Zeit sind aber Reisegemeinschaften erkennbar, die spätestens bei Benedictus Levita und in den Gesetzen Alfreds von Wessex zu einer festeren Organisation führten.[98] „Handelsgesellschaften" mit gegenseitiger Interessenswahrnehmung von Kaufleuten an verschiedenen Orten, die so genannten „commendae", sind in Italien – vereinzelt – seit dem 10. Jahrhundert bezeugt. Spätestens im frühen 11. Jahrhundert ist in städtischen Gegenden wie Flandern ein Zusammenschluss der ortsansässigen Kaufleute in „Gilden" erkennbar, wie das berühmte Beispiel der Kaufmannsgilde von Tiel, sicherlich einer „Eidgenossenschaft", zeigt, die uns allerdings nur durch die Invektive Alperts von Metz gegen die Sittenlosigkeit

---

[98] Vgl. Harald Siems, Die Organisation der Kaufleute in der Merowingerzeit nach den Leges, in: K. Düwel (Hg.), Untersuchungen zu Handel und Verkehr, Bd. 6, 62–145.

dieser Kaufleute bekannt ist (vgl. 3.2.6.5). Es wird aber deutlich, dass die Tieler Kaufleute nicht nur Versammlungen und Mahlgemeinschaften („Gelage") abhielten, sondern auch einen Rechtsverband mit eigenen Statuten („consuetudines") bildeten, nach denen Streitigkeiten entschieden wurden, eine eigene Kasse als „Versicherung" für Schadensfälle führten und sich gegenseitig Beistand, besonders in der Fremde, leisten sollten, aber auch Vorrechte der Gildegenossen auf dem eigenen Markt beanspruchten. Es ist denkbar, dass der Zusammenschluss eine Folge mangelnden Königsschutzes war.[99]

Über den *Verkehr* ist nur wenig bekannt. Die Seeschifffahrt war weitgehend Küstenschifffahrt und vermied nach Möglichkeit Fahrten auf hoher See (in Mittelmeer, Nordsee und Atlantik). Die wichtigsten Binnenverkehrswege waren die großen Flüsse (und die Straßen entlang den Flüssen), wie die Rhône-Saône-Linie, die Loire, Rhein, Maas und Schelde, Donau, Weser und Elbe, in Italien vor allem der Po, sowie die alten Römerstraßen. Mittels Brücken, Furten und Fähren wurden die Flüsse überquert. Aber auch in den ehemals nichtrömischen Gebieten gab es bereits künstlich angelegte „Straßen" in Form von Bohlenwegen, wie sie nach archäologischem Befund durch die Moore Nordwestdeutschlands führten. Rund 200 Bohlenwege konnten in diesen Gegenden bislang von den vorchristlichen Jahrhunderten bis um die Jahrtausendwende archäologisch nachgewiesen werden. Das römische Straßennetz wurde in merowingischer Zeit und darüber hinaus weiterbenutzt und reichte für den frühmittelalterlichen Verkehrsbedarf zunächst völlig aus; neue Siedlungen wurden mit kurzen Stichstraßen an dieses Netz angeschlossen. Neue Straßen wurden anscheinend nicht gebaut, wohl aber sind Renovierungsarbeiten archäologisch erschlossen worden, doch gibt es zugleich Klagen über den ungepflegten und verschlammten Zustand vieler Straßen. Die bereits seit römischer Zeit gangbaren Alpenpässe dienten dem Handelsverkehr zwischen Italien und dem Ostfränkisch-Deutschen Reich; die „clusae" waren zugleich Gebirgsbefestigungen und Zollstätten. Möglicherweise wurden sie erst in karolingischer Zeit wieder intensiver genutzt. Der Handelsverkehr über die Pyrenäen zwischen dem Westgoten- und dem Frankenreich brach hingegen nie ab. Entgegen früheren Meinungen war der Verkehr weder auf Schönwetterperioden beschränkt noch wesentlich langsamer als im Spätmittelalter (M. McCormick).

Verkehrsmittel zu Land waren Pferde (als Zug-, Reit- und Packtiere), Ochsen und Wagen, wie sie aus der Merowingerzeit, wenn auch nur in wenigen Exemplaren, aus Grabbeigaben und Wagenbestattungen, vornehmlich in Frauengräbern, bekannt sind. Für die Binnenschifffahrt wurden weiterhin Einbäume sowie, nicht nur als Fähren, Flöße benutzt, doch bezeugen die Schriftquellen bereits in der fränkischen Zeit auch relativ geräumige Schiffe für den Personenverkehr. Die viel gerühmten Wikingerschiffe vom Typ des Oseberg- oder Gokstadbootes, der am besten erhaltenen Schiffe, zeichneten sich mit einer Länge von über 20 Metern durch ihre Größe und zugleich ihren geringen Tiefgang aus, so dass sie für die Meeresschifffahrt ebenso einsetzbar waren wie für die Flussschifffahrt. Die späteren Lastschiffe des Skuldelevfundes (um 1000) dokumentieren die hohe Tragfähigkeit dieser Boote. Das typische Handelsschiff der

---

[99] Vgl. O. G. Oexle, Die Kaufmannsgilde von Tiel, in: K. Düwel (Hg.), Untersuchungen zu Handel und Verkehr, Bd. 6, 173–196.

Friesen und Angelsachsen scheint der Holk gewesen zu sein, der weder Kiel noch Steven aufwies. Bereits im späten 9. und 10. Jahrhundert gab es in Friesland und im Ostseehandel auch Frühformen der Kogge mit einer in scharfem Winkel auf den Boden aufsetzenden Stevenkonstruktion, ebenem Boden, in einer scharfen Kante ansetzenden Seitenwänden und großem Laderaum. Die Schiffe wurden mit einem Seitenruder auf der „Steuerbord"-Seite gesteuert. Sie wurden gerudert, seit dem 7. Jahrhundert – allmählich – aber auch mit Segeln versehen. Als die Größe der Schiffe eine flache Landung erschwerte, wurden – vom 10. Jahrhundert an – erstmals auch Landestege gebaut.

3.2.7.4 Münzwesen und Geldwirtschaft[100]

Der frühmittelalterliche Handel war keinesfalls nur oder überwiegend ein Tauschhandel, bei dem die Münzangaben lediglich als Wertmesser gedient hätten, wie man früher glaubte (vgl. 4.2.6), die Epoche war nicht ausschließlich durch Naturalwirtschaft geprägt. Einzelne Berichte, Münzfunde und Geldwertangaben bei grundherrschaftlichen Leistungen wie auch die Zölle belegen vielmehr einen verbreiteten Geldverkehr (neben dem Warenhandel),[101] und selbst der Geldverleih gegen Zins war, wie die Wucherverbote belegen, bereits im frühen Mittelalter bekannt.

Das *Münzwesen* überdauerte letztlich den Untergang des Römischen Imperium. Die insgesamt recht zahlreichen Münzstätten lagen in den „civitates". Das Münzrecht war und blieb ein königliches Regal, das seit dem 9. Jahrhundert allerdings vielfach weiterverliehen wurde. Das Amt des Münzmeisters war nicht selten in einer Familie erblich. Waren anfangs – in Byzanz sogar noch bis zum Ende des 11. Jahrhunderts – in Nachahmung der römischen Kaisermünzen weiterhin Goldmünzen, allerdings schon mit schwächerem Metallgehalt, im Umlauf, so gab es bald im Ostgoten-, Langobarden- und Frankenreich (hier nach 680) nur noch Silbermünzen. Auf einen „solidus", der nur noch Rechenwert war, kamen zunächst 40 Denare. Pippin führte neue, schwerere Silberdenare ein und verfügte vermutlich feste Werte. Zwischen 788 und 793/94 führte Karl der Große dann eine Münzreform durch, die einen höheren Metallgehalt von 20 Gramm Silber pro „solidus" vorschrieb; ein Denar enthielt entsprechend 1,65 (statt zuvor 1,27) Gramm Edelmetall; die Synode von Frankfurt von 794 befahl die allgemeine Geltung dieser „neuen Denare". Noch ein Kapitular von 805 musste sich allerdings gegen die „falschen Münzen" wenden, „die an vielen Orten gegen das Recht und die Vorschrift geprägt würden".[102] Verbunden mit der Reform war eine feste Umrechnung von 20 „solidi" (zu 12 Denaren) bzw. 240 Denaren auf ein Pfund (zu 408 Gramm). Diese Regelung blieb in der Folgezeit – als Norm – weitgehend erhalten und wurde auch in den angelsächsischen Reichen übernommen.[103] Hier waren die Münzen vergleichsweise einheitlich, da bei Verleihungen des Münzregals der Stempel vom Königshof geliefert wurde, während auf dem Kontinent als Folge der häufigen Münz-

---

100 Lit.: Bibl. 5.3.2.8.4.
101 Vgl. W. BLEIBER, Naturalwirtschaft.
102 MGH Capit. I, Nr. 44, c. 18, S. 125, (a. 805).
103 Vgl. im einzelnen H. WITTHÖFT, Münzfuß, der die These eines festen und dauerhaft wirksamen Münzwertsystems seit Karl dem Großen vertritt.

rechtsverleihungen bald eine Zersplitterung des Münzwesens herrschte. Die breit gestreute Herkunft der Münzen in vielen Münzfunden belegt zudem einen ausgedehnten Münzumlauf und darf zugleich wohl als Indikator für dessen Bedeutung gewertet werden. Sind aus fränkischer Zeit viele Münzfunde erhalten,[104] so nahmen diese in ottonisch-frühsalischer Zeit zwar insgesamt ab, so dass man daraus erst kürzlich noch auf einen Rückgang des Geldverkehrs geschlossen hat (B. Kluge). Doch hat die Zahl der Münzfunde in den letzten beiden Jahrzehnten auch hier enorm zugenommen. Die bedeutendsten königlichen Prägestätten des Reichs waren danach Köln und (mit Abstand) Mainz.[105] Dass Münzen auch als Amulette benutzt wurden, man ihnen also magischen Charakter zuwies, mag aber auf ein zwiespältiges Verhältnis ihnen gegenüber deuten.[106]

Wert und Kaufkraft der Münzen lassen sich allerdings kaum ermessen; nur aus beiläufigen Erwähnungen und aus den Bußsätzen der Leges ergeben sich vage Wertrelationen. Für den Diebstahl eines Ferkels musste man nach der Lex Salica als Buße immerhin zwischen 40 und 120 Denaren zahlen, für ein Mutterschwein 280, für einen Eber gar 700. Umstritten ist auch die Frage eines staatlichen Finanzwesens und der fiskalischen Verwaltung, deren Fortleben aus spätrömisch-byzantinischer Zeit bis in die späte Karolingerzeit hinein Jean Durliat beweisen wollte.[107] Man wird hier – wie in anderen Bereichen auch – zweifellos mit einer Kontinuität rechnen müssen, in den Urbaren hingegen kaum einen staatlichen Ursprung suchen oder in den Grundherren lediglich die Vollstrecker königlicher Finanzpolitik erblicken dürfen (vgl. 4.2.4.3).

3.2.7.5 Technik[108]
Galt das Frühmittelalter in technischer Hinsicht lange als eine Epoche des Verfalls und der Stagnation, so sind in jüngster Zeit zunehmend auch die Neuerungen betont worden, die vielleicht nicht spektakulär, aber doch sehr bedeutsam sind und sich nahezu ausschließlich auf Landwirtschaft und Nahrungsversorgung beziehen. Nicht zufällig koinzidiert die Verbreitung technischer Neuerungen wie Räderpflug und Wassermühle mit der Zeit des Landesausbaus im 8. und 9. Jahrhundert. Dabei können die Klöster auch in dieser Hinsicht als Kristallisationspunkte des technischen Fortschritts gelten, sofern man diesen Befund nicht lediglich auf die Quellenlage zurückführen will. Deutliches Zeichen für eine Wertschätzung auch der Technik sind die Buchminiaturen, die Gott, der nach mittelalterlicher Vorstellung die Welt nach Maß, Zahl und Gewicht geordnet hat, als Baumeister mit Attributen wie Waage und Zirkel darstellen. Das geht einher mit einer Neubewertung der Arbeit, die, obwohl sie aus christlicher Sicht Folge des Sündenfalls und damit irdisches Übel, aber auch Teil der Buße war, im frühen Mittelalter in sich positiv bewertet wurde, wie sich das nicht zuletzt in den erhaltenen Miniaturen und Skulpturen der Monatsarbeiten widerspiegelt.

---

104 Vgl. C. HAERTLE, Karolingische Münzfunde, der 104 größere Funde und 376 Einzelfunde registriert.
105 Vgl. B. KLUGE (Hg.), Fernhandel und Geldwirtschaft.
106 Vgl. H. MAGUIRE, Magic and Money.
107 Vgl. J. DURLIAT, Finances publiques. Zum Streit: J. SALRACH, De estado romano a los reinos germanicos.
108 Lit.: Bibl. 5.3.2.8.5.

Wichtigste Neuerung in der Landwirtschaft war sicherlich der Räderpflug – mit senkrechtem Pflugmesser (Sech), waagerechter, zunehmend asymmetrischer Schar und meist versetztem Streichbrett –, der in dieser Zeit neben den alten Hakenpflug trat, auch wenn wir über seine Verbreitung wenig wissen. Die Anwendung von Hufeisen und Kummet (und damit der Einsatz des Pferdes auch in der Landwirtschaft) ist in dieser Zeit hingegen noch wenig belegt. Im frühen Mittelalter feierten auch die bereits aus der Spätantike bekannten Wassermühlen (horizontale und, seit dem 9. Jahrhundert, vertikale, mit Zahnrädern versehene Mühlen) ihren Siegeszug, die vorwiegend an natürlichen oder künstlichen Seitenarmen der Wasserläufe angelegt wurden und zunehmend neben die handbetriebenen und teilweise auch neben die im frühen Mittelalter allerdings nur schlecht bezeugten, mit Tieren betriebenen Getreidemühlen traten. Urbare, Urkunden, Heiligenviten und vereinzelt auch archäologische Zeugnisse belegen die weite Verbreitung der Mühlen, und einzelne Volksrechte enthalten sogar schon „Mühlenparagraphen". In der Grundherrschaft des Klosters Saint-Germain-des-Prés gab es nach Ausweis des Urbars 85 Mühlen, so dass man die Pariser Gegend geradezu als „Mühlenlandschaft" bezeichnet hat; im frühanglonormannischen Domesday Book sind an die 6000 Mühlen erwähnt. Der Müller („molinarius") wurde in dieser Zeit zu einem spezialisierten Handwerker.[109] Im Zusammenhang mit der Mühlen- und Wasserversorgung sind kleinere Kanalbauten zu sehen, wie sie aus größeren Klöstern bezeugt sind, während der Plan Karls des Großen, aus strategischen Gründen eine „fossa Carolina" zwischen Altmühl und Rezat graben und damit Donau und Rhein verbinden zu lassen, sich zwar nicht oder jedenfalls nicht dauerhaft umsetzen ließ, der Kanal mit seinem gewaltigen Erdaushub aber dennoch zu Recht als große technische Leistung gilt. Ob das römische System der Wasserversorgung mit Aquädukten noch im frühen Mittelalter instand gehalten werden konnte, ist nicht bekannt, doch zumindest an einigen Orten wahrscheinlich. Die gängigste Form der Wasserversorgung erfolgte aber über Quellen und Brunnen; in einzelnen Klöstern und Pfalzen sind Leitungen zur Badeanlage nachweisbar. Neue Methoden (mit Bleirohren in ausgehöhlten Baumstämmen) sind hingegen erst aus dem hohen Mittelalter bezeugt.[110]

In anderen Bereichen war der Fortschritt geringer. Textilherstellung (vertikale Webstühle) und Töpferei (Drehscheibe) verwandten weithin die traditionellen Verfahren. Die Eisengewinnung aus Erzen erfolgte – wie schon in frühgeschichtlicher Zeit – in so genannten Rennöfen, in denen bei hohen Temperaturen von über 1000 Grad das Erz flüssig gemacht wurde und abfloss, während sich das Roheisen absetzte und in Barrenform zur Verarbeitung weitergegeben wurde. Eisenverarbeitende Kleinbetriebe sind an vielen Orten bezeugt. Hammer, Zange und Amboss waren auf Bildminiaturen die „Insignien" des Schmieds. Die Verwendung von Marmor und Mosaikfußböden in

---

[109] Einzelfragen sind umstritten (z.B. Wassermühlen im St. Galler Klosterplan, Nockenwellen als Erfindung). Vgl. gegen Dieter Hägermann, Der St. Galler Klosterplan, in: RhVjbll 54 (1990), 1–18, Dietrich Lohrmann, Neues über Wasserversorgung und Wassertechnik im Mittelalter, in: DA 48 (1992), 179–188.
[110] Vgl. K. Grewe (Hg.), Wasserversorgung, vor allem Ders., ebd., 11–86; P. Squatriti, Water and society; J. Dalarun (Hg.), L'eau dans la société médiévale (überwiegend spätmittelalterlich).

römischer Tradition blieb weitgehend auf Italien beschränkt. Die vor- und vor allem die frühromanischen Kirchenbauten schließlich belegen eine entwickelte Bautechnik und lassen auf ein arbeitsteiliges Bauhandwerk schließen, das sich jeweils zu „Bauhütten" zusammenschloss, die von Baustelle zu Baustelle reisten. Arbeitsmittel wie Seile, Leitern und Gerüste waren ebenso bekannt wie Flaschenzüge.[111] Die zahllosen Kunstwerke aus kirchlichem Besitz beweisen den hohen Standard der Bronzeguss- (mittels eines Wachsgussmodells), Elfenbein-, Gold- und Silberschmiedearbeiten wie auch der Buchmalerei, deren Techniken uns aus Zeichnungen und aus dem Kunsthandwerkerbuch des Theophilus bekannt sind. Nicht zu vergessen sind aber auch Fortschritte in Sternen- und Zeitberechnung (Astrolab) und ausgeklügelte Verfahren in der Pergament- und Farbenherstellung.

3.3 Kirche und Religion[1]

Kirche („ecclesia") bedeutete im frühen Mittelalter nicht so sehr die Amtskirche als Institution (die vielmehr keine Einheit bildete, sondern allenfalls als „Reichskirche" auf den jeweiligen König hin orientiert war, sich ansonsten aber auf das einzelne Bistum oder die einzelne Kirche bezog), sondern darüber hinaus – und ursprünglich – in personalem Verständnis die aus Klerus *und* Laien bestehende „christliche Gemeinde", die Christenheit, und schließlich, materiell, das Kirchengebäude als „Haus Gottes" und zugleich als Treffpunkt der Gemeinde. Im umfassenden Verständnis waren Kirche und (christliche) Gesellschaft identisch. Diese Kirche war darüber hinaus eine – überzeitliche und überhistorische – Gemeinschaft der Heiligen (und der Toten) mit den Lebenden und damit die Verbindung schlechthin zwischen Diesseits und Jenseits. Darin liegt ihre heilsgeschichtliche Bedeutung. Es scheint bezeichnend, dass solche Elemente für die mittelalterlichen Menschen zusammengehörten und erst dadurch ein umfassendes Verständnis ebenso wie die Heilsfunktion der Kirche begründeten. Diese teilte sich aus amtskirchlicher Perspektive in Klerus und Laien, und die Kirchengebäude trugen dem durch die Trennung von Chor (als Altarraum für die Geistlichkeit) und Langhaus (als Kirche des Volkes) Rechnung, wenngleich beides im frühen Mittelalter noch nicht so streng durch einen Lettner voneinander abgegrenzt war wie später.

Dabei waren viele Elemente aus der römischen Staatlichkeit übernommen: die an die spätrömische Verwaltung angelehnte Organisation in Diözesen und Provinzen ebenso wie die Kirchengebäude, die oft die Amtsgebäude der römischen Verwaltungsbeamten nutzten, und die liturgische Kleidung, die deren Amtstracht übernahm. In der Apsis der „basilica", wo die „cathedra" des römischen Statthalters gestanden hatte, stand nun der Bischofsstuhl. Und selbst die Dogmatik und Exegese der Kirchenväter folgte in vielen Argumentationen neuplatonischem Gedankengut. Die Kirche des frühen Mittelalters war dadurch ein entscheidendes Bindeglied zwischen dem im Verlauf des 4. Jahrhunderts relativ schnell christianisierten Römischen Reich und den germanischen Nachfolgereichen, die sich zunächst allerdings vielfach dem arianischen

---

111 Vgl. G. Binding, Baubetrieb.
1 Lit.: Bibl. 5.3.3.1.

Bekenntnis anschlossen und dadurch einen religiösen Dualismus zwischen den herrschenden Germanen und den weithin katholischen Romanen hervorriefen. Die Anerkennung der politischen Herrschaft der Könige seitens der Kirche beeinträchtigte das allerdings nicht, und so beglückwünschte beispielsweise Bischof Remigius von Reims den Merowingerkönig Chlodwig längst vor dessen Taufe in einem Brief zu seinem Herrschaftsantritt und ermahnte ihn zu einer christlichen Herrschaft und zur Achtung der Bischöfe. Doch erst nach der Übernahme des katholischen Glaubens durch die Könige, den Franken Chlodwig (496/506), den Burgunder Sigismund (vor 507), den Westgoten Rekkared (587) und – nach einzelnen Vorläufern (Agilulf I. 591/616, Aripert I. 653/61) – den Langobarden Perctarit (680), und nach dem Untergang der arianischen Reiche war die Einheit des Glaubens wiederhergestellt. Daraus entstand fortan eine enge Bindung zwischen Herrscher und Amtskirche, die kennzeichnend für das frühe und hohe Mittelalter werden sollte. Die „Reichskirche" war also keineswegs eine deutsche Eigenheit der Ottonen- und Salierzeit, auch wenn sie hier eine besondere Ausprägung erhielt.

Die Kirchen unterlagen in den einzelnen Reichen des frühen Mittelalters allerdings einer unterschiedlichen Entwicklung. Während die zunehmend vom Primat Toledos geprägte westgotische Kirche der Königsherrschaft unterstand und eine eher romferne, aber zentralistisch organisierte Institution bildete, war die irische Kirche in eigenständige Bezirke um klösterliche Mittelpunkte aufgelöst, deren Äbte zugleich Bischöfe waren (oder umgekehrt). Die irische Kirche war keineswegs so romfremd, wie man früher glaubte, gestaltete sich durch Anpassung an die irische Gesellschaft aber zu einem eigenen Typus aus. Durch die irische Mission wurden neue liturgische Elemente (wie das Bußwesen) auf den Kontinent übertragen. In den keltischen Gebieten blieben trotz mancher Ähnlichkeiten zwischen Irland, Schottland und Wales Unterschiede, so dass man nicht von einer einheitlichen „keltischen Kirche" sprechen kann. Die Angelsachsen hatten sich im späteren 7. Jahrhundert endgültig für eine enge theologische Bindung an Rom entschieden und in der Folgezeit zentralisierte Landeskirchen unter königlicher Hoheit geschaffen. In der spätantiken Traditionen folgenden merowingisch-fränkischen Kirche übte der König die unbestrittene Kirchenhoheit aus. Eine stärkere Rombindung wurde hier erst in karolingischer Zeit durch die angelsächsische Mission erzielt.

In allen christlichen Reichen stellte die Kirche einen bedeutenden, in Gesellschaft und Verfassung integrierten (und nicht etwa davon abgehobenen) Machtfaktor dar, auch wenn sie im früheren Mittelalter als Institution keine geschlossene Einheit bildete. Bischöfe, Äbte und zunehmend auch Mönche sowie Kleriker der großen Domstifte gehörten zumeist dem Adel an. Die Kirchen bildeten ein Herrschaftsinstrument der Adelsfamilien und waren oft Teil ihres Patrimoniums, sei es, dass der Adlige Kirchenherr oder (als Vogt) weltlicher Schützer der Kirche war oder selbst ein hohes Kirchenamt ausübte. Die frühmittelalterliche Gesellschaft war zutiefst durch eine enge Verzahnung von Weltlichem und Geistlichem und folglich auch durch eine Verschmelzung geistlicher und weltlicher Aufgaben der kirchlichen Würdenträger gekennzeichnet. Eine Auseinandersetzung zwischen „Staat" und „Kirche" im modernen Wortsinn konnte es daher gar nicht geben. Wohl aber kam es zu Spannungen zwischen geistlichen und weltlichen Amtsträgern sowie zu Konflikten zwischen den geistlichen und den weltlichen Funktionen, die immer wieder zu Reformversuchen führten. Nicht minder bezeichnend sind jedoch die meist konkurrenzbedingten Auseinandersetzungen zwischen den einzelnen kirchlichen Institutionen mitsamt deren weltlichem Umfeld.

3.3.1 Mission und Christianisierung[2]

Die Christianisierung Europas war ein langer Prozess, der vor allem im 3. und 4. Jahrhundert das Römische Reich in seiner Gesamtheit erfasste und unter Theodosius mit der Bestimmung des Christentums zur „Staatsreligion" im Jahre 381 einen ersten Abschluss fand, mit der Einbeziehung der – zunächst noch heidnischen oder aber arianischen – germanischen und anderen Völker allerdings noch Jahrhunderte andauerte. Theologisch gesehen war die christliche Taufe unverzichtbare Voraussetzung für die Zugehörigkeit zur Gemeinschaft Christi und damit für das Seelenheil: Heiden dienten nach christlicher Lehre dem Teufel, erst durch die Taufe wurde die Seele in einer Art Exorzismus der Gewalt des Teufels entrissen. Das liturgische Ritual in letztlich magischen Formen mag heidnischem Denken entgegengekommen sein, entsprach aber allseits verbreiteten, zeitgemäßen Anschauungen. War die Taufe anfangs eine individuelle Entscheidung gewesen, so nahm die frühmittelalterliche Mission – die mit Predigt, Gebeten, Reliquien und liturgischen Elementen aufwartete, im festen Vertrauen auf ihren Glauben aber kaum auf die Mentalitäten der zu bekehrenden Völker einging – auf die bestehenden Herrschaftsverhältnisse Rücksicht, indem sie sich zunächst an den König und die Führungsschicht richtete. Zwar gingen durchweg Missionierungsversuche einzelner, häufig zu Missionsbischöfen ernannter Missionare voran, denen daher, zumal in der späteren Erinnerung, eine wichtige Rolle als Wegbereitern zufiel. Größeren Erfolg versprach jedoch erst die Herrschertaufe, die, damaligem Denken gemäß, die Bekehrung des Volkes gleichsam besiegelte, wenn sie als „kollektive Entscheidung" von der Führungsschicht mitgetragen wurde. Die Taufe Chlodwigs zusammen mit 3000 Gefolgsleuten (als Repräsentanten des Volkes) bietet dafür ein paradigmatisches Beispiel (wobei die Zahl durchaus symbolisch zu verstehen ist). „Indem Ihr für Euch selbst wählt, gebt Ihr das Urteil für alle," schrieb Avitus von Vienne dem König.[3] Von einer inneren Bekehrung des Frankenkönigs kann kaum die Rede sein, und auch der bei Gregor von Tours (Hist. 2,31) berichtete Hergang schließt eher an zeitgemäß-heidnische Vorstellungen an (Taufe nach dem Sieg über die Alemannen), war im übrigen aber längst durch die Entwicklung im Frankenreich vorbereitet (und tatsächlich berichtet Gregor neben dem Alemannensieg über die Bemühungen von Chlodwigs Gemahlin Chrodechilde sowie des Bischofs Remigius von Reims).[4] Die Bekehrung war demnach ein eher formaler und äußerlicher und nicht selten sogar erzwungener Vorgang – auch wenn der angelsächsische Gelehrte Alkuin, der Leiter der Hofschule Karls des Großen, später die Zwangstaufe, wie sie gegenüber Sachsen und Awaren praktiziert wurde, dezidiert ablehnte –, der dem Glauben an die größere Kraft des Christen-

---

2 Lit.: Bibl. 5.3.3.2; A. ANGENENDT, Kaiserherrschaft und Königstaufe.
3 Avitus, ep. 46, MGH AA 6,2, S. 75f.
4 Dazu zuletzt D. GEUENICH, Chlodwigs Alemannenschlacht(en) (wie Anm. 6, Kap. 2.2).

gottes entsprang und dem die kirchliche Unterweisung oft erst im nachhinein folgte. Die Taufe Chlodwigs und seiner Gefolgsleute bedeutete de facto folglich keineswegs die – äußerliche – Christianisierung aller Franken, geschweige denn die innere Durchdringung mit christlichem Gedankengut. Dennoch war sie für die Zeitgenossen der entscheidende Akt. Die Mission des heiligen Amandus im Scheldegebiet zeigt demgegenüber (wie auch weitere Beispiele), dass diese Gegend auch im frühen 7. Jahrhundert noch nicht christianisiert war. Wie im Fall Chlodwigs, so scheint auch anderwärts den Ehefrauen und Müttern oft eine wichtige Funktion sowohl bei der Vorbereitung der Taufe wie vor allem bei der religiösen Unterweisung im Kreise der Familie zugefallen zu sein, auch wenn hier im Einzelfall zu differenzieren ist.[5] Die Einbeziehung (und Erweiterung) der Familie setzte sich fort in der zunehmenden Bedeutung der Taufpatenschaft:[6] Taufpaten wurden bald in die enge Familie (etwa in das Inzestverbot) einbezogen und erhielten religiöse Pflichten. Bei hohen Persönlichkeiten nahm die Taufpatenschaft einen politischen Charakter an und wurde bewusst als Mittel der Politik eingesetzt. Ein bekanntes Beispiel bietet die Taufe des im dänischen Thronstreit vertriebenen Dänenkönigs Harald Klak durch Ludwig den Frommen 826 in Ingelheim, bei der Harald die königlichen Insignien aus der Hand des Kaisers entgegennahm, während ihm zugleich Kleriker zur Mission seines Volkes an die Seite gestellt wurden. (Harald konnte sich in Dänemark allerdings nicht durchsetzen.)

Nahmen König und Adel den neuen Glauben also zuerst an, so erfolgte die Christianisierung des Volkes in einem längerfristigen, sich über mehrere Generationen erstreckenden Prozess. Für die innere Erschließung spielte der herrscherliche und amtskirchliche Rückhalt eine ebenso große Rolle wie Impulse von außen, das Klosterwesen, Kirchen- und Klostergründungen des Königs und des Adels (oft an der Stätte alter Heiligtümer), der Heiligen- und Reliquienkult und die historiographisch-hagiographische Untermauerung[7] sowie entsprechende kirchenrechtliche Verordnungen der Synoden, während die Klagen über heidnische Relikte noch jahrhundertelang andauerten: Merowingische Konzilien verboten unter anderem den Verzehr von Tieren, die nach abergläubischen Riten getötet worden waren, das Wahrsagen oder die Verehrung von Seen, Felsen, Bäumen und Quellen. Tatsächlich drangen heidnische Riten aber auch in das kirchliche Leben ein.

Die kirchliche Präsenz war gleichsam Voraussetzung für eine erfolgreiche Christianisierung. Die Mission nach außen ging meist von den Bistümern und Klöstern aus, die in bestimmte Missionssprengel hineinwirkten; sie wurde, wie auch die innere Verfestigung des Glaubens, darüber hinaus erheblich zunächst durch die der „peregrinatio"-Idee einer Loslösung aus den heimatlichen Bindungen verpflichtete irische und dann die angelsächsische Mission befördert. *Irland* war im 5. Jahrhundert von Britannien aus durch den heiligen Patrick (Patricius) christianisiert worden. Bei den *Angelsachsen* brachte der von Papst Gregor dem Großen 596 abgesandte Missionar Augustinus das Christentum nach Kent, dessen König Aethelbert aber längst schon mit

---
5 Vgl. C. Nolte, Conversio und Christianitas.
6 Vgl. A. Angenendt, Kaiserherrschaft und Königstaufe; J. Lynch, Christianizing Kinship, zum angelsächsischen England.
7 Vgl. F. Lifshitz, Norman Conquest.

Bertha, der katholischen Tochter des Merowingerkönigs Charibert I. verheiratet war.[8] Von hier aus wurden in mehreren Phasen auch Essex und East Anglia weitgehend christlich, während Northumbria (Taufe König Edwins 627 durch den Einfluss seiner kentischen Gemahlin) in der Folgezeit, unter Oswald (634–642) und Oswiu (642–670), nicht mehr von Kent, sondern von Irland aus missioniert wurde. Der „Wettstreit" wurde erst 664 auf der Synode von Whitby („Streaneshalh") und auf weiteren Synoden in Hertford (673) und Hatfield (679) zugunsten Roms entschieden. Auch in den angelsächsischen Königreichen fiel den Bistümern und Klöstern eine entscheidende Rolle im Christianisierungsprozess zu. Im 11. Jahrhundert war England mit einem dichten Kirchennetz überzogen.

Während die irischen und irofränkischen Missionare auf dem Kontinent, wie Columban († 615), Pirmin († ca. 755), Kilian in Würzburg († ca. 689), Emmeram in Regensburg (2. Hälfte des 7. Jh.), Rupert in Salzburg († nach 716) oder Korbinian in Freising († um 728/30), auf Klostergründungen in den Randgebieten des Frankenreichs im Zusammenwirken mit den Herrschern abzielten, drängte es die angelsächsischen Missionare, wie Egbert, Wilfrid von York († 709), Willibrord († 739) oder Winfrid-Bonifatius († 754), im Zusammenwirken mit den karolingischen Hausmeiern darüber hinaus zur Bekehrung der noch heidnischen Völker nördlich und östlich des Rheins, vor allem der Friesen. Willibrords Bischofssitz war Utrecht, sein Stützpunkt aber das ihm 697/98 von der Gründerin Irmina übergebene Kloster Echternach; ein eigenes Erzbistum der Friesen konnte sich unter fränkischem Einfluss hingegen nicht durchsetzen. Die häufigen Romfahrten der angelsächsischen Missionare zur Pilgerschaft, Information, Absicherung von Mission und Klostergründung sowie zum Reliquienerwerb kennzeichnen die Orientierung an der Petrusstadt.[9] Das Wirken des Bonifatius veranschaulicht die ganze Komplexität des Vorgangs:[10] Nach monastischer Schulung in Exeter und Nursling (Winchester) und Priesterweihe (kurz nach 700) kam Winfrid 716 im Sinne der „peregrinatio" auf den Kontinent, um, zunächst erfolglos, bei den noch heidnischen Friesen zu missionieren. 718 unternahm er einen zweiten Missionsversuch, um nun, in engem Zusammenwirken mit dem Papst, der ihm 719 die Missionsvollmacht und den Heiligennamen Bonifatius verlieh, und bald auch mit den karolingischen Hausmeiern, in Thüringen, Friesland und dann in Hessen zu missionieren und zunächst durch Kloster- (Amöneburg, Fritzlar, Tauberbischofsheim, Ochsenfurt, Kitzingen), dann durch Bistumsgründungen (wohl 742 in Büraburg bei Fritzlar, Würzburg und Erfurt, 745 Eichstätt) in den missionierten Gegenden eine kirchliche Organisation zu errichten. Vorher schon (732) war er von Gregor III. zum Erzbischof ernannt worden und hatte 737/38 den Auftrag erhalten, die bayerische Kirche zu reorganisieren (Bischofseinsetzungen in Regensburg, Freising und Salzburg) und eine rechtsrheinische Kirchenprovinz zu errichten. Das so genannte Concilium Germanicum von 743 und verschiedene Synoden im Westteil des Reichs (Les Estinnes, Soissons) im folgenden Jahr ergriffen nicht nur reichsweite Maßnahmen der Kir-

---

8 Vgl. I. Wood, Mission of Augustine.
9 Vgl. von L. E. v. Padberg, Missionare und Mönche.
10 Zu Bonifatius zuletzt Josef Semmler, Bonifatius, die Karolinger und „die Franken", in: D. Bauer/B. Hiestand/B. Kasten/S. Lorenz (Hg.), Mönchtum, 3–49.

chen- und Klosterreform, sondern suchten, wenngleich vorerst vergeblich, auch die alten Kirchenprovinzen wiederherzustellen. Die austrasischen Bischöfe wurden Bonifatius unterstellt. In diesem Umkreis wurde auch der Plan eines ostrheinischen Metropolitanverbandes von Köln aus gefasst, während sich das Verhältnis zu den Hausmeiern, vor allem zu Pippin, in der Folgezeit abkühlte. Auch dieser Plan ließ sich daher nicht verwirklichen; 746 wurde Bonifatius das Bistum Mainz zugewiesen, das später tatsächlich die „Metropole Germaniens" werden sollte. Mit der für die Sachsenmission wichtigen Klostergründung in Fulda (744) schuf Bonifatius zudem ein bedeutendes geistiges und religiöses Zentrum, das unmittelbar dem Papst unterstellt wurde. Am Ende seines Lebens nahm er die Friesenmission wieder auf, bei der er 754 als Märtyrer starb. Die Christianisierung der Friesen dauerte noch bis zum Ende des 8. Jahrhunderts an.

Einen paradigmatischen Fall für eine politische Mission bildete die *Sachsenmission*, an deren Beginn das Wirken einzelner Missionare (der beiden Ewalde, Suidberts, Liafwins/Lebuins) stand,[11] die aber erst mit der politischen Unterwerfung in den Sachsenkriegen Karls des Großen seit 772 (Zerstörung der Irminsul auf der Eresburg) größere Erfolge erzielen konnte: Unterwerfung, Christianisierung, administrative Integration und „Frankisierung" gingen Hand in Hand. Der Unterwerfung folgten seit 775/76 Massentaufen (wie auch später, 785, die Zwangstaufe des aufständischen Widukind) sowie die kirchliche Erschließung (vor allem von Fulda aus), während die so genannte „Capitulatio de partibus Saxoniae" – wohl im Zusammenhang der Massenhinrichtung von Verden 782 – das soeben erworbene Christentum durch die Androhung strengster Strafen für unchristliches Verhalten (wie Götzenopfer, Priestermord, Bestattung außerhalb der Friedhöfe oder nach heidnischem Brauch, aber auch bloße Taufverweigerung) gewaltsam, nach neuerer Ansicht aber mit Billigung der sächsischen Großen, zu sichern suchte.[12] Das altsächsische Taufgelöbnis spiegelt eine erste volkssprachliche Unterweisung wider, und auch den altsächsischen Heliand, eine Bibeldichtung aus dem frühen 9. Jahrhundert, wird man aus dem Bestreben erklären können, den Sachsen das Evangelium nahe zu bringen. Auf der Frankfurter Synode von 794 wurde die Lehre, Gott könne nur in den heiligen drei Sprachen Hebräisch, Griechisch und Lateinisch verehrt werden, ausdrücklich verworfen und damit die für die Mission unverzichtbare Glaubensverkündigung in den Volkssprachen gestattet. Missionare wirkten nun als Missionsbischöfe in königlichem Auftrag (wie Liudger um Münster oder Willehad um Bremen) und errichteten von ihren Sitzen aus Kirchen, die wohl zu Beginn des 9. Jahrhunderts (um 805) zu Bischofssitzen erhoben und in die Bistumsverfassung eingegliedert wurden (neben Münster und Bremen noch Osnabrück, Minden, Paderborn, Verden, später Halberstadt 814, Hildesheim 815 und Hamburg 831). Seit den 20er Jahren des 9. Jahrhunderts sorgten eine Welle adliger Klostergründungen (zuerst Corvey 822) und Reliquientranslationen aus Rom und

---

11 Vgl. Heinrich BÜTTNER, Mission und Kirchenorganisation des Frankenreichs bis zum Tode Karls des Großen, in: W. BRAUNFELS (Hg.), Karl der Große, Bd. 1, 454–487; H.-D. KAHL, Karl der Große und die Sachsen; H. RÖCKELEIN, Reliquientranslationen nach Sachsen; K. SCHÄFERDIEK, Der Schwarze und der Weiße Hewald.
12 Vgl. E. SCHUBERT, Capitulatio.

Nordfrankreich für die weitere christliche Durchdringung, und seit dem wohl auch als heidnische Reaktion zu deutenden Stellingaaufstand (841/43) ist von einem Rückschlag nirgends mehr die Rede. Die sächsische Hagiographie rechtfertigte im Gegenteil die fränkische Unterwerfung als Voraussetzung zur Erlangung des rechten Glaubens, und bereits in ottonischer Zeit darf Sachsen nicht nur als eine politische, sondern auch als eine religiöse Zentrallandschaft des Reichs gelten.

Massentaufen ohne vorherige eingehendere Unterweisung wurden nach der Unterwerfung 795/96 auch bei den Awaren vollzogen, obwohl die Bischöfe sich in einem Schreiben von 796 gegen solche Zwangstaufen aussprachen. Von Salzburg aus schritt die Mission in dieser Zeit bei den Karantanen voran. Wie bei Sachsen und Awaren gingen Unterwerfung und Mission im frühen Mittelalter oft Hand in Hand.

Die *Normannenmission* Ansgars bei Dänen (827, Kirchengründungen in Ribe und Schleswig) und Schweden (erste Missionsreise nach Birka 829/30) erfolgte in kaiserlichem Auftrag, und als Ansgar zum (Erz-)Bischof von Hamburg ernannt wurde, erwuchs daraus bald eine Konzeption des neuen (nach der normannischen Zerstörung 845 nach Bremen verlegten) Bistums als Metropole des gesamten europäischen Nordens, doch waren die Missionsversuche ohne bleibende Erfolge. Erst die Erzbischöfe Unni (918–936) und Adaldag (937–988) konnten die Mission in Skandinavien und bei den Slawen wiederaufnehmen; wohl 948 wurden dänische Bistümer in Ribe, Schleswig und Aarhus gegründet, die Hamburg unterstellt waren. Der dänische König, Harald „Blauzahn", wurde aber wohl erst nach 960 getauft, und erst seit Sven „Gabelbart", der in England getauft wurde, und seinem Sohn Knut dem Großen (König von Dänemark 1019–1035) war das Christentum in Dänemark fest verankert. In Norwegen faßte es – von England aus und im Zusammenhang mit der normannischen Besiedlung Nordenglands – nach fehlgeschlagenen früheren Versuchen unter dem in England erzogenen Hákon und seinem Nachfolger Harald „Graumantel" erst um die Jahrtausendwende unter Olaf I. Tryggvason († um 1000) und Olaf II. Haraldsson, dem Heiligen († 1028/30), der später als Märtyrer verehrt wurde, dauerhaft Fuß. In Schweden ließ sich etwa zur gleichen Zeit Olaf Schoßkönig taufen und errichtete in Skara das erste Bistum, wurde dann aber vertrieben. In Island setzte sich das Christentum überhaupt erst im Verlauf des 11. Jahrhunderts durch. Rechtlich dauerte die – päpstlich immer wieder bestätigte – Kirchenhoheit Hamburg-Bremens über den skandinavischen Norden bis zur Errichtung des Erzbistums Lund (1104) an.

Die *Slawenmission* in den ostelbischen Gebieten schritt ebenfalls nur zögerlich voran. Bereits im Verlauf des 9. Jahrhunderts hatten sich böhmische und mährische Fürsten dem ostfränkischen König unterstellt und taufen lassen, doch erst ein Jahrhundert später, unter Otto II., wurden, nicht zuletzt auf Drängen der slawischen Fürsten, Bistümer für die Böhmen (Prag) und Mährer (später Olmütz) errichtet. Auch der Norden wurde trotz früher Missionsansätze nur langsam christianisiert; erst unter Otto I. konnten hier 948 einzelne wendische Bistümer (Brandenburg, Havelberg) gegründet und im Jahre 968 dem neuen Erzbistum Magdeburg (zusammen mit Merseburg, Meißen und Zeitz, das später nach Naumburg verlegt wurde) unterstellt werden. Im gleichen Jahr wurde in Polen das erste Bistum (Posen) gegründet. Im holsteinischen Oldenburg folgte um 972 ein Bistum der Abodriten. Durch den heidnischen Liutizenaufstand nach dem Tod Ottos II. (983) erlitt das Missionswerk zunächst einen schweren Rückschlag. In Böhmen wurde Adalbert von Prag (endgültig 995) aus seinem Bistum vertrieben. Er widmete sich der Mission der Preußen, durch die er 997 den Märtyrertod erlitt. Als Heiliger wurde er besonders in Prag und Gnesen verehrt. Otto III. konnte die Bistümer in den ostelbischen Gebieten jedoch nicht nur wiederherstellen, sondern schuf mit der Gründung der Erzbistümer Gnesen (1000, mit Kolberg, Breslau und Krakau) und Gran (1001) eigene Kirchenprovinzen und Landeskirchen in Polen und Ungarn, dessen König Vajk (Stephan I.) erst 985 getauft worden war. Hier hatte seit 971 Wolfgang, ein Mönch aus dem Kloster Einsiedeln missioniert, der 972 Bischof von Regensburg wurde. Diese Erfolge dürfen jedoch nicht darüber hinwegtäuschen, dass das Heidentum bei den Liutizen und im holsteinisch-mecklenburgischen Raum noch lange Zeit dominierte, wo ein Aufstand von 1066 das Missionswerk sogar für Jahrzehnte zunichte machte, so dass hier keine eigene slawische Landeskirche entstehen konnte. Pommern wurde gar erst im 12. Jahrhundert durch das Missionswerk des Bischofs Otto von Bamberg christianisiert.

Dass die Mission vielfach aber auch von internen Ansprüchen und vom Konkurrenzdenken der beteiligten Kirchen begleitet und belastet war, zeigt neben der Awarenmission und den Ansprüchen des Erzbistums Hamburg und englischer Missionare bei den Skandinaviern im 10. Jahrhundert die lange Auseinandersetzung zwischen dem Erzbistum Salzburg, dem Papsttum und der griechisch-orthodoxen Kirche im Bereich der Donauslawen im so genannten Großmährischen Reich. Die aus Byzanz stammenden „Slawenapostel" *Kyrill (Konstantinos) und Methodius* unterstellten sich, in einer Phase der Verselbständigung gegenüber dem Ostfränkischen Reich, dem Papst (Hadrian II.), der seinerseits eine eigene slawische Liturgie zugestand und Methodius zum Erzbischof von Sirmium erhob. Sein Sprengel umfasste nach neueren Erkenntnissen vor allem Pannonien. Nach dem Sturz Rastislavs verschob sich das Gewicht allerdings wieder zugunsten des bayerischen Einflusses. Methodius wurde vertrieben und zur Klosterhaft, vermutlich auf der Reichenau, verurteilt.[13] Eine griechisch-römische Konkurrenzsituation entstand im späteren 9. Jahrhundert auch in *Bulgarien*, als der Khan Boris (852–889) sich mit Ludwig dem Deutschen gegen die Mährer verbündete und taufen ließ, sich dann aber Byzanz und dem Patriarchen von Konstantinopel beugen musste. Spätere Versuche, sich diesem Einfluss wieder zu entziehen, blieben erfolglos. Erst 927 erhielt die bulgarische Kirche ein eigenes Patriarchat. Auch Unteritalien blieb formell der griechischen Kirche unterstellt. In der Ottonenzeit wiederholte sich eine ähnliche Konkurrenz im Reich der *Rus'*. Der von der byzantinisch getauften Regentin Olga, der Witwe des Zaren Igor, angeforderte, mühsam mit dieser Aufgabe betraute Missionsbischof – nach dem Tod des vorgesehenen Kandidaten Libutius einigte man sich auf den Trierer Mönch Adalbert, der später der erste Erzbischof von Magdeburg wurde – musste 962 infolge einer heidnischen Reaktion Svjatoslavs in Kiev ergebnislos zurückkehren. Erst um 988 schloss sich der neue Zar Vladimir in einer zukunftsträchtigen Entscheidung der griechisch-orthodoxen Kirche an.[14]

---

13 Vgl. P. Barton, Geschichte des Christentums; Egon Boshof, Das ostfränkische Reich und die Slawenmission im 9. Jh., in: D. Bauer/B. Hiestand/B. Kasten/S. Lorenz (Hg.), Mönchtum, 51–76; M. Eggers, Erzbistum des Method.
14 Vgl. G. Birkfellner (Hg.), Millenium Russiae Christianae.

Gegen Ende des hier behandelten Zeitraums aber waren nahezu überall in Europa Landeskirchen entstanden, die sich zumeist, mit Ausnahme Russlands, Bulgariens und einiger südslawischer Gebiete, nach Rom ausrichteten. Der „christliche Raum" hatte sich im Verlauf dieser Jahrhunderte beträchtlich erweitert, wenngleich das Christentum sich noch längst nicht überall durchsetzen konnte und wir aus den neu bekehrten Gebieten wenig über den Aufbau einer Kirchenorganisation auf dem Lande wissen. So sehr die Christianisierung des Nordens und Ostens auch begrüßt wurde, so schwer fiel es den kirchlichen Institutionen vor allem im Reich, den Aufbau einer unabhängigen Landeskirche zu akzeptieren, der sich deshalb oft äußerst langwierig gestaltete. Am Ende aber trug sicher nicht zuletzt die kirchlich-religiöse Verklammerung zur Einheit des Abendlandes bei.

3.3.2 Ausbildung und Hierarchie der Amtskirche[15]

3.3.2.1 Kirchliche Organisation (Metropolitanverband und Synoden)

Die römische Kirchengliederung hatte sich an die weltliche Verwaltung angelehnt. Die Bischöfe residierten in den „civitates" und besaßen die Amts- und Disziplinargewalt über Klerus und Mönche ihres Bezirks. In den Provinzhauptstädten (Metropolen) aber übten die „Metropoliten" ein gewisses Aufsichtsrecht aus. In den germanischen Nachfolgereichen des römischen Imperium, vor allem in Italien, Südfrankreich und Spanien, wird man grundsätzlich von einer kirchlichen Kontinuität ausgehen können, wenngleich die kirchlichen Strukturen hier weniger stabil waren als im byzantinischen Osten. Die mittelalterliche Kirchenlandschaft gliederte sich demnach in *Kirchenprovinzen* mit zugehörigen Suffraganbistümern, bildete sich in den weniger oder nicht romanisierten Gebieten jedoch nur allmählich aus. Die ersten gallischen Bistümer entstanden in der zweiten Hälfte des 3., die rheinischen Bistümer folgten im Verlauf des 4. Jahrhunderts. In den Germanenstürmen waren sie teilweise zurückverlegt (wie von Tournai nach Noyon oder von Windisch zunächst nach Avenches und dann nach Lausanne), teilweise ganz aufgegeben worden. Nach solchen Einbußen mussten die Kirchen in Teilen, vor allem in Nordgallien, reorganisiert, in anderen Teilen die Gebiete auf königliche Initiative hin erst neu erschlossen werden. Gefördert von Königen und Adel, wurde die fränkische Kirche aber bereits unter Chlodwig in das Reich integriert.[16]

Die Bischöfe (vgl. 3.3.2.2) waren – als Nachfolger der Apostel – traditionsgemäß die eigenverantwortlichen Hirten ihrer (zunächst stadtbezogenen) Gemeinde. Dem Papst (vgl. 3.3.2.4) kam als Bischof der Kirche der beiden Apostelfürsten Petrus und Paulus und einzigem Patriarchen im Westen ein Ehrenvorrang (Primat), aber noch kein übergeordnetes Recht zu. Zwar gab es schon früh patriarchale Beziehungen zwischen Mutter- und Tochterkirchen, doch in Gallien entstanden organisierte Kirchenprovinzen als Großverbände mit einem Metropoliten an der Spitze erst im 5. Jahrhundert, und eine klare Hierarchie bildete sich erst allmählich aus. Die Metropoliten – im 6. Jahrhundert

---

15 Lit.: Bibl. 5.3.3.3.
16 Vgl. R. KAISER, Bistumsgründung und Kirchenorganisation; DERS. Bistumsgründungen im Merowingerreich im 6. Jahrhundert, in: R. SCHIEFFER (Hg.), Beiträge, 9–35.

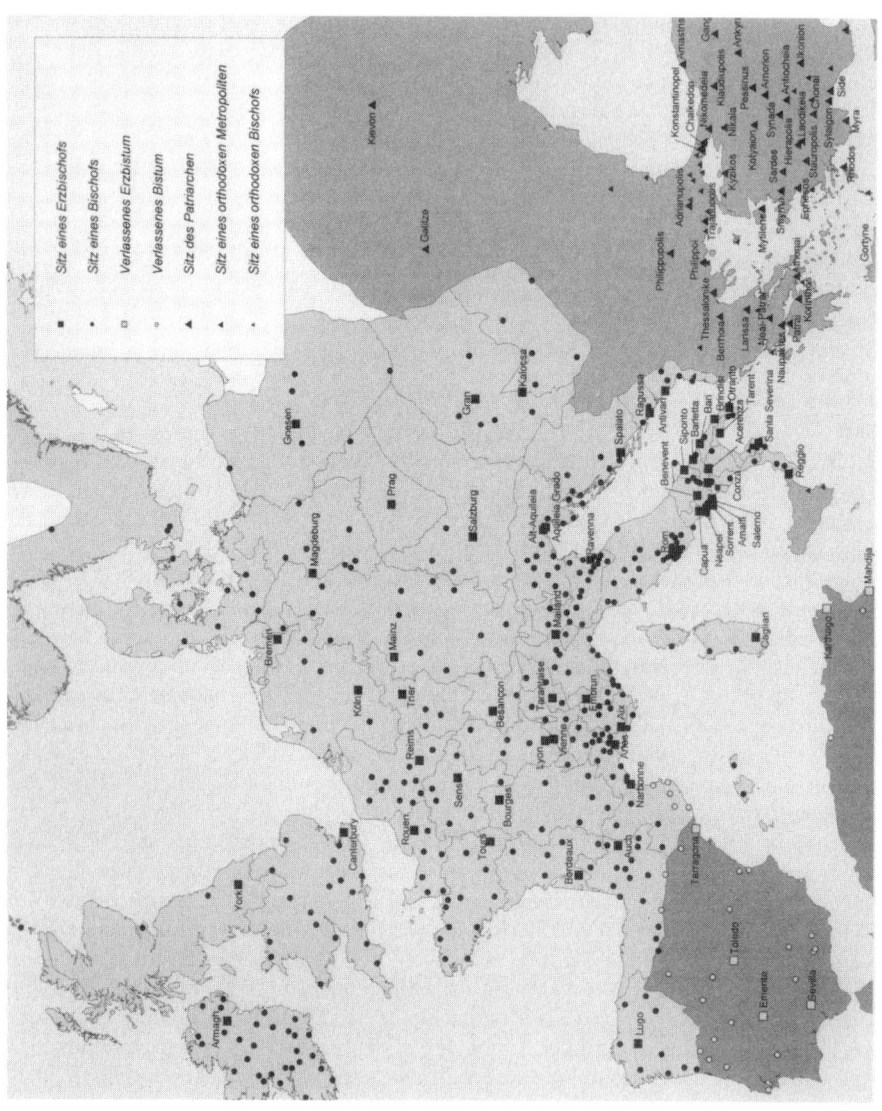

Abb. 7: *Kirchenprovinzen um 1050*

kam dafür der Begriff Erzbischof auf – waren Bischöfe ihrer Diözese und zugleich Vorsteher der Kirchenprovinz. Auch sie besaßen nicht eigentlich größere Rechte, wohl aber einen Ehrenvorrang, der äußerlich in der – seit dem 6. Jahrhundert bezeugten, seit dem 9. Jahrhundert durchgängigen – Verleihung des Palliums durch den Papst sichtbar wurde, sowie ein Aufsichts- und Bestätigungsrecht gegenüber ihren Suffraganen (den Bischöfen ihrer Kirchenprovinz), von denen sie in der Regel ihrerseits geweiht wurden, und sie leiteten die (später verbindlichen) Provinzialsynoden. Im Merowingerreich trat ihre Bedeutung zunächst zurück, wurde durch die angelsächsische Reform dann wieder gestärkt und unter Karl dem Großen weithin durchgesetzt, doch gab es noch lange danach immer wieder Auseinandersetzungen zwischen Erzbischöfen und Bischöfen. Ein Beispiel dafür sind die vor den Papst gebrachten, jahrelangen Auseinandersetzungen des Erzbischofs Hinkmar von Reims mit seinen Suffraganen Hinkmar von Laon und Rothad von Soissons. Die berühmten Pseudoisidorischen Dekretalen aus der Mitte des 9. Jahrhunderts suchten unter anderem die Rechte der Bischöfe gegenüber den Laien, vor allem aber, in Anlehnung an das Papsttum, gegenüber den Metropoliten zu stärken.

Die Struktur der Kirche in *Nord- und Südgallien* war durchaus unterschiedlich. Zwar waren die 95, auf 17 Kirchenprovinzen aufgeteilten Bistümer, die in der an der Wende vom 4. zum 5. Jahrhundert entstandenen „Notitia dignitatum" genannt sind, durchweg römischen Ursprungs, doch lagen sie im Süden weitaus dichter beieinander als im Norden. Nach der Reorganisation verteilten sich am Ende des 6. Jahrhunderts 128 Bistümer auf 12 Kirchenprovinzen (Tours, Rouen, Sens, Reims, Trier; Lyon, Vienne; Arles, Bordeaux, Eauze, Bourges und Narbonne). Erst um 600 entstand im alemannischen Gebiet Konstanz als neues Bistum. Ein Jahrhundert später gründeten die Missionsbischöfe Rupert, Emmeram und Korbinian die bayerischen Bistümer Salzburg, Regensburg und Freising. Der Wirkungsbereich der Missionsbistümer grenzte sich, wie im Fall des recht großen alemannischen Bistums Konstanz, oft erst allmählich genauer gegenüber den Nachbardiözesen ab.

Eine feste Organisation in *Kirchenprovinzen* scheint sich im Osten des Fränkischen Reichs erst unter Karl dem Großen und Ludwig dem Frommen durchgesetzt zu haben. Die linksrheinischen Bistümer Trier, Mainz und Köln waren hier die ältesten Erzbistümer. Mainz sollte gleichsam Metropole „Germaniens" werden (und sein Sprengel erstreckte sich tatsächlich von Verden im Norden bis nach Chur im Süden), während doch Teile Westfalens (Münster, Osnabrück, Minden, Bremen) zur Kölner Provinz gehörten und Bayern mit Salzburg eine eigene Provinz bildete. Die Erzbistumsgründungen in Salzburg und dann in Hamburg sowie später in Magdeburg verknüpften sich mit einer gezielten, über das Reich hinausgreifenden Missionspolitik: Der Idee nach war Salzburg seit 798 (zur Zeit der Awarenkriege Karls des Großen!) Metropole des gesamten Südostens und beanspruchte die Mission bei den Südslawen für sich. 831/34 (Erzbistum vielleicht aber erst 864) trat Hamburg als Metropole für den normannischen und slawischen Norden hinzu (nach der Zerstörung Hamburgs durch die Normannen im Jahre 845 wurde der Sitz drei Jahre später nach Bremen verlegt). 968 errichtete Otto I. das Erzbistum Magdeburg für den slawischen Osten.[17] Am Ende der

---

17 Vgl. B. WAVRA, Salzburg und Hamburg.

hier behandelten Epoche gab es im Deutschen Reich sechs Kirchenprovinzen mit insgesamt 42 Bistümern, während es in dem weit kleineren Frankreich 77 und in Italien sogar 117 Bistümer gab. Die einzelnen Bistümer unterschieden sich daher beträchtlich in ihrem Umfang wie auch in ihrem Wohlstand. Mit der Gründung der Erzbistümer Gnesen in Polen (1000), Gran in Ungarn (1001) unter Otto III. sowie, ein Jahrhundert später, Lund in Dänemark (1104) schieden diese Gebiete aus der Abhängigkeit der deutschen Kirchen aus. Das 1007 von Heinrich II. gegründete Bistum Bamberg war seit der Mitte des 11. Jahrhunderts unmittelbar dem Papst unterstellt.

In *England* sollte die „Metropolitanverfassung" von Anfang an etabliert werden (und wirkte in der angelsächsischen Mission auf den Kontinent zurück), indem Gregor der Große die Errichtung von zwei Metropolen in den antiken Provinzhauptstädten London und York befahl und die Amtsausübung von der Verleihung des Palliums durch den Papst abhängig machte. Dadurch entstand in England die erste „romverbundene Landeskirche" (T. Schieffer). Erstes Erzbistum wurde tatsächlich jedoch Canterbury in Kent, dem zuerst bekehrten angelsächsischen Reich. Die Errichtung einer englischen Kirchenorganisation war vor allem das Werk des Erzbischofs Theodor von Canterbury (668–690), der einen Verband von 15 Bistümern schuf und sich im Streit gegen Wilfrid von York letztlich durchsetzte, während York den Metropolitanstatus nur allmählich – spätestens 735 – erreichte. Canterbury fiel in der Folgezeit daher eine Führungsrolle zu, wie sie, damit vergleichbar, im spanischen Westgotenreich zunehmend der Erzbischof von Toledo in der Carthaginensis ausübte, während sich im Langobardenreich keine eigentliche Landeskirche ausbilden konnte. Die in langobardischer Zeit geschwächten Kirchenprovinzen in Mittel- und Süditalien wurden erst im späten 9. und 10. Jahrhundert durch päpstliches Einwirken reorganisiert.

Die *Bistumsgründung* war in den neu bekehrten Gebieten in der Regel ein komplexer und oft langwieriger, eng mit der Christianisierung verknüpfter Vorgang, und die Sprengelgrenzen waren nicht selten noch lange zwischen den Bistümern strittig. Anfangs gab es oft (Missions-)Bischöfe noch ohne festen Sitz; ein solcher bildete sich erst mit einer Bischofsfolge heraus. In der angelsächsischen Mission geschah das vor allem in Verbindung mit einem monastischen Zentrum, so dass man von „Abt-" oder „Klosterbischöfen" gesprochen hat.[18] Nicht alle frühen Gründungen waren erfolgreich. Manche (wie die bonifatianischen Gründungen Büraburg und Erfurt) mussten wieder aufgegeben oder verlegt werden, doch setzte sich in der Folgezeit weitgehend eine Konstanz der Bistümer durch, die nur noch in Einzelfällen – und dann meist gegen äußerste Widerstände – verändert wurden. Seit der angelsächsischen Mission ist eine zunehmende Beteiligung des Papstes an Neugründungen festzustellen, die sich in ottonisch-salischer Zeit zu einem Zustimmungsrecht verdichtete, auf das sich das Reformpapsttum später stützen konnte.[19]

Die meist viel später entstandenen Bistumschroniken vermitteln mit ihren Berichten über frühe Gründungen und lückenlose Bischofsreihen daher ein Idealbild, das kaum der historischen Wirklichkeit entspricht, sondern ein erst im hohen Mittelalter ausgebildetes Bistumsbewusstsein widerspiegelt. Wie schwierig sich vielmehr die spä-

---

18 Vgl. H. Frank, Klosterbischöfe.
19 Vgl. R. Schieffer, Papsttum und Bistumsgründung.

teren Bistumsgründungen – bei längst ausgebildeten Ansprüchen – gestalten konnten, zeigen die langwierigen und konfliktgeladenen Verhandlungen bei der Gründung der Magdeburger Kirchenprovinz (968) oder des Bistums Bamberg (1007). Weder Kirchenprovinz- noch Standesbewusstsein konnten letztlich zu einem einträchtigen Handeln des hohen Klerus führen, dessen Interessen sich einerseits auf das Verhältnis zum König (vgl. 3.3.2.3 zur Reichskirche) und andererseits auf das Wohl der eigenen Diözese erstreckten. Die drei rheinischen Erzbistümer Trier, Mainz und Köln stritten noch lange um die Vorrangstellung im deutschen Episkopat, die sich beispielsweise in der Krönung des Königs (wie bei der Wahl Ottos I.) oder im Vorsitz auf Synoden niederschlug. Nachdem der Papst dem Erzbischof Dietrich von Trier 969 den Primat in Gallien und Germanien zugesprochen hatte, reklamierte Willigis von Mainz dieses Recht bei seinem Amtsantritt 975 für sich, und der Erzbischof der noch jungen Metropole Magdeburg, Giselher, ließ sich vom Papst die Gleichstellung mit den drei rheinischen Erzbistümern verbriefen. Faktisch kam im 10. und 11. Jahrhundert dem Mainzer Erzbischof der größte Einfluss zu, doch die päpstlichen Primatbestätigungen, Fälschungen und historisch-mythischen Rechtfertigungen (wie die angebliche Gründung Triers durch den assyrischen Königssohn Trebetas) sollten, noch über unseren Zeitraum hinaus, die Rechte der anderen Metropolen begründen, sichern oder stärken helfen.

Die entscheidenden Instanzen über den Bischöfen waren die (nach Bedarf einberufenen und der Form und Zusammensetzung nach vielfältigen) *Synoden* oder Konzilien,[20] deren Beschlüsse („canones") rechtsverbindlich waren und seit dem 5. Jahrhundert in kirchenrechtlichen Sammlungen zusammengestellt wurden. Dabei kam den spätantiken ökumenischen Konzilien ein ebenso großes Gewicht zu wie den westgotischen (toledanischen) und später den fränkischen. Die großen fränkischen Konzilien waren Reichssynoden. Die Geistlichkeit der Kirchenprovinzen traf sich auf Provinzialsynoden, die nach dem Kirchenrecht zweimal jährlich stattfinden sollten, der Klerus der einzelnen Bistümer auf Diözesansynoden. In der Praxis ist eine solche Regelmäßigkeit allerdings nirgends und zu keiner Zeit nachweisbar. Aus dem katholischen Westgotenreich sind seit Rekkareds Bekehrung im Jahre 587 bis 711 28 Konzilien – besonders die insgesamt 18 Synoden von Toledo erzielten eine weitreichende Wirkung –, aus England bis zur Mitte des 9. Jahrhunderts 66, davon 55 in der Kirchenprovinz Canterbury, aus dem Merowingerreich des 6. und 7. Jahrhunderts insgesamt 62 Konzilien bekannt. Dogmatische Klärungen traten in der Häufigkeit jetzt weit hinter praktische Regelungen und Organisationsfragen zurück und wurden erst in der Karolingerzeit wieder öfter zum synodalen Beratungsgegenstand. Nach der Reichsteilung unter die Söhne Ludwigs des Frommen sind aus der Zeit von 843 bis 911 aus dem Westfränkischen Reich ungleich mehr Synoden (44) bezeugt als aus dem Ostfränkischen Reich (10). Aus dem Reichsgebiet (einschließlich Reichsitaliens) sind im Zeitraum zwischen 916 und 1056 rund 100 Synoden bekannt. Sie waren jetzt nicht mehr in gleichem Maß wie in karolingischer Zeit an die Reichsversammlungen gekoppelt, blieben jedoch vom König initiierte Reichssynoden. Seit der Wiedererrichtung des Kaisertums im Jahre 962 gewannen zudem die Papst-Kaiser-Synoden einen höheren Stellenwert. Die großen Konzilien, auf denen die Herrscher in der Regel selbst anwesend

---

20 Lit.: Bibl. 5.3.3.4.

waren, griffen in moralischer Tendenz letztlich in alle Belange des Lebens ein, fungierten als (geistliche) Gerichte und „Gesetzgeber" und galten als Appellationsinstanzen[21] und befassten sich immer wieder mit Fragen der Kirchenreform.[22]

Die bis zur Mitte des 9. Jahrhunderts recht häufigen, danach aber nachlassenden angelsächsischen Synoden spiegeln die Eigenständigkeit der Kirche wider. Sie fanden, anders als im Franken- und Westgotenreich, nicht unter dem Vorsitz von Königen statt, wohl aber dienten manche Synoden der Beratung des Königs, und sie bestimmten die Linien der Politik. Die beherrschende Figur war hier der Erzbischof von Canterbury. In der früheren Phase ging es dabei vor allem um die Vereinheitlichung der Kirche und die Disziplinierung des Klerus, während im 9. Jahrhundert (wie in Chelsea 813) Reformbestrebungen lauter wurden. Auch wenn die Nachrichten nach dem 8. Jahrhundert seltener werden, ist zunächst wohl noch mit einer beträchtlichen Synodaltätigkeit zu rechnen. Die Synoden verloren allerdings gegenüber den Reichsversammlungen wie auch gegenüber der Kompetenz der Bischöfe an Gewicht. Im 11. Jahrhundert sind bis zur normannischen Eroberung dann keine Synoden mehr bezeugt.

3.3.2.2 Bischöfe und Domkapitel[23]

Die im Frankenreich anfangs vornehmlich der galloromanischen Aristokratie angehörenden und teilweise wie in der Spätantike aus einer weltlichen Ämterlaufbahn kommenden *Bischöfe* entstammten oft denselben Familien: 13 der 18 Erzbischöfe von Tours waren mit dem Geschichtsschreiber Gregor (Bischof 573–594) nach dessen eigenen Angaben verwandt, so dass man von regelrechten „Bischofsfamilien" sprechen kann, und immer wieder gab es Ansprüche bestimmter Familien auf ein Bistum oder auch auf das Bistumsgut des (verwandten) Vorgängers. Wenn ein Teil der adligen Söhne zu Geistlichen ausgebildet wurde, so erhält das aus dieser Perspektive einen besonderen Sinn. Bereits die Bischöfe der Merowingerzeit waren, wie schon in der Spätantike, nach Aussage ihrer Epitaphien gebildete, großzügig schenkende und Herrschaft ausübende Aristokraten, ein Indiz für die Aufnahme elitärer, christlich-asketischer Vorstellungen seitens der alten römischen Aristokratie (M. Heinzelmann).

Im Mittelalter fiel den Bischöfen eine geistlich-weltliche Doppelstellung zu. Ihre geistliche Amtsgewalt umfasste drei Elemente: Die aus dem Priesteramt erwachsene „potestas ordinis" zum Spenden der Sakramente gab ihnen die Weihegewalt, die „potestas magisterii" verlieh ihnen das Lehramt gegenüber Geistlichen und Laien, und die „potestas iurisdictionis" ermächtigte sie zu Gesetzgebung, Rechtsprechung und Verwaltung. Der Bischof war mit seiner Gemeinde fest verbunden; ein Wechsel auf einen anderen Sitz war kirchenrechtlich eigentlich bereits seit der Spätantike ausgeschlossen, kam aber dennoch immer wieder vor. Berühmte Fälle sind die Versetzung des aus seiner Metropole vertriebenen Erzbischofs Ebo von Reims nach Hildesheim (845), die

---

21 Vgl. Wilfried HARTMANN, Probleme des geistlichen Gerichts im 10. und 11. Jahrhundert, in: La giustizia nell'alto medioevo (secc. IX–XI), 631–674.
22 Vgl. W. HARTMANN, Konzilien in der vorgratianischen Zeit.
23 Lit.: Bibl. 5.3.3.3.

Versetzung Ansgars von Hamburg nach Bremen 848 nach der Zerstörung der Metropole durch die Normannen oder die Erhebung Giselhers von Merseburg zum Erzbischof von Magdeburg im Jahre 981. Der Wechsel von Bischöfen auf den Papststuhl war von dem Verbot, trotz zeitweiliger Diskussionen, ohnehin stets ausgenommen und spätestens seit dem 10. Jahrhundert üblich.[24]

Bereits vor der Völkerwanderungszeit hatten die Bischöfe zugleich weltliche Schutz- und Fürsorgeaufgaben sowie Herrschaftsrechte in ihren „civitates" übernommen, die sich seither verstärkten: den Schutz der Schwachen, die Kontrolle der Magistrate, die Sorgen um Bauten und die Gerichtsbarkeit.[25] Das mag anfangs aus der politischen Situation beim Zerfall des Römischen Reichs erwachsen sein, erfolgte nach Errichtung der germanischen Reiche aber – zumindest in der Theorie – im Namen des Königs. Oft fungierten Bischöfe als (nicht mehr nur kirchliche) Vertreter ihrer Städte am Königshof und vermittelten zwischen König und „civitas". Das Bischofsamt wurde dadurch in die Reichsverwaltung eingegliedert. Die Stadtherrschaft war jedoch keineswegs überall gleich ausgeprägt und konkurrierte vor allem in Südgallien mit der Herrschaft der Grafen – Gregor von Tours' Auseinandersetzung mit dem Grafen Leudast gibt dafür ein anschauliches Beispiel –, die hier teilweise vom Bischof verdrängt wurden, an vielen Orten aber auch die Oberhand gewannen, die Einsetzung der Bischöfe kontrollierten und das Bistum gleichsam zu ihrem Patrimonium zählten. An anderen Orten entwickelte sich daraus eine topographisch oft klar festgelegte und nachvollziehbare Herrschaftsteilung. Vielerorts waren auch die Einkünfte geteilt (wie in Mittelgallien) oder gedrittelt (wie in Septimanien). In Nordgallien übten die Bischöfe die Herrschaft hingegen vielfach allein, in karolingischer Zeit auf der Grundlage von Immunitätsprivilegien, aus, die sie aus der weltlichen Regionalgewalt ausgliederten (Verbot des „introitus", des Betretens der Stadt in amtlicher Funktion, der „exactio", der Abgabenerhebung, und der „districtio", der Ausübung des Bannrechts durch weltliche Amtsträger) und dadurch noch enger an den König banden. Auf dieser Grundlage hatte der Bischof eine mächtige Stellung inne, die von keiner kirchlichen, wohl aber von den weltlichen Instanzen bedroht und beschränkt werden konnte und im 7. Jahrhundert weiter ausgebaut wurde. Von „Bischofsrepubliken" hat man im Hinblick auf die bischöflichen Herrschaftszentren sogar sprechen wollen, die sich jetzt in vielen gallischen Diözesen südlich der Loire sowie im fränkisch-aquitanischen Grenzbereich von der unteren Loire bis zur Rhône mit nur wenigen Ausstrahlungen nach Norden ausbildeten (vgl. 4.3.3) und die durch die Maßnahmen Karl Martells und seiner Nachfolger schließlich aufgelöst wurden.

Die mittelalterliche Kirche war, zumindest von den Führungspositionen her, eine Adelskirche; selbst Heiligenviten betonten stereotyp die adlige Herkunft ihres Helden, auch wenn man nur bedingt von einem „Adelsheiligen" als einem besonderen Typus der Hagiographie sprechen kann, dessen Funktion darin bestand, die ganze Familie durch den Angehörigen zu heiligen, wie behauptet worden ist: Es gibt weder den „Typus" des heiligen Adligen, noch machte der Adel heilig. Die Selbstverständlichkeit der

---

24 Vgl. S. Scholz, Transmigration und Translation.
25 Vgl. S. Baumgart, Bischofsherrschaft.

adligen Herkunft der meisten Heiligen beleuchtet jedoch den Charakter der früh- und hochmittelalterlichen Kirche als Adelskirche.[26]

Die „Herkunft" der Bischöfe war unterschiedlich: Viele waren vor ihrer Erhebung bereits Geistliche, manche auch Mönche, andere anfangs aber Laien oder Hofbeamte gewesen. Im Merowingerreich sank die Zahl der Mönche im Laufe der Zeit deutlich ab: Auch wenn die „Laufbahn" vom Mönch oder Abt zum Bischof stets möglich blieb – unter den frühen Ottonen kam rund ein Achtel der 230 erhobenen Bischöfe aus Klöstern, unter Heinrich II. waren es aber nur mehr 5 von 64 (T. Vogtherr) –, so erfolgte die Ausbildung zum Mönch oder Kleriker in der Folgezeit doch eher alternativ (und vorherbestimmt). Ganz anders verhielt sich das in der irischen Kirche, in der die Klöster im Mittelpunkt standen und Abtbischöfe eine Doppelfunktion ausübten. Auch in der angelsächsischen Kirche (wie in der angelsächsischen Mission) bildete das Kloster oft den Kern des Bischofssitzes. Dennoch stiegen in den angelsächsischen Reichen nur anfangs viele Mönche zu Bischöfen auf. Eine neue Phase der „Mönchsbischöfe" begann erst im Zeitalter der Klosterreformen der zweiten Hälfte des 10. Jahrhunderts – auf dem Höhepunkt 984 waren 13 von 17 Bischöfen Mönche –, so dass man zeitweise sogar von einem überwiegend monastischen Charakter des englischen Episkopats gesprochen hat.[27] Diese Entwicklung setzte sich auch unter der Dänenherrschaft Knuts des Großen fort.

Die frühmittelalterlichen Bischöfe waren in die Verfassung und Gesellschaft integriert: Sie waren nicht nur der „Kirche" und der eigenen Diözese verpflichtet, sondern standen auch in familiären Bindungen und schuldeten schließlich König und Reich Loyalität und Dienste (vgl. 3.3.2.3). Sie wurden als „missi dominici" eingesetzt, übernahmen im Auftrag des Königs diplomatische Missionen und führten trotz des Waffenverbots für Kleriker Heere an: Spätestens seit dem 7. Jahrhundert nahmen sie an den königlichen Kriegszügen teil, und im 8. Jahrhundert waren kämpfende Bischöfe bereits eine vertraute Erscheinung.[28] Im Gegenzug für solche Leistungen erhielten sie Regalien, vor allem das Münz-, Markt- und Zollrecht, und Schenkungen sowie (später) ganze Grafschaften. Darüber hinaus waren die Bischöfe selbst bedeutende Herrschaftsträger mit Hofhaltung und kirchlichen „Eigenrechten", einer umfangreichen Grundherrschaft sowie Vasallen, und sie zählten zu den einflussreichsten politischen Kräften des Landes. Unter solchen Bedingungen waren Amts- und Lebensstil der in ihrer in Domnähe gelegenen Pfalz amtierenden Bischöfe selbst „herrschaftlich" (und sicherlich oft genug auch „weltlich").

Die Geistlichen an Bischofskirchen – von „canonici" ist erstmals im Konzil von Clermont von 595 die Rede – formierten sich seit dem 8./9. Jahrhundert zu einem *Domkapitel*.[29] Sie bewohnten bald eigene Häuser im Dombezirk, die sich oft wie ein Kranz

---

26 Vgl. František GRAUS, Sozialgeschichtliche Aspekte der Hagiographie der Merowinger- und Karolingerzeit, in: A. BORST (Hg.), Mönchtum, 131–176.
27 Vgl. Thomas VOGTHERR, Zwischen Benediktinerabtei und bischöflicher Cathedra, in: F.-R. ERKENS (Hg.), Früh- und hochmittelalterliche Bischofserhebung, 287–320, 317.
28 Vgl. F. PRINZ, Klerus und Krieg.
29 Vgl. I. CRUSIUS (Hg.), Studien zum weltlichen Kollegiatstift; G. MARCHAL, Was war das weltliche Kanonikerinstitut; R. SCHIEFFER, Entstehung von Domkapiteln; Josef SEMMLER, Die Kanoniker und ihre Regel im 9. Jahrhundert, in: I. CRUSIUS (Hg.), Studien zum weltlichen Kollegiatstift, 62–109. Zu Frauenstiften: G. BEZZENBERGER, Vom Leben der Kanonissen; M. PARISSE/P. HEILI (Hg.), Chapîtres des dames nobles; T. SCHILP, Norm und Wirklichkeit.

um den Dom legten. Nachdem schon Chrodegang von Metz 755/56 für den Domklerus eine „vita communis" nach dem Vorbild des Mönchtums und eine eigene Kanonikerregel entwarf, die sich zunächst allerdings nicht durchsetzte, machten die Aachener Reformsynoden die „Institutio canonicorum" mit gemeinsamem Chorgebet und Disziplinarregeln für alle Kanoniker verbindlich. Das führte zu einer „Monasterisierung" des Klerus.[30] Viele Klöster wurden in Kanonikerstifte umgewandelt. Die von einem Propst geleiteten Domkapitel erhielten durch solche Maßnahmen eine festere Form, die ihnen Einfluss auf die Angelegenheiten des Bistums sicherte und die verschiedenen Aufgaben auf Amtsträger verteilte. Die „Institutio" setzte sich jedoch keineswegs überall durch, und die „vita communis" beschränkte sich meist auf das gemeinsame Gebet. Andererseits löste sich die „vita communis" der Domkleriker vielerorts bereits vom 10. Jahrhundert an wieder auf; das Kirchenvermögen wurde in Einzelpfründen aufgeteilt. Erst eine neue Kanonikerreform unter Heinrich II. vollendete das Werk. Seit dem 9. Jahrhundert teilten die Bischöfe ihre Diözesen zudem vielfach in Archidiakonate ein, denen allmählich ebenfalls eigene Sprengel unterstanden. Die Archidiakone, anfangs Gehilfen des Bischofs bei der Vermögensverwaltung und Beaufsichtigung des Klerus, erlangten aufgrund der bischöflichen Beanspruchung im Reich und ihrer häufigen Abwesenheit bald größere Freiheiten samt einer eigenen Gerichtsbarkeit.

3.3.2.3 Hofkapelle und Reichskirche[31]

Seit das Christentum unter Theodosius zur Staatsreligion geworden war, hatte sich die Kirche zu einer staatstragenden und ihrerseits vom Staat getragenen Institution entwickelt. Die germanischen Könige setzten diese Tradition fort: Die auf Reichssynoden versammelten Bischöfe und Äbte formierten sich gleichsam zur „Landeskirche" (im Merowingerreich Orléans 511, im Westgotenreich Toledo 589). Eine *Kirchenherrschaft der Könige* war unbestritten und ist in nahezu allen Reichen zu beobachten. Die früh- und hochmittelalterlichen Bischöfe waren dem König eng verbunden, der, anders als in der Spätantike, Einfluss auf ihre Besetzung nahm und sie in ihr Amt investierte. Wenn Florus von Lyon im 9. Jahrhundert demgegenüber die Bedeutung der Weihe betonte,[32] dann bezeugte er doch zugleich den historisch gewachsenen Einfluss des Königs, der in Bezug auf die Bistumsbesetzung im übrigen auch in anderen Reichen, wie in Wessex oder Asturien, nachweisbar ist.

In der Praxis sind bei der *Erhebung* eines Bischofs oder Abtes verschiedene Verfahren überliefert.[33] In merowingischer Zeit wurden die Bischöfe zwar kanonisch durch „Klerus und Volk" gewählt – wobei unklar bleibt, wer sich konkret hinter diesen Grup-

---

30 So R. SCHIEFFER, Entstehung von Domkapiteln, 240.
31 Lit.: Bibl. 3.3.7. Zur Hofkapelle vor allem J. FLECKENSTEIN, Hofkapelle. Ferner G. BÜHRER-THIERRY, Évêques; F.-R. ERKENS (Hg.), Früh- und hochmittelalterliche Bischofserhebung; A. FINCKENSTEIN, Bischof und Reich; H. ZIELINSKI, Reichsepiskopat. Neuere Beispielstudien zu einzelnen Reichsbischöfen: F. RONIG (Hg.), Egbert; M. BRANDT/A. EGGEBRECHT (Hg.), Bernward von Hildesheim.
32 Vgl. K. ZECHIEL-ECKES, Florus von Lyon.
33 Vgl. F.-R. ERKENS (Hg.), Früh- und hochmittelalterliche Bischofserhebung; darin v.a. DERS., Die Bischofswahl im Spannungsfeld zwischen weltlicher und geistlicher Gewalt, 1–32. Ferner: R. SCHNEIDER, Wechselwirkungen.

pen verbarg – und durch den Metropoliten bestätigt, teilweise aber auch vom Vorgänger designiert oder vom König ernannt. Auf den Einfluss der Könige, deren Kirchenhoheit durchweg anerkannt wurde, ist es sicherlich zurückzuführen, dass die weitaus meisten merowingischen Bischöfe aus dem jeweiligen Teilreich stammten. Idealtypisch folgten der Wahl das königliche Konsekrationsdekret (die urkundliche Bestätigung durch den König) und die Weihe.[34] Seit der karolingischen Zeit wurden die Bischöfe regelmäßig vom König bestätigt und in ihr Amt eingesetzt (investiert). Einzelnen Kirchen wurde das kanonische Wahlrecht ausdrücklich verbrieft, doch blieb das königliche Bestätigungsrecht davon unangetastet, und die Wahlfreiheit bedeutete oft lediglich das Recht, dem König einen Kandidaten aus den eigenen Reihen zu präsentieren. Die Bistumsbesetzung war gleichwohl an Vorgaben und *Ansprüche* gebunden, die auch die Könige einhalten mussten, wenn sie Konflikte vermeiden wollten. Vor allem der Einfluss und Anspruch der führenden Adelsfamilien auf (bestimmte) Bistümer schränkte die königliche Handlungsfreiheit ein, und in manchen Bistümern wurden kaum zufällig immer wieder Bischöfe aus denselben Adelsgeschlechtern erhoben: So stand Chur im 8. Jahrhundert ganz unter dem Einfluss der „Viktoriden", Konstanz im 9. Jahrhundert unter dem der „Salomone". Andere Geschlechter vermochten ihre Angehörigen gleich auf mehreren Bischofssitzen unterzubringen. Auch in Italien, vor allem in der Lombardei, mussten die Könige Rücksicht auf die starken Adelsgeschlechter sowie die Wünsche der Domkapitel nehmen.[35] In anderen Reichen, wie in Burgund, Südfrankreich oder im christlichen Spanien, war der Einfluss des Adels oft noch größer.

Seit dem 9. Jahrhundert erfolgte die Einsetzung in den fränkischen Reichen noch vor der Weihe durch eine Investitur (der Begriff kam erst später auf), die ihre endgültige Gestalt mit Ring und Stab jedoch erst im 11. Jahrhundert gewann und sich allmählich im gesamten Abendland durchsetzte. Die Investitur durch den König als ein Akt der Staatssymbolik war keineswegs auf die Kirche beschränkt, sondern gliederte sich in andere, entsprechende Akte (wie die Lehnsinvestitur) ein. Sie war bis in die zweite Hälfte des 11. Jahrhunderts hinein im Reich nicht strittig und wurde noch nicht als Widerspruch zur kanonischen Wahl empfunden.[36] Oft wurden die neuen Bischöfe auf Reichsversammlungen bestimmt, wobei den Fürsprechern eine gewichtige Rolle zukam. Nach dem Tod des Bischofs Rethar von Paderborn (1009) schickten die Kleriker sogleich Abgesandte an den Königshof nach Goslar; auf der dortigen Reichsversammlung präsentierte König Heinrich II. den anwesenden Meinwerk als Nachfolger, der dessen Biographen zufolge „sowohl durch die große Vornehmheit seiner adligen Herkunft als auch durch die Fülle seiner Besitzungen und zeitlichen Möglichkeiten geeignet" schien.[37] Selbst bei heiligen Bischöfen fanden solche weltlichen Kriterien daher selbstverständliche Anerkennung. In Einzelfällen sind auch Bischofsabsetzungen durch Synoden bezeugt (im Merowingerreich z.B. des wegen Hochverrats angeklagten Erzbischofs Praetextatus von Rouen), doch offenbart das komplizierte und langwieri-

---

34 Vgl. D. Claude, Bestellung der Bischöfe; C. Servatius, „Per ordinationem principes ordinetur".
35 Vgl. G. Schwartz, Besetzung der Bistümer Reichsitaliens.
36 Vgl. H. Keller, Investitur.
37 Vita Meinwerci episcopi Patherbrunnensis 11, ed. F. Tenckhoff, MGH SSrG 1921, S. 17f.

ge Verfahren tatsächlich eher die Schwierigkeiten, einen Bischof aus seinem Amt wieder zu entfernen. Auch in der deutschen Reichskirche fanden Absetzungen bis in das 12. Jahrhundert nur unter außergewöhnlichen Umständen statt.[38]

Seit der Karolingerzeit wurden im Frankenreich und in den fränkischen Nachfolgereichen zunehmend Vertraute des Königs, besonders aus der – an allen Höfen vorhandenen, aber unterschiedlich strikt organisierten – *Hofkapelle*, zu Bischöfen erhoben. Diese Institution, die ihren Namen von der Reichsreliquie, dem Mantel („cappa") des heiligen Martin, ableitete und eigentlich für die Seelsorge am Königshof zuständig war, erlangte durch die Königsnähe bald eine herausragende Bedeutung auch in der Verwaltung. Kapläne („cappellani", so zuerst 741 bezeugt) waren die Hofgeistlichen. Sie verwalteten nicht nur das Schriftwesen am Hof (in der Kanzlei), sondern wurden auch zu diplomatischen Missionen herangezogen. Dass „Höflinge" zu Bischöfen erhoben wurden, kann daher nicht überraschen, auch wenn der Anteil der Kapläne insgesamt – in der Ottonenzeit waren das rund ein Drittel – nicht überschätzt werden darf.[39] Die Rekrutierung aus der Hofkapelle erreichte erst in spätottonisch-frühsalischer Zeit – vor allem seit Heinrich II. – ein größeres Ausmaß, doch sie erfolgte keineswegs gleichmäßig in den einzelnen Bistümern, sondern betraf vor allem die Erzbistümer und Kernzonen der Königsherrschaft. Etwa 15 % der Bischöfe waren Verwandte des Königs. In dieser Zeit waren die meisten Bischöfe in lothringischen (vor allem Lüttich), sächsischen (vor allem Hildesheim, Magdeburg) und fränkischen Schulen (Worms, Speyer, Bamberg, Würzburg) erzogen worden. Es ist nicht minder auffällig, wenn 36 % der Bischöfe nicht dem eigenen Bistum oder der eigenen Stammesprovinz entstammten:[40] Die Einsetzung fremder Bischöfe diente der Integration der Reichsteile.

Die *„Reichskirche"* – zur Problematik des modernen Begriffs vgl. 4.3.4 – war keine feste Institution, sondern gleichsam die Summe der dem König unterstehenden Kirchen und Klöster, also vor allem der Bistümer und Reichsabteien. Schon in fränkischer Zeit wurden die Bistümer mit Privilegien ausgestattet und hatten im Gegenzug Aufgaben für das Reich zu erledigen, und sie nahmen aktiv an der Politik und an der Reichsverwaltung teil, zumal in den Kirchen die notwendige Schriftlichkeit und der administrative Rahmen vorhanden war, der sich zur Verwaltung eines Großreichs nutzbar machen ließ. Die Bischöfe waren dem König fortan zum „servitium regis" verpflichtet, nämlich außer zu bestimmten Abgaben vor allem zu militärischer Hilfe (zur Gestellung von Heereskontingenten) – die Vasallen der Bischöfe und Äbte stellten, nach einem erhaltenen Aufgebot für einen Italienzug Ottos II. zu urteilen, zusammen sogar das Gros, nämlich drei Viertel des Reichsheeres – und zu der aufwendigen Gastungspflicht, der Beherbergung und Verpflegung des Königs mit seinem oft umfangreichen Gefolge. Seit dem 10. Jahrhundert waren solche Funktionen dermaßen „institutionalisiert", dass einzelne Bischöfe, trotz ihrer Weltlichkeit, sogar als Heilige verehrt werden konnten. Der heilige Brun, ein Bruder Ottos I., der Erzbischof von Köln war und später gleichzeitig das Herzogtum Lothringen verwaltete – „archidux" nennt ihn sein Biograph Ruotger –, gilt sogar als „Prototyp" des ottonischen Reichsbischofs. Unter Hein-

---

38 Vgl. M. Meyer-Gebel, Bischofsabsetzungen.
39 Vgl. A. Finckenstein, Bischof und Reich, 66.
40 Ebd., 35.

rich II. scheint sich das Verhältnis zwischen König und Bischöfen noch intensiviert zu haben. Der König nutzte die Gastungspflicht der Bistümer nun stärker als seine Vorgänger, doch sind hier deutliche Unterschiede zu vermerken: Bistümer wurden vor allem in den weniger intensiv besuchten Zonen des Reichs zu den wichtigsten Stützpunkten seines Itinerars, während der König sich in den Herrschaftszentren weiterhin auf seine Pfalzen stützte. Die Rolle der *Reichsklöster*[41] für das „servitium regis" – oft in Form jährlicher Zahlungen in Naturalien – und das Königsitinerar war in ottonischer und frühsalischer Zeit ebenfalls beträchtlich, trat aber doch deutlich hinter die Leistungen der Bistümer zurück; Klöster wurden stärker für Gebets- und Festtagsaufenthalte genutzt, sie waren zur Gebetsfürsorge und Memoria verpflichtet und wurden nicht selten mit der Buchproduktion betraut. Solche Aufgaben und die große Zahl der Klostergründungen und der Königsklöster belegen aber auch deren Bedeutung für das Königtum, unabhängig von der Zahl der Aufenthalte (drei Viertel der Reichsklöster haben die ostfränkisch-deutschen Könige nie besucht).

In der hier behandelten Zeit war das Verhältnis zwischen König und Reichskirche demnach denkbar eng. Es gab Klagen über einzelne Bischöfe, aber noch keinerlei grundsätzliche Kritik an dem „System". Die Leistungen für das Reich, die dem spätantiken Kirchenrecht durchaus widersprachen, erklären – neben einer frommen Gesinnung und der Schutzpflicht für die Kirchen – das königliche Interesse an den Kirchen und Klöstern des Reichs und an einer angemessenen Besetzung der Bischofs- und Abtsitze mit treuen Gefolgsleuten. Der König stattete die Kirchen gewissermaßen in der Erwartung ihrer Gegenleistung, des „servitium regis", aus.[42] Das erklärt zugleich, weshalb die Könige später, im Investiturstreit, so zäh an ihren Rechten festhielten. Auf der anderen Seite zählten Bischöfe und Äbte, die auf den Reichsversammlungen und Synoden die Politik wesentlich mitbestimmten, zu den Reichsfürsten. Der Reichsbischof weilte manchmal häufiger am Hof als in seiner Diözese, während die Reichsäbte – allerdings mit bemerkenswerten Ausnahmen – selten zum Kern der Teilnehmer an Reichsversammlungen zählten; ihre Bedeutung am Hof war insgesamt folglich weit geringer. Umgekehrt hielten aber auch die Bischöfe an ihrem politischen Einfluss am Königshof und ihren weltlichen Privilegien fest. Sie waren alles andere als willige Marionetten des Königs, sondern ein – dem Bistum wie auch der eigenen Adelsfamilie verbundener – Machtfaktor, der sich dem König auch erfolgreich widersetzen konnte: Gegen den Willen des zuständigen Bischofs waren königliche Eingriffe kaum möglich, und sie wurden zu einem Politikum.[43] Allerdings trat der Episkopat dem König kaum als eine geschlossene Gruppe entgegen, wie Hehl meint.

Wesentliches Merkmal der Reichskirche war nun nicht nur die Einbeziehung der Bischöfe und Äbte in den Reichsdienst, sondern, grundsätzlicher, die unbestrittene Herrschaft des Königs über die Kirche und die Verchristlichung des Königtums im „Gottesgnadentum": Auch wenn zuletzt betont wurde, dass damit in den Quellen weniger eine theokratische Überhöhung des Herrschers als vielmehr eine paränetische

---

[41] Vgl. J. BERNHARDT, Itinerant Kingship; T. VOGTHERR, Reichsabteien der Benediktiner.
[42] Vgl. W. METZ, Quellenstudien zum *Servitium regis*.
[43] Ernst-Dieter HEHL, Der widerspenstige Bischof, in: G. ALTHOFF/E. SCHUBERT (Hg.), Herrschaftsrepräsentation, 295–344.

Erinnerung an seine christliche Pflicht ausgedrückt war,[44] wie sie sich auch in den bischöflichen Ermahnungen des Herrschers niederschlug,[45] so galt der König doch allseits als Stellvertreter und weltlicher Arm Gottes auf Erden (vgl. 3.1.1.5). Das verlieh ihm zwar keine geistliche Stellung, wohl aber eine heilsgeschichtliche Funktion in der Welt und in der Kirche.

In anderen Ländern war das Verhältnis der Bischöfe zum König grundsätzlich zwar ähnlich eng, und man wird auch hier jeweils von einer „Reichskirche" sprechen können, die der königlichen Herrschaft unterstand. Doch erreichte die Einbindung der Bischöfe in die Verfassung wohl nicht das gleiche Ausmaß wie im Deutschen Reich. In Italien hat Otto der Große nach seiner Kaiserkrönung den Bischöfen die Rolle als öffentliche Amtsträger nach einer These Vito Fumagallis eher aufgedrängt,[46] die Verhältnisse haben sich anscheinend aber schnell denen im Deutschen Reich angeglichen. In Frankreich blieb der königliche Einfluss auf die Bistümer im Wesentlichen auf den engeren Bereich der Krondomänen beschränkt. In den angelsächsischen Königreichen wurden erst unter Edward dem Bekenner am Ende unseres Zeitraums königliche Kapläne zu Bischöfen ernannt. Über die Einsetzung der Bischöfe besitzen wir hier jedoch nur wenige Nachrichten, die – trotz Anerkennung des kanonischen Wahlrechts – immerhin den königlichen Einfluss belegen, während eine Investitur mit den Symbolen Ring und Stab zunächst nirgends belegt ist (was ihre Existenz freilich nicht ausschließt).[47]

3.3.2.4 Papsttum[48]

Die Bischöfe des früheren Mittelalters waren, kirchlich gesehen, weitgehend eigenverantwortlich. Der Papst war zunächst eigentlich nur Bischof von Rom, dem als einzigem Patriarchen des Westens und als Bischof der Kirche der beiden Apostelfürsten Petrus und Paulus (wie auch der Hauptstadt des einstigen Imperium) jedoch die höchste Autorität unter den Bischöfen zufiel. Daraus erwuchs schon früh ein „Primatanspruch", erste und oberste Instanz in der römisch-katholischen Kirche zu sein.[49] Diese im 4. und 5. Jahrhundert ausformulierte Forderung blieb seither geläufig, wurde besonders in den pseudo-isidorischen Fälschungen des 9. Jahrhunderts betont und, trotz einzelner Widersprüche, im Prinzip auch anerkannt, wirkte sich in der Praxis jedoch noch wenig aus; die „Landeskirchen" waren vielmehr den Reichen zugeordnet und den Königen unterstellt. Von einer „Weltstellung" oder einer Hierokratie des Papsttums (so W. Ullmann) kann in dieser Epoche daher noch keine Rede sein.

Das frühmittelalterliche Papsttum war zunächst auf den byzantinischen Kaiser ausgerichtet, der auch der Papstwahl zustimmte, und erkannte dessen Oberhoheit an. Seit dem „Mönchspapst" Gregor dem Großen (590–604), der die päpstliche Stadtherrschaft

---

44 So jetzt L. Körntgen, Königsherrschaft und Gnade Gottes.
45 Vgl. Rudolf Schieffer, *Mediator cleri et plebis*. Zum geistlichen Einfluß auf Verständnis und Darstellung des ottonischen Königtums, in: G. Althoff/E. Schubert (Hg.), Herrschaftsrepräsentation, 345–361.
46 V. Fumagalli, Potere civile dei vescovi italiani.
47 Vgl. T. Vogtherr, Zwischen Benediktinerabtei und bischöflicher Cathedra (wie Anm. 27).
48 Lit.: Bibl. 5.3.3.5.
49 Vgl. M. Maccarrone (Hg.), Primato del vescovo di Roma.

ausbaute, im Mittelalter aber vor allem durch seine Schriften weiterwirkte, wandte man sich jedoch verstärkt dem Westen zu und emanzipierte sich politisch im Verlauf des 7. und 8. Jahrhunderts zunehmend von Byzanz. Bereits im 7. Jahrhundert mehrten sich auch die dogmatischen Differenzen. Obwohl der Bruch mit der orthodoxen Kirche nie offiziell vollzogen wurde, entwickelten sich beide Kirchen seither organisatorisch wie auch dogmatisch immer weiter auseinander. Als die Päpste im Zuge der Langobardengefahr einen neuen Schutzherrn benötigten, gingen sie mit den Karolingern, nicht zuletzt durch die Vermittlung des Bonifatius und im Zuge der angelsächsischen Reformen, eine engere Bindung ein, die in der päpstlichen Legitimation der Königserhebung Pippins (751) und in der Kaiserkrönung Karls des Großen durch Papst Leo III. (800) gipfelte. Erst durch dieses Zusammenwirken wurde überhaupt eine Durchsetzung universaler Ansprüche möglich, doch darf man den Einfluss des Papsttums im frühen Mittelalter keineswegs überschätzen. Das wird auch durch die Tatsache belegt, dass der Anteil päpstlicher Dekretalen in kirchenrechtlichen Sammlungen sich in dieser Zeit noch in Grenzen hielt. Dennoch bewirkte die Autorität Roms (und des heiligen Petrus), dass der Papst, zumal in Streitfragen, zu Rate gezogen wurde, dass die römische Liturgie als Vorbild diente[50] und nicht zuletzt auch Reliquien bevorzugt aus Rom bezogen wurden.[51]

Der Papst wurde im Lateran, seinem Amtssitz, gewählt; seit dem 7. Jahrhundert folgten Weihe und Inthronisation im Petersdom, seit Gregor dem Großen die Hauptkirche mit dem Petrusgrab als Mittelpunkt. Die Wahl wurde dem Kaiser angezeigt. Eine wichtige Grundlage der päpstlichen Macht bildete das „Patrimonium Petri", die Herrschaft über den ehemals byzantinischen Landgürtel vom Adriatischen Meer bis nach Rom (Exarchat Ravenna, Pentapolis, Emilia, Dukat von Rom), die den Päpsten seit der Pippinischen Schenkung von 756 von den Königen und Kaisern immer wieder bestätigt wurde. Erst in karolingischer Zeit – der strittige Zeitansatz schwankt zwischen der Mitte des 8. und der Mitte des 9. Jahrhunderts – ist auch die berühmte „Konstantinische Schenkung" entstanden, mit der angeblich bereits Kaiser Konstantin anlässlich seiner Bekehrung und der Verlegung seines Sitzes von Rom nach Byzanz dem Papst (Silvester I.) nicht nur den Lateranpalast, St. Peter im Vatikan sowie St. Paul vor den Mauern, sondern auch die Verfügung über die Kaiserkrone (das Diadem) und die kaiserliche Herrschaft im Westen zugestanden haben soll. Mit dieser Fälschung begründeten die Päpste – indirekt – alle ihre politischen Rechte: den Primat ebenso wie den Besitz des Kirchenstaats und das Recht der Kaiserkrönung (das sie seit dem 9. Jahrhundert tatsächlich unbestritten erlangten). In ihren Ansprüchen behielten sie sich darüber hinaus das Recht vor, zumindest in Streitfragen in die Belange anderer Kirchen einzugreifen, und sie suchten mehrfach sogar auf die Verhältnisse im byzantinischen Reich Einfluss zu nehmen, indem sie zum Bilderstreit Stellung nahmen oder, wie Nikolaus I. (858–867), heftig gegen die im Zusammenhang byzantinischer Thronkämpfe erfolgte Absetzung des Patriarchen von Konstantinopel, Ignatios, und die Einsetzung des Photios protestierten, wobei es zusätzlich um die Zugehörigkeit der

---

50 Vgl. Winfried Hartmann, Zur Autorität des Papsttums im karolingischen Frankenreich, in: D. Bauer/B. Hiestand/B. Kasten/S. Lorenz (Hg.), Mönchtum, 113–132.
51 Vgl. Klaus Herbers, Rom im Frankenreich, in: ebd., 133–169.

bulgarischen Kirchen ging. Unter Nikolaus I., der die „plenitudo potestatis" des Papstes hervorhob, Hadrian II. (867–872) und Johannes VIII. (872–882) erreichte das frühmittelalterliche Papsttum einen Höhepunkt seiner Machtgeltung und wurde bei Streitfragen zur kirchengerichtlichen Instanz der westlichen Kirche. Die Päpste stellten sich über das Konzil und brachen in die Autonomie der Provinzialsynoden ein, provozierten damit allerdings einen langen Streit mit dem westfränkischen Erzbischof Hinkmar von Reims. Päpstliche „Eingriffe" in (geistliche) Reichsangelegenheiten waren seither keine Seltenheit, erfolgten aber kaum willkürlich und erreichten nur in Ausnahmefällen eine konfliktträchtige Spannung, wie in der konstanten Weigerung Nikolaus I. und Hadrians II., dem Scheidungsbegehren Lothars II. nachzugeben (vgl. 2.2.3). Die Päpste behielten sich zudem das Recht der Wahlbestätigung und der Palliumsverleihung an die Erzbischöfe vor.

Die Praxis sah gleichwohl anders aus als die Theorie, und letztlich ragten nur einzelne Päpste aus einer ansonsten eher stadtrömisch-regionalen Bindung des Amtes empor. Selbst die Gebiete des Kirchenstaates wurden bald relativ autonom von einheimischen Fürsten beherrscht. Spätestens nach den gescheiterten Versuchen einer engeren Anlehnung an Karl den Kahlen im Westen (Johannes VIII.) und Arnulf im Osten (Formosus) und dem Niedergang des Kaisertums geriet das Papsttum im 9. und 10. Jahrhundert unter den Einfluss des stadtrömischen Adels, der seinerseits Anspruch auf den Papstthron erhob. Kennzeichnend dafür sind die Erzählungen Liudprands von Cremona über die Machenschaften der Marozia, der Tochter des römischen Stadtherrn Theophylakt, die dem Papsttum dieser Zeit bei modernen Historikern das Etikett einer „Pornokratie" eintrugen. Kennzeichnend war jedoch eher die weltliche Verflechtung: Die Päpste wurden quasi durch den Stadtherrn (den Konsul-Senator) von Rom erhoben.

Die Wiedererrichtung des Kaisertums durch Otto I. (962) stand nicht zuletzt im Zeichen der Befreiung des Papsttums aus der stadtrömischen Herrschaft: Indem Otto I. dem Papst im „Pactum Ottonianum" ein Treueversprechen abgefordert hatte, gliederte er das Papsttum gleichsam in die Reichskirche ein, doch zogen sich die Auseinandersetzungen darum noch nahezu ein Jahrhundert lang hin. Erhob zunächst die Familie der Crescentier Ansprüche auf das Papsttum, so gelangte dieses seit 1012 für über drei Jahrzehnte an die Tusculaner. Dennoch lag im Zusammenwirken von Kaiser und Papst der Aufstieg des Papsttums begründet, und dank des kaiserlichen Eingreifens Heinrichs III. hielt die Kirchenreform schließlich auch in Rom Einzug (vgl. 3.3.6). Nicht mehr stadtrömische Adlige, sondern Reichsbischöfe und Männer von abendländischer Bildung (Clemens II., Viktor II., Leo IX.) wurden nun zu Päpsten gewählt und brachten ihren Anhang nach Rom.[52] Theoretiker wie der Kardinal Humbert von Silva Candida oder der Abt Petrus Damiani verbreiteten gegen Ende unserer Epoche die Gedanken der Kirchenreform, an deren Spitze der Papst trat. Im Papstwahldekret von 1059 regelte Nikolaus II. die Papstwahl, die von der Simonie und vom Einfluss des römischen Stadtadels weitgehend befreit und vornehmlich in die Hand der 7 Kardinalbischöfe und 28 Kardinalpriester (der Geistlichen der römischen Hauptkirchen) gelegt wurde (wobei in der Forschung über ein Konsensrecht des Kaisers wegen einer bald

---

52 Vgl. K. MITTERMAIER, Die deutschen Päpste.

verfälschten Fassung des Dekrets heftig gestritten worden ist). In dieser Zeit entwickelte sich das römische Kardinalskollegium entsprechend zu einer die Geschicke mitentscheidenden Institution. Mit der Stärkung des reformierten Papsttums wuchsen aber auch dessen Ansprüche auf die Leitung der gesamten Kirche, die seit Leo IX. (1049–1054) tatkräftig verfolgt wurden: Die Päpste unternahmen selbst Reisen in die katholischen Länder und wahrten ihren Einfluss dort vor allem durch Legaten. Kanonische Rechtssammlungen suchten das Kirchenrecht unter Einbeziehung der päpstlichen Dekretalen zu vereinheitlichen. Im so genannten Investiturstreit sollten die gewachsenen Ansprüche dann zu einer Kollision sowohl mit den Königen, vor allem dem deutschen König Heinrich IV., als auch mit den langobardischen und deutschen Reichsbischöfen führen, die ihre Macht durch den Papst (Gregor VII.) unangemessen beschränkt sahen. Durch die päpstliche Bannbulle, die Leo IX. 1054 in der Hagia Sophia niederlegen ließ, war aber auch das Schisma zwischen der katholischen und der orthodoxen Kirche besiegelt.

3.3.2.5 Pfarreien und Niederkirchen

Im Zuge der Christianisierung wurden viele Kirchen und Klöster errichtet, die in geistlichen Belangen der bischöflichen Aufsicht unterstanden und deren Zuständigkeit durch den Status einer Pfarrkirche spätestens in karolingischer Zeit geregelt schien: Ein „*Pfarrkirchensystem*" setzte bereits im 4. Jahrhundert, zunächst in den Städten, ein und löste im Laufe der folgenden Jahrhunderte allmählich die spätantike Taufkirchenorganisation ab. Die Anfänge reichen im Frankenreich in die merowingische Zeit zurück. Im Ostfränkischen Reich, in England und in Skandinavien entstanden in den Missionsgebieten so genannte Urpfarreien. Eine feste Organisation im Sinne einer lückenlosen Einteilung des Landes in Pfarreien und fest abgegrenzter Rechte bildete sich jedoch nur ganz allmählich, im Westen eher als in Mitteleuropa oder in England, aus und war auch am Ende des hier behandelten Zeitraums noch längst nicht überall erreicht, wie auch „parrochia" als Begriff noch lange mehrdeutig blieb.

Bei weitem nicht jede Kirche war Pfarrkirche („ecclesia parroechialis"). Diese war die Hauptkirche und übte gewissermaßen die Aufsicht über die anderen Kirchen (meist Eigenkirchen) im Umkreis aus. Im Laufe der Zeit erhielten jedoch immer mehr Kirchen die Pfarrechte: das Recht auf geistliche Handlungen, vor allem Seelsorge und Predigt, Taufe, entsprechende Gebühren und – seit karolingischer Zeit – Zehnteinkünfte zur finanziellen Absicherung, die seit hochkarolingischer Zeit wiederum mit einem „Pfarrzwang" und dadurch mit einer regionalen Abgrenzung der Pfarreien verknüpft waren: Der Priester war eng mit seiner Kirche verbunden, diese dem Bistum unterstellt, die Gläubigen waren einer bestimmten Kirche zugeordnet (als Pfarrgemeinde). Nach der Synode von Tribur (895) sollten Pfarrkirchen um der Erreichbarkeit willen nicht weiter als vier Meilen auseinander liegen. Das Pfarrsystem bedeutete zugleich die Einbeziehung des Landes in die (bischöfliche) Kirchenorganisation. Das führte zu einer Umwertung des – im Westen erst seit frühkarolingischer Zeit nachweisbaren und anscheinend auf das Frankenreich und England beschränkten – Chorbischofs („Landbischofs"), der Weihehandlungen auf dem Land nun nicht mehr selbst vornehmen durfte, sondern die Pfarreien durch Visitationen überprüfte. Die Institution wurde aber zunehmend bekämpft und bedeutungslos und durch die Archidiakonate ersetzt. In England fungierten die „minsters" als Hauptkirchen an zentralen Orten. Eine genauere Regelung erfolgte hier erst im Zuge der Reformen des 10. Jahrhunderts.

Die geistliche Lebensform grenzte den *Klerus* zunehmend von den Laien ab, doch entsprachen die normativen Bestimmungen keineswegs immer der Praxis.[53] Der Klerus, der sich schon äußerlich durch die (liturgische) Kleidung abhob, unterstand bereits seit dem 4. Jahrhundert einer eigenen Gerichtsbarkeit („privilegium fori"). Das Pariser Konzil Chlothars II. von 614 verfügte: „Kein Richter lade einen Priester oder Diakonen oder irgendeinen Kleriker oder niedere Geistliche aus eigener Machtvollkommenheit ohne Wissen des Bischofs vor oder versuche, ihn mit einer Strafe zu belegen."[54] Der niedere Klerus sollte rechtlich frei sein – Unfreie sollten freigelassen werden – und ein Mindestmaß an Bildung besitzen, doch war die Bildung der Geistlichen in der Praxis, wie Klagen etwa in den Briefen des Bonifatius oder in königlichen Kapitularien zeigen, oft höchst beschränkt. Nach den Weihen wurden Weihegrade unterschieden: Bischof, Priester und Diakon sowie die niederen Weihen, Subdiakon, Akolyth, Exorzist, Lektor und Ostiarius. Schon seit dem 5. Jahrhundert wurde vom Weihegrad des Diakons an aufwärts auch der Zölibat gefordert, doch lebten wohl nicht wenige Geistliche in legaler oder freier Gemeinschaft mit Frauen. Noch das so genannte „Law of a Northumbrian Priest" von ca. 1020 verurteilte nicht das Zusammenleben, sondern nur das Verstoßen einer Frau durch den Priester. Kleriker sollten – ursprünglich aus Gründen der kultischen Reinheit – außerdem keine Waffen tragen, nicht jagen oder Jagdtiere halten und nicht an gerichtlichen Vollstreckungen teilnehmen.[55] Solche Verbote wurden regelmäßig wiederholt, doch erst die Reformbestrebungen des 11. Jahrhunderts suchten den Zölibat und ein angemessenes Leben des Klerus auf der ganzen Linie und mit größeren Erfolgen durchzusetzen.

3.3.2.6 Eigenkirchenwesen[56]

Die auf dem Eigengut errichteten frühmittelalterlichen Kirchen- und Klostergründungen waren (samt ihren Einnahmen) Bestandteil der Grundherrschaft – in England waren sie oft an die „manor" gebunden – und somit Eigentum, „Eigenkirche", der weltlichen oder geistlichen Gründer, vor allem der Könige, Bischöfe und Adligen. Sie sicherten die Verfügungsgewalt des Herrn über die Kirche, einschließlich der Einsetzung des Priesters, wurden aber unterschiedlich genutzt (als Benefizial-, Privat- und grundherrschaftliche Kirchen) und schlossen die Einordnung in die Diözesangewalt keineswegs aus. Der Adel beanspruchte die Herrschaft demnach auch in kirchlichen und kultischen Angelegenheiten und ordnete die Kirche in die Gesellschaftsordnung ein, während er durch die Kirchen- oder Klostergründung zugleich die Chancen für das eigene Seelenheil zu verbessern suchte. Nach Ulrich Stutz, der diese Lehre 1895

---

53 Zu kirchenrechtlichen und liturgischen Bestimmungen vgl. R. Reynolds, Clerical Orders; Ders., Clerics.
54 MGH Conc. I, Concilium Parisiense, c. 6 (4), S. 187.
55 Vgl. H. Lutterbach, Die für Kleriker bestimmten Verbote.
56 Lit.: Bibl. 5.3.3.6; ferner: Wilfried Hartmann, Der rechtliche Zustand der Kirchen auf dem Lande, in: Cristianizzazione ed organizzazione, Bd. 1, 397–441.

entwickelt hat, schloss das Eigenkirchenwesen neben der vermögensrechtlichen Bindung auch die geistliche Leitungsgewalt ein. Stutz' Lehre ist durch neuere Forschungen allerdings zurechtgerückt worden: Die Eigenkirche war nicht unumschränktes, sachenrechtliches Eigentum des Herrn, der über ihre gesamte Ausstattung und die geistliche Leitung hätte verfügen können, und sie war vor allem keine „germanische", sondern eine weit verbreitete, im Ursprung bereits spätantike Institution. Mit solchen Modifikationen aber zählt das vieldiskutierte Eigenkirchenwesen durchaus zum Wesen der mittelalterlichen Verflechtung von Kirche und Gesellschaft und wurde nicht als Ganzes bekämpft, zumal nicht nur König und Adel, sondern auch die kirchlichen Institutionen selbst abhängige Eigenkirchen gründeten. Synoden und Kapitularien suchten lediglich schon früh die Eingliederung in die kirchliche Organisation zu wahren und einen laikalen Einfluss auf die Spiritualia zu beschränken, geboten die Freilassung der Priester und, um ihren Bestand zu sichern, eine Mindestausstattung der Kirchen, die nur mit ihrem gesamten Inventar veräußert werden durften. Vorbehalte richteten sich somit nicht gegen die Eigenkirche an sich, sondern gegen den laikalen Einfluss oder aber gegen die Beschneidung der Rechte älterer Kirchen durch Neugründungen. Die Adelsherrschaft über die Kirche galt als selbstverständlich und wurde erst aus dem Rückblick der Kirchenreform heraus massiv kritisiert.

3.3.3 Mönchtum und Klosterwesen[57]

Das aus dem Orient und der griechischen Kirche auf das Abendland übertragene *koinobitische Mönchtum* verband Christusnachfolge, Askese und Weltflucht mit einem geregelten Zusammenleben an einem festen Ort nach dem Vorbild der römischen Familie unter dem straffen Regiment des Abtes (als „pater familias" und Apostelnachfolger) und der Gehorsamspflicht der Mönche sowie unter strenger gemeinsamer Lebensführung („vita communis" aus gemeinsamem Chorgebet, gemeinsamen Mahlzeiten und gemeinschaftlichen Schlafzeiten und -räumen) mit einem geregelten Tagesablauf.[58] Es verbreitete sich, nicht zuletzt unter dem Einfluss der Vita Antonii, schnell in Italien, Spanien und Gallien. In Italien war die Entwicklung des Mönchtums eng mit einzelnen Persönlichkeiten verknüpft (Rufinus von Aquileia, Paulinus von Nola, Benedikt von Nursia, Gregor der Große). Bis zur Mitte des 6. Jahrhunderts sind hier bereits 50 Klöster bekannt; allein unter dem Pontifikat Gregors des Großen (590–604) traten dann noch einmal so viele hinzu (G. Jenal). Im spätantiken Gallien gab es zwei Formen: das „martinische Mönchtum" in Aquitanien nach dem Vorbild Martins von Tours mit aktiver Weltzuwendung und Verzicht auf eine feste Ordnung und einen festen Sitz sowie das „Rhônemönchtum" (Lérins, St. Victor vor Marseille) als aristokratisches, der christlichen Bildung zugewandtes Mönchtum, dessen Einfluss sich über fast ganz Gallien (mit Ausnahme Aquitaniens) erstreckte.

---

57 Lit.: Bibl. 5.3.3.8.
58 Vgl. dazu H.-J. Derda. Vita Communis, der allerdings von der Benediktregel zu Thomas Morus springt und folglich nicht Norm und Realität frühmittelalterlicher „vita communis" vergleicht. Zur Klostergemeinschaft und zum Klosterleben vgl. 3.2.6.4.

Der *Erfolg des Klosterwesens* begründete sich ebenso aus seinem religiösen Stellenwert wie aus seiner gesellschaftlichen Akzeptanz und seiner bald einsetzenden Einbindung in die kirchlichen (Verbindung von Bistum und Kloster) wie in die weltlichen Strukturen: Königtum und aristokratische Führungsschicht machten die Gründung und Förderung der Klöster zu ihrem Anliegen. Das gallisch-fränkische Mönchtum übte auf diese Weise großen Einfluss aus. Unter den Merowingern wurden die königsnahen Landschaften in Nordfrankreich zwischen Loire und Maas, besonders aber im Pariser Becken, mit Klöstern „übersät"; im Verlauf des 6. Jahrhunderts wurde Gallien westlich der Maas und südlich von Somme und Mosel zu einer „Klosterlandschaft"; in der Folgezeit wurde auch der Raum nördlich der Somme sowie zum Rhein hin erfasst. Die dichteste Klosterlandschaft bildete Burgund. Gegen Ende des 6. Jahrhunderts gab es im Frankenreich rund 220, ein Jahrhundert später rund 550 Klöster, wobei der Schwerpunkt der Neugründungen sich deutlich nach Norden verlagert hatte. Bestand, Bedeutung und Größe der frühmittelalterlichen Klöster schwankten allerdings enorm. Großklöster wie Fulda, Corbie oder Saint-Riquier zählten im 9. Jahrhundert über 300 Mönche, andere wie Saint-Denis oder Saint-Germain oder auch St. Gallen noch über 100, doch gab es daneben auch eine ganze Reihe von „Zwergklöstern", von denen sich viele nicht lange halten konnten. Selbst das berühmte Cluny hatte im früheren 10. Jahrhundert noch weniger als 100 Mönche (das Dormitorium bot zu dieser Zeit Platz für 100 Betten); unter dem Abt Maiolus (954–994) lassen sich dann 150 Mönche nachweisen.[59]

Seit dem 6. Jahrhundert entstanden auch viele Nonnenklöster, die oft von königlichen und adligen Witwen für den eigenen Lebensabend oder die eigenen Töchter gegründet wurden. Insgesamt blieb der Anteil der Frauenklöster und der Nonnen allerdings stets erheblich hinter dem der Männerklöster zurück, und er schwankte anscheinend deutlich in den einzelnen Perioden und Gegenden. Nach Schulenburg betrug er, gemessen an der Zahl der Neugründungen, in unserer Periode insgesamt weniger als 10 % und erreichte im 7. Jahrhundert (mit rund 30 %) einen Höchststand. Da Frauenklöster im Durchschnitt zudem eher kleiner waren als Männerklöster, liegt der tatsächliche Anteil wohl noch unter solchen Zahlen. Viele Gründungen wurden wieder aufgegeben, einige auch in Männerklöster umgewandelt. Von den 115 vom 6. bis 8. Jahrhundert gegründeten Kongregationen bestanden im 9. Jahrhundert lediglich noch 16![60] Man wird das Nonnen- und Kanonissenwesen daher insgesamt nicht überschätzen dürfen, doch darf die Teilnahme der Nonnen und Stiftsdamen an der Klosterkultur andererseits auch nicht unterschätzt werden.

Neue Impulse erhielt das gallische Mönchtum durch die *irische und angelsächsische Mission* (vgl. 3.3.1); das Ideal der „peregrinatio", des Auszugs aus der Welt aus religiösen Motiven mit Aufgabe der Bindungen an Heimat, Familie und Besitz, brachte Mönche aus Britannien und Irland auf den Kontinent. Im irischen Mönchtum stand das Kloster im Zentrum des kirchlichen Lebens; der Abt war hier zugleich Bischof, Klöster

---

59 Vgl. F. Neiske, Konvent des Klosters Cluny.
60 Zahlen nach Katrinette Bodarwé, Frauenleben zwischen Klosterregeln und Luxus? Alltag in frühmittelalterlichen Frauenklöstern, in: H. Brandt/J. Koch (Hg.), Königin, Klosterfrau, Bäuerin, 117–143.

wurden zu Verbänden („parrochiae") zusammengefasst. Columban, der um 590 auf den Kontinent kam, suchte hier von Anfang an die Bindung zum merowingischen Königshof und zum austrasischen Hofadel. Nach Klostergründungen in Annegray, Luxeuil und Fontaines in den Vogesen zwangen ihn Spannungen mit Bischöfen und Königen zur „Auswanderung" zunächst (610) nach Alemannien (Bregenz) und wenig später (612/13) in das Langobardenreich, wo er das Kloster Bobbio gründete. Vor allem Luxeuil strahlte noch lange weit nach Nordfrankreich aus. Die eigentliche Expansion war jedoch erst der nächsten Generation der so genannten Irofranken (von der irischen Mission beeinflussten Franken) zu verdanken. Die gegen Ende des 7. Jahrhunderts einsetzende angelsächsische Mission (vgl. 3.3.1) schuf in enger Bindung an Rom und an die Karolinger ihrerseits „Kathedralklöster" an den (künftigen) Bischofssitzen. Sie wirkte von Austrasien aus auf die ostrheinisch-süddeutschen Gebiete ein, die im 8. Jahrhundert vom Klosterwesen erfasst wurden. Strittig bleibt die Frage, wieweit und wie lange „Doppelklöster" von Mönchen und Nonnen mit gemeinsamer Organisation, wie sie auf den britischen Inseln seit dem 7. Jahrhundert über den ganzen Zeitraum hinweg verbreitet waren – hier kennen wir über 30 Doppelklöster –, auch auf dem Kontinent Fuß fassen konnten. Im Frankenreich waren sie zunächst eine vorübergehende Erscheinung. In Spanien sind sie erst im 8. Jahrhundert bezeugt, existierten aber länger.[61]

Ob die Klostergründungen durch den Adel einen „Akt der Selbstheiligung der Gründerfamilien" bildeten (F. Prinz) oder anderen Motiven entsprangen: die frühmittelalterlichen Klöster blieben entgegen dem ursprünglichen Motiv des Rückzugs aus der „Welt" eng mit dieser verbunden und feste Stützen der frühmittelalterlichen Gesellschaft. Die meist schon als Kinder von ihren Eltern dem Kloster aufgetragenen Mönche und Nonnen (Oblaten) führten ein geregeltes, in gewisser Weise auch aristokratisches Leben (mit leichter Handarbeit und Lese- und Schreibtätigkeiten), und auch der in den Regeln oft sehr komplexe Vorgang des Eintritts in die Mönchsgemeinschaft trat in der Praxis wohl zurück hinter die Bedeutung der Mönchwerdung an sich.[62] Der Aufstand der Königstochter Chrodechilde im Nonnenkloster Sainte-Croix in Poitiers im Jahre 589 zeigt, wie sehr adlige Lebens- und Denkweisen – Chrodechilde fühlte sich nicht standesgemäß behandelt – schon früh das Klosterleben bestimmten.

Entgegen einem verbreiteten hagiographischen Topos wurden die Klöster auch keineswegs durchgängig in der „Einöde" gegründet. Frühmittelalterliche Klöster lagen zwar stets vor den Stadtmauern, doch war die Anbindung sowohl an Wasserläufe wie Verkehrswege lebensnotwendig, und viele Klöster wurden ihrerseits zum Kern und Ausgangspunkt frühstädtischer Siedlungen. Als *Eigenklöster* der Gründer, die anfangs oft selbst als Abt fungierten oder diesen zumindest bestimmten, standen die Klöster unter deren Herrschaft und in ihren Diensten. Als regelrechte „Hausklöster" bildeten sie das geistige Zentrum der adligen Gründerfamilie (auch als Grablege und Aufenthaltsort), standen in Kontakt mit den Familien ihrer Mönche, übernahmen die Gebetshilfe für die laikalen Wohltäter (vgl. 3.3.4.3), beteiligten sich maßgeblich an Mis-

---

61 Vgl. K. ELM/M. PARISSE (Hg.), Doppelklöster.
62 Vgl. M. DE JONG, In Samuel's Image; M. LAHAYE-GEUSEN, Opfer der Kinder; H. LUTTERBACH, Monachus factus est; D. WOOD (Hg.), Church and Childhood.

sion und Landesausbau und leisteten umfänglich Armen- und Sozialfürsorge. Schließlich avancierten die Klöster mit ihren Schulen und Skriptorien zu den wichtigsten Bildungsstätten der frühmittelalterlichen Gesellschaft; hier entstand ein Großteil der literarischen Erzeugnisse sowie der Kunstwerke dieses Zeitalters.[63]

Die Erfüllung solcher Leistungen war abhängig von einer funktionierenden Klosterwirtschaft (Grundherrschaft), die wesentlich auf Schenkungen an das Kloster beruhte. Die wichtigsten Klöster waren Großanlagen mit angeschlossenen leistungsfähigen Handwerksbetrieben und Wirtschaftshöfen. Im Verlauf der Karolingerzeit ist zudem eine zunehmende Klerikalisierung der Mönche zu beobachten, die zum großen Teil die geistlichen Weihen empfingen und Pfarrdienste übernahmen. Nach anfänglichen Rangstreitigkeiten (Konzept des Bonifatius gegen Pirmin) blieben die Klöster in die kirchlichen Strukturen eingeordnet und der Weihegewalt der Bischöfe unterworfen[64] oder standen sogar unter deren Herrschaft: Das spätere Reichskloster St. Gallen sank beispielsweise eine Zeitlang zu einem bischöflichen Eigenkloster herab und kämpfte noch lange gegen den Einfluss der Konstanzer Bischöfe an. Nicht selten wurde den Klöstern jedoch eine Absicherung gegen bischöfliche Übergriffe zugestanden, und noch später verurteilen viele Klosterchroniken Eigenmächtigkeiten der Bischöfe.

In der Karolingerzeit wurden viele Klöster unmittelbar dem *König* unterstellt, und die frühen Karolinger zogen ihrerseits die Herrschaft über Klöster an sich. Ältestes Beispiel ist das 719 gegründete Flavigny. Ludwig der Fromme verband schließlich die Immunität der Klöster, die Herausnahme aus der (weltlichen) Administration, mit dem Königsschutz, um die Klöster auf diese Weise noch stärker an das Reich zu binden. Aus seiner Regierungszeit sind rund 50 Schutzverleihungen bekannt. Unter den Nachfolgern nahm die Zahl der Neutraditionen allerdings wieder erheblich ab. Im 10. Jahrhundert kam mancherorts der Papstschutz hinzu, der am Ende der hier behandelten Epoche den Königsschutz gänzlich verdrängen sollte.[65] Um 900 aber gab es allein im Ostfränkischen Reich rund 50 Mönchs- und 24 Frauenklöster; der Höchststand war um 1000 mit ca. 90 Reichsklöstern erreicht.

In diesen *Reichsklöster*n setzte der König Äbte seines Vertrauens, bis ins 9. Jahrhundert, vor allem im Westen und im lothringischen Zentrum des Fränkischen Reichs, auch „Laienäbte" ein, die also gar nicht Mönche waren, nicht selten sogar über mehrere Klöster verfügten und schon von daher kaum mehr der „stabilitas loci" unterliegen konnten. Im Amt des frühmittelalterlichen Abtes spiegelt sich die Entfremdung vom monastischen Ideal daher am deutlichsten wider. Die Reichsäbte der Karolingerzeit standen oft noch auf einer Stufe mit den Bischöfen und waren in die königliche Politik integriert; Reichsklöster erhielten eine umfängliche Förderung, waren dafür aber zum Königsdienst verpflichtet (vgl. 3.3.2.3). Die Könige betrieben eine regelrechte Klosterpolitik,[66] indem sie bestimmte Klöster aus politischen Gründen beson-

---

63 Vgl. J. Stiennon, Quelques reflexions sur les moines.
64 Vgl. Arnold Angenendt, Pirmin und Bonifatius. Ihr Verhältnis zu Mönchtum, Bischofsamt und Adel, in: A. Borst (Hg.), Mönchtum, 251–304.
65 Vgl. J. Semmler, Traditio und Königsschutz.
66 Josef Semmler, Karl der Große und das fränkische Mönchtum, in: W. Braunfels (Hg.), Karl der Große, Bd. 2, 255–289.

ders förderten, wie die Klöster Hersfeld und Fulda während der Sachsenmission. Im Zuge der Reform nahm gleichzeitig, zunächst im Westfränkischen Reich, die Tendenz zu, Abt- und Klostergut zu trennen, um Unterhalt und Existenz des Konvents zu sichern. Das Mönchtum, das sich ursprünglich aus der Welt hatte zurückziehen wollen, wurde so zu einem Hauptexponenten der frühmittelalterlichen Adelsgesellschaft.[67] Das „Mönchtum zwischen Kirche und Welt" (J. Wollasch) war fest in das frühmittelalterliche Herrschafts- und Gesellschaftssystem eingefügt, auch wenn die soziale Zusammensetzung der Klöster, wie kürzlich noch einmal gegen verbreitete Vorurteile betont wurde, nie strikt auf den Adel beschränkt blieb.[68] Dass daraus auch Konflikte mit der Außenwelt (und gerade auch mit den dem Kloster verbundenen Kreisen) erwachsen konnten, ist leicht nachvollziehbar.[69] Außenbeziehungen und innere Strukturen führten – von der älteren Forschung gänzlich vernachlässigt – nicht selten aber auch zu Konflikten zwischen Abt und Konvent oder zwischen den Mönchen, etwa zwischen jüngeren und älteren oder zwischen im Kloster erzogenen („nutriti") und den erst im Erwachsenenalter eingetretenen, in der Regel ungebildeten Mönchen („Konversen").[70]

Von den zahlreichen Regelungen des Klosterlebens – die *Regel* Columbans war besonders streng – setzte sich nach einer langen Phase der „Mischobservanz" im Zuge der angelsächsischen Reformen die Regel des Abtes Benedikt von Nursia (480–560) und seiner Klostergründung Montecassino durch, die schon in der irischen Mission eine wichtige Rolle spielte. Auf den Aachener Reformsynoden Ludwigs des Frommen von 816/17, die eine Vereinheitlichung des Kloster- und Klerikerlebens im Frankenreich anstrebten, und, im selben Zusammenhang, dank der Klosterreformen Benedikts von Aniane, der nicht einen Klosterverband schuf, sondern die Klöster von vornherein in die Reichskirche einzugliedern gedachte, wurde die Regula Benedicti endgültig zur alleinverbindlichen Regel im Frankenreich erhoben: Das Mönchtum war fortan „benediktinisches" Mönchtum (ohne dass andere Regeln ihre Bedeutung völlig verloren). Da die Bedürfnisse sich seit der Frühzeit des Mönchtums verändert hatten, ergänzten seit der „anianischen" (oder besser karolingischen) Reform „Consuetudines" die Benediktregel.[71] Caesarius von Arles hatte im 6. Jahrhundert eine Nonnenregel geschaffen, die auf eine Abgeschiedenheit von der Welt zielte (strenge Klausur) und, zusammen mit der „Institutio sanctimonialium" der Aachener Reformsynoden, vorbildlich für die Frauenklöster werden sollte.

Die Reform Benedikts von Aniane schuf klare Linien, setzte sich jedoch keineswegs auf der ganzen Linie durch. Viele Klöster waren bald wieder (oder immer noch) reformbedürftig, ja die ganze Geschichte des Mönchtums lässt sich als eine Wechselfolge von *Reform* und Verweltlichung betrachten. „Reform" bedeutete der Intention nach zwar eine Rückkehr zu den guten, alten Zuständen (der alten Regeln), brachte tatsäch-

---
67 So F. PRINZ, Frühes Mönchtum, 2.
68 Vgl. F. FELTEN, Zum Problem der sozialen Zusammensetzung.
69 Vgl. B. ROSENWEIN/T. HEAD/S. FARMER, Monks and Their Enemies.
70 Vgl. S. PATZOLD, Konflikte im Kloster; M. WIECH, Amt des Abtes.
71 Vgl. J. SEMMLER, Benediktinische Reform. Kritisch: Dieter GEUENICH, Kritische Anmerkungen zur sogenannten „anianischen Reform", in: D. BAUER/B. HIESTAND/B. KASTEN/S. LORENZ (Hg.), Mönchtum, 99–112.

lich aber eine ganze Reihe von Neuerungen. Neue Impulse gingen zu Beginn des 10. Jahrhunderts von Lothringen und Burgund aus. Sie erzielten eine Erneuerung der Ordnung in den Klöstern, hatten aber noch keineswegs die Absicht, die Eigentumsrechte des Adels ganz auszuschalten oder die sakrale Königsgewalt zu beschneiden. Die Reformen erwuchsen zwar im monastischen Umkreis (P. Jestice), doch nicht zufällig ging manche Reform nicht von den Mönchen selbst, sondern eben, nicht selten gegen den Willen der Mönche, von den adligen Klosterherren aus, die dabei ihre Rechte an den Klöstern durchaus sicherten. Mit der Reform war stets auch eine Restituierung und Reorganisation des klösterlichen Besitzes (als Existenzgrundlage) verbunden. Die wichtigsten Reformzentren in Lothringen waren das 919 von dem Adligen Gerardus gestiftete Brogne bei Namur, das bereits 757 von Bischof Chrodegang von Metz gegründete und 933/34 vom Bischof Adalbero I. reformierte Gorze bei Metz, das bald größten Einfluss im deutschen Raum ausüben sollte, hier ferner das 934 reformierte, in weite Teile des Reichsgebiets ausgreifende Kloster St. Maximin bei Trier sowie St. Èvre vor Toul. Die lothringische Reform berief sich ausdrücklich auf die Regel Benedikts von Nursia und deren Auslegung durch Benedikt von Aniane. Wegweisend für die Zukunft wurde daneben vor allem *Cluny* in Burgund, eine Gründung des Herzogs Wilhelm I. (des Frommen) von Aquitanien aus dem Jahre 910, der auf seine Rechte als Eigenklosterherr verzichtete, den Abt Berno einsetzte und das Kloster nach allgemein verbreiteter Ansicht dem Papst (wörtlich: den Aposteln Petrus und Paulus) übertrug. Ein Schutzprivileg des französischen Königs (927) und des Papstes (931) sollten das Kloster absichern. Daraus erwuchs ein jahrzehntelanger Kampf des Klosters um seine Exemtion aus der Gewalt des Bischofs von Mâcon. Im Mittelpunkt dieses (nach seiner repräsentativen Kleidung benannten) „schwarzen Mönchtums" stand die Liturgie, die den gesamten Tagesablauf (mit Gebetszeiten von sechs bis sieben Stunden) bestimmte. Organisatorisch bildete das cluniazensische Mönchtum einen einzigen Klosterverband unter der Leitung des Abtes von Cluny; die abhängigen Klöster wurden in der Regel jeweils von einem Prior geleitet. Unter den vier bedeutenden Äbten des 10. und 11. Jahrhunderts mit jeweils langen Pontifikatszeiten, Odo (927–942), Maiolus (954–994), Odilo (994–1049) und Hugo (1049–1109), entstand ein ebenso großer wie mächtiger Klosterverband, der sich über Burgund und ganz Frankreich bis nach Spanien, Italien und England ausbreitete und bereits zu Beginn des 11. Jahrhunderts 64 Klöster umfasste; auf dem Höhepunkt waren es, alle Bindungen eingerechnet, weit über 1000.

Die Klosterreform des 10. Jahrhunderts war nicht eine einzige „cluniazensische" Reformbewegung, wie die ältere Forschung (E. Sackur) meinte; die einzelnen Reformrichtungen unterschieden sich vielmehr bewusst in vielen Gewohnheiten. Dadurch wurde auch der Zusammenhang zwischen den Klöstern gleicher Observanz größer, der zuvor lediglich – zweckbestimmt – durch Verbrüderungen oder durch den organisatorischen Zusammenhalt unter einzelnen Äbten gewährleistet war (etwa in irischen Großklöstern, bei Pirmin oder im Bonifatiuskreis, aber auch unter großen Reichsäbten des 9. Jahrhunderts, wie Gozbert).[72] Um die Jahrtausendwende bildeten auch Dijon (St. Bénigne) (989) unter dem Abt Wilhelm, der allerdings keinen Klos-

---

[72] Vgl. H. KELLER/F. NEISKE (Hg.), Vom Kloster zum Klosterverband.

terverband gründen wollte,[73] und Fleury unter Abbo, im 11. Jahrhundert St. Vanne in Verdun (Abt Richard) und Fruttuaria in Italien (1000/1001) bedeutende Reformzentren. Im Reich führte Poppo von Stablo im Einvernehmen mit Konrad II. in vielen Klöstern Reformen durch, ohne indes einen Klosterverband zu schaffen.[74] Hier drängten meist die Bischöfe zur Reform. In England fanden in der zweiten Hälfte des 10. Jahrhunderts, nach kontinentalem Vorbild und unter königlicher Förderung, umgreifende Klosterreformen statt. Sie verbinden sich mit den Namen der Bischöfe Dunstan von Canterbury sowie Aethelwold von Winchester und Oswald von Worcester, der aus dem Kloster Fleury stammte, und kreisten um die Zentren Glastonbury in Somerset – Dunstan und Aethelwold waren hier Lehrer gewesen –, Abingdon und Ramsey, von denen aus weitere Klöster reformiert wurden. Das Reformzentrum schlechthin aber war Winchester. Aethelwold führte hier die Verbindung von Bischofs- und Abtamt wieder ein. In dieser Zeit wurden zugleich viele neue Klöster gestiftet oder wiederbegründet. Auf der Synode von Easter (964) soll König Edgar die Gründung von 50 Klöstern verfügt haben.

War der Reformeifer dieser Zeit zweifellos groß, so zeigen demgegenüber beispielsweise die Berichte Ekkehards IV. von St. Gallen aus dem 11. Jahrhundert, dass man durchaus nicht überall nach strenger Askese strebte, und manchmal mussten die alten Mönche regelrecht vertrieben werden, um eine Reform zu gewährleisten. Insgesamt aber brachten die Reformen eine Umschichtung der gesamten Klosterlandschaft zu Lasten der alten Reichsklöster (wie Fulda oder St. Gallen). Seit Heinrich II., besonders aber unter Heinrich III. öffneten sich auch die deutschen Könige und Fürsten zunehmend dem Reformmönchtum, das im 11. Jahrhundert im Zuge der Kirchenreform auch dem Reich neue Impulse vermittelte (Siegburg, Hirsau). Die im Umkreis von Cluny entstandene Vita des Grafen Gerald von Aurillac propagierte ein neues Heiligenideal des adligen „miles Christi". Die Klosterreformen als Auflehnung gegen das mittelalterliche Gesellschaftssystem zu verstehen, würde daher zu kurz greifen. Konkret ging es weit eher darum, einer zu großen Verweltlichung Einhalt zu gebieten, vor allem aber um eine Wiederherstellung alter Ideale und deren Propagierung in der ganzen Gesellschaft. Die Verchristlichung des Laienadels ist dafür ein deutliches Indiz.

3.3.4 Religiöses Leben[75]

Dass die Menschen des frühen Mittelalters in ihrem Handeln und Denken weithin von religiösen Motiven geprägt waren, wird man ohne weiteres annehmen dürfen, auch wenn die geistlich gefärbten Quellen hier vieles überzeichnet haben und die frühmittelalterliche Mentalität aus späterer Sicht Züge einer „elementaren Religiosität" (A. Angenendt) aufweisen mag. Der Glaube an sich aber war nach den Erfolgen der Christianisierung (vgl. 3.3.1) bald tief verwurzelt. „Der christlichen Religion," so schrieb Einhard (ein Laie) in seiner Biographie Karls des Großen, „zu der er [der Kaiser] von

---

73 Vgl. N. Bulst, Untersuchungen zu den Klosterreformen.
74 Vgl. D. Schäfer, Studien zu Poppo von Stablo.
75 Lit.: Bibl. 5.3.3.9.1; allgemein vor allem A. Angenendt, Geschichte der Religiosität; J. Chélini, L'Aube du Moyen Age; B. Merdrignac, Vie religieuse en France.

Jugend an angeleitet wurde, war er mit größter Ehrfurcht und Frömmigkeit zugetan. Darum erbaute er auch das herrliche Gotteshaus zu Aachen und stattete es mit Gold und Silber, mit Leuchtern und mit ehernen Gittern und Türen aus."[76] Karl suchte morgens und abends die Kirche zum Gebet und zur Messe auf. Laien besaßen Gebetbücher und Psalter und wurden in das tägliche Gebet einbezogen. Ihnen wurden Laienspiegel und Predigten gewidmet (Jonas von Orléans), sie schrieben selbst christlich-ethische Erziehungsschriften (Dhuoda) und nahmen regelmäßig am Gottesdienst und an der Eucharistiefeier teil. Auch die volkssprachigen Bibelübersetzungen bzw. -bearbeitungen (Heliand, Otfrid von Weißenburg) wird man in den Umkreis einer inneren Christianisierung der Laien setzen dürfen. Die Frömmigkeit der Menschen zeigte sich in der Armenfürsorge (Almosen und Caritas) und in Stiftungen an Kirchen und Klöster, im Heiligenkult und im Wunderglauben, im Gebetsgedenken und in der Vorsorge für den Tod, in der religiösen Bindung genossenschaftlicher Zusammenschlüsse sowie in einer zunehmenden Verchristlichung der Gesellschaft insgesamt in unserer Epoche. Es ist gewiss kein Zufall, wenn die Annalen sorgfältig die Festtagsaufenthalte der Herrscher verzeichnen und wenn wichtige politische und weltliche Handlungen, wie Krönungen, Huldigungen, Herrschertreffen, Hochzeiten, Taufen, Reichsversammlungen und Synoden sowie selbst Schlachten, aber auch Jahrmärkte und Zinstage, auf hohe Feiertage und Festtage gelegt wurden, um damit die göttliche Gunst zu erhalten.[77] Einem ähnlichen Wunsch entsprang das Begräbnis nahe den Heiligen: Die anfangs vor den Stadttoren gelegenen Friedhöfe wurden im frühen Mittelalter zunehmend auf die Kirchhöfe verlegt, und die an sich verbotene Grablege in der Kirche wurde hingenommen und bei besonderen Verdiensten sogar ausdrücklich erlaubt.[78] Man tat viel, um Buße zu tun und sich durch fromme Werke das Seelenheil zu sichern. Von „gezählter Frömmigkeit" hat man gesprochen, weil die frommen Handlungen (z.B. Almosengeben oder Messelesen) ebenso „messbar" waren wie die Buße für die Sünden.[79]

Asketen und Heilige lieferten Musterbeispiele körper- und weltverachtender Religiosität: Einige enthielten sich aller weltlichen Genüsse, andere ließen sich als Klausner in einen geschlossenen Raum einmauern, den sie jahrelang nicht verließen, einzelne verbrachten gar die langen Wintermonate einsam auf einer Säule, doch waren das zweifellos exzeptionelle Extreme. Nicht zufällig erlebte in der Zeit einer inneren Christianisierung auch das Eremitenwesen einen neuen Aufschwung, wenngleich es im Abendland in seiner Bedeutung stets weit hinter dem koinobitischen Mönchtum zurückblieb. Bezeichnenderweise wurde es bald, vor allem in den Pyrenäen, in Südfrankreich, Süddeutschland wie auch England, in die monastischen Bewegungen integriert.[80] Frommer Glaube, etwa an die Heilkraft der Reliquien, ersetzte vielfach ein Fachwissen (und würde somit erklären, was uns als ein Niedergang der antiken Bildung erscheinen). An die Stelle des Gelehrten trat der Gottesmann, wie man gemeint

---

76 Einhard, Vita Karoli 26, ed. O. HOLDER-EGGER, MGH SSrG ⁶1911, S. 30.
77 W. HUSCHNER, Kirchenfest und Herrschaftspraxis; H. M. SCHALLER, Der heilige Tag; M. SIERCK, Festtag und Politik.
78 Vgl. M. LAUWERS, Cimetière; S. SCHOLZ, Grab in der Kirche.
79 Vgl. A. ANGENENDT/T. BRAUCKS/R. BUSCH/T. LENTES/H. LUTTERBACH, Gezählte Frömmigkeit.
80 Vgl. H. LEYSER, Hermits and the New Monasticism.

hat, an die Stelle einer umfassenden Bildung die Religion, doch verbanden sich tatsächlich Bildung und Religion zu einer Einheit (vgl. 4.4.1). In solchen Anschauungen liegen jedenfalls die Wurzeln für die Bedeutung der Religion in der frühmittelalterlichen Gesellschaft. Die im Verlauf unserer Epoche monumentaler werdenden, vorromanischen und romanischen Kirchenbauten spiegeln mit ihrem Bezug zu Gott zugleich ein Hierarchiedenken wider, in dem zunächst die Göttlichkeit selbst, aber auch deren Amtswalter, der Klerus, eine zunehmend abgehobene Stellung beanspruchte.

Diese Frömmigkeit stand jedoch keineswegs im Widerspruch zur königlichen Kirchenherrschaft oder zu den vielen weltlichen Geschäften der Geistlichen, vor allem der Bischöfe, und auch die Schenkungen, die zunächst den Lebensunterhalt der Mönche sichern sollten, brachten dem Schenker neben der Gebetsfürsorge oft noch materiellen Nutzen oder sicherten ihm konkrete klösterliche Leistungen. Sie schufen darüber hinaus aber auch eine „soziale" Bindung zu dem beschenkten Heiligen, von dem man Hilfe (die Fürsprache bei Gott) erwartete (vgl. 3.3.4.2): Das Glaubensverhältnis wurde damit in weltlich-sozialen Kategorien verstanden, die Schenkung war ein Akt der Frömmigkeit und der Sozialbindung zugleich.[81] Frühmittelalterliche Religiosität erweckt aus moderner Sicht daher oft den Eindruck einer weltlichen und kalkulierten Handlungsweise und einer Äußerlichkeit, zumal die Buße auch stellvertretend ausgeführt werden durfte. Auf der anderen Seite brachte das Christentum, vor allem im Mönchtum, eine vergeistigte Spiritualität hervor, die – nicht zuletzt unter dem Einfluss des Pseudo-Dionysius Areopagita – mystische Vorstellungen entwickelte, in der Regel allerdings ihren theologisch-wissenschaftlichen Grundlagen verhaftet blieb.[82] War eine solche – wenngleich noch wenig verinnerlichte – Religiosität schon früh Kennzeichen der mittelalterlichen Menschen, so kam es im Zeitalter der Reformen zu Massenbewegungen, die in verstärkten Pilgerfahrten und im Reliquienkult sowie in der Teilnahme des Volkes an der Gottesfriedensbewegung (vgl. 3.1.6), aber auch in den Häresien Ausdruck fanden.

3.3.4.1 Heidnische und christliche Vorstellungswelten[83]

War die ältere Forschung geneigt, eine gewisse *„Volkstümlichkeit"* der religiösen Anschauungen des frühen Mittelalters auf eine Verwilderung der kirchlichen Sitten in den Germanenstürmen und als kirchliche Rücksichtnahme auf das Volk zu interpretieren, so bleibt demgegenüber zu bedenken, dass in den Germanenreichen einerseits erst eine Aneignung des christlichen Gedankengutes geleistet wurde, dass Wandlungen andererseits aber bereits im spätrömischen Reich einsetzten. Vieles, das uns „volkstümlich" erscheinen mag, war tatsächlich allgemein verbreitet, so dass kein strikter Gegensatz zwischen kirchlicher und laikaler Kultur und Religion bestand (Y. Hen). Die Einschätzungen der merowingischen Gesellschaft in der modernen For-

---

81 Vgl. B. Rosenwein, To Be the Neighbor of Saint Peter.
82 Vgl. B. McGinn/J. Meyendorff/J. Leclercq (Hg.), Christian Spirituality.
83 Lit.: Bibl. 5.3.3.9.2; ferner: Franz Staab, Heidentum und Christentum in der Germania Prima zwischen Antike und Mittelalter, in: Ders. (Hg.), Kontinuität, 117–152. Zur Forschung: R. Künzel, Paganisme.

schung gehen aber weit auseinander: Während Georg Scheibelreiter das Merowingerreich als „barbarische Gesellschaft" abstempelt,[84] betont Yitzhak Hen ihren christlichen (und gelehrten) Charakter.[85] Beide Auffassungen dürften überzeichnen. Die frühmittelalterliche Gesellschaft war zweifellos von religiösen Vorstellungen geprägt, aber doch von solchen, die sich von denen einer patristischen Dogmatik beträchtlich unterschieden, und es wäre irreführend, die frühmittelalterliche Religiosität allein an der Dogmatik der Kirchenväter zu messen.

Wenn viele christliche Praktiken und Bräuche tatsächlich heidnische Ursprünge hatten und christliche Rituale vielfach *magische Züge* trugen, so war man sich dessen allerdings kaum bewusst. Erst im Rückblick ließe sich dieses Eindringen heidnischer Praktiken in das Christentum als Assimilation deuten.[86] Heidnische und christliche Vorstellungen bestanden nicht nur noch lange nebeneinander,[87] sondern sie hatten auch manches gemeinsam. Magie blieb ein Element des christlichen Lebens; die Vertreibung des Bösen durch Exorzismen, Weihwasser und Salbung mit heiligem Öl (Chrisma) zählten ebenso dazu wie das verbreitete Tragen von Amuletten und Talismanen und letztlich auch der Reliquienkult und die Ritualisierung des Taufakts wie auch des Sterbens: Mit dem „viaticum" (der Eucharistie für den Sterbenden), der Krankensalbung und der Beichte auf dem Totenbett sowie dem bald einsetzenden Gebetsgedenken bildete sich schon früh eine (christliche) „Ritualisierung des Todes" aus.[88] Heidnisch-magische Praktiken, wie das Beten und Opfern in Hainen, an Bäumen, Quellen und Steinen (statt in der Kirche) wurden zwar verboten, nicht aber deren Wirksamkeit bestritten. Die Schriften Gregors von Tours im 6. oder noch Thietmars von Merseburg im 10. Jahrhundert belegen, wie sehr eine so genannte „Volksreligiosität" auch die gelehrtesten Bischöfe erfassen konnte. Gregors Theologie war einfach: „Gott [...] ist der Übermächtige, der unausgesetzt und unmittelbar auf Menschen und Welt einwirkt. Geschichte ist *gesta Dei per homines*" (A. Angenendt); Gott reagierte auf die Sünden der Menschen, eine Vorstellung, die in den Gottesurteilen institutionalisiert wurde: Gott selbst sorgte für die unmittelbare Bestrafung des Unrechts, und er griff vor allem durch Wunder in das irdische Leben ein (und diese Anschauungsweise eines Romanen beweist, dass nicht erst die Germanen einen entsprechenden Wandel des religiösen Denkens bewirkten). Alles menschliche Missgeschick konnte auf diese Weise als Sündenstrafe gedeutet, aber auch entsprechend instrumentalisiert werden. Wer der Sünde entrinnen wollte, musste Buße tun (vgl. 3.3.4.3).

Gott bestimmte das Geschehen. Er war der Schöpfer, der „Geometer", der alles nach Maß und Zahl ordnete, der Bewahrer und Lenker seiner Schöpfung. Man gewinnt aus den frühmittelalterlichen Quellen nicht den Eindruck, dass die spezifisch christliche, um Christus und die Trinität kreisende Lehre von entscheidender Bedeutung für die religiöse Vorstellungswelt der Menschen war, und die christologischen Streitigkeiten

---

84 G. Scheibelreiter, Barbarische Gesellschaft.
85 Y. Hen, Culture and Religion in Merovingian Gaul.
86 So R. MacMullen, Christianity and Paganism.
87 Vgl. L. E. v. Padberg, Odin oder Christus?
88 Vgl. M. Mostert/A. Demyttenaere (Hg.), Betovering van het middeleeuwse christendom. Zum Sterben: F. Paxton, Christianizing Death.

der Theologen scheinen das „Volk" nicht sonderlich bewegt zu haben: Wenn es um die Lenkung des Weltgeschehens ging, verlor die Unterscheidung von Vater und Sohn ihre Wirkung. Christus war der „Mittler" des Heils, wie die Heiligen Mittler zu Gott waren. Er war Lehrer, Hirt und Heiland in einer bedrohlichen Welt, aber auch – nach zeitgenössischen Maßstäben – „Priesterkönig", Priester und König in einer Person, und nicht zuletzt Richter im Jüngsten Gericht. Das Bild des herrschenden und richtenden Christus trat zunehmend neben das Bild des Gekreuzigten. Das Geschehen selbst aber wurde von himmlischen (und teuflischen) Mächten bestimmt. Vorzeichen wie das Auftauchen von Kometen oder Sonnen- und Mondfinsternisse wurden daher, selbst wenn sie eine natürliche Erklärung fanden, ebenso wie die häufigen Traumvisionen als göttliche Zeichen bzw. Eingebungen empfunden. Die *Engel* (als Boten Gottes) waren in das Heilsgeschehen ebenso eingebettet wie *Teufel* und Dämonen (als gefallene Engel und Gegenspieler Gottes), und auch sie wirkten ständig in das irdische Geschehen hinein.[89] Wenngleich der Teufels- und Dämonenglaube in seinen Ursprüngen weder jüdisch noch christlich ist, spielte er in den religiösen Vorstellungen der Patristik und des Mittelalters eine große Rolle. Der Teufel, der vielgestaltig, meist aber missgestaltet auftrat, galt den frühmittelalterlichen Menschen als allgegenwärtige „Realität" (vgl. 3.4.4). Dem Teufel zu widerstehen aber wurde – neben den Wundertaten – zu einem Kennzeichen der Heiligen.

3.3.4.2 Heiligen- und Reliquienkult[90]

Der Heiligenkult steht im Mittelpunkt des religiösen Lebens. Er mag in seinen Anfängen aus der spontanen Verehrung des Volkes erwachsen sein, wurde spätestens seit der Patristik aber bewusst propagiert, indem jede Kirche einem oder mehreren Heiligen geweiht wurde und die Reliquien wundertätiger Heiliger „sammelte". „Urtyp" des Heiligen war der Märtyrer, der für seinen Glauben gestorben war und über dessen Grab schon seit dem 2. Jahrhundert Eucharistiefeiern abgehalten und später Kirchen errichtet wurden. Als es nach vollzogener Christianisierung kaum mehr neue, wirkliche Märtyrer gab, traten neue Heiligenideale hinzu, die durchweg das asketische und moralische Leben betonten. Die neuen, „merkwürdigen Märtyrer" (F. Graus) starben in der Schlacht, wurden hingerichtet oder ermordet. Auffälligerweise zählte die große Mehrzahl der Heiligen aber zu den kirchlichen Amtsträgern: vor allem vorbildhafte Bischöfe und Äbte wurden zu Heiligen erkoren, deren weltliche Tätigkeit bei entsprechender Lebensführung und Einstellung nicht mehr als Hindernis der Heiligkeit empfunden wurde. Der Anteil der weiblichen Heiligen (vor allem Äbtissinnen, Nonnen und Königinnen) betrug im Frankenreich etwa 15 %, der Anteil der Viten weiblicher Heiliger gut 12 %, mit unterschiedlicher Intensität (so war der Anteil im 6. und vor allem im 7. Jahrhundert mit fast 30 % deutlich höher).[91]

Das Heiligengrab blieb im gesamten Mittelalter Anziehungspunkt und Objekt besonderer Verehrung, die Unverweslichkeit des Körpers war ein ebenso untrüglicher Beweis der Heiligkeit wie das Wunderwirken. Heilige waren nicht nur Patrone der Kir-

---

89 Vgl. D. KECK, Angels and Angelology.
90 Lit.: Bibl. 5.3.3.9.3.
91 Vgl. H.-W. GOETZ, Frauen, 112ff.

chen und Klöster und Vorbilder für ein moralisches christliches Leben, sondern ihre Reliquien, das heißt ihre Körper oder Gegenstände, mit denen sie in Berührung gekommen waren, wurden geehrt, sorgsam aufbewahrt, ausgetauscht und zugänglich gemacht. Vor allem im Zuge der Christianisierung und Neugründung von Klöstern und Kirchen wurden Heilige oft von weit her „überführt" und in feierlichen Umzügen an ihre neue Wirkungsstätte gebracht; die sächsischen Kirchen etwa holten Reliquien aus dem Westfränkischen Reich und aus Rom heran. Immer wieder wurden die Gebeine der Heiligen auch in Umzügen herumgefahren, als Zeichen einer Religiosität, die den Kontakt mit den Heiligen suchte. Seit dem 5., nördlich der Alpen seit dem 8. Jahrhundert gewährten Krypten unter dem Altar den Zugang zu den Reliquien, die später erhoben und allen sichtbar gemacht wurden. Bald kam es zu einem regelrechten Reliquienhandel, und es gab sogar einen Reliquiendiebstahl.

Der Heilige war dank seiner Verdienste bereits nach seinem Tod erlöst und konnte daher als Fürsprecher und Mittler bei Gott wirken. Im Alltagsleben der Menschen waren die Heiligen gleichsam die ersten Adressaten, die man um Hilfe anging, zumal sich ihre Heiligkeit im Wunderwirken erwies: Dank Gottes Wirkkraft heilten Heilige Kranke (voran – als „Christuswunder" – Blinde, Lahme, Taube und Stumme sowie Besessene), erweckten Tote zu neuem Leben, befreiten unschuldige Gefangene, deckten Betrügereien auf, beschafften abhanden Gekommenes wieder, beschützten oder vollbrachten andere ungewöhnliche Dinge: Alles Unerklärliche und Übernatürliche wurde ihrem Wirken zugeschrieben. Aber auch Strafwunder zur Sühnung von Sünden und Missachtung des Heiligen (und seines Ortes) sind häufig bezeugt. Die Menschen suchten die Heiligen durch ihre Bitten und ihre Verehrung regelrecht zum Handeln zu zwingen. Wunder wurden somit nicht nur erbeten, sondern manchmal geradezu erwartet. Das konnte zu bizarren Situationen führen, indem man etwa „untätigen" Heiligen mit Bestrafung drohte, während ihnen im Erfolgsfall Dankgeschenke zuteil wurden (die wiederum den Kirchen zugute kamen).[92]

Die Bedeutung des Heiligen- und Reliquienkultes ist insgesamt kaum zu überschätzen. Pilgerscharen strömten zu den bedeutenden Wallfahrtsorten. Neben zahlreichen lokalen Kulten bildeten sich schon im frühen Mittelalter bevorzugte Wallfahrtsorte für Fernpilgerfahrten heraus. Nach Rom als Fernzentrum setzte spätestens im 8. Jahrhundert ein „internationaler" Pilgerverkehr ein, der sich deutlich in den Bonifatiusbriefen und anderen Zeugnissen der angelsächsischen Missionare widerspiegelt.[93] Die Verehrung des heiligen Jakobus' in Santiago de Compostela setzte im 9. Jahrhundert ein. Aber auch Grabstätten berühmter Märtyrer, Missionare und anderer Heiliger (Gallus in St. Gallen, Bonifatius in Fulda, Willibrord in Echternach, Benedikt in Fleury und viele andere) wurden zu beliebten Wallfahrtsorten. Die Kirchen wetteiferten untereinander um die Erfolgsquote ihrer Heiligen: Der Heilige wurde zur wichtigsten „Einnahmequelle" der kirchlichen Institutionen, deren Ansehen und Wohlstand nicht zuletzt von der Wunderkraft ihrer Heiligen abhing und die deshalb – in Viten und, besonders seit dem 9. Jahrhundert, in Wunderberichten – die Heilkraft ihrer Heiligen

---

[92] Vgl. P. GEARY, Coercition des saints; DERS., L'humiliation des saints.
[93] Vgl. B.-S. ALBERT, Pèlerinage; D. BIRCH, Pilgrimage to Rome; L. E. V. PADBERG, Missionare und Mönche; Viajeros, peregrinos, mercaderes; D. WEBB, Pilgrims and Pilgrimage, 9–47.

propagierten. *Hagiographische Schriften*[94] zählten daher zu den zahlreichsten und am weitesten verbreiteten Werken des frühen Mittelalters. Dank ihrer vielfältigen Nachrichten gehören sie, die oft lange posthum und nach stereotypen Mustern verfasst wurden und daher über das historische Leben des Heiligen selten Verlässliches berichten, mittlerweile zu den wichtigsten Quellenarten der mittelalterlichen Religions-, Mentalitäts- und Sozialgeschichte. Sie sind ebenfalls nicht Produkte einer „Volksreligiosität", sondern der Hochkirche, auch wenn sie volkstümliche Elemente enthalten (F. Graus, D. Rollason).

Träger des Kultes waren die einzelnen Kirchen und Klöster, nicht minder aber die Bischöfe und Könige. Der Kult nahm folglich auch *politische Züge* an:[95] Reliquienschenkungen schufen politische und soziale Bindungen, und Eide wurden bevorzugt auf die Reliquien geleistet. „Herrschen mit den Heiligen" (U. Swinarski) wurde zu einem Kennzeichen königlicher Herrschaftspraxis (vgl. 3.1.1.3), und einzelne Heilige avancierten zu „Reichsheiligen", wie Martin von Tours, dessen Kult bereits im 5. Jahrhundert einsetzte und sich schnell ausbreitete und dessen Mantel („cappa") zu einer Reichsreliquie wurde, die von den Hofklerikern („cappellani") gehütet wurde. Die wichtigsten Heiligen des Westfränkischen Reichs waren Dionysius, der erste Bischof von Paris (Saint-Denis), und Remigius (Saint Remi de Reims). Das von Dagobert I. erneuerte Saint-Denis blieb jahrhundertelang geistlicher und kultureller Mittelpunkt der fränkischen und französischen Könige. Unter den Ottonen entwickelte sich ein Mauritiuskult, seit Otto I. in Magdeburg 937 ein diesem Heiligen geweihtes Kloster gegründet hatte, auf dessen Grundlage der Ort 968 zum Erzbistum erhoben wurde. Im angelsächsischen England war der Heiligenkult fast ausschließlich kirchlich oder königlich organisiert. Auch hier ist die Bedeutung „englischer" Heiliger für die Einigung Englands im 10. Jahrhundert nicht zu unterschätzen,[96] und der Kult Wenzels als des Patrons Böhmens hatte seine Anfänge in přemyslidischer Zeit.

3.3.4.3 Kirche und Privatleben, Bußpraxis und Totenmemoria[97]

Auf der Grundlage der Überzeugung, dass das Leben dem Seelenheil zu dienen hatte, griffen kirchliche Bestimmungen mit ihren Moralvorstellungen in das Privatleben ein. Das betraf den Verhaltenscodex ebenso wie die Lebensführung, aber auch den Zeitablauf: Das Kirchenjahr bestimmte den Kalender. Die Kirche beanspruchte die Gläubigen mit ihrer auf das Jenseits ausgerichteten Glaubenslehre und mit der amtskirchlichen Einbindung durch Taufe und sonn- und feiertägliche Messen, die mit ihrer feierlichen Liturgie und der Symbolhaftigkeit der Handlungen, in deren Zentrum die Eucharistiefeier stand, die Teilhabe an dem Ewigen und Göttlichen vermitteln sollten. Die Sonntagsheiligung (mit entsprechenden Arbeitsverboten nach irischem, auf das Alte Testament zurückgreifendem Einfluss) ließ den „Tag des Herrn" („dies dominicus"), der seit dem 4. Jahrhundert die wöchentliche Osterfeier abbilden sollte, zu et-

---

[94] Vgl. F. Graus, Volk, Herrscher und Heiliger; T. Heffernan, Sacred Biography; M. Heinzelmann (Hg.), L'hagiographie du haut moyen âge; D. von der Nahmer, Lateinische Heiligenvita.
[95] Vgl. J. Petersohn, Bischof und Heiligenverehrung; Ders. (Hg.), Politik und Heiligenverehrung.
[96] D. Rollason, Saints and relics, 129, 133ff.
[97] Lit.: Bibl. 5.3.3.9.4.

was Besonderem werden. Die recht zahlreichen, teils allgemeinen, teils lokalen Feier- und Heiligentage glichen im Ablauf den Sonntagen, waren zum Teil aber auch von besonderen kirchlichen oder weltlichen Festivitäten begleitet. Die Kirche hielt den Gläubigen mit der Moral- und Sündenlehre darüber hinaus den Maßstab für ihr Leben vor Augen. Die Erbsündenlehre berechtigte zum Eingriff in das Leben der Menschen und zu Bußforderungen als Sühneleistung: Unter irisch-angelsächsischem Einfluss verbreitete sich eine strenge Moralordnung, aber auch eine andere *Bußpraxis*,[98] nämlich nach festen „Tarifen", die in den Bußbüchern festgelegt wurden, auch wenn diese nie offizielle Geltung erhielten und im einzelnen erheblich voneinander abwichen (vgl. 3.3.4). Auch öffentliche Buße war – im Zusammenwirken von bischöflicher und königlicher Gewalt – möglich.[99] Fehlte die Bereitschaft zur Buße, so griffen die Kirchenoberen (wie auch in anderen schweren Fällen) zu dem stärksten Mittel, das ihnen zur Verfügung stand: zur Exkommunikation, dem Ausschluss aus der christlichen Gemeinde und von den Sakramenten und folglich auch vom Seelenheil.

Hielten sich die in Alltag und weltliches Recht eingreifenden kirchlichen Bestimmungen in der Merowingerzeit noch in Grenzen, so nahmen sie im 8. Jahrhundert zu und erfassten bald nahezu alle Lebensbereiche. Sie wurden, wie die ständig wiederholten Verbote belegen, auf der anderen Seite aber auch keineswegs penibel eingehalten. Frühmittelalterliche Synoden schärften nicht nur die Pflicht zum sonn- und feiertäglichen Messebesuch, sondern auch das Verbot schwerer (bäuerlicher) Arbeit an diesen Tagen ein. „Sehen wir doch," so klagte man im Konzil von Mâcon (585), „dass das Christenvolk unbesonnener Weise den Sonntag der Verachtung preisgibt und wie an 'privaten Tagen' laufenden Arbeiten nachgeht."[100] Auch in den folgenden Jahrhunderten begegnen wir immer wieder Wunderberichten, die entsprechenden Übertretungen eine göttliche Strafe folgen ließen. Bußbücher „regelten" unter anderem die Sexualität und schränkten diese durch zahlreiche Verbote auf den ehelichen, letztlich ausschließlich der Fortpflanzung dienenden Verkehr ein. Alles andere war Unzucht („fornicatio"). Das betraf nicht nur homosexuelle Aktivitäten und außereheliche Geschlechtsverkehr, sondern auch alle „unnormalen" Handlungen und Stellungen zwischen den Eheleuten selbst, Empfängnisverhütung, Sexualmagie, Aphrodisiaka oder Abtreibung. An bestimmten Festtagen und zu bestimmten Zeiten war jede sexuelle Betätigung untersagt.

Eine andere mittelalterliche Eigenheit betraf das *Totengedenken*: Da die Seelen der Verstorbenen gewissermaßen in einer langen „Warteschleife" auf das Jüngste Gericht harrten, konnten die Lebenden etwas für deren Seelenheil tun, indem sie für die Toten beteten (vgl. 3.4.4). Die „memoria", das Gebetsgedenken für Stifter und Wohltäter (vgl. 4.3.4.3), wurde gleichsam zur wichtigsten sozialen Aufgabe des Mönchtums. Klosterkonvente, Stifte und Bischöfe „verbrüderten" sich zu gegenseitigem Gedenken

---

98 Vermittelnd zwischen den Positionen von R. Kottje (altkirchliche Tradition) und A. Angenendt (Neubeginn): Hubertus Lutterbach, Intentions- oder Tathaftung? Zum Bußverständnis in den frühmittelalterlichen Bußbüchern, in: FMSt 29 (1995), 120–143. Zur Verbreitung und Bandbreite an Riten, Arten, Funktionen und regionalen Eigenheiten: S. Hamilton, Penance.
99 Vgl. Mayke de Jong, What was public about public penance?, in: La Giustizia nell'alto medioevo (secc. IX–XI), Bd. 2, 863–904.
100 MGH Conc. 1, Concilium Matisconense, S. 165.

mit der Auflage, beim Tode eines Bruders für dessen Seelenheil zu beten. In Attigny verpflichteten sich im Jahre 762 unter der Führung des bedeutenden Bischofs Chrodegang von Metz 44 fränkische Bischöfe und Äbte dazu, im Todesfall eines Verbrüderten je 100 Messen zu lesen oder 100 Psalmen zu singen, und ähnliche „Vorsorgen" unter Bischöfen durchziehen noch den gesamten Zeitraum (M.-L. Laudage). Die Verbrüderungen beschränkten sich jedoch keineswegs auf Mönche und Geistliche, sondern schlossen die Laien ein, die in den liturgischen Memorialbüchern, den Verbrüderungs- und Gedenkbüchern, oft in Familieneinträgen genannt sind. Darin hielt man die Namen der Gemeinschaften und Personen, Konvente ebenso wie Familien, fest, derer man in der Messe zu gedenken hatte. Das Reichenauer Verbrüderungsbuch enthält rund 40000 Einträge. Dem Seelenheil dienten auch Schenkungen an Kirchen und Klöster, die ihrerseits häufig an die Gegenleistung des Gebetsgedenkens für den Schenker und seine Familie geknüpft waren. Die „Gemeinschaft der Lebenden und der Toten" wurde dadurch symbolisiert, dass ein Armer die Tagesration des zu Gedenkenden erhielt, so dass die Armenspeisungen mit der Zeit zu einer großen finanziellen Belastung der Klöster werden konnten. „Memoria", das Gedenken an die verstorbenen Angehörigen, war aber auch eine familiäre Aufgabe, bei der den Frauen eine wichtige Funktion zufiel. Das „Handbuch" der septimanischen Gräfin Dhuoda für ihren Sohn Wilhelm bietet dafür ein gutes Beispiel. Dhuoda ermahnte ihren Sohn, für den Vater und die Vorfahren sowie die anderen Verwandten zu beten, und führte gedenkbuchartig die Namen der einzelnen Familienmitglieder auf.

3.3.5 Theologische Streitigkeiten und Häresien[101]

Während es nach den großen dogmatischen Streitigkeiten des 4. und 5. Jahrhunderts um die Gottessohnschaft Christi (Arianismus) und seine göttliche und menschliche Natur (Monophysitismus) sowie um das Verhältnis von göttlicher Prädestination und freiem Willen des Menschen (Pelagianismus) in den Germanenreichen anscheinend nur noch kleinere, regionale Auseinandersetzungen gab, kamen in der Karolingerzeit wieder größere dogmatische Konflikte auf, in welche die Könige eingriffen und damit ihrer Herrschaftsauffassung als Hüter auch in religiösen Fragen Ausdruck gaben.[102] Die in Byzanz seit dem frühen 8. Jahrhundert immer wieder aufbrechenden ikonoklastischen Neigungen (*Bilderstreit*) wurden, trotz der dortigen Verurteilung des Bilderverbots auf der Synode von Nicäa von 787, gegen Ende des 8. Jahrhunderts in das Abendland hereingetragen, zeigten hier aber verhältnismäßig wenig Wirkung. Eine Synode am Hof Karls des Großen verurteilte die Ablehnung der Bilderverehrung ebenso scharf wie eine Anbetung der Bilder. In den so genannten „Libri Carolini" verfassten fränkische Theologen eine Art Gegengutachten zur byzantinischen Lehre. Eine zweite Herausforderung bildete am Ende des 8. Jahrhunderts der aus Spanien (Felix von Urgel) stammende *Adoptianismus*, der die Verschiedenheit der beiden Naturen in Christus, der göttlichen und der menschlichen als „filius proprius" im Sinne seiner Gottheit und als „filius adoptivus" im Sinne seiner Menschheit, betonte und sich nach der fränkischen

---

101 Lit.: Bibl. 5.3.3.9.5.
102 Vgl. H. Nagel, Karl der Große.

Eroberung Kataloniens auch in Südfrankreich ausbreitete. Alkuin und Paulinus von Aquileia verfassten mehrere Schriften gegen diese Häresie; Bischof Felix von Urgel musste sich zur Diskussion stellen, wurde 792 in Regensburg und Rom verdammt, floh aber nach Spanien. Nach einer Disputation zwischen Alkuin und Felix 799 in Aachen wurde Felix zeitlebens in fränkischem Gewahrsam gehalten. Der Tod des Erzbischofs Elipandus von Toledo (nach 798) brachte ein Ende des Streites, dessen Gefährlichkeit sich jedoch schon darin zeigt, dass Agobard von Lyon noch in der nächsten Generation abermals eine Gegenschrift verfasste. Der dritte und größte Streit ging um das Glaubensbekenntnis: ob der Heilige Geist von Vater *und* Sohn oder von Gott durch den Sohn ausgehe. Fränkische Synoden (Gentilly 776, Frankfurt 794, Aachen 809) verlangten, in diesem Fall gegen eine byzantinisch-päpstliche Allianz, die Aufnahme des „filioque" in das Glaubensbekenntnis. Leo III. verweigerte dem 809 seine Zustimmung, doch setzte sich die fränkische Version in der Folgezeit im ganzen Abendland durch.

Während die beiden zuletzt erwähnten Dogmenstreitigkeiten an Nachwirkungen des Arianismus erinnern, flammte im 9. Jahrhundert der alte pelagianische Streit um die göttliche *Prädestination* und den freien Willen des Menschen wieder auf. Der Sachse Gottschalk, auf eigenen Wunsch aus dem Kloster Fulda ausgeschieden und später Lehrer in Orbais, betonte die „doppelte" göttliche Prädestination („gemina praedestinatio") zum Auserwählt- oder Verworfensein der Menschen und geriet damit in Widerspruch zu seinem ehemaligen Abt Hrabanus Maurus, der an der Wahlfreiheit des Menschen zum Guten oder Bösen festhielt. Gottschalk bezichtigte Hrabanus des Semipelagianismus, wurde jedoch auf der unter Hrabanus' Vorsitz tagenden Mainzer Synode von 848 und ein Jahr später auf der Synode von Quierzy auch im Westreich verurteilt. In der Folgezeit griffen viele berühmte Autoren, wie Hinkmar von Reims, Paschasius Radbertus, Lupus von Ferrières, Rathramnus von Corbie, Amalar von Metz und selbst Johannes Scottus Eriugena in diese Streitigkeiten ein. Johannes suchte die Auseinandersetzung auf philosophischem Wege zu lösen, indem er auf die absolute „Einfachheit" Gottes verwies, die gar nicht prädestinieren könne, wurde wegen dieser Lehre aber seinerseits verurteilt. Gott wolle, so beendete 883 die Synode von Quierzy den Streit, dass alle Menschen ohne Ausnahme gerettet werden; ihre Rettung haben sie Christus zu verdanken, während ihr Untergang aus eigener Schuld resultiert. Als ein charakteristischer Streiter ist vor kurzem der zuvor wenig beachtete Florus von Lyon erwiesen worden, dessen liturgische Kontroversen mit Amalar von Metz auch kirchenpolitische Hintergründe hatten und der im Sinne Gottschalks in den Prädestinationsstreit eingriff.[103] Im Kloster Corbie stritten Paschasius Radbertus und – 15 Jahre später – Rathramnus über die Fleischwerdung Christi in der Eucharistie bzw. deren Mysterium. Die Figura Christi, so Rathramnus in neoplatonischer Argumentation, könne nicht mit dessen historischem Leib identisch sein. Erst im 11./12. Jahrhundert wurde dieser interne Streit in breiterer Öffentlichkeit aufgegriffen.

Handelt es sich bei diesen Kontroversen letztlich um theologisch-dogmatische Gelehrtenstreitigkeiten, so sind größere häretische Volksbewegungen, abgesehen von lo-

---

103 Vgl. K. Zechiel-Eckes, Florus von Lyon.

kalen Einzelfällen, aus dem frühen Mittelalter kaum bekannt. Erst im 11. Jahrhundert deuten sich Vorläufer der großen Häresien des Hoch- und Spätmittelalters an. Aus Frankreich und Norditalien werden jetzt mehrere (jeweils kleinere) Häresien unter Beteiligung von Laien und Klerikern vermeldet, die diese Gebiete mit einem ganzen Netz von – allerdings kaum untereinander verbundenen – Stützpunkten überzogen und von einem Teil der Forschung (E. Werner) mit sozialen Spannungen auf dem Lande (Häresie des Bauern Leuthardus um 1000 in der Champagne) wie in den Städten (Orléans 1022, Arras 1025, Monteforte bei Turin 1028) und mit einem erwachenden Selbstbewusstsein der Laien in Verbindung gebracht werden. Soziale Beweggründe werden heute kaum mehr bestritten, doch ist die Frage „Sozialrebellen oder religiöse Eiferer?" (R. Gorre) als Alternative kaum haltbar. Diese Häresien waren zumeist gnostisch-spiritualistischer Ausrichtung, kamen auffällig aber auch gleichzeitig mit der frühen Kirchenreform und der Gottesfriedensbewegung auf und verbanden sich teilweise mit einer Endzeiterwartung (vgl. 4.4.5).

3.3.6 Anfänge der Kirchenreform

Die Einbindung der Kirche in die Gesellschaft wurde in der Regel zwar als selbstverständlich erachtet, rief jedoch immer wieder Warnungen vor den Auswirkungen auf Lebensführung und Glauben hervor. Das betraf zunächst das Klosterwesen (vgl. 3.3.3), ohne dass man in den frühen Reformklöstern wie Cluny bereits bewusste „Vorkämpfer" einer großen Kirchenreform sehen darf. Wie die Klöster in die „Welt" eingebettet waren, so griffen die neuen Reformideale allmählich aber auch auf Kirche und Gesellschaft über. Schon die „vita communis" der Geistlichen an großen Kirchen übertrug monastische Strukturen auf die Amtskirche. Die Verchristlichung von Adel und Rittertum (der adlige Krieger als „miles christianus") im Zuge der Gottesfriedensbewegung (vgl. 3.1.6) und später vor allem der Kreuzzüge band die Laien noch enger in die „Kirche" bzw. in die christliche Gesellschaft ein und verlieh ihnen neue Funktionen. Die kirchlichen Reformen erstrebten eine Rückbesinnung, nicht eine Abschaffung der „Feudalgesellschaft". Wohl aber sollten Auswüchse der Verweltlichung beseitigt und eine Vergeistigung der Gesellschaft erreicht werden. Letztlich ging es also nicht einfach um die „Freiheit" der Kirche („libertas ecclesiae"), um ihre Befreiung aus der weltlichen Herrschaft, die zum Schlagwort der Kirchenreform des 11. Jahrhunderts wurde, sondern um mehr, nämlich die Herrschaft des Christentums und seiner Normen. Das barg durchaus Konfliktstoff in sich, zumal es auf die politischen Machtstrukturen zurückwirkte.

Kirchenreformerische Tendenzen im Sinne einer Kritik an den politischen Zuständen drangen allerdings nur allmählich und erst gegen Ende der hier behandelten Epoche vor, bis sie sich schließlich im so genannten Investiturstreit entluden. Dass Kaiser Heinrich III. sich gleichsam an die Spitze der Reformbewegung im Reich stellte, ist vielmehr ein weiterer Beweis für deren gesamtgesellschaftliche Ziele, denen eine Konfrontation mit den politischen Mächten noch fern lag. Zunächst ging es darum, die Missstände in der christlichen Gesellschaft (und in der Kirche) zu beseitigen. Die Angriffsziele der Kirchenreform des 11. Jahrhunderts, deren Schwerpunkte in Lothringen und Burgund lagen, waren die Priesterehe (der „Nikolaitismus") und die Simonie (die Vergabe von Kirchenämtern und Weihen gegen Zahlungen), Ziel war aber auch – politisch – die Herauslösung der kirchlichen Amtsträger aus den politischen Händeln und Verstrickungen der regionalen Mächte. In diesem Sinne ist die Entscheidung der Synode von Sutri von 1046 zu verstehen, alle drei Päpste, ob sie noch amtierten oder bereits abgedankt hatten, ihres Amtes zu entheben: Benedikt IX. (der 1045 abgedankt und seine Würde an Gregor VI. verkauft hatte), Gregor VI. selbst, obwohl er Anhänger der Reformpartei war, sowie den Gegenpapst, den Crescentier Silvester III. Mit Bischof Suidger von Bamberg folgte als Clemens II. erstmals ein deutscher Papst, der die Serie der Reformpäpste einleitete: Die aus dem Reich stammenden Päpste der folgenden Zeit brachten die Reform nach Rom und führten mittelfristig zu einer Neuordnung der römischen Kirche, zu deren Herauslösung aus den stadtrömischen Bindungen und zu einer engeren Bindung an das Kaisertum und schließlich zu einem festeren Zusammenschluss der abendländischen Kirche unter päpstlicher Führung. Die entscheidende Wende brachte der Pontifikat Leos IX. (1049–1054), des früheren Bischofs Bruno von Toul. Jetzt drang die Reform in die höchsten Kreise ein, und der Papst nahm erstmals in vollem Umfang universalkirchliche Aufgaben wahr.

3.4 Kultur, Alltag, Mentalität[1]

Auch wenn die Kultur des Mittelalters weithin von Kirche und Christentum geprägt scheint, die Christianisierung hier manche Neuorientierung gebracht hat und die „Literalität" sich in dieser Zeit weithin auf Klerus und Mönchtum und somit auf eine elitäre Minderheit einengte (vgl. 3.3.3), so hielt man gleichzeitig nicht nur, jedenfalls soweit es die Schulbildung betraf, an der römisch-antiken Tradition fest, sondern die christliche Kultur nahm zudem zeitgemäße Züge einer religiösen Weltlichkeit (oder einer weltlichen Religiosität) an (vgl. 3.3.4.1). Dabei tradierte das Mittelalter – über seine kirchlichen Institutionen – nur Teile der antiken Bildung, soweit sie nämlich der christlichen und – als Vorbereitung – der weltlichen Schulung dienten. Mit dieser Maßgabe aber hatte das Christentum bereits seit den ihrerseits hoch gebildeten Kirchenvätern seine anfängliche Ablehnung der heidnisch-weltlichen Bildung aufgegeben. Augustin hatte der heidnischen Lehre mit seiner Schrift „De doctrina christiana" ein christliches Bildungsprogramm entgegengesetzt, Cassiodor in seinen „Institutiones divinarum et saecularium litterarum" ein Bildungshandbuch für die Mönche seines Klosters Vivarium geschrieben, das bewusst christliche und heidnische Bildungselemente nebeneinander setzte, dessen Nachwirkung allerdings eher gering blieb. Boethius überlieferte Teile des aristotelischen Denkens. Den notwendigen Wissensstoff fasste Isidor von Sevilla in seinem nach Sachgebieten geordneten etymologischen „Lexikon" aus 20 Büchern („Etymologiae sive Origines") zusammen. Martianus Capella schuf mit seinem romanartigen, allegorischen Handbuch über die freien Künste („Über die Hochzeit Merkurs mit der Philologie") ein Standardwerk der Schulbildung. Das waren

---

[1] Lit.: Bibl. 5.3.4.1. Zu Gregor von Tours: M. Weidemann, Kulturgeschichte der Merowingerzeit. Zur Klosterkultur: G. Schrimpf (Hg.), Kloster Fulda; W. Vogler (Hg.), Kultur der Abtei St. Gallen; P. Ochsenbein (Hg.), Kloster St. Gallen.

die wichtigsten Vermittler des antiken Bildungsgutes. Die spätantik-frühmittelalterliche Bildung erfuhr hier eine deutliche Umorientierung auf christliche Ziele hin. Das Christentum aber konnte so zum Vermittler antiker Bildung schlechthin werden. Aus der „klassischen" Schulung, der weithin monastisch-christlichen Prägung sowie aus intensivem Austausch und Kontakten entstand, unbeschadet der inneren Vielfalt und regionaler Besonderheiten, eine im Großen und Ganzen einheitlich anmutende Kultur des abendländischen Frühmittelalters. Bildung galt hier durchaus als ein hohes Gut, das beispielsweise selbst bei Heiligen lobend hervorgehoben wurde, den Weg zu hohen Kirchenämtern ebnete, aber auch wegweisend für die späteren sozialen und freundschaftlichen Beziehungen wirkte.[2]

3.4.1 Bildung und Wissenschaft[3]

Die früher im Vergleich zur klassischen Antike als „Barbarisierung" abqualifizierte Kultur der Germanenreiche ist tatsächlich als Übergang auf dem Weg zu einer mittelalterlichen Kultur zu werten. Wenn man Gregor von Tours, der von sich selbst behauptet, in einer „bäuerischen Sprache" zu schreiben, eine mangelnde Bildung und viele Fehler vorgeworfen hat, so zeigt das nur, dass die Sprache der Merowingerzeit sich nicht mehr am klassischen Latein orientierte, sondern sich bereits auf dem Weg zur romanischen Sprache (Altfranzösisch) befand (das älteste erhaltene, aber bereits eine abgeschlossene Entwicklung repräsentierende Sprachzeugnis sind hier die Straßburger Eide von 842). Die übertrieben gekünstelt anmutende Rhetorik der merowingischen Briefe und Gedichte mag auf eine Nachahmung des Erlernten weisen, ist zunächst aber Ausdruck eines veränderten Stilbewusstseins. Schon Gregor selbst beklagte – wie so viele andere vor und nach ihm – den Kulturverfall: „Wehe über unsere Tage, dass die Pflege der Wissenschaften bei uns untergegangen ist, und niemand im Volke sich findet, der das, was zu unseren Zeiten geschehen ist, zu Pergament bringen könnte."[4] Vor dem 8. Jahrhundert fehlten alle Ansätze einer „Renaissance". Überall blieben zunächst die Romanen, wie im Frankenreich Gregor selbst und sein Zeitgenosse Venantius Fortunatus, die Träger der römischen Kultur, die bald ganz zu versiegen schien: „Zwischen 660 und 770," schrieb Wolfram von den Steinen, gab es „keinen einzigen einheimischen Autor von literarischem Rang".[5] Doch auch dieses Urteil lässt sich relativieren und gilt beispielsweise kaum für das spanische Westgotenreich.[6] Man muss nicht nur in Rechnung stellen, dass sich eventuell das Kulturideal gewandelt haben könnte, sondern man fasst den Kulturbegriff heute bewusst so weit, dass ganz neue Erzeugnisse und Leistungen in den Blick geraten. In der Merowingerzeit wurden – neben Briefen und Gedichten – vor allem viele Heiligenviten verfasst, von denen rund 50 erhalten sind. Urkunden und Formelsammlungen belegen ein Fortleben der

---

2 Vgl. M. Heinzelmann, Studia sanctorum.
3 Lit.: Bibl. 5.3.4.2.
4 Gregor von Tours, Historiae I praef., ed. B. Krusch/W. Levison, MGH SS rer. Mer. 1, S. 1.
5 Wolfram von den Steinen, Der Neubeginn, in: W. Braunfels (Hg.), Karl der Große, Bd. 2, 9–27, hier 9.
6 Vgl. M. Diaz y Diaz, Problemas culturales.

Schriftlichkeit in der Verwaltung. Dass die Formeln vor allem aus Nordfrankreich stammten, zeigt, dass man gerade hier den Anschluss an die spätantike Schriftkultur suchte und brauchte. Auch die Vielzahl der variierenden Schrifttypen dieser Zeit mit ihren kursiven Zügen ist nicht (nur) Zeichen einer Verwilderung der römischen Schrift, sondern zugleich Ausdruck verbreiteter Schriftlichkeit. Den geringsten Zugang zur Schriftlichkeit hatte zunächst Austrasien, das erst im 8. Jahrhundert nennenswerte Schriftwerke hervorbrachte.

Hingegen entwickelte sich in *Britannien und Irland* im frühen Mittelalter eine bemerkenswerte Schriftkultur, die über die Mission auch auf den Kontinent einwirkte. Die Iren leisteten Erstaunliches in der Buchkunst und auf dem Gebiet klösterlichen Schrifttums. Bei den Angelsachsen begründete Aldhelm von Malmesbury († 709) mit seinen asketischen und poetischen Werken sowie den Schulschriften eine lateinische Schriftkultur. Beda Venerabilis (673/74–735), Priestermönch im Kloster Jarrow (Wearmouth), war mit seinen nahezu alle Wissensgebiete umfassenden Schriften einer der größten Gelehrten seiner Zeit, und der Briefwechsel des Bonifatius bezeugt einen regen Schriftverkehr und Bücheraustausch auch mit dem Kontinent. Gelehrte der südeuropäischen Germanenreiche wie Boethius († 524), der Vermittler des griechisch-philosophischen Gedankengutes an das Mittelalter, Cassiodor († nach 580) im Ostgotenreich und Isidor von Sevilla († 636) im Westgotenreich wurden ebenso wie der Angelsachse Beda mit ihrem umfangreichen Schrifttum zu den großen Autoritäten des Mittelalters.

Erst seit der karolingischen Zeit erlangte die „abendländische" Kultur hingegen eine gewisse Einheitlichkeit: in der so genannten *Karolingischen Renaissance*,[7] deren Ziel freilich nicht eine „Wiedergeburt der Antike", sondern eine Reinigung sowie eine Vereinheitlichung der Texte, vor allem der Bibel und der anderen liturgischen Schriften, aber auch der nun stärker grammatikalisch ausgerichteten Sprache war. Das entsprang durchaus praktischen, christlichen Bedürfnissen, diente der Einheit der Christenheit und brachte das Frankenreich in engeren geistigen Kontakt mit Spanien, Italien und England (G. Brown). Man wird darin zugleich aber eine Kulturverengung sehen dürfen, denn mit der Vereinheitlichung verband sich letztlich eine Einschränkung der Kultur auf vorwiegend geistliche Belange und kirchliche Institutionen und eine weitgehende, allerdings nie ausschließliche Beschränkung der Schriftlichkeit auf Klerus und Mönche; das Buch wurde zu einem Attribut der Geistlichen, der schreibende Mönch geradezu zu einem Standardbild der Buchmalerei. Selbst die Könige waren zeitweise Analphabeten und mussten auf die eigenhändige Unterschrift verzichten; sie wurde in den Urkunden durch einen Vollziehungsstrich ersetzt. Kursive Schriften verschwanden jetzt völlig, repräsentative Buchschriften zierten die kostbaren, oft mit Initialen und Miniaturen ausgeschmückten Pergamentcodices, die nicht einfach nur Ge-

---

[7] Zur „Karolingischen Renaissance" vgl. R. BERNDT (Hg.), Frankfurter Konzil; W. BRAUNFELS (HG.), Karl der Große, Bd. 2; P. BUTZER/M. KERNER/W. OBERSCHELP (Hg.), Karl der Große; G. BROWN, Introduction: The Carolingian Renaissance, in: R. MCKITTERICK (Hg.), Carolingian Culture, 1–46; J. J. CONTRENI, Carolingian Renaissance; Zur Problematik des Begriffs: A. GUERREAU-JALABERT, „Renaissance carolingienne"; J. NELSON, On the limits; G. TROMPF, Concept of the Carolingian Renaissance.

brauchs-, sondern auch Wertgegenstände waren. Doch bliebe eine Deutung der „Karolingischen Renaissance" als Verengung einseitig. Deren Ergebnis war vielmehr ein Aufschwung und eine Erneuerung von Bildung, Wissenschaft und Schreibkultur. Die „Karolingische Renaissance" oder, wie statt dessen gern gesagt wird: die „Bildungsreform",[8] wirkte sich insgesamt vielfältig aus, auch wenn ein langfristiger Einfluss nur auf einigen Gebieten gewahrt blieb: in der Abschreibetätigkeit in den Klöstern, in der literarischen Produktion, in der Förderung des Schulwesens, in einer inhaltlichen und textkritischen Revision der Überlieferung und – vor dem Hintergrund eines Verlusts der Lateinkenntnisse – einer Reinigung der Umgangssprache am Maßstab des antiken Lateins – „correctio" wurde zum Schlüsselwort der Reform –, in der Entwicklung einer neuen, einheitlichen Schrift, der „karolingischen Minuskel", die sich allmählich über das ganze Abendland verbreitete, im Aufbau einer Art „Hofschule" großer Gelehrter und in einer neuen Blüte der Kunst auf fast allen Gebieten. Mit dem späten 8. Jahrhundert schwoll die Zahl der Handschriften um ein Vielfaches an – sieben- bis achttausend Handschriften der Karolingerzeit (740–900) mit einer Vielfalt verschiedener Inhalte und Funktionen sind erhalten –, wurden wieder mehr neue Werke verfasst, spielte Schriftlichkeit eine bedeutende Rolle in der Administration.[9] Die „Karolingische Renaissance" war keine passive Aneignung, sondern eine aktive Anpassung des Überlieferten (J. Marenbon). Durch die Abschreibetätigkeit in den Skriptorien (Schreibstuben) der Klöster und Stifte füllten sich die Kloster- und Dombibliotheken, ja es setzte ein Bücheraustausch und -erwerb ein, von dem mancher Briefwechsel zeugt. In der Bibliothek Lupus' von Ferrières ließen sich mindestens 94 Handschriften nachweisen.[10] In großen Klöstern kam jetzt das „Amt" des Bibliothekars auf; dennoch besaßen nur die größten Abteien eine „Bibliothek" von mehr als 200 Codices. Im Zuge der verbesserten Schulbildung wurden jetzt auch die antiken Autoren abgeschrieben (und vieles ist uns hier überhaupt nur durch die Handschriften der Karolingerzeit bekannt). Man revidierte an verschiedenen Orten die Bibel (vor allem durch Alkuin in Tours und Theodulf von Orléans) und vereinheitlichte die Liturgie und den Kirchengesang nach römischem Muster sowie die Zeitrechnung (Computus) und, lange übersehen, den Kalender (der Lorscher Kalender als Prototyp). Die Erneuerung wirkte sich nicht zuletzt in einer an Rom angelehnten Kirchenreform aus: Von hier besorgte der Karlshof sich Kirchenrechtssammlungen (die so genannte Dionysio-Hadriana, das lange Zeit am häufigsten zitierte Rechtsbuch) und Sakramentare sowie die (als „römisch" geltende) Benediktregel, die zur alleinigen Richtschnur des abendländischen Mönchtums werden sollte (vgl. 3.3.3). Diese Reformen waren nicht Selbstzweck, sondern dienten gleichzeitig der christlichen Bildung wie auch der

---

8 Zu Bildungsreform und Schulen: W. EDELSTEIN, Eruditio und sapientia; J. FLECKENSTEIN, Bildungsreform.

9 Vgl. David GANZ, Book production in the Carolingian empire and the spread of the Carolingian minuscule, in: R. MCKITTERICK (Hg.), New Cambridge Medieval History, Bd. 2, 786–808; R. SCHIEFFER (Hg.), Schriftkultur; R. MCKITTERICK, Carolingians and the Written Word, 135–164; J. J. CONTRENI, The Carolingian School: Letters from the Classroom, in: C. LEONARDI (Hg.), Giovanni Scoto, 81–111; Janet L. NELSON, Literacy in Carolingian government, in: R. MCKITTERICK (Hg.), Uses of Literacy, 258–296.

10 Vgl. P. DEPREUX, Büchersuche und Büchertausch.

politischen Einheit im karolingischen Großreich. Klöster und Stifte wurden zunehmend in die Politik einbezogen, so dass ihre Bildungsfunktion einen pragmatischen Zweck in der mittelalterlichen Gesellschaft erhielt.

Karl der Große hat auf Betreiben seiner Umgebung immer wieder zu den Reformen angeregt und ein Studium der freien Künste gefordert; Klerikern wurde ein Mindestwissen abverlangt; Kinder sollten in Schulen lesen und später schreiben lernen.[11] Die „Renaissance" spiegelt verbreitete Tendenzen wider, die in vielen Klöstern umgesetzt wurden – Pierre Riché hat von einer Summe vieler kleiner Renaissancen gesprochen –, doch kam der „Hofschule" (der so genannten „Akademie") Karls des Großen und Ludwigs des Frommen dabei eine wichtige Rolle zu.[12] Karl versammelte hier – jeweils zeitweise und keineswegs sämtlich gleichzeitig – die größten Gelehrten seiner Zeit: unter anderen die Langobarden Petrus von Pisa (Karls Latein- und Grammatiklehrer), Paulinus, der später Patriarch von Aquileja wurde, und den Geschichtsschreiber und Dichter Paulus Diaconus, den Angelsachsen Alkuin, den Lehrmeister in den „artes liberales" und wohl größten Gelehrten seiner Zeit, der als Mentor des karolingischen Reformprogramms, Leiter der Hofschule und Erzieher der Königskinder fungierte, oder den westgotischen Dichter und Dogmatiker Theodulf, der spätestens 798 Bischof von Orléans wurde. Ihr Einfluss brachte in der jüngeren Phase fränkische Gelehrte hervor (wie Karls Vetter Adalhard, Angilbert, seit 789/90 Laienabt des Klosters St. Riquier, Einhard, den Biographen Karls des Großen, oder den „Hofdichter" Modoin von Autun). Viele Schüler aus diesem Kreis bekleideten später hohe Kirchenämter. Der Briefwechsel Alkuins, der sich 796 vom Hof zurückzog und Abt des Martinsklosters in Tours wurde, spiegelt die ganze Vielfalt seiner Beziehungen und Interessen; er belegt aber auch das Interesse des Kaisers an den wissenschaftlichen Fragen seiner Zeit. Der Königshof wurde zu einem kulturellen Mittelpunkt, an dem nicht zuletzt die lateinische Dichtung blühte; die Hofbibliothek wurde für eine Generation die größte Büchersammlung des Abendlandes. Dass die Mitglieder des Hofes in diesem Kreis biblische und antike Pseudonyme trugen, war nicht nur gelehrte Spielerei, sondern zugleich Ausdruck der Hinwendung zur Antike und ihrer Geschichte. Karls Hofschule hatte im Westfränkischen Reich im 9. Jahrhundert (unter Karl dem Kahlen) noch Fortsetzer, ehe sie bedeutungslos wurde. Aber auch in anderen Ländern wie England (unter Alfred den Großen) und dem christlichen Spanien (unter Alfons III.) war der Königshof – neben den Klöstern – ein Zentrum der Gelehrsamkeit, aus dem ein wichtiger Teil der Schrifterzeugnisse hervorging.

In seiner „Epistola de litteris colendis" fasste Karl der Große stringent Sinn und Inhalt mittelalterlicher Bildung zusammen: „Quamvis enim melius sit bene facere quam nosse, prius tamen est nosse quam facere" („Obwohl es besser ist, gut zu handeln als zu wissen, muss man doch erst wissen, bevor man handelt").[13] Bildung war folglich nicht nur Wissensvermittlung, sondern christliche und sittliche Erziehung: „Litterae",

---

11 MGH Capit. 1, Nr. 22, S. 52–62, (a. 789).
12 Josef FLECKENSTEIN, Karl der Große und sein Hof, in: W. BRAUNFELS (Hg.), Karl der Große, Bd. 1, 24–50; Claudio LEONARDI, Alkuino e la scuola palatina, in: Nascità dell'Europa ed Europa carolingia, 2 Bde., Spoleto 1981, Bd I, 459–496. Zu anderen Höfen: M. GIBSON/J. NELSON (Hg.), Charles the Bald; A. SCHARER, Herrschaft und Repräsentation; N. STAUBACH, Rex christianus.
13 UB Fulda, Bd. 1, Nr. 166, ed. E. E. STENGEL, Marburg 1958, S. 252.

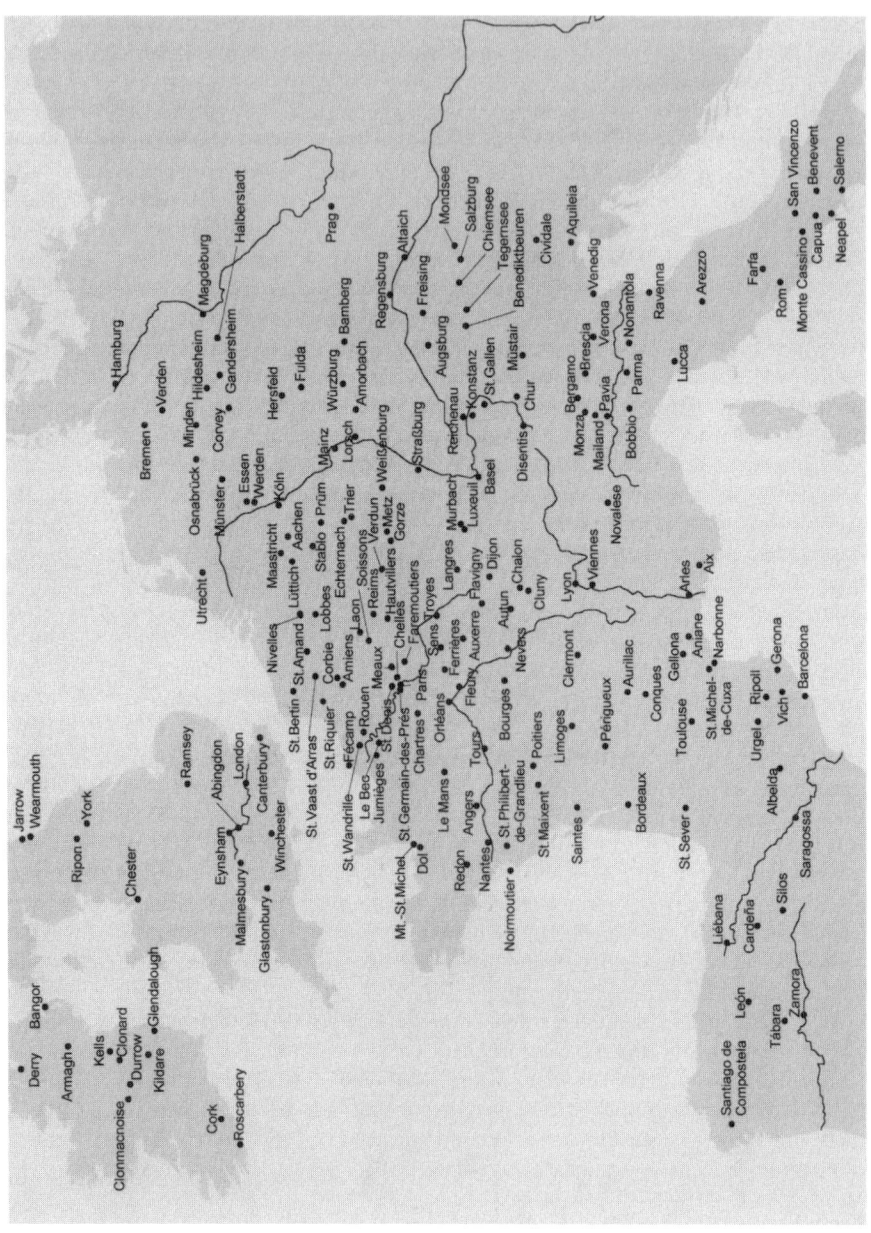

Abb. 8: *Bildungsstätten im früheren Mittelalter*

(Schrift-)Bildung, und „mores", sittliche Bildung, hingen im mittelalterlichen Verständnis eng zusammen; Bildung erzog durch das Einüben christlicher Verhaltensweisen und Tugenden zur „conversatio", zu einem guten Lebenswandel.[14] Dem Hof kam als Modell eine wichtige Aufgabe auch in der Erziehung zu (S. Jaeger), die sich im frühen Mittelalter allerdings vorwiegend im Rahmen der Familie und der religiösen Gemeinschaften vollzog. Ein „allgemeines Schulwesen" brachten Karls Bestimmungen zweifellos nicht zuwege, doch erlangten einige Schulen große Berühmtheit. In der ottonischen Zeit begannen die Domschulen den berühmten Klosterschulen (wie Fulda, Corvey, Echternach, Lorsch, St. Gallen, Reichenau, St. Maximin vor Trier, St. Emmeram vor Regensburg oder Tegernsee, im Westen Saint-Amand, Saint-Denis, Corbie, Saint-Martin-de-Tours, Saint-Germain-des-Prés, Saint-Germain d'Auxerre, in Italien, Bobbio, Novalese oder Montecassino), allmählich den Rang abzulaufen. Im 11. Jahrhundert waren nur noch wenige Bischöfe an Klosterschulen ausgebildet worden. Berühmte Domschulen wie Lyon, Tours, Laon, Reims, Chartres, Paris, Lüttich, Trier, Metz, Toul, Köln, Mainz, Worms, Speyer, Würzburg, Bamberg, Salzburg, Freising, Magdeburg oder Hildesheim waren viel besucht; manche stellten einen beachtlichen Teil der künftigen Bischöfe. Auch Wanderlehrer sind aus dieser Zeit mehrfach bekannt. Erst seit dem 11. Jahrhundert aber begann in Frankreich mit freien Magistern und freien Scholaren eine neue Dimension der Schulbildung.

Die *Schulbildung*[15] beschränkte sich zunächst ausschließlich auf die Kloster- und Domschulen, die zwar die Pflanzstätten für geistliche Karrieren, aber nicht darauf beschränkt waren. Bis zum Ende des 8. Jahrhunderts wurden künftige Mönche und Kleriker wie auch Laien vielmehr gemeinsam unterrichtet. Erst unter Karl dem Großen und Ludwig dem Frommen gibt es Hinweise auf eine eigene „äußere Schule" für Nichtmönche, wie es im St. Galler Klosterplan (als einzigem Beleg) eingezeichnet ist, doch dürfte das nach neueren Ergebnissen eine Ausnahme geblieben sein (M. Hildebrandt). War Bildung Grundlage christlicher Betätigung, vor allem der Bibelexegese, und somit zweckgebunden, so fußte der Unterricht weithin auf traditionellen Lehrbüchern und -methoden und rezipierte daher zugleich die heidnisch-antike Bildung. Im Elementarunterricht lernte man Lesen, Schreiben, Singen, Rechnen und Latein, das in nicht-romanischen Gebieten ohnehin und bald überall wie eine Fremdsprache erlernt werden musste. Im Mittelpunkt des Unterrichts standen Auswendiglernen, Abschreiben und Nachschreiben. Dabei wurden bestimmte Schriften, allen voran die Psalmen, bevorzugt, deren Auswendiglernen sprachformend wirkte. „Schulbücher" waren Lehrerhandbücher, aus denen vorgelesen und diktiert wurde. Lehrer-Schüler-Dialoge geben vielleicht ein Spiegelbild damaligen Unterrichts. Mit einer gewissen Spezialisierung konnte man zum Lektor, Sänger oder Schreiber ausgebildet werden. Die erst vom 9. Jahrhundert an verbreiteten Neumen waren zunächst offenbar für den Cantor gedacht, da hier ein Wissen über den Gesang bereits vorausgesetzt wurde.[16]

---

14 So D. Illmer, Formen der Erziehung, 150.
15 Zum Schulwesen vgl. C. Dette, Schüler; J. Ehlers, Dom- und Klosterschulen; G. Glauche, Schullektüre; S. Jaeger, Envy of Angels; D. Illmer, Formen der Erziehung; P. Riché, Les écoles; Ders., Éducation et culture; S. Sullivan (Hg.), Gentle Voices.
16 Vgl. M. Walter, Sunt preterea multa.

Die höhere Bildung fußte seit der Spätantike auf dem System der *„artes liberales"* mit dem Trivium, den drei „Sprachwissenschaften" Grammatik, Rhetorik und Dialektik, und dem Quadrivium, den vier „Zahlenwissenschaften" Arithmetik, Geometrie, Musik und Astronomie, die zusammen den Kreis der „klassischen", antiken Bildung („Enkyklios paideia") ausmachen.[17] Den Handschriften nach zu urteilen, bildete sich spätestens im 9. Jahrhundert eine Art „Schullektürekanon" heraus (G. Glauche). Da Latein jetzt überall als Fremdsprache zu erlernen war, kam der Grammatik im Kreise der sieben Künste in Unterricht und Schrifttum eine bevorzugte Stellung zu. Die Schulgrammatik beruhte auf den spätantiken Schriften des Donatus und des von Alkuin wiederentdeckten Priscian, die vielfach kommentiert und bearbeitet wurden, etwa von Virgilius Maro im 7. Jahrhundert in Südfrankreich. In England reichten die Grammatikstudien bis in das 7. Jahrhundert zurück; angelsächsische Schriften schufen hier ein grammatisches Regelwerk, das bald überall aufgegriffen wurde. Die Rhetorik bestimmte weithin den Stil wie auch die Argumentation; sie stützte sich vor allem auf Ciceros „De inventione", den – ebenfalls Cicero zugeschriebenen – „Auctor ad Herennium" und Quintilian. Der Dialektik gab erneut Alkuin eine größere Bedeutung im Curriculum; im 9. Jahrhundert konnte dann Johannes Scottus Eriugena seine philosophisch-neuplatonischen Gedanken über die göttliche und menschliche Natur auf dialektische Argumentationsweisen gründen. Dass dem Trivium in dieser Zeit mehr Beachtung geschenkt wurde als dem Quadrivium, steht außer Zweifel, doch darf es nach neueren Forschungen als sicher gelten, dass der Wissensstand auch in den Zahlenwissenschaften, vor allem hinsichtlich Astronomie und Computus (Zeitrechnung), vielleicht mit Ausnahme der Geometrie, keineswegs stagnierte, wobei dem Angelsachsen Beda Venerabilis, aber auch den Gelehrten am Hof Karls des Großen eine wichtige Rolle zufiel (B. Englisch).

Zu Unrecht genießt das geistesgeschichtliche Schrifttum des frühen Mittelalters mit wenigen Ausnahmen kein besonders hohes Ansehen. Tatsächlich entstanden in dieser Zeit wichtige wissenschaftliche Werke auf vielen Gebieten: in den Schulwissenschaften („artes liberales") ebenso wie in der Historiographie und Hagiographie. Vieles davon war entweder – gezielte – Kompilation oder Kommentar, oft in Form von über und neben den Text geschriebenen „Glossen" (und wirft somit ein bezeichnendes Licht nicht auf die mangelnde Eigenständigkeit, sondern auf die damaligen Bedürfnisse). Der frühmittelalterlichen *Wissenschaft* mangelte es keineswegs an Neuem. Sie war aber weithin Theologie und stand im Dienste Gottes und der Verchristlichung des Bildungsguts. Die weltliche (Schul-)Wissenschaft schuf dafür die schulmäßig erlernte Grundlage. Theologie aber war vor allem Exegese, Auslegung der Bibel nach den verschiedenen Schriftsinnen (Historie, Allegorie, Tropologie, bisweilen Anagogie).[18] Exe-

---

17 Zu den artes liberales vgl. P. Abelson, Seven Liberal Arts; J. Koch (Hg.), Artes liberales. Zur Grammatik: V. Law, Grammar and Grammarians; Dies., Insular Latin Grammarians; Dies., Wisdom, Authority and Grammar; zur Rhetorik und Dialektik: J. Fried (Hg.), Dialektik und Rhetorik; J. Marenbon, From the Circle of Alcuin; zum Quadrivium: B. Englisch, Artes liberales; S. McCluskey, Astronomies and Cultures.

18 Zur Exegese vgl. C. Leonardi/G. Cremascoli, Bibbia nel Medioevo; B. Levy (Hg.), Bible in the Middle Ages; P. Riché/P. Lobrichon (Hg.), Moyen Age et la Bible; B. Smalley, Study of the Bible.

getische Schriften zählten daher zu den wichtigsten und verbreitetsten Werken, ihre Verfasser waren überwiegend Mönche. Nach den großen „Syntheseleistungen" Isidors von Sevilla und Bedas Venerabilis entstanden in der Karolingerzeit auch wieder große wissenschaftliche (im wesentlichen theologische) Zusammenfassungen: Alkuin schuf neben zahlreichen exegetischen Schriften mit seinem Hauptwerk „De fide sanctae et individuae trinitatis" „die erste mittelalterliche Gesamtdarstellung des christlichen Glaubens" (K. Flasch), Hrabanus Maurus eine neue Enzyklopädie („De universo" bzw. „De natura rerum"). Im 9. Jahrhundert verfassten im Westen Jonas von Orléans (am Hof Ludwigs des Frommen, † 843) ethische Schriften, Agobard von Lyon (am Hof Lothars I., † 840) und sein Diakon Florus theologisch-publizistische Traktate,[19] Paschasius Radbertus († um 859) und Rathramnus von Corbie († nach 868) verhältnismäßig selbständige theologische (exegetische und dogmatische) Werke. Amalar von Metz († um 850) stach durch seine liturgischen Schriften hervor; sein zunächst wegen der Überschreitung dogmatischer Grenzen verurteiltes Werk „De ecclesiasticis officiis" fand bald weite Verbreitung. Im Umkreis Karls des Kahlen wirkten mehrere Gelehrte: Erzbischof Hinkmar von Reims (845–882) betätigte sich trotz seiner politischen Inanspruchnahme auf vielen literarischen Gebieten einschließlich der Historio- und Hagiographie, nahm vor allem aber zu den kirchenpolitischen und dogmatischen Kontroversen seiner Zeit Stellung; Smaragd von Saint-Mihiel und Sedulius Scottus schrieben – neben Fürstenspiegeln – eigenständige Grammatik- und Bibelkommentare; Johannes Scottus Eriugena griff nicht nur die Hierarchienlehre des Pseudo-Dionysius Areopagita auf, sondern schuf weit in die Zukunft vorausweisende naturphilosophisch-logische Werke; die aufeinander folgenden Lehrer im Kloster Saint-Germain von Auxerre, Haimo (um 850/60), Heiric (841–876/77) und Remigius (nach 841–908), zählten mit ihren Schriften zu den größten Gelehrten ihrer Zeit; Haimo verfasste vor allem exegetische, Heiric hagiographische Werke und Glossen, Remigius neben Bibelkommentaren einflussreiche Schulkommentare, vor allem zu Martianus Capella (und den sieben „artes liberales"), Donatus, Priscian und Boethius, aber auch zu klassischen lateinischen Autoren. Im Osten war Hrabanus Maurus im Kloster Fulda einer der größten Gelehrten, der viele Schüler an sich zog, auch wenn er nicht der „praeceptor Germaniae" war, zu dem ihn die moderne Forschung hochstilisiert hat. Sein vielfältiges Schrifttum (darunter Schulschriften, Predigten, Hymnen, Traktate, Bußbücher und Figurengedichte), das vor allem der Klerusbildung und der Bibelerklärung diente, wie „De institutione clericorum", war größtenteils zwar traditionelle, doch durchdacht zusammengestellte Kompilation und erzielte eine große Wirkung. Aus Spanien ist vor allem Beatus von Liébana mit seinem einflussreichen Apokalypsenkommentar, aus Italien sind – neben Gregor dem Großen – Ambrosius Autpertus († 784) mit seinen Bibelkommentaren und Streitschriften sowie Claudius von Turin, ein gebürtiger Spanier, mit seinen exegetischen Schriften zu nennen.

Das 10. Jahrhundert hat insgesamt zwar eine geringere Zahl an Werken und Handschriften produziert als das 9., war aber durchaus nicht eine Periode intellektueller Dekadenz. Klöster und Königshof blieben die wichtigsten kulturellen Zentren. In Südita-

---

19 Vgl. E. Boshof, Erzbischof Agobard von Lyon; K. Zechiel-Eckes, Florus von Lyon.

lien wurden beständig griechische Schriften ins Lateinische übertragen. Bischof Rather von Verona († 974), der infolge seiner Vertreibung aus dem Bistum lange in seiner Heimat Lothringen wirkte, verfasste neben Briefen und Schriften zur eigenen Rechtfertigung eine umfassende christliche Morallehre („Praeloquia"). Von Bischof Atto von Vercelli (Bischof 924–960/61) stammen neben exegetischen Werken – durchaus kritische – kirchen- und staatspolitische Traktate, Predigten und Briefe, von Anselm von Besate eine wissenschaftliche Satire („Rhetorimachia"). Die herausragende Gestalt des 10. Jahrhunderts aber war, auch wenn das Ausmaß seiner erhaltenen Schriften höchst beschränkt ist, Gerbert von Aurillac, der Lehrer der Reimser Domschule, der später Abt von Bobbio, Erzbischof von Reims (991–996) und, nach seiner Vertreibung, Lehrer Ottos III., 998 Erzbischof von Ravenna und 999 schließlich als Silvester II. Papst wurde. Gerbert, der während seiner Ausbildung in Katalanien mit der arabischen Wissenschaft bekannt wurde, werden vor allem Fortschritte in den Künsten des Quadriviums (der „Mathematik"), besonders in der Astronomie, nachgerühmt. Hier machte er auch das Astrolab als Instrument der Sternen- und Zeitbestimmung im Abendland bekannt.[20] Komputistische und quadriviale Schriften entstanden in der Folgezeit auch auf der Reichenau (Bern, 1008–1048; Hermann „der Lahme", 1007–1054, ein besonders vielseitiger Gelehrter). Aus dem Westfrankenreich verdient Fulbert von Chartres († 1028) vor allem wegen seiner Briefe und theologischen Traktate Erwähnung. Daneben gedieh in den Klöstern[21] natürlich die an die Benediktregel, Cassian und Gregor den Großen anknüpfende monastisch-ethische Erbauungs- und Reformliteratur, beispielsweise in den Schriften der Reformer Benedikt von Aniane im 9. und Odo von Cluny im 10. Jahrhundert oder des Bischofs Aethelwold von Winchester (ca. 910–984). In England ragen darüber hinaus die vielfältigen Schriften (Predigten, Viten, Briefe, Traktate, Exegese und Übersetzungen) seines Schülers Aelfric von Winchester, des bedeutendsten altenglischen Prosaschriftstellers, heraus († um 1025). Zum Streit zwischen Episkopat und Mönchtum äußerte sich auch der Reformabt Abbo von Fleury († 1004) in seinen „Apologeticus",[22] während der episkopale, „anticluniazensische" Standpunkt seinen Niederschlag in den satirischen Gedichten Adalberos von Laon (vor allem „Carmen ad Rotbertum regem") fand. In die Endphase der hier behandelten Epoche ragen die kirchenpolitischen (und sonstigen), auf den Investiturstreit vorausweisenden Schriften Humberts von Silva Candida († 1061) und Petrus' Damiani (1007–1072) hinein.

Während ältere *Philosophie-* (wie auch Theologie-)geschichten gern von der Patristik zur Scholastik springen, wird die philosophische Hinterlassenschaft des früheren Mittelalters erst allmählich stärker in ihrem Eigenwert geachtet.[23] Dass die Grundlagen hier – auf antiker Basis – seitens der Kirchenväter geschaffen wurden, steht außer Zweifel. Wegweisend waren vor allem Augustin (354–430), der in apologetischer Widerlegung

---

20 Vgl. U. Lindgren, Gerbert von Aurillac; W. Bergmann, Innovationen im Quadrivium. Zu wissenschaftlichen Handschriften: L. Callebat/O. Desbordes (Hg.), Science antique. Zur Verbreitung im frühen 11. Jahrhundert: A. Borst, Astrolab und Klosterreform.
21 Vgl. J. Leclercq, Wissenschaft und Gottverlangen.
22 Vgl. M. Mostert, Political Theology of Abbo of Fleury.
23 Vgl. W. Gombocz, Philosophie; J. Marenbon, Aristotelian Logic.

der Glaubenslehren der „Akademiker" und des Neuplatonismus doch deren Denkweise aufnahm, und Boethius (ca. 475/480–524), dessen Aristoteleskommentare und -übersetzungen (Kategorien, Hermeneutika, Analytica priora, Topik, Sophistici elenchi) die mittelalterliche Wissenschaft ebenso beeinflussten wie sein Philosophie- und Trinitätsverständnis, seine Schriften zum Quadrivium (Arithmetik, Musik, Geometrie) und seine Dialektik. Die Kenntnis des Aristoteles beschränkte sich noch auf bestimmte Schriften. Unverkennbar ist der religiöse Bezug der Philosophie, so dass eine Trennung von der Theologie unzeitgemäß modern bleibt: Die mittelalterliche Theologie erklärte Bibel und Glauben, Schöpfung und Sein mit den philosophischen, aus der Antike überlieferten Kategorien. Dabei blieben die frühmittelalterlichen Vorstellungen von der Natur und vom Sein letztlich vom neoplatonischen Denken (die Welt als Abbild der wahren, göttlichen Ewigkeit) geprägt, das über Plotin und Porphyrius in die patristische und mittelalterliche Theologie eindrang. Im philosophisch-theologischen Weltbild kommt dem *symbolischen Denken* daher eine hohe Bedeutung zu, auch wenn es seinen Höhepunkt erst im Hochmittelalter erreichte:[24] Die Begriffe („voces") verweisen auf die Sachen („res"), das Vergangene verweist auf das Künftige, das Irdische auf das Himmlische und lässt sich entsprechend exegetisch ausdeuten. Hier fügt sich auch das von dem am Hof Karls des Kahlen wirkenden Iren Johannes Scottus Eriugena wieder aufgegriffene „dionysische" System (des Pseudo-Dionysios Areopagita) über die Engelshierarchien, über denen Gott thronte, und ihre irdischen Abbilder in der Kirche ein. Die Unfassbarkeit Gottes löste man in einer „negativen" Theologie, die beschrieb, was Gott nicht ist, da er über allen Aussagen stehe (während er auf diese Weise tatsächlich von den irdischen Vorstellungen her begriffen wurde). Das war aber gerade möglich (und sinnvoll), weil man – platonisch – die Erde als Abbild des Himmels und die Menschen als Abbild Gottes begriff. Das Verhältnis von Glaube und Vernunft blieb aber ein philosophisch-theologisches Kernproblem (schon der Patristik).

Erkennt man den Zusammenhang philosophisch-theologischer Grundfragen an, dann lässt sich auch die frühmittelalterliche Wissenschaft zu guten Teilen als philosophisch betrachten. Für die mittelalterlichen Gelehrten war „Philosophie" ohnehin die Wissenschaft schlechthin (im Umkreis der „artes liberales"), die zur Lösung theologischer Probleme aufgeboten wurde. Als philosophische Ausnahmeerscheinung der Karolingerzeit gilt lediglich Johannes Scottus Eriugena, der in der Anwendung der Logik auf die Glaubenswahrheiten zweifellos am weitesten ging und in seinem Hauptwerk „Periphyseon" („De divisione naturae") eine ontologisch-theologische Naturlehre von Schöpfer und Schöpfung entwarf, die erstmals eine systematische Erfassung der gesamten Wirklichkeit anstrebte, bezeichnenderweise jedoch erst im 12. Jahrhundert verstärkt aufgegriffen wurde.[25]

Insgesamt brachte das frühe Mittelalter eine reiche mittellateinische Literatur auf allen Wissensgebieten hervor.[26] Dabei standen – von der Überlieferung her betrachtet

---

24 Zur symbolischen Denkweise vgl. W. KÖLMEL, Imago mundi.
25 Zu Eriugena vgl. C. LEONARDI (Hg.), Giovanni Scoto; D. MORAN, Philosophy of John Scottus Eriugena; U. RUDNICK, System des Johannes Scottus Eriugena.
26 Vgl. allgemein: R. DALES, Intellectual Life; M. LAPIDGE, Anglo-Latin Literature; J. PAUL, Histoire intellectuelle.

– Schul- und Bibelkommentare an vorderster Stelle. Enorm war aber auch die Produktion hagiographischer Texte (Heiligenviten, Miracula, Translationsberichte), und auch der Historiographie fiel eine bedeutende Rolle zu (vgl. 3.4.5). Von der Bildung wie von der Kommunikation der Bildungsgesellschaft zeugen schließlich die in zahlreichen Sammlungen erhaltenen Briefe (z.b. des Bonifatius, Alkuin, Hinkmar von Reims, Lupus von Ferrières, Gerbert von Aurillac, Petrus Damiani).

3.4.2 Lateinische Dichtung, volkssprachige Literaturen und Kunst

Lateinische Dichtung:[27] Die reiche mittellateinische Dichtung war von der klassischen Antike beeinflusst (Vergil, Ovid, Horaz, Lukan, Sueton). Sie reichte von frühen galloromanischen Autoren wie Venantius Fortunatus (ca. 530 bis vor 600) über die Dichtung am Hof Karls des Großen (Theodulf von Orléans, Paulinus von Aquileja, Paulus Diaconus, Angilbert), Ludwigs des Frommen (Ermoldus Nigellus, Modoin) und Karls des Kahlen (Hinkmar von Reims, Johannes Scottus Eriugena, Paschasius Radbertus, Sedulius Scottus) bis zur klösterlichen Dichtung (Milo von St. Amand). Ein Schwerpunkt der letzteren lag in Alemannien (St. Gallen und Reichenau), wo mit Walahfrid Strabo († 849), Ekkehard I. und Ekkehard IV. bedeutende Dichter heranwuchsen. Vor allem die liturgische Dichtung (Hymnen) wurde wesentlich weiterentwickelt (Walahfrid, Florus von Lyon, Hucbald von Saint-Amand), die liturgische Musik durch die Einführung von Tropen und Sequenzen vokalisiert (Koloraturgesang im Anschluss an die letzte Silbe des Alleluja). Wenn nicht als „Erfinder", so doch als erster großer Meister der Sequenzen gilt der St. Galler Mönch Notker der Stammler.

Daneben blühte die *Geschichtsdichtung*: Wahrscheinlich nach 800 schrieb ein unbekannter Dichter das Versepos „Karolus Magnus et Leo papa" über die denkwürdige Begegnung Karls des Großen mit Leo III. in Paderborn; Abbo von Saint-Germain-des-Prés schilderte eposartig den Normanneneinfall in Paris in lateinischen Hexametern; in Corvey übertrug der anonyme Poeta Saxo die so genannten Einhardannalen und die „Vita Karoli" in rund 2000 Hexameter; in Italien wurden die „Gesta Berengarii" (Berengars I.) beschrieben, und im 10. Jahrhundert verherrlichte die Kanonisse Hrotsvith von Gandersheim die Taten Ottos des Großen. Häufiger noch wurden hagiographische Texte in Verse gekleidet. Letztlich standen alle Textgattungen dichterischer Bearbeitung offen. Wandalbert von Prüm verfasste ein Martyrologium in 900 Hexametern, Walahfrid Strabo dichtete in knapp 1000 Hexametern die „Visio Wettini" und in 444 Hexametern ein „Gartenbuch" („Liber de cultura hortorum"). Beliebt waren auch Kunstprodukte wie Figurengedichte, die als Ganzes wie auch in entsprechenden Teilen der Bildminiatur einen Sinn ergaben, sowie „Opera geminata" (in Prosa und Versen). In England wirkten berühmte Dichter wie Caedmon († 680) und Aldhelm von Malmesbury (639/40–709) mit ihren Rätselgedichten oder später – in der zweiten Hälfte des 10. Jahrhunderts – Wulfstan von Winchester, und auch aus Irland sind Gedichte überliefert, während mythische Erzählungen und Sagen hier nicht hinter das 11. Jahrhundert zurückreichen. In Italien schrieben Leo von Vercelli (ca. 965–1026)

---

[27] Vgl. F. BRUNHÖLZL, Geschichte der lateinischen Literatur.

und – im Süden – Eugenius Vulgarius ihre Gedichte; im spanischen Westgotenreich blühte die geistliche Dichtung (Braulio von Sevilla, Ildefons von Toledo).

Eine Art Ausnahmegestalt war, nicht nur als eine der vergleichsweise wenigen herausragenden Frauengestalten unter den Literaten, *Hrotsvith von Gandersheim* mit ihren auf hohem Sprachniveau verfassten Dramen in leoninisch gereimten Hexametern. Die vielfach um Jungfräulichkeit und Keuschheit kreisenden Stücke bieten eine christliche Umdeutung des Terenz als antikem Vorbild, wählten dazu allerdings ein anderes, nämlich das elegische Versmaß. Seit dem 9. Jahrhundert entwickelte sich schließlich eine *mittellateinische Epik*. Am Beginn – die Datierung schwankt zwischen dem Anfang des 9. und der Mitte des 10. Jahrhunderts – steht der „Waltharius" in 1455 Hexametern, der thematisch der germanisch-volkssprachigen Tradition verpflichtet ist und erstmals eine ganze Geschichte zum Inhalt hat. Am Ende der hier behandelten Epoche, um 1050, entstand vermutlich im Kloster Tegernsee mit dem „Ruodlieb" das erste Ritterepos aus etwa 1700 einsilbig gereimten leoninischen Hexametern (der Rest ist verloren), in denen der als Dichter oft geschmähte, aber kulturhistorisch interessante Autor die Welt seiner Zeit schildert und in seinen „Helden" gutes und schlechtes Verhalten einander gegenüberstellt. Wenig früher (1043/46) schrieb ein Mönch im Kloster St. Èvre bei Toul ein Tierepos („Ecbasis captivi"), und zu Beginn des 11. Jahrhunderts entstand das Schwankepos um den verarmten, aber gerissenen Bauern Unibos.

Volkssprachige Literaturen:[28] Bereits im frühen Mittelalter entstand auch eine zahlenmäßig allerdings weit hinter der lateinischen zurückstehende, doch insgesamt ebenfalls vielgestaltige volkssprachige Literatur. Die ältesten altdeutschen Aufzeichnungen stammen aus der 2. Hälfte des 8. Jahrhunderts, die wichtigsten Zentren altdeutscher Überlieferung waren die Klöster Fulda, Reichenau, St. Gallen, Murbach, Weißenburg, Lorsch, St. Emmeram in Regensburg, Freising und St. Alban in Mainz. Hauptmerkmal der altdeutschen Dichtung war zunächst der Stabreim, der im Verlauf des 9. Jahrhunderts zunehmend vom Endreim abgelöst wurde und allmählich ausklang.

Übersetzungen lateinischer Texte zeugen von einem entsprechenden Bedarf, auch im Umfeld von Kirche und Kloster, wo diese Übersetzungen in der Regel entstanden, etwa zum Erlernen der lateinischen Schriftsprache oder aus Missionsgründen. Dazu zählten vor allem die Bibel und hier vorab die Evangelien, die übersetzt (Tatian, Monseer Fragmente des Matthäusevangeliums) und umgedichtet wurden. Die Benediktregel wurde – mittels Interlinearglossen – in Teilen ebenso ins Althochdeutsche übertragen (1. Viertel 9. Jahrhundert) wie Isidor von Sevillas „De catholica fide", während zur gleichen Zeit vor allem in Süditalien, etwa durch Anastasius Bibliothecarius, Johannes von Amalfi oder Leo von Neapel, hagiographische und andere Texte aus dem Griechischen ins Lateinische übersetzt wurden. Am Hof Alfreds des Großen von Wessex entstanden altenglische Übersetzungen patristischer Texte und Chroniken (Gregors des Großen, Orosius', Boethius'). Aethelwold von Winchester (963–984) schuf eine altenglische Übersetzung der Benediktregel (als Interlinearversion). Interessant ist aber auch, dass lateinische Volksrechte wie die Lex Salica vielen Sachverhalten die

---

28 Lit.: Bibl. 5.3.4.3.

volkssprachigen Begriffe beifügten (so genannte Malbergglossen). Überhaupt entstand seit dem späteren 8. Jahrhundert eine reichhaltige Glossenliteratur – ältestes Zeugnis ist der so genannte „Abrogans" –, die ihre Blüte, im Zusammenhang mit der karolingischen Reform, im 9. Jahrhundert erlebte und einen schulischen Gebrauchscharakter verrät. Einen Höhepunkt erreichte die Übersetzungstätigkeit im süddeutschen Raum mit Notker „dem Deutschen" von St. Gallen (um 1000), der sich – neben biblischen Schriften (Psalter) – den philosophischen und Schulschriften zuwandte (unter anderem Boethius und Martianus Capella) und eine „deutsche Wissenschaftsprosa im Bereich der Sieben Freien Künste" und sogar ein zweisprachiges Unterrichtsverfahren entwickelte.

Das *Spektrum* der volkssprachigen Überlieferung war groß. Es reichte von Zauber- und Segenssprüchen (Merseburger Zaubersprüche, altenglischer Flursegen) über die – nur gelegentlich verschriftlichte – Kunst der Spielleute bis zu den Stammes- (Herkunfts-) und Heldensagen, deren Alter ganz strittig ist, und den so genannten Heldenepen. Stofflich ging es hier oft um Ungeheuer einer anderen Welt, um Wert- und Rechtskonflikte oder Rachefabeln. Die epische Propagierung heroischer Mentalität stammte aus einer vorchristlichen Denkweise, doch wird man sie nur bedingt als einen Antagonismus zur christlichen Überlieferung und zu christlichen Normen werten dürfen, zumal auch die volkssprachigen Texte in der Mehrzahl von Klerikern niedergeschrieben wurden und heroische Denkweisen andererseits auch in manchen christlichen Chroniken des frühen Mittelalters (wie schon im Alten Testament) als vorbildlich herausgestellt wurden. Das einzig erhaltene Zeugnis germanischer Heldensage in der deutschen Literatur des früheren Mittelalters, das Hildebrandslied, ist ein Fragment. Die bekannten Sagen um die Nibelungen oder Dietrich von Bern oder auch die thüringische Iringsage sind erst später aufgezeichnet worden. In angelsächsischer Sprache sind Fragmente der Walthariussage („Waldere") sowie der „Widsith", eine Mischung aus Spielmannsdichtung, Heldendichtung und Königsruhm, erhalten. Den Höhepunkt der Heldendichtung bildet hier der „Beowulf", ein aus 3182 Langzeilen bestehendes Epos über die Heldentaten und den Versuch eines Königs, sein Volk zu retten, mit einem insgesamt aber höchst komplexen Inhalt und in einer einzigartigen Mischung aus christlicher und weltlich-heroischer Ethik. Die Datierung der angelsächsischen Dichtung ist allerdings mit vielen Problemen behaftet und daher strittig.[29]

Neben die Heldenepik traten, in Anlehnung an lateinische Formen, das Fürstenpreislied und eine volkssprachige Geschichtsdichtung, in der besonders das Ludwigslied über den Normannensieg des westfränkischen Königs bei Saucourt (881) hervorzuheben ist. In England bildet neben Schlachtengedichten (Battle of Brunanburh von 937, Battle of Maldon bald nach 991) die Angelsächsische Chronik ein einzigartiges Beispiel einer frühen volkssprachigen Geschichtsschreibung. Hier gab es auch eine weitgehend weltliche Dichtung (The Wife's Lament; Wulf and Eadwacer). Die Zeugnisse aus Skandinavien beschränken sich vor allem auf Runentexte des 10. und 11. Jahrhunderts, durch Alliteration verbundene Kurzzeilen, die sich inhaltlich vorwiegend auf das Totengedenken beziehen. Daneben gibt es einzelne Beispiele einer

---

[29] Gegen die Zirkelschlüsse bisheriger Datierungen: W. BUSSE, Altenglische Literatur.

Skaldendichtung (Egil, um 960) sowie Preislieder auf die norwegischen Könige des 10. Jahrhunderts (Hallfreðr; Sigvatr Þórðarson). Die Sagas entstammen durchweg einer späteren Zeit, doch kann die mythologische und heroische Dichtung nach verbreiteter Ansicht in Einzelfällen bis in die heidnische Zeit zurückreichen (Teile des Hávamál, Grimnismál Gárbarðsljóð, Atlakviða, Hamðismál). Vergleichsweise spärlich ist in diesem Zeitraum noch die später so florierende altfranzösische Literatur. Die erst später verschriftlichten Heldenlieder, vor allem das Wilhelmslied und das Rolandslied, mögen in ihren Ursprüngen aber noch in die hier behandelte Zeit hineinreichen, und das Gleiche gilt für die älteste spanische Literatur, das Sinngedicht (Khardja) und das Volksepos. Der erste Höhepunkt, der „Cantar de mio Cid" um den „Helden" Rodrigo Díaz („El Cid") im Kontext der frühen Reconquista zwischen Christen und Mohammedanern, entstand erst um 1140.

Gehen solche Dichtungen – bei aller Überschneidung – auf weltliche Ursprünge zurück, so war ein Großteil auch der volkssprachigen Dichtung doch geistlicher Natur. Darunter ragt die *geistliche Bibeldichtung* hervor, die nicht mehr bloße Übersetzung, sondern Nacherzählung oder Nachdichtung für Kleriker und Laien war. Der altsächsische „Heliand" aus dem 9. Jahrhundert – genaue Herkunft und Datierung sind unbekannt – besteht aus 5983 Langzeilen in Stabreimversen und bietet eine dem Volksverständnis nahe stehende, oft freie Nachdichtung der Evangelien, die, ohne die biblischen Grundinhalte aufzugeben, zugleich Zeugnis einer frühmittelalterlichen (auch vorchristlichen) Denkweise wie auch einer mündlichen Erzähltradition ist. Das Evangelienbuch Otfrids von Weißenburg (863/871) besteht bereits aus 7104 Reimversen und schafft letztlich eine Verbindung von Bibelübersetzung und Exegese. Hier sind auch die in wenigen Fragmenten erhaltene altsächsische Genesis und die angelsächsische Genesisdichtung einzuordnen, die, ebenso wie der „Guthlac", eine Dichtung um den Teufel, ausgesprochen frei mit dem biblischen Schöpfungs- und Sündenfallbericht umgehen und diesen mit anderen Traditionen verbinden. Geistlicher Natur waren auch die *Legendendichtung*, wie das altfranzösische Eulalialied von ca. 880 und das vermutlich um 880/90 in Prüm entstandene altdeutsche Georgslied oder, später, das altfranzösische Alexiuslied aus der Mitte des 11. Jahrhunderts, sowie eine Reihe kleinerer Texte: Taufgelöbnisse (altsächsisches und altwestfälisches Taufgelöbnis), Predigten (Allerheiligenhomilie aus Essen aus dem späteren 10. Jahrhundert), Gebete (Wessobrunner Gebet über die Schöpfung) oder die altbairische Weltendedichtung, das „Muspilli". In England schufen Caedmon und Cynewulf geistliche Gedichte, und auch in Skandinavien reichen die Anfänge christlicher Dichtung in das 11. Jahrhundert zurück (Þorarinn). Geistlichen Inhalts war schließlich auch die frühe, auf Kyrill und Methodius zurückgehende altslawische Literatur.

Die *Volkssprache* („theodisca lingua") trat im frühen Mittelalter neben die und vielleicht in eine gewisse Konkurrenz zu der lateinischen Bildungssprache und Klerikerbildung, doch bestanden auf der anderen Seite auch deutliche Bezüge zwischen diesen beiden Ebenen, fand auf vielen Gebieten ein Austausch und eine wechselseitige Angleichung statt (W. Haubrichs). Interessant sind in diesem Zusammenhang die „Pariser Gespräche" als romanisch-germanisches „Lehrstück" aus dem 9. oder auch das lateinisch-deutsche Mischgedicht „De Heinrico" aus dem späteren 10. oder frühen 11. Jahrhundert. Zugleich entwickelte sich die Sprache rasch weiter, so dass die althochdeutsche Literatur im 11. Jahrhundert bereits nicht mehr verstanden und gelegentlich umgedichtet wurde.

Bildende Kunst:[30] Die anfängliche Zurückhaltung des Christentums gegenüber der bildlichen Kunst wurde bald ebenso überwunden wie die oben angesprochenen Vorbehalte gegen die (heidnische) Bildung an sich: Seit dem 3. Jahrhundert sind nicht nur Bilder christlichen Inhalts überliefert, sondern die Kirche wurde im frühen Mittelalter schließlich – neben den Königshöfen – sogar zum Träger der Kunst schlechthin. Die Kunst des hier behandelten Zeitalters erlebte Wandlungen von den römischen zu den meist als „vorromanisch" bezeichneten Stilrichtungen. Während die *Architektur* der Germanenreiche zunächst die spätrömische Tradition weiterführte, die den antiken Einheitsbau (Tempel) zu einem gestaffelten Gruppenbau ausgestaltet hatte, und sich im erhaltenen Zustand vor allem als Kirchenbaukunst präsentiert – aus der Frühzeit haben sich vor allem Baptisterien erhalten –, waren viele Kirchen im Frankenreich, vor allem östlich des Rheins, zunächst Holzbauten, von denen naturgemäß keine Überreste mehr vorhanden sind. Das waren nicht mehr dreischiffige Basiliken, sondern einfache Saalkirchen, oft mit zwei oder drei Apsiden. Saalkirchen (aus Stein) herrschten auch in Spanien und England, Basiliken hingegen in Italien vor. Die karolingischen Steinkirchen waren zumeist verhältnismäßig kleine, aber vielfach ausgemalte und mit Mosaiken geschmückte, in ihrer Ausgestaltung ausgesprochen vielfältige Anlagen (Germigny), die ihre Vorbilder meist aus Oberitalien bezogen (z.B. San Salvatore in Brescia, mit weit größeren Ausmaßen) und auf das Muster der spätantiken, dreischiffigen Säulenbasilika mit angedeuteter Kreuzform zurückgriffen. Die fast vollständig erhaltene Aachener Pfalzkapelle Karls des Großen, ein Zentralbau, nimmt einerseits verschiedene Anregungen auf (darunter vor allem Ravenna), fügt sich aber durchaus auch in die karolingische Architektur ein, von der sich nur weniges unverändert erhalten hat.[31] Karolingische Basiliken, wie in Steinbach oder Seligenstadt, waren meist flach gedeckte Pfeilerbasiliken. Karolingische Krypten, oft Hallenkrypten, umschlossen das Heiligengrab. Doppelchorkirchen (Saint-Maurice d'Agaune, Saint-Jean in Besançon) symbolisierten vielleicht die Gleichrangigkeit zweier Patrone, zeigten aber auch das Nebeneinander zweier Gemeinschaften an, während ein aufragendes Westwerk (Centula, Corvey, Reims, Maastricht, Lorsch, Hildesheim, Werden) gern als Ausdruck der engen Verbindung zum Königshof gedeutet wird. Klösterliche Großbauten entstanden etwa in Centula, Hersfeld, Fulda und St. Gallen, in ottonischer Zeit – weiterhin als flach gedeckte Pfeilerbauten – in Magdeburg (nicht erhalten), Quedlinburg, Gernrode und Hildesheim (St. Michael, mit Stützenwechsel), unter Konrad II. dann in Limburg auf der Hardt, in Frankreich etwa in Saint-Benoît-sur-Loire (Fleury), Jumièges in der Normandie und natürlich in Cluny in Burgund. Meisterwerke frühromanischer Kunst in Burgund bilden die Abteikirchen von Romainmôtier und Saint-Philibert in Tournus sowie die Kathedralen von Dijon und Auxerre. Während das in der Tradition der Steinkirchen stehende Italien die Bauform der mit offenem

---

30 Lit.: Bibl. 5.3.4.4.
31 Z.B. die Krypten von Saint-Médard in Soissons und Saint-Germain in Auxerre, die wohl unter Ludwig dem Jüngeren entstandene Torhalle von Lorsch oder das steil aufragende, imponierende Westwerk der Klosterkirche von Corvey.

Dachstuhl gedeckten Basilika beibehielt, entstand gegen Ende der hier behandelten Epoche im Westen der neue Typus einer mit Tonnengewölben überspannten Kirche. Kreuzgratgewölbe wurden im 9. Jahrhundert für die Krypten, wenig später auch für die niedrigen Seitenschiffe verwendet. Um 1000 überspannten Gewölbe, wie in Orléans, bereits einen weiten Bau mit doppelten Seitenschiffen. Der Übergang zur Romanik zeigt sich – neben der Wölbung – in der straffen Zusammenführung der Joche der Wandgliederung, in der Scheidung zwischen tragenden und füllenden Wandelementen sowie in größeren Choranlagen. Eine große Rolle spielten auch die Grab- und Reliefkultur – verzierte Sarkophage sind aus Südfrankreich noch bis in das 9. Jahrhundert hinein erhalten – sowie die fein stilisierten und teilweise mit figürlichen Motiven versehenen Kapitelle der Kirchenpfeiler.

Die (erhaltene) *bildliche Kunst* des frühen Mittelalters konzentrierte sich weithin auf den kirchlichen Bereich. Die Wandmalereien (Fresken) und frühen Mosaiken (etwa im ostgotischen Ravenna) folgten zunächst ebenso antiken Vorbildern wie die Elfenbeindiptychen. Von den Wandmalereien der Karolinger- und Ottonenzeit, die die Mosaiken vielfach ablösten, hat sich nur weniges erhalten (z.B. in Mals, Müstair, St. Maximin in Trier, Saint-Germain in Auxerre, Oviedo, Reichenau-Oberzell, San Vincenzo a Galliano bei Como). Das charakteristischste Kunstprodukt des Mittelalters ist wohl die seit dem beginnenden 5. Jahrhundert nachweisbare *Buchmalerei*. Die insulare, recht unvermittelt wirkende Buchmalerei (Durrow, Lindisfarne, Kells) mit dem typischen Ornamentstil florierte zwischen 650 und 800 und übte großen Einfluss auf den Kontinent aus (Sacramentarium Gelasianum aus Luxueil). Höhepunkte erlebte die frühmittelalterliche Buchmalerei im Anschluss an antike Traditionen am Hof Karls des Großen,[32] mit charakteristischen, ganzseitigen Evangelistenbildern, aber auch Lothars I. und Karls des Kahlen (Vivianbibel, Eboevangeliar) sowie – gleichzeitig – in verschiedenen westfränkischen und lothringischen Bildungsstätten (Reims, Tours, Metz, Corbie, Saint-Germain-des-Prés, Trier, Köln, Echternach, aber auch in Bayern (Codex Aureus von St. Emmeram). Die symbolträchtige karolingische Buchmalerei schuf „Weltallegorien". Sie hat ihren Ort im Argumentationszusammenhang der karolingischen Reformpolitik.[33] Ein Meisterstück ganz anderer Art bildet der Utrecht-Psalter aus der Reimser Schule mit seinen ausdrucksvollen Federzeichnungen.

Die überwiegende Mehrzahl der Prachtcodices aus ottonischer Zeit konzentrierte sich auf einige Klöster: vor allem die Reichenau, dann Köln, Lüttich, Echternach, Corvey, Fulda, Trier, Einsiedeln, Tegernsee, Salzburg, Regensburg, St. Gallen und Mainz.[34] Im Westen ragen in dieser Zeit Saint-Bertin, Saint-Vaast, Saint-Germain-des-Prés und Mont-Saint-Michel heraus, in Italien wäre Montecassino mit seinen illuminierten profanen Handschriften, in England Winchester mit seiner Anlehnung an karolingische Vorbilder bei gleichzeitiger Umwandlung der Formen zu dekorativen Mustern zu nen-

---

32 Godescalc-Evangelistar, Evangeliar aus Saint-Médard in Soissons, Ada-Evangeliar, Dagulf-Psalter, Lorscher Evangeliar, Wiener Krönungsevangeliar.
33 Vgl. B. REUDENBACH, Rectitudo als Projekt.
34 Darunter waren so berühmte Handschriften wie die Evangeliare Ottos III., der Codex Aureus von Echternach, der Trierer Egbert-Codex, der Hitda-Codex oder das Perikopenbuch und Sakramentar Heinrichs II.

nen. Dabei handelte es sich zumeist um idealisierte, symbolgeladene Darstellungen geistlichen Inhalts und für religiöse Zwecke, mit einer Ikonographie, in die sich auch die für den westfränkischen Hof Karls des Kahlen und dann vor allem die Ottonenzeit typischen Herrscherdarstellungen einfügen (vgl. 3.1.1.5). Mit Bildern ausgestattet wurden vor allem wertvolle Prachtcodices liturgischen Inhalts, daneben vereinzelt aber auch andere, etwa medizinische und naturkundliche Schriften (Physiologus, Prudentius' „Psychomachia", Isidor) oder, in Ausnahmefällen, Viten (Kiliansvita, Liudgervita).

Die Art der Motive ist tatsächlich vielfältig. Zu den beliebtesten zählten schreibende Evangelisten oder Mönche, biblische Szenen (auch als Bilderfolge), vor allem aus Genesis (Schöpfung/Paradies und Goldenes Lamm), Evangelien und Apokalypse sowie Psaltermusikanten, ferner Szenen aus Heiligenleben und Herrscherbilder, Majestas Domini und Kreuzigung, aber auch durch Säulen abgetrennte Kanontafeln (Konkordanzen der Evangelienabschnitte), Himmelshierarchien und nicht zuletzt Dedikationsbilder. Eine große Bedeutung kam in der Buchmalerei den *Initialen* zu, die den betreffenden Buchstaben in einer unerschöpflichen Formenvielfalt mit Ornamenten oder figürlichen Motiven ausgestalteten. Ein vielgestaltiges Beispiel bildet das Drogo-Sakramentar aus Metz mit seinen ausgemalten, figürlichen Initialen. Hat die Kunstgeschichte sich verständlicherweise zunächst ganz den – in großer Breite erhaltenen – besonders qualitätvollen Miniaturen zugewandt, so muss sich die Geschichtswissenschaft, unabhängig von der künstlerischen Qualität, stärker für die inhaltlichen Motive und für die Bild-Text-Zusammenhänge interessieren, eine Frage, der man seit einigen Jahrzehnten (in beiden Wissenschaften) fruchtbringend nachgeht.

Aber auch das *Kunsthandwerk* des frühen Mittelalters brachte bemerkenswerte Stücke hervor: zunächst Fibeln und Gürtelschnallen, dann mit zierlichen Elfenbeinschnitzereien oder Goldblecharbeiten, Gemmen und Edelsteinen verzierte Bucheinbände und natürlich liturgische Geräte (Kreuze, Kelche, Reliquiare in vielfältigen Formen, aber auch Tragaltäre, Kanzeln, Madonnen- und Heiligenstatuen wie die Essener Madonna oder die heilige Fides aus Conques, Weihrauchgefäße, Leuchter und verzierte Krummstäbe) oder Elfenbeinschnitzereien (wie die Situla des Aachener Domschatzes). In der Bauplastik ragen die Heiligenfiguren, besonders an Kirchenpfeilern und Tympana der romanischen Portale, im Bronzeguss verzierte Eisengitter (Aachen) und Portale (Bernwardtür in Hildesheim) heraus, während eine freistehende Großplastik zunächst fehlt. Erst die späten Werke sind bereits von der Entwicklung zu der dreidimensionalen, vollplastischen Monumentalskulptur des hohen Mittelalters geprägt.

3.4.3 Orale und literalisierte Gesellschaft[35]

Über all dem darf nicht vergessen werden, dass im frühen Mittelalter nur ein kleiner Teil der Bevölkerung gebildet, „litteratus", war und mit der Schrift umgehen, also lesen oder gar schreiben konnte. Die wissenschaftlichen Werke waren also für eine kleine

---

35 Lit.: Bibl. 5.3.4.6. Ferner: H. KELLER/F. NEISKE (Hg.), Vom Kloster zum Klosterverband; R. MCKITTERICK (Hg.), Carolingian culture.

geistige Elite bestimmt, die eine entsprechende Schulbildung genossen hatte und sich vor allem, wenngleich niemals ausschließlich, aus Klerikern und Mönchen zusammensetzte. Der Masse der Bevölkerung waren Bücher unzugänglich.[36] Frühmittelalterhistoriker müssen sich daher stets vor Augen halten, dass dieses Zeitalter weithin – und für breiteste Schichten ausschließlich – eine „orale Gesellschaft" war, in der mündliche Kommunikationsformen vorherrschten (vgl. 4.4.2). Neben Schriftlichkeit und Mündlichkeit ist seit einiger Zeit die – an Rituale und Symbolik geknüpfte – nonverbale Verständigung als eine dritte Kommunikationsebene entdeckt, die zugleich als Ausdruck einer bestimmten Mentalität gewertet werden darf: Das Handeln der Menschen war, zumal bei wichtigen Vorgängen wie politischen Vereinbarungen oder Rechtshandlungen, vorgeprägten Verhaltensmustern unterworfen und von symbolhafter, ritueller Handlungsweise bestimmt, die einen reflektierten Umgang mit den Gewohnheiten belegen und die innere Gesinnung der Beteiligten nach außen sichtbar machen sollten, deren förmliche Darbietung zugleich aber einen „Rechtscharakter" besaß. Die symbolische Kommunikation erhält dadurch Repräsentationsfunktionen. Das betraf nicht nur rituelle Handlungen, von der Messliturgie über Bußakte (barfuss und in wollenem Gewand) und Rechtsbräuche bis zur Königskrönung, sondern auch andere politische Vorgänge, wie Unterwerfungen, die symbolhaft die Niederlage eingestanden (vgl. 3.1.1.5). Auch Emotionen (Empörung, Tränen, Zerknirschung) konnten hier als Mittel bewusst „inszenierter", „öffentlicher Kommunikation" eingesetzt werden (G. Althoff). Folgt man dem Bericht Wipos, so verschob Konrad II. seine Königserhebung, um zuvor vier Bittenden, nämlich einem Bauern, einer Waise und einer Witwe sowie einem aus der Heimat Vertriebenen, also – symbolhaft – den Personenkreisen, die mangels eigener Macht besonders dem königlichen Schutz anvertraut waren, ihr Recht angedeihen zu lassen. Als der Mainzer Erzbischof Konrad um Gnade für alle bat, die gegen ihn gefehlt hatten, „seufzte der König, ergriffen von Erbarmen, und vergoss unsägliche Tränen".[37] Die symbolische Handlungsweise bot Signale, die dem Gegenüber und den Umstehenden eine Einschätzung und ein Verstehen erlaubten, weil sie sich im Rahmen eines festen Regelwerks vollzogen, das doch genügend Spielräume für den jeweiligen Einzelfall bereithielt. Insgesamt ergibt sich ein recht geschlossenes Bild einer bewusst eingesetzten „nonverbalen Kommunikation", so dass man das Mittelalter geradezu ein Zeitalter der Zeichen genannt hat. Erst dieses Denken und Handeln in Symbolen erklärt aber auch die – ikonographische – Symbolik der Bilder ebenso wie der Literatur: Sie entsprach offensichtlich der mittelalterlichen Mentalität. Es wäre daher verkürzt, sie einseitig der Sphäre einer oralen Gesellschaft zuordnen zu wollen.

3.4.4 Vorstellungswelt und Mentalität der frühmittelalterlichen Menschen[38]

Im Zuge einer historischen Anthropologie ist seit einigen Jahrzehnten, angeregt durch die französische „Annales"-Historie, die Mentalität der mittelalterlichen Menschen ins Blickfeld getreten, doch hat das frühe Mittelalter dabei verhältnismäßig wenig Beach-

---

36 Zur Volkskultur vgl. Bibl. 3.4.5.
37 Wipo, Gesta Chuonradi II. imperatoris 5, ed. H. Bresslau, MGH SSrG ³1915, S. 26f.; ebd. 3, S. 23.
38 Lit.: Bibl. 5.3.4.8.

tung gefunden. Mentalitäten lassen sich, in Abgrenzung zu eher individuellen Vorstellungen, als „kollektive Einstellungen", als Denk-, Verhaltens- und Empfindensweisen, definieren (vgl. 4.4.4). Von der Quellenlage und den Interessen her hat die Forschung sich vorwiegend den religiösen Mentalitäten (oder auch einfach der Religiosität) der mittelalterlichen Menschen zugewandt. Hier sollen exemplarisch nur drei Bereiche angesprochen werden.

Eine wichtige Kategorie bilden die *Todesvorstellungen*, die zweifellos vom christlichen Glauben an ein ewiges Leben getragen sind:[39] Der Tod stand einerseits infolge der geringen Lebenserwartung und der täglichen Gefahren ständig vor Augen – „mitten im Leben sind wir vom Tod umfangen", wie ein frühmittelalterlicher Dichter sang –, und er bedeutete andererseits den Eintritt in das ewige Leben (oder auch die ewige Verdammnis) bzw., richtiger, das Warten auf das Jüngste Gericht. Während die Zeit des Jüngsten Gerichts unbestimmt und unbekannt blieb, wähnte man christlicherseits die Seelen der Toten nämlich bereits im frühen Mittelalter bis zur Wiedervereinigung von Körper und Seele in einer Art Wartestellung oder auch schon einem „Purgatorium" zwischen Erde und Ewigkeit. (Das Purgatorium ist daher keine „Erfindung" erst des 12. Jahrhunderts.[40]) Diese „Wartezeit" bedeutete eine Art Bewährung, bei der die Seelen der Verstorbenen auf die Hilfe der Lebenden angewiesen waren. Dahinter steht die Vorstellung einer engen, auch nach dem Tod andauernden „Gemeinschaft der Lebenden und der Toten", die einander gegenseitig Hilfe leisteten: Die Lebenden beteten für die Verstorbenen, eine Einrichtung, die in den Klöstern gewissermaßen institutionalisiert wurde und deren wichtigste Existenzberechtigung und auch Existenzgrundlage bildete, da man sich dieses Gebetsgedächtnis durch Schenkungen oder gegenseitige Gebetsbünde zwischen den geistlichen Gemeinschaften „erkaufte" (vgl. 3.3.4.3). Auf der anderen Seite erwartete man von den Verstorbenen aber auch eine Fürbitte bei Gott. In dieses Denken fügt sich der Heiligen- und Reliquienkult (vgl. 3.3.2) ein. Das Totengedenken (die „memoria") stand geradezu im Mittelpunkt des religiösen Lebens. Gedenkbücher und Nekrologien der Klöster und Kirchen hielten die Namen der zu Gedenkenden fest. Totenmessen waren (mindestens) am dritten und siebten Tag, im ersten Jahr jeweils nach einem Monat und danach jeweils am Jahrestag üblich. Bei entsprechenden Stiftungen wurden sie von Armenspeisungen begleitet, bei denen die Essensration des Verstorbenen einem Armen zugeteilt wurde, wie das Almosengeben insgesamt nicht einfach als Sozialfürsorge, sondern als Verdienst für das eigene Seelenheil verstanden wurde.

Die Menschen sorgten sich um ihr Seelenheil und das ihrer Angehörigen und trafen rechtzeitig Vorsorge. Zum „guten Tod" zählte die würdige Vorbereitung, die Sterbebuße und das Sterbesakrament (das „viaticum") sowie der Sterbebeistand der Mitmenschen; selbst Heilige bedurften dieser Hilfe (und tatsächlich sind uns solche Vorstellungen am ausführlichsten aus Heiligenviten bekannt, in denen der Sterbevorgang oft geradezu im Mittelpunkt stand). Der Tod war „öffentlich" und fand nach

---

[39] Vgl. P. Ariès, Geschichte des Todes; A. Borst/G. von Graevenitz/A. Patschovsky/K. Stierle (Hg.), Tod im Mittelalter; P. Dinzelbacher, Angst im Mittelalter; P. Geary, Living with the Dead; H.-W. Goetz, Ein Leben für den Tod; O. G. Oexle, Gegenwart der Toten; M. Lauwers, Mort et le corps; J. Russell, History of Heaven.

[40] Vgl. P. Brown, Vers la naissance du purgatoire, gegen J. Le Goff, Naissance du Purgatoire.

Möglichkeit im Kreis der Vertrauten statt. Dazu gehörte bei Höhergestellten oft auch die ordnungsgemäße Kleidung, vorzugsweise das Mönchsgewand. Der Leichenzug hochgestellter Persönlichkeiten wurde prunkvoll und symbolhaft ins Werk gesetzt. Der Leichnam Ottos III., der aus Italien über Augsburg und Köln gerade in der Karwoche nach Aachen überführt wurde, ahmte in symbolischer Ausdeutung Christi Einzug und Tod in Jerusalem nach.

Die in den Idealberichten der Heiligenviten geschilderte Zuversicht der Sterbenden oder gar die Todessehnsucht von Märtyrern haben ebenso wie die idealisierenden Grabdenkmäler Vorstellungen von einem „gezähmten Tod" im Mittelalter gegenüber einem „verwilderten Tod" in der Moderne hervorgerufen (P. Ariès). Das ist in dieser Verallgemeinerung sicher nicht haltbar. Die Unsicherheit der Zukunft wie auch die Vorkehrungen selbst zeugen vielmehr von einer Angst vor dem Sterben bzw., richtiger, um das Seelenheil. Die christlichen Vorstellungen von einem ersten (leiblichen) und zweiten (ewigen) Tod waren keineswegs nur theologische Spekulationen, sondern allen Menschen vertraut. Durch den nahezu alltäglichen Umgang mit dem Tod angesichts der vielen Gefahren, der Heroisierung des Kampfes in weltlichen Schilderungen des frühen Mittelalters, einer wenig entwickelten Medizin und der entsprechend niedrigen durchschnittlichen Lebenserwartung mag der Tod den mittelalterlichen Menschen als eine Normalität erschienen sein, und die christliche Lehre mag seine Bedeutung angesichts des ewigen Lebens relativiert haben, doch belegt die breite Quellenlage, wie sehr gerade der Tod im Mittelpunkt der Vorstellungen gestanden hat, und die vielfältig geschilderten Klagen der Hinterbliebenen bezeugen, welchen Einschnitt der Tod nahe stehender Menschen bedeutete.

Entsprechend ist es zu verstehen, dass sich die Menschen gern an würdigen Orten bestatten ließen, die oft genau vorherbestimmt wurden: bei oder, sofern ihnen das gestattet wurde, in Kirchen oder gar in der Nachbarschaft der Heiligengräber. Die mittelalterlichen Könige errichteten sich und ihrem Geschlecht Grabkirchen (wie Saint-Denis als Grablege vieler merowingischer, westfränkischer und französischer Könige). Das seit karolingischer Zeit bezeugte Verbot der Bestattung in Kirchen galt letztlich nur für Laien und ließ selbst hier von Anfang an begründete Ausnahmen zu, und die Kirchhöfe wurden bewusst als Friedhöfe benutzt: Die Gräber lagen nicht mehr außerhalb, sondern, vom 7. Jahrhundert an, vor allem nördlich der Alpen zunehmend im Zentrum der Siedlungen und dokumentierten auf diese Weise noch einmal die Gemeinschaft der Lebenden und Toten. Heilige und Amtsträger waren identitätsstiftende Elemente ihrer Gemeinschaften, so dass man um deren Leichnam stritt (wie schon um den Leichnam des heiligen Martin zwischen Tours und Poitiers).

Infolge des engen Bezugs zwischen Diesseits und Jenseits konnten Verstorbene den Lebenden erscheinen, um Gebetsbeistand bitten oder Warnungen aussprechen. Die „Gegenwart der Toten" (O. G. Oexle) ist ein wesentliches Kennzeichen der mittelalterlichen Vorstellungswelt. Umgekehrt konnten, wie man glaubte, auch die Seelen lebender Menschen zeitweise ins Jenseits entrückt werden. Zahlreiche Visionsberichte (meist Traumvisionen nicht selten kranker Mönche) enthüllen uns die mittelalterlichen Vorstellungen vom Jüngsten Gericht und vom Jenseits, von denen die Dogmatik schwieg. Im Jüngsten Gericht stritten Engel und Dämonen danach mit Worten und Taten um die Seele des Gläubigen, die nach ihren Verdiensten auf Erden (vom Erzengel

Michael) gewogen wurde; ein reinigendes Feuer läuterte die Seelen der erlösten Sünder. Überhaupt erscheint das Jenseits in solchen Vorstellungen als eine zwar vollkommene, aber doch in irdischen Begriffen und Strukturen gedachte Welt.

Da das Jüngste Gericht zwischen ewigem Leben und ewigem Tod schied, kam der christlichen Gegengestalt, dem *Teufel*, in der mittelalterlichen Vorstellungswelt gleichfalls eine hohe Bedeutung zu, wenngleich sie nicht christlichen Ursprungs war. Allen Heiden und Ungetauften sowie den „verworfenen" Christen drohte die Hölle als ewige Strafe. Der Teufel aber hatte die Aufgabe, die Menschen zu verführen und ihnen den Weg zum Heil zu verwehren. Deshalb musste man ihm „widersagen": bei der Taufe und bei jeder Versuchung. Der Teufel erledigte seine Aufgabe auf vielfältige Weise und in unterschiedlichster Gestalt, wobei zwischen Teufel und Dämonen letztlich kaum unterschieden wurde. Stets aber wurde er als eine wirkliche Person gedacht, und er war – schon im früheren Mittelalter – eine alltägliche Erscheinung. Er konnte sich verkleiden und, am gefährlichsten, die Gestalt vertrauter Menschen annehmen, doch stellte man sich den Teufel vor allem als schwarzes Monster vor. Unzählige Geschichten von Besessenen und Exorzismen belegen die Vorstellung, dass der Teufel in einen Menschen hineinfahren und diesen „besitzen" konnte, wobei der Zutritt in der Regel als Sündenstrafe galt und damit dem Besessenen selbst angelastet wurde, der durch unmenschliches Wüten, aber auch durch ungewohnte Fähigkeiten auffallen konnte.

Der Teufel verkörperte das Böse schlechthin, weil er als gefallener Engel gegen Gott rebelliert und auf die Erde verbannt worden war. Die irdische Geschichte und das menschliche Leben ließen sich fortan als Kampf zwischen Christus und dem Teufel um die Seelen der Gläubigen deuten, an dessen Ende Christus obsiegte. Dieser Dämonenkampf bildet ein gängiges Motiv der Heiligenviten und Klostergeschichten: Im Teufel symbolisierte sich der Kampf um das eigene Seelenheil. Das subtile Vorgehen und die heilsgeschichtliche Funktion des Teufels aber ließen die Menschen oft unsicher bleiben, ob sie den Einflüsterungen des Teufels erlegen oder einer göttlichen Eingebung teilhaftig geworden waren – so nahe lagen Heil und Unheil in der mittelalterlichen Religiosität letztlich beieinander. Man konnte zwar alles Böse dem Teufel anlasten oder auch seine politischen Gegner als Anhänger des Teufels diffamieren, doch befreite das nicht von der eigenen Sünde. Moderne, auch psychologische Erklärungen der mittelalterlichen Teufelserscheinungen ändern nichts an der Tatsache, dass die mittelalterlichen Menschen fest an seine Existenz und sein gefährliches Wirken glaubten. Wenn man Kirchen- und Volksglauben unterscheiden will, dann bleibt es bezeichnend, wie sehr beide gerade in diesen religiösen Vorstellungen einander durchdrungen haben und wie eng Geistliches und Weltliches auch im privaten Bereich verflochten war.

Ein letzter Beispielaspekt zeigt die Verknüpfung von Mentalität und sozialem Status: das ausgeprägte *Rangdenken*. Der Streit der drei rheinischen Erzbischöfe um das Krönungs- und Weiherecht bei der Königserhebung seit der Wahl Ottos I. von 936 entschied über den Primat, den Vorrang, vor den anderen. Der Trierer Erzbischof berief sich dabei beispielsweise auf das Alter seiner Diözese, die von einem Schüler des heiligen Petrus gegründet worden sei und der daher eine besondere Autorität zukomme. Die Rangfolge manifestierte sich nicht zuletzt auch – symbolhaft und in öffentlicher Repräsentation – in der Sitzordnung: Immer wieder kam es zu Streitigkeiten darüber, wer rechts und links neben dem König oder einem anderen hohen Würdenträger sitzen durfte. Bischof Liudprand von Cremona zettelte als Gesandter Ottos des Großen nach Konstantinopel einen Streit an, weil ihm an der kaiserlichen Tafel nur ein Platz in den „unteren Rängen" zugewiesen und ihm der halbbarbarische Gesandte der Bulgaren sogar noch vorgezogen wurde. Er sah darin die Würde seines Herrn verletzt. Auf der anderen Seite wollte der Basileus mit dieser Geste die Entfremdung zwischen Byzanz und dem Deutschen Reich zum Ausdruck bringen. Als Otto I. 948 in Ingelheim mit Ludwig IV. von Frankreich zusammentraf, so berichtet Flodoard von Reims, nahmen beide Herrscher gleichzeitig nebeneinander Platz, um damit sinnfällig und allen sichtbar ihre Gleichrangigkeit vorzuführen. 1063 eskalierte ein Streit zwischen dem Abt von Fulda und dem Bischof von Hildesheim um den Platz neben dem Mainzer Erzbischof bei der Pfingstmesse zu einem Blutbad in der Kirche!

Gesten waren im Mittelalter demonstrativer Ausdruck der inneren Gesinnung, der sozialen Stellung oder entsprechender Ansprüche; wer Buße tat, ging barfuss und im wollenen Gewand. Hier erklärt sich auch die Bedeutung der Insignien (vgl. 3.1.1.3): Der Bischofsstab „machte" den Bischof (und nur daraus wird die Bedeutung des „Investiturstreits", der keineswegs nur ein Streit um „Symbole" war, von mentalitätsgeschichtlicher Seite her, überhaupt verständlich). Umgekehrt stand die entsprechende Insignie auch nur dem Amtsträger zu. Entsprechend ließ Notker in einer Anekdote einen Bischof tadeln, der – bei Abwesenheit des Königs – anstelle seines Stabes das Königszepter begehrte: Stand, Rang, Rangsymbol, Verhalten, Gestik und innere Einstellung mussten übereinstimmen. Der Rang (auch der soziale) aber gab seinen Trägern zugleich ein Verhaltensmuster vor.

3.4.5 Historiographie und Geschichtsvorstellungen[41]

Wenngleich es unbestreitbar ist, dass das mittelalterliche Geschichtsdenken erst im späten 11. und 12. Jahrhundert einen großen Aufschwung nahm und jetzt zu neuen großen Synthesen im Stile der Patristik sowie zu theoretischen Reflexionen führte, so wird man demgegenüber auch dem frühen Mittelalter ein *Geschichtsbewusstsein* nicht absprechen dürfen (vgl. 4.4.4). Davon zeugt bereits die Quantität und Breite der Historiographie, die viele bedeutende Werke sehr verschiedener Textgattungen hervorgebracht und – das sollte nicht vergessen werden – die älteren Chroniken, darunter auch Werke der römischen Geschichte, weitertradiert hat. Aetas- und Weltreichslehre waren bekannt, wenngleich das Bewusstsein, im letzten Zeitalter oder noch im Imperium Romanum zu leben, sich bei weitem nicht so deutlich akzentuierte wie später.

Eine gattungsmäßige Zuordnung der *Geschichtswerke* fällt nicht selten schwer: Gregor von Tours etwa schrieb keine „Frankengeschichte", wie man früher annahm, sondern eine vom Standpunkt des galloromanischen Aristokraten aus verfasste, durchdacht strukturierte und theologisch fundierte Weltgeschichte, in der das Frankenreich gleichwohl ganz in den Mittelpunkt rückte. Thietmar von Merseburg, der die Geschichte seiner Bischofsstadt schreiben wollte, weitete seine Chronik zu einer Reichs-

---

[41] Lit.: Bibl. 5.3.4.9; ferner: Matthew INNES/Rosamond MCKITTERICK, The writing of history, in: R. MCKITTERICK (Hg.), Carolingian culture, 193–220.

geschichte seines Zeitalters aus. Herrscherbiographien nahmen auch dort hagiographische Züge an, wo es sich – wie bei Ludwig dem Frommen (Thegan, Astronomus) und auch bei Helgaud von Fleurys Vita des Kapetingers Robert des Frommen – nicht um heilige Könige handelte, oder sie unterschieden sich kaum von einer ausführlichen Annalistik (wie in Assers Leben des Königs Alfred von Wessex). Wipos „Gesta" Kaiser Konrads II. glichen einem historiographisch dargestellten Fürstenspiegel. Das alles deutet darauf hin, dass Geschichtsschreibung von ihrem Inhalt und ihrer Funktion als Ganzes betrachtet und nicht nach einzelnen Kategorien getrennt wurde.

Die frühmittelalterliche Chronistik orientierte sich vielfach an dem eigenen *Reich*, ohne dass es sich dabei in der Regel um eine offizielle „Hofhistoriographie" handelte. Das gilt bereits für die so genannten Volksgeschichten, von Cassiodors und Jordanes' Geschichte der Goten über Paulus Diaconus' Langobardengeschichte bis zu Widukind von Corveys Sachsengeschichte, die jeweils Ursprünge und Geschichte der eigenen „gens" darstellen wollten, letztlich aber nur aus deren Reichsbildung erklärbar und zudem dynastisch gebunden sind – wie bei Widukind an die Königsherrschaft der sächsischen Liudolfinger im Ostfränkisch-Deutschen Reich – oder zu einer Missionsgeschichte ausgestaltet wurden, wie in Bedas Kirchengeschichte der Angelsachsen. Die meisten Chroniken sind in Klöstern entstanden. Einer hofnahen, legitimierenden Historiographie am nächsten kamen die Karolinger zur Zeit Karls des Großen und Ludwigs des Frommen, die in den so genannten *„Annales Mettenses priores"* oder in den „Annales regni Francorum" eine ganz aus karolingischer Perspektive verfasste Geschichtsschreibung in Auftrag gaben. Doch schon die Fortsetzungen im West- (die von Prudentius von Troyes und Hinkmar von Reims verfassten „Annales Bertiniani") und Ostfränkischen Reich („Annales Fuldenses") waren letztlich individuelle Werke, wenn auch mit deutlich politischer, auf das jeweilige Teilreich ausgerichteter Tendenz. Ähnliches gilt für die Chronik Reginos von Prüm, die durch den Beginn mit der Geburt Christi und dank eigener, an der römischen Historiographie und Philosophie orientierter Geschichtsanschauungen vom Wirken der ins Christliche umgedeuteten Fortuna und den Werten der Adelsgesellschaft gleichwohl ein ganz eigenes Gepräge gewinnt. Eine auf Boethius zurückgehende Fortunavorstellung findet sich auch in anderen Werken, wie bei Alfred oder Notker „dem Deutschen".[42] Auch die ottonische Geschichtsschreibung (mit Widukind von Corvey, Liudprand von Cremona und Thietmar von Merseburg) war bei aller prosächsischen Tendenz das Werk einzelner Mönche und Bischöfe, und Ähnliches gilt für die bedeutendsten westfränkisch-französischen Chroniken Flodoards, Richers von Saint-Remi, Aimoins von Fleury und Rodulf Glabers oder für die bis 975 reichende Chronik Aethelweards in England. Eine Ausnahme bildet hier die in verschiedenen Versionen überlieferte Angelsächsische Chronik – die älteste Fassung vom Ende des 9. Jahrhunderts steht in engem Bezug zum Hof Alfreds des Großen –, das einzige ausführliche, in der Volkssprache verfasste historiographische Werk dieser Zeit. Aus Italien stammen Geschichtswerke regionalen Zuschnitts (Andreas von Bergamo, Benedikt von San Andrea, „Chronicon Salernitanum", „Chronicon Venetum", Erchempert). Ausführliche Weltchroniken der Karolinger- (Frechulf von Lisieux, Ado von Vienne) und dann wieder der Salierzeit (Hermann

---

42 Vgl. J. Frakes, Fate of Fortune.

von Reichenau als Beginn einer neuen Phase intensiver Weltchronistik), die mit der Schöpfung begannen und in der Regel (mit Ausnahme Frechulfs) in einer Gegenwartsgeschichte des eigenen Reichs endeten, zeugen von dem Wunsch der Anbindung der eigenen Zeit an das – göttlich gelenkte – Weltgeschehen und traten neben die in vielen Handschriften weitertradierten Kurzchroniken des Eusebius-Hieronymus, Isidors und Bedas. Sie sind aber auch Ausdruck des Vergangenheitsbewusstseins der Chronistik, und es ist sicherlich bezeichnend, wenn Frechulf sein Werk bereits mit dem Tod Papst Gregors I. beenden konnte und damit gleichsam eine Vorgeschichte als komplementäre Ergänzung zu den kursierenden Franken- und Zeitgeschichten lieferte.

Ein typisches Produkt des frühen Mittelalters, vor allem des Karolingerreichs, sind die in den Klöstern entwickelten, anfangs teilweise an die Ostertafeln angelehnten Annalen mit ihren kurzen, jahrweisen Berichten, die allmählich chronikartig ausgestaltet und verselbständigt wurden. Sie zeugen schon durch ihren Aufbau von einem engen Zusammenhang von Datum und Faktum wie auch von der Bedeutung der *Zeitberechnung* und zeitlichen Fixierung, und tatsächlich blieb die annalistische oder zumindest die chronologische Darstellungsweise in der gesamten frühmittelalterlichen Chronistik vorherrschend. Die von Dionysius Exiguus entwickelte Inkarnationsära wurde allerdings nur sehr allmählich, zunächst von Beda und dann in der Annalistik und von Regino von Prüm, übernommen und erst am Ende des hier behandelten Zeitraums, bei Hermann von Reichenau, konsequent auf die gesamte Berichtszeit angewandt. Als ein weiteres Kennzeichen der Historiographie kann die *institutionelle Bindung* gelten: an Reich oder Dynastie, nicht minder aber an kirchliche Institutionen: Im frühen Mittelalter entstanden die ersten Bistums- und Klosterchroniken, meist in Form von Bischofs- oder Abtgesten. Prototyp war der „Liber pontificalis", die Geschichte der Päpste, die nach älteren Vorlagen seit dem 6./7. Jahrhundert in Etappen und seit dem 8. Jahrhundert bis 891 fortlaufend verfasst, dann aber erst im 12. Jahrhundert fortgesetzt wurde. Gegen Ende des 8. Jahrhunderts schuf Paulus Diaconus mit der Geschichte der Bischöfe von Metz die erste eigentliche Bistumsgeschichte, der im 9. (Heiric von Auxerre), 10. (Flodoard von Reims, Berthar von Verdun) und 11. Jahrhundert (Lüttich, Cambrai) weitere, durchweg westfränkisch-lothringische und italienische Chroniken (Agnellus von Ravenna) folgten. Seit dem 9. Jahrhundert sind auch Klosterchroniken bezeugt (Fontanelle/Saint-Wandrille, Lobbes, Saint-Bertin, St. Gallen). Schließlich sollten Sonderformen nicht vergessen werden. Einhards Biographie Karls des Großen folgte dem antiken Vorbild Suetons und schuf doch ein völlig eigenständiges, an Karls Persönlichkeit interessiertes, in dieser Form letztlich im gesamten Mittelalter singuläres Werk. Die daran anknüpfende, zur (erbauenden) Unterhaltung gedachte Anekdotensammlung Notkers von St. Gallen über Karl aus dem ausgehenden 9. Jahrhundert wiederum präsentierte den Kaiser weder biographisch (wie Einhard) noch politisch-chronistisch (wie die Ludwigsbiographien), sondern in seinen scheinbar unscheinbaren, aber stets vorbildlichen Handlungen im politischen und kirchlichen Alltagsgeschehen. Ekkehard von St. Gallen zeichnete um die Mitte des 11. Jahrhunderts ein – historiographisch untypisches – Bild seiner Klostergemeinschaft, mit ihren Leistungen, inneren Konflikten und Bindungen an den König. Dass (aus den alten) immer wieder neue, jeweils eigenständige Werke entstanden, dass das Vorhandene ständig neu kompiliert wurde, ist ein Kennzeichen des frühmittelalterlichen Schrifttums insgesamt und Ausdruck vorhandener Bedürfnisse nach jeweils angepassten Versionen.

Das gilt bis zu einem gewissen Grad auch für die (durchaus zur „historia" gezählte) *Hagiographie*, die insgesamt sogar ungleich mehr Werke (und Abschriften) hervorgebracht hat als die Historiographie im engeren Sinn und an der sich dank der zahlreichen Überarbeitungen und Neufassungen älterer Viten gut die veränderten Bedürfnisse und Wertkriterien ablesen lassen (vgl. 3.3.4.2). Ein wichtiges Vorbild bildete hier die Martinsvita des Sulpicius Severus. Das Spektrum reicht von Märtyrerpassiones über das asketenhafte Leben heiliger Jungfrauen, Bischöfe und Äbte der Merowingerzeit und die zum Teil lebensnäheren Schilderungen der Karolingerzeit bis hin zu den Viten der politisch eingebundenen ottonisch-salischen Reichsbischöfe. Neben die Viten traten, aus den dort zusammengestellten posthumen Wundern heraus entwickelt, vereinzelt schon früh (Gregor von Tours), in großer Zahl dann seit dem 9. Jahrhundert Wunderberichte (Miracula), die ebenfalls einen engen Bezug zu der eigenen Institution erkennen lassen. Vor allem aus dem 9. Jahrhundert (mit dem Schwerpunkt Sachsen) ist ferner eine Reihe von Translationsberichten (mit der Wunderwirkung des Heiligen während der Überführung an den neuen Bestimmungsort) erhalten.[43]

Insgesamt gesehen, ist die frühmittelalterliche Historiographie ausgesprochen vielfältig. Sie zeugt – in der Nachfolge des Orosius, der ersten christlichen Weltgeschichte, aus dem frühen 5. Jahrhundert – von einem durchweg christlichen *Geschichtsdenken*, aus dem das göttliche Wirken (samt Prophezeiungen und göttlicher Sündenstrafen an den Menschen) ebenso hervorscheint wie die Vorstellung von einem sich in der Geschichte, von der Schöpfung bis zur Erlösung, vollziehenden und entwickelnden Heilsplan Gottes, ohne dass dieser Aspekt sich jedoch, wie gelegentlich im 12. Jahrhundert, in den Vordergrund drängte oder bereits typologische oder symbolistische Deutungen der Weltgeschichte vorherrschen würden. Die frühmittelalterliche, traditionellen Bahnen folgende Historiographie erweckt im Gegenteil zumeist einen „profan"-politisch anmutenden Eindruck. Sie ist nicht explizite Geschichtstheologie und zeugt doch vom theologischen Charakter der (weltlichen) Geschichte. Entsprechend christlich geprägt ist auch die durchweg vorhandene ethische Tendenz der Geschichtsschreibung, die mit dem historischen Wissen zugleich Handlungsanweisungen bieten wollte. Vor allem in karolingischer Zeit wurden vereinzelt auch „Zeitgeschichten" geschrieben (wie Nithards Historien) oder mündeten die Chroniken in eine ausführliche Gegenwartsgeschichte ein, wobei reine Zeitgeschichten in der Regel aber kaum Verbreitung fanden. Zugleich ist aber – entgegen verbreiteten Ansichten – überall ein Vergangenheitsbewusstsein erkennbar, das sich in historischen Rückblicken ebenso äußert wie in der Wertschätzung antiker Autoren, in der Erinnerung an historische Exempla und in typologischen Vergleichen oder in dem Beginn der meisten Werke mit den Anfängen der jeweiligen Institutionen, sei es der karolingischen Herrschaft, des eigenen Volkes (der „Origo gentis"), Klosters oder Bistums oder der Anfänge des Christentums in Christus selbst, aber auch in der Tatsache, dass über 60 % der im 9. Jahrhundert verfassten Heiligenviten des Frankenreichs Heiligen vergangener Jahrhunderte gewidmet waren. Die von der Forschung gern betonte Abgrenzung der Blütezeit der Karolinger gegen-

---

43 Vgl. H. RÖCKELEIN, Reliquientranslationen nach Sachsen.

über der Antike wie überhaupt gegenüber der Vergangenheit wird dem nur bedingt gerecht. Die Antike, wie auch die merowingische oder frühkarolingische Zeit, war Vorgeschichte der eigenen Zeit, Paulus Diaconus' „Historia Romana" gewissermaßen Vorgeschichte der „Historia Langobardorum". Für Nithard war bereits die eine Generation zurückliegende Zeit Karls des Großen ein (vergangenes) Ideal, allerdings mit hohem Aktualitätsgehalt: zur Legitimierung der Idealherrschaft Karls des Großen (mit Blick auf die Römer) ebenso wie (mit Blick auf die Karlszeit) zur Zeitkritik seit den 30er Jahren des 9. Jahrhunderts. Es verdient gegenüber zeitweise vor allem in Deutschland üblichen Überbetonungen Beachtung, dass die Berufung auf eine ferne, antike oder christliche Vergangenheit weit verbreitet (wie etwa im fränkischen Trojamythos), die Berufung auf ein gemeinsames Germanentum hingegen nirgends erkennbar ist.

4 Forschungskontroversen, -methoden, -perspektiven und -probleme

4.1 Verfassung, Recht und Politik

4.1.1 Die Ausgangslage: Bemerkungen zur Situation mediävistischer Forschung

Es empfiehlt sich, den Überblick über einzelne Forschungsprobleme und -kontroversen mit Bemerkungen zur Quellenlage und zur Forschungssituation zu beginnen.[1] Die Mediävistik der letzten Jahrzehnte zeichnet sich (wie die Geschichtswissenschaft überhaupt) nicht unbedingt durch Methodenstreitigkeiten, aber auch nicht durch klar abgegrenzte, inhaltliche Vorstellungen von den Aufgaben heutiger Geschichtsforschung aus, sondern ist im Gegenteil durch eine große, in diesem Umfang nie zuvor zu beobachtende Bandbreite von Fragen und Ansätzen geprägt, die im Grunde alle Bereiche mittelalterlichen Lebens zu erfassen und zu beleuchten suchen. „Erzählende" Geschichtsschreibung im traditionellen Sinn ist in der Mediävistik bereits seit vielen Jahrzehnten einer stärker strukturgeschichtlichen Betrachtungsweise gewichen, wenngleich in vielen Handbüchern noch eine vorwiegend ereignisgeschichtliche Darstellung überwiegt, und nach wie vor stehen Reichs- und Königs- sowie Kirchengeschichte, deren Bedeutung für die mittelalterliche Geschichte ja auch kaum zu leugnen ist, im Zentrum des Interesses. Wenn vorrangig auch weiterhin die „eigene" Geschichte betrieben wird, so befasst man sich doch stärker als früher auch mit der Geschichte anderer Länder oder stellt zumindest Vergleiche an.

Insgesamt sind grundlegende Wandlungen der Mittelalterforschung im Verlauf des 20. Jahrhunderts nicht zu verkennen. Stand die Mediävistik des 19. Jahrhunderts gewissermaßen unter dem Primat der politischen, vor allem der „außenpolitischen" Geschichte, der spätestens um die Jahrhundertwende von einem – lange vorbereiteten – stärker rechtsgeschichtlichen Standpunkt verdrängt wurde, so war die deutsche Me-

---

1 Lit.: Bibl. 5.1.2: C. Barros (Hg.), Historia a Debate; M. Borgolte (Hg.), Mittelalterforschung; H.-W. Goetz, Moderne Mediävistik; Ders. (Hg.), Aktualität; Heinzle (Hg.), Modernes Mittelalter; J. Le Goff/G. Lobrichon (Hg.), Moyen Age; J. Le Goff/P. Nora (Hg.), Faire de l'histoire; J.-C. Schmitt/ O. G. Oexle (Hg.), Tendances actuelles; J. Van Engen (Hg.), Past and Future.

diävistik der 1920er bis 60er Jahre vornehmlich, auch als Reaktion darauf, durch verfassungsgeschichtliche und innenpolitische Fragestellungen bestimmt, während die „Außenpolitik" nunmehr (bis heute) weitgehend vernachlässigt wurde. Der zuvor vorherrschende „monarchische" Blickwinkel, der jede Amtsausübung ohne königliche Ernennung als „Usurpation" und jeden Widerstand als Rebellion deutete, wurde durch die Adelsperspektive, das Recht des Adels auf Teilhabe an der Herrschaft, und somit ein Miteinander von König und Adel, den Herrschaftsverband, ersetzt. Theodor Mayer begründete die folgenreiche Lehre von einem auf persönlichen Bindungen und Herrschaftsverhältnissen gründenden „Personenverbandsstaat" des frühen Mittelalters, Otto Brunner erwies die Fehden als legales Rechtsmittel, und Walter Schlesinger betonte die germanischen Wurzeln des Herrschafts- und Gefolgschaftsprinzips. Die Zeitgebundenheit dieser bis heute durchaus nachwirkenden Lehren ist inzwischen längst bewusst.[2] Seit den 60er Jahren mehrten sich, zunächst meist eng mit verfassungsgeschichtlichen Fragen verknüpft, sozialgeschichtliche Betrachtungen, die, im weitesten Sinn, bis heute als bestimmend gelten dürfen. Im Zentrum stand zunächst jedoch (weiterhin) die Adelsforschung. Dabei galt der Blick der genealogischen und geographischen Verzweigtheit des Adels (und damit auch der adligen Familie), aber auch seiner Stellung zum König und somit seiner verfassungsgeschichtlichen Bedeutung. In diesen Kontext stellt sich zunächst auch eine intensive Betrachtung der wichtigen Ämter (wie Grafschaft und Herzogtum) und der Herrschaftsbildungen (Fürstentümer). Prosopographische Studien lenkten den Blick von der Einzelperson wenn nicht auf „kollektive", so doch auf „typische" Erscheinungsformen. Daneben trat jedoch bald die Untersuchung von Gemeinschaften und sozialen Beziehungen und Bindungen oder auch von Lebenskreisen: der Familien, der Klöster, der Grundherrschaften, der Städte.

Unter dem Einfluss der französischen Forschung der „Schule der Annales" wurden, mit Berufung auf ethnologische Studien, in der zweiten Hälfte des 20. Jahrhunderts, in Deutschland allerdings nur zögerlich, sowohl kulturgeschichtliche Fragestellungen, jetzt aber unter sozialgeschichtlichem Aspekt im Hinblick auf „Volkskultur" und Alltagsleben (einschließlich der „Sachkultur"), wieder aufgegriffen. Gleichzeitig wurden – in anthropologischer Perspektive – die Mentalitäten der mittelalterlichen Menschen zu vorrangigen Forschungsthemen, und auch die Geistesgeschichte wandte sich von den großen Denkern verstärkt den verbreiteten Ideen und Vorstellungen, den Wahrnehmungen, Einstellungen und Erfahrungen der Menschen zu (vgl. 4.4.4). In der Verfassungs- und Sozialgeschichte äußerte sich das in der stärkeren Berücksichtigung einmal der Begrifflichkeit und der Vorstellungen unserer Quellen, vorab der Historiographie, zum andern in einem Interesse an der Herrschaftspraxis (anstelle der Norm) und – zuletzt – an den symbolhaften, ja rituellen Formen politischen Handelns und der „Herrschaftsrepräsentation" in Form öffentlicher „Inszenierungen". Die unterschwelligen Bedingungen menschlichen Handelns und des Miteinanderverkehrens suchten Neuansätze wie Historische Verhaltensforschung, Psychohistorie oder Kommunikationsforschung zu erschließen, die zum Teil noch in den Anfängen stecken. Schließlich

---

2 Vgl. F. GRAUS, Verfassungsgeschichte.

brachte seit einigen Jahren die zunächst (nachholend) als Geschichte der Frauen betriebene Geschlechtergeschichte einen neuen Aspekt in die Geschichtswissenschaft ein (vgl. 4.2.4.2). Insgesamt macht sich, nach einer Überbetonung der (abstrakten) Strukturen, seit einiger Zeit eine Hinwendung zum Menschen gerade auch in der Mediävistik bemerkbar. Im wissenschaftlichen wie im außerwissenschaftlichen Bereich erfreuen sich daher auch Biographien wieder einer wachsenden Beliebtheit. Gleichzeitig rücken mit der Frage nach den äußeren Bedingungen der Geschichte und des Lebens Fragen der Umwelt und der Natur in das Blickfeld (Umweltgeschichte, Klimageschichte). Dass daneben nach wie vor der Erschließung und Edition der Quellen ein wichtiges Augenmerk gilt, versteht sich von selbst, aber auch hier ist nicht nur eine Verlagerung durch die Erschließung „neuer", bislang unbeachtet gebliebener Quellensorten zu verzeichnen, die Quellen werden vielmehr (literaturwissenschaftlich) weit stärker als früher als „Texte" gewürdigt und nach ihrem eigentlichen Zeugniswert und Anliegen sowie dessen sprachlicher Verarbeitung befragt (vgl. 4.4.6). Neben den Inhalten der Einzelquelle sind darüber hinaus entsprechend die (codicologischen) Überlieferungszusammenhänge der Texte, deren „pragmatische" Funktionen und ihre Wirkung (Rezeption) in das Blickfeld gerückt. Auf der anderen Seite wird jedoch erstmals seitens der Geschichtswissenschaft auch der im frühen Mittelalter tatsächlich vorherrschenden „oralen Kultur" ein größeres Interesse entgegengebracht (vgl. 4.4.2).

Das Spektrum der Forschungsansätze ist damit keineswegs erschöpft, sondern nur exemplarisch an den wesentlichen Beispielen verdeutlicht. Mag der einzelne manchen Neuansätzen auch skeptisch gegenüberstehen, so ist insgesamt zweifellos die Vielzahl der Themen und der Betrachtungsweisen charakteristisch für die Geschichtswissenschaft des späten 20. und frühen 21. Jahrhunderts. Neue Fragestellungen müssen sich jeweils erst durchsetzen, werden ungerechtfertigterweise vielfach als „Modethemen" abqualifiziert (Geschichtswissenschaft *ist* zeitgebunden und daher stets „Moden" unterworfen), müssen aber auch ihre Quellen und ihr methodisches Instrumentarium erschließen und sich in der tastenden Anfangsphase einer nicht selten berechtigten Methodenkritik stellen. Ein Methodenstreit großen Stils ist daraus bislang nicht erwachsen. Versuche, einzelne Richtungen, wie die historische Sozialwissenschaft, die Mentalitätsgeschichte, die Alltagsgeschichte oder zuletzt die Geschlechtergeschichte, als wegweisend zu rechtfertigen, haben in der Geschichtswissenschaft insgesamt zwar immer wieder zu „Richtungsstreitigkeiten" geführt, betreffen die Mediävistik jedoch kaum. Dass eine der neueren Richtungen sich als dominant durchsetzen könnte, ist derzeit jedenfalls nicht zu erkennen. Umgekehrt dürften sich Prognosen von „Traditionalisten", dass „Alltag", „Geschlecht" und „Mentalitäten" bereits wieder dabei seien, aus der „Mode" zu geraten, als falsch erweisen, da solche Themen unsere Perspektiven nicht nur erweitert, sondern auch insgesamt beeinflusst und verändert haben. Derzeit ist vielmehr eine Bündelung und Zusammenführung der Themen in deutlich kulturwissenschaftlicher Ausrichtung zu beobachten, ohne andere Richtungen zu verdrängen. Im Interesse der Offenheit der Forschung wäre ein Erhalt der Vielfalt der Ansätze jedenfalls wünschenswert. Die Aufgabe der Zukunft dürfte vor allem in der Erforschung der *Interdependenz* der einzelnen Bereiche, Themen und Aspekte, aber auch der räumlichen und „hierarchischen" Ebenen (wie Herrschenden und Beherrschten) liegen. Erst das würde ein einigermaßen zutreffendes Gesamtbild erlauben.

Da die neuen Fragestellungen durchweg in Grenzbereiche der bisherigen Geschichtswissenschaft vordringen, sind nicht nur die Berührungen zwischen den Disziplinen weit enger geworden, so dass „Interdisziplinarität" zum Schlagwort moderner Forschung schlechthin avanciert ist, sondern auch die Anregungen für die neuen Ansätze entstammen meist den Nachbarwissenschaften: zunächst vor allem der Soziologie, im Hinblick auf Alltag, orale Kultur und mittelalterliche Mentalitäten zudem der Anthropologie bzw. Ethnologie, in Bezug auf die Umwelt, aber auch die inneren Einstellungen den Naturwissenschaften und bezüglich der „Textualität" unserer Quellen und ihrer Einordnung den Sprach- und Literaturwissenschaften. Gleichzeitig ist seit längerem eine „Historisierung" auch anderer Wissenschaften in Form der Hinwendung zu historischen Fragestellungen zu erkennen: In den Literaturwissenschaften haben sozialgeschichtliche Ansätze beispielsweise seit langem die literaturimmanente Interpretation verdrängt (werden im so genannten „linguistic turn" bzw. „new historicism" allerdings schon wieder eingeschränkt), und auch die – im Ansatz ohnehin geschichtswissenschaftlich orientierte, aber mit naturwissenschaftlichen Methoden arbeitende – Mittelalterarchäologie besinnt sich zunehmend auf ihre historischen Aufgaben. Die Wissenschaften befinden sich, mit anderen Worten, längst im interdisziplinären Gespräch, und die meisten Tagungen werden inzwischen ebenso interdisziplinär ausgerichtet wie Sonderforschungsbereiche, Graduiertenkollegs und universitäre Mittelalterzentren, während gemeinsam betriebene geisteswissenschaftliche Forschungsprojekte immer noch die Ausnahme bilden. Die „Anleihe" bei anderen Wissenschaften erfolgt in der Regel über „Theorien", die, auf die mittelalterliche Geschichte angewandt, einen Bezugsrahmen und Erklärungsmodelle liefern, sich allerdings nicht einfach übertragen lassen, sondern den zeitbedingten Verhältnissen angepasst werden müssen und daher weit mehr Fragen aufwerfen und Ideen bereitstellen, denen nachzugehen sich lohnt, als dass sie eindeutige Lösungen anböten. Exemplarisch seien hier nur soziologische Theorien wie Norbert Elias' Theorie vom Zivilisationsprozess, Niklas Luhmanns Systemtheorie oder Michel Foucaults Theorie der Sozialdisziplinierung genannt. Man wird die heutige Mediävistik zwar kaum als theorielastig kennzeichnen können, doch kommt moderne Forschung, gerade weil sie in Grenzbereiche vorstößt, in denen die Quellen kaum eindeutige Aussagen liefern, ohne Theoriebildung, vor allem aber ohne theoretische und methodische Reflexion des eigenen Forschungsansatzes nicht mehr aus.

Die Vielzahl der Forschungsansätze hat zwangsläufig zur Folge, dass der Umfang der „historischen" *Quellen* – selbst in noch relativ quellenarmen Epochen wie dem frühen Mittelalter – für den einzelnen unüberschaubar angewachsen ist, weil grundsätzlich jedes Zeugnis historisch aussagekräftig ist und große Bedeutung für die Mediävistik erlangen kann. Daher ist es unmöglich, die Quellen dieses Zeitraums auch nur einigermaßen vollständig aufzuzählen oder sie nach ihrer – vollkommen frageabhängigen – Wertigkeit zu „hierarchisieren". Neben die „klassischen" Quellengruppen der Mediävistik, die Historiographie – in vielen Ausprägungen und Gattungen – auf der einen und die Urkunden auf der anderen Seite, einschließlich der zunehmend wichtiger werdenden „Privaturkunden", treten, gerade auch für sozial- und mentalitätsgeschichtliche Fragen, die umfangreiche Hagiographie, die weltlichen und kirchlichen Rechtsquellen (Leges, Kapitularien, Canones, monastische Consuetudines) und die fast durchweg in Sammlungen erhaltenen Briefe sowie theologische Schriften – am augenfälligsten wurde in den letzten Jahrzehnten der historische Aussagewert der liturgischen Memorialüberlieferung erwiesen – oder das Verwaltungsschriftgut (wie die grundherrschaftlichen Urbare), aber auch die Bildquellen und andere Kunsterzeugnisse, das umfangreiche archäologische Fundgut oder die Boden- und Siedlungsspuren. Das moderne Interesse an den Quellen entspricht dabei selten dem mittelalterlichen. Den gebildeten Menschen des frühen Mittelalters kam es bei den – angesichts des Wertes des Pergaments insgesamt beschränkten – Aufzeichnungen oft mehr auf die Sammlung und Verarbeitung des Überlieferten als auf neue Synthesen und weiterführende Werke an. Das gilt für das gesamte theologische und wissenschaftliche Schriftgut ebenso wie für die Rechtsquellen (eher Einzelprivilegien und Canonessammlungen als Rechtskodifikationen). „Erfolgsschriften" des Mittelalters sind nicht unbedingt die für die Geschichtswissenschaft interessantesten Werke. Auch solcher Zusammenhänge und Überlieferungsfragen ist bei der inhaltlichen Auswertung Rechnung zu tragen.

4.1.2 „Antike" und „Mittelalter": Das Kontinuitätsproblem[3]

Dass mit dem Mittelalter mittel- und langfristig eine neue Epoche begann, die sich von der Antike grundlegend unterschied, ist nicht strittig. Im Mittelalter ließ man diese neue „Epoche", als sechste und letzte „aetas", bereits mit der Inkarnation Christi beginnen. Das Bewusstsein eines grundlegenden Wandels mit dem *Ende der Antike* kam erst in der Renaissance auf, der das „Mittelalter" nun seinerseits als eine Verfallsepoche erschien. In der modernen Forschung sind Zeitraum, Umfang und Inhalt des Wandels, der sich letztlich nur aus langer Sicht offenbart, im Einzelnen allerdings seit jeher umstritten (vgl. 1.2). In dem langwierigen Forschungsstreit um das Ende der Antike bestimmten nach Alexander Demandt fünf Faktoren die Diskussion: die Wesensbestimmung des Umbruchs (Ende eines Zeitalters oder Untergang eines Weltreichs?), das Dekadenzproblem, das Periodisierungsproblem, das Kontinuitätsproblem und – vor allem – das Erklärungsproblem.[4] Für den Untergang Roms wurden im Laufe der Forschungsgeschichte – jeweils zeitverhaftet – religionspolitische Motive (Christentum) verantwortlich gemacht, humanbiologische, sozialdarwinistische und rassentheoretische Erklärungen gegeben oder kulturmorphologische Theorien aufgestellt. Am einflussreichsten waren in der jüngeren Diskussion außenpolitische (Germanen) – bis hin zu André Piganiols These, das römische Reich sei „ermordet" worden – und innenpolitische Erklärungen („Zwangsstaat", Kinderkaisertum, „Barbarisierung" von Heer und Verwaltung) sowie sozioökonomische Theorien (Bodenerschöpfung, Bevölkerungsschwund, Niedergang der Städte, Ende der Sklavenhalterkultur), denen sich zuletzt mentalitätsgeschichtliche Theorien zur Seite stellten (Entfremdung zwischen Staat und Gesellschaft). Die meisten Erklärungsversuche sind heute längst obsolet gewor-

---

3 Lit.: Bibl. 5.2.1.1.
4 Die Theorien sind umfassend, allerdings vielfach auch recht polemisch, referiert bei A. DEMANDT, Fall Roms. Vgl. K. CHRIST (Hg.), Untergang des Römischen Reiches.

den, und es herrscht weitgehend Konsens darüber, dass monokausale Erklärungen nicht greifen und letztlich nur ein umfassendes Faktorengeflecht für den Wandel verantwortlich gemacht werden kann. Sind Erklärungen demnach bereits für den Untergang des Römischen Reichs hochkomplex und fraglich, so entzieht sich der Übergang von der Antike zum Mittelalter – und beides ist tatsächlich nur bedingt identisch – letztlich jeder rationalen Erklärung. Bei alldem scheint aber auch die Beobachtung wichtig, dass die Zeitgenossen wenig unternahmen, um das Imperium zu retten, und das wohl nicht nur, weil sie kein Interesse (mehr) daran hatten, sondern auch, weil sie selbst es (noch) gar nicht wirklich bedroht sahen.

Die früher genannten *„Epochenjahre"* (wie das Mailänder Toleranzedikt von 313, der Hunneneinfall von 375, die Schlacht bei Adrianopel 378, die Anerkennung des Christentums als Staatsreligion 395, vor allem der Sturz des letzten Westkaisers 476, Chlodwigs Großreichbildung 486 oder seine Taufe 498, aber auch 622, das Jahr der Hedschra Mohammeds von Mekka nach Medina) haben allenfalls Symbolwert für bestimmte Geschichtsanschauungen. Die ganze Problematik zeigt sich an dem beliebtesten Datum, dem Jahr 476, denn tatsächlich setzte man damals nicht einen römischen Kaiser im traditionellen Sinn, sondern den minderjährigen Sohn eines germanischen Heermeisters ab: Das Ende des weströmischen Kaisertums war auf der einen Seite politisch seit langem vorbereitet, auf der anderen Seite war das Kaisertum gar nicht abgeschafft; es gab fortan vielmehr nur noch einen Kaiser, im Osten. Das „Epochenjahr" ist daher nichts anderes als ein Symbol für den lang dauernden politischen Umbruch. Der (entscheidendere) strukturelle Wandel lässt sich ohnehin nur in langen Zeiträumen angeben. Die Entwicklung von der Antike zum Mittelalter ist tatsächlich ein jahrhundertelanger Prozess.

Das Bild dieser Übergangszeit hat sich in den letzten Jahrzehnten daher grundlegend gewandelt. Hatte die ältere Forschung den Bruch zwischen Antike und Mittelalter betont, so werden demgegenüber seit einigen Jahrzehnten, im Zusammenwirken von Historikern, Archäologen und Sprachwissenschaftlern, nachdrücklich auch die *Elemente einer römischen Kontinuität* hervorgehoben, auf die Alfons Dopsch bereits in den 1920er Jahren hingewiesen hatte.[5] Wenngleich die Debatte bis heute nicht beendet ist, neigen die meisten Forscher weit stärker als früher der Kontinuitätsthese zu, ohne allerdings die gleichzeitigen Wandlungen oder den sehr unterschiedlichen Grad an Kontinuität in verschiedenen Räumen, naturgemäß vor allem in ehemals römischen und romfreien Gebieten, zu übersehen. Im Zentrum steht daher nicht die Frage der Kontinuität, sondern der Kontinuitätsprobleme.[6] Die Diskussion hat sich in der jüngsten Forschung aber auch von der Alternative „Bruch" oder „Kontinuität" ebenso wie von der Vorstellung „vom Absterben antiken Lebens im Frühmittelalter" (H. Aubin) zugunsten einer Untersuchung des Verhältnisses von Tradition und Wandel in der *„Transformation" der Antike* oder der „Transformation of the Roman World" (so der Titel eines umfassenden Projekts der „European Science Foundation" mit zahlreichen

---

5 A. Dopsch, Wirtschaftliche und soziale Grundlagen; die älteren Aufsätze in: P. E. Hübinger (Hg.), Kulturbruch oder Kulturkontinuität.
6 Vgl. A. Demandt/H.-W. Goetz/H. Reimitz/H. Steuer/H. Beck, Kontinuitätsprobleme.

Sammelbänden) zum Mittelalter gelöst.[7] Transformationen aber können wir allenthalben beobachten. Zudem ist nach diesen jüngsten Erkenntnissen auch anderweitig zu differenzieren, namentlich zwischen einer Orts- und einer Regionskontinuität, aber auch zwischen einer Sach- und einer Funktionskontinuität: Der Fortbestand des antiken Baubestands garantiert noch nicht eine entsprechende Nutzung.

Zu den wichtigsten Kontinuitätsfaktoren in den verschiedenen Germanenreichen zählt natürlich die Kirche mit ihrer in der Zeit der Patristik und der inneren Streitigkeiten dogmatisch verfestigten Glaubenslehre, aber auch ihrer administrativen, an die spätrömische weltliche Verwaltungsgliederung angelehnten strukturellen Gliederung in Kirchenprovinzen, Bistümer und Gemeinden und nicht zuletzt als Bewahrerin der Bildung, doch machte das religiöse Leben zugleich einen Wandel durch, indem es Elemente heidnischer Religiosität und „barbarischer" Volkskultur aufnahm. Aber auch in politischer und administrativer Hinsicht beruhten die Germanenreiche auf römischen Grundlagen (vgl. 2.1.8).

Tatsächlich haben viele der ins Mittelalter weisenden Wandlungen bereits im Imperium Romanum der Spätantike begonnen und sind nicht erst durch die Germaneneinfälle bewirkt worden. Römer und Germanen standen seit Jahrhunderten in engem Kontakt. Und auch Römisches und Christliches waren bereits in der Spätantike eine innige Einheit eingegangen. Die viel zitierte „Synthese von Römertum, Christentum und Germanentum" im Mittelalter war also längst in der Spätantike vorbereitet (vgl. 1.2). Die Germanenreiche auf römischem Boden begannen *im* Römerreich, noch nicht als deren Erben, sondern meist als Bestandteil, in Fortsetzung einer lange angebahnten Politik römisch-germanischer Beziehungen, und sie wurden in der Regel durch Völkergruppen und unter Königen errichtet, die durch den Dienst im römischen Heer und durch die Ansiedlung als Föderaten mit der römischen Kultur in enger Verbindung standen und bereits bis zu einem gewissen Grade romanisiert waren. Akkulturationstendenzen der angesiedelten Germanen setzten nicht nur längst vor der Reichsgründung ein, sondern waren geradezu deren Grundlage.

Da fast ausnahmslos eine germanische Minderheit über eine bereits ansässige Mehrheit herrschte, ist in allen ehemals römischen Reichsteilen in der Regel mit einer sprachlichen, kulturellen und Siedlungskontinuität der vorwiegend romanischen Bevölkerung zu rechnen, die sich im archäologischen Fundgut ebenso niederschlägt wie in den zumeist beibehaltenen Orts- und Gewässernamen, während neue Ortsnamen zugleich auf eine Neubesiedlung weisen können. Das ist in den letzten Jahrzehnten

---

7 Vgl. W. Erzgräber, Kontinuität und Transformation; L. Webster/M. Browne (Hg.), Transformation of the Roman World; sowie die Bände der Serie „The Transformation of the Roman World": W. Pohl (Hg.), Kingdoms of the Empire; Ders./H. Reimitz (Hg.), Strategies of Distinction; R. Hodges/W. Bowden (Hg.), Sixth Century; G. P. Brogiolo/B. Ward-Perkins (Hg.), Idea and Ideal; E. Chrysos/I. Wood (Hg.), East and West; X. Barral/M. Mostert (Hg.), Image, Text and Script; F. Theuws/J. Nelson (Hg.), Rituals of Power; G. P. Brogiolo/N. Gauthier/N. Christie (Hg.), Towns and their Territories; W. Pohl/I. Wood/H. Reimitz (Hg.), Transformation of Frontiers; J. Hansen/C. Wickham (Hg.), Long Eighth Century; H.-W. Goetz/J. Jarnut/W. Pohl (Hg.), Regna and gentes; angekündigt: M. Barceló/M. Blackburn, Coin Production; M. Barceló/F. Sigaut (Hg.), Making of the New „Feudal Agricultures"; M. Barceló/T. Glick (Hg.), Agriculture that came from East.

überall nachgewiesen worden.[8] Friedhöfe und Bauten wurden vielfach weiterbenutzt, die Städte mit ihren zentralörtlichen Funktionen, ihren Bauten und Einrichtungen wie Foren, Theatern und Thermen existierten noch lange weiter, auch wenn sie vielerorts schrumpften und ihr Kern, meist zur Kathedralkirche am Rande der römischen Stadt hin, verlagert wurde und die Bauten vielfach einem Funktionswandel unterlagen, während sich um die Grabbasiliken der Märtyrer vor den Toren der Stadt gleichzeitig eigene Siedlungszentren entwickelten. Größere Siedlungsbrüche gab es anscheinend lediglich – und oft vorübergehend – in den Randzonen des Reichs (wie der Rheingegend), nennenswerte Wandlungen in den Germanenreichen nur in Zonen einer verstärkten germanischen Siedlung, die sich durchweg auf bestimmte Gegenden konzentrierte (im Westgotenreich beispielsweise auf den Raum zwischen oberem Duero und oberem Tajo, im Ostgotenreich auf die Gegend um Mailand, Ravenna und Ascoli Piceno, im Langobardenreich auf die Poebene, die norditalienischen Flusstäler und Friaul, im Frankenreich auf die ehemaligen Provinzen Belgica I und II und Germania I und II). Archäologische Grabungen vermitteln in dieser Hinsicht allerdings nur einen punktuellen Befund, der sich nicht ohne weiteres verallgemeinern lässt. Die Ausgrabungen von Siedlungen und Friedhöfen belegen – oft in nächster Umgebung – sowohl Kontinuitäten wie Brüche. Man könnte von einer „Überschichtung" der romanischen Bevölkerung sprechen, die keineswegs ein Ende der bisherigen Siedlungs- und Begräbnisstrukturen bedeutete, sondern ein Nebeneinander andeutet, das schließlich in ein Miteinander überging.

Die neueren Forschungen zur *Ethnogenese* und zum Verhältnis zwischen Romanen und Germanen haben die Komplexität der „Kontinuitätsfrage" zusätzlich bewusster gemacht. Die Beobachtungen von Reinhard Wenskus, nach denen die germanischen Stämme der Wanderzeit keine ethnischen Einheiten, sondern unter politischer Führung geeinte Völkergemische waren, dürfen inzwischen als weithin akzeptiert gelten. Der in der Forschung betonte Gegensatz zwischen Germanen und Romanen erfährt dadurch in neuerer Sicht in der Realität eine Reihe von Einschränkungen. Das sei exemplarisch am Frankenreich verdeutlicht. Hatten die germanischen Führer oft eine Art Doppelstellung inne, sobald sie mit ihrer Gefolgschaft in römische Dienste traten, so konnten sich umgekehrt die Germanen gelegentlich auch Römer zu Königen erheben.[9] Aber auch die Archäologie ist sich einer klaren Abgrenzung keineswegs mehr sicher. Insgesamt wird man von einer allmählichen Entwicklung der romanogermanischen Siedlung und einer zwanglosen Angleichung (Akkulturation) ausgehen können.[10] Die fränkische Besiedlung Nordgalliens vor allem im 4. und 5. Jahrhundert erfolgte in Form eines allmählichen „Einsickerns" in den Raum bis zur Seine und führte in der Zeit politischer Instabilität im 5. Jahrhundert möglicherweise zu einem Pro-

---

8 Vgl., auch zum Folgenden, die Beiträge in: J. Werner/E. Ewig (Hg.), Von der Spätantike; F. Staab, Untersuchungen zur Gesellschaft am Mittelrhein, 1–175; Ders. (Hg.), Kontinuität.
9 Vgl. Jörg Jarnut, Gregor von Tours, Frankengeschichte II,12: Franci Egidium sibi regem adsciscunt. Faktum oder Sage?, in: K. Brunner/B. Merta (Hg.), Ethnogenese und Überlieferung, 129–134.
10 Vgl. Paul van Ossel, Die Gallo-Romanen als Nachfahren der römischen Provinzialbevölkerung, in: K. von Welck/A. Wieczorek/P. Périn (Hg.), Franken, Bd. 1, 102–109.

zess der Ausbildung einer neuen ethnischen Identität, die sich archäologisch in neuen Grabriten und einem veränderten Umgang mit der materiellen Kultur niederschlug.[11] Verbreitete Grabfunde mit „römischen" *und* „germanischen" Anteilen können auf eine „Mischzivilisation" (H.-W. Böhme), aber ebenso gut auf eine – wechselseitige – Akkulturation deuten, die – neben der schon angesprochenen „Romanisierung" der Germanen – durchaus auch die Romanen erfasste, mit Tendenzen, die man früher als „Barbarisierung Nordgalliens" klassifiziert hat. Insgesamt spricht manches für eine „Frankisierung der Romanen" in den östlichen Reichsteilen, in denen die Romanen der Zahl nach geringer waren, und für eine „Romanisierung der Franken" in den westlichen Landstrichen Nordgalliens, wo die Bestattung mit Beigaben, vermutlich im Zusammenhang mit der Christianisierung, bereits um 600 abbrach.[12] Damit würde der von historischer Seite betonte Prozess der Dynamik in der Volksbildung gegenüber früheren Tendenzen der Abgrenzung auch archäologisch, nämlich in der Vermischung, fassbar, während die Klassifizierung als „fränkisch" oder „römisch" von der unbewiesenen Voraussetzung homogener Gruppen ausginge. Die Sprache bildet hier ein wichtiges Indiz, ist aber nur aus in sich problembehafteten Zeugnissen, den Personen- und Ortsnamen, zu erschließen.[13] Der hohe Anteil romanischer Ortsnamen darf dabei als Ausdruck der Kontinuität gedeutet werden, und die schließliche Durchsetzung der (romanischen) Sprache ist ein Indiz dafür, dass die Franken auch in Nordgallien die Minderheit bildeten. Die frühere Ansicht einer (späten) Ausgleichssprachgrenze, die im frühen Mittelalter noch viel weiter westlich gelegen habe, und damit einer „Wiederromanisierung" fränkischer Regionen ist heute durch die Ansicht eines breiten bilingualen Sprachgürtels bzw. ineinander verwobener Sprachinseln modifiziert und ergänzt. Der ständige Kontakt förderte eine Akkulturation. Dass sich Grab- und Bestattungssitten bald ebenso anglichen wie die Namengebung, macht daher nicht lediglich eine ethnische Unterscheidung von Romanen und Germanen schwierig, sondern darf geradezu als Indiz eines schnellen Zusammenwachsens der Bevölkerung gedeutet werden. Eine wichtige Voraussetzung dafür waren zeitgenössische Vorstellungen, denen die moderne (ethnische) Trennung zwischen Germanen und Romanen, trotz der verbreiteten Barbarenideologie, letztlich fremd blieb und die eine Angleichung an das Römische durchaus positiv bewerteten.

4.1.3 „Staat", „Institution", „Herrschaftsverband": Kontroversen und verfassungsgeschichtliche Perspektiven um „Staat" und „Staatlichkeit"[14]

Bereits um 1900 war es strittig geworden, wieweit die – rechtsstaatlichen – Begriffe des 19. Jahrhunderts auf das Mittelalter angewandt werden könnten. „Staat" schien für die auf Herrschaft und „Genossenschaft" beruhende politische Ordnung, den „Perso-

---

11 So Franz Theuws/Henk A. Hiddink, Der Kontakt zu Rom, in: ebd., 66–80.
12 Vgl. Volker Bierbrauer, Romanen im fränkischen Siedelgebiet, in: ebd., 110–120.
13 Vgl. H. Ebling/J. Jarnut/G. Kampers, Nomen et gens; D. Geuenich/W. Haubrichs/J. Jarnut (Hg.), Nomen et gens.
14 Lit.: Bibl. 5.3.1.1. Die älteren Aufsätze sind zusammengestellt in: H. Kämpf (Hg.), Herrschaft und Staat.

nenverbandsstaat" (Theodor Mayer),[15] des frühen Mittelalters wenig angemessen, solange man den Begriff modern verstand. Die Anfänge des modernen Staates suchte man damals in den deutschen Territorialstaaten, heute eher in den Monarchien und Fürstentümern des Westens.[16] Nun sind Begriffe wie „Staat" und „Verfassung" aber moderne „Ordnungsbegriffe", deren zeitspezifischer Charakter jeweils zu erfassen und zu beschreiben wäre, und das gilt im Übrigen nicht minder für „Herrschaft" oder „Herrschaftsverband". Daher ist heute nicht mehr zu fragen, ob es einen Staat im frühen Mittelalter gegeben habe, sondern wie sich frühmittelalterliche „Staatlichkeit" – ein inzwischen eingebürgerter, allerdings typisch deutscher Begriff der Verallgemeinerung, um die mit dem Staat verbundenen terminologischen Probleme zu umgehen – konstituiert und zeitgemäß konkretisiert hat. Hier haben die Diskussionen um den Staat zweifellos Wesentliches beigetragen.

„Herrschaft" galt der so genannten „neuen deutschen Verfassungsgeschichte" als Inbegriff der frühmittelalterlich-germanischen Verfassung und des frühmittelalterlichen Staates. Aus der Beobachtung heraus, dass „res publica" mit „hêrtuom" glossiert und der König als „dominus" bezeichnet wurde, entwickelte sich die Theorie, dass a) alle staatliche Macht im früheren Mittelalter auf „Herrschaft" beruhte, b) die Wurzel aller Herrschaft die Hausherrschaft sei, die jedoch c) – vor allem über die Gefolgschaft – auf andere Ebenen ausgeweitet werden konnte, dass Herrschaft d) ein Kennzeichen des Adels war und dass sie e) wesentlich auf personalen Bindungen und weder auf institutionellen noch auf territorialen Grundlagen fußte. Der Staat war nach dieser Vorstellung kein „öffentliches", sondern ein herrschaftlich organisiertes Gebilde, nicht Sache des „populus", sondern des Herrn („herrô"). „Herrschaft" aber manifestierte sich auf vielen Ebenen und in mannigfachen Formen: als Königs-, Adels- oder Landes-, als Haus-, Grund-, Kirchen-, Gerichts- oder Bannherrschaft. Die Königsherrschaft gliederte sich folglich in dieses als spezifisch germanisch angesehene System ein und war nur dem Grade, nicht dem Wesen nach von der Adelsherrschaft unterschieden.[17]

Dieses System hat zweifellos wesentliche Faktoren der zeitspezifischen Verfassung einfangen können, aber auch bestimmte Elemente überspitzt und ist daher zunehmend in die Kritik geraten, die in einer internationalen Diskussion schon deshalb berechtigt ist, weil sich der deutsche Begriff „Herrschaft" als Abstraktum nur umständlich in andere Weltsprachen übersetzen lässt. Hier spricht man eher von „Macht" (power, pouvoir, potere). Macht und Herrschaft sind aber – schon wegen der im Deutschen unterschiedlichen Wertbegriffe – nicht völlig identisch. Während es wohl unbestreitbar ist, dass die mittelalterliche Verfassung auf Herrschaftsrechten beruhte und „Herrschaft" sich daher nach wie vor als Zentralbegriff der frühmittelalterlichen Verfassung eignet, wird man gegenüber der traditionellen Lehre aus heutiger Sicht folgende Korrekturen anbringen müssen: 1. „Herrschaft" ist kein spezifisch germanisches oder gar deutsches Phänomen, sondern allen frühmittelalterlichen Verfassungen ge-

---

15 Vgl. Theodor MAYER, Die Ausbildung der Grundlagen des modernen deutschen Staates im Mittelalter (1939), in: H. KÄMPF (Hg.), Herrschaft und Staat, 284–331, bes. 289f.
16 Vgl. zum Streit O. BRUNNER, Land und Herrschaft, 165ff.; J. STRAYER, Die mittelalterlichen Grundlagen.
17 Vgl. vor allem W. SCHLESINGER, Herrschaft und Gefolgschaft.

meinsam. Es bildet daher keinen Gegensatz zur (spät-)antik-römischen Verfassung, auf deren Grundlagen die Germanenreiche und ihre Nachfolger aufbauten. 2. „Herrschaft" ist nicht ein theoretisches Abstraktum, sondern konkretisierte sich in mittelalterlicher Sicht in vielfältiger Weise und lässt sich folglich auch nicht einseitig definieren (etwa, wie bei Otto Brunner, als „Schutz und Schirm" und damit immerhin als zweiseitiges Verhältnis). 3. Entsprechend lässt sich „Herrschaft" auch nicht auf eine gemeinsame Wurzel (die Hausherrschaft) zurückführen;[18] sie manifestierte sich vielmehr auf vielen Ebenen. Königsherrschaft und Grundherrschaft sind beispielsweise zwei verschiedenen Kriterien folgende und daher sich überlagernde Kategorien, denn auch der König war Grundherr. 4. Schließlich sollte man nicht übersehen, dass auch „Herrschaft" in den Konnotationen der Verfassungstheorie kein mittelalterlicher, sondern ein moderner Erklärungsbegriff ist, der seinerseits definiert werden muss. Die zeitgenössischen Quellen lassen weder eine geschlossene Begrifflichkeit noch ein Herrschaftskonzept erkennen, das auch nur annäherungsweise der modernen Herrschaftstheorie entspräche.[19] Trotz der bekannten „Übersetzungsproblematik" aus den Volkssprachen in die lateinische Schriftsprache umfassten Begriffe wie „regnum" (wie auch „rîhhi") aber durchaus ein Spektrum, das abstrakte und konkrete Vorstellungen vereint, nämlich Königsherrschaft ebenso impliziert wie Königtum und Königreich (als territoriales Element), Herrschaft an sich ebenso wie (konkrete) Herrschaftsrechte und das sich schließlich sogar vom Königtum lösen konnte. Dass „Reich" („regnum"), als „Königsherrschaft", nicht schon den „Staat", sondern nur einen Ausschnitt aus der politischen Daseinsform meinte (J. Fried), ist nicht falsch, misst aber an modernen Maßstäben (genauer an den rechtshistorischen Vorstellungen des 19. Jahrhunderts), während die mittelalterlichen Autoren beides durchaus identifizierten. Dennoch bleibt es bezeichnend für die mittelalterliche Verfassung und Vorstellungswelt, dass die frühmittelalterlichen Menschen den Ausgangs- und Angelpunkt der Herrschaft unbestritten im Königtum erblickten und erst von hier aus auf andere Bereiche übertrugen. Das gilt auch für jenen lateinischen Begriff, der den Vorstellungen einer „Herrschaft" am nächsten kommt, die „potestas", die im Prinzip durchaus als „staatliche" (und daher legitime) „Gewalt" begriffen wurde, auch wenn sie im Einzelfall unrechtmäßig erworben oder gehandhabt werden konnte. Unter solchen Voraussetzungen aber bleibt „Herrschaft" ein zentrales Phänomen, in das sich die religiösen Vorstellungen – Gott als *der* Herr – eingliederten. Dass irdische Herrschaft im Mittelalter dabei stets eine – durch Infrastruktur, genossenschaftliche Elemente und gewohnheitsrechtliche Rahmenbedingungen – beschränkte war, ist seit langem anerkannt.

Gleichwohl bleiben entscheidende Diskrepanzen in der jeweiligen Einschätzung, wird immer noch, wenn auch bewusst provokativ, von „Königsherrschaft ohne Staat" (G. Althoff) oder – in ganz anderem Sinn – von „une France sans état" (P. Geary) ge-

---

18 Kritisch dazu K. Kroeschell, Haus und Herrschaft.
19 Lit. zum Folgenden: J. Fried, *Gens* und *regnum*; Ders., Der karolingische Herrschaftsverband; H.-W. Goetz, Regnum; Hagen Keller, Zum Charakter der ‚Staatlichkeit' zwischen karolingischer Reichsreform und hochmittelalterlichem Herrschaftsausbau, in: FMSt 23 (1989), 248–264; Ders., Reichsorganisation, Herrschaftsformen und Gesellschaftsstruktur im *Regnum Teutonicum*, in: Il secolo di ferro, Bd. 1, 159–203; W. Pohl, Herrschaft.

sprochen. Dass der frühmittelalterliche „Staat" auf einem Miteinander von „Herrschenden und Beherrschten", von König und Adel beruhte (vgl. 3.1.2) und sich folglich als ein „Herrschaftsverband" darbot (J. Fried), dürfte unstrittig sein. „So stoßen wir überall dort, wo wir Institutionen suchen, zunächst einmal auf ein Geflecht personaler Bindungen als die wichtigste Grundlage der Königsherrschaft".[20] Hingegen bleibt es eine Anschauungsfrage, wie „institutionalisiert" auch diese persönlichen Bindungen bereits waren und wie sehr (oder wie wenig) man das Reich bereits losgelöst von seinen Trägern betrachten konnte. Für Helmut Beumann ließ sich ein „transpersonaler Staatsbegriff" erst im frühen 11. Jahrhundert bei Wipo festmachen, doch dürfte dieser Ansatz viel zu spät gewählt sein. Für Johannes Fried war spätkarolingische „Herrschaft" Königsherrschaft, der „Staat" folglich nicht von der Königsfamilie zu trennen. „Der Gerechte ist gestorben und ist doch wie nicht gestorben, denn einen ihm gleichen Sohn hat er als Erben hinterlassen," so kommentierte in Anlehnung an einen Bibelvers bereits der Biograph Ludwigs des Frommen den Tod Karls des Großen.[21] Das Beispiel belegt die Ambivalenz: Das Reich ist hier an die Herrscherfamilie geknüpft, aber es institutionalisierte sich gleichsam in dieser Verbindung und war nicht gänzlich von der Person des einzelnen Königs abhängig. So erscheint es durchaus fraglich, ob es, wie Fried meint, kein zeitgenössisches „Verstehensmodell für das Gesamt der politischen Ordnung" gab oder ob man dieses „Gesamt" (eben den Herrschaftsverband) nicht vielmehr in das skizzierte Verständnis integriert sah. Weder das „Königshaus" noch die „Kirche" boten nach Fried hier eine entsprechende Alternative; ersteres griff zu kurz, weil es nicht den Staat insgesamt erfasste, letztere übergriff das Reich, hielt am Einheitsgedanken fest und schloss den König zwar als Funktion, nicht aber als Institution ein. Fried erblickt in dem mangelnden Verständnis des Staates sogar die Ursache für die Krise des karolingischen Reichs. Eine solche Ansicht widerlegt sich jedoch nicht nur durch die Parallelen (dann hätten schließlich auch alle anderen frühmittelalterlichen Staaten zugrunde gehen müssen), sie scheint mir vor allem die – vorhandenen, aus römischen Traditionen erwachsenen und inzwischen umgeformten, aber auch verfestigten – institutionellen Elemente frühmittelalterlicher Staatlichkeit unterzubewerten: Der „Herrschaftsverband" an sich war ja eine Institution, die zwar einem personellen Wechsel unterlag, aber durchaus allseits akzeptierten Regeln unterworfen war. Tatsächlich weist der Begriffsgebrauch von „regnum", und zwar zunehmend, Elemente auf, die über die reine Königsherrschaft hinausgingen, sich von der Person des Königs lösen konnten und gelegentlich sogar das Miteinander von König und Adel umgriffen.[22] Da Fried dieser Einschätzung vehement widersprochen hat,[23] bleibt die Frage strittig, doch verweist Reinhard Schneider jetzt zu Recht darauf, dass bereits in karolingischer Zeit unter Wendungen wie „tractare de statu regni" Verfassungsdiskussionen im Sinne rechtlich verbindlicher Fixierungen zwischen König

---

20 So H. Keller, Reichsorganisation (wie Anm. 19), 179.
21 Astronomus, Vita Hludowici imperatoris 20, ed. E. Tremp, MGH SSrG 64, Hannover 1995, S. 344f. (nach Ecclus. 30,4).
22 Vgl. H.-W. Goetz, Regnum.
23 J. Fried, Gens und regnum.

und Großen geführt wurden, und plädiert entsprechend ebenfalls für eine Anerkennung „staatlicher" Verhältnisse im frühen Mittelalter.[24]

Ob die ottonische Königsherrschaft demgegenüber völlig anders strukturiert war und – mit Hagen Keller – die institutionellen Faktoren keine Kohärenz im Sinne eines Systems staatlicher Einrichtungen besaß, wird man vor diesem Hintergrund in Frage stellen dürfen. „Institution" und „Personenverband" – und beides sind moderne Ordnungsbegriffe – werden hier als Gegensätze begriffen. Dem mittelalterlichen Verständnis erscheint es angemessener, Personenverband und Ritual nicht als „unstaatlich", sondern eben als Wesenszug frühmittelalterlicher Staatlichkeit zu betrachten. Man mag das als „archaisch" bezeichnen, doch bedeutet das, wie Althoff aufzeigt, alles andere als regellos. Der frühmittelalterliche Staat war daher keine „Institution ohne Institutionen",[25] auch wenn sein Funktionieren auf symbolischen Formen und personalen Bindungen beruhte. Kontrovers – und hier liegt das eigentliche Problem – bleibt aber die Frage, wie viel Staat, wie viel Institutionen man im frühmittelalterlichen Staatswesen annehmen darf.

Bezeichnend für die neuere Forschung sind eine Betrachtung der Staatlichkeit auf allen Ebenen, die Orientierung an den „Realitäten" und die Frage nach dem Funktionieren, den „Mechanismen", der staatlichen Ordnung in der Herrschaftspraxis. Dabei geht es um die konkreten Machtgrundlagen,[26] die komplexen Beziehungsgeflechte, etwa die Frage, wieweit und wie Macht aus Besitz erwächst – „öffentliche" und „private" Gewalt rücken dadurch eng zusammen –,[27] aber auch um das zeitgenössische Verständnis von Macht, das sich in Bildern ebenso erschließt[28] wie in der Bibelexegese und Auslegungsgeschichte[29] oder gar zur Betrachtung einer „Kultur der Macht" führt.[30] Insgesamt wird „Staatlichkeit" heute sowohl von der Herrschaftspraxis als auch vom Herrschaftsverständnis her erfasst. Das führt zwangsläufig zu Angriffen auf allzu idealistische oder systematische Deutungen (vgl. 4.1.6). In solchen Konzeptionen relativieren sich aber auch die Unterschiede von Rechtlichkeit und Unrechtlichkeit, und es scheint kein Zufall, wenn in diesem Zusammenhang in der letzten Zeit zunehmend nach „Gewalt" in der mittelalterlichen Gesellschaft gefragt wird.

Kennzeichnender noch für die neueren Forschungen zum Staat ist die Frage nach dessen zeichenhaften Repräsentationsformen: nach Symbolik, Ritual, Zeremoniell und Herrschaftsrepräsentation (vgl. 3.1.1.5). Das lenkt den Blick auf die „Orte der Macht" (lieux de pouvoir)[31] ebenso wie auf die – rituellen – Formen im Umgang miteinander und in der öffentlichen Zurschaustellung.[32] Entscheidende Anstöße gaben hier Karl Leyser mit seinen Untersuchungen zu den Ursachen der sich jeweils um Mitglieder des

---

24 R. Schneider, Tractare de statu regni.
25 So H. Keller, Reichsorganisation (wie Anm. 19), 167.
26 So beispielsweise in: E. Magnou-Nortier (Hg.), Pouvoirs et libertés.
27 Vgl. dazu den Sammelband W. Davies/P. Fouracre (Hg.), Property and Power.
28 Vgl. C. Raynaud, Images et pouvoirs.
29 Vgl. W. Affeldt, Weltliche Gewalt; P. Buc, L'ambiguïté du livre; W. Stürner, Peccatum und Potestas.
30 Vgl. T. Bisson (Hg.), Cultures of power.
31 Vgl. P. Nora (Hg.), Lieux de mémoire.
32 Vgl. G. Koziol, Begging pardon and favor; K. Leyser, Ritual, Zeremonie und Gestik.

Königshauses scharenden Adelsaufstände im ottonischen Sachsen, deren Urheber eigentlich nur ihr Recht verteidigen oder wiederherstellen wollten (vgl. 4.1.4),[33] oder Janet Nelson mit ihren Arbeiten über die politischen Rituale.[34] Seither hat vor allem Gerd Althoff immer wieder nachdrücklich auf die symbolbehafteten Formen vor allem der Konfliktaustragung und -beilegung, aber auch der Bündnisschließung aufmerksam gemacht (vgl. 4.1.8), die kennzeichnend für eine „orale Gesellschaft" seien (vgl. 4.4.2). Politische Handlungen wurden zu (sorgfältig vorgeplanten) „Inszenierungen" nach festen „Spielregeln", die – als „ungeschriebene Gesetze" – trotz ihrer Anpassungsfähigkeit den Spielraum einschränkten. Althoff spricht von einer „Allgegenwart" und vom hohen „Stellenwert von Zeichen und rituellen Verhaltensweisen in der öffentlichen Kommunikation des Mittelalters", der es mehr auf Demonstration als auf Diskussion angekommen sei.[35] Dass solche Thesen eine moderne, unserer Zeit angemessene Sichtweise bieten und zugleich wichtige mittelalterliche Wesenszüge aufdecken, dürfte ohne weiteres einleuchten. Wie haltbar sie im zeitlich übergreifenden und „internationalen" Vergleich sind, werden erst umfassendere Studien erweisen können. Über den erhellenden neuen Erkenntnissen dürften die (durchaus vorhandenen) institutionellen Wege, beispielsweise die gerichtliche Austragung von Konflikten und deren Einbindung in die Verfassungswirklichkeit, zu sehr vernachlässigt worden sein.

4.1.4 Neue Ansätze zur königlichen Herrschaftspraxis der Ottonen[36]

Von verschiedener Seite her ist die Herrschaftspraxis der Ottonen in den letzten beiden Jahrzehnten paradigmatisch neu bewertet und von der Karolingerherrschaft abgegrenzt worden, wobei der Beginn der Entwicklung bereits im spätkarolingischen Reich keineswegs übersehen wird, der Umschwung also nicht allein an dem neuen Herrschergeschlecht festgemacht werden kann.[37] Die Reformmaßnahmen Karls des Großen und Ludwigs des Frommen stagnierten in der Folgezeit. Eine Kapitulariengesetzgebung gab es im späteren 9. Jahrhundert zunächst im Osten, dann auch im Westen des Reichs nicht mehr, und auch Kontrollorgane wie die „missi dominici" spielten jetzt keine Rolle mehr. Im Kräfteverhältnis zwischen Königtum, Kirche und Adel wuchsen die beiden letzteren zu gleichberechtigten Partnern heran: In den Urkunden wurden (seit Ludwig dem Kind) zunehmend Intervenienten erwähnt. Darüber hinaus zwang die Erblichkeit der Ämter und Lehen zu anderen Formen der Herrschaft, auch wenn der königliche Anspruch auf Vergabe und gegebenenfalls auch Entzug der Ämter durchweg erhalten blieb. Wir kennen eine ganze Reihe von Amtsenthebungen, die in der Regel aber auf Reichsversammlungen beschlossen wurden.[38] Auch die Kirche wurde, als „Reichskirche", nicht erst in ottonischer Zeit, jetzt aber zunehmend in das Herrschaftssystem eingebunden (vgl. 4.3.4). Gerd Althoff betrachtet den Versuch

---

33 K. Leyser, Rule and Conflict.
34 Vgl. J. Nelson, Politics and Ritual.
35 G. Althoff, Verwandte; Ders., Spielregeln.
36 Lit.: Bibl. 5.3.1.2.
37 Vgl. H. Keller, Reichsstruktur. Zusammenfassend zuletzt: G. Althoff, Ottonen, 230 ff.
38 Vgl. A. Krah, Absetzungsverfahren.

Heinrichs I., auf der Grundlage von „Freundschaftsbündnissen" („amicitiae") zu regieren, die mit den Mitgliedern der Führungsschichten in rituellen, an Gebetsverbrüderungen und „coniurationes" erinnernden Formen geschlossen wurden,[39] als ein Charakteristikum dieses Königs, auch wenn Heinrich nach Althoffs Dokumentation an den meisten Verbrüderungen gar nicht selbst beteiligt war und „amicitia" als Begriff und als Freundschaftspakt nach jüngeren, allerdings auf die früheren Jahrhunderte bezogenen Ergebnissen tatsächlich vielfältiger und keineswegs auf die politische Ebene beschränkt war.[40]

Strittig dürfte es aber auch sein, wieweit solche Elemente spezifisch ottonisch waren. Wenn sie sich merklich von der karolingischen Blütezeit unterscheiden, so mag das zumindest auch daran liegen, dass es sich hier um einen – von romanischen Strukturen weitgehend freien – Raum handelt, die Karolingerherrschaft aber meist an dem merowingisch-karolingischen Zentralraum Gallien gemessen wird, während unsere Kenntnis über die konkrete Herrschaftspraxis östlich des Rheins äußerst dürftig ist, einer Gegend, die Johannes Fried zu Recht als „Entwicklungsland" bezeichnet hat.[41] Aus solcher Sicht sollte der Bruch zwischen karolingischer und ottonischer Zeit nicht überbetont werden. Manche Entwicklungen, wie die sinkende Bedeutung der Reichsämter, der Rückgang der Schriftlichkeit oder die Verkleinerung der Hofkapelle, haben bereits im 9. Jahrhundert begonnen. Zudem hat Althoff die symbolische Ausprägung der Herrschaftsrepräsentation (vgl. 3.1.1.5) inzwischen sowohl für das 9. Jahrhundert wie bis ins 13. Jahrhundert hinein nachgewiesen, und sie ist auch keineswegs auf das Ostfränkisch-Deutsche Reich beschränkt. Damit wird auch Kellers Folgerung fragwürdig, das Deutsche Reich habe wegen ihrer Bedeutung in ottonischer Zeit später nie zu jenen Formen der Staatlichkeit finden können, wie sie sich seit dem 12./13. Jahrhundert sonst überall in Europa finden.[42]

Einen anderen Zugang zur Erfassung der ottonischen Herrschaft wählte Eckhard Müller-Mertens mit seinen „Schülern", indem er die Herrschaftspraxis im Spiegel sowohl des – für das werdende Regnum Teutonicum charakteristischen – Itinerars wie der Urkundenvergabe auf der Grundlage quantitativer Analysen betrachtete. In Fortführung und Verfeinerung der älteren Itinerarforschung[43] gelang es ihm, durch eine Betrachtung nicht mehr der einzelnen Aufenthaltsorte, sondern der Regionen und nicht nur der Aufenthalte, sondern der Aufenthaltsdauer, auf die Anzahl der Regierungstage bezogen, am Beispiel Ottos I. rund 60 % (statt zuvor 3 %) des Itinerars zu erfassen. Dabei ließen sich deutlich „Nahzonen" mit „periodischer" und „Fernzonen" mit „sporadischer Königsrepräsentanz" ausmachen, deren Stellenwert von König zu König Schwankungen unterworfen war und die folglich die Kernlandschaften der Königsherrschaft erkennen lassen. Die Initialforschungen zu Otto I. wurden in der Folgezeit durch entsprechende Untersuchungen zu Arnulf, Konrad II. und zuletzt Otto II., jetzt unter Einschluss Italiens, erweitert, das keineswegs nur als „Nebenland" angese-

---

39 G. Althoff, Amicitiae.
40 Vgl. V. Epp, Amicitia.
41 J. Fried, Weg, 387.
42 H. Keller, Reichsorganisation (wie Anm. 19), 195.
43 Vgl. C. Brühl, Fodrum; T. Mayer, Das deutsche Königtum.

hen werden darf (so C. Brühl), sondern integrierter Bestandteil des Imperium war (D. Alvermann). Zwar blieben Ostsachsen, Rheinfranken und Niederlothringen sowie die Lombardei während der gesamten ottonisch-frühsalischen Zeit die Kerngebiete, doch verschoben sich die Gewichte zwischen Otto I. und Konrad II. deutlich. Diese Forschungen bilden inzwischen die Grundlage für weitere Fragen, wie z.B. die unterschiedliche Besetzung der Bistümer in Nah- und Fernzonen der Königsherrschaft.[44]

Dass sich die Regierungspraxis im Ostfränkisch-Deutschen Reich nach der Jahrtausendwende intensivierte (H. Keller), Heinrich II. eine „Zentralitätspolitik" betrieb (S. Weinfurter) und die Bischöfe stärker in das „servitium regis" (Gastungspflicht) einbezog und dass der Hofkapelle bei der Besetzung der Bistümer fortan eine größere Bedeutung zukam als zuvor, ist schon mehrfach beobachtet worden. Traditionell werden solche „Wenden" in der deutschen Forschung vorzugsweise an der Person der Herrscher und hier vor allem am Regierungswechsel von Otto III. zu Heinrich II. einerseits und von diesem zu Konrad II. andererseits festgemacht. Otto III. gilt dabei nahezu durchweg als Ausnahmeerscheinung. Das bis vor kurzem vorherrschende, durch Percy Ernst Schramm geprägte Bild eines festen, auf Rom konzentrierten, am Ideal der antiken Kaiserherrschaft orientierten und von byzantinischen Vorbildern geprägten Herrschaftsprogramms der „Renovatio imperii Romanorum" (als Devise der erstmals 998 verwendeten Bleibulle Ottos)[45] ist durch die Studien Knut Görichs allerdings erschüttert worden.[46] Zum einen beruhte Schramms Bild zum guten Teil auf Quellen, die nicht unmittelbar aus der kaiserlichen Umgebung stammten. Zum andern habe die Rom- und Kaiserpolitik Ottos III. nicht eine Zurücksetzung des Deutschen Reiches bedeutet, zumal der Kaiser, wie kürzlich betont wurde, mehr als seine Vorgänger und Nachfolger auch Aachen, die „Stadt" Karls des Großen, ehrte.[47] Die zeitgenössischen sächsischen Geschichtsschreiber, die Görich nach ihren Einstellungen zur Italienpolitik befragt, verurteilten zwar einzelne Elemente der Kaiserpolitik, wie das byzantinische Hofzeremoniell, doch standen dahinter keineswegs gemeinsame sächsische oder gar „deutsche" Interessen. Ein romfreies Kaisertum wurde nirgends vertreten. Görichs These einer anderen, kirchlich-monastischen Erneuerungspolitik Ottos hat wiederum Gerd Althoff widersprochen. Ob man daraus mit Althoff ein spezifisches Herrschaftskonzept Ottos III. nun ganz bestreiten darf, bleibt allerdings fraglich.[48]

Ein Gegensatz zu Heinrich II. (und seinem sicherlich bewusst gewählten Motto einer „Renovatio regni Francorum") wird durch die neuen Ansichten relativiert.[49] Dynastische Erblichkeit, Kontinuität im Kanzleibetrieb, ottonischer Heiligenkult und Einbindung in die Memoria sprechen gegen eine Wende, und auch Heinrichs vielfach beschworene neue Ostpolitik schließt sich durchaus an die Vorgänger an.[50] Die Regie-

---

44 Vgl. D. Alvermann, Königsherrschaft; E.-M. Eibl, Zur Stellung Bayerns; E. Müller-Mertens, Reichsstruktur; Ders./W. Huschner, Reichsintegration.
45 Vgl. P. E. Schramm, Kaiser, Rom und Renovatio.
46 Vgl. K. Görich, Otto III.
47 Vgl. L. Falkenstein, Otto III. und Aachen.
48 Vgl. G. Althoff, Otto III., 114ff. Kritisch dazu: F.-R. Erkens, Mirabilia mundi.
49 Vgl. G. Althoff, Otto III., 209ff.; B. Schneidmüller/S. Weinfurter (Hg.), Otto III. – Heinrich II.
50 Vgl. Knut Görich, Eine Wende im Osten: Heinrich II. und Boleslaw Chrobry, in: ebd., 95–167, 167.

rung Heinrichs II. war sicherlich keine Wende „zum Deutschen" auf Kosten einer imperialen Politik.[51] Wohl aber lassen sich eine – im Ansatz schon bei Otto III. erkennbare – Ausweitung des Itinerars, eine Intensivierung der sakralen Legitimierung, eine stärkere Betonung des Amtsgedankens, eine fortdauernde Bindung an sein Herkunftsland Bayern, auch in der Wahl seiner persönlichen Umgebung, und nicht zuletzt ein engeres Verhältnis zur Reichskirche und eine Förderung des monastischen Lebens beobachten, und auch die Orientierung auf Bamberg dürfte nicht ohne Bedeutung sein, wenngleich sie sich grundsätzlich in die ottonische Politik der Stiftergrablege einfügt (J. Ehlers). Es mag der Sache am angemessensten sein, Heinrichs Regierung nicht als Wende und schon gar nicht als „programmatische Abkehr" oder als „konzeptionellen Neuansatz",[52] sondern als Intensivierung der Herrschaft zu bezeichnen.[53]

Vor diesem Hintergrund rückt aber auch der viel berufene Gegensatz zwischen dem letzten Ottonen und dem ersten Salier Konrad II. in ein neues Licht. Dass dem kirchen- und klosterfreundlichen „Mönchskönig" Heinrich II. mit dem Salier ein nüchtern denkender Realpolitiker gefolgt sei, wie man früher glaubte,[54] wird sich so undifferenziert kaum halten lassen, auch wenn Hartmut Hoffmann die Unterschiede (als Spielraum im Rahmen des mittelalterlichen Systems) zuletzt noch einmal herausgehoben, das Bild eines laienfreundlichen Konrad aber wohl überzeichnet hat. In der Einbeziehung der Reichskirche setzte Konrad jedenfalls die Politik seines Vorgängers ebenso fort wie in der Kirchenreform (Poppo von Stablo und Malmedy) und in Versuchen einer strafferen Lenkung, wenn seine Klosterpolitik nach jüngstem Urteil vielleicht auch „ohne große erkennbare Linien" blieb.[55] Seine persönliche Frömmigkeit ist von den jüngsten Biographen (F.-R. Erkens; H. Wolfram) noch einmal eigens betont worden; letztlich ließ er den Synoden in kirchlichen Streitfragen sogar mehr Spielraum als sein Vorgänger. Wieweit sich Wenden überhaupt am biographischen Ansatz festmachen lassen, ist durchaus fraglich.[56] Ganz anderen Charakter trägt die Diskussion um die Jahrtausendwende in der westlichen Forschung (vgl. 4.2.5).

4.1.5 Die Entstehung der europäischen „Nationen"[57]

Die Entstehung der europäischen Nationen, besonders Deutschlands und Frankreichs, aus dem ehemaligen Frankenreich ist ein seit langem vieldiskutierter, bis heute kontroverser Forschungsgegenstand zumindest der deutschen Geschichtswissenschaft,[58] während das Thema in Frankreich und England erst allmählich eine Rolle zu spielen

---

51 So richtig Bernd Schneidmüller, Otto III. – Heinrich II. Wende der Königsherrschaft oder Wende der Mediävistik, in: ebd., 9–46, 45.
52 Vgl. Stefan Weinfurter, Otto III. und Heinrich II. im Vergleich, in: ebd., 387–413, 412.
53 Vgl. Thomas Zotz, Die Gegenwart des Königs, in: ebd., 349–386, 279.
54 Vgl. H. Hoffmann, Mönchskönig und *rex idiota*; T. Schieffer, Heinrich II. und Konrad II.
55 So H. Wolfram, Konrad II., 333.
56 So B. Schneidmüller, in: Ders./S. Weinfurter, Otto III. – Heinrich II., 25.
57 Lit.: Bibl. 5.3.1.5, bes. S. Airlie, After Empire; C. Brühl, Anfänge; Ders., Deutschland – Frankreich; C. Brühl/B. Schneidmüller (Hg.), Beiträge; A. Bues/R. Rexheuser (Hg.), Mittelalterliche nationes; J. Ehlers, Entstehung; B. Schneidmüller, Frankreich; ferner: J. Fried, Weg, 9ff.; E. Hlawitschka, Vom Frankenreich, 188ff.
58 Die älteren Aufsätze in H. Kämpf (Hg.), Entstehung des Deutschen Reiches.

beginnt.⁵⁹ Die Forschungsgeschichte sagt mehr über die zeitabhängigen Überzeugungen („die Überformung des Mittelalters durch die Sehnsucht des Historikers")⁶⁰ aus als über die mittelalterliche Geschichte. Dabei setzte sich bereits in den 1940er Jahren die Erkenntnis durch, dass diese Frage nur in strukturellen Vergleichen einmal mit dem Vorläufer, dem Frankenreich, und zum andern der Nachfolgereiche, also vor allem Deutschlands und Frankreichs, untereinander zu bewerkstelligen ist, wobei zunächst vor allem die Unterschiede betont wurden. Ein über längere Zeit von den späten 70er bis in die frühen 90er Jahre hinein gefördertes Großprojekt „Nationes" strebte unmittelbar den „internationalen" Vergleich an und wollte die Entstehung der europäischen Nationen in ihrer Geschichtlichkeit und in ihren wechselseitigen Zusammenhängen erforschen.⁶¹ Dahinter stand die Erkenntnis, dass auch Nationen – allmählich – gewordene Produkte der Geschichte sind und dass deren Beurteilung ganz vom Geschichtsbild geprägt ist.⁶² Bereits für Gerd Tellenbach vollzog sich die Entstehung des deutschen Reiches „in Stufen zwischen 843 und 936".⁶³ Folglich sind frühere Versuche, die „Geburt" des Deutschen Reiches an feste Daten wie den Vertrag von Verdun (843), die Absetzung Karls III. und die Entstehung gleichberechtigter Nachfolgereiche auf fränkischem Boden (887/88),⁶⁴ die Wahl Konrads I. (911) oder Heinrichs I. (919), die gegenseitige Anerkennung von Ost- und Westreich im Bonner Vertrag (921) oder die Sohnesfolge Ottos I. (936) zu binden, inzwischen durchweg aufgegeben: Nationsbildung ist ein langfristiger Prozess. Darüber hinaus besteht inzwischen weitgehend Einigkeit darüber, dass das Ostfränkische Reich des 9. (und wohl auch des 10.) Jahrhunderts keinesfalls bereits als „deutsch" bezeichnet werden kann, und es wäre geradezu anachronistisch, den Vertrag von Verdun als Beginn des Deutschen Reiches zu charakterisieren. Dennoch schuf er Reichsgrenzen, die, modifiziert, eine wesentliche Grundlage der späteren Entwicklung bildeten. Die Bedeutung der Reichsteilungen an sich für die Verfestigung neuer Reiche ist daher ebenso wenig zu bestreiten wie die allmähliche Konsolidierung der Teilreiche, deren Führungsschicht sich, trotz mancher Versuche gegenseitigen Eingreifens und unbeschadet des langen Ringens um die Zugehörigkeit des ehemaligen Mittelreichs Lothars I., zunehmend hinter den (Teil-)Kö-

---

59 Vgl. C. CAROZZI/H. TAVIANI-CAROZZI (Hg.), Peuples; S. FORDE/L. JOHNSON/A. MURRAY (Hg.), Concepts of National Identity; A. SMYTH (Hg.), Medieval Europeans.
60 So Bernd SCHNEIDMÜLLER, Reich – Volk – Nation: Die Entstehung des deutschen Reiches und der deutschen Nation im Mittelalter, in: A. BUES/R. REXHEUSER (Hg.), Mittelalterliche nationes, 73–101, hier 76.
61 Die zugehörige Reihe „Nationes" umfasst neun Bände; vgl. H. BEUMANN/W. SCHRÖDER (Hg.), Aspekte der Nationenbildung; H. BEUMANN (Hg.), Beiträge zur Bildung der französischen Nation; F. GRAUS, Nationenbildung der Westslawen; J. EHLERS (Hg.), Ansätze und Diskontinuität; T. EICHENBERGER, Patria; B. SCHNEIDMÜLLER, Nomen patriae.
62 Vgl. Walter SCHLESINGER, Die Entstehung der Nationen. Gedanken zu einem Forschungsprogramm, in: H. BEUMANN/W. SCHRÖDER (Hg.), Aspekte der Nationenbildung, 11–62.
63 Gerd TELLENBACH, Die Unteilbarkeit des Reiches. Ein Beitrag zur Entstehungsgeschichte Deutschlands und Frankreichs (1941), in: H. KÄMPF (Hg.), Entstehung des Deutschen Reiches, 110–134, hier 212.
64 Symptomatisch für die Diskussion ist der lange Forschungsstreit zwischen Gerd Tellenbach, Martin Lintzel und Walter Schlesinger um die Rolle Arnulfs bei der Absetzung Karls III.; vgl. H. KÄMPF (Hg.), Entstehung des deutschen Reiches.

nig stellte und eine neue politische Identität entwickelte. Bei anderer dynastischer Entwicklung hätten Deutschland und Frankreich durchaus eine ganz andere Gestalt annehmen können. Aber auch der Zeitpunkt der Entstehung neuer Nationen hat sich merklich verschoben. Stimmen, die für eine Entstehung des Deutschen Reiches in den ersten Jahrzehnten des 10. Jahrhunderts eintreten,[65] stehen heute eher vereinzelt da. Je nach Gesichtspunkt wird der Entstehungszeitraum sogar in das 11. und 12. Jahrhundert verschoben. Vor allem Carlrichard Brühl, der das 10. Jahrhundert als eine Spätphase fränkischer Geschichte betrachtete, vertrat eine späte Entstehung: Vor Konrad II. könne man überhaupt nicht von „deutscher Geschichte" sprechen.

Die frühere Forschung hatte in erster Linie auf den politischen und verfassungsgeschichtlichen Wandel (Königswahlen, Teilungen, Herzogtümer) geblickt, doch erklären die verfassungsgeschichtlichen Wandlungen[66] zwar die Abkehr von der karolingischen Verfassung, nicht aber die Entstehung der „Nationen". Diese leitet sich nach heutigen, in der Geschichtswissenschaft zunächst durch Reinhard Wenskus initiierten und an den germanischen Völkern der Wanderzeit erforschten Vorstellungen von den komplexen Vorgängen der Ethnogenese ab, in der, entgegen älterer Ansichten, weniger die gemeinsame Abstammung als vielmehr der Glaube daran, das Traditionsbewusstsein, sowie die politische Führung als entscheidende Kräfte gelten und die als ein ständig im Fluss befindlicher Prozess begriffen wird (vgl. 4.1.1). Doch bleibt es auch hier strittig, ob Ethnogenese und Nationsbildung nach demselben Muster verlaufen oder letztere als „supragentil" davon abzuheben ist. Daneben sind seit einiger Zeit weitere Kriterien getreten, die zu ganz anderen Einschätzungen führen, nämlich einmal die politisch-geographische Begrifflichkeit, die Entstehung eigener Namen für die neuen Reiche,[67] die sich nur ganz allmählich durchsetzten und damit den Prozess der Reichs- und Nationsbildung widerspiegeln (W. Eggert), zum andern das Selbstverständnis. Als „regnum Teutonicum" wird das Deutsche Reich nach den Ergebnissen von Eckhard Müller-Mertens tatsächlich erst im späten 10. Jahrhundert, und zwar von außen, von (Mittel-)Italien und Venedig aus, bezeichnet; erst in den 70er Jahren des 11. Jahrhunderts wurde der Begriff im Reich selbst aufgegriffen, um sich hier allmählich durchzusetzen. Der einzige Frühbeleg zum Jahr 920 in den Annales Iuvavenses maximi bleibt trotz langer, scharfsinniger Diskussion hingegen zu unsicher (es handelt sich um eine Schreibübung des 12. Jahrhunderts) und zu singulär für eine Frühdatierung der Vorstellung von einem „Deutschen Reich" und ist außerdem ebenfalls als

---

65 So dezidiert Eduard Hlawitschka, Vom Ausklingen der fränkischen und Einsetzen der deutschen Geschichte. Ein Abwägen von Kriterien, in: C. Brühl/B. Schneidmüller (Hg.), Beiträge, 53–81; Ders., Übergang; vgl. auch J. Jarnut, Gedanken zur Entstehung; J. Ehlers, Anfänge, 44: Die französische Geschichte hat in den Jahren 888 bis 922 begonnen.

66 Dazu noch einmal Eckhard Müller-Mertens, Frankreich oder Nicht-Frankreich? Überlegungen zum Reich der Ottonen anhand des Herrschertitels und der politischen Struktur des Reichs, in: C. Brühl/B. Schneidmüller (Hg.), Beiträge, 45–52.

67 Vgl. C. Brühl, Anfänge, 172: „Ist es methodisch erlaubt, vom 'Deutschen Reich' und vom 'deutschen Volk' zu sprechen, solange diese Begriffe der Sprache unserer Quellen fremd sind?" Lit.: W. Eggert, Das ostfränkisch-deutsche Reich; Ders., Ostfränkisch; E. Ewig, Beobachtungen; W. Mohr, Begriffliche Absonderung; Ders., Von der „Francia Orientalis"; E. Müller-Mertens, Regnum Teutonicum.

Fremdbezeichnung zu werten.[68] Die vorausgegangene Kontroverse um den Begriff „deutsch" („theodisk"/"teutonicus"),[69] der erstmals 786 und in seiner latinisierten Form in den 30er Jahren des 9. Jahrhunderts bezeugt ist, fügt sich hier insofern ein, als diese Begriffe zunächst auf die Volkssprache und das Volk, nicht aber auf die politische Ordnung verwiesen und die germanischen Sprachen insgesamt erfassten; gerade die ältesten Belege bezogen sich auf Langobarden und Angelsachsen. Die Thesen von Heinz Thomas, der bereits das altdeutsche „theudisk" als Lehnübertragung des lateinischen „teutonicus" begreifen und dieses im Zusammenhang der Rompolitik Karls des Großen und der päpstlich-königlichen Verhandlungen von 774 oder wenig später entstanden wissen will – das würde jedes sich auf die Sprache gründende Gemeinschaftsbewusstsein widerlegen –,[70] sind sprachgeschichtlich allerdings kaum haltbar.[71]

In Frankreich, das sich begrifflich über Jahrhunderte hinweg in ungebrochener Kontinuität als (das) „regnum Francorum" verstand, weitete sich der mit der königlichen Kernlandschaft der Île-de-France verbundene „Francia"-Begriff erst im 12. Jahrhundert auf das Gesamtreich aus und wurde sogar erst im 13. Jahrhundert zum offiziellen Staatsbegriff.[72] Das widerlegt weder ein früheres Reichsbewusstsein, das in Frankreich durchaus in Abgrenzung vom Osten bereits im 10. Jahrhundert feststellbar ist,[73] noch eine frühere Existenz Deutschlands und Frankreichs, es beweist aber, dass diese noch nicht als „Deutschland" und „Frankreich" *begriffen* worden sind. Wenn Schneidmüller nachweisen kann, dass die Berufung auf die karolingische Tradition eine entscheidende Rolle für ein frühes französisches Nationalbewusstsein spielte, so wird man beides folglich nicht mehr als Widerspruch werten dürfen, weil man es damals nicht als solchen empfand.[74]

Damit eng verbunden sind in der neueren Diskussion Selbstverständnis und Identität (das „Wir-Gefühl") der Menschen, nämlich das Entstehen eines National*bewusstseins*, das eindeutig allerdings noch später, nämlich erst im 12. Jahrhundert, nachweisbar ist.[75] Im 9. und 10. Jahrhundert hingegen übertraf das „Stammesbewusstsein" der einzelnen Völker nach den Ergebnissen Wolfgang Hesslers noch ein „Reichsbewusstsein", und Wolfgang Eggert kam 1973 zu dem Ergebnis, dass das Fehlen eines zusammenfassenden Begriffs für das Ostfränkische Reich als typisch für die zeitgenössische Historiographie gelten muss, während Ursula Penndorf auf der anderen Seite gerade im Osten noch Vertreter einer Reichseinheitsidee nachweisen konnte. Das alles widersprach einem frühen deutschen Nationalbewusstsein, auch wenn man den

---

68 Dazu zuletzt J. JARNUT, Treppenwitz.
69 Vgl. H. JAKOBS, Theodisk; J. JARNUT, Teotischis homines; resümierend J. EHLERS, Entstehung, 41 ff.
70 Vgl. H. THOMAS, Die Deutschen; DERS., *Frenkisk*; DERS., Regnum Teutonicorum; DERS., Ursprung des Wortes Theodiscus; DERS., Zur Geschichte des Wortes „deutsch".
71 Vgl. W. HAUBRICHS (Hg.), Deutsch; I. REIFFENSTEIN, Bezeichnungen; DERS., Theodiscus/diutisc.
72 Vgl. B. SCHNEIDMÜLLER, Nomen patriae.
73 Vgl. Bernd SCHNEIDMÜLLER, Französisches Sonderbewußtsein in der politisch-geographischen Terminologie des 10. Jh., in: H. Beumann (Hg.), Beiträge zur Bildung der französischen Nation, 49–91; DERS., Karolingische Tradition.
74 Dass Gleiches auch für Deutschland gilt, betont M. SPRINGER, Fragen zur Entstehung.
75 Lit.: W. EGGERT/B. PÄTZOLD, Wir-Gefühl; W. HEßLER, Anfänge des deutschen Nationalgefühls; U. PENNDORF, Problem der „Reichseinheitsidee".

Bezug auf König und Regnum andererseits nicht unterschätzen sollte: Setzten sich demnach die Teilreiche im Bewusstsein der Menschen immerhin zunehmend als politische Beziehungsfaktoren durch, so war ein deutsches oder französisches Nationalbewusstsein im 9. und 10. Jahrhundert ein „Wunschtraum vergangener Historikergenerationen".[76] Die „nationale Identität" spielt im Übrigen auch in der neueren französischen und englischen Forschung die wichtigste Rolle. Nach Philippe Contamine waren die Bewohner Frankreichs jedoch noch um 1300 weit davon entfernt, sich als ein einheitliches Volk zu begreifen[77] (während die nationale Identität Frankreichs schon im frühen Mittelalter für die meisten Franzosen nach wie vor als Faktum gilt).

Die verschiedenen Kriterien führen nicht zu vereinbarenden Ergebnissen, ihre jeweilige Gewichtung ist verantwortlich für die weit voneinander differierenden Zeitansätze. Auf der einen Seite ist das „Nationalbewusstsein" ein nicht zu unterschätzender Faktor, auf der anderen Seite setzt es eine Verfestigung der politischen Strukturen bereits voraus. „Deutsches Reich" und „deutsche Geschichte", so meinte deshalb Joachim Ehlers, sind zu unterscheiden.[78] Nationsbildung ist insgesamt jedenfalls ein komplexer, langfristiger Prozess, dessen bisherige Erforschung von drei möglicherweise falschen Voraussetzungen ausgegangen ist. Zum einen geht man (bis heute) der Entstehung des modernen Deutschen Reiches als eines langfristigen Prozesses nach – unter diesem Gesichtspunkt ist der Prozess auch im 15. Jahrhundert noch nicht abgeschlossen –,[79] ohne zu berücksichtigen, dass zwischenzeitliche Wandlungen auch eine jeweilige, zeitspezifische Eigenbetrachtung erfordern. Zum andern hat die ältere Forschung die Nationsbildung an vorhandene Völker gebunden, die Existenz eines deutschen Volkes bzw. eine ungebrochene Kontinuität von der germanischen zur deutschen Geschichte vorausgesetzt und vor diesem Hintergrund die Entstehung eines Deutschen Reiches geradezu für unvermeidlich gehalten.[80] Erst in den letzten Jahrzehnten ist unter dem Einfluss der Forschungen zur Ethnogenese die Erkenntnis gewachsen, dass „Volk" und „Nation" keineswegs in einseitig ausgerichteter, sondern in Wechselwirkung zueinander stehen und dass Nationsbildung ein politischer Vorgang ist, der die Volksbildung erst zur Folge hatte:[81] Aus dieser Sicht ist die deutsche „Nation" älter als das deutsche Volk und Ergebnis der politischen Einigung. „Nicht das deutsche Volk schuf das deutsche Reich, sondern das Reich formte sein Volk, um schließlich nach diesem benannt zu werden."[82] Aber auch „Reich" und „gens" waren nicht identisch: Es gab „gentes", die ein Reich bildeten, und solche, die darin aufgingen.[83] Wichtiger noch ist die Erkenntnis, dass die sich seit dem 9. Jahrhundert ankündigen-

---

76 So C. Brühl, Deutschland – Frankreich, 301.
77 Philippe Contamine, Qu'est-ce qu'un „étranger" pour un Français de la fin du Moyen Âge?, in: C. Carozzi/H. Taviani-Carozzi (Hg.), Peuples, 27–43.
78 Ehlers, Entstehung, 67. Vgl. schon W. Schlesinger, Entstehung (wie Anm. 62).
79 Vgl. J. Ehlers (Hg.), Ansätze und Diskontinuität.
80 Dagegen bereits Gerd Tellenbach, Wann ist das Deutsche Reich entstanden? (1943), in: H. Kämpf (Hg.), Entstehung des Deutschen Reiches, 171–212.
81 Vgl. H. Beumann, Unitas ecclesiae; Joachim Ehlers, Die deutsche Nation als Gegenstand der Forschung, in: Ders. (Hg.), Ansätze und Diskontinuität, 11–58, hier 30.
82 So bereits J. Jarnut, Gedanken zur Entstehung, 111.
83 Karl Ferdinand Werner, Völker und Regna, in: C. Brühl/B. Schneidmüller, Beiträge, 15–44, hier 15 f.

de Entstehung Frankreichs und Deutschlands (wie auch der anderen Nationen) das Ergebnis historischer Entwicklungen ist, denen das Bewusstsein einer Eigenständigkeit und ein „Nationalbewusstsein" erst später, seit der zweiten Hälfte des 11. Jahrhunderts, folgten. Es gab niemals das erklärte Ziel, eine „deutsche Nation" zu schaffen.[84] „Nationen sind nicht übergeschichtlich vorhanden, sondern Resultate historischer Prozesse der nachkarolingischen Zeit".[85] Die zeitweilige Existenz eines Mittelreichs, der „Kampf" um Lothringen (870–925), aber auch die wechselnden Grenzen im Osten, der Versuch Arnulfs von Bayern, ein eigenes Königtum zu errichten, die – im 19. Jahrhundert ebenfalls heftig diskutierte – Italienpolitik der deutschen Könige und Kaiser oder die spätere Angliederung Burgunds deuten an, dass das „Deutsche Reich" nicht nur anders hätte aussehen können, sondern im Mittelalter tatsächlich anders aussah als sein neuzeitlicher Nachfolger. Die künftige Diskussion müsste sich daher stärker auf die Frage nach Ausgrenzung und Veränderung und nach dem Bewusstwerden solcher Wandlungen konzentrieren, statt nach dem Werden der Nationen als „Endprodukt" der Geschichte zu fragen.

Ein dritter Kritikpunkt könnte sich dagegen richten, dass die Existenz von Nationen in der deutschen und französischen Forschung nie in Frage gestellt wurde, sondern dass man immer nur nach dem Zeitpunkt oder Zeitraum der Nationsbildung gefragt hat. Man könnte die beschriebenen Prozesse daher ebenso gut unter dem Aspekt der Machtverlagerung betrachten. „The break-up of the Carolingian empire should be understood as a transformation of power and authority rather than as the beginning of European nations; or rather these two processes are linked but it is the former that is of primary concern to the historian of this period."[86] Die Forschungen haben eine „Priorität des Politischen"[87] und die Bedeutung eines nationalen Denkens aufgezeigt. Möglicherweise gibt es jedoch gar keine festen „Nationen", sondern *nur* ein National*bewusstsein*, das erst als solches politisch wirksam wird. Die Frage der Nationsbildung im Mittelalter bleibt letztlich immer noch dem seit dem 19. Jahrhundert erstarkten national(istisch)en Interesse verpflichtet. Sie verliert ihren Stellenwert unter den veränderten Bedingungen. Nicht zufällig wird daher heute auf der einen Seite erneut die Frage der „Teil-Identitäten" (der so genannten Stämme) betont: Der Prozess der deutschen Nationsbildung war eingeordnet in die Vielfalt gleichzeitiger Ethnogenesen auf deutschem Boden.[88] Wieweit die Vereinigung verschiedener Völker in einem Volk der Deutschen dabei eine Besonderheit der deutschen Geschichte ist,[89] bleibt angesichts dieser ethnogenetischen Prozesse eine offene Frage. Auf der anderen Seite rücken die derzeitigen Bemühungen um eine Einigung Europas das Großfränkische Reich wieder stärker in den Mittelpunkt unseres Interesses. Dabei sind – trotz warnender Stimmen – im Hinblick auf ein frühes europäisches Bewusstsein ähnliche Fehldeutungen zu erwarten wie bei der Frage der Nationsbildung.

---

84 Vgl. J. Fried, Weg, 15: „Die Deutschen schlitterten in ihr nationales Dasein, ohne es zu merken und ohne es zu erstreben." Die Zufälligkeit betont auch M. Springer, Fragen zur Entstehung.
85 So B. Schneidmüller, Frankenreich, 772.
86 So S. Airlie, After Empire, 158.
87 So J. Ehlers, in: Ders. (Hg.), Ansätze und Diskontinuität, 36.
88 So B. Schneidmüller, Reich (wie Anm. 60), 98f.
89 So K. F. Werner, Völker und Regna (wie Anm. 83), 42.

4.1.6 Entstehung und Stellenwert des Lehnswesens[90]

Das jahrzehntelang dominierende Bild des mittelalterlichen Lehnswesens als eines Inbegriffs des Mittelalters schlechthin, wie es vor allem von dem Rechtshistoriker Heinrich Mitteis entworfen wurde und seither in der deutschen Geschichtswissenschaft vorherrscht, ist in den letzten Jahren in die Kritik geraten. Zwar geht es nicht darum, seine Existenz an sich zu bestreiten, aber doch seine Wirkung und Bedeutung zu relativieren und zu fragen, ob man sich das Ganze als ein so fest gefügtes System vorstellen darf, wie das der populäre Band von François Louis Ganshof widerspiegelt. Schon Marc Bloch hatte bewusst zwei Phasen der Durchsetzung (das „premier" und „deuxième âge du féodalisme") unterschieden.[91] Brigitte Kasten hat zu Recht darauf hingewiesen, dass das dingliche und das personale Element des Lehnswesens (Beneficium und Vasallität) noch bis in die späte Karolingerzeit getrennt auftreten konnten und die Bedeutung des Beneficiums ohne Vasallität in der Forschung völlig unterschätzt worden sei, ja dass es zwischen dem Lehen und der prekarischen Leihe (bei der jemand sein Gut einem Herrn auftrug, der es als nun herrschaftliches Gut dem Schenker zur Nutzung zurückerstattete) keine festen Grenzen gab, dass die Prekarie bis in das 10. Jahrhundert hinein vielmehr ebenfalls als „beneficium" bezeichnet werden konnte und keineswegs auf die bäuerliche Leihe beschränkt war.[92] Damit wird der Übergang zwischen der adlig-freien und der bäuerlichen Leihe fließend, während die Vasallität als solche früher möglicherweise überschätzt worden ist. Jedenfalls wirkt bereits Kienasts Übersicht über die eindeutigen Belege durchaus ernüchternd.[93] Solche Befunde zeigen, dass das Problem im frühen Mittelalter weder prosopographisch noch begriffsgeschichtlich zu lösen ist und lassen Zweifel an einer starren Einheitlichkeit des Systems aufkommen.

Einen Generalangriff gegen die herrschende Lehre unternahm vor wenigen Jahren Susan Reynolds, die dabei nicht bei einer Überprüfung der Rechtstheorie ansetzte, sondern nachprüfen wollte, wieweit die Theorie des Lehnswesens auf der einen und die Quellenaussagen über gesellschaftliche und politische Bindungen auf der anderen Seite übereinstimmten.[94] Den Vorwurf, dass sie von den englischen Verhältnissen ausgehe, bei denen das Lehnswesen nach verbreiteter Meinung ohnehin erst mit der normannischen Eroberung Fuß gefasst hat, wird man ihr nicht machen können, da sie bewusst verschiedene Teile des Abendlandes jeweils getrennt betrachtet. Reynolds kritisierte zu Recht, dass die Quellen zu sehr aus dem Vorverständnis eines Lehnssystems heraus interpretiert und „fidelis" (zu Unrecht) durchweg mit „Vasall", „beneficium" mit „Lehen" übersetzt worden seien, und forderte als Konsequenz eine schärfere Trennung zwischen mittelalterlichen Begriffen und modernen Konzepten. Sie stellte

---
90 Lit.: Bibl. 5.3.1.3.
91 M. Bloch, Société féodale.
92 B. Kasten, Beneficium (wie Anm. 50, Kap. 3.1).
93 W. Kienast, Fränkische Vasallität. In kritischer Würdigung dazu: A. Krah, Fränkisch-karolingische Vasallität, die moniert, dass Kienast weithin auf der gräflichen Ebene bleibt und hier eine Lehnsbindung zu Unrecht voraussetzt, während nichtgräfliche Magnaten den Kreis der feststellbaren Vasallen noch erweitern würden.
94 S. Reynolds, Fiefs and Vassals.

nicht die Bedeutung personaler Bindungen zwischen den Mitgliedern der Führungsschichten an sich in Frage, stellte das Lehnswesen aber in den Kontext der gesamten Sozialbeziehungen, klammerte dabei allerdings unberechtigterweise die grundherrschaftlichen Bindungen aus. Die mittelalterliche Wirklichkeit erscheint hier weit vielfältiger als unter dem starren Konzept eines Lehnssystems, und in der Praxis, nämlich der tatsächlichen Nutzung, verschwammen die Unterschiede zwischen freiem Eigentum (Allod) und Lehnseigentum. Reynolds ging allerdings noch weiter und bestritt, dass die Bindungen und Pflichten, für die man bislang das mittelalterliche Lehnswesen bemüht hat, besonders die Kriegspflicht der Vasallen, tatsächlich auf der Lehnsbindung beruhten, und wollte sie eher aus den Besitzverhältnissen erklären. Das trifft den Nerv der Lehre vom Lehnswesen, ist allerdings so abwegig nicht, sondern würde eine unmittelbare Fortsetzung der frühmittelalterlichen Kriegsdienstpflichten bedeuten, nur dass mit dem Reiterheer auch der Besitz, der zum Kriegsdienst verpflichtete, zwangsläufig größer werden musste. Die Lehnsbindungen, so Reynolds, waren nicht Auswüchse einer schwachen, unbürokratischen Regierung, sondern im Gegenteil einer zunehmenden Bürokratie (wobei dieser Begriff allerdings nicht weniger schief ist als „Lehnswesen").

Reynolds schließt ihr Buch mit den vorsichtigen Worten: „In any case all my conclusions, whether negative or positive, substantial or methodological, are put forward rather as hypotheses to be tested, refined, and falsified, than as firm conclusions".[95] Dazu ist die Forschung aufgerufen, die ihren Thesen bislang eher ablehnend gegenübersteht. Die Lehen existierten, und sie waren von Bedeutung – so beschließt Thomas Bisson den jüngsten Beitrag, in dem das 11. Jahrhundert in Südeuropa aber vielfach als Umbruchphase gilt.[96] Vor allem Elisabeth Magnou-Nortier hat auf Schwächen der Theorie Reynolds', nicht zuletzt die mangelnde Quellenanalyse, hingewiesen:[97] Das Besitzrecht, dessen Bedeutung sie ebenfalls unterstreicht, erkläre allein noch nicht dessen „staatliche" Nutzung, wie überhaupt die königliche Gesetzgebung und entsprechende Regelungen der Dienste zu sehr außer acht gelassen worden und Allod und Lehen weiterhin zu unterscheiden seien. Man wird Herrschaftsrechte kaum allein aus dem Besitz erklären können (das ist das Ergebnis einer in Deutschland bereits nach der Jahrhundertwende geführten, langen Diskussion), doch wird die künftige Forschung zum einen gut daran tun, die vasallitischen Beziehungen, die sicherlich nicht erst eine Schöpfung des hohen und späten Mittelalters sind, wie Susan Reynolds meint, nicht als ein fest geregeltes System im „klassischen" Sinn zu begreifen, sondern als personale, im einzelnen differenzierte Bindungen, die sich in verschiedenen Formen ausgestalten konnten, und daher eher diese personalen, sich gegenseitig überlagernden Geflechte in ihren Zusammenhängen zu betrachten. Erst seit dem 11. Jahrhundert ist – zunächst wohl in Italien – eine „Verrechtlichung" des Lehnswesens erkennbar. Zum andern ordnet sich das Lehnswesen in die größeren Zusammenhänge des „Feudalismus" ein, ohne damit identisch zu sein, so dass man zwischen verschiedenen Feudalismusbegriffen unterscheiden muss. Während die deutsche Forschung zudem in der

---

95 S. Reynolds, Fiefs and Vassals, 482.
96 T. Bisson, Conclusion, in: P. Bonnassie (Hg.), Fiefs, 457–465.
97 E. Magnou-Nortier, Féodalité en crise.

rechtsgeschichtlichen Tradition, vor allem von Heinrich Mitteis, steht, begreift die west- und südeuropäische Forschung „Feudalismus" als eine die gesamte Gesellschaft erfassende Lebensform.[98] Trotz aller Unterschiede im Verständnis des Begriffs wie des Wesens des „Feudalismus" in seinen regionalen Zusammenhängen wird man die Unterschiede in den einzelnen Reichen nicht überbetonen dürfen. Kennzeichnend dafür ist ein Artikel von David Bates, der selbst in dem zuvor meist als Sonderfall behandelten vornormannischen England ähnliche Verhältnisse wie auf dem Kontinent konstatiert.[99]

4.1.7 Forschungsprobleme um Grafschaftsverfassung und Herzogtümer

Begriff und Amt des aus der Spätantike stammenden „comes civitatis" haben im Verlauf des Mittelalters weitreichende Wandlungen durchgemacht.[100] Dem Begriff nach ursprünglich am Hof anzusiedeln (als „Begleiter" oder Gefolgsleute des Kaisers bzw. Königs), bekleideten die „comites" noch in der Spätantike das wichtigste weltliche Amt auf der regionalen Ebene. Umstritten ist, ob der germanische „grafio" ursprünglich ein gesondertes Amt war. Soweit die Quellen zurückreichen, sind „comes" und „grafio" aber Bezeichnungen für dieselbe Funktion.[101] In karolingischer Zeit wurde die *Grafschaft* zu einer Verwaltungsinstitution ausgebaut, über deren Verbreitung und Charakter viel gestritten worden ist. Gegenüber der alten, rechtsgeschichtlichen Lehre einer lückenlosen Aufgliederung des Reichs in Grafschaften hatte die so genannte neue Verfassungsgeschichte die Systematik einer „Grafschaftsverfassung" bezweifelt, auf die Unterschiede zwischen Gau und Grafschaft hingewiesen – deshalb wurde die Lage verschenkter Güter in Königsurkunden durchgängig mit der Wendung „in pago *et* in comitatu N. comitis" angegeben – und die allmähliche und phasenverschobene Einführung der Grafschaftsverfassung in den einzelnen Reichsteilen herausgearbeitet, allerdings auch den personalen Charakter des Amts überbetont (die Grafschaft als „Personenverband") und schließlich sogar den Wirkungsbereich der Grafen auf Königsgut und „Königsfreie" (vgl. 4.2.2.2) beschränken wollen, während so genannte „Allodialgrafschaften" (A. Waas) auf Eigenherrschaft beruht hätten. Demgegenüber betont Hans Kurt Schulze erneut den Amtscharakter und die Zuständigkeit des Grafen über alle Freien seines Komitats. Die in den ostrheinischen Gebieten mit der Unterwerfung der einzelnen Regionen eingeführte Amtsgewalt des Grafen war klar territorial abgrenzbar – die karolingischen Reichsteilungen gaben teilweise gerade die Grafschaftsgrenzen an – und wurde im Verlauf des 8. Jahrhunderts in allen Reichsteilen als existent vorausgesetzt. Schulze griff bei seiner Untersuchung im Gegensatz zu der älteren Lehre allerdings vorwiegend auf Rechtsquellen zurück; seine Korrekturen bedeuteten schon von daher eine gewisse Rückkehr zu dem geschlossenen Bild des alten rechtsgeschichtlichen Lehrgebäudes. Er trug der Adelsforschung im Ergebnis aber

---

98 Vgl. zuletzt: Il Feudalesimo; P. BONNASSIE (Hg.), Fiefs (allerdings mit Schwerpunkt ab dem 11. Jahrhundert).
99 David BATES, England and the „Feudal Revolution", in: Il Feudalesimo, 611–649.
100 Lit.: Bibl. 5.3.1.4.
101 So A. MURRAY, Position of the *grafio*; anders T. BAUER, Graf.

mit der Folgerung Rechnung: „In der Person des Grafen verband sich in besonderer Weise der königliche Amtsauftrag mit dem Anspruch des Adels auf Herrschaft und Führung".[102]

Während Ulrich Nonn Schulzes Lehre mittels begrifflicher und prosopographischer Untersuchungen für Lothringen bestätigen konnte, hier aber eine differenzierte Raumgliederung annahm, die „pagus" und „comitatus" unterschied,[103] hat Michael Borgolte demgegenüber am Beispiel Alemanniens erneut stärker differenziert. Seine Ergebnisse beruhen nicht auf normativen Rechtsquellen, sondern einerseits auf einer kritischen Untersuchung der St. Galler Privaturkunden und ihrer Formeln (nicht zuletzt der „sub comite"-Datierung), andererseits auf einer umfassenden Prosopographie der Amtsträger.[104] Borgolte löste das starre verfassungsgeschichtliche Schema wieder in eine Entwicklung auf und betonte die landschaftlichen Unterschiede innerhalb Alemanniens.[105] Nach der Beseitigung des Herzogtums (746) setzten die Karolinger Landfremde als Grafen ein, um 760 begann durch Warin und Ruthard eine umfassende Reform. Daneben gab es nach Borgolte aber auch „Königsgutgrafschaften" (Fiskus Zürich) und „Allodialgrafschaften" (im innerschwäbischen Baarengebiet). Im Osten (Nibelgau) wuchs die Grafschaft parallel zur Expansion von Siedlung und Königsgut heran. Die flächendeckende Verbreitung und die Durchsetzung der Amtsgrafschaften wären danach das Ergebnis einer längeren Entwicklung, die, nach Ausweis der Grafenformel in den St. Galler Urkunden, 817 weitgehend abgeschlossen war und jetzt – im Zusammenhang mit den intensiven Reformmaßnahmen dieses Jahres – nahezu vollständig in die Datierung vordrang: Der Anteil der Grafenformel stieg in diesem Jahr von 50 auf 95 %. Dieser Befund bleibt auffällig, auch wenn Hans Kurt Schulze dagegen eingewandt hat, dass das Fehlen der Grafenformel nicht einen „grafschaftsfreien Raum" belege und die Formel zunächst nur eine Umstellung des Formulars und nicht zwangsläufig eine Zäsur in der Verfassung bedeute.[106]

Borgoltes Verdienst ist es, gezeigt zu haben, dass auch die Grafschaften sich erst allmählich entwickelt haben. Offenbar dauerte es eine geraume Zeit, bis sie sich in allen Gegenden und bis die Grafenrechte sich in der ganzen Grafschaft durchsetzen konnten. Das ergibt zweifellos ein wirklichkeitsnäheres Bild. Tatsächlich wird man den verfassungsgeschichtlichen und den prosopographischen Ansatz aber nicht alternativ gegeneinander stellen dürfen, sondern stärker zusammensehen müssen: Natürlich musste die Rechtsnorm nicht der Wirklichkeit entsprechen, doch deutet andererseits ein Fehlen von Quellenbelegen nicht auf ein Fehlen von Grafen, eine selbständige Herrschaft noch nicht auf den „amtsfreien" Raum „allodialer Grafschaften", denn der prosopographischen Methode gelingt es nur bedingt, zwischen Amtsfunktionen und Eigenrechten der Grafen zu unterscheiden, während Rechtsquellen wiederum nicht die zeitlichen und inhaltlichen Differenzierungen erkennen lassen. Trotz beiderseitiger

---

102 H. K. Schulze, Grafschaftsverfassung, 347.
103 U. Nonn, Pagus und Comitatus.
104 M. Borgolte, Geschichte der Grafschaften Alemanniens; Ders., Grafen Alemanniens.
105 M. Borgolte, Geschichte der Grafschaften Alemanniens, 257f.
106 Hans K. Schulze, Grundprobleme der Grafschaftsverfassung. Kritische Bemerkungen zu einer Neuerscheinung, in: ZWLG 44 (1985), 265–282.

Polemik sind die Arbeiten von Schulze und Borgolte daher auch als gegenseitige Ergänzungen anzusehen. Nachweisbar ist eine lückenlose Einteilung Alemanniens in Komitate jedenfalls erst seit der Zeit Ludwigs des Frommen, und sie blieb bis zum Ende des 9. Jahrhunderts im Wesentlichen stabil. Wohl aber gab es weiterhin Machtverschiebungen zwischen den einzelnen Grafen. Prosopographisch lässt sich die Existenz mächtiger „Grafensippen" schon zur Zeit Karls des Großen feststellen. Gegen Ende des Jahrhunderts verstärkten sich die Tendenzen zur Erblichkeit und Machtanhäufung und mündeten damit in die Geschichte der Herzog- oder Fürstentümer ein, während die Grafschaften des hohen Mittelalters bislang keine neuere systematische Untersuchung erfahren haben. Die Forschung beschränkt sich hier auf Studien zu einzelnen Räumen und Geschlechtern.[107]

Forschungskontroversen über das *Herzogtum*[108] beziehen sich auf den Entstehungsakt (waren die Herzöge vom König ernannt, hatten sie ihre Stellung usurpiert oder wurden sie durch den Stammesadel erhoben?), die Herzogstradition (knüpften die Herzöge an das ältere Stammesherzogtum an, oder handelte es sich um ein neues Phänomen?), die Vergleichbarkeit nord- und süddeutscher Herzöge oder deutscher Herzogtümer und französischer Fürstentümer, die Herrschaftsgrundlagen (Stamm, Teilreich, Ämter, Adelsrechte), vor allem aber um das Wesen des Herzogtums (Amt oder ein souveränes Fürstentum?). Hatte die ältere Forschung eine kontinuierliche Entwicklung der („Volks-")Herzogtümer von der germanischen Frühzeit bis in das hohe Mittelalter hinein angenommen, so sind solche Zusammenhänge – ist damit auch die Anknüpfung des jüngeren an das ältere, von den Karolingern beseitigte Herzogtum – zunehmend fraglich geworden. Neuere Forschungen gehen nicht mehr von einem festen Herzogsbegriff aus, sondern verfolgen dessen Entwicklung bis zur vollen Ausbildung der Herzogsgewalt, und sie sehen die ostfränkischen Herzogtümer in engerem Zusammenhang mit den westfränkischen Prinzipaten. Die ältere Lehre, nach der die Herzogtümer auf der Kraft der „Stämme" (oder Völker) beruhende und von innen heraus durch den „Stamm" legitimierte „Stammesherzogtümer" waren, wird zwar immer noch vertreten, ist ohne Modifizierungen jedoch kaum mehr haltbar, zumal die Ethnogenese selbst inzwischen als ein historischer Prozess erkannt ist, in den das Herzogtum eingebunden ist (vgl. 4.1.2): Da die „Stämme" heute als gewachsene, veränderliche, auch politisch bestimmte Einheiten gelten, ist auch das traditionelle Verhältnis von Stamm und Herzogtum neu zu bewerten. Tatsächlich konzentrierte sich die Macht der Herzöge durchweg auf Teile der Stammesprovinz, während sie andererseits darüber hinausgriff; Ansätze zu einer entsprechenden Machtbildung gab es auch in anderen Gebieten (wie Thüringen), in denen später kein Herzog mehr herrschte. Herzogtümer bildeten sich in gewachsenen Stammesprovinzen (Bayern, Alemannien) ebenso aus wie in „künstlich" durch Reichsteilung geschaffenen Herrschaftsräumen (Lothringen), durch Teilung oder Abtrennung konnten aber auch neue Herzogtümer geschaffen (959 Ober- und Niederlothringen, 976 Kärnten, 1156 Österreich, 1180 Steiermark) und landfremde Herzöge eingesetzt werden. Wenn Widukind von Corvey

---

107 Zum Problem zuletzt T. Brüsch, Brunonen, 158–173.
108 Lit.: Bibl. 5.3.1.4; K. F. Werner, Structures politiques du monde franc; Ders., Vom Frankenreich zur Entfaltung.

(im Rückblick) vom „ducatus totius Saxoniae" sprach, konnte er sich offenbar auch einen Dukat über Teile Sachsens vorstellen, während Lothringen ein Herzogtum ausbildete, ohne ein „Stamm" zu sein (und auch als karolingisches Regnum in diesem Umfang eher kurzlebig war), später aber ohne weiteres wieder geteilt werden konnte. Berechtigterweise hat Karl Ferdinand Werner daher immer wieder die Stammesbindung der Herzogtümer bestritten. Seine Alternativtheorie, dass diese sich durchweg an karolingische Teilreiche anlehnten, betont zwar zu Recht den politischen Charakter der Herzogtümer, impliziert allerdings ihrerseits eine feste Bindung, die keineswegs überall zutrifft und darüber hinaus nicht erklären kann, weshalb nur einige Teilreiche sich zu Herzogtümern entwickelten: Diese knüpften zweifellos mit Vorliebe, aber keineswegs zwangsläufig an vorhandene Organisationsformen (Stammesprovinzen oder karolingische Regna) an, sondern konnten sich auf verschiedenen Grundlagen „entwickeln". Zugespitzt bedeutet das (im Einklang mit der neueren Ethnogeneseforschung): Auch Herzogsherrschaft schuf neue „Stämme". Die Einheit des Stammes wäre dann „weniger der Grund als allenfalls das Ergebnis der Entstehung der Herzogtümer".[109] Eine solche Sicht lässt den politischen Charakter der Herzöge deutlicher hervortreten, relativiert den viel berufenen Gegensatz zwischen den nord- und süddeutschen Herzogtümern und vermag die späteren Wandlungen (bis hin zur angeblichen Auflösung der „Stammesherzogtümer" mit dem Sturz Heinrichs des Löwen) besser zu erklären. Entsprechend lässt sich schon in den Anfängen (und nicht erst mit der Entstehung der so genannten Territorialfürstentümer des 12. Jahrhunderts) eine – vom „Stamm" unabhängige – Territorialisierung der Herzogsgewalt erkennen.

Die Perspektive eines „Stammesherzogtums" ist zudem ausgesprochen „deutsch". Während Walther Kienast nachweisen wollte, dass Herzogtümer auch in Frankreich nur in (wenigen, „echten") Stämmen entstanden, hat die französische Forschung durchweg von „Fürstentümern" (Prinzipaten) gesprochen. Diese Sichtweise wird dank der Arbeiten Karl Ferdinand Werners inzwischen umgekehrt zunehmend auch auf die ostfränkisch-deutschen Herzogtümer übertragen und kann deren Entstehung zwangloser erklären: Die fürstliche Herrschaft bestimmter Adelsgeschlechter fußte danach auf weit gespannten Grundlagen (Ämter, Besitz, Klöster, Lehen, Vasallen etc.) und erklärt sich vor allem aus einer Kumulation von Grafschaften und Privilegien, während die Herrschaftsrechte über den „Stamm" nur undeutlich erkennbar sind.

Diskutiert wurde und wird in der deutschen Forschung vor allem die Phase der Entstehung der „jüngeren" Herzogtümer (um 900). Ein wichtiges Problem bildet hier das Verhältnis der Herzöge zum König, das Verhältnis von „Amtsherrschaft" und „souveräner" Herrschaft der Herzöge. Die merowingischen „duces" waren ursprünglich königliche Amtsträger gewesen, die zum Teil, wie in Aquitanien und Bayern, jedoch eine eigenständige, erbliche Herrschaft errichten und erst in langen Kämpfen durch die frühen Karolinger wieder unterworfen werden konnten. Die spätkarolingischen „duces" waren ursprünglich ebenfalls königliche Amtsträger (Grafen oder Markgrafen), die in der Praxis eine souveräne, fürstliche, königsgleiche Stellung erwerben konnten. Mit den Worten K. F. Werners wurde der ursprüngliche „Amts-Dukat" dadurch zum „Princeps-Dukat". Von welcher Seite man das Problem auch betrachtet, es

---

[109] So schon F. PRINZ, Grundlagen, 246.

bleiben Inkonsequenzen: Versteht man dieses Fürstentum als souveräne, königsgleiche Stellung (K. F. Werner, K. Brunner), dann bleibt die später offensichtliche Einbindung in die Reichsverfassung zu klären; versteht man das Herzogtum als königliches Amt (H.-W. Goetz), wird man eine Entstehung außerhalb des regulären Verwaltungssystems zugestehen müssen, während eine traditionelle Charakterisierung des Herzogtums als „eine dauernde Führerstellung in den Stämmen, die nicht auf königlicher Einsetzung beruhte, sondern durch persönliche Macht und Fähigkeit und durch die Zustimmung des Stammesvolkes (= Stammesadels) errungen wurde",[110] kaum mehr haltbar ist. Vor allem zwei Beobachtungen mahnen zur Skepsis: Einmal wurden die späteren Stammesherzöge keineswegs ausschließlich als „duces" bezeichnet, zum andern blieb der „dux"-Titel nicht auf sie beschränkt.

Konsequenterweise gilt den Titeln und der Begrifflichkeit daher das besondere Augenmerk der neueren Forschung. Walther Kienast stellte 1968 alle in Urkunden verwendeten Titel der deutschen und französischen Herzöge zusammen, um von der Erkenntnis her, wie der Herzog sich selbst bezeichnete und wie er vom König bezeichnet wurde, den Zeitpunkt zu bestimmen, von dem an ein Stammesfürst als Herzog anerkannt wurde. Er setzte dabei aber ein festes (Amts-)Verständnis voraus: „Herzog" war, wer in offiziellen Zeugnissen „dux" genannt wurde. Den schwankenden Begriffsgebrauch konnte Kienast nicht erklären, zumal die Herzöge selbst sich, vor allem im Westfränkischen Reich, in ihren Urkunden (und teilweise in ein- und derselben Urkunde) oft noch lange auch als Grafen oder Markgrafen bezeichnet haben: „Herzog" war folglich nur *eine*, sich allmählich verfestigende Funktion dieser Amtsträger. Daran scheitern aber Versuche, die Entstehung des Herzogtums durch das Aufkommen des Titels in Urkunden zeitlich entweder als königliches Amt (W. Kienast, H. Stingl) oder umgekehrt als souveränes Fürstentum (K. Brunner) zu bestimmen. Begriffsuntersuchungen aus dem Kontext gerade auch erzählender Quellen, also aus der Wahrnehmungsperspektive der Zeitgenossen heraus (H.-W. Goetz), haben demgegenüber sowohl die Mehrdeutigkeit des Begriffs als auch die herausragende Stellung des „dux", seine territoriale und institutionelle Bindung sowie seine Amtsfunktion erweisen können: Den zeitgenössischen Autoren galt der „Herzog" als königlicher Amtsträger. Unter dieser Prämisse würden die Titeluntersuchungen folglich nicht mehr den „vollen Fürstentitel" und damit die Verselbständigung (K. Brunner), sondern umgekehrt die „Verbeamtung" widerspiegeln. Die „volle Fürstengewalt" aber resultierte weder aus einem amtsrechtlich verstandenen „dux"-Titel noch aus einem ethnischen Zusatz (W. Kienast), sondern aus der tatsächlichen Machtstellung. Mit den Stammesprovinzen verband sich der Begriff im 9. Jahrhundert noch nicht. Da sich die aufstrebenden Fürstengewalten an der Wende des 9. zum 10. Jahrhunderts zudem vielfach gegen die Interessen des Königtums richteten, ist in dieser Zeit eher zwischen Herzog- und Fürstentum, zwischen dem institutionellen Amt und der (autochthonen) Adelsherrschaft der Herzöge, zu unterscheiden. Fürstenherrschaft und Dukat wuchsen erst in ottonischer Zeit wieder zusammen, indem Heinrich I. und Otto I. die in einer bewegten Zeit entstandenen und selbständig gewordenen Fürsten (wieder) als Herzöge in die Reichsverfassung eingliederten. Die Streitfrage „Amts- *oder* Stammesherzogtum?" ist daher

---

[110] So H. STINGL, Entstehung der deutschen Stammesherzogtümer, 171.

allenfalls für die Entstehungsphase von Belang. Die Herzöge wuchsen vielmehr zu einer Gruppe gleichrangiger Fürsten heran, die in einem unmittelbaren Verhältnis zum König standen.[111] Kienasts Versuch, norddeutsche Amtsherzöge ohne und süddeutsche Stammesherzöge mit ethnischem Zusatz („dux Baioariorum") zu unterscheiden, entbehrt der Grundlage, da alle Herzöge sowohl mit wie ohne Zusatz tituliert wurden und die zeitgenössischen Autoren selbst entgegen herrschenden Ansichten keinerlei strukturelle Unterschiede in der Stellung zwischen alten und neuen (wie den sächsischen Billungern) oder nord- und süddeutschen Herzögen wahrnehmen.[112] Die Billunger waren in dieser Epoche sogar das einzige Geschlecht, dem es gelang, das Herzogtum über fünf Generationen in seiner Hand zu behalten.

Wichtige Erkenntnisse bieten auch neuere Arbeiten über einzelne Herzogtümer, die eine Betrachtung im Längsschnitt erlauben. Helmut Maurer konnte in seinem Buch über den Herzog von Schwaben 1978 die sich wandelnden Herrschaftsgrundlagen und Herrschaftsräume herausarbeiten, blieb dabei aber noch traditionellen Sichtweisen vom Stammesherzogtum verpflichtet, während Matthias Becher das sächsische Herzogtum nun stärker an die Forschungen zur Ethnogenese anbindet und die Wandlungen des „Stammes" der Sachsen in Rechnung stellt: Die Eingliederung in das Frankenreich und, mehr noch, die Königserhebung Heinrichs, gaben der Stammesbildung wesentliche Impulse. Die Liudolfinger repräsentieren nach Becher – als Angehörige des karolingischen Reichsadels – geradezu den engen Zusammenschluss von Franken und Sachsen (aber noch kein sächsisches Stammesherzogtum), erst die Billunger waren (ab 953) die eigentlichen Schöpfer des sächsischen Dukats. Allerdings ist das Herzogtum der ottonischen und salischen Zeit bislang bei weitem nicht so gründlich untersucht worden wie seine spätkarolingischen Anfänge, und auch die Rolle der Provinzen in der Reichsverfassung bedarf noch einer eingehenderen Untersuchung. Das gilt auch für die westfränkischen Fürstentümer: Während einzelne Prinzipate gut untersucht sind, fehlt für das 10. und 11. Jahrhundert noch eine vergleichende Betrachtung.

4.1.8 Konflikte in der frühmittelalterlichen Gesellschaft[113]

Arbeiten zur Konfliktaustragung stehen in der deutschen Forschung in engem Zusammenhang mit den Studien zur ottonischen Herrschaftspraxis (vgl. 4.1.4), während sie in der westeuropäischen Geschichtswissenschaft stärker mit der Königsferne verbunden werden, überall aber das Problem des Verhältnisses von „öffentlicher" und „privater" Machtausübung berühren. Bereits der Begriff („Konflikt") drückt aus, dass die früher als Rebellionen des Adels oder (noch bei Karl Brunner) als Widerstand „oppositioneller Gruppen" bezeichneten Auseinandersetzungen, die sich nicht selten als Reaktion auf das königliche Vorgehen erweisen und sich letztlich am Ideal der Kö-

---
111 So H. KELLER, Reichsstruktur, 126.
112 Vgl. H.-W. GOETZ, Herzogtum der Billunger; DERS., Herzogtum im Spiegel der salierzeitlichen Geschichtsschreibung (wie Anm. 62, Kap. 3.1).
113 Lit.: Bibl. 5.3.1.7. Zur Forschung vgl. Steffen PATZOLD, Konflikte als Thema in der modernen Mediävistik, in: H.-W. GOETZ, Moderne Mediävistik, 198–205.

nigsnähe („Huld") orientieren, hier in einem neutraleren Licht betrachtet und aus einem zumindest subjektiv empfundenen Anrecht und einem konkreten Anlass heraus erklärt werden. „Konflikte" bedeuten, von den frühmittelalterlichen Verhältnissen her interpretiert, daher – entgegen manchen Forschungstendenzen – nicht das Fehlen einer staatlichen Ordnung, sondern sind Teil einer solchen und gehören tatsächlich zu einer alltäglichen politischen und sozialen Erfahrung. Zugleich aber rücken politische Konflikte in einen engeren Zusammenhang zu sozialen und Alltagskonflikten, werden Konflikte nicht mehr (nur) an normativen „Gesetzen" gemessen, sondern vor allem anhand erzählender (Deutschland) und urkundlicher Quellen (angloamerikanische Forschung) beschrieben.

Einen wesentlichen Ausgangspunkt bilden hier die Beobachtungen Karl Leysers über das ottonische Sachsen. Leyser machte darauf aufmerksam, dass politische Konflikte sich gerade in der Kernlandschaft der Ottonen häuften und die Aufständischen sich durchweg um ein Mitglied der Königsfamilie scharten.[114] Vor allem Gerd Althoff hat, darauf aufbauend, als charakteristische Merkmale zum einen den außergerichtlichen Weg dieser Konflikte, den Zusammenhang mit den durch „coniuratio" und „convivium" besiegelten Bündnissen und die meist „gütliche Einigung" herausgestellt (vgl. 3.1.1.5) und zum andern den rituell-demonstrativen Charakter der in „nonverbalen", symbolischen (Kommunikations-)Formen erfolgenden Konfliktführung hervorgehoben, bei der „Vermittler" eine ebenso große Rolle spielten wie Vorklärungen und abschließende, demonstrative „Inszenierungen", die, unter Einschluss „emotionaler" Regungen nach festen („Spiel-")Regeln abliefen (vgl. 4.1.4), letztlich aber als Ausdruck mangelnder Staatlichkeit gedeutet werden (vgl. 4.1.3).[115] So war der Unterwerfungsakt, die „deditio", nach Althoff in seinen Formen in der Regel vorher ausgehandelt und sicherte den Unterworfenen Gegenleistungen, z.B. Straflosigkeit und Wiedereinsetzung in ihre früheren Würden, zu. Wieweit er dennoch als entehrend empfunden wurde, bleibt eine strittige Frage. In immer neuen Aufsätzen hat Althoff seinen Ansatz um mentalitätsgeschichtliche Aspekte (über „Huld", „Ruhm" und „Ehre") sowie auf andere Zeiten (bis in das 13. Jahrhundert) und auf dichterisch-fiktive Quellen erweitert, zuletzt aber auch die Offenheit des Systems betont.[116] Neben den außergerichtlichen Formen der Konfliktregelung sollten die zahlreichen gerichtlichen Entscheidungen (in nicht minder symbolischen Formen) und „politischen Prozesse" allerdings nicht übersehen werden, die insgesamt durchaus kein normiertes Verhalten erkennen lassen, sondern dem Einzelfall angepasst sind.[117] Dass Gerichtsurteile in dieser Zeit weit häufiger aus Italien als aus dem nordalpinen Reich überliefert sind, erklärt sich aus dem höheren Grad an Schriftlichkeit.

Während Althoff einerseits der verfassungsgeschichtlichen Tradition verpflichtet bleibt, andererseits den von der Memoria-Forschung aufgedeckten sozialen Gruppen-

---

114 K. Leyser, Rule and Conflict, 53.
115 Grundlegend G. Althoff, Zur Frage nach der Organisation; Ders., Königsherrschaft und Konfliktbewältigung; Ders., Spielregeln; H. Kamp, Friedensstifter und Vermittler.
116 Gerd Althoff, Die Veränderbarkeit von Ritualen im Mittelalter, in: Ders. (Hg.), Formen und Funktionen öffentlicher Kommunikation, 157–176.
117 Vgl. A. Krah, Absetzungsverfahren.

beziehungen nachgeht, zeigten sich amerikanische Historiker wie Fredric L. Cheyette, Patrick J. Geary oder Stephen D. White stärker von kulturanthropologischen Ansätzen beeinflusst, indem sie die Konflikte, vorwiegend zwischen Adel und Kirche im hochmittelalterlichen Frankreich, in ihr komplexes soziales Beziehungsgeflecht einordneten, den Blick für eine außergerichtliche Austragung öffneten und hier ebenfalls auf die Bedeutung von Gesten und Ritualen aufmerksam machten.[118]

Mit solchen Ansätzen sind wichtige Erkenntnisse verbunden, auch wenn man darüber zeitliche Entwicklungen und individuelle Ausprägungen nicht übersehen darf. Gesamtanalysen einzelner Quellen ergeben tatsächlich ein vielschichtiges Bild, in das sich die hier beschriebenen Formen als eine (wichtige) Möglichkeit einfügen. Der „nonverbale" Charakter der Kommunikation im Konflikt ist unverkennbar, doch dürfen darüber weder die mündlichen Verhandlungen noch die Bedeutung der Schriftlichkeit vernachlässigt werden. Aus dieser Sicht wird es fraglich, wieweit diese Art der Konfliktaustragung und deren Wahrnehmung Kennzeichen einer „oralen Gesellschaft" sind (vgl. 4.4.2).[119] Konflikte in kirchlichen Institutionen wie Klöstern, in denen Schriftlichkeit naturgemäß eine große Rolle spielte, unterscheiden sich nämlich in den – tatsächlich sehr vielfältigen – Formen der Austragung anscheinend nicht grundsätzlich von den an der „oralen" Laiengesellschaft beobachteten Gegebenheiten, und sie folgen nicht festgelegten Modellen, sondern nutzen ihren jeweiligen Spielraum (vgl. 3.3.3).[120]

4.1.9 Kaisertum und Italienpolitik[121]

Die Diskussionen um das mittelalterliche Kaisertum (vgl. 3.1.5) sind nach einem längeren Ringen um Rechte, Charakter und Bedeutung für den deutschen König mit der weithin akzeptierten Ansicht, das Kaisertum habe dem Träger, vielleicht abgesehen von der Schutzherrschaft über die römische Kirche (F. Kempf), keine konkreten und zusätzlichen Rechte, als „geistige Größe" (W. Holtzmann) aber eine höhere Autorität verliehen und letztlich sogar die Nationsbildung in Deutschland gefördert,[122] inzwischen weitgehend zum Stillstand gekommen und konzentrieren sich auf einzelne Kaiser (Karl den Großen, Otto I., Otto III.). Die Kontroversen um die Italienpolitik der deutschen Könige dagegen halten trotz der zweifellos zu konstatierenden Entemotionalisierung bis heute an. Der Streit geht in das 19. Jahrhundert zurück, als vor dem zeitgeschichtlich-politischen Hintergrund des Konflikts um eine „groß- oder kleindeutsche Lösung" heftig über den Sinn der Italienpolitik der deutschen Könige debat-

---

118 Vgl. F. Cheyette, Suum cuique tribuere; P. Geary, Vivre en conflit; S. White, Feuding; Ders., Pactum. Vgl. auch W. Davies/P. Fouracre (Hg.), Settlement of Disputes.
119 Vgl. H. Vollrath, Mittelalter in der Typik oraler Gesellschaften; Dies., Konfliktwahrnehmung und Konfliktdarstellung in erzählenden Quellen des 11. Jahrhunderts, in: Stefan Weinfurter (Hg.), Die Salier und das Reich, Bd. 3, Sigmaringen 1990, 279–296.
120 Vgl. S. Patzold, Konflikte im Kloster.
121 Lit.: Bibl. 5.3.1.6.
122 Helmut Beumann, Die Bedeutung des Kaisertums für die Entstehung der deutschen Nation im Spiegel der Bezeichnungen von Reich und Herrscher, in: Ders./W. Schröder, Aspekte der Nationenbildung, 317–365.

tiert wurde, ob diese dem Reich und der Ausbildung eines Nationalstaats nämlich eher genutzt (J. Ficker) oder geschadet habe, weil sie von wichtigen Aufgaben wie der Ostpolitik abgelenkt und die Ausbildung eines Nationalstaats verhindert habe (H. von Sybel). Der aus einem Nationaldenken heraus urteilende Streit verfehlt, wie man heute weiß, den Sinn des mittelalterlichen Kaisertums und ist damit anachronistisch. Für die mittelalterlichen Zeitgenossen stand die Italienpolitik nicht zur Diskussion, und auch der außerhalb des Imperiums immer wieder durch Aufnahme des Kaisertitels erhobene Anspruch auf Gleichrangigkeit zeugt für dessen Bedeutung. Wenn sich für die Kaiser- und Italienpolitik mehrere Möglichkeiten boten, so bestanden sie, wie Hagen Keller kürzlich zu Otto I. schrieb, gerade nicht in einer Alternative Italien- oder Ostpolitik, sondern in der Frage, ob das Kaisertum zwangsläufig auch die souveräne Königsherrschaft über Italien einschloss.[123] Für die Nachfolger waren dann auch diese Pole untrennbar verbunden. Gleichwohl findet die Diskussion (auf kleiner Flamme) auch heute noch Fortsetzungen bei der Beurteilung der Politik einzelner Könige (vgl. 4.1.4), und es ist zweifellos bezeichnend, dass deren Präsenz in Italien sehr unterschiedlich ausfiel: In dem hier behandelten Zeitraum schwankte sie zwischen 7 % (Heinrich II.; Heinrich III.) und 56 % (Otto III. seit seiner Volljährigkeit),[124] wenngleich dieses Verhältnis nach neueren Ansätzen weniger krass erscheint.[125] Ausgangspunkt der Herrschaft war und blieb das Deutsche Reich, doch sank Italien nie zu einem „Nebenland" ab, sondern stand durchaus im Zentrum der kaiserlichen Politik. Die einzelnen Regna behielten gerade ihre Eigenständigkeit in der verklammernden Einheit des Imperium (H. Keller).

Ein anderer Forschungsstreit betrifft die Kaiseridee: Neben der gängigen Konzeption eines romgebundenen Kaisertums in antiker Tradition, aber als einer vom Papst vergebenen Würde, dem daraus erwachsenen „Zweikaiserproblem" und den Auseinandersetzungen mit dem die alleinige Nachfolge des Imperium Romanum beanspruchenden Byzanz hat man zeitweise nicht nur die Theorie eines „Heerkaisertums" (E. E. Stengel), sondern überhaupt eines „romfreien Kaisertums" betont, obwohl schon Percy Ernst Schramm das als ein „Phantom moderner Wissenschaft" gebrandmarkt hat.[126] Abgesehen von der von Karl dem Großen befohlenen Selbstkrönung Ludwigs des Frommen (813) und der Krönung Lothars I. (817) fehlen – trotz der viel diskutierten Haltung Widukinds von Corvey, der das Kaisertum Ottos I. mit der Lechfeldschlacht begründet, die Weihe in Rom hingegen übergeht – hinreichende Indizien für ein „romfreies Kaisertum": Die obligatorische Krönung in Rom durch den Papst wurde vielmehr nirgends mehr in Frage gestellt, und die Könige unternahmen Italienzüge eigens zu ihrer Kaiserkrönung. Die Idee eines „imperialen Königtums" über mehrere Regna und einen daraus abgeleiteten Anspruch des deutschen Königs auf das Kaisertum (H. Beumann) wird man hingegen nicht so leicht von der Hand weisen können. Unter Heinrich III. kam dafür programmatisch der „imperiale Königstitel" „rex Ro-

---

123 H. Keller, Entscheidungssituationen und Lernprozesse.
124 Vgl. C. Brühl, Fodrum, 453ff.
125 Vgl. D. Alvermann, Königsherrschaft, zu Otto II.
126 P. E. Schramm, Kaiser, Rom und Renovatio, Bd. 1, 251ff.; Ders., Die Anerkennung Karls des Großen als Kaiser, in: HZ 172 (1951), 449–515, hier 479ff.

manorum" auf, der aber erst seit Heinrich V. zur Regel wurde.[127] Im mittelalterlichen Verständnis schlossen sich imperiales Königtum und Rombindung allerdings nicht aus, so dass man es als einen Irrweg der Forschung betrachten kann, beide Konzepte als Alternativen zu sehr in Konkurrenz zueinander gestellt zu haben. Erst die Übereinstimmung der verschiedenen Komponenten schuf die rechte Legitimation.

4.1.10 Charakter und Geltung des frühmittelalterlichen Rechts[128]

Die herkömmlichen Vorstellungen vom „germanischen" Recht sind in den letzten Jahrzehnten einer umfassenden Korrektur unterzogen worden. Besonders Karl Kroeschell hat in verschiedenen Aufsätzen nachgewiesen, dass viele moderne Vorstellungen über das mittelalterliche Recht (zum Beispiel über die Sippe, die Treue, das Eigentum oder die Rechtsfindung) sich auf keinerlei Quellengrundlagen stützen können.[129] Dazu zählt auch Fritz Kerns lange Zeit als geltende Lehre weitertradierte *Vorstellung von dem „guten, alten Recht"*, nämlich von einer dauerhaft gültigen, religiös verankerten Rechtsordnung.[130] Sie erfasst einen wichtigen Aspekt der mittelalterlichen Rechtsidee, stand, wie inzwischen mehrfach bemerkt wurde, jedoch in einem gewissen Widerspruch zur Rechtspraxis: Wie ist es beispielsweise mit dieser Idee zu vereinbaren, dass man sich die alten Rechte, trotz „ewiger" Gültigkeit der Urkunden, von neuen Herrschern immer wieder neu bestätigen ließ? Auch neues Recht war durchaus möglich, das mittelalterliche Recht gewissermaßen „zweischichtig",[131] und das war mittelalterlichen Autoren durchaus bewusst.[132] Aufgrund seiner begriffsgeschichtlichen Untersuchungen zu „ius", „lex", „mos" und „consuetudo" hat Gerhard Köbler die Vorstellung einer objektiven Rechtsordnung, an deren Anfang Gott stehe, wie auch den germanischen Ursprung der mittelalterlichen Rechtsvorstellungen bezweifelt; die frühmittelalterlich-lateinische Terminologie schloss sich vielmehr in enger Kontinuität an die spätantik-christliche an. Die Vorstellung vom „guten, alten Recht" war demnach aus der Antike adaptiert. Das Recht galt als verbindlich, und zwar unabhängig von seiner Setzung oder Verschriftlichung wie auch von seinem Alter: Recht war, was „richtig" war. Deshalb konnten Gewohnheiten bald zum „Recht" werden.[133] Dennoch berief man sich gern auf Älteres, während das Recht in der Praxis ständig fortgebildet und neu geschaffen wurde. Das Problem lag daher eher in einer Diskrepanz zwischen der Rechtsidee und der Rechtspraxis. Die Schöpfung und Setzung neuen Rechts erfolgte gewissermaßen im Bewusstsein einer bloßen Wiederherstellung oder Erneuerung, die doch immer wieder als notwendig empfunden wurde, weil das geltende (Gewohnheits-)Recht sich auch verschlechtern konnte. Der Gedanke der Rechtserneuerung vermittelt zwischen dem Anspruch des guten, alten Rechts und der Praxis neuer

---

127 Vgl. H. Beumann, Der deutsche König; Ders., Das imperiale Königtum; Ders., Unitas ecclesiae.
128 Lit.: Bibl. 5.3.1.8.
129 Vgl. K. Kroeschell, Studien; besonders Ders., Germanisches Recht als Forschungsproblem.
130 F. Kern, Recht und Verfassung.
131 Vgl. H. Krause, Dauer und Vergänglichkeit; Ders., Königtum und Rechtsordnung.
132 Vgl. H.-H. Kortüm. Necessitas temporis.
133 G. Köbler, Recht im frühen Mittelalter.

Rechtssetzung;[134] er erkennt zugleich die Veränderlichkeit des Rechts wie auch des Rechtsdenkens an. Die Verschriftlichung (etwa der Leges), die gezielt zur Steuerung der Rechtsordnung eingesetzt werden konnte, lässt sich daher sowohl mit politischen (fränkische Herrschaftspräsenz) wie mit praktischen Gründen (Bewahrung auf Dauer, Erneuerung, Gerichtspraxis) erklären. In Bezug auf den Vorrang entschied man im Streitfall, zumindest langfristig, meist zugunsten des geschriebenen Rechts (Urkunden),[135] auch wenn der Urkundenbeweis im Einzelfall zurückgewiesen werden konnte[136] und die Mehrzahl der Rechtsgeschäfte im frühen Mittelalter sicherlich nicht schriftlich fixiert wurde. Funktion und Bedeutung der Schriftlichkeit im Recht bleiben daher ein schwieriges Forschungsproblem.[137] Zweifelhaft geworden ist auch das früher gänzlich unstrittige „Personalitätsprinzip" des Rechts, dessen Geltung sich zwar nach der Person richtete, das aber dennoch stets auch einen „territorialen" Aspekt enthielt und für einen bestimmten Herrschaftsbereich galt.

Viel Aufmerksamkeit hat die jüngere Forschung schließlich dem *„Gewohnheitsrecht"* gewidmet. Dass weite Bereiche des Rechtswesens, auch im Gericht, auf Mündlichkeit ausgerichtet waren, wie Jürgen Weitzel hervorhebt, dürfte unstrittig sein.[138] Ethnologische Einflüsse haben außerdem dazu geführt, den eingebürgerten Begriff „Gewohnheitsrecht", der ein archaisches System impliziert, durch den Begriff der „Rechtsgewohnheiten" zu ersetzen, die in einer oral geprägten Gesellschaft ausschlaggebend waren und die Ordnung garantierten,[139] ein Aspekt, auf den vor allem Hanna Vollrath immer wieder hingewiesen hat (vgl. 4.4.2). Das entspricht einer soziologischen an Stelle einer juristischen Sichtweise ebenso wie dem Wandel in der verfassungsgeschichtlichen Perspektive (Konflikt als Rechtsanspruch; vgl. 4.1.8). (Mündliche) Gewohnheiten und (deren) Verschriftlichung standen aber neben- und wirkten sogar miteinander, während sich das Gewohnheitsrecht historisch überhaupt nur in seiner Verschriftlichung und dadurch bereits vermischt fassen lässt. Beide Erscheinungsformen haben ihre Berechtigung und sollten daher nicht als Gegensätze begriffen werden. Es gilt vielmehr, das Verhältnis von Mündlichkeit und Schriftlichkeit im Recht, von Rechtsgewohnheiten und Rechtskodifikationen, zukünftig im Zusammenhang von oraler *und* literaler Gesellschaft des Mittelalters zu betrachten (vgl. 4.4.2).

---

134 Vgl. G. Dilcher, Gedanke der Rechtserneuerung.
135 Vgl. W. Sellert, Aufzeichnung des Rechts und Gesetz.
136 So Hanna Vollrath, Rechtstexte in der oralen Rechtskultur des früheren Mittelalters, in: M. Borgolte (Hg.), Mittelalterforschung, 319–348; vgl. W. Davies/P. Fouracre (Hg.), Settlement of Disputes.
137 Vgl. P. Classen (Hg.), Recht und Schrift im Mittelalter. Gegen eine rechtskonstitutive Schriftlichkeit: A. Bühler, Wort und Schrift.
138 J. Weitzel, Dinggenossenschaft und Recht.
139 Vgl. Reiner Schulze, „Gewohnheitsrecht" und „Rechtsgewohnheiten im Mittelalter – Einführung, in: G. Dilcher u.a. (Hg.), Gewohnheitsrecht und Rechtsgewohnheiten im Mittelalter, 1–20; Gerhard Dilcher, Mittelalterliche Rechtsgewohnheit als methodisch-theoretisches Problem, in: ebd., 21–65.

4.1.11 Probleme der frühmittelalterlichen Leges[140]

Für die Zustände im frühen Mittelalter bilden die Volksrechte eine wertvolle Quelle. Über die Rechtsfragen hinaus informieren sie über wichtige Elemente der Gesellschaftsstruktur, über Rechts- und Moralvorstellungen, den materiellen Gegenwert des Besitzes (anhand der Bußtarife) und zentrale Bereiche der frühen Wirtschaftsverfassung. Die Forschung der letzten Jahrzehnte hat aber auch die Erkenntnisgrenzen, besonders bei sozialgeschichtlichen Themen, betont, da die Rechte jeweils nur (rechtswürdige) Ausschnitte der frühmittelalterlichen Gesellschaft beleuchten und vereinfachend nach ständischen Kategorien unterscheiden, die der vielschichtigen Differenzierung der Realgesellschaft kaum mehr entsprochen haben (vgl. 3.2.4). Rechtsquellen bieten Normen, während die heutige Mediävistik an der Rechtspraxis interessiert ist. Gleichwohl bieten die Leges viele verdeckte Hinweise, und eine auswertende Zusammenstellung der sozialen Begriffe wie auch der Rechtsterminologie hat hier manche Klärung herbeiführen können.[141]

Ein Forschungsproblem bildet aber auch das Alter der Rechte, die im Gegensatz zur älteren Lehre heute kaum mehr als Zeugen altgermanischer Gewohnheiten angesehen werden können, sondern aus ihrer Entstehungszeit heraus zu deuten sind. Dass die Aufzeichnung dem Vorbild der spätantiken Kaiser folgte und zunächst durchweg von den Königen der Germanenreiche (später auch von Herzögen) initiiert wurde, steht heute außer Frage: Das frühmittelalterliche Recht entwickelte sich in einem kontinuierlichen Prozess, in dem den antiken Vorbildern eine bedeutsame Rolle zufiel.[142] Die Leges bilden folglich eine Mischung aus antikem Kaiserrecht, germanischem, zeitgemäß angepasstem Gewohnheitsrecht und neuem Königsrecht. Daher wird der Unterschied zwischen dem „römischen" und dem „germanischen" Recht heute längst nicht mehr so betont wie in der älteren Forschung.

Bei der Frage der Weiterentwicklung des Rechts könnte sich ein Vergleich der verschiedenen Rezensionen als nützlich erweisen, doch sind Zeitstellung, Abhängigkeit, Funktionen und Geltungsbereiche der einzelnen Fassungen, vor allem der in 87 Handschriften und in acht verschiedenen Rezensionen erhaltenen Lex Salica, bis heute strittig. Nach Karl August Eckhardt, dessen Deutungen allerdings vielfach kritisiert worden sind, stammt die älteste Fassung, der 65-Titel-Text (Rezension A) – der Begriff „Pactus legis Salicae" ist eine moderne Wortschöpfung – noch aus der Zeit Chlodwigs I. (eine allerdings umstrittene Meinung, zumal die älteste Handschrift erst nach der Mitte des 8. Jahrhunderts entstanden ist), der erweiterte 65-Titel-Text (Rezension B) soll zwischen 561 und 593 für das burgundische Reich Guntchramns zusammengestellt worden sein; der 100-Titel-Text (Rezension C) ist bereits spätmerowingisch (R. Schmidt-Wiegand) oder frühkarolingisch (K. A. Eckhardt) und wurde vielleicht

---

140 Lit.: W. Hartmann, Brauchen wir neue Editionen der Leges?; F.-W. Henning, Die germanischen Volksrechte; H. Mordek (Hg.), Überlieferung und Geltung normativer Texte; H. Nehlsen, Sklavenrecht zwischen Antike und Mittelalter; R. Schmidt-Wiegand, Stammesrecht und Volkssprache; C. Schott, Stand der Leges-Forschung; H. Siems, Studien zur Lex Frisionum; P. Wormald, Making of English Law.
141 Vgl. etwa G. von Olberg, Bezeichnungen für soziale Stände.
142 Vgl. zur „Praeceptio Chlotharii" S. Esders, Römische Rechtstradition.

763/64 von Pippin in Auftrag gegeben, während der 70-Titel-Text eine gereinigte Fassung der Karolingerzeit ist. Nur sie ist (mit 69 bekannten Handschriften) weit verbreitet gewesen.[143] (Für die Einschätzung der Wirksamkeit erweist es sich durchaus als hinderlich, dass die Editionen nur einzelne Handschriften und vor allem die älteren Fassungen zugrunde legen, während die karolingische Emendata ungleich weiter verbreitet war.) Offene quellenkritische Fragen gibt es auch bei anderen Volksrechten. Die Lex Ribuaria, deren 35 Handschriften ebenfalls Bearbeitungsstufen erkennen lassen, gilt heute nicht mehr als eigenes „Stammesrecht" (der Rheinfranken), sondern erscheint ebenfalls aus der Lex Salica heraus entwickelt.

Die nähere Betrachtung der Handschriftenüberlieferung[144] und der mehrfachen Überarbeitung lässt auf einen praktischen Gebrauch der Volksrechte schließen, die noch über mehrere Jahrhunderte rechtlicher Maßstab blieben, während man ihre Anwendung im Gerichtsverfahren bestritten und die Leges als „Teile der staatlichen Selbstdarstellung" interpretiert hat.[145] Für die heutige Forschung bilden die Texte zudem wichtige Zeugnisse der Funktionen und Stadien eines Verschriftlichungsprozesses (vgl. 4.4.2). In diesem Zusammenhang haben diffizile Untersuchungen der Rechtssprache (R. Schmidt-Wiegand) schließlich zu wichtigen Einsichten sowohl über die Rechtsvorstellungen wie über deren Symbolcharakter geführt.

4.2 Gesellschaft und Wirtschaft

4.2.1 Der Perspektivenwandel der frühmittelalterlichen Sozialgeschichte. Quellen- und Theorieprobleme[1]

Seit den 1960er Jahren hat die Mediävistik eine zunehmend sozialgeschichtlich motivierte Ausrichtung erfahren. Kennzeichnend dafür sind sowohl Versuche, die Geschichte insgesamt unter sozialem Blickwinkel, als „Gesellschaftsgeschichte", zu betrachten (K. Bosl), als auch Tendenzen, an Stelle der rechtlich definierten Stände stärker sozial bestimmte Gruppen zu untersuchen. In der deutschen Mediävistik blieb das allerdings eng mit verfassungsgeschichtlichen Fragen verknüpft. (Schon Otto

---

143 Vgl. R. McKitterick, Carolingians and the Written Word, 37–75 (Übersicht über die Handschriften 48ff.).
144 Vgl. R. Kottje, Zum Geltungsbereich der Lex Alamannorum.
145 So C. Schott, Zur Geltung der Lex Alamannorum, 103; vgl. Harald Siems, Textbearbeitung und Umgang mit Rechtstexten im Frühmittelalter. Zur Umgestaltung der Leges im Liber legum des Lupus, in: Ders./K. Nehlsen-von Stryk/D. Strauch (Hg.), Recht im frühmittelalterlichen Gallien, 29–72.
1 Lit.: Bibl. 5.3.2.1. Über den Vergleich der deutschen Sozialgeschichte in Ost und West nach 1945 informiert umfassend, aber auch mit normativen Wertungen der Überblick von M. Borgolte, Sozialgeschichte des Mittelalters, mit acht Themenkomplexen: 1. Adel, Bauern und Konflikte; 2. Klassen, Schichten und Bürgerkämpfe; 3. Coniurationes und Kommunebildung; 4. Religiöses Leben (mit Schwerpunkten auf der Münsteraner Memoria-Forschung und den Studien zum Mönchtum, zum Episkopat und zu Häresien und Laienfrömmigkeit); 5. Armut und Fürsorge; 6. Universitäten; 7. Familienforschung und Geschlechtergeschichte; 8. Mentalitäten, Ideologien und Deutungsschemata der sozialen Wirklichkeit.

Brunner hatte sich gegen eine Trennung von „Staat" und „Gesellschaft" gewandt.[2]) Dabei stand zunächst traditionell die Adelsgeschichte, jetzt aber auch als Geschichte der Adelsfamilie(n), im Mittelpunkt, die prosopographisch sowie nach der so genannten genealogisch-besitzgeschichtlichen Methode erforscht (Besitznachfolge und -nachbarschaft am gleichen Ort deuten auf Verwandtschaft) und bald durch die Auswertung der Familieneinträge in den reichhaltigen Gedenkbüchern ergänzt und in eine neue Richtung, die Frage nach der Familien*struktur*, gelenkt wurde.[3] Spätestens in den 70er Jahren wurden nach soziologischen und neuzeitlichen Anregungen „Schichtenmodelle" (Ober-, Mittel- und Unterschichten) diskutiert, wurde aber auch die Problematik ihrer Anwendung auf das Mittelalter erkannt, dem eine sozialwissenschaftliche Betrachtungsweise letztlich fremd blieb. Eine Abgrenzung der Schichten nach modernen Kriterien (wie Einkommen, Beruf, Status oder Prestige) ist von der Quellenlage her praktisch kaum möglich, da diese im frühen Mittelalter nicht messbar bzw. nicht mit den mittelalterlichen Kriterien (wie Stand, Herrschaft, Herkunft, Ehelichkeit etc.) in Einklang zu bringen sind, während eine mittelalterliche „Gesellschaftstheorie" sich ganz im Rahmen der theologischen Weltdeutung bewegte.[4] Ein wesentliches Problem bildet dabei die in sozialer Hinsicht ganz unscharfe Terminologie, die soziale Implikationen nur unvollkommen widerspiegelt. Verschiedene Versuche, rechts- und funktionsdifferenzierende Begriffe, etwa der so genannten Volksrechte, in ihrer sozialen Bedeutung zu erfassen, haben zwar wichtige Ergebnisse gebracht, aber auch die inhärenten Probleme aufgedeckt.[5] Der „servus" war beispielsweise *rechtlich* unfrei und somit nur bedingt Angehöriger einer *sozialen* Schicht. Der Wandel des (antiken) Sklaven zum mittelalterlichen Hörigen lässt sich anhand der Begriffe jedoch nicht verfolgen, da es für den Hörigen gar keinen eigenen Begriff gab – selbst „proprii homines" waren nicht Hörige im Sinne der Grundherrschaft, ganz abgesehen davon, dass dieser Begriff nur selten verwendet wurde: Nicht zufällig leitet sich der englische und französische Begriff für den Hörigen, „serf", unmittelbar von „servus" ab. Die Thesen über die Entstehung der Hörigkeit sind folglich immer noch ebenso strittig wie die Frage, ob Sklaverei im Mittelalter noch weit verbreitet war (vgl. 4.2.2.3). Die soziale Realität hat sich in vielen Untersuchungen zudem als weitaus differenzierter erwiesen, als es normative Quellen nahe legen. Der seinem Rechtsstand nach „Freie" konnte frei oder adlig, aber auch wirtschaftlich unabhängig („freier Bauer") oder Höriger eines Grundherrn, Bauer oder Handwerker, reich oder arm, angesehen oder verachtet sein. Der Unfreie („servus") wiederum wurde begrifflich erstens, nach dem Rechtsstand, mit dem Freien („liber"), zweitens, sozial-vertikal, mit dem Herrn („dominus") und drittens mit dem „pauper", dem (verarmten, schutzbedürftigen Freien) kontrastiert.[6] Versuche, mittelalterliche Begriffe mit bestimmten sozialen Gruppen zu verbinden, dürfen trotz wichtiger Erkenntnisse daher im Großen und Ganzen als gescheitert gel-

---

2 Vgl. M. BORGOLTE, Das soziale Ganze; O. G. OEXLE, Sozialgeschichte.
3 Vgl. K. SCHMID, Zur Problematik von Familie, Sippe und Geschlecht; DERS., Über die Struktur des Adels.
4 Vgl. M. MITTERAUER, Probleme der Stratifikation; H. WUNDER, Probleme der Stratifikation.
5 Vgl. G. VON OLBERG, Freie, Nachbarn und Gefolgsleute; DIES., Bezeichnungen für soziale Stände.
6 Vgl. H.-W. GOETZ, „Unterschichten". Vgl. auch 4.2.2.2 zu den „Königsfreien".

ten.⁷ Begriffsuntersuchungen (beispielsweise zu „rusticus"/„agricola", „liberi"/ „servi", „nobiles"/„ministeriales"/„milites") ergeben demgegenüber zwangsläufig eine Vielfalt an (sozialen) Bedeutungen, die gleichwohl aufschlussreich für die damalige Sozialordnung und deren Verständnis sind. Die Sozialgeschichte muss sich daher stets der Unterschiede zwischen a) mittelalterlichen und modernen Konzepten und Wahrnehmungen, b) mittelalterlicher und moderner Terminologie und c) zwischen Norm und Realität bewusst bleiben. Inzwischen ist man weitgehend wieder von dem für das frühe Mittelalter nur bedingt anwendbaren Stratifikationsmodell abgerückt. Als ein bleibendes Ergebnis der Schichtenanalysen darf aber noch die Einsicht einer verbreiteten sozialen („vertikalen") Mobilität an Stelle der früheren Lehre einer statischen Ständegesellschaft gelten,⁸ während jüngere Forschungsinteressen sich mehr auf die – früher ebenfalls völlig unterschätzte – horizontale Mobilität („Reisen", „Unterwegssein") richten.

Die französische Forschung konzentrierte sich hingegen seit der Pionierarbeit von Georges Duby über die Region um Mâcon, der später zahlreiche weitere Studien folgten, auf Gesamtbeschreibungen der Gesellschaft (und Verfassung) einzelner Regionen und lieferte damit das Modell für spätere „Mikrostudien". Nur auf diese Weise konnten Infrastruktur und Bedingungen, das Ensemble der Herrschenden und Beherrschten und die Entwicklung der Sozialstruktur im Zusammenhang überblickt werden. Dabei standen allerdings durchweg die sozialen Wandlungen der Jahrtausendwende im Mittelpunkt (vgl. 4.2.5), während das Frühmittelalter eher vernachlässigt oder nur kurz behandelt wurde.⁹ Eine vergleichbare Studie bietet auf deutscher Seite aber Franz Staabs Analyse der Mittelrheingegend in fränkischer Zeit.¹⁰

Gleichzeitig weitete sich das sozialgeschichtliche Interesse einmal auf die Gruppen unterhalb des Adels (die „Unterschichten") aus: vom Adel auf die Bauern, von den Bischöfen und Äbten auf Niederklerus und einfache Mönche, von den Mehrheiten auf die sozialen Minderheiten, etwas später von den Männern auf die Frauen und von den Erwachsenen auf Kinder und Jugendliche. Im frühen Mittelalter wandte man sich naturgemäß vor allem den Bauern, zumindest in Ansätzen aber auch Minderheiten und Randgruppen und schließlich Devianten und Außenseitern zu. Die Diskussion darüber hält unvermindert an. Immer noch bedenkenswert ist ein Essay Georges Dubys mit der These einer Entwicklung von der „Krieger-" zur „Bauerngesellschaft" und einer Zweiteilung der Gesellschaft in „milites" und „rustici" im hohen Mittelalter, die eine Abwendung von den Rechtskategorien „frei" – „unfrei" symbolisiert und zugleich ebenso ein werdendes bäuerliches Bewusstsein wie intensivierte Herrschaftsrechte widerspiegelt.¹¹ Insgesamt interessieren heute alle Menschen aller Schichten.

Ein neuerlicher Wandel sozialgeschichtlicher Forschungen setzte seit den 1970er Jahren mit einem zunehmenden Interesse einmal an den „Sozialsystemen" mit ihren

---

7 Vgl. etwa K. BOSL, Potens und Pauper.
8 Vgl. F. IRSIGLER, Freiheit und Unfreiheit.
9 Vgl. beispielsweise G. DUBY, Société; M. INNES, State and Society (zum Mittelrhein); J. J. LARREA, Navarre; A. LEWIS, Development of Southern French and Catalan Society; E. MAGNOU-NORTIER, Société laïque (zu Narbonne).
10 F. STAAB, Untersuchungen zur Gesellschaft am Mittelrhein.
11 Vgl. G. DUBY, Guerriers et paysans.

vielfältigen Bindungen und Beziehungen und zum andern an den Menschen selbst in ihren Lebensformen und Lebenskreisen ein, die nun für sich erforscht wurden: die Familie ebenso wie der grundherrschaftliche Verband, die Klosterkonvente ebenso wie die ländlichen und städtischen Siedlungsverbände, öffentliche („amicitiae") und geistliche Gruppenbindungen (Verbrüderungen/„confraternitates") ebenso wie örtliche und ländliche „Eidgenossenschaften" („coniurationes").[12] Arno Borsts „Lebensformen im Mittelalter" mit den zwei großen Abschnitten über die Lebenswelt („Condicio humana") und die sozialen Gruppen („Societas humana") bilden hier einen wichtigen Einschnitt, wobei Borst „Lebensformen" als „geschichtlich eingeübte soziale Verhaltensweisen"[13] definiert und – zu Unrecht – noch als Alternativkonzept zu den „Institutionen" begreift: Die Schichtenanalyse ist hier zu einer quellennah betrachteten Lebensweltbeschreibung gediehen, die das Miteinander der verschiedenen Stände, Schichten und Gruppen *innerhalb* der jeweiligen Institutionen und Lebensräume und den Zusammenhang zwischen strukturellen Bedingungen und tatsächlichem Leben ebenso erfasst wie das Gemeinschaftsbewusstsein bzw. das Verhältnis des Einzelnen (des Individuums) zu den Gemeinschaft*en*, denen dieser angehörte und die ihm seine „Identität" verliehen: zur Familie ebenso wie zum Siedlungs- oder Hörigenverband, zum Gefolgschafts- oder Lehnsverband, zur Pfarrei, zu freiwilligen Zusammenschlüssen oder politischen Ordnungen (Stamm, Volk, Reich).[14] Es bleibt kennzeichnend, dass solche Gemeinschaften sich nicht gegenseitig ausschlossen, sondern überlagerten, jedoch durchaus in Konkurrenz zueinander geraten und dadurch langfristig einen Wandel des Sozialgefüges bewirken konnten. Gleichzeitig ist eine Tendenz zur Untersuchung überschaubarer Räume („Small worlds") zu erkennen.[15] Die heutige Sozialgeschichte hat sich von den verfassungsgeschichtlichen wie auch von den strukturgeschichtlichen Bindungen gelöst und sich zu einer Sozialanthropologie entwickelt.

4.2.2 Stände und Schichten

4.2.2.1 „Adel" oder „Oberschicht"? Der frühmittelalterliche Adel als Forschungsproblem[16]

Ist die Bedeutung des „Adels" bzw. der Führungsschichten in der frühmittelalterlichen Verfassung und Gesellschaft seit langem unstrittig erkannt, so haben sich um seine Herkunft und seinen Charakter verschiedene, zeitweilig intensiv geführte Kontroversen darüber gebildet, ob der Adel auf Grundbesitz („odal" als Stammgut),[17] auf Herrschaft oder auf einer Art Heilsgedanken beruhte, ob er aus der Erobererschicht hervorging, ob es bereits in frühfränkisch-merowingischer Zeit einen „Adel" gab, wann

---

12 Für das frühe Mittelalter zusammenfassend G. Althoff, Verwandte. Programmatisch zuletzt: O. G. Oexle, Soziale Gruppen in der Ständegesellschaft.
13 A. Borst, Lebensformen, 14.
14 Vgl. H.-W. Goetz, Leben im Mittelalter.
15 Vgl. W. Davies, Small Worlds.
16 Lit.: Bibl. 5.3.2.4.1.
17 Gegen einen begrifflichen Zusammenhang von *adal* und *odal* aber bereits: Otto Behaghel, Odal, Sbb. München 1938, 8.

dieser entstand, ob er vor und neben dem Königtum existierte oder erst von diesem geschaffen wurde. Ein Problem bildete dabei die Tatsache, dass der Adel in manchen Volksrechten und gerade auch bei den Franken kein eigener Rechtsstand mit höherem Wergeld war, dass Gregor von Tours hingegen berichtet, Chlodwig habe den Adel beseitigt. Daher war es lange Zeit umstritten, ob der Adel dem Rechtsstand nach zu den Freien zählte oder jenseits der vom König zu verantwortenden Rechtssphäre stand und „immun" war (eine heute kaum mehr vertretene Ansicht). Da spätestens seit Heinrich Dannenbauer die Existenz eines „Adels" bei den Germanen erwiesen war, glaubte vor allem Karl Bosl, die merowingischen Könige hätten einen neuen, im Königsdienst und in der königlichen Gefolgschaft (mit dreifachem Wergeld!) aufgestiegenen „Dienstadel" geschaffen. Solche Deutungen dürfen heute als widerlegt gelten: Einen – begrifflich, archäologisch und historisch nachweisbaren – „Adel" im Sinne einer sozial herausgehobenen Oberschicht gab es bei den Franken wie auch in anderen Germanenreichen bereits im 5. Jahrhundert. Das hat in Bezug auf die Merowingerzeit – gegen Bergengruen und Sprandel – vor allem Franz Irsigler erwiesen, während wenig später die Arbeit Wilhelm Störmers anhand bayerischer Quellen ein umfassendes Bild des ostfränkisch-deutschen Adels zeichnete. Damit war einstweilen ein Abschluss der Diskussion erreicht.[18] In der Merowingerzeit lässt sich somit der Formierungsprozess eines – veränderten – Adels erkennen, der die Reichsgeschäfte leitete. Dabei behielt der alte Adel – fränkischer *und* galloromanischer Herkunft – grundsätzlich seine Positionen und seinen Einfluss, doch ermöglichte der Königsdienst daneben einen sozialen Aufstieg in den Adel. Ein neuer „Dienstadel" ersetzte folglich nicht den alten Adel, sondern ging einerseits in ihm auf, während andererseits der alte Adel in den Reichsdienst eintrat und die Ämter für sich reklamierte (man daher eher von einem „Amts-" als von einem „Dienstadel" sprechen sollte). Der Adel zur Zeit Karls des Großen ging entsprechend teils auf „urfränkischen", teils auf im Königsdienst aufgestiegenen Adel zurück.[19]

Bei der (sozialen) Abgrenzung des Adels aber wirkten mehrere Faktoren zusammen: Geburt (Genicot), Grundbesitz (Sprandel), Erbcharisma (Wenskus), Reichsämter und Herrschaft (Irsigler), auch über die (Eigen-)Kirchen, ohne dass die Quellen selbst strikt nach solchen Kriterien trennten. Da Grundbesitz stets eine Grundlage der Herrschaft bildete, wird man begrifflich nicht mit Rolf Sprandel zwischen einem „Reichsadel" und einem „grundbesitzenden Adel" unterscheiden dürfen, doch ist innerhalb des Adels zu differenzieren: Nur ein (kleinerer und zudem wechselnder) Teil, der so genannte „Reichsadel", war in die Herrschaft im Reich integriert, dieser Kreis jedoch niemals fest abgeschlossen. (Deshalb darf Tellenbachs Versuch, diese „Reichsaristokratie" konkret namhaft zu machen, als gescheitert gelten.) Man wird aber auch eine standesgemäße Lebensform als konstitutives Element in einer Gesellschaft, deren Trä-

---

18 Vgl. A. BERGENGRUEN, Adel und Grundherrschaft; L. GENICOT, Noblesse au Moyen Âge; DERS., Noblesse médiévale; DERS., Noblesse médiévale: encore!; F. IRSIGLER, Untersuchungen zur Geschichte des frühfränkischen Adels; R. SPRANDEL, Der merowingische Adel; W. STÖRMER, Früher Adel; R. WENSKUS, Amt und Adel. Zur Kritik: H. K. SCHULZE, Reichsaristokratie.
19 K. F. WERNER, Bedeutende Adelsfamilien im Reich Karls des Großen, in: W. Braunfels (Hg.), Karl der Große, Bd. 1, 83–142.

ger sich „repräsentieren" mussten, nicht unterbewerten dürfen. Andernfalls wurde man „ignobilis" und verlor in den Augen der Zeitgenossen Ansehen, Autorität und Rechte.[20]

Eine neue Kontroverse setzte mit der Dissertation von Heike Grahn-Hoek ein,[21] die unter Aufgriff der Schichtungstheorie zwar nicht die Existenz einer sozialen Oberschicht, wohl aber eines Adels als Rechtsstand bezweifelte, damit jedoch auf breiten Widerstand stieß.[22] Die Lösung des Problems hängt letztlich von der Definition des Adels ab. Dabei ist zu berücksichtigen, dass die frühmittelalterlichen Quellen einen Adel („nobiles"), unter verschiedenen Bezeichnungen, durchaus kannten und anerkannten, dass sie eben nicht zwischen rechtlichen und sozioökonomischen Kriterien unterschieden, sondern diesen Adel als eine Einheit betrachteten und dass sich die drängenden Probleme mit der Schichtungsmethode daher kaum lösen lassen,[23] ganz abgesehen davon, dass der Begriff „Oberschicht" zu indifferent ist und einer konkreten, zeitspezifischen Erklärung bedarf.[24] Grahn-Hoek, so wird man als Ergebnis der Diskussion festhalten können, hat zu Recht darauf aufmerksam gemacht, dass der fränkische Adel noch keinen eindeutig rechtlich abgrenzbaren Stand bildete. Das bedeutet jedoch nicht, dass es keinen „Adel" gegeben habe. Begriffsuntersuchungen am „nobilis"-Begriff erweisen hier im Gegenteil klare Vorstellungen, die den „Adel" im zeitgenössischen Verständnis ebenso an die vornehme Geburt wie an Herrschaftsrechte binden.[25] Über der Kontroverse um den Adelsbegriff ist der zweite Teil der Arbeit von Grahn-Hoek allerdings zu wenig beachtet worden, in dem sie die politisch handelnden Personengruppen im Frankenreich untersucht hat. Löst man die Ergebnisse von ihrer Ausgangsfrage, dann zeigt sich hier nicht nur ein – durch die Wirren und Thronkämpfe leicht erklärbarer – wachsender Einfluss des Adels vor allem seit der zweiten Hälfte des 6. Jahrhunderts, sondern auch eine stärkere Formierung als Gruppe, ein Prozess, der sich in der Folgezeit fortsetzte. Es ist kein Zufall, dass der politische Einfluss dieses Adels in Zeiten eines schwachen Königtums oder innerer Auseinandersetzungen (im Frankenreich in der zweiten Hälfte des 6. und des 9. Jahrhunderts) wuchs.

Dieser Adel war durch seine erbliche Stellung (Herrschaft und Besitz) – die „nobiles" waren auch „domini" – herausgehoben.[26] Herrschaft „vor Ort" und Teilhabe am Reich wurden zu Privilegien einer wirtschaftlich, sozial und politisch herausragenden und in den Quellen als „adlig" („nobilis") klassifizierten Führungsschicht, deren genaue Stellung allerdings jeweils zeitgemäß zu beschreiben und nach dem jeweiligen Lebenskreis zu differenzieren ist (Reichsadel, Landadel, Kriegeradel). Das Ansehen im Reich war etwas anderes als die Stellung „vor Ort". In der Praxis blieb zudem eine soziale Mobilität jederzeit möglich. Wenn Thegan, der Biograph Ludwigs des Frommen,

---

20 Vgl. K. BOSL, Leitbilder und Wertvorstellungen; J. WOLLASCH, Eine adlige Familie.
21 H. GRAHN-HOEK, Fränkische Oberschicht.
22 Vgl. die Besprechung von Franz IRSIGLER im Hessischen Jahrbuch für Landesgeschichte 27 (1977), 279–284.
23 Vgl. T. ZOTZ, Adel, Oberschicht, Freie.
24 Vgl. K. SCHREINER, Adel oder Oberschicht?
25 Vgl. H.-W. GOETZ, „Nobilis".
26 Vgl. J. MARTINDALE, French Aristocracy.

heftig gegen die „Unfreien" wetterte, die zu hohen Positionen aufstiegen und sogleich versuchten, ihre niedrig geborene Verwandtschaft durch Verheiratung mit Adligen gesellschaftsfähig zu machen, so sind damit sowohl die Existenz eines Adels wie die Möglichkeit sozialen Aufstiegs eingeräumt, dokumentiert sich in solchen Worten aber auch ein adliges Standesbewusstsein. Auf- und Abstieg aber waren umso leichter möglich, als „Adel" durchaus kein einheitliches Prädikat, sondern in sich gestuft war. Eine hochadlige Frau wie die Mutter des Sachsenherzogs Liudolf konnte in den Augen des Verfassers der Hathumodvita[27] in ihren Nachkommen (den Sachsenkönigen) „noch adliger" werden!

Ein weiteres Forschungsproblem ist die weiträumige familiäre Verflechtung der *Adelsfamilien*. In den 1960er und 70er Jahren suchte eine Welle von Untersuchungen mit Hilfe der so genannten genealogisch-besitzgeschichtlichen Methode die Verwandtschaftsverhältnisse des Adels aus den Namen und der Besitznachfolge am gleichen Ort zu erschließen, um damit nicht nur die Genealogie auf sicherere Grundlagen zu stellen, sondern auch die weiträumigen Beziehungen des Reichsadels und seine Verschmelzung mit dem Lokaladel nachzuweisen.[28] Diese Ergebnisse haben durchaus Bestand, auch wenn entsprechende Forschungen heute kaum mehr betrieben werden. Letztlich bot die angewandte Methode aber nur Anhaltspunkte und keine Beweise; in breitestem Umfang betrieben, geriet sie in die Gefahr, überall Verwandtschaften festzustellen und sich damit selbst zu relativieren. Der Ertrag blieb zudem insofern einseitig, als Verwandtschaft allein weder politische Einigkeit noch einen familiären Zusammenhalt aller Mitglieder bedeutete. Eine neue Richtung erhielt die Familienforschung mit der Auswertung der Familieneinträge in frühmittelalterlichen Gedenkbüchern (vgl. 3.3.4.3 und 4.3.6), die vor allem Karl Schmid zu der Ansicht führte, dass es im frühen Mittelalter noch keine festen Adels-„Geschlechter", sondern offene „Sippen" gab. Der frühmittelalterliche Adel hatte weder einen festen (Stamm-)Sitz noch ein festes Geschlechterbewusstsein. Schmids Forschungen wurden zwar gelegentlich kritisiert,[29] ansonsten aber, vor allem auch in Frankreich, rezipiert, wo seitdem eine breite Adelsforschung eingesetzt hat,[30] die sich ebenfalls der Adelsfamilie zuwendet. So hat Régine Le Jan den Zusammenhang zwischen Familienstruktur und Adelsherrschaft im frühen Mittelalter untersucht und damit einen wichtigen Beitrag zur Adels- *und* Familienforschung geleistet, dabei allerdings einen – früher als bei Schmid anzusetzenden – Wandel von der kognatischen zur agnatischen Familie festgestellt: Der Umschwung zur Geschlechterbildung erfolgte im Frankenreich, im Zusammenhang mit patrimonialen Rechten, bereits zwischen 880 und 930.[31] Martin Aurell gab wenig später einen breiten Überblick über die Entwicklung des Adels.[32] Die neueste Adelsforschung fragt, spätmittelalterlich orientiert, stärker nach Adelskultur, Adelsmentalität und Adelstradition, nach seiner Legitimierung und sogar nach seiner „Erfindung" als

---

27 Agius, Vita Hathumodae c. 2, ed. G. H. Pertz, MGH SS 4, S. 167.
28 Vgl. etwa M. Mitterauer, Karolingische Markgrafen; W. Störmer, Adelsgruppen; R. Wenskus, Sächsischer Stammesadel.
29 Vgl. vor allem C. Bouchard, Consanguinity; Dies., Family Structure; Dies., "Those of My Blood".
30 Vgl. G. Duby, Une enquête à poursuivre; M. Parisse, Noblesse lorraine.
31 R. Le Jan, Famille et pouvoir.
32 M. Aurell, Noblesse en Occident.

soziale Kraft.[33] Für das frühe Mittelalter sind solche Fragen jedoch bislang kaum aufgegriffen worden.

4.2.2.2 „Freie", „Gemeinfreie", „Königsfreie"[34]
Ein kaum weniger strittiges Problem als der Adel bilden die Freien. Die „klassische", im 18. und 19. Jahrhundert (J. Möser, K. F. Einhorn, P. Roth, H. Brunner) entwickelte Lehre von einer einheitlichen, staatstragenden Schicht von *Gemeinfreien* war durch den Nachweis eines Adels unhaltbar geworden. Entsprechend der Erkenntnis, dass „Herrschaft" den frühmittelalterlichen Staat charakterisierte, trat bei Heinrich Dannenbauer, Theodor Mayer und Karl Bosl daher an die Stelle dieser Lehre die „*Königsfreien*theorie", nach der die „ingenui" oder „liberi" der Quellen (neue) Militär- und Rodungssiedler auf Königsland, also eigentlich Unfreie des Königs waren, die durch den Königsdienst „frei" wurden und aufstiegen. Bosl sprach von „freier Unfreiheit". In der späteren, vor allem bei Bosl durchgesetzten Verallgemeinerung, dass *alle* Freien „Königsfreie" waren, ist diese Lehre jedoch ebenso wenig akzeptabel: Eine (an Königsgut gebundene) Freiheit, die ausschließlich auf Königsrecht und königlichen Schutz zurückgeht, lässt sich quellenmäßig nicht nachweisen (H. K. Schulze). Die breite Schicht der „liberi" umschloss weder allein *die* Gemeinfreien noch allein *die* Königsfreien, sondern setzte sich – parallel der Differenzierung beim Adel – sowohl aus „alten" wie „neuen" Freien, aus Bauern auf Eigengut und kleinen Grundherren oder Vasallen sowie aus rechtlich freien Hörigen und landlosen Armen zusammen (E. Müller-Mertens, J. Schmitt). Auch hier ist zwischen rechtlicher und sozialer Wirklichkeit zu unterscheiden: Rechtlich gesehen, bildeten die Freien einen einheitlichen Stand, der sie (allein) rechtsfähig machte („Liber est qui sui iuris est") und damit auch zu politischer und militärischer Tätigkeit ermächtigte. (Diese rechtliche Einheitlichkeit unterschätzt Müller-Mertens, wenn er schließt, dass erst die Kapitularien aus den vielfältigen Freien einen Einheitsstand schaffen wollten.) Sozial gesehen, gliederten sich diese Freien hingegen mannigfach auf. Königsdienst wiederum machte nicht rechtlich frei, hob aber die soziale Stellung. Die „Freien" des Frühmittelalters bildeten daher eine politisch, sozial und wirtschaftlich sehr inhomogene Gruppe (vgl. 4.2.1).

4.2.2.3 Gab es eine mittelalterliche Sklaverei?[35]
Um den Status der mittelalterlichen Unfreien und die – aus dem Christentum resultierenden – Unterschiede zur antiken Sklaverei ist viel gestritten worden, und lange Zeit hat man eine Verbesserung des sozialen Status der Unfreien im frühen Mittelalter, nicht zuletzt aufgrund kirchlichen Einflusses, angenommen.[36] Die Volksrechte (der Ostgoten, Franken und Langobarden) legten im Grunde aber noch dieselben Kriterien an wie das römische Recht (H. Nehlsen), und die Kirche hat die Sklaverei keineswegs abgeschafft, sondern durchweg anerkannt und allenfalls durch eine gewisse Besserstellung der Kirchensklaven (etwa durch Fixierung der Leistungen) vorbildhaft auf ei-

---
33 Vgl. O. G. Oexle/W. Paravicini (Hg.), Nobilitas. Funktion und Repräsentation des Adels in Alteuropa, Göttingen 1997.
34 Lit.: Bibl. 5.3.2.4.2.
35 Lit.: Bibl. 5.3.2.4.3.
36 Vgl. etwa M. Bloch, Transformations; P. Dollinger, L'évolution.

nen Wandlungsprozess eingewirkt, an dessen Ende der frühmittelalterliche Unfreie im Gegensatz zum antiken Sklaven trotz seiner weitgehenden Rechtsunfähigkeit nicht mehr als Sache, sondern als Person begriffen wurde. Doch konnte andererseits ein Bußgeld beispielsweise nach der Lex Alamannorum (54,1f.) auch in „mancipia" gezahlt werden.[37] Die Unterschiede resultierten also weniger oder nur teilweise aus der Rechtsstellung als vielmehr aus der sozialen Situation, wobei sich spätantike Tendenzen einer Nivellierung von Kolonen und Sklaven in den Germanenreichen fortsetzten.[38] In den Volksrechten wurden die Unfreien zudem – mit unterschiedlichen Begriffen – nach verschiedenen Kriterien abgegrenzt: nach ihrer Unmündigkeit, ihrem Dienst, der Zugehörigkeit zur „familia" wie auch nach ihrer Königsnähe.[39] In Privaturkunden (St. Gallen) und Formeln des frühen Mittelalters war Unfreiheit („servitus") begrifflich und funktional aber auch engstens mit dem Dienst („servitium") für den Herrn verknüpft und in karolingischer Zeit bereits weitgehend in die Grundherrschaft integriert, wo die funktionale Unterscheidung nach Hufenbauern und Hofhörigen die rechtsständischen Unterschiede mehr und mehr überlagerte. Die Abgrenzung von der „Sklaverei" scheint damit angedeutet, bleibt letztlich aber eine Definitionsfrage.[40]

Den Wandel vom antiken „Sklaven" zum mittelalterlichen „Hörigen" sowie, wenngleich damit nicht völlig identisch, von der Sklavenwirtschaft zur Grundherrschaft darf man sich jedenfalls nicht als einen geradlinigen Prozess vorstellen; er betraf nicht einmal genau denselben Personenkreis – nicht allein und nicht alle Sklaven wurden zu Hörigen, und längst nicht alle Hörigen waren rechtlich unfrei –, ganz abgesehen davon, dass, wie schon erwähnt – und auch das ist bezeichnend –, der Begriff („servus") für beide Gruppen derselbe blieb: Die Quellen waren nicht an „Sklaverei" oder „Hörigkeit", sondern am Stand *des* „Unfreien" interessiert. Der frühmittelalterliche „servus" konnte daher zugleich Sklave bzw. Unfreier *und* Höriger sein. Zuletzt wurde, an südfranzösischen Beispielen, sogar (wieder) behauptet, dieser Wandlungsprozess sei erst um die Jahrtausendwende abgeschlossen gewesen (vgl. 4.2.5). Wer den frühmittelalterlichen „servus" weiterhin als „Sklaven" betrachten will, darf über Wandlungen der „Sklaverei"/Unfreiheit jedoch nicht hinwegsehen.

Über diesen allgemeinen Wandel hinaus hat es im frühen Mittelalter aber auch weiterhin einen regelrechten Sklavenhandel gegeben, dessen Schwerpunkt zwar deutlich in Südeuropa lag, der jedoch auch das Frankenreich einbezog.[41] Verlindens Versuch, einen Großhandel mit Sklaven und einen hohen Anteil an Sklaven an der Gesamtbevölkerung nachzuweisen, stützt sich jedenfalls weithin auf mediterrane Belege und betrifft nicht zuletzt auch die islamischen Länder. Dass „servi" als abhängige Unfreie aber allenthalben ständig ge- und verkauft oder getauscht werden konnten, davon zeugen viele Urkunden und Urkundenformeln. Der moderne Sklavenbegriff leitet sich hingegen vom „Slaven", lateinisch „Sclavus", ab.[42]

---

37 Vgl. H. Hoffmann, Kirche und Sklaverei.
38 Vgl. D. Rothenhöfer, Untersuchungen zur Sklaverei.
39 Vgl. G. von Olberg, Bezeichnungen für soziale Stände.
40 Vgl. H.-W. Goetz, Serfdom; W. Davies, On servile status; J.-P. Devroey, Men and Women.
41 Vgl. C. Verlinden, L'esclavage; Ders., Wo, wann und warum; Ders., Ist mittelalterliche Sklaverei; P. Bonnassie, Survie et extinction; D. Pelteret, Slavery.
42 Vgl. F. Panero, Schiavi.

4.2.2.4 Randgruppen[43]

Mit der Ausweitung der Sozialgeschichte auf die „Unterschichten" treten neben Bauern und Hörigen auch solche Gruppen in das Blickfeld der Forschung, die außerhalb der „normalen" Gesellschaft standen: nämlich Minderheiten, Randgruppen und Außenseiter (vgl. 3.2.5). Da alle drei Begriffe problembehaftet sind, hat sich nach frühen, alltagsgeschichtlichen Darstellungen bald eine theoretische Debatte über Definitionen und Abgrenzungen entzündet. In Deutschland wurde die Debatte – lange nach einschlägigen Arbeiten aus der französischen „Annales-Schule" oder, davon beeinflusst, aus Polen (B. Geremek) – durch František Graus ausgelöst, der die Randgruppen (wieder) in die (städtische) Gesamtgesellschaft eingliederte und ihre Formierung zu sozialen Gruppen aus der „Krise" des späten Mittelalters erklärte. Für Graus waren Randgruppen gleichwohl dadurch definiert, dass sie die Normen ihrer Gesellschaft nicht anerkannten. Demgegenüber betonte Wolfgang Hartung stärker das Kriterium der Nichtanerkennung dieser Gruppen seitens der (christlichen) Gesellschaft: Randgruppen wurden so zu deren Produkt. Abweichung, Marginalisierung und Schaffung einer eigenen Identität werden nach diesem Modell zu drei Phasen der Randgruppenbildung, deren Beginn Hartung (als Schüler Karl Bosls) in der „Aufbruchsepoche" des 11. Jahrhunderts sah, während Ernst Schubert, für den Sesshaftigkeit ein wichtiges Kriterium darstellt, eine gezielte Ausgrenzung erst für das 16. Jahrhundert annahm. Bernd-Ulrich Hergemöller kehrte zu Graus' Krisenerklärung zurück und betonte die „Interaktion" zwischen Obrigkeit und Randgruppen (als Kriterium) – Randgruppen werden von den Verantwortlichen gemacht –, hob dabei aber noch stärker als Hartung die Diskriminierung und Stigmatisierung als Kennzeichen hervor und sah ein wesentliches Kriterium in der Ehrlosigkeit der Randgruppen, die er – entsprechend – enger fassen möchte und – gegen Graus – von Minderheiten und Außenseitern wie auch von den Unterschichten abgrenzte und in unehrliche Berufe, körperlich und geistig Signifikante, ethnisch-religiös unterschiedene Gruppen sowie Ketzer, Sodomiter und Hexen einteilte (Gruppen, die freilich nicht nur gegeneinander, sondern auch in sich höchst unterschiedlich strukturiert waren), aber am Gruppencharakter der Randgruppen festhielt. Zuletzt hat Frank Rexroth einer solchen Trennung vehement widersprochen und für eine Eingliederung der Randgruppen- in die Armutsforschung plädiert (was letztlich ein wiederum anderes Kriterium zugrunde legt) und zugleich eine jeweilige Beschränkung auf einen bestimmten Lebenskreis eingefordert. Die Positionen, die erkennbar auch aus der jeweiligen Beschäftigung der Beteiligten mit bestimmten Randgruppen (Spielleuten bei Hartung, Fahrenden bei Schubert, Homosexuellen bei Hergemöller, Kriminellen bei Rexroth) resultieren, sind bei aller Berührung teilweise also noch weit voneinander entfernt.

Alle „Modelle" gehen allerdings von einer Einheitlichkeit der Entstehungsmotive und gemeinsamen Kennzeichen der verschiedenen Randgruppen aus, die so kaum gegeben waren. Wird man religiöse Minderheiten (wie Juden oder Häretiker) noch rela-

---

43 Lit. zur Randgruppenproblematik: Bibl. 5.3.2.5.1; ferner: Bernd-Ulrich Hergemöller, „Randgruppen" im späten Mittelalter. Konstruktion – Dekonstruktion – Rekonstruktion, in: H.-W. Goetz (Hg.), Aktualität, 165–190; Frank Rexroth, Mediävistische Randgruppenforschung in Deutschland, in: M. Borgolte (Hg.), Mittelalterforschung, 427–451.

tiv leicht von sozialen Randgruppen abheben können (obwohl auch sie in gewisser Weise „disvalued people" waren), so kommt es spätestens dann zu Überschneidungen, wenn der Minderheitenstatus sich mit Abgrenzungskriterien wie soziale Verachtung einerseits und eigene Identität andererseits verbindet. „Randgruppen" konnten teils offen (wie viele Häresien), teils verdeckt (wie Sodomiter) agieren, und auch die Grenzen zwischen freiwilliger Absonderung aus der Gesellschaft und Ausgrenzung seitens dieser sind nicht leicht zu ziehen und oft nur für die Entstehungsphase als Alternative bedeutsam. Umgekehrt hatte eine Ausgrenzung oft erst Zusammenschluss und Identitätsfindung der Randgruppen zur Folge. Wieweit beispielsweise Homosexuelle aber ein Gemeinschaftsgefühl entwickelten (Boswells „same-sex unions"), ist infolge der unterschwelligen Aktivitäten – und der gleichzeitigen Einbindung in andere Gemeinschaften – eher fraglich, und Ähnliches ist für Gruppen anzunehmen, die in sich gar keine Einheit bildeten. Wie vielgestaltig allein die „Gruppe" der „Fahrenden" war, hat Ernst Schubert deutlich gemacht. Häretiker wiederum konnten in einigen Gegenden sogar den Großteil der Bevölkerung ausmachen (und die Katholiken zur „Minderheit" machen). Mögen „Randgruppen" daher weithin durch Kriterien wie mangelnde gesellschaftliche Achtung, Schutzlosigkeit, Nichtsesshaftigkeit, Ehrverlust, Minderberechtigung und Ausgrenzung gekennzeichnet sein, so ist im einzelnen doch weit stärker zu differenzieren, als es das gemeinsame Etikett nahe legt.

Darüber hinaus ist es kein Zufall, dass die gesamte bisherige Diskussion auf das späte Mittelalter beschränkt blieb. Eine (vorsichtige) Anwendung und Ausweitung auf das frühe Mittelalter steht noch aus, und sie verlangt ein Überdenken der teilweise recht engen Definitionen. „Randgruppen" aber hat es zu allen Zeiten gegeben. Fahrendes Volk, auch Prostituierte, Spielleute, Bettler, Behinderte, Aussätzige, Häretiker, Uneheliche, Kriminelle, Geächtete oder Angehörige weniger geachteter Berufe sind im frühen Mittelalter durchaus als existent bezeugt, von einem Zusammenschluss ist jedoch, sieht man von religiösen Minderheiten ab, ebenso wenig bekannt wie von einer gemeinsamen Identität, und die Ausgrenzung als gemeinsames Kennzeichen folgte tatsächlich höchst unterschiedlichen Motiven. Die Subsumierung unter den Gesamtbegriff „Randgruppen" bleibt daher problematisch, und es ist überaus fraglich, ob die für das Spätmittelalter angelegten Kriterien (wie Ehrverlust) bereits für das frühe Mittelalter anwendbar sind, zumal die Haltung der „Gesellschaft" – meist kennen wir nur die Haltung kirchlicher Institutionen – oft ambivalent erscheint. Leprosen waren sicher nicht „ehrlos" – dagegen spricht schon das Idealmodell der Fürsorge, die Christus ihnen wie auch anderen Randgruppen angedeihen ließ –, aber doch zwangsweise ausgegrenzt; Bettler waren missachtet und wurden manchmal auch bekämpft, doch waren auch sie zugleich ein Objekt der Fürsorge und des Schutzes. Es gab – bei aller Wertschätzung der Sesshaftigkeit – ausgesprochen willkommene „Fahrende", und Behinderte bildeten gar ein Lieblingsobjekt der zahlreichen Mirakelgeschichten. Längst nicht alle Randständigen waren folglich kriminalisiert (so Hergemöller). Auch wenn die Quellenlage dem Thema im frühen Mittelalter enge Grenzen setzt, bleibt eine genauere Untersuchung ein dringendes Desiderat. Signifikant ist aber allemal das zugenommene Interesse der heutigen Forschung, das sich anscheinend von den „Randgruppen" als sozialgeschichtlichem Thema wieder löst und sich – stärker mentalitätsgeschichtlich-anthropologisch – den „Außenseitern" als den „Anderen" zuwendet. Damit gliedert es sich aber in die Erforschung ganz anderer Sachverhalte wie des Bildes von den Fremden und deren Relation zur eigenen Gesellschaft ein.

4.2.3 Das Verhältnis von Individuum und Gemeinschaft[44]

Die „Entdeckung des Individuums" (C. Morris) fällt nach verbreiteter Ansicht frühestens in das 12. Jahrhundert. Im frühen Mittelalter, einer Zeit ohne „Porträts" in Geschichte, Kunst und Literatur, fand das Individuum hingegen kaum Beachtung. Auch wenn eine solche Ansicht überspitzt sein mag und man auch im frühen Mittelalter individuelle Züge entdecken kann – Einhards Beschreibung Karls des Großen beruht beispielsweise keineswegs ausschließlich auf stereotypen Schilderungen eines idealen Königs –, so ist die Bedeutung der Gruppenbindungen und der „Personenverbände" doch unabweisbar: Der einzelne „lebte" in Gemeinschaften – „Einsiedler" waren eine seltene Ausnahme –, bezog daraus Stand, soziale Stellung und Ansehen und wurde folglich auch nach solchen Zugehörigkeiten beurteilt. Hörige des Königs mögen daher etwas besser gestellt gewesen sein als andere, und die familiäre Herkunft besagte viel über die dem Einzelnen entgegengebrachte Achtung (oder Missachtung). Der Gruppencharakter zeigt sich selbst in formalen Aspekten wie der Schriftlichkeit: Die Skriptorien strebten eine bei allen Schreibern gleichmäßige Schrift an, und literarische Werke bemühten sich um topische Darstellung. Die Auswertung von Gedenkbucheinträgen (vgl. 4.3.6), die in der Regel Gruppeneinträge waren, offenbarte als großes Problem die Frage der Personenidentifizierung, also das Verhältnis von Person und Personennamen. Die entscheidende Erkenntnis, dass die Identifizierung häufig (nur) über die Gemeinschaft(en) gelang, führte zu allgemein-grundlegenden Betrachtungen über das „Verhältnis von Person und Gemeinschaft".[45] Das Mittelalter habe auf die Person wenig Wert gelegt, die (so Karl Schmid) nicht aus sich selbst lebte, sondern in die Lebensbereiche hineinverwoben war, die ihr zu leben erst ermöglichten. Der Entstehung nach gab es natürliche (wie die Familie) und „künstliche" (wie Klöster oder Grundherrschaften), nach dem Zweck religiöse (Verbrüderungen), politische (Reich) oder wirtschaftliche Gemeinschaften (wie die Gilde). Zum Teil war der Mensch in sie hineingeboren, wie in die Familie, aber auch den „Stamm", das Volk oder die herrschaftlichen und politischen Bindungen der Eltern; zum Teil erwuchs die Zugehörigkeit aus einem – in der Regel rituell vollzogenen – Beitrittsakt: in eine Klostergemeinschaft oder in ein Stift, in die Gefolgschaft oder Vasallität eines Lehnsherrn, in eine Verbrüderung oder eine „Schwurgemeinschaft"; teils resultierte sie – durch Geburt oder Zuwanderung – aus dem Lebensraum (wie im Nachbarschafts- oder Dorfverband, in der städtischen Siedlung oder in der Pfarrei); teils waren die Gemeinschaften herrschaftlich (wie der Hörigenverband), teils „genossenschaftlich" organisiert (wie „amicitiae" oder „coniurationes").[46]

Entscheidend ist allerdings, dass der Einzelne vielerlei Gemeinschaften und Gruppenbildungen angehörte, die sich gegenseitig überlagerten und teilweise auch in Kon-

---

44 Lit.: Bibl. 5.3.2.6.1; ferner G. Althoff, Verwandte.
45 Vor allem in den Arbeiten Karl Schmids.
46 Vgl. G. Althoff, Verwandte.

kurrenz zueinander traten, zwischen denen sich eine Identitätsbildung vollzog und die der individuellen Entscheidung Spielraum gaben. Die bezeugten „Verschwörungen" („coniurationes") waren wohl auch ein Mittel, gegenüber den traditionell ererbten oder erworbenen Gemeinschaften durch eidlichen Zusammenschluss einen (neuen) Zusammenhalt und eine Bindung zu schaffen. Am Beispiel der Gruppeneinträge der Gedenkbücher (die aber doch aus Einzelnamen bestanden!) zeigt sich wiederum, dass sich Mönchsgemeinschaften als eigene Gruppe definierten (und mit anderen Klostergemeinschaften verbrüderten), dass hier einerseits aber auch Geistliche, Mönche und Laien, andererseits Männer und Frauen zusammenstanden, der Familienverband (als Urzelle menschlicher Gesellschaften) demnach erhalten blieb: Religiöse und familiäre Gemeinschaften überlagerten sich. Die Familieneinträge lassen ihrerseits ein über die Kernfamilie hinausgehendes, kognatische Verwandtschaftsverhältnisse einschließendes Bewusstsein erkennen. Die Gemeinschaft war zudem nicht nur (irdische) Lebensgemeinschaft, sondern schloss verstorbene Angehörige ein, so dass Gedenkbücher, in denen es ihrer Funktion nach um Fürbitte für die Ewigkeit ging, eine „Gemeinschaft der Lebenden und Verstorbenen" widerspiegeln (K. Schmid/J. Wollasch).

4.2.4 Lebensformen und Lebenskreise

4.2.4.1 Probleme um Ehe und Familie[47]

Die alte Vorstellung von einer umfassend wirksamen „germanischen *Sippe*" – der Begriff ist nicht zeitgenössisch – ist in den letzten Jahrzehnten weitgehend eingeschränkt oder ganz aufgegeben worden: Es handelt sich weder um eine „germanische" Eigenart, noch lässt sich die „Sippe" mehr als Siedlungs- oder Heeresverband nachweisen. Die rechtliche Bedeutung der Verwandtschaft ist hingegen unbestreitbar: Sie stellte Eidhelfer vor Gericht, ahndete Vergehen an ihren Mitgliedern, übte Blutrache oder handelte ein Bußgeld als Kompensation aus. Ihr Kreis ist jedoch nicht fest eingrenzbar, und der Hausgemeinschaft kam letztlich eine größere und im Laufe dieser Periode wachsende Bedeutung zu.[48] Mit der Erkenntnis, dass die – eventuell um Seitenverwandte erweiterte – *Kern- oder Kleinfamilie* aus Eltern und Kindern in den meisten Regionen die Basis der Hausgemeinschaft bildete, hat sich die auf Wilhelm Heinrich Riehl zurückgehende und von Otto Brunner aktualisierte Theorie vom „ganzen Haus" als einer aus mehreren Verwandtengenerationen bestehenden Wohngemeinschaft zunehmend als Mythos erwiesen, wenngleich der Streit darum noch immer anhält und manche Autoren einen Wandel zur „Kernfamilie" erst im hohen oder späten Mittelalter oder gar in der Frühen Neuzeit annehmen. Urbariale Quellen wie das Polyptychon von Saint-Germain-des-Prés bei Paris weisen bereits im 9. Jahrhundert die Gattenfamilie sogar für die bäuerliche Gesellschaft als Normalfall einer Hufenbesetzung und somit als Haushaltsfamilie aus. In den Grundherrschaften von Saint-Germain-des-Prés oder von Farfa in Oberitalien wurden rund 60 % der Hufen von einem Ehepaar bewirtschaftet, und auch dort, wo sich mehrere Familien eine Hufe teilten, hatten sie

---

47 Lit.: Bibl. 5.3.2.6.2; H.-W. Goetz, Frauen, 199–242.
48 Vgl. K. Kroeschell, Sippe.

doch jeweils einen eigenen „Herd" („focus"), bewohnten also ein eigenes Haus. Für die freien Bauernhöfe, deren Vorbild die Hufenverfassung wohl folgte, wird man das erst recht annehmen dürfen. Wenn für manche Gegenden, wie Irland, Schottland, Spanien oder die Lombardei, ein Fortleben der Großfamilie behauptet wird, so müssten solche Ansichten wohl anhand des neueren Forschungsstandes überprüft werden.

Auch die *Familienstruktur* und die Bedeutung der Verwandtschaftsfamilie sind letztlich nicht eindeutig erkennbar. Wegweisend waren hier die Überlegungen Karl Schmids, der sich von der Erforschung einzelner Geschlechter und Räume ab- und der Charakterisierung der Familienstruktur zuwandte und nun umgekehrt fragte, weshalb sich die Familien im frühen Mittelalter so schwer abgrenzen und genealogisch verfolgen ließen und – aus der Analyse der Gedenkbücher heraus – zu dem Ergebnis gelangte, dass Familien und Familienbewusstsein (und damit die familientypischen Namen) sich durch Einheirat ständig wandeln und umorientieren konnten, weil auch das Namengut der Frauen eine große Rolle spielte (kognatisches Familienbewusstsein). Deshalb musste die ältere, nur an den Namen und an festen Prinzipien der Namengebung orientierte Genealogie scheitern. Dahinter stand zugleich ein Wandel der Familienstrukturen, bei denen die Haushaltsfamilie mit Ehepaar und Kindern gegenüber dem großen Verwandtschaftsverband an Bedeutung gewann.[49] Entgegen solchen Lehren, aber auch gegen die Theorie eines Wandels im frühen Mittelalter hat Alexander Murray eine agnatisch bestimmte Sippenstruktur („clan structure") unter der patriarchalischen Leitung eines „Ältesten" bereits für die germanische Gesellschaft zurückgewiesen,[50] und Constance Bernhard betont eine agnatische Familienstruktur auch für die fränkische Zeit.[51] Man wird „agnatisch" und „kognatisch" daher nicht als Gegensatz begreifen dürfen, sondern als Tendenzen verstehen müssen, deren Verhältnis zueinander sich in einzelnen Zeiten und Regionen unterschiedlich gewichtete. Eine Verfestigung der Geschlechter im hohen Mittelalter ist jedoch unabweisbar. Wieweit das allerdings mit einer wachsenden Bedeutung der Verwandtschaftsfamilie oder einer geminderten Stellung der Frau und ihrer Verwandtschaft zusammenhängt, bleibt eine offene Frage. Die Forschungen belegen zugleich aber die Bedeutung der – trotz der Einnamigkeit familienspezifischen – Namen für ein Familien- wie auch ein Ahnenbewusstsein, an dem die Frau einen wesentlichen Anteil hatte. Tatsächlich war eine familiengebundene Namengebung keineswegs auf die Adelsfamilien beschränkt, sondern ebenso in bäuerlichen Familien üblich.[52] Interessant und zugleich bezeichnend für die Bedeutung der Personennamen als Ausdruck einer Identität ist auch die Beobachtung einer verbreiteten „Germanisierung" der Namen in der überwiegend romanischen Bevölkerung der frühen Germanenreiche.[53]

---

49 Vgl. K. Schmid, Geblüt – Herrschaft – Geschlechterbewußtsein; Ders., Über die Struktur des Adels; Ders., Zur Problematik von Familie, Sippe und Geschlecht.
50 A. Murray, Germanic Kinship Structure.
51 C. Bouchard, „Those of My Blood".
52 Vgl. H.-W. Goetz, Zur Namengebung bäuerlicher Schichten.
53 Vgl. R. Härtel (Hg.), Personennamen und Identität. Zur Germanisierung der Namen: J. Jarnut, Selbstverständnis von Personen und Personengruppen im Lichte frühmittelalterlicher Personennamen, in: ebd., 47–65.

Schwieriger noch ist der – in der älteren, besitzgeschichtlich-genealogischen Forschung meist vorausgesetzte – Zusammenhalt der Verwandtschaftsfamilie zu beurteilen. Sprechen die zahlreichen Gedenkbucheinträge, die meist Familieneinträge sind, ebenso wie die Versuche, den Besitz zusammenzuhalten und auch Ämter innerhalb der Familie erblich zu machen, für ein Gemeinschaftsgefühl, das über die Standesgrenzen (Kleriker – Laien) hinwegging und die weibliche Linie ebenso einbezog wie die verstorbenen Familienmitglieder, so sind aus der Praxis doch zahlreiche Erb- und Familienzwistigkeiten bekannt. Man wird daher mit häufigen innerfamiliären Streitigkeiten rechnen müssen, von denen wir aus Quellen vor allem in Fällen erfahren, bei denen es – unter Ausschluss potentieller Erben – um Schenkungen an Kirchen ging, die jedoch zweifellos auch andere Erbfälle betrafen. Sie erwuchsen zumindest teilweise aus den Überschneidungen von Haushalts- und Verwandtschaftsfamilie wie auch daraus, dass die Familie als „primäre" soziale Einheit der frühmittelalterlichen Gesellschaft vielfältig durchbrochen und von anderen Gemeinschaftsformen überlagert wurde: von geistlichen Gemeinschaften (wie Klöstern) ebenso wie von sozialpolitischen Bindungen (wie dem Lehnsverband) oder sozialwirtschaftlichen Gemeinschaften (wie dem Hörigenverband der Grundherrschaft), die mitunter sogar die Kernfamilie „spalten" konnten. Ihr Zerschneiden durch Gefolgschaftsschwüre hat im altdeutschen Hildebrandslied ein literarisches Denkmal gefunden. So unbestreitbar die Bedeutung familiärer Gemeinschaften und eines familiären Gemeinschaftsbewusstseins (in sozialer und politischer Hinsicht) auch ist: in der Praxis fanden sich daher doch immer wieder Gruppierungen zusammen, die solche Zusammenhänge durchbrachen und einerseits nur Teile der Verwandtschaft einbezogen, andererseits darüber hinausgingen. Die Komplexität personaler Bindungen liefert durchaus eine Erklärung für ein häufiges Scheitern des grundsätzlich vorhandenen Familienbewusstseins.

Die zunehmende Bedeutung der Kernfamilien (und damit der Ehe) scheint heute ebenso Konsens zu sein wie die stärkere Durchsetzung der Muntehe in dieser Epoche (die allerdings kaum primär aus besitzrechtlichen Gründen von der Kirche gefördert wurde, wie der Ethnologe Jack Goody meinte).[54] Hinsichtlich der aus rechtsgeschichtlicher Sicht hervorgehobenen, traditionellen Unterscheidung verschiedener *Eheformen* (Muntehe, Friedelehe, Raubehe; vgl. 3.2.6.1) neigt die neuere Forschung eher zu einer Relativierung der Unterschiede, muss sich dazu von der Quellenlage her jedoch nahezu ausschließlich an den Königsdynastien und dem hohen Adel orientieren. Die alleinige Anerkennung der Muntehe war anscheinend ein längerer Prozess, der erst im 9. Jahrhundert größere Bedeutung erlangte. Ist diese Ansicht richtig, so hat das bedeutsame Auswirkungen auf die viel berufene „Unehelichkeit" der Kinder aus entsprechenden Verbindungen und damit auch auf die früher als zweifelhaft empfundenen Erbansprüche unehelicher Königssöhne oder der Nachkommen anderer Amtsträger, wie Waltraud Joch kürzlich am Beispiel Karl Martells aufzeigen konnte.[55] Dass erst die Muntehe seit karolingischer Zeit eine Einengung der Frau auf die Familie bewirkt haben soll,[56] ist hingegen nicht recht einsichtig. Dass die viel berufene *Frie-*

---

54 J. Goody, Development of the Family.
55 W. Joch, Legitimation.
56 So J. McNamara/S. Wemple, Power of Women; S. Wemple, Women in Frankish Society, 193.

delehe keine eigene und schon gar nicht eine hoch angesehene Eheform war, hat Else Ebel gerade an dem Hauptzeugen, dem – allerdings erst späteren – skandinavischen Quellenmaterial, nachweisen können.[57]

Unbestreitbar ist die wachsende kirchliche Einflussnahme auf Eheschließung und Ehescheidung, aber auch auf das eheliche Leben. Die ständig wiederholten Verbote belegen in sich jedoch eher einen anhaltenden „Missbrauch" bzw. die Schwierigkeiten, die kirchlichen Forderungen in der sozialen Praxis durchzusetzen, ohne dass verlässliche Aussagen über die Zahl der Verstöße möglich wären. Ein wesentliches Problem einer „Geschichte der Familie" im frühen Mittelalter besteht zudem darin, dass wir darüber fast ausschließlich aus normativen Quellen unterrichtet sind, deren Realitätsgehalt zweifelhaft ist. Wieweit beispielsweise die kirchlichen Inzestverbote wirklich eingehalten wurden, ist eine strittige Frage. Während Constance Bouchard nachzuweisen suchte, dass der Adel des 9. und 10. Jahrhunderts die Verbote im Großen und Ganzen respektiert hat,[58] bezeugen die Quellen durchaus gegenteilige Fälle, die nicht immer entsprechend geahndet wurden.[59] In dem berühmten Fall Ottos von Hammerstein und seiner Gemahlin Irmingard, deren Ehe wegen zu naher Verwandtschaft geschieden werden sollte, spielte die politische Gegnerschaft zu Kaiser Heinrich II. eine entscheidende Rolle, und im Ganzen ist es eher erstaunlich, wie lange die Eheleute ihre Gemeinschaft entgegen allen kirchlichen und weltlichen Hindernissen aufrechtzuerhalten vermochten, bis das Verfahren auf Bitten Konrads II. schließlich ganz eingestellt wurde. Solche Beispiele warnen davor, die kirchlich-rechtlichen Normen als Realität zu werten, und sie vermitteln zugleich einen Eindruck vom (möglichen) Zusammenhalt der Eheleute. Über den Ehealltag selbst ist wenig bekannt. Auch hier erweisen sich indirekte Rückschlüsse – Jean-Louis Flandrin wollte aus den zahlreichen Sexualverboten der Bußbücher beispielsweise einen Fertilitätszyklus errechnen[60] – als problematisch, weil wir nicht wissen, ob oder wieweit solche Verbote überhaupt eingehalten wurden.

Ähnliche Unsicherheiten verbleiben bei „demographischen" Schätzungen über Heiratsalter und Familiengröße. Das *Heiratsalter* ist kaum genauer zu ermitteln (vgl. 3.2.1); wenn italienische Synoden davor warnten, geschlechtsreife Mädchen zu lange unverheiratet zu lassen, sich aber auch gegen eine Heirat vor dem Pubertätsalter wandten, dann wird man mit Früh- ebenso wie mit Spätehen rechnen müssen, während das durchschnittliche Heiratsalter der Frauen vielleicht zwischen 12 und 20 Jahren, der Männer möglicherweise etwas darüber lag, sofern die Ehe eine materielle Existenzsicherung voraussetzte. (Dieser letzten, von Herlihy vertretenen These einer Heirat meist zwischen Mitte und Ende zwanzig bei nahezu gleichaltrigen Partnern hat Juri Bessmertny allerdings vehement widersprochen.[61]) Die durchschnittliche *Kinderzahl* von 2 bis 3 Kindern, die sich aus verschiedenen Berechnungen (etwa anhand des Polyptychons von Saint-Germain-des-Prés) ergibt, geht von der – so wohl nicht zutref-

---

57 E. Ebel, 'Friedelehe'; Dies., Konkubinat; A. Esmyol, Konkubinen.
58 C. Bouchard, Consanguinity.
59 Vgl. R. Le Jan, Famille et pouvoir, 288ff.
60 J.-L. Flandrin, „Un temps pour embrasser".
61 D. Herlihy, Medieval Households, 74ff.; Y. Bessmertny, Vision du monde, 10–24, hier 18.

fenden – Annahme aus, dass die Familien hier vollständig erfasst sind, bezeichnet aber wohl zumindest die durchschnittliche Zahl der (noch) im Haushalt lebenden Kinder. Einige „Kinder" werden zum Zeitpunkt der Erhebung bereits einen eigenen Hausstand gegründet haben; andere könnten an den Herrenhof gegeben worden sein. Das würde auch die Unterrepräsentation von Mädchen erklären, die sicher zu Unrecht als Indiz eines verbreiteten Mädchenmordes gedeutet worden ist.[62] Aber auch die Schätzungen und archäologischen Befunde über den Anteil der Kindersterblichkeit gehen weit auseinander. Die ältere, vor allem von Philippe Ariès begründete Ansicht, nach der Kindern[63] wenig Beachtung geschenkt wurde, weil man sie als „kleine Erwachsene" betrachtete, darf längst als widerlegt gelten: Heilige wurden um Hilfe gegen Kinderlosigkeit angefleht, und den Kindern wurde zweifellos eine – auch emotionale – Zuwendung zuteil. Das schließt allerdings weder eine frühe Einbeziehung in den Arbeitsprozess noch eine vielleicht größere Zahl von Kindesaussetzungen aus.[64] Über eine nach Geschlechtern differenzierte Ausbildung und Sozialisation wissen wir noch bedenklich wenig.

4.2.4.2 Fortschritte und Probleme der frühmittelalterlichen Frauen- und Geschlechtergeschichte[65]

Wurden Frauen in der mittelalterlichen Geschichte früher allenfalls im Rahmen der Familien- und Kulturgeschichte bzw. im Hinblick auf politisch oder geistig herausragende Frauengestalten berücksichtigt, so ist die *Frauengeschichte* seit den 1970er Jahren aus dem Repertoire einer modernen Mediävistik nicht mehr wegzudenken. Neu ist daher nicht die Berücksichtigung von Frauen an sich, sondern einmal das Ausmaß der seit rund drei Jahrzehnten ausgesprochen produktiven „Frauengeschichte", zum andern die Betrachtung auf allen historischen Ebenen und schließlich – und vor allem – die Berücksichtigung der Frauen um ihres Geschlechts willen. Frauen, so Gerda Lerner („The Majority Finds Its Past"!), haben eine Geschichte und einen Standort in der Geschichte. „Frauengeschichte" als Geschichte „der Hälfte der Menschheit" und Geschichte unter der Kategorie des Geschlechts zu betrachten, ist demnach eine verhältnismäßig junge Disziplin, deren Ursprünge zweifellos in einem berechtigten Erkenntnis- und Emanzipationsinteresse von Historikerinnen in Bezug auf die Geschichte ihres Geschlechts liegen, nicht minder aber bereits die schon angesprochene Ausweitung des historischen Interesses auf alle Menschen und Gruppen voraussetzen.

Politisch-feministischen Zielsetzungen der oft bewusst provokativ im größeren Rahmen der „Women's Studies" betriebenen „Frauengeschichte" mit kämpferischen Titeln („The Fourth Estate", „Clio's Consciousness Raised", „Beyond Their Sex", „Women and Power", „Equally in God's Image" oder „Distant Echoes"), Forderungen nach dem

---

[62] So E. COLEMAN, L'infanticide. Kritisch dazu: J.-P. DEVROEY, Méthodes d'analyse démographique; DERS., A propos d'un article récent.
[63] Lit. zu Kindern: D. ALEXANDRE-BIDON/D. LETT, Enfants; P. ARIÈS, L'enfant et la vie familiale; K. ARNOLD, Kind und Gesellschaft; DERS., Kindheit im europäischen Mittelalter; R. CARRON, Enfant et parenté; S. CRAWFORD, Childhood in Anglo-Saxon England; C. DETTE, Kinder und Jugendliche; H. SCHWARZ, Schutz des Kindes; S. SHAHAR, Childhood; M. WINTER, Kindheit und Jugend.
[64] Vgl. J. BOSWELL, Kindness of Strangers.
[65] Lit.: Bibl. 5.3.2.6.3.

– der vorherrschenden androzentrischen Sichtweise bewusst entgegengesetzten – „weiblichen Blick" (der in Wirklichkeit natürlich ebenfalls historischen Wandlungen unterworfen ist wie alle Mentalitäten) und nach einem eigenen methodischen Instrumentarium[66] und schließlich die anfangs oft allzu globalen Überblicke haben zu (verständlichen) Reaktionen und Irritationen der bis dahin androzentrischen Mediävistik, vielfach aber auch zu einer teilweise bis heute andauernden (unberechtigten) Abneigung gegen eine Frauen- und Geschlechtergeschichte an sich geführt, die eine unvoreingenommene Diskussion noch immer belastet. Dabei sind Gegenstand (Geschichte der Frauen), geschichtswissenschaftliche Pespektive (Geschlechtergeschichte) und standortgebundenes Interesse (feministische Geschichtswissenschaft) drei in den Anfängen miteinander verknüpfte, letztlich aber unterscheidbare Zielsetzungen.[67] Der Vorwurf einer (bis dahin) „männlichen" Perspektive der modernen Geschichtsschreibung ist dabei einerseits durchaus begründet, doch ist die historiographische Perspektive andererseits selbstverständlich nicht ausschließlich oder vorwiegend vom Geschlecht bestimmt. Vor allem ist letzteres im sozialhistorischen Verständnis keine Konstante, sondern in seiner Bedeutung ebenso wie in seinem Stellenwert zeitspezifisch zu bestimmen, müssen, auf das frühere Mittelalter angewandt, folglich die damaligen Wertmaßstäbe beachtet werden. Aufgabe der Geschlechter*geschichte* ist daher die Herausarbeitung des Geschlechterverhältnisses unter den jeweils zeitspezifischen Bedingungen wie auch der zeitspezifischen „Konstruktion" von Geschlechtern. Es ist unabweisbar, dass eine Geschlechterdifferenz auch im frühen Mittelalter wahrgenommen wurde und dass sie soziale Auswirkungen auf die Stellung der Geschlechter hatte. Hingegen hat das Geschlecht für die frühmittelalterlichen Menschen keine der heutigen Gesellschaft auch nur annähernd vergleichbare Rolle gespielt, sondern trat hinter anderen Kriterien (wie Stand, Rang, Gemeinschaft oder Alter) zurück: Frauen wurden im frühen Mittelalter durchaus von ihrem Geschlecht her, aber nicht um ihres Geschlechtes willen wahrgenommen und nur selten als Gruppe oder gar als einheitliche Gruppe gesehen, und soweit erkennbar, teilten sie selbst die gängigen geschlechtsspezifischen Charakterisierungen vom „schwachen Geschlecht".[68] Das Geschlecht ordnet sich in das Ensemble historischer Perspektiven ein. Dank solcher Einbindungen und eines breiten Fragespektrums aber ist die „Geschlechtergeschichte" ein vielschichtiges und komplexes Thema, und sie erfordert eine gründliche Analyse der Quellen, die aus ihrem – gänzlich anders gelagerten – Kontext heraus zu betrachten sind.

Die Ursprünge und Schwerpunkte einer „Frauengeschichte" liegen (bis heute) zweifellos im angloamerikanischen Bereich (mit Namen wie Gerda Lerner, Jo-Ann McNamara, Suzanne Fonay Wemple, Susan Mosher Stuard oder Jane Tibbets Schulenburg). Inzwischen ist die Zahl der Veröffentlichungen kaum mehr überschaubar, wenngleich verschiedene Bibliographien und Forschungsberichte hier den Überblick

---

66 So J. Bennett, Medievalism and Feminism.
67 H. Nagl-Docekal, Feministische Geschichtswissenschaft, unterscheidet, nicht auf die Mediävistik bezogen, drei Phasen der Frauenforschung: eine kompensatorische, die bedeutende Frauen gegen bedeutende Männer aufwog, eine kontributorische, die den Beitrag der Frauen in allen Lebensbereichen herausstellte, und den Übergang zur Geschlechtergeschichte.
68 Vgl. H.-W. Goetz, Frauen, 325–359.

erleichtern.⁶⁹ Der frühen Phase globaler Überblicke (über *die* Frau im Mittelalter) und teilweise forscher Thesen – gerade die Frauengeschichte erfordert gründliche Kenntnisse über Recht, Gesellschaft, Wirtschaft, Religion, Kultur und Mentalität der betrachteten Epoche – sowie einer fast ausschließlich von Frauen betriebenen Frauengeschichte sind längst nach Zeit und Raum, nach Ständen, Gruppen oder Lebensformen differenzierende Arbeiten und gründliche Detailstudien und eine Ausweitung auf nahezu alle Aspekte der Frauen in der frühmittelalterlichen Geschichte gefolgt: in Kirche, Kloster und Bildung, Politik, Recht und Gesellschaft, in einzelnen Epochen oder Regionen oder zu einzelnen Funktionen. „The position of women in Frankish society was not static. It differed in each social group and fluctuated within each group under the impact of different historical forces."⁷⁰ „Meilensteine" epochenspezifischer und quellengesättigter Betrachtung bieten Suzanne Wemples „Women in Frankish Society" über die Lebensformen Ehe und Kloster von 500 bis 900, wenn ihre Thesen auch vielfach überspitzt sind und inzwischen modifiziert wurden, und Pauline Staffords Arbeit über die frühmittelalterlichen Königinnen.⁷¹ Viele Arbeiten folgten.⁷² Königinnen (vgl. 3.1.1.4),⁷³ Nonnen (vgl. 3.2.6.4)⁷⁴ und Heilige,⁷⁵ Ehefrauen, Mütter⁷⁶ und Witwen, deren Stellung nach neueren Forschungen keineswegs idealisiert werden darf,⁷⁷ sowie Autorinnen und Mäzene⁷⁸ stehen dabei ebenso im Blickfeld wie die Frauenarbeit;⁷⁹ die rechtliche und soziale Stellung⁸⁰ werden ebenso

---

69 Vgl. W. Affeldt, Frauen und Geschlechterbeziehungen; W. Affeldt/C. Nolte/S. Reiter/U. Vorwerk (Hg.), Frauen im Frühmittelalter; A. Echols/M. Williams (Hg.), Annotated Index; H.-W. Goetz, Frauen, 31–68; M. Mostert, Literatuurwijzer Vrouwen (wie Anm. 49, Kap. 3.2); S. Stuard (Hg.), Women in Medieval History; K. Walsh, Ein neues Bild der Frau.
70 So S. Wemple, Women in Frankish Society, 194.
71 P. Stafford, Queens, Concubines and Dowagers.
72 Allgemeine und Sammelwerke: W. Affeldt/A. Kuhn (Hg.), Interdisziplinäre Studien; W. Affeldt (Hg.), Frauen in Spätantike; H. Brandt/J. Koch (Hg.), Königin, Klosterfrau, Bäuerin; H.-W. Goetz (Hg.), Weibliche Lebensgestaltung; C. Klapisch-Zuber (Hg.), Histoire des femmes II; S. Lebecq/A. Dierkens/R. Le Jan/J.-M. Sansterre (Hg.), Femmes et pouvoirs. Regionale Studien: L. Bitel, Land of Women (zu Irland); J. Jesch, Women in the Viking Age; S. Hollis, Anglo-Saxon Women.
73 Vgl. D. Harrison, Ages of Abbesses and Queens; A. Fößel, Königin.
74 Vgl. P. Johnson, Equal in Monastic Profession; J. McNamara, Sisters in Arms; B. Venarde, Women's Monasticism.
75 Vgl. M. Cristiani, Sainteté féminine; H.-W. Goetz, Frauen, 105–162; J. Schulenburg, Forgetful of Their Sex; J. Smith, Problem of Female Sanctity; S. Wittern, Frauen, Heiligkeit und Macht.
76 Vgl. C. Atkinson, Oldest Vocation; K. Heene, Legacy of Paradise; A. Mulder-Bakker (Hg.), Sanctity and Motherhood; J. Parsons/B. Wheeler (Hg.), Medieval Mothering.
77 Vgl. M. Parisse (Hg.), Veuves et veuvages. Zur „Konstruktion" der Witwe im zeitgenössischen Verständnis: B. Jussen, Name der Witwe.
78 Vgl. K. Arnold, Frau als Autorin; P. Dronke, Women Writers; E. Van Houts, Memory and gender; R. McKitterick, Frauen und Schriftlichkeit im Frühmittelalter, in: H.-W. Goetz (Hg.), Weibliche Lebensgestaltung, 65–118; J. Nelson, Gender and Genre; Dies., Perception du pouvoir; C. Segura Graiño, Voz del silencio; J. Taylor/L. Smith (Hg.), Women, the Book and the Godly; Dies. (Hg.), Women, the Book and the Wordly; Dies. (Hg.), Women and the Book.
79 Vgl. J.-P. Devroey, Men and Women; H.-W. Goetz, Frauen, 270–279; D. Herlihy, Opera muliebra; L. Kuchenbuch, Opus feminile (wie Anm. 35, Kap. 3.2); M. Obermeier, „Ancilla".
80 Vgl. D. Hellmuth, Frau und Besitz.

behandelt wie die geistigen Normen und Wahrnehmungen (das Frauenbild),[81] ihr Anteil an Kultur,[82] Mission und christlicher Erziehung[83] oder Aspekte der „Körperlichkeit" und „Geschlechterdifferenz".[84] Bezeichnend mag es auch sein, dass die Beschäftigung mit dem mittelalterlichen Sexualleben oder mit dem menschlichen Körper weit überwiegend im Rahmen der Frauengeschichte betrieben wird. Ungebrochen scheint schließlich auch der Hang zur biographischen Beschreibung einzelner Frauenschicksale zu sein.[85]

In der deutschen Frühmittelalterforschung kommt neben dem allgemeinen Standardwerk von Edith Ennen und der gleichzeitig erschienenen Quellensammlung von Peter Ketsch[86] dem zeitweiligen Berliner Arbeitskreis für Frauengeschichte der Spätantike und des Frühmittelalters um Werner Affeldt mit seinen Tagungsbänden und Dissertationen eine hohe Bedeutung zu. Mit dem Untertitel des jüngeren Sammelbandes, „Lebensbedingungen – Lebensformen – Lebensnormen", ist das heutige Arbeitsfeld zum großen Teil abgesteckt. Dem Ziel einer quellen- und zeitgemäßen Erarbeitung des Frauenbildes und Frauenlebens im Frankenreich aus der zeitgenössischen Vorstellungswelt heraus diente ein eigener Versuch, bislang einseitig oder unterbelichtete Themen nach einzelnen Quellengattungen zu analysieren: beispielsweise das Bild der Eva anhand der Genesisexegese, das Heiligenbild in Frauenviten, das Bild der Ehefrau in Traktaten und Rechtsquellen, das Frauenbild in Buchminiaturen oder die Rolle der Frau als Autorin von Briefen.[87] Viele Fragen, beispielsweise über die rechtliche Stellung der Frauen und deren Anteil an Politik, Kirche, Gesellschaft und Wirtschaft oder über ihre Rolle in der Familie, bleiben zwangsläufig noch strittig (vgl. 3.2.6.1). Wenn Frauen in der Kirche – unter den Heiligen wie auch in Klöstern – unverkennbar unterrepräsentiert waren (J. Schulenburg), dann erklärt sich das teilweise aus der Hierarchie und der institutionellen Bindung der Heiligenviten (H.-W. Goetz), spiegelt aber wohl auch eine – bei allen berechtigten Ansätzen zum Aufbrechen eines solchen Standpunktes – letztlich untergeordnete Stellung der Frauen wider. Wenn es uns schwer fällt, weibliche Handlungsmuster oder eine spezifisch weibliche Heiligkeit zu erkennen, dann liegt das sicherlich auch an den mann-orientierten Vorbildern und Vorlagen der Schreiber (J. Smith), es entspringt nicht minder aber dem religiösen (und zunächst geschlechtsunspezifischen) Ideal einer Asexualität. Man wird die Lage der Frauen im frühen Mittelalter gewiss nicht idealisieren dürfen, aber auch zur Kenntnis nehmen müssen, dass von einer Mysogynie (eine immer noch vertretene Forschungs-

---

81 Vgl. H.-W. GOETZ, Frauen.
82 Vgl. R. MCKITTERICK, Frauen und Schriftlichkeit (wie Anm. 78); DIES., Nuns' scriptoria.
83 Vgl. F. LIFSHITZ, Des femmes missionaires; C. NOLTE, Conversio und Christianitas; P. STAFFORD, Queens, Nunneries and Reforming Churchmen.
84 Vgl. (wenngleich wenig über das frühere Mittelalter) J. CADDEN, Meanings of sex difference; C. BYNUM, Holy Feast; DIES., Warum das ganze Theater.
85 Vgl. Erika UITZ/Barbara PÄTZOLD/Gerald BEYREUTHER (Hg.), Herrscherinnen und Nonnen, Berlin 1990; DIES., Fürstinnen und Städterinnen, Freiburg im Breisgau 1993; Georges DUBY, Dames du XIIe siècle, 3 Bde., Paris 1995/96; Karl Rudolf SCHNITH, Frauen des Mittelalters in Lebensbildern, Graz 1997; zuletzt Helmut FELD, Frauen des Mittelalters. Zwanzig geistige Porträts, Köln 2000.
86 E. ENNEN, Frauen im Mittelalter; P. KETSCH, Frauen im Mittelalter.
87 H.-W. GOETZ, Frauen.

position) vielleicht nach unseren Standards, nicht aber nach Maßgabe mittelalterlicher Intentionen gesprochen werden kann. Die viel beschworene „Ambivalenz" des mittelalterlichen Frauenbildes hat ihren Ursprung daher auch in der Diskrepanz zwischen mittelalterlichen und modernen Vorstellungen.

Theoretisch hat sich die „Frauengeschichte" seit längerem zu einer *„Geschlechtergeschichte"* ausgeweitet, die Männer *und* Frauen in ihrem (Geschlechter-)Verhältnis untersucht und die gesamte Geschichte unter der Kategorie des Geschlechts (einschließlich dessen historischen Wandels) betrachten und die Konzepte von „Männlichkeit" und „Weiblichkeit" analysieren möchte. Praktisch ist das im früheren Mittelalter bislang aber allenfalls in Ansätzen, ist ein Vergleich der Geschlechter nirgends umfassend durchgeführt worden. Zudem besteht die Tendenz, die Geschlechterdifferenz gegenüber möglichen Gemeinsamkeiten überzubelichten. Hingegen bemühen sich neuere Arbeiten um eine Bewertung der Stellung der Frauen im Rahmen der damaligen Strukturen und unter Berücksichtigung damaliger Normen und Werte, und es ist kein Zufall, wenn sich neuere Sammelbände und Monographien mit dem Aussagewert und den Aussagegrenzen der Quellen befassen.[88] In den letzten Jahren, so scheint es, ist aber auch wieder ein Abrücken von spezifisch frauengeschichtlichen Fragestellungen und eine Einordnung in umfassendere Themen zu beobachten. Die Rolle der (deutschen) Königinnen ist zuletzt umfassend sogar wieder abseits geschlechtergeschichtlicher Prämissen untersucht worden (A. Fößel). Neben die Suche nach (geschlechtsspezifischen) „Frauenräumen" sind Fragen des Miteinanders getreten, und es dürfte zu erwarten sein, dass nach einer Forschungsphase der Trennung der Geschlechter auch die Gemeinsamkeiten wieder stärkere Beachtung finden.[89]

4.2.4.3 Kontroversen um die frühmittelalterliche Grundherrschaft[90]

In Deutschland, Belgien, Frankreich, Italien wie auch Japan und den USA hat man sich seit über zwei Jahrzehnten intensiv mit der frühmittelalterlichen Grundherrschaft befasst. Dabei sind – seit den Arbeiten von Alfons Dopsch und Charles-Edmond Perrin (zu Lothringen) – die früher vorherrschenden rechtsgeschichtlichen Fragen überall zugunsten von wirklichkeitsnahen Analysen zu einzelnen Regionen[91] sowie zu einzelnen Grundherrschaften – die Pionierleistung hat Ludolf Kuchenbuch 1978 mit seiner Dissertation über die Grundherrschaft des Klosters Prüm in der Eifel erbracht –,[92] sind so-

---

88 Vgl. M. Mostert u. a. (Hg.), Vrouw, familie en macht; J. Rosenthal (Hg.), Medieval Women and the Sources.
89 Vgl. J. Baumgärtner, Eine neue Sicht des Mittelalters?
90 Lit.: Bibl. 5.3.2.6.4. Forschungsberichte und Bilanzen: H.-W. Goetz, Moderne Mediävistik, 251–261; Ludolf Kuchenbuch, Die Klostergrundherrschaft im Frühmittelalter, in: F. Prinz (Hg.), Herrschaft und Kirche, 297–343; Ders., *Potestas* und *Utilitas*; Y. Morimoto, État et perspectives; Ders., Autour du grand domaine; D. Scheler, Grundherrschaft.
91 Vgl. A. Dopsch, Wirtschaftsentwicklung der Karolingerzeit; C.-E. Perrin, Recherches sur la seigneurie rurale en Lorraine; Ders., Classes paysannes; Ders., Seigneurie rurale. Zu Regionen ferner: G. Duby, Société (zu Mâcon); R. Fossier, Terre et les hommes en Picardie; F. Menant, Campagnes lombardes; P. Toubert, Structures du Latium médiéval.
92 L. Kuchenbuch, Bäuerliche Gesellschaft. Vgl. auch W. Rösener, Grundherrschaft im Wandel; K. Elmshäuser/A. Hedwig, Studien zum Polyptychon von Saint-Germain-des-Prés; U. Weidinger, Untersuchungen zur Wirtschaftsstruktur.

zialhistorische von wirtschaftsgeschichtlichen Themen auf lange Zeit zurückgedrängt worden. Während die deutsche Forschung das Phänomen „Grundherrschaft" eher für sich betrachtet, wird es in Frankreich und Italien, als „Seigneurie" bzw. „Signoria", weit stärker in die Gesamtheit sozioökonomischer und verfassungsgeschichtlicher Strukturen eingeordnet. Eine vergleichende Analyse der europäischen Grundherrschaft aber fehlt bislang und ist wegen des ungleichen Forschungsstandes und der vielen offenen Fragen auch kaum möglich.[93]

Ursprünge, Verbreitung und Betriebsformen: Hatte die ältere Forschung darüber gestritten, ob die Ursprünge der Grundherrschaft in der Hofverfassung (Friedrich Maurer), im Grundbesitz (Georg Seeliger) oder in der adligen Stellung des Grundherrn (Alfons Dopsch) bzw. in dessen Hausherrschaft (Otto Brunner) lagen, so scheint der *Herrschaftsgedanke* heute unstrittig. Er ist aber in seiner Art zu differenzieren (wirtschaftliche, soziale, gerichtliche, militärische und kirchliche Rechte) und um „genossenschaftliche" Absprachen und die Frage der praktischen Ausformung zu ergänzen: Die Grundherrschaft war eine herrschaftlich wie auch genossenschaftlich bestimmte Lebensordnung, deren Ausgestaltung vom Träger (König, Kirche und Adel), von der Region und ihren Gewohnheiten, von den räumlich-lokalen und sozialen Bedingungen und von der zeitlichen Entwicklung abhing, die infolge des Streubesitzes aber nirgends eine geschlossene Territorialherrschaft bildete, sondern sich aus einer Vielzahl von Einzelrechten zusammensetzte. In einem Dorf waren vielfach mehrere Grundherren begütert, und im Sozialverband der „familia", der Hörigen eines Herrn, gab es höchst unterschiedliche, komplexe Sozialstrukturen.

Die Frage, ob die Grundherrschaft bereits antike Wurzeln hatte oder eine mittelalterliche „Erfindung" war, bleibt allerdings ebenso strittig wie ihre Entstehungszeit oder die Wege ihrer Verbreitung und ihrer Durchsetzung. Dass Frondienste vereinzelt bereits in der Spätantike (in Afrika und Italien) bezeugt sind, ist nicht zu bezweifeln, doch fehlen ähnliche Belege gerade für den Kernbereich der frühmittelalterlichen Grundherrschaft: das spätantike Gallien. Hier, auf den Königsdomänen der Île-de-France, ist nach einer inzwischen weithin akzeptierten These Adriaan Verhulsts in der späteren Merowingerzeit die „klassische", nämlich „bipartite" Grundherrschaft aus Salland- *und* Hufenbetrieb entstanden.[94] Letztlich stammen von dort allerdings nur die ältesten Belege. Aber auch Leges und Formelsammlungen setzen für das frühe 7. Jahrhundert bereits die Existenz einer Hufenwirtschaft voraus.[95] Die Verbreitung dieses „Systems" ist jedoch nicht nur für weite Teile, vor allem für den Süden Frankreichs und Italiens, viel später anzusetzen,[96] sondern auch die vielfach angenommene, kontinuierliche Ausbreitung in die ostrheinischen Gebiete nach westfränkischem Vorbild durch das fränkische Königtum im Verlauf des 8. und 9. Jahrhunderts bedarf einer kri-

---

93 Vgl. H.-W. GOETZ, Frühmittelalterliche Grundherrschaften (wie Anm. 54, Kap. 3.2). Zu den Schwierigkeiten eines sozialgeschichtlichen Vergleichs überhaupt vgl. C. WICKHAM, Problems of Comparing Rural Societies, der das Fehlen einer vergleichenden Sozialgeschichte des Frühmittelalters beklagt.
94 A. VERHULST, Genèse du régime domanial classique.
95 Vgl. D. HÄGERMANN, Einige Aspekte der Grundherrschaft in den fränkischen formulae und in den leges des Frühmittelalters, in: A. VERHULST (Hg.), Le grand domaine, 51–77.
96 Vgl. M. MONTANARI, Contadini e città.

tischen Überprüfung. Die englische Grundherrschaft gilt als angelsächsischen Ursprungs, ist in ihren Konturen aber kaum näher erkennbar.[97]

Wer „Grundherrschaft" als ein festes, von anderen Wirtschaftsformen (wie der Sklaverei) strikt abgegrenztes System betrachtet – und das ist die Regel –, wird in den Quellen auf lauter Unstimmigkeiten stoßen. Man wird demgegenüber die Vorstellung eines einheitlichen Systems *der* Grundherrschaft aufgeben und die Existenz verschiedener, anfangs ohnehin nebeneinander existierender Betriebsformen, auch in ein- und derselben Grundherrschaft, anerkennen müssen: Die zweigeteilte Grundherrschaft war nur *eine* Organisationsform neben anderen. Zudem besitzen wir nur punktuelle Belege.[98] Die verschiedenen Betriebsformen aber waren Idealtypen, während in der Praxis „Mischformen der Klosterökonomie" vorherrschten (U. Weidinger). Die Grundherrschaft war folglich in sich ausgesprochen variabel, dynamisch und differenziert, sie umfasste eine Vielheit möglicher Konkretisierungen, und sie war zudem dauernden Wandlungen unterworfen. Die Organisationsform war weder allein von der Landschaft noch vom Träger der Grundherrschaft, sondern letztlich von den jeweiligen Gegebenheiten, vor allem der Besitzdichte, abhängig.[99] Eine idealtypische Unterscheidung nach Regionen (als sächsische, fränkische oder bayerische Grundherrschaft), wie sie vor allem Friedrich Lütge zugrunde legte,[100] wird dadurch ebenfalls fragwürdig. Mehr als meist üblich, wäre auch zwischen personalen Herrschaftsrechten, Wirtschaftsform und Organisation (Verwaltung) des Grundbesitzes zu differenzieren. Und schließlich ist „Grundherrschaft" ein moderner Ordnungsbegriff,[101] der jeweils zeitspezifisch zu beschreiben ist. Nicht zufällig hat sich die jüngere Forschung daher stärker den tatsächlichen Verhältnissen zugewandt. Entsprechend wird man auch bei den einzelnen Entwicklungsprozessen differenzieren müssen. Wenn die Forschung einmal von einem Prozess der „Vergrundholdung" auf Kosten des freien Bauerntums – durch Zwang oder freiwillige Eingliederung – und zum andern von einem Prozess der „Verbäuerlichung" durch die Aufteilung des Sallandes in Hufen („Casatierung") ausgeht, so bleiben Ausmaß und räumliche Verbreitung beider Entwicklungen doch weithin unbekannt, und ein freies Bauerntum hat stets weiterexistiert. Die These einer „Vergrundholdung" der Bauern darf zudem nicht den Blick auf die individuell sehr unterschiedliche Stellung der einzelnen Hörigen verstellen. Unter solcher Perspektive relativieren sich Ansichten, dass *die* Grundherrschaft vor der Jahrtausendwende nicht in allen Regionen Europas anzutreffen war. Wenn man grundherrschaftliche Strukturen in unserem Zeitraum vor allem für Südfrankreich und Spanien abgestritten hat, dann ließe sich doch fragen, ob hier nicht nur andere

---

97 Vgl. T. Aston, English Manor; Ders., Origins of the Manor; C. Dyer, Lords, Peasants and the Development of the Manor; umfassend zuletzt R. Faith, English Peasantry. Kritisch dazu Yoshiki Morimoto, Pour une étude à l'échelle européenne, in: RBPH 77 (1999), 1079–1091.
98 Vgl. A. Verhulst, Diversité du régime domanial; Cinzio Violante, La signoria rurale nel secolo X. Proposte tipologiche, in: Il secolo di ferro, 329–385.
99 Vgl. gegen G. Droege, Fränkische Siedlung: W. Rösener, Strukturformen der älteren Agrarverfassung; Ders., Zur Struktur und Entwicklung der Grundherrschaft in Sachsen in karolingischer und ottonischer Zeit, in: A. Verhulst (Hg.), Le grand domaine, 173–207.
100 F. Lütge, Mitteldeutsche Grundherrschaft.
101 Vgl. K. Schreiner, „Grundherrschaft".

Formen der frühmittelalterlichen Grundherrschaft vorherrschten (4.2.5). Hingegen sind Unterschiede zwischen dem Norden und Süden Frankreichs oder dem langobardischen Nord- und dem byzantinischen Süditalien wie auch zwischen links- und rechtsrheinischen Gebieten nicht zu verkennen.[102] Wenn östlich des Rheins nach verbreiteter Ansicht die Höfe kleiner waren, die Zahl der „mancipia" und der Unfreienhufen hingegen größer war als im Westen, so lassen sich für solche Annahmen indes mühelos Gegenbeispiele anführen.

Herrschaft oder Gewohnheit? Die Rechte der Grundherren: Dass sich das Verhältnis zwischen Herrn und Hörigen nicht mehr allein mit der idealtypischen Theorie Otto Brunners (Schutz und Schirm gegen Dienste und Abgaben bei gegenseitiger Treue) begründen lässt, dürfte heute allgemein akzeptiert sein.[103] Nur die bäuerlichen Leistungen sind quellenmäßig gut belegt und bilden den Ansatzpunkt für konkrete Forschungen. Probleme erwuchsen aus der Praxis. Die zersplitterten Herrschafts- und Besitzrechte der Grundherren machten einen kontrollierten Überblick nahezu unmöglich. So klar sich die Urbaraussagen in vielen Fällen auch ausnehmen, die Aufzeichnung dürfte nicht zuletzt dem Wunsch der Herren, sich einen genaueren Überblick zu verschaffen, aber auch dem Wunsch beider Seiten nach Klarheit der Leistungen bzw. Einnahmen und damit nach einer größeren Rechtssicherheit entsprungen sein. Die Urbare sind, soweit sie das erkennen lassen, das Ergebnis einer Übereinkunft. Welche Möglichkeiten zur Umgestaltung den Grundherren überhaupt blieben, ist strittig. Vieles war gewohnheitsgemäß geregelt und ließ Abweichungen als Unrecht erscheinen. Ludolf Kuchenbuch wies nach, dass selbst die bäuerlichen Leistungen sich in Art und Höhe nicht nach der jeweiligen Grundherrschaft, sondern nach den regionalen Gewohnheiten richteten, und prägte dafür den Begriff der „Rentenlandschaften".[104] Dieser Ansicht ist verschiedentlich widersprochen worden, und man wird sicherlich verschiedene Bestimmungsfaktoren wie auch die Unterschiedlichkeit der Leistungen innerhalb einer Region berücksichtigen müssen, doch ist zweifellos zumindest eine *Tendenz* zu gewohnheitsrechtlich normierten, landschaftsabhängigen, manchmal, wie in der Grundherrschaft von Saint-Germain-des-Prés, sogar recht kleinräumig voneinander differenzierten Leistungen zu erkennen.[105] Hanna Vollrath kommt das Verdienst zu, die Abhängigkeit der Grundherrschaft von gewohnheits-

---

102 Vgl. Adriaan VERHULST, Étude comparative de régime domanial classique à l'est et à l'ouest du Rhin à l'époque carolingienne, in: La croissance agricole, 87–101; DERS., Die Grundherrschaftsentwicklung im ostfränkischen Raum vom 8. bis 10. Jh. Grundzüge und Fragen aus westfränkischer Sicht, in: W. RÖSENER (Hg.), Strukturen der Grundherrschaft, 29–46.
103 Kritisch zu dieser Idealisierung einer Theorie der Gegenseitigkeit und mit Betonung auf die herrschaftliche Zwangsgewalt, allerdings, wie schon Brunners Studie, auf das Spätmittelalter bezogen: G. ALGAZI, Herrengewalt, der aber seinerseits auf Kritik gestoßen ist; vgl. etwa Sigrid SCHMITT, Schutz und Schirm oder Gewalt und Unterdrückung? Überlegungen zu Gadi Algazis Dissertation „Herrengewalt und Gewalt der Herren im späten Mittelalter", in: VSWG 89 (2002), 72–78.
104 Ludolf KUCHENBUCH, Probleme der Rentenentwicklungen in den klösterlichen Grundherrschaften des frühen Mittelalters, in: W. LOURDAUX/D. VERHELST (Hg.), Benedictine Culture, 132–172. Kritisch dazu: Y. MORIMOTO, État et perspectives, 104.
105 Vgl. H.-W. GOETZ, Bäuerliche Arbeit und regionale Gewohnheit.

rechtlichen Regelungen systematisch herausgestellt zu haben.[106] Wenn sie daraus allerdings den Schluss zieht, dass es für die Herren letztlich keinerlei Ermessensspielraum – und damit auch keine Herrschaft – gegeben habe, so misst sie den bezeugten Wandlungen zu wenig Gewicht bei und unterschätzt die Herrschaftsrechte.[107] Das beste Gegenbeispiel bildet die im Jahre 1222 angefertigte Abschrift des Prümer Urbars von 893 durch Caesarius von Prüm, der die alte Fassung ausgiebig kommentieren musste, weil sie so längst nicht mehr zutraf.[108] Die Rechtsgewohnheiten schlossen weder die Herrschaft der Grundherren (die vielmehr darin einbezogen war) noch Wandlungen der Leistungsstruktur und Organisation der Grundherrschaft aus, aber – und insofern zielt Vollraths Vorstoß in die richtige Richtung – sie wirkten, jedenfalls vom rechtlichen Standpunkt aus, jeder Willkür entgegen. Die Kontroverse zwischen Vollrath und Goetz, so meint Morimoto in seinem Forschungsbericht, zeige aber, wie unterschiedlich die Ansichten über die Realität der grundherrschaftlichen Macht noch sind.[109]

Bäuerlicher Widerstand? Die Annahme gewohnheitsrechtlicher Regelungen wirkt auch auf das Verhältnis zwischen Grundherren und Hörigen und damit auf die (marxistische) Lehre von einem bäuerlichen Widerstand zurück. (In der DDR-Forschung stritt man außerdem darum, ob es sich dabei bereits um Hörigenaufstände oder erst um Aufstände freier Bauern gegen die *Einführung* der Feudalordnung handelte.[110]) Meinungsverschiedenheiten über die zu erbringenden Leistungen und Versuche der Bauern, sich diesen durch Flucht in andere Grundherrschaften oder Leistungsverweigerungen zu entziehen, sind vielfach belegt und nicht selten Ausgangspunkt für soziale Konflikte.[111] Wieweit darin allerdings ein „Widerstand" oder nur ein Wunsch nach Besserung der eigenen Stellung zum Ausdruck kommt, wird sich kaum eindeutig klären lassen. Wo Herren freie Bauern zu unterdrücken und in ihre Grundherrschaft zu zwingen suchten – wie in dem berühmten Fall des Herrn von Wohlen im Aargau –, blieb jenen immerhin der Rechtsweg (wenngleich eine Klage vor dem König in diesem Fall verhindert werden konnte). Es bleibt zudem bezeichnend, dass die Hörigen sowohl bei der Lösung solcher Konflikte als auch bei der Festsetzung der Leistungen beteiligt wurden: Wandlungen der Grundherrschaft waren allem Anschein nach das Ergebnis beiderseitiger Vereinbarungen oder Kompromisse, während die „Herrschaftsrechte" an sich nirgends in Zweifel gezogen wurden. Damit relativiert sich jedoch die Diskussion um einen bäuerlichen Widerstand. Die Quellenzeugnisse geben keinerlei Hinweise auf einen organisierten Aufstand gegen *die* Grundherrschaft, sondern belegen nur Klagen gegen einzelne, als ungerecht empfundene Grundherren oder Leistungen. Der einzige größere Aufstand der so genannten Stellinga in Sachsen (841/43) lässt sich zwar auch als Hörigenaufstand deuten, da die Quellen von Halb-

---

106 H. VOLLRATH, Herrschaft und Genossenschaft; DIES., Il ruolo della signoria fondaria nelle formazione consociative del diritto, in: G. DILCHER/C. VIOLANTE (Hg.), Strutture e trasformazioni, 557–594.
107 Vgl. H.-W. GOETZ, Herrschaft und Recht.
108 Vgl. D. HÄGERMANN, Eine Grundherrschaft des 13. Jahrhunderts; Y. MORIMOTO, Commentaire de Césaire.
109 Y. MORIMOTO, État et perspectives, 104 und 136.
110 Vgl. E. MÜLLER-MERTENS (Hg.), Feudalimus.
111 Vgl. S. EPPERLEIN, Herrschaft und Volk.

und Unfreien sprechen, war zugleich (oder sogar vornehmlich) aber eine heidnische Reaktion der erst vor wenigen Jahrzehnten unterworfenen und christianisierten Sachsen gegen die Frankenherrschaft und zudem politisch in die Bruderkriege der Söhne Ludwigs des Frommen um die Nachfolge und Reichsaufteilung eingebunden: Der landfremde Lothar I. unterstützte den Aufstand im Reich seines Bruders Ludwig, um dessen Stellung zu schwächen.

Probleme der Urbarforschung: Die neuere Forschung hat den Urbaren als den wichtigsten Quellen der Grundherrschaft eine besondere Aufmerksamkeit geschenkt, ihre Entstehung, ihr Formular, ihre Struktur (einschließlich verschiedener Entstehungsschichten) und ihre Überlieferung untersucht und moderne Editionen vorgelegt.[112] Ein wesentliches Ergebnis ist die Erkenntnis der Individualität jeder einzelnen Quelle, die vor einer zu groben „Typologie" warnt.[113] Die jüngste umfassende Auswertung, die Arbeit von Elmshäuser und Hedwig über die Klostergrundherrschaft von Saint-Germain-des-Prés, behandelt daher jeden Fiskus (Fronhof) bzw. jedes „Breve" (den entsprechenden Urbarabschnitt) einzeln, um damit auch die lokalen Strukturen der Grundherrschaft aufzudecken. Zu den generellen Streitfragen, von deren Einschätzung jede weitere Auswertung abhängt, zählen Charakter und Funktion der Urbare. Da manches für eine „Aufnahme" der Verhältnisse an Ort und Stelle unter Anwesenheit der Betroffenen spricht,[114] handelt es sich wohl um „Momentaufnahmen", die den (aktuell wahrgenommenen) Soll-Zustand widerspiegeln und insofern zwar normativen Charakter tragen, aber dennoch ein Spiegelbild der Realität bieten, für sich allein allerdings nichts über Effektivität – es war keineswegs sichergestellt, dass die festgehaltenen Leistungen den Grundherrn auch erreichten –, Dauerhaftigkeit oder Wandlungen mitteilen können. Wieweit die Urbare einen Rechtsanspruch belegten – sie sind in Streitfällen jedenfalls herangezogen worden – oder eher dazu dienten, dem Grundherrn einen Überblick über seine Rechte zu verschaffen, ist kaum eindeutig erkennbar.[115] Sie sind aber Zeugnisse einer „pragmatischen Schriftlichkeit", die, wie Ludolf Kuchenbuch kürzlich betonte, einem Organisations- und Verteilungsstreben entspringen[116] und ein Ordnungstalent widerspiegeln, das durchaus dem rechtlichen, liturgischen oder schulischen Schrifttum dieses Zeitalters ähnelt.[117]

---

112 Beispieluntersuchungen zu Überlieferung und Formular: J.-P. Devroey, Polyptyques et les listes de cens (Saint-Remi); Ders., Les premiers polyptyques rémois, VIIe-IXe siècles, in: A. Verhulst (Hg.), Le grand domaine, 78–97; ähnlich: B. Lützow, Studien zum Reimser Polyptychon; J.-P. Devroey, Problèmes de critique.
113 Vgl. gegen W. Metz, Zur Geschichte und Kritik: D. Hägermann, Quellenkritische Bemerkungen zu den karolingerzeitlichen Urbaren und Güterverzeichnissen, in: W. Rösener (Hg.), Strukturen der Grundherrschaft, 47–73.
114 Vgl. I. Schwab, Prümer Urbar; Ders., Probleme der Anfertigung von frühmittelalterlichen Güterverzeichnissen am Beispiel des Prümer Urbars, in: A. Verhulst (Hg.), Le grand domaine, 152–170. Kritisch dazu: Y. Morimoto, Polyptyque de Prüm, der die Möglichkeit späterer Fixierungen nachweist.
115 Vgl. Y. Morimoto, Bedeutung des Prümer Urbars.
116 Ludolf Kuchenbuch, Teilen, Aufzählen, Summieren. Zum Verfahren in ausgewählten Güter- und Einkünfteverzeichnissen des 9. Jahrhunderts, in: U. Schaefer (Hg.), Schriftlichkeit, 181–206.
117 L. Kuchenbuch, Ordnungsverhalten im grundherrlichen Schriftgut.

Ein wesentliches Problem bei der Erfassung ganzer Grundherrschaften besteht ferner darin, dass die meisten Urbare nur „Teilverzeichnisse" mit spezifischen Funktionen sind. Strittig ist schließlich auch, wieweit die frühmittelalterlichen Urbare aus spätantiken Steuerlisten und merowingischen Katastern abgeleitet werden können oder eine neue, eigene Form der Registrierung darstellen.[118] Betrifft das zunächst nur das Genre, so wollte Jean Durliat vor dem Hintergrund der Annahme eines Weiterlebens des spätrömischen Steuerwesens bis zum Ende der Karolingerzeit auch den Zweck ihrer Abfassung ganz aus dem fiskalischen Interesse des Königs erklären – die Grundherren hätten für den Staat die Eintreibung der Steuern übernommen –,[119] eine zweifellos überzogene und einseitige These – schon die Masse der festgehaltenen Daten widerspricht einer solch beschränkten Zielsetzung –,[120] die aber doch den Blick für die Komplexität dieser Zeugnisse schärft. Die Vielfalt der Einträge umfangreicher Urbare, wie des Polyptychons von Saint-Germain-des-Prés, hat zu einer mannigfachen Auswertung über Fragen der Grundherrschaft hinaus geführt, die von wirtschaftlichen Entwicklungen über die Familienstruktur bäuerlicher Haushalte und Problemen des Geschlechterverhältnisses bis hin zu demographischen Hochrechnungen der Bevölkerung und der Dorfbewohner reichen (vgl. 3.2.1). Dabei ist jedoch stets die Unvollständigkeit der Urbare zu berücksichtigen, die nur „grundherrschaftsrelevante" Daten aufnahmen (vgl. 4.2.4.1).[121]

Wirtschaftliche Bedeutung: Expansion oder Stagnation? Erst die jüngere Forschung widmet auch den wirtschaftlichen Aspekten der Grundherrschaft wieder mehr Aufmerksamkeit. Man hat die Existenz lokaler, grundherrschaftlicher Märkte nachgewiesen und deren Bedeutung für das Handelssystem herausgestellt,[122] die komplexen Transportsysteme[123] oder die enorme Rolle des Weinhandels in der Klosterwirtschaft aufgezeigt[124] und eine lange Zeit unterschätzte Geldwirtschaft bereits im frühen Mittelalter wahrscheinlich machen können.[125] Aber auch der Zusammenhang von Grundherrschaft und Stadt wird zunehmend thematisiert, die Stadtwirtschaft sogar aus der Grundherrschaft erklärt (und damit deren einseitige Charakterisierung als *ländliche* Lebensform überwunden).[126] Jean-Pierre Devroey konnte die ältere Meinung widerlegen, dass die Grundherrschaften wirtschaftlich autarke Gebilde gewesen seien.[127] Vor dem Hintergrund solcher Ergebnisse widersprechen die meisten Grundherrschaftsforscher der These von Robert Fossier, die karolingische Grundherrschaft sei ein ineffizi-

---

118 Vgl. J. Percival, Ninth-century polyptyques; W. Goffart, Old and New in Merovingian Taxation; Ders., From Roman Taxation to Mediaeval Seigneurie.
119 J. Durliat, Finances publiques; Ders., Du caput antique; Ders., Polyptyque d'Irminon.
120 Vgl. J.-P. Devroey, Polyptyques et fiscalité.
121 Vgl. J.-P. Devroey, Démographie du polyptyque de Saint-Remi.
122 Vgl. W. Bleiber, Grundherrschaft, Handwerk und Markt; Dies., Grundherrschaft und Markt; Dies., Naturalwirtschaft und Ware-Geld-Beziehungen.
123 Vgl. J.-P. Devroey, Un monastère dans l'économie d'échanges.
124 Vgl. J. Durliat, Vigne et le vin.
125 Vgl. L. Kuchenbuch, Bäuerliche Gesellschaft, 156 ff.; K. Petry, Geldzinse im Prümer Urbar.
126 Vgl. G. Despy, Villes et campagnes; K. Flink/W. Janssen (Hg.), Grundherrschaft und Stadtentstehung; Y. Morimoto, „Villes et campagnes"; A. Verhulst/Y. Morimoto (Hg.), Économie rurale et économie urbaine; J.-M. Duvosquel/A. Dierkens (Hg.), Villes et campagnes au Moyen Âge.
127 J.-P. Devroey, Réflexions sur l'économie.

entes System, die Karolingerzeit eine Epoche wirtschaftlicher Stagnation gewesen.[128] Der Ausbau war allerdings alles andere als spektakulär, sondern vollzog sich allmählich und in kleinen Schritten. Dabei hängt die Einschätzung von der durchaus strittigen Deutung einzelner Sachverhalte ab. So waren die „mansi absi" nach neueren Ansichten keineswegs unbesetzt und auch kein Indiz eines allgemeinen wirtschaftlichen Niedergangs, sondern weisen allenfalls auf Verluste einzelner Grundherren,[129] und auch die vielerorts anzutreffende Besetzung der Hufen mit mehreren Familien ist von Yoshiki Morimoto als ein Element der entwickelten Grundherrschaft und nicht als Zeichen der Dekadenz bewertet worden.[130] Wandlungen der Grundherrschaft lassen sich, wie in der Regionalstudie von Werner Rösener über den südwestdeutsch-alemannischen Raum, allenfalls über längere Zeiträume ausmachen.[131] Sie erreichen in der Karolingerzeit bei weitem nicht das Ausmaß des 12. und 13. Jahrhunderts, doch sind Tendenzen einer Expansion bereits jetzt nachweisbar. Strittig ist allerdings auch, ob diese auf grundherrschaftliche Initiativen[132] oder auf die Leistung der Bauern zurückgehen (P. Bonnassie), eine Frage, die in dieser Alternative falsch gestellt sein dürfte. Zu klären ist aber auch (gewissermaßen als „Synthese" der konträren Meinungen), wieweit Versuche einer Effizienzsteigerung erst durch Einnahmeverluste ausgelöst wurden.

Gesamtbeurteilung: Die neueren Grundherrschaftsforschungen sind durch eine Abwendung von abstrakten Theorieansätzen und verfassungs- und rechtsgeschichtlichen Studien zu konkreteren Untersuchungen, von den Herrschaftsstrukturen zu den Lebensverhältnissen, vor allem aber durch eine zunehmende Problematisierung der Quellengrundlagen und der Erklärungsansätze, eine intensivere Betrachtung der Texte und eine Integration der Fragebereiche gekennzeichnet. Dabei sind immer mehr Aspekte, ist aber auch deren Verflechtung in den Blick geraten. In einer Art Strukturplan hat Dieter Hägermann die zu betrachtenden Faktoren zusammengestellt und dabei nicht zuletzt auch die äußeren Rahmenbedingungen (Topographie, Bodenqualität, Klima, Infrastruktur) einbezogen.[133] Soziale, wirtschaftliche und administrative Aspekte werden heute stärker als Einheit bzw. in ihrer gegenseitigen Wechselwirkung gesehen und, zumal in der französischen Forschung, in Herrschaftsstrukturen, Wirtschaftsentwicklung und bäuerliches Leben eingeordnet. Problematisch bleibt neben vielen Einzelaspekten vor allem eine Verallgemeinerung der quellenmäßig am besten dokumentierten und erforschten nordfranzösisch-lothringischen Grundherrschaft, während die Verhältnisse in anderen Regionen weit weniger bekannt sind. Daraus re-

---

128 Robert Fossier, Les tendances de l'économie: stagnation ou croissance?, in: Nascità dell'Europa ed Europa carolingia, Bd. 1, 261–274. Kritisch vor allem: La Croissance agricole; J.-P. Devroey, Réflexions; Ders./Chantal Zoller, Villes, campagnes, croissance agraire dans le pays mosan avant l'an mil vingt ans après ..., in: J.-M. Duvosquel/A. Dierkens (Hg.), Villes et campagnes au Moyen Âge, 223–260; P. Toubert, Sistema curtense.
129 Vgl. J.-P. Devroey, Mansi absi.
130 Y. Morimoto, Sur les manses surpeuplés.
131 W. Rösener, Grundherrschaft im Wandel.
132 Vgl. J.-P. Devroey, „Ad utilitatem monasterii"; Dieter Hägermann, Der Abt als Grundherr, in: F. Prinz (Hg.), Herrschaft und Kirche, 245–385; A. Verhulst, Étude comparative, 99 (wie Anm. 102).
133 D. Hägermann, Anmerkungen zum Stand.

sultiert aber auch die Frage der Bedeutung der Grundherrschaft im sozioökonomischen System des früheren Mittelalters. Wenn wegen der großen Unterschiede zwischen Nord- und Südfrankreich und des Fehlens der für den Norden typischen zweigeteilten Grundherrschaft im Süden hier für diesen Zeitraum, etwa von Pierre Bonnassie oder Elisabeth Magnou-Nortier, nicht nur die Bedeutung, sondern sogar die Existenz der Grundherrschaft bestritten wird, so bleibt das, wie oben ausgeführt, letztlich eine Definitionsfrage, zumal alle Kontrahenten von einem (zu) engen Grundherrschaftsbegriff ausgehen. Yoshiki Morimoto regte in seinem jüngeren Forschungsbericht zu mehr quantitativen Analysen an und schlug als künftige Arbeitsfelder eine nähere Betrachtung des Raumes, der kleinen Grundherrschaften, der Dorfgemeinschaften, aber auch des institutionellen Rahmens der Grundherrschaften vor. Ein Desiderat bildet ferner die bislang kaum näher erforschte private Grundherrschaft.[134]

4.2.5 Gesellschaftswandel um das Jahr 1000?[135]

Je mehr sich das 20. Jahrhundert der Jahrtausendwende näherte, umso stärker wurde auch das Jahr 1000 zu einem beliebten Forschungsthema, vor allem in Westeuropa und Amerika. Das bezog sich einmal mentalitätsgeschichtlich auf die Endzeiterwartungen (vgl. 4.4.5). Zum andern wird seit einigen Jahren, vor allem in Frankreich, heftig diskutiert, ob um das Jahr 1000 ein so umfassender Gesellschaftswandel stattfand, dass erst jetzt der Übergang von der Antike zum Mittelalter anzusetzen ist. Eine solche These ist in der Tradition der französischen Geschichtsschreibung weit stärker verankert als hierzulande, seit Marc Bloch nämlich das „zweite Feudalzeitalter" mit dem Hochmittelalter beginnen ließ und gerade die französische wie auch die italienische Forschung in dieser Zeit einen Wandel der Verfassung und der Gesellschaft durch die Entstehung der „Seigneurie banale" und des „encellulement" („incastellamento") mit einer neuen stärkeren Abhängigkeit der bislang freien Bauern annahm (vgl. 3.2.6.3). Auslöser der Diskussionen waren Bücher von Georges Duby, Jean-Pierre Poly und Eric Bournazel, die eine strikte Trennung zwischen der „öffentlichen Ordnung" vor 1000 und dem „Feudalzeitalter" vorschlugen, bedingt auch das große Hugo-Capet-Kolloquium „L'An Mil" des Jahres 1987, und zuletzt vor allem eine Lokalstudie von Guy Bois, der aus der Untersuchung der Sozialverhältnisse eines südburgundischen Dorfes (Lournand im Mâconnais) weit reichende Folgerungen über den Beginn des Feudalismus zog. Bois nahm ein Fortdauern der antiken Sklaverei und der „Sklavenhaltergesellschaft" („société esclavagiste") bis in diese Zeit an. Das Buch lässt zweifellos viele Fragen offen. Die Theorie steht nicht nur in Widerspruch zu der verbreiteten Ansicht einer Expansion der Grundherrschaft in der Karolingerzeit (vgl. 4.2.4.3), sondern auch zur These eines inneren Wandels der Sklaverei unter christlichem Einfluss: „Unfreiheit" ist nicht gleichbedeutend mit (antiker) Sklaverei (vgl. 3.2.3 und 4.2.2.3). Bois' Thesen wurden vereinzelt zwar verhalten aufgenommen (Pierre Bonnassie, abwägend Thomas Bisson), ansonsten aber abgelehnt, zumal Bois selbst zugeben musste,

---

134 Vgl. W. Rösener, Strukturformen der adeligen Grundherrschaft.
135 Lit.: Bibl. 5.3.2.7; ferner: Adriaan Verhulst, Die Jahrtausendwende in der neueren französischen Historiographie, in: Ders./Y. Morimoto, Économie rurale et économie urbaine, 81–87.

dass die Zahl der freien Bauern die der „Sklaven" – in Lournand waren das nur ca. 15 %! – übertraf und Bois den Umschwung um das Jahr 1000 somit nicht erklären konnte. Nach Bonnassie gerieten die Bauern von einer Form der Abhängigkeit in eine andere. Die Kritiker stießen sich zu Recht am Begriff der „Revolution", an der allzu schematischen Darstellung der Verhältnisse vor 1000 und deren Kennzeichnung als „Antike" und als „Sklavenhaltergesellschaft" sowie an der Übertragung örtlicher Verhältnisse auf das gesamte Abendland, aber auch an der Methode und den inneren Widersprüchen. Dominique Barthélemy (wie Bois ein Schüler Dubys) bestreitet einen totalen Bruch („mutation brutale") und kennzeichnet den Wandel als „sukzessive Anpassungen" („ajustements successifs") der längst nebeneinander existierenden Systeme. Wenn Thomas Bisson dem mit einer gewissen Berechtigung entgegenhält, dass dieser Wandel wohl doch mehr bedeutete als eine „Anpassung", so hält doch auch er die Vorstellung einer „feudalen Revolution" für überzogen. Patrick Geary glaubte zuletzt sogar beobachten zu können, dass der Wandel um das Jahr 1000 in den Quellen erst im Rückblick, aus der Reform heraus, wahrgenommen bzw. „konstruiert" wurde. Bois' Thesen sind zweifellos überspitzt, indem sie zum einen die Epochenschwelle an einen, zudem überzeichneten Aspekt („Feudalismus") binden und zum andern lokale Verhältnisse auf Europa übertragen. Bois liefert gar keine „Mikroanalyse" des Dorfes Lournand, wie er selbst hervorhebt, sondern sein gesamtes Buch ist ein hochtheoretischer Essay auf schmaler Quellengrundlage. Umso erstaunlicher erscheint die ungeheure Resonanz, die seine Thesen gefunden haben. Nicht minder bezeichnend ist die mangelnde Rezeption in der deutschen Mediävistik, während man eine zügige Übersetzung für Laien hier offenbar für angebracht hielt. Das Jahr 1000 bedeutet, wie kürzlich noch einmal ausführlich dargelegt wurde, weder ein Ende noch einen Anfang noch eine „mutation" (P. Riché). Wenn Riché dem allerdings die „Größe" (grandeurs) der politischen, kulturellen und missionarischen Leistungen entgegenhält, so kann das seinerseits kaum überzeugen und weder einen gesellschaftlichen Wandel noch eine Endzeitfurcht widerlegen.

Hinter den Debatten steht aber auch die wohl unabweisbare Beobachtung, dass die Verhältnisse im romanischen Süden Frankreichs und in Nordspanien tatsächlich anders waren und sich langsamer entwickelten als im von der bipartiten Grundherrschaft charakterisierten Norden. Thomas Bisson moniert nicht zu Unrecht, dass die Forschung mehrheitlich die nördlichen Verhältnisse als Maßstab ansehe, und suchte, allerdings erst für die folgende Epoche, zu zeigen, dass eine „Feudalisierung" – wenngleich mit bezeichnenden Unterschieden – im Norden (Flandern), Nordwesten wie im Süden Frankreichs zu beobachten sei.[136] Die Akzeptanz solcher Thesen hängt allerdings wesentlich von den – alles andere als einheitlichen – Vorstellungen über die Inhalte einer solchen „Feudalisierung" ab. Darüber hinaus gehen alle Beteiligten fälschlicherweise von einer letztlich einheitlichen, „fortschrittlichen" Entwicklung aus: Die frühmittelalterliche Gesellschaft und Wirtschaft war vielmehr durch verschiedene, nebeneinander verlaufende Tendenzen geprägt. Ein Gesellschaftswandel um das Jahr 1000 (wie er zumindest in Südfrankreich zu beobachten ist) wäre daher mit dem

---

[136] Thomas N. Bisson, Lordship and Tenurial Dependence in Flanders, Provence, and Occitania (1050–1200), in: Il feudalesimo, 389–440.

Übergang von der Sklaverei zum Feudalismus (nicht nur wegen der marxistischen Terminologie) vollkommen unzureichend und verkürzt charakterisiert.

Soziale Entwicklungen sind – allmähliche – Prozesse. Es ist kaum zu bestreiten, dass im hohen Mittelalter vielfältige Wandlungen in nahezu allen Lebensbereichen zu beobachten sind, die gleichsam eine neue Epoche einleiten und Früh- und Spätmittelalter voneinander trennen. Es ist ebenso wenig zu bestreiten, dass viele dieser Wandlungen bereits in der Endphase des hier behandelten Zeitabschnitts beginnen, und es ist auffällig und bezeichnend, dass das in Südfrankreich deutlicher zu beobachten ist. In Frankreich wird der „Umbruch" daher gewöhnlich eher angesetzt als im Reich, in dem erst das Investiturstreitzeitalter im Zentrum der Wandlungen steht. Die Vielfalt dieses – nur langfristig zu verfolgenden – Wandels ist in jüngster Zeit noch einmal zu Recht herausgestellt (A. Fößel) und umfassend zusammengetragen (R. I. Moore) worden: in der seigneurialen Erfassung des regionalen Herrschaftsraumes und der Entwicklung zu einem dynastischen Geschlechterbewusstsein, im Aufschwung des Städtewesens und in den Mitspracheansprüchen der Stadtbürger, in der Christianisierung Nord- und Osteuropas und in der inneren Verchristlichung des Adels im Rittertum, in der Gottesfriedensbewegung und in den aufkeimenden Häresien, in der Unterscheidung von Säkularem und Spiritualem und in den Ansätzen zu einer Entsakralisierung des Königtums sowie in der Hierarchisierung der Papstkirche im Zeitalter der Kirchenreform, in der Umwälzung des Schulwesens und der Wissenschaft in der Frühscholastik bis hin zur Entdeckung der „Neuen Welt" durch die Wikinger, ohne dass diese Prozesse überall gleichzeitig und gleichförmig verliefen. Ebenso wenig wird man darin gleich eine „Revolution" oder gar die Geburt Europas erblicken dürfen (R. I. Moore).

4.2.6 Tendenzen und Probleme der Wirtschaftsgeschichte

Die Wirtschaftsgeschichte des frühen Mittelalters ist ein von der Forschung lange Zeit vernachlässigter Bereich, und Theorien, welche den Lauf der Geschichte aus der wirtschaftsgeschichtlichen Entwicklung zu erklären suchen, wie die ebenso vieldiskutierten wie weitreichenden Thesen Henri Pirennes aus den 1920er Jahren, die heute durchweg kritisch betrachtet werden, sind Ausnahmeerscheinungen.[137] In Deutschland lehnte sich die Wirtschaftsgeschichte noch bis in die 70er Jahre hinein eng an die Sozialgeschichte wie auch an die Verfassungsgeschichte (F. Lütge) an. Neuere französische Überblicke wie von Georges Duby über die Landwirtschaft[138] oder von Robert Fossier über die sozioökonomische Entwicklung im hohen Mittelalter[139] unterscheiden sich daher nicht unbeträchtlich von der herkömmlichen deutschen „Sozial- und Wirtschaftsgeschichte", indem sie der sozialen und demographischen Umwelt der Men-

---

137 Zur Kritik vgl. Dietrich Claude, Aspekte des Binnenhandels im Merowingerreich auf Grund der Schriftquellen, in: K. Düwel (Hg.), Untersuchungen zu Handel und Verkehr, Bd. 3, 9–99; A. Havinghurst (Hg.), Pirenne Thesis; R. Hodges/D. Whitehouse (Hg.), Mohammed, Charlemagne, and the Origins of Europe; R. Hodges/W. Bowden (Hg.), Sixth Century; R. Hodges, Towns and Trade.
138 G. Duby, L'économie rurale.
139 R. Fossier, Enfance de l'Europe.

schen und ihrer Arbeit nämlich ein mindestens ebenso großes Interesse entgegenbringen wie den wirtschaftlichen Strukturen. Fossier widmet den gesamten ersten Band dem Menschen und seinem Lebensraum („L'homme et son espace"), um erst auf dieser Grundlage im zweiten Band „Strukturen und Probleme" darzulegen. Seine These einer „wirtschaftlichen Stagnation" in der Karolingerzeit und einer „wirtschaftlichen Revolution" in den darauf folgenden Jahrhunderten ist allerdings umstritten (vgl. 4.2.4.3).

Erst in jüngerer Zeit nehmen wirtschaftsgeschichtliche Untersuchungen wieder zu. Daran haben die anregenden interdisziplinären Sammelbände der Göttinger Akademie der Wissenschaften regen Anteil. Insgesamt steht die Erforschung des Handels (und der Händler) sowie der Grundherrschaft auffällig im Vordergrund.[140] In jüngeren Forschungsbilanzen zur frühmittelalterlichen Wirtschaftsgeschichte haben Jean-Pierre Devroey, Adriaan Verhulst und Alain Guerreau die Leistungen der jüngeren Forschung gewürdigt und die Hauptlinien skizziert und dabei die Bedeutung empirischer, auch quantitativer Untersuchungen hervorgehoben.[141] Insgesamt muss die These einer „wirtschaftsfeindlichen" Zeit gründlich modifiziert werden. Michael McCormick machte jüngst auf die Masse der Reisenden, des Verkehrs und des Handels mit dem Orient auch im frühen Mittelalter aufmerksam.[142] Nicht Verfall, sondern Umbruch kennzeichnen diese Jahrhunderte. Ein Aufschwung – darauf konzentriert Devroey seine Überlegungen – ist nicht erst mit dem Städtewesen seit dem 12. Jahrhundert zu verzeichnen, vielmehr war, wie jüngere, regionale Studien vor allem anhand der Grundherrschaft in Nordfrankreich nachgewiesen haben, ein wirtschaftliches Bewusstsein und Wachstum, allerdings auf schmalerer Grundlage, in anderen Räumen und mit anderen Gütern (wie Wein), schon vorher vorhanden. Der rege Handelsverkehr und die Vermehrung der Märkte, auf die nicht zuletzt die DDR-Historikerin Waltraut Bleiber aufmerksam gemacht hat, aber auch der Ausbau grundherrschaftlicher Wirtschaftsbetriebe und die grundherrschaftlichen Initiativen unterstreichen die neue Sichtweise, und auch die Städte übten bereits zentralwirtschaftliche Funktionen aus. Ursachen, Ausmaß und Auswirkungen des Wirtschaftswachstums, das sich gegenüber den späteren hochmittelalterlichen Wandlungen allerdings eher bescheiden ausnimmt, bleiben jedoch strittig. Wie schwierig und wenig zeitgemäß es zudem erscheint, frühmittelalterlichen Königen eine geplante Wirtschaftspolitik zuzuschreiben, zeigt die Debatte um entsprechende Thesen John Maddicotts über eine gezielte Einkünftepolitik Alfreds des Großen.[143]

---

[140] Bibl. 5.3.2.8.3.
[141] J.-P. Devroey, Histoire économique et sociale; A. Verhulst, Medieval socio-economic historiography; Alain Guerreau, L'étude de l'économie médiévale, in: J. Le Goff/G. Lobrichon (Hg.), Moyen Age, 31–82.
[142] M. McCormick, Origins of the European Economy.
[143] J. Maddicott, Trade, Industry and the Wealth. Vgl. die Debatte zwischen Ross Balzaretti, Janet L. Nelson und John Maddicott, in: P&P 135 (1992), 142–188.

4.3 Kirche

4.3.1 Kirchen- und Religionsgeschichte des frühen Mittelalters als Forschungsproblem

Soweit Kirchengeschichte in theologischen Fakultäten betrieben wird – und nur hier gibt es in Deutschland Professuren für Kirchengeschichte –, befindet sie sich seit jeher in einem Zwiespalt, da die historische Thematik zugleich an Kirche und Glauben gebunden ist, wenngleich es immer wieder Versuche gegeben hat, Kirchengeschichte als „nicht-theologische" Disziplin zu begründen.[1] Dass „Kirche" eine geschichtliche (und damit – auch in den Glaubenslehren – veränderliche und zeitgebundene) Größe ist, macht sie zwangsläufig zu einem historischen Gegenstand, während ihre Bedeutung in der mittelalterlichen Geschichte sie geradezu in das Zentrum der Mediävistik rückt. „Kirche" ist allerdings ein weiter Begriff, und die Religions- und Kirchengeschichte umfasst nicht nur die Geschichte der Institution, sondern letztlich die Geschichte der Christenheit, einschließlich der Christianisierung, des Kirchenrechts, der religiösen Gemeinschaften, wie vor allem des Mönchtums, sowie – als Frömmigkeitsgeschichte – des religiösen Lebens und Denkens, aber auch des Geisteslebens, das im frühen Mittelalter überwiegend kirchlich geprägt war. Folglich wird mittelalterliche Kirchengeschichte seit langem auch vonseiten der Geschichtswissenschaft betrieben, deren Studien sich oft nicht unwesentlich von theologischen Arbeiten unterscheiden. Damit wurde die Kirchengeschichte aber von den Strömungen der Geschichtswissenschaft erfasst. Von hier drangen – nach den frühen, anfangs wenig einflussreichen, später aber bestimmenden Thesen Alois Schultes von einer „Adelskirche" – zunächst sozial- und dann mentalitätsgeschichtliche Betrachtungsweisen in die Kirchengeschichte ein, die zuletzt zunehmend auch von theologischer Seite aufgegriffen wurden. Auch der Versuch einer theoretischen Grundlegung des Fachs in Anlehnung an die Historie wurde unternommen.[2]

Vor diesem Hintergrund sind die großen Überblicksdarstellungen des früheren 20. Jahrhunderts, wie Hauck oder Bihlmeyer-Tüchle, in ihrer Materialfülle zwar unersetzt, jedoch revisionsbedürftig. Neuere Werke, wie schon Hubert Jedins „Handbuch der Kirchengeschichte" und zuletzt das europäische, allerdings sehr allgemeine und oft wenig problembewusste Gemeinschaftswerk „Die Geschichte des Christentums" oder kürzere Überblicke, tragen den veränderten Bedürfnissen erst zum Teil Rechnung. Sozial- und mentalitätsgeschichtliche Betrachtungsweisen sind am besten in den Überblicken von Arnold Angenendt und Michael Borgolte repräsentiert, wobei ersterer sich auf die frühmittelalterlichen Zustände, letzterer auf die Forschung konzentriert. Der Tatsache, dass die kirchlichen Institutionen des frühen Mittelalters weithin Einzelkirchen waren, wird die statistische Aufnahme einzelner Kirchen und Klöster in

---

1 Vgl. etwa V. Conzemius, Kirchengeschichte als „nichttheologische" Disziplin, gegen E. Iserloh, Kirchengeschichte. Vermittelnd: H. Jedin, Kirchengeschichte. Vgl. auch: Grundfragen der kirchengeschichtlichen Methode – heute.
2 Vgl. H. Seeliger, Kirchengeschichte.

der Reihe „Germania Sacra" gerecht. Aber auch in anderen Bereichen liegen wichtige Reihenwerke vor. Prosopographische Untersuchungen zu den Reichsbischöfen haben unser Wissen in den letzten Jahrzehnten vertieft und quantitative Aussagen über Herkunft, Werdegang, Einsetzung und Politik ermöglicht, wobei immer mehr auch das „Bischofsbild" der Quellen Beachtung findet. Auch dem Papsttum, das in der früheren deutschen Nationalgeschichtsschreibung vornehmlich im Hinblick auf das Verhältnis zwischen Kaiser und Papst interessierte, wird mehr Beachtung um seiner selbst willen geschenkt. Einzelne Papstpersönlichkeiten sind inzwischen intensiv erforscht (vor allem in der Reihe „Päpste und Papsttum"). Entsprechendes gilt für die Konzilien, über die in der Serie „Konziliengeschichte" eine Reihe moderner Überblicke internationalen Zuschnitts vorliegt.

4.3.2 Probleme der Christianisierung[3]

Dass die in der Spätantike einsetzende Christianisierung ein wesentlicher Faktor bei der Herausbildung der mittelalterlichen Gesellschaft und eines abendländischen Kulturkreises bildete, ist ebenso unstrittig wie die Tatsache, dass es sich dabei um einen langen Prozess handelte, der die Randgebiete nur allmählich erfasste (vgl. 3.3.1). Während die ältere, theologisch-kirchliche Sichtweise darin letztlich einen zwangsläufigen Prozess erblickte, sind der historische Charakter dieser Entwicklung und deren Unwägbarkeiten heute durchweg bewusst, im Einzelnen aber noch mit manchen Problemen behaftet. War der Siegeszug des Christentums seit dem 4. Jahrhundert unaufhaltsam, so bleibt manches dem historischen „Zufall" zuzuschreiben. Weshalb sich beispielsweise die trinitarische Konfession des Athanasius gegen den Arianismus (in verschiedenen Varianten) durchsetzte, lässt sich geschichtswissenschaftlich kaum schlüssig erklären. Aber auch das Verhältnis des Christentums zu seiner heidnischen Umwelt und der Prozess seiner Ausbreitung bieten sich heute anders dar. Fügt sich das Christentum an sich seit seiner Entstehung bereits in eine Reihe vergleichbarer Mysterienkulte ein, so stellt sich auch das Verhältnis zum Heidentum nicht mehr nur als Gegensatz, sondern als eine Art Symbiose dar, in der heidnische Elemente in den christlichen Kult einflossen (oder auch beide aus einer zeitspezifischen, gleichartigen Vorstellungswelt heraus erwuchsen), ohne dass man so weit gehen muss, darin einen latenten Sieg des Heidentums zu sehen.[4] Eine solche Sichtweise misst das frühe Mittelalter – erneut – an der theologisch-idealen Vorstellung eines unveränderlichen und nicht eines historisch sich wandelnden Christentums. Ebenso schwierig ist die (damit verwandte) These einer „Germanisierung" (oder besser „Barbarisierung") des Christentums durch die Ausbreitung in der Völkerwanderungszeit zu belegen oder zu widerlegen.[5] Das Christentum ist eine antike Religion, die sich – in mancherlei Kämpfen um die dogmatische Ausrichtung – im Verlauf der Spätantike zur beherrschenden Religion des Imperium Romanum entwickelte und von hier aus auf die Barbarenreiche als Erben des Römerreichs einwirkte. Dass es dabei Wandlungen durchmachte, ist aus

---

[3] Lit.: Bibl. 5.3.3.2.
[4] So R. MacMullen, Christianity and Paganism.
[5] Vgl. zuletzt J. Russell, Germanization of early medieval Christianity.

historischer Sicht nur allzu verständlich, während Ursachen und Verlauf noch kaum näher erforscht sind. Die religiösen Vorstellungen eines Gregor von Tours unterscheiden sich deutlich von den patristischen Grundlagen, die – ihrerseits aus apologetischen Funktionen heraus gegen die Heiden sowie, mehr noch, als Stellungnahmen in dogmatischen Streitigkeiten entstanden – fortan das autoritative Gerüst des mittelalterlichen Christentums bilden sollten. Aber Gregor war Romane, nicht Barbar! Wir haben demnach mit einem allgemeinen Wandel religiöser Vorstellungen zu rechnen, der dem Zeitgeist ebenso zuzuschreiben ist wie der „weltweiten" Ausbreitung in alle Regionen und auf alle Schichten, also der Entwicklung von einer Minderheiten- zur bestimmenden Religion, *und* der Rezeption durch die neuen, überwiegend germanischen Herren.

Der Mission und der Christianisierung des Abendlandes ist in den letzten Jahrzehnten verstärkte Beachtung gewidmet worden. Zu den Tendenzen einer Neubestimmung dieser Vorgänge zählt zum einen die Einsicht, dass die Christianisierung ein langer – und vielfach von Rückschlägen begleiteter – „Prozess ohne Ende"[6] war, in dem den früher betonten „Initialvorgängen" (wie der vieldiskutierten Taufe Chlodwigs um 500) eine sicherlich wichtige, aber kaum die allein entscheidende Funktion zukam. Das Gleiche gilt folglich für die Missionare, deren hingebungsvolle, uns meist allerdings nur in hagiographischer Verklärung bekannte Tätigkeit fast durchweg die Grundlage für eine Christianisierung bildete, dafür jedoch nicht mehr als einen Anfangs- und Ausgangspunkt bot. Aus dem Bewusstsein des Christentums als allein selig machender Religion und der Bewertung aller anderen als Teufelsanhängern heraus vertraute man dabei anscheinend eher auf die Wirkung des Gotteswortes (wie auch göttlicher Wunder), als dass man allzu große Rücksicht auf die jeweiligen Mentalitäten der zu Bekehrenden nahm.

Zum andern gingen Christianisierung und kirchliche Erschließung Hand in Hand. Missionsbischöfe, noch ohne festen Sitz, gründeten nach erfolgreicher Tätigkeit Kirchen in den Zentren, die möglichst bald zu Bistümern erhoben und in die kirchliche Hierarchie eingegliedert wurden. Ein dritter, wichtiger Aspekt ist der enge Zusammenhang von Mission und Politik. Die Missionare suchten Rückhalt bei den Herrschern, und diese waren oft die ersten, die sich taufen ließen. Einer friedlichen missionarischen Phase folgte vielfach die gewaltsame Missionierung, und „Missionskriege" gegen Heiden galten grundsätzlich als gerechtfertigt (und somit als Legitimierung einer Expansionspolitik): Glaubensausbreitung wurde zur Aufgabe des christlichen Herrschers. Dazu zählt auch die von Arnold Angenendt herausgearbeitete politische Bedeutung des Taufpatronats christlicher Herrscher über die bekehrten Könige.[7] Der politische Charakter der Christianisierung zeigt sich nicht minder in den bei Slawen und Normannen häufig zu beobachtenden Thronstreitigkeiten als Reaktion auf die Bekehrung und den oft schwierigen Prozessen der Ausbildung einer eigenen „Landeskirche", die einer Loslösung aus dem Verband der ursprünglich als Missionserzbistümer gedachten Metropolen (wie Salzburg, Hamburg, Magdeburg) gleichkam. Insgesamt ist es unbestreitbar, dass nicht zuletzt dem katholischen Christentum eine

---

6 L. E. v. Padberg, Christianisierung Europas, 197.
7 A. Angenendt, Kaiserherrschaft und Königstaufe.

(relative) religiöse und auch kulturelle Einheit des Abendlandes zu verdanken ist, wobei die Romverbundenheit zumindest eine ideologische, in der Praxis in ihrer Wirkung freilich noch sehr beschränkte Klammer bildete. Es ist aber auch dem politischen Charakter der Religiosität zuzuschreiben, dass sich die abendländische Christenheit im früheren Mittelalter nur bedingt als Einheit fühlte oder als solche handelte.

4.3.3 Entstehung und Charakter der „Bischofsherrschaften"

Dass die für das Mittelalter so charakteristische weltliche Stellung der Bischöfe (und großen Äbte) ihre Wurzeln bereits in der Spätantike hatte und nicht unbeträchtlich auf einer kaiserlichen Förderung und Billigung beruhte, darf heute als gesichert gelten. Letztere entsprang ebenso dem Wunsch der Kaiser nach einer einheitlichen Religion wie der faktischen Autorität der Bischöfe und deren Monopol für den religiösen Kult im christianisierten Imperium. Die Bischöfe erhielten Kompetenzen, die vorher weltlichen Amtsträgern zustanden (wie Beratung des Kaisers, Zivilgerichtsbarkeit, Asylrecht, testamentarische Schenkungen, ferner, traditionell, Caritas, Armenfürsorge, Fremdenschutz und Gefangenenbefreiung), und sie übernahmen die Funktion des „Defensor civitatis".[8] Dadurch relativiert sich die frühere Ansicht, die Bischöfe seien in der Völkerwanderungszeit an die Stelle der versagenden weltlichen Gewalt getreten, ohne dass ein wachsender Einfluss in dieser Zeit ganz auszuschließen wäre. Schutzbedürfnis der Bevölkerung und Geltungsbedürfnis der zunehmend adligen Bischöfe führten zu einer Praxis, mächtige Persönlichkeiten zu Bischöfen zu erwählen, die anfangs nicht selten bereits weltliche Ämter innegehabt hatten und von denen ein entsprechendes Engagement, unter Einsatz auch des privaten Vermögens, geradezu erwartet wurde. Eine kirchliche Kritik richtete sich hier mehr gegen den persönlichen Ehrgeiz einzelner als gegen die politische Tätigkeit der Bischöfe an sich, deren weltliche Herrschaft bald die geistliche überwucherte (F. Prinz) und, in Ausnahmefällen (wie bei Badegisel von Le Mans), sogar zu einem wahren Schreckensregiment führen konnte, jedoch sehr unterschiedlich ausgeprägt war.

Auf der Grundlage erweiterter Herrschaftsrechte und königlicher Privilegien formierten sich im 7. Jahrhundert vor allem südlich der Loire um die Bischofsstädte herum Machtgebilde, die man als „Bischofsstaaten", „Bischofsrepubliken", „aristokratische Republiken mit bischöflicher Spitze" oder als „regionale Bischofsherrschaften" bezeichnet hat,[9] deren Entstehung und Charakter jedoch umstritten ist. Wieweit die merowingischen Bischöfe ihre Herrschaftsrechte usurpiert haben (heute abgelehnt), wachsender Eigenmacht (F. Prinz) oder aber einer „staatlichen Delegation" verdankten (M. Heinzelmann), ist eine strittige (H. H. Anton), in dieser Alternative aber falsch

---

8 Zu diesen Wurzeln zuletzt ausführlich S. BAUMGART, Bischofsherrschaft.
9 Vgl. H. H. ANTON, „Bischofsherrschaften" und „Bischofsstaaten"; Eugen EWIG, Milo et eiusmodi similes, in: DERS., Spätantikes und fränkisches Gallien, Bd. 2, 189–219; Martin HEINZELMANN, Bischof und Herrschaft vom spätantiken Gallien bis zu den karolingischen Hausmeiern, in: F. PRINZ (Hg.), Herrschaft und Kirche, 23–82; B. JUSSEN, Über 'Bischofsherrschaften'; Reinhold KAISER, Königtum und Bischofsherrschaft im frühmittelalterlichen Neustrien, in: F. PRINZ (Hg.), Herrschaft und Kirche, 83–108; F. PRINZ, Bischöfliche Stadtherrschaft; DERS., Herrschaftsformen und Kirche.

gestellte Frage (B. Jussen). Die frühmittelalterliche Bischofsherrschaft stattdessen in einen Prozess der gesellschaftlichen Umorientierung zu stellen, bei dem die römischen Traditionen mehr und mehr überlagert wurden (so B. Jussen), bietet einen interessanten Ansatz, der gleichwohl die zunächst wirksamen Kontinuitäten unterschätzt und nur langfristige Erklärungen schafft. Der Wegfall des Kaisertums greift angesichts der königlichen Macht als Erklärung jedenfalls ebenso zu kurz wie die Attraktivität des Bischofsamts als religiöse Alternative zu einer weltlichen Karriere.[10] Entscheidend sind vielmehr das Interesse der lokalen Führungsschichten am Bischofsamt *und* die gleichzeitige Verbindung zum Königshof (H. H. Anton). Das Amt war sowohl vor wie nach der fränkischen Eroberung ein begehrtes Objekt der galloromanischen Senatsaristokratie, über deren „Umorientierung" wir wenig wissen, und es steigerte in den frühmittelalterlichen Königreichen seine politischen Inhalte noch beträchtlich (F. Prinz). Die „Umorientierung" wird man daher nur als einen langen Prozess der mentalen Aneignung der „Praktiken politisch-sozialer Instrumentalisierung" des Bischofsamtes, nicht aber als Wandlung vom Römer- zum Frankenreich (so Jussen) fassen können. Insgesamt wird man wohl feststellen dürfen, dass die Bischöfe ihre Stellung erstens zumindest in den Wurzeln kaiserlicher Förderung verdankten, dass sie sie zweitens bereits in das von Chlodwig geeinte Merowingerreich mitbrachten und hier drittens beibehalten und – mit königlicher Unterstützung – noch ausbauen konnten. Die bischöfliche Herrschaft konzentrierte sich zunächst auf die Bischofsstadt, erfasste darüber hinaus weitere Teile des Bistums und beruhte im Frankenreich schließlich auf der Verbindung zum Königshof. Wie sehr bei der Ausbildung und den Inhalten bischöflicher Stadtherrschaft wie auch bei der Konkurrenz mit den weltlichen Amtsträgern aber im einzelnen und regional zu unterscheiden ist, hat Reinhold Kaiser für den gallischen Bereich erwiesen.[11]

4.3.4 Gab es ein ottonisch-salisches „Reichskirchensystem"?[12]

Der in der Nachfolge Leo Santifallers geprägte Begriff eines „ottonisch-salischen Reichskirchensystems", der keine geschlossene Quellengrundlage findet, sondern eine Vielzahl von Einzelaussagen zusammenbindet, ist fraglich geworden, seit Timothy Reuter ihn relativiert und auf die Ähnlichkeit der Zustände auch in anderen Reichen und zu anderen Zeiten verwiesen hat. Demgegenüber hatte vor allem Josef Fleckenstein an dem Bild einer ottonisch-salischen Reichskirche als einer fest in der Reichsverfassung verankerten Institution festgehalten, allerdings selbst immer wieder darauf aufmerksam gemacht, dass die „Reichskirche" keineswegs eine in sich geschlossene Institution war, sondern gleichsam die Summe aller dem König unterstehenden Bistümer und Klöster bildete, die man zudem nicht einfach mit der älteren Forschung als

---

10 So B. Jussen, Über 'Bischofsherrschaften', 715ff.
11 R. Kaiser, Bischofsherrschaft.
12 Lit.: Bibl. 5.3.3.7; vgl. auch 5.3.3.3. Vor allem J. Fleckenstein, Problematik und Gestalt; O. Köhler, Ottonische Reichskirche; T. Reuter, 'Imperial Church System'; L. Santifaller, Zur Geschichte; Rudolf Schieffer, Karolingische und ottonische Kirchenpolitik, in: D. Bauer/B. Hiestand/B. Kasten/S. Lorenz (Hg.), Mönchtum, 311–325; Ders., Der geschichtliche Ort; Ders., Der ottonische Reichsepiskopat.

königliche Eigenkirchen betrachten darf; die königliche Verfügungsgewalt über die Bistümer entsprach mindestens ebenso der damaligen Auffassung vom Herrscheramt. Als Ergebnis des Forschungsstreits wird man, besonders nach den abwägenden Stellungnahmen Rudolf Schieffers, festhalten dürfen, dass an der Einbindung der Bistümer in die Verfassung und an ihrer ausgiebigen Heranziehung zum „servitium regis" ebenso wenig ein Zweifel bestehen kann wie an der politischen Rolle der Bischöfe auf Hoftagen, Synoden und im Reichsheer, dass es jedoch eine Überschätzung darstellen würde, darin ein bewusst ausgeklügeltes „System" einer planmäßigen Politik zu erblicken. Am herkömmlichen Bild sind demnach einige Korrekturen anzubringen. So war die „ottonisch-salische Reichskirche" auf der einen Seite keine Neuschöpfung, sie führte vielmehr karolingische Traditionen weiter und baute sie aus, denn schon in karolingischer Zeit wurden die Bischöfe mit Hoheitsrechten ausgestattet und intensiv zum Reichsdienst herangezogen, auch wenn die Besetzung der Bischofssitze mit Mitgliedern der Hofkapelle noch keine große Bedeutung erlangte.[13] Auf der anderen Seite entwickelte sich auch die ottonische Reichskirche allmählich; sie erreichte eine nennenswerte Intensität erst in der Zeit seit Heinrich II. und wurde in der Wirklichkeit, an der gängigen Theorie gemessen, mit erheblichen Hindernissen konfrontiert. Die Lehre vom „Königskanonikat" der Ottonen und Salier – der König als Kanoniker an bedeutenden Dom- und Stiftskirchen (A. Schulte, J. Fleckenstein) – ist ebenfalls modifiziert worden: Der Kanonikat entsprang der Stellung des Königs in und über der Kirche, machte ihn jedoch weder zum Geistlichen, noch ist er vor dem 12. Jahrhundert als feste Institution nachweisbar (M. Groten) und außerdem von den Gebetsverbrüderungen zu trennen (M. Borgolte).[14]

Aber auch die Unterschiede zu anderen Reichen wird man aus heutiger Sicht nicht überbewerten dürfen. Im Prinzip herrschten ähnliche Zustände fast überall im Abendland vor, doch hält man – gegen Reuter – meist daran fest, dass die Bindung der Bischöfe an den König im Reich eine intensivere Ausgestaltung erfuhr und die bischöflichen Leistungen hier besonders groß waren. Der königliche Einfluss bei der Besetzung der Bistumsstühle war ohnehin nicht überall gleich (allerdings auch im Reich selbst nicht); in Italien und Burgund sowie im Westfränkischen Reich außerhalb der Krondomäne war er begrenzt. Neuartig oder singulär war das Verhältnis der ottonisch-salischen Könige zur Kirche demnach nicht, die Bindungen wurden aber nachdrücklicher durchgesetzt (R. Schieffer). Die Investitur mit Ring und Amts- (Bischofs- oder Abts-)Stab scheint dabei in dieser Form eine spezifische Einrichtung des Deutschen Reiches gewesen zu sein, die zuerst gegen Ende des 9. Jahrhunderts im Ostfrankenreich aufkam und in ihrer Bedeutung nicht überschätzt werden sollte. Aus England ist eine solche Investitur beispielsweise überhaupt nicht bezeugt, während der königliche Einfluss durchaus groß war.

---

13 Vgl. G. Bührer-Thierry, Évêques, die trotz solcher Feststellungen aber (traditionell) an einem Wandel zur Ottonenzeit hin festhält; R. Schieffer, Karolingische und ottonische Kirchenpolitik (wie Anm. 12).
14 Zum Kanonikat vgl. M. Borgolte, Über Typologie und Chronologie des Königskanonikats; J. Fleckenstein, Rex Canonicus. Kritisch: M. Groten, Königskanonikat und Krönung; Ders., Von der Gebetsverbrüderung zum Königskanonikat.

Schließlich ist man zunehmend von der älteren Ansicht abgerückt, in der Reichskirche ein bewusst gefördertes Gegengewicht gegen den weltlichen Adel, besonders die Herzöge, zu sehen: Einerseits waren die Bischöfe auch hier in die Gesellschaft integriert, andererseits wurde der Adel angemessen an der Kirchenführung beteiligt, ohne dass man die Bistümer umgekehrt einfach als einen Teil der Adelsherrschaft betrachten sollte.[15] So mancher Bischof wuchs in seinem Amt und verteidigte es gegen alle anderen Ansprüche. Insofern behielt „die Kirche" bei aller Einbindung auch eine eigene Position. Aus dieser Sicht ist der Investiturstreit nicht ausschließlich als ein Bruch, sondern auch als Fortsetzung und Konsequenz eines sehr engen, doch keineswegs ausschließlich einträchtigen Verhältnisses zwischen König und Episkopat zu betrachten.

4.3.5 Entwicklung und Probleme der Erforschung des frühmittelalterlichen Mönchtums[16]

War die Geschichte des Mönchtums früher vorwiegend von Mönchen erforscht worden, so brachte ein geschichtswissenschaftliches Interesse am frühen Mönchtum seit den 1960er Jahren neue, sozialgeschichtlich ausgerichtete Erkenntnisse. Friedrich Prinz zeichnete 1965 nicht nur grundlegend die Entwicklung und Ausbreitung des gallisch-fränkischen Mönchtums in seinen verschiedenen Stufen nach, sondern zeigte auch die Vielfalt der monastischen Lebensformen und der Kultur auf. Josef Semmler arbeitete in seinem Lebenswerk die politische Bedeutung des frühmittelalterlichen Reichsmönchtums, vor allem im Umkreis Benedikts von Aniane, heraus, dessen Reform sowohl eine Vereinheitlichung wie eine enge Bindung an Kaiser und Reich bedeutete. Umstritten und letztlich schwer zu erfassen ist hingegen die Wirkung dieser Reformen, die keineswegs zu einem sofortigen Wandel führten. Ein Problem bleibt in vielen Fällen auch die Abgrenzung von (monastischen) Klöstern und (klerikalen) Stiften, die trotz der Aachener Reformen nicht überall eindeutig verlief, zumal die Mönche seit dem 9. Jahrhundert zunehmend geistliche Weihen empfingen und viele Klöster auch Pfarrdienste übernahmen. Die Verflechtung mit der Welt zeigt sich demnach auch auf dieser (kirchlichen) Ebene.

Andere Wege wies die Auswertung der *Memorialbücher* in Langzeitprojekten der Tellenbach-„Schule", in denen die weitläufigen Verbindungen und Verflechtungen der Klöster untereinander, zu den Königen und zum Adel aufgedeckt wurden. Die Konventslisten der Verbrüderungsbücher lenkten den Blick außerdem auf die Konvente selbst als soziale Gemeinschaften und deren Zusammensetzung (vgl. 3.2.6.4). Mit solchen Forschungen wurde zugleich die Stellung des Klosters in der „Welt" bzw. des (benediktinischen) Mönchtums „zwischen Kirche und Welt" (J. Wollasch) betont. Dem gleichen Arbeitskreis waren neue Einsichten über die Klosterreformen und den Klosterverband von Cluny zu verdanken, die Gerd Tellenbach, mit Arbeiten über das Verhältnis zwischen cluniazensischer Klosterreform und (weltlicher) Gesellschaft (Feudalismus), initiierte – Cluny stand keineswegs im Gegensatz zur bestehenden

---

15 Vgl. R. Schieffer, Der ottonische Reichsepiskopat, 301.
16 Lit.: Bibl. 5.3.3.8.

Gesellschaftsordnung – und die anhand des cluniazensischen Gebetsgedenkens und der Consuetudines vor allem Joachim Wollasch mit seinen „Schülern" fortführte.[17] Hatte Kassius Hallinger die ältere Meinung einer Einheitlichkeit der „cluniazensischen Reform" widerlegen können, seinerseits aber die bewussten Gegensätze der Reformrichtungen überbetont, so haben diese Forschungen ein differenzierteres Bild der Reformziele, Abhängigkeiten und Verbindungen zwischen den Reformkreisen entworfen und zuletzt, vorwiegend allerdings erst für das späte 11. Jahrhundert, unter dem Aspekt einer pragmatischen Schriftlichkeit, Gestalt und Wirkung der Consuetudines aus den jeweils spezifischen Intentionen und ihrer Rezeption heraus erklären können.[18] Von englischer Seite her konnte aufgezeigt werden, dass Cluny nur allmählich an Bedeutung gewann und dass die unmittelbare Unterstellung unter den Papst nur in langer Auseinandersetzung mit den Ortsbischöfen von Mâcon erreicht wurde (H. Cowdrey). Die früher vorausgesetzten Verbindungslinien zwischen der Kloster- und der Kirchenreform und damit zum Investiturstreit waren keineswegs geradlinig, und im Streit zwischen Regnum und Sacerdotium nahm Cluny oft eine eher zurückhaltende Position ein. Zuletzt wurden noch einmal die vielfältigen Möglichkeiten und Entwicklungen des institutionell noch wenig festen Reformmönchtums betont (P. Jestice).

Arbeiten zur Spiritualität und Religiosität des Mönchtums (K. Schreiner), zu Stellung und Funktion der Klöster in Reich (Politik) und Gesellschaft („Reichs-" und „Adelsklöster", „Eigenklöster") und zu den Klöstern als sozialen Organismen und Wirtschaftsfaktoren stehen bislang immer noch mehr oder weniger unvermittelt nebeneinander und werden erst in Ansätzen zusammengesehen. So gut beispielsweise die klösterliche Grundherrschaft des frühen Mittelalters, aus der die wichtigsten Quellen stammen, erforscht ist (vgl. 3.2.6.3 und 4.2.4.3), so wenig ist meist doch der Zusammenhang zwischen Grundherrschaft und (eigentlichem) religiösem Anliegen der Klöster beachtet worden, wenngleich es in jüngerer Zeit dazu erste Ansätze gibt.[19] Verstärkte Aufmerksamkeit wurde zuletzt vonseiten der Frauen- und Geschlechterforschung den Nonnenklöstern und Damenstiften geschenkt, deren politische, religiöse und kulturelle Bedeutung inzwischen erwiesen ist, auch wenn die Einschätzungen über ihren Anteil und ihre geschlechterbedingte Sonderstellung weiterhin umstritten sind (vgl. 3.2.6.4). Die These, dass die Äbtissinnen in England vornehmlich aus königlichem Geschlecht stammten, erklärt sich – bei allem Zugeständnis der Bedeutung der Klöster für die königliche Politik – letztlich aus der Überlieferungslage und ist entsprechend zurückgewiesen worden. Englische Königsklöster blieben allerdings hinsichtlich der Äbtissinnen, der Bestattungen und der königlichen Schenkungen anscheinend auf die Königsfamilie beschränkt.[20]

---

17 Vgl. J. Fechter, Cluny, Adel und Volk; R. Kottje/H. Maurer (Hg.), Monastische Reformen; G. Tellenbach (Hg.), Neue Forschungen über Cluny. Ferner: G. Constable/G. Melville/J. Oberste (Hg.), Cluniacenser; P. Jestice, Wayward Monks; J. Wollasch, Cluny.
18 Vgl. Markus Späth, Neue Impulse für die consuetudines-Forschung?, in: H.-W. Goetz, Moderne Mediävistik, 344–349.
19 Vgl. D. Hägermann, Abt als Grundherr (wie Anm. 132, Kap. 4.2) oder B. Rosenwein, To be the Neighbor of St. Peter, zum Zusammenhang von religiöser Attraktivität und Landschenkungen.
20 Vgl. die Kontroverse zwischen M. Meyer, Patronage; Ders., Queens, und J. Crick, Wealth, Patronage and Connections.

4.3.6 Gebetsverbrüderungen und Memorialwesen[21]

Dass das Totengedenken (vgl. 3.3.4.3) ein wesentliches Merkmal zumal des Mönchtums des früheren Mittelalters bildete, ist seit langem erkannt, doch erst die jahrzehntelang wirkenden Arbeitskreise der Tellenbach-„Schüler" vor allem in Freiburg und Münster sowie französische Forschungen haben seinen historischen Stellenwert und die Auswirkungen auf die gesamte Gesellschaft deutlich gemacht. Ausgangspunkt bildete die so genannte liturgische Memorialüberlieferung, Quellen aus Klöstern und Kirchen, die die Namen derjenigen festhielten, die in das Gebetsgedenken eingeschlossen werden sollten, nämlich: Verbrüderungsbücher („libri confraternitatum"), mit Listen anderer Klostergemeinschaften (Konventslisten), die sich gegenseitig Gebetshilfe leisteten, Gedenkbücher, in die andere (vor allem Wohltäter) eingetragen wurden, derer gedacht werden sollte – in der Praxis waren Verbrüderungs- und Gedenkbücher allerdings meist vermischt –, und schließlich Nekrologien, die die Todestage der zu Gedenkenden festhielten. Nachdem diese zunächst als wichtige Zeugnisse der Adels- und Familienstruktur sowie – seit Mitte der 1960er Jahre – für das Verhältnis von Individuum (Person) und Gemeinschaft erkannt und ausgewertet worden waren (vgl. 4.2.3), widmete sich der Freiburg-Münsteraner Arbeitskreis in einer zweiten Phase (ab etwa 1975) der quellenkritischen Erforschung dieser Zeugnisse und der Analyse der gesellschaftlichen Bedeutung der Gedenküberlieferung. Unter der Devise „Societas et Fraternitas" sollte die gesamte Memorialüberlieferung aufgearbeitet werden. Ein Kernstück war die Sammlung, Edition und erste Auswertung der Überlieferung zur Klostergemeinschaft von Fulda mit fast 40 000 Namen (mit wichtigen Einsichten zum Konvent und zum Umfeld des Klosters),[22] ein zweiter Schwerpunktbereich die Erforschung des cluniazensischen Klosterverbandes und Totengedenkens.[23] Die Ergebnisse wurden aber auch in anderer Hinsicht wichtig und auf eine Reihe weiterer historischer Phänomene übertragen: die ritualisierte Gemeinschaftsbildung (mit rituellen Mahlen, „convivia") und die politische Struktur der Freundschaftspakte („amicitiae") in der frühen Ottonenzeit (G. Althoff), die „Gilden" als Schwurgenossenschaften des frühen Mittelalters (O. G. Oexle), das adlige Selbstverständnis im Spiegel der Überlieferung der Hausklöster (G. Althoff, O. G. Oexle), Grablegen und Stiftungswesen (M. Borgolte), die städtischen Organisationsformen (D. Poeck) und die Todesvorstellungen (O. G. Oexle, J. Wollasch) und schließlich die Gedächtniskultur des Mittelalters schlechthin (O. G. Oexle). Verhältnismäßig spät, dann aber gründlich, wurde der Tatsache Rechnung getragen, dass die Memorialquellen als liturgische Quellen nur aus der mittelalterlichen Liturgie verständlich sind, der in den letzten Jahren daher – hier wie auch in Frankreich – erhöhte Aufmerksamkeit geschenkt wurde.

---

21 Lit.: Bibl. 5.3.3.9.4.
22 K. Schmid (Hg.), Klostergemeinschaft von Fulda.
23 Vgl. D. Geuenich/O. G. Oexle (Hg.), Memoria in der Gesellschaft; O. G. Oexle, Gegenwart der Toten; Ders. (Hg.), Memoria als Kultur; Ders., Memoria und Memorialüberlieferung; K. Schmid/J. Wollasch, Gemeinschaft der Lebenden und Verstorbenen; Dies. (Hg.), Memoria; Dies., Societas et Fraternitas.

4.4 Kultur, Alltag, Mentalität

Seit einigen Jahrzehnten macht sich – oft in Anlehnung an ethnologische Theorien – eine Hinwendung der Forschung zu kulturanthropologischen, an den Menschen selbst (aller Schichten und Gruppen), ihren Befindlichkeiten und ihren Lebensbedingungen, Lebensformen, Lebensnormen, ihrem Denken und ihrer Psyche interessierten Themen bemerkbar (vgl. 4.2.1). Das verbindet sich mit einer „Rückkehr" zu – besonders in der deutschen Geschichtswissenschaft jahrzehntelang vernachlässigten – kulturgeschichtlichen Interessen. Vor dem Hintergrund einer noch stark sozialgeschichtlich geprägten Perspektive, einer neuen interdisziplinären Verknüpfung der klassischen Geisteswissenschaften sowie eines allerdings äußerst weiten Kulturbegriffs („Kultur" als Summe materieller und geistiger Hervorbringungen der Menschen auf allen Gebieten des Lebens) tendiert die moderne Mediävistik schließlich zunehmend, wenngleich noch unterschiedlich stark ausgeprägt und unter verschiedenen begrifflichen Etiketten, zu kulturwissenschaftlichen Sichtweisen (mit neuen Leitbildern und Leitvätern, wie Georg Simmel, Aby Warburg, Michel Foucault oder Pierre Bourdieu). Das Interesse am Alltag, an Vorstellungen, Wahrnehmungen, Begrifflichkeiten, Mentalitäten und menschlichen Verhaltensweisen, aber auch an Schriftlichkeit und Mündlichkeit hat hier den Weg bereitet; die Erkenntnis, dass auch historische Quellen „Texte", nämlich durch narrative, intentionale und perzeptionale Faktoren geprägte Spiegelungen historischer Wirklichkeit sind, hat dieser Richtung weitere Impulse gegeben und neue Affinitäten zu den Literaturwissenschaften erzeugt: Geschichte ist in kulturwissenschaftlicher Perspektive weder mehr vergangenes Geschehen noch einfach deren zeitgenössische Verarbeitung, sondern „kulturelles Gedächtnis". Während anthropologische Fragestellungen und Interpretationsmuster zum selbstverständlichen Repertoire der heutigen Mediävistik zählen, bleibt die theoretische Reflexion einer historischen Anthropologie nach vereinzelten Anfängen in den 1970er Jahren allerdings erstaunlich dürftig, und erst in jüngster Zeit hat auch eine Diskussion des Phänomens „Kulturwissenschaft" eingesetzt.[1] Wenn es aber ein Ziel der heutigen Geschichtswissenschaft ist, anthropologische Fragestellungen in ihrer Geschichtlichkeit zu verfolgen, dann vermögen gerade kulturwissenschaftliche Fragen diesen Konnex zwischen Vergangenheit und Gegenwart herzustellen.

4.4.1 „Volkskultur" – „Elitekultur"[2]

War die frühere Geschichtswissenschaft im Hinblick auf die mittelalterliche „Kultur" vornehmlich auf die Geistesgeschichte und die literarischen Erzeugnisse einer gebildeten Elite ausgerichtet, so hat sich unser Blick in dieser Hinsicht ausgeweitet. Spätestens seit den 1970er Jahren interessiert auch die „Volkskultur".[3] „Volk" und „Elite" wurden dabei zunächst zu Kontrastbegriffen, „Volkskultur" und „Elitekultur" zu Gegensätzen stilisiert, welche die tatsächlichen, wechselseitigen Durchdringungen eher verschlei-

---

1 Vgl. H.-W. Goetz (Hg.), Mediävistik als Kulturwissenschaft.
2 Lit.: Bibl. 5.3.4.5.
3 Vgl. die Beiträge in: G. Jaritz (Hg.), Mensch und Objekt.

ern, und auch die Begriffe finden, auf das Mittelalter angewandt, keine Entsprechungen: „Volk" und „Elite" sind nicht gleich bleibende, sondern historisch veränderliche Größen. Ähnlich schwierig gestaltet sich die Festlegung der Abgrenzungskriterien zwischen beiden „Schichten". „Elite" und „Volk" könnten sich im frühen Mittelalter politisch nach der Herrschaft, sozial nach Status und Besitz, kultisch nach der Weihe (Klerus und Laien) oder kulturell nach der Bildung („litterati" – „illitterati"), und das heißt zugleich: nach der Schriftlichkeit bzw. Mündlichkeit der Kommunikation, unterscheiden, die jeweils jedoch kaum zu eindeutigen Abgrenzungen führen würden. Und schließlich sind Aussagen über eine „Volkskultur" dieser Epoche in weiten Bereichen nur indirekt, über Berichte der schreibenden Elite, möglich. „Volkskultur" mag daher als typologischer Begriff für die Kultur breiter Schichten taugen, darf wegen der Überschneidungen hingegen kaum als eine „Gegenkultur" verstanden werden, sondern ist stets in Relation zu einer „Hochkultur" zu betrachten.[4]

Unter solchen Voraussetzungen lässt sich eine Unterscheidung beider Gruppen folglich nicht als gegeben präjudizieren; sie ist vielmehr vorsichtig zu eruieren. Dabei sind die Abgrenzungskriterien offen zu legen und zeitgenössische Kriterien einzubeziehen. Sinnvoller noch wäre wohl eine Frage nicht nach *der* Volkskultur, sondern nach der Kultur einzelner Gruppen, die im frühen Mittelalter aufgrund der Quellenlage dann allerdings nur sehr fragmentarisch erfassbar wäre. Kritisch ist das Problem im Hinblick auf dieses Zeitalter bislang kaum angegangen worden. Versuche einer Charakterisierung beschränken sich inhaltlich vor allem auf eine Volksreligiosität und beruhen, wie in der hier am weitreichendsten betriebenen französischen Forschung, entweder weithin auf pauschalen Einschätzungen oder, wie bei Aaron Gurjewitsch, auf der – erst noch zu verifizierenden – Annahme, dass einzelne Quellengattungen (wie Heiligenviten, Bußbücher, Predigten oder Sagas) eine „Volkskultur" im Sinne volkstümlicher Denkvorstellungen der einfachen Menschen widerspiegeln.[5] Wenn Gurjewitsch von einander diametral entgegenstehenden Weltmodellen der christlichen Religion und der Volksreligion ausgeht, zugleich aber eingestehen muss, dass die Spannung zwischen ihnen sich kaum auflösen lässt,[6] dann ist auch das eher ein Warnzeichen gegen eine unreflektierte Unterscheidung beider „Kulturen", deren Wechselwirkung stärker in Betracht gezogen werden müsste. Der Volksglaube der vorchristlichen Zeit ist beispielsweise kaum detailliert erkennbar, der Volksglaube des frühen Mittelalters ist, trotz mancher heidnischen Reminiszenz (vgl. 3.3.4.1), stets *auch* bereits christlich mit- und umgeprägt: Ein Gegensatz christlich – heidnisch korrespondiert daher nicht mit einer Gegenüberstellung kirchlich – volkstümlich und zeichnet sich in den Quellen zudem höchst vage ab, doch wird das „vulgus", das unwissende Volk, zumindest an einigen Stellen zum Angriffspunkt gelehrter Kirchenmänner. Die Erforschung der frühmittelalterlichen Volkskultur ist aus dieser Sicht noch eine Aufgabe der Zukunft. Ein erster Versuch in dieser Richtung stützt sich auf hagiographische Quellen,[7] die eben-

---

[4] Vgl. R. Chartier, Volkskultur und Gelehrtenkultur; P. Dinzelbacher, Volkskultur und Hochkultur; Hans-Jörg Gilomen, Volkskultur und Exempla-Forschung, in: J. Heinzle (Hg.), Modernes Mittelalter, 165–208; M. Lauwers, „Religion populaire".
[5] A. Gurjewitsch, Mittelalterliche Volkskultur.
[6] Ebd., 161ff.
[7] Vgl. H.-W. Goetz/F. Sauerwein (Hg.), Volkskultur und Elitekultur.

falls nicht einfach als Zeugnisse der Volkskultur gewertet werden dürfen, sondern, mit František Graus, „hochkirchlich geprägt" sind,[8] wohl aber nach Elementen einer sich darin spiegelnden Volkskultur befragt werden können, zumal sie in der Merowingerzeit vom „Volk" noch rezipiert und verstanden wurden.[9] Eine kultivierte laikale Elite war ohnehin fähig, an der religiösen Diskussion teilzunehmen.[10] Nur in vorsichtiger Frage nach Auftraggebern, Autoren und Adressaten, expliziten und impliziten Aussagen über den „Volksglauben" unter Berücksichtigung des Selbstverständnisses und der Wertung der schreibenden Eliten zeigen sich Elemente einer Volkskultur ebenso wie eine gegenseitige Durchdringung mit der Schriftkultur.

4.4.2 Schriftlichkeit, Mündlichkeit und nonverbale Kommunikation: Das frühe Mittelalter als „orale Gesellschaft"?[11]

Mit der „Entdeckung" breiter Bevölkerungsschichten, der „stummen Zeugen der Geschichte" (A. Gurjewitsch), als deren Trägern rückte in einer Gesellschaft, in der nur wenige, vor allem Geistliche und Mönche, lesen und schreiben konnten, zwangsläufig die Frage der „Schriftlosigkeit", also der Mündlichkeit in das Blickfeld: Das frühe Mittelalter war weithin eine „orale Gesellschaft" (vgl. 3.4.3). Im Einzelnen bleibt die Einschätzung darüber allerdings kontrovers. Während das Augenmerk zunächst (und bis heute) dem Niederschreiben mündlicher Traditionen („Verschriftung") auf der einen[12] und dem Wandel von der Mündlichkeit zur Schriftlichkeit, also dem *Verschriftlichungsprozess* oder der „Literalisierung" der Gesellschaft, auf der anderen Seite galt, der im hohen Mittelalter, teilweise aber auch schon früher angesetzt wurde, besteht das eigentliche Problem in dem Ineinandergreifen beider Kommunikationsformen bzw. in der Funktion von Schriftlichkeit in einer weitgehend oralen Gesellschaft. Schon früh hat man beispielsweise um die Rechtsverbindlichkeit von Schriftaufzeichnungen wie den Kapitularien gestritten:[13] Ob hier allein die mündliche Verkündigung (F.-L. Ganshof, A. Bühler) oder umgekehrt die schriftliche Form (R. Schneider, D. Hägermann) rechtsverbindlich war. Tatsächlich ist die Frage nach der Rechtsverbindlichkeit in dieser Form den mittelalterlichen Verhältnissen kaum angemessen, zumal die Kapitularien eine in sich differenzierte Quellengattung bilden (H. Mordek). Die schriftliche Vermittlung war schon deshalb nötig, weil der Inhalt oft im ganzen Reich (und natürlich in verbindlicher Form) bekannt gemacht werden sollte; eine mündliche Verkündigung aber war nötig, weil die Angesprochenen in der Regel weder lesen konnten noch hinreichende Lateinkenntnisse hatten. Die handschriftliche Überlieferung, die bis ins

---

8 Vgl. F. Graus, Volk, Herrscher und Heiliger, 302.
9 M. Banniard, Viva voce, 254ff.
10 Ebd., 172.
11 Lit.: Bibl. 5.3.4.6.
12 Ein neueres, gutes Beispiel bilden die Urbare als verschriftlichte Inspektionsinventare. Vgl. L. Kuchenbuch, Teilen, Aufzählen, Summieren (wie Anm. 116, Kap. 4.2).
13 Vgl. A. Bühler, Capitularia Relecta; F.-L. Ganshof, Was waren die Kapitularien; D. Hägermann, Zur Entstehung der Kapitularien; H. Mordek, Kapitularien und Schriftlichkeit, in: R. Schieffer (Hg.), Schriftkultur, 34–36; Reinhard Schneider, Schriftlichkeit und Mündlichkeit im Bereich der Kapitularien, in: P. Classen (Hg.), Recht und Schrift, 257–280; Ders., Zur rechtlichen Bedeutung.

11. und 12. Jahrhundert reicht, für die einzelnen Kapitularien jedoch sehr variiert, spricht für eine anhaltende Bedeutung dieser Texte, die gleichwohl nicht offiziell am Hof, sondern meist in kirchlichen Sammlungen zusammengestellt wurden.

Inzwischen ist die Bedeutung der Schriftlichkeit auf vielen Ebenen untersucht. Die frühmittelalterlichen Reiche hatten der römischen Tradition gerade die Schriftlichkeit entlehnt und sich zunutze gemacht. Trotz eines Rückgangs der Bildung blieb Schriftlichkeit ein wichtiger Faktor des öffentlichen Lebens, der in der Karolingerzeit in der Reichsverwaltung (vgl. 3.1.1.4)[14] ebenso wie in der „Renaissance" der Wissenschaften (vgl. 3.4.1) deutlich zum Tragen kam. Doch wird man hier stärker als bisher zwischen verschiedenen Phasen und vor allem zwischen den einzelnen Regionen unterscheiden müssen: In Italien und auch im Westfrankenreich spielte Schriftlichkeit eine weit größere Rolle als im frühen Ostfränkisch-Deutschen Reich, während sie in die nord- und osteuropäischen Regionen nur allmählich eindrang.

Die Initiativen zu einer neuen Schriftlichkeitsforschung kamen zunächst vornehmlich von englischer und amerikanischer Seite. Ausgangspunkt war – neben der Kloster- und Gelehrtenkultur – der erwähnte Verschriftlichungsprozess und dessen zeitliche Einordnung. Eine Initialzündung kommt in der Geschichtswissenschaft Michael Clanchys Studie „From Memory to Written Record" von 1979 zu, während die eigentlichen Ursprünge dieser Fragerichtung in der Literaturwissenschaft zu suchen sind und hier den Wandel menschlicher Kultur durch Schriftlichkeit thematisieren. Die frühen Arbeiten setzten den Übergang zur Schriftkultur allesamt recht spät, nämlich nach dem 11. Jahrhundert an.[15] Vom paläographischen Befund her werden seit einiger Zeit nicht nur Schriften, sondern auch Schreibschulen und Schriftprovinzen erforscht. Exemplarisch sei an die Arbeiten Bernhard Bischoffs über die bayerischen Schriftprovinzen oder Rosamond McKittericks über Kulturbeziehungen zwischen den Klöstern erinnert. Beide betreffen die fränkische Zeit. McKitterick ist auf diesem Wege in ihrem 1989 erschienenen Buch über „The Carolingians and the Written Word" von einer Untersuchung der Handschriften zu einer Gesamtdarstellung nicht nur der Schreibkultur, sondern der Schriftlichkeit überhaupt gelangt, indem sie nach den gesellschaftlichen Funktionen von Schrift und Schriftlichkeit, nach Buchproduktion, Buchbesitz und Bibliothekswesen im 9. Jahrhundert fragte,[16] ein Ansatz, der sich mittlerweile zu einer breiten Forschungsdiskussion ausgeweitet hat. Als Beispiel seien das Utrechter Projekt „Verschriftelijking" mit seinen Veröffentlichungen, die Freiburger Reihe „ScriptOralia"[17] sowie verschiedene Arbeiten an der Wiener Forschungsstelle für Geschichte des Mittelalters genannt. Nach McKitterick war die Karolingerzeit „a society to which the written word was central",[18] wobei sie – allerdings nicht ohne Widerspruch zu finden –, den Anteil der Laienbildung bereits in karolingischer Zeit als

---

14 Vgl. R. Schieffer (Hg.), Schriftkultur; Martina Stratmann, Schriftlichkeit in der Verwaltung von Bistümern und Klöstern zur Zeit Karls des Großen, in: P. Butzer/M. Kerner/W. Oberschelp (Hg.), Karl der Große, Bd. 1, 251–275.
15 Vgl. M. Clanchy, From Memory to Written Record; W. Ong, Orality and Literacy; B. Stock, Implications of Literacy.
16 R. McKitterick, Carolingians and the Written Word; Dies. (Hg.), Uses of Literacy.
17 Vgl. U. Schaefer (Hg.), Schriftlichkeit.
18 R. McKitterick, Carolingians and the Written Word, 273.

recht hoch einschätzt. Das verweist schon früh (und nahezu überall) auf eine „pragmatische Schriftlichkeit", ein Ansatz, der gleichzeitig viele Jahre lang intensiv, vornehmlich allerdings auf das hohe und späte Mittelalter und nicht zuletzt die oberitalienischen Kommunen bezogen, auch in einem Münsteraner Sonderforschungsbereich untersucht worden ist: Schriftlichkeit war nicht nur funktionsbezogen, sondern zudem ein wesentliches Herrschaftsmittel.[19] In einem weiteren englischen Sammelband wurde dieser Ansatz zu einer Bildungsgeschichte der Karolingerzeit ausgeweitet.[20]

Unter den Aspekten der Pragmatik gerät auch die Schriftlichkeit der Gebildeten, vor allem in den Klöstern, in jüngster Zeit in ein neues Licht. Das wird zum Beispiel im Hinblick auf ihre Bedeutung bei der Verbandsbildung – auch hier liegt der Schwerpunkt bislang aber im hohen und späten Mittelalter – oder im Hinblick auf die cluniazensischen Consuetudines untersucht, deren Pragmatik zu einer Neueinschätzung der Klosterreformen geführt hat,[21] wie überhaupt die situationsbezogene „causa scribendi" einzelner Schriften, darunter auch der für die Geschichtswissenschaft zentralen Chroniken, seit einem wegweisenden Aufsatz von Gerd Althoff zunehmend in den Blick gerät.[22] Die Untersuchung der Schriftlichkeit hat, vor allem in den Niederlanden und in England, aber auch in Österreich und Deutschland, zu einer intensivierten Neubetrachtung der mittelalterlichen Handschriften als Zeugnissen der Kulturgeschichte geführt.[23] Dabei wird der Zusammenstellung der Handschriften (als Abschriften) zunehmend eine eigenständige Ausdruckskraft (gegenüber den jeweiligen Urschriften) auch im Hinblick auf die mit dem Codex verbundenen Intentionen, Werte- und Vorstellungswelten beigemessen (vgl. 4.4.6).

Über solchen Einschätzungen darf dennoch nicht übersehen werden, dass der weitaus überwiegende Teil frühmittelalterlicher Kommunikation mündlich erfolgte und dass es sich hier letztlich um eine *„orale Gesellschaft"* handelte, ein Aspekt, auf den – neben literaturwissenschaftlichen Arbeiten um eine *„formulaic poetry"* und deren mündliche Traditionen – in der Geschichtswissenschaft, allerdings von ganz unterschiedlichem Ansatz her, vor allem Hanna Vollrath und Michael Richter immer wieder aufmerksam gemacht haben. Dabei geht Vollrath von den Rechtsgewohnheiten,[24] Richter von der Überlieferung aus.[25] Bis zu einem gewissen Grade ist auch die frühmittelalterliche, auf Gewohnheiten gründende Rechtskultur mit der oralen Gesellschaft verknüpft (vgl. 3.1.6):[26] Die Mehrzahl der Rechtsgeschäfte wurde gar nicht schriftlich fixiert. Der – allzu lange vernachlässigten – Erforschung der „Oralität" ist daher ohne Zweifel verstärkte Beachtung zu schenken. Die moderne Ethnologie leistet

---

19 Vgl. K. GRUBMÜLLER/H. KELLER/N. STAUBACH (Hg.), Pragmatische Schriftlichkeit.
20 R. MCKITTERICK (Hg.), Carolingian culture.
21 Vgl. H. KELLER/F. NEISKE (Hg.), Vom Kloster zum Klosterverband; C. KASPER/K. SCHREINER (Hg.), Viva vox und ratio scripta; M. SPÄTH, Neue Impulse (wie Anm. 18, Kap. 4.3).
22 G. ALTHOFF, Causa scribendi.
23 Vgl. Marco MOSTERT, Das Studium alter Handschriften als Beitrag zu einer modernen Kulturwissenschaft, in: H.-W. GOETZ (Hg.), Aktualität, 287–315.
24 Vgl. H. VOLLRATH, Mittelalter in der Typik oraler Gesellschaften; DIES., Rechtstexte in der oralen Rechtskultur (wie Anm. 136, Kap. 4.1).
25 Vgl. M. RICHTER, Formation of the Medieval West; DERS., Oral Tradition.
26 Vgl. G. DILCHER u.a. (Hg.), Gewohnheitsrecht und Rechtsgewohnheiten.

hier wichtige Hilfe, indem sie Modelle der Oralität bereitstellt, an denen die frühmittelalterlichen Verhältnisse überprüft werden können. Das hat freilich auch manche Fehleinschätzung provoziert, da auch „Oralität" nicht ein zeitlos-konstantes, sondern ein an die jeweilige Gesellschaft gebundenes Phänomen ist, das aus ihrer Zeit heraus betrachtet werden muss. Die frühmittelalterliche Gesellschaft ist, mit anderen Worten, nicht ein Beispiel für *die* orale Gesellschaft, sondern für die spezifische Oralität der damaligen Menschen. Mündlichkeit und Schriftlichkeit sind darüber hinaus eng miteinander verknüpft – ein den Literaturwissenschaften längst bekanntes Phänomen –, weil eine Erforschung der Oralität zum einen überhaupt nur über die Hinweise erfolgen kann, die in Schriftquellen zu finden sind, und weil die Schriftquellen zum andern vielfach mündliche Traditionsformen bezeugen, wie das zuletzt beispielsweise an der Bedeutung mündlicher Traditionen für die Geschichtsschreibung diskutiert worden ist.[27]

Die Oralitätsforschung hat daher noch verschiedene Anfangsschwächen zu überwinden, die erst teil- und ansatzweise in Angriff genommen sind: einmal, weil sie, im Gefolge ethnologischer Modelle, eben die Zeitgebundenheit der Mündlichkeit zu wenig beachtet und – zu global – nach den besonderen Bedingungen oraler Überlieferungen schlechthin fragt; zum andern, weil sie Mündlichkeit nach wie vor als eine – primitive – Entwicklungsstufe *vor* der Schriftlichkeit betrachtet und daher dem Neben- (und Mit-)einander beider Kommunikationsformen zu wenig Beachtung schenkt. Es verkürzt das komplexe Verhältnis, wenn Übergangsformen auf den Aspekt einer „Noch-Mündlichkeit" oder einer „Schon-Schriftlichkeit" reduziert werden. Aus solcher Perspektive wird beides zu sehr gegeneinander aufgerechnet. Wenn Hanna Vollrath beispielsweise bestreitet, dass Urkunden in Rechtsprozessen ein nennenswerter Beweischarakter zukam, weil sie als Beweismittel auch zurückgewiesen werden konnten, dann lässt sich dem eine Vielzahl von Gegenbeispielen entgegenstellen, ohne dass man daraus allerdings umgekehrt einen Vorrang der Schriftlichkeit ableiten darf: Das Verhältnis ist in der Praxis weitaus komplizierter, weil (nahezu) jede höhere Gesellschaft auf Schriftlichkeit *und* Mündlichkeit beruht, man also zugleich nach der – unbestreitbaren – Funktion von Urkunden in der literalen Gesellschaft und vor allem nach den Überschneidungen beider Bereiche fragen müsste. Die hinter der Funktion von Urkunden stehenden Rechtsvorstellungen sind mit Begriffen wie „oral" oder „literal" allein kaum hinreichend zu kennzeichnen. Schreiben und Lesen gehören auch im frühen Mittelalter untrennbar zusammen, gerade auch im Kloster mit seiner Bedeutung des (lauten) Lesens im Mönchtum (Vorlesen, Selbstlektüre, Liturgie). Das ist in jüngster Zeit allerdings zunehmend erkannt und nicht zuletzt von literaturwissenschaftlicher Seite her betont worden.[28] Damit relativiert sich aber auch die alte Streit-

---

[27] Vgl. Gerd ALTHOFF, Geschichtsschreibung in einer oralen Gesellschaft, in: B. SCHNEIDMÜLLER/S. WEINFURTER (Hg.), Ottonische Neuanfänge, 151–170; DERS., Verformungen durch mündliche Tradition; Johannes FRIED, Die Königserhebung Heinrichs I.: Erinnerung, Mündlichkeit und Traditionsbildung im 10. Jahrhundert, in: M. BORGOLTE (Hg.), Mittelalterforschung, 267–318; DERS., Kunst der Aktualisierung; H. VOLLRATH, Oral Modes of Perception.

[28] Vgl. D. GREEN, Medieval Listening and Reading, der von einer „Symbiose" von Schriftlichkeit und Mündlichkeit spricht; Franz H. BÄUML, Verschriftlichte Mündlichkeit und vermündlichte Schriftlichkeit, in: U. SCHAEFER (Hg.), Schriftlichkeit, 254–266; M. MOSTERT, Oraliteit; DERS., (Hg.), New Approaches (Bibliographie mit fast 1600 Titeln!).

frage, wann denn der Verschriftlichungsprozess im Mittelalter bzw. dessen „Sieg" über die Mündlichkeit anzusetzen sei, zu der Frage, in welcher Zeit hier mit besonderen Schüben zu rechnen ist. An einer Zunahme der Schriftlichkeit seit dem hohen Mittelalter (aber auch schon vorher) ist nicht zu zweifeln. Wirklich zurückgedrängt wurde die „orale" Kultur dadurch jedoch nicht. Gegenüber solchen entwicklungsgeschichtlichen Ansätzen ist die Frage, was denn (früh-)mittelalterlich an der frühmittelalterlichen Schriftlichkeit *und* Mündlichkeit ist, bislang kaum gestellt.

Dass daneben eine dritte, *„nonverbale"* Kommunikationsebene existierte, die sich in Gesten, Symbolen, Ritualen und Repräsentation äußerte und sich in allen Lebensbereichen (Recht, Liturgie, sozialem Umgang, Hierarchie, Alltag und Wissenschaft) und in einer immensen Bedeutungsvielfalt auswirkte, ist ebenfalls seit einiger Zeit bekannt (vgl. 3.4.3). Das entspricht zweifellos ebenso dem mittelalterlichen Denken in Symbolen (auch in der Schriftkultur!) wie der Bedeutung der Rituale in oralen Gesellschaften.[29] Doch auch hier würde es zu kurz greifen, die „nonverbale Kommunikation" auf diesen Bereich zu beschränken oder umgekehrt Oralität (in Form mündlicher Reden und Gespräche) auf den Bereich einer rituellen Mündlichkeit einzuengen, zumal Symbole nicht zuletzt in der am meisten literalisierten Institution, der Kirche, eine große Rolle spielten, in ihrer Bedeutung aber bereits im Mittelalter oft keineswegs eindeutig waren. Die Symbolik des Handelns ist auch nicht, wie neuere Forschungen nahe legen könnten, auf die außergerichtliche Sphäre – ganz im Gegenteil – oder auf die politische Ebene beschränkt, und die Prozesse, beispielsweise der Konfliktaustragung, verliefen tatsächlich in einem weitgehend literalisierten Raum wie dem Kloster nach ganz ähnlichen, in der Praxis aber sehr vielfältigen Mustern.[30] Ebenso wenig ist der Schluss erlaubt, das Mittelalter habe der Symbole bedurft, weil es zu einem verbalen Ringen nicht fähig war.[31] Alle drei Kommunikationsbereiche müssen vielmehr in ihren Wechselwirkungen betrachtet werden. Es ist daher kein Zufall, wenn die neuere kulturwissenschaftliche Forschung sich allgemeiner mit der mittelalterlichen „Kommunikation" schlechthin befasst (den Begriff dabei allerdings oft auch undefinierbar weit versteht).

Die Interdependenz der Kommunikationsebenen ist schließlich mit einem weiteren Problem verknüpft: dem der *Sprache* überhaupt (und selbst die Symbolik des Schweigens verweist letztlich auf die Bedeutung des Wortes). Dass es in einer Welt, die lateinisch schrieb, vielfach aber in der Volkssprache dachte, Übersetzungsprobleme gibt,[32] ist seit langem bekannt und zunächst vor allem im Hinblick auf die Rechtssprache (vgl. 4.4.4 zur Begrifflichkeit) sowie auf die Sprache der Geschichtsschreiber hin beachtet worden. Welche „germanischen" Vorstellungen, so fragte man beispielsweise, standen hinter der lateinischen Wendung „fortuna atque mores", mit der Widukind von Corvey das Königtum der sächsischen Liudolfinger legitimierte? Die seit den 1930er Jah-

---

29 Vgl. G. ALTHOFF, Rituale; DERS., Zur Bedeutung symbolischer Kommunikation; K. LEYSER, Ritual, Zeremonie und Gestik; Philippe BUC, Political Ritual: Medieval and Modern Interpretations, in: H.-W. GOETZ (Hg.), Aktualität, 255–272; DERS., Dangers of Ritual.
30 Vgl. S. PATZOLD, Konflikte im Kloster.
31 So G. ALTHOFF, Empörung, Tränen, Zerknirschung, 280.
32 Vgl. bereits P. HECK, Übersetzungsprobleme; G. von OLBERG, Übersetzungsprobleme.

ren entwickelte, umfängliche Glossenforschung suchte den „eigentlichen" Inhalt der lateinischen Kunstsprache zu erfassen. Das ist ein wichtiger, aber doch überbewerteter Ansatz, der die (lateinische) Sprachtradition ebenso unterbelichtet wie die damalige Bedeutung der (entsprechenden) volkssprachigen Begriffe, die ebenfalls in ihrer Vielfalt und in ihrem Wandel zu untersuchen wären. Tatsächlich erwecken vergleichende, allerdings erst ansatzweise durchgeführte Begriffsuntersuchungen lateinischer und deutscher Termini (zu „dux"/„heritogo", „regnum"/„rîhhi", „gens"/„thiod") eher den Eindruck einer sich weithin entsprechenden Bedeutung oder Bedeutungsvielfalt. Sie führen damit aber auch noch näher an die frühmittelalterliche Vorstellungswelt insgesamt heran.

Übersetzungsprobleme als ein Problem von Schrift- und „Volkssprache" betreffen aber keineswegs nur das Verhältnis von Altdeutsch und frühem Mittellatein, sondern nicht minder das Verhältnis volkssprachiger Dialekte zu einer überregionalen „Hochsprache" oder die Herausbildung der romanischen Sprachen aus dem Spätlateinischen. Während im Gallien des 7. Jahrhunderts trotz längst wirksamer Auseinanderentwicklung von Schrift- und gesprochener Sprache literarische Erzeugnisse wie Heiligenviten durchaus noch allgemein verständlich waren, war das Latein in der zweiten Hälfte des 8. Jahrhunderts auch hier zu einer „Fremdsprache" geworden (Entwicklung von „romaine" zu „romane").[33] In Südfrankreich war dieser Zustand erst in der ersten Hälfte des 9., in Spanien in der zweiten Hälfte des 9., in Italien sogar erst in der ersten Hälfte des 10. Jahrhunderts erreicht. Gebildete Kreise und politische Zentren (wie der Königshof) waren in fränkischer Zeit durchaus zwei- oder dreisprachig (lateinisch, romanisch, fränkisch). Der ständige Austausch zwischen gesprochener und geschriebener Sprache aber ist ein wesentliches Element der Weiterentwicklung der Sprache. Insgesamt bleiben „Übersetzungen" ein verbreitetes, noch viel zu wenig erforschtes Phänomen der gesamten Epoche (vgl. 3.4.1). Sie reichen von den vorwiegend dem Schulgebrauch entstammenden Glossen und Bibelübersetzungen über die Versuche Karls des Großen, volkssprachige Begriffe für Monate und Winde einzuführen und die rege Übersetzungstätigkeit (lateinisch – angelsächsisch) am Hof Alfreds des Großen von Wessex, an der der König vielleicht selbst beteiligt war, bis zu den süditalienischen und spanischen Übersetzerschulen aus dem Griechischen und Arabischen ins Lateinische.[34]

4.4.3 Probleme und Ansätze einer frühmittelalterlichen Alltagsgeschichte[35]

Eine von ethnologischen Theorien inspirierte Alltagsgeschichte (Clifford Geertz' Programm der „dichten Beschreibung" durch Aufnahme aller Signale der fremden Kulturen) gehört seit den 1980er Jahren zum Repertoire der Mediävistik. Wenngleich sie sich hier nie in der gleichen Weise wie in der Neueren Geschichte als bewusste „Oppositionsrichtung" gegen eine politik- ebenso wie strukturorientierte, universitäre Geschichtswissenschaft verstanden hat, sind Stellenwert und Ausrichtung, ist aber auch

---

33 Vgl. M. BANNIARD, Viva voce.
34 Vgl. R. ELLIS/R. TISIER/B. WEITEMEIER (Hg.), Medieval Translator, darin v.a. Líam BENISON, Translation During King Alfred's Reign: the Politics of Conversion and Truth, 82–100.
35 Lit.: Bibl. 5.3.4.7.

das Verständnis von „Alltagsgeschichte" durchaus umstritten. Ihre Wurzeln liegen einerseits in der Kulturanthropologie, einer erneuten Hinwendung zum Menschen und zu seinen „alltäglichen" Problemen, andererseits in einer Rückbesinnung auf kulturgeschichtliche Fragen der menschlichen Existenz (wie Kleidung und Ernährung, Wohnung und Arbeit, Brauchtum und Reisen, Spiele und Zeitvertreib, Sexualität, Hygiene und Krankheiten, Streit und Kriminalität, aber auch Lebensstationen, wie Geburt, Kindheit/Jugend, Heirat/Ehe, Alter und Tod). Alltagsgeschichte bedeutet dem Anspruch und der Zielsetzung nach eine Abwendung von den großen politischen Ereignissen und eine Hinwendung zum Milieu des privaten Lebens, eine Abwendung von den überindividuellen Strukturen und eine Hinwendung zum Individuum, aber auch eine Abwendung von den großen Persönlichkeiten und eine Hinwendung zur „Masse" der „Durchschnittsmenschen", eine Abwendung schließlich von den großen Schauplätzen der Geschichte und eine Hinwendung zur „small world" der Mikrohistorie (Familie, Nachbarschaft, Siedlung), von den „offiziellen" Verlautbarungen zur Sichtweise und Wahrnehmung seitens der „Betroffenen", vom Besonderen zum „Normalen". Dabei bleibt allerdings zu berücksichtigen, dass es natürlich auch Alltagsstrukturen gibt, dass auch der Alltag eine politische Sphäre und bei aller Normalität seine – in den Quellen überbetonten – Höhepunkte besitzt und dass das Einzelschicksal ohne Einordnung in das Übliche, der Alltag ohne Erklärung aus seinen materiellen und geistigen Bedingungen heraus belanglos wird.[36] Alltagsgeschichte ist in solcher Ausrichtung nicht nur „Geschichte von unten" (nämlich der unteren Schichten), wohl aber an allen Menschen (und nicht nur den berühmten) interessiert, und sie ist nicht nur „Geschichte von innen", aber auch am Selbstverständnis der Menschen orientiert. Sie erfasst letztlich alle Lebensbereiche. Als „Lebensweltanalyse" betrachtet sie das Leben der Menschen in seinen natürlichen, räumlichen, zeitlichen, politischen, rechtlichen, wirtschaftlichen, sozialen, religiösen und kulturellen Bedingungen und ist in dieser Ausrichtung ein durchaus anspruchsvolles Arbeitsfeld.

Da die frühmittelalterlichen Quellen meist am Besonderen interessiert waren und über den Alltag allenfalls sporadisch berichten, sind einer Alltagsgeschichte des frühen Mittelalters von vornherein Grenzen gesetzt. Es ist daher kein Zufall, dass die bisherige Alltagsgeschichte, als deren „Zentrum" man das Institut für Realienkunde in Krems an der Donau mit seinen einschlägigen Veröffentlichungen bezeichnen kann, sich ganz überwiegend auf das Spätmittelalter konzentriert hat. Dass eine Alltagsgeschichte des frühen Mittelalters aber nicht an einer schmalen Quellenbasis scheitern muss, zeigt die Zusammenstellung einer Vielzahl von Belegen nur aus dem alemannischen Raum durch Michael Borgolte, der sein Material seinerzeit allerdings noch nicht zu einer Alltags*geschichte* verarbeitet hat.[37] Das gilt auch für die archäologische Forschung, die aus ihren Funden einen guten Einblick in die frühmittelalterlichen Alltagsgeräte (Tontöpfe, Kupferkessel, vor allem Holzgeschirr, aber auch landwirtschaftliche Arbeitsgeräte) sowie in die Wohn- und Siedlungskultur zu vermitteln vermag, ohne daraus bislang

---

36 Zur Theorie der Alltagsgeschichte: H.-W. Goetz, Geschichte des mittelalterlichen Alltags; G. Jaritz, Zwischen Augenblick und Ewigkeit.
37 M. Borgolte, Conversio Cottidiana.

eine Alltagsgeschichte entwickelt zu haben.[38] Es gilt nicht minder für detailliertere geschichtswissenschaftliche Veröffentlichungen zu einzelnen Gegenstandsbereichen, beispielsweise zur frühmittelalterlichen Kleidung, die bereits im frühen Mittelalter standesspezifisch differenziert war und wohl entsprechenden Auflagen unterlag, auch wenn regelrechte „Kleiderordnungen" erst aus dem späten Mittelalter bekannt sind,[39] oder zur Sexualität, die in den Bußbüchern eine gute, allerdings einseitig auf kirchliche Verbote ausgerichtete Quellengrundlage besitzt (vgl. 3.3.4.3).[40]

Versuche, das Leben der Menschen vor dem Hintergrund der strukturellen Bedingungen (Institution, Raum, Gesellschaft) darzustellen,[41] haben immer noch programmatischen Charakter, der weiterer Forschungen bedürfte. Nach einer Phase von Überblicksdarstellungen[42] sind in den letzten Jahren keine allgemeinen Darstellungen zum Frühmittelalter mehr erschienen.[43] Die Alltagsgeschichtsschreibung beschränkt sich seither vielmehr auf die Darstellung einzelner Aspekte und (mehr noch) auf die Einbindung alltagsgeschichtlicher Themen in größere Zusammenhänge. Als Beispiel für eine solche (politisch-strukturelle wie auch mentalitätsgeschichtliche) Einordnung sei auf die Feste verwiesen, die einerseits als Höhepunkte aus dem „repetitiven" Alltag herausragen, aber doch ihr ständiger Bestandteil sind, die sich zudem – auch als weltliche Festivitäten – zeitlich an Kirchenfeste anschließen und somit den engen Zusammenhang von „weltlich" und „geistlich" auch von alltagsgeschichtlicher Seite her bestätigen (vgl. 3.3.4) und die schließlich eine soziale und politische Funktion erfüllten (Fest als Ritual und Bündnisstiftung).[44]

4.4.4 Probleme und Ansätze einer frühmittelalterlichen Vorstellungs- und Mentalitätsgeschichte[45]

In Fortsetzung und Abwandlung der Geistes- oder Ideengeschichte, nämlich unter Abwendung von den großen Denkern und, erneut, Hinwendung zu den von einer breiteren Schicht der Menschen getragenen Anschauungen, fragt die heutige Mediävistik zunehmend nach den (individuellen ebenso wie gruppenspezifischen) Vorstellungen und Wahrnehmungen der Menschen, und zwar nach deren Inhalten (Vorstellungswelten und Weltbildern) ebenso wie nach ihren Eigenheiten (nach Denk- und Wahrnehmungs*mustern*). Die Themen einer Vorstellungsgeschichte sind ebenso unerschöpflich wie die dazu heranziehbaren Quellen, und sie erstrecken sich auf sämtliche Bereiche menschlichen Lebens. Nach dem Zweiten Weltkrieg sind solche Forschungen

---

38 Zusammenfassend: S. Felgenhauer-Schmiedt, Sachkultur des Mittelalters.
39 Vgl. J. Jarnut, Konsumvorschriften; M. Pastoureau, Vêtement; F. Piponnier/P. Mane, Se vêtir.
40 Vgl. H. Lutterbach, Sexualität; J. Salisbury, Medieval Sexuality.
41 Vgl. H.-W. Goetz, Leben im Mittelalter.
42 Vgl. R. Delort, Vie au moyen âge; G. Gehl/M. Reichertz (Hg.), Leben im Mittelalter; E. Pognon, Vie quotidienne en l'an mil; P. Riché, Vie quotidienne dans l'Empire carolingien; P. Veyne (Hg.), Histoire de la vie privée.
43 Vgl. jetzt aber übergreifend E. Schubert, Alltag.
44 Vgl. H.-W. Goetz, Kirchenfest und weltliches Alltagsleben; D. Altenburg/J. Jarnut/H.-H. Steinhoff (Hg.), Feste und Feiern.
45 Lit.: Bibl. 5.3.4.8.

vor allem von Helmut Beumann oder Heinz Löwe im Sinn einer „politischen Ideengeschichte" anhand der früh- und hochmittelalterlichen Geschichtsschreiber weitergetragen worden, die (für Beumann) ein „zentraler Ort für die geistige Auseinandersetzung des Zeitgenossen mit der ihn umgebenden Wirklichkeit" waren.[46] Diese Arbeiten haben seither viele Nachahmer gefunden. Damit hat nicht nur die mittelalterliche Historiographie (vgl. 3.4.5) eine neue, entscheidende Forschungsperspektive gewonnen, sondern trat, nicht zuletzt im Gefolge der Anregungen Johannes Spörls mit der Frage nach dem konkreten (theologisch-politischen) Weltbild der Geschichtsschreiber, auch deren Geschichtsbild in den Mittelpunkt des Interesses. In der französischen „Schule" Bernard Guenées weiteten sich solche Fragen zur Untersuchung der „Geschichtskultur" (anhand der Geschichtsschreiber) aus.[47] In jüngerer Zeit werden die quellenkritischen Fragen nach der Intention der Autoren um Fragen nach der Funktion und Rezeption der Geschichtsschreibung, nach der Darstellungsabsicht („causa scribendi")[48] und nach dem dahinter stehenden Geschichtsbewusstsein, nach „concepts" und „uses of the past" ergänzt.[49] Damit wird der inzwischen anerkannten Tatsache Rechnung getragen, dass die mittelalterliche Historiographie nicht Faktenbericht, sondern Aufzeichnung subjektiver Wahrnehmungen und literarische Gestaltung der „Realität" ist (vgl. 4.4.6).

Ein wichtiger Stellenwert kommt auch der „historischen *Bedeutungsforschung*" zu, wie sie der Germanist Friedrich Ohly vor mehr als vier Jahrzehnten kreiert hat. Vor der Erkenntnis, dass die mittelalterlichen Menschen weitgehend in Symbolen dachten und nach deren Bedeutung („significatio") fragten und dass die Bibelexegese mit ihrem vierfachen Schriftsinn (vgl. 3.4.1) das bevorzugte Anwendungsfeld war, bot diese bis dahin vernachlässigte Quellengattung der Forschung einen wertvollen Zugang zu den Bedeutungsspektren des mittelalterlichen Wortverständnisses, das sich dann auch auf die Vergleichsmetaphern („Allegorien") der geistlichen und weltlichen Dichtung übertragen ließ. Für das frühe Mittelalter wäre diese Methode nicht weniger interessant, ist bislang aber kaum umfassend herangezogen worden.

Ein immer wieder angewandter Zugang zu den Bedeutungen und zu den menschlichen Vorstellungen ist der Weg über die *Begriffsgeschichte*, die sowohl „vertikal" im Sinne eines Bedeutungswandels als auch „horizontal" im Sinne der Erforschung eines Bedeutungsspektrums sowie der individuellen Nuancierungen der Autoren eines Zeitalters vorgehen kann. Hat das von Otto Brunner, Werner Conze und Reinhart Koselleck initiierte Lexikon „Geschichtliche Grundbegriffe" sich hier noch auf ausgewählte, durch die Epochen hindurch wichtige Begriffe und in der Regel auf die Auswertung der theoretischen Literatur des Mittelalters beschränkt, so bietet der Ansatz tatsächlich ein unerschöpfliches, auf alle Bereiche und historischen Teilgebiete anwendbares und gerade auch auf das frühere Mittelalter angewandtes Verfahren.[50] Hin-

---

[46] H. BEUMANN, Historiographie des Mittelalters; DERS., Wissenschaft vom Mittelalter; H. LÖWE, Von Cassiodor bis Dante.
[47] Vgl. B. GUENÉE, Histoire et culture historique.
[48] Vgl. G. ALTHOFF, Causa scribendi.
[49] Vgl. H.-W. GOETZ, Geschichtsschreibung; Y. HEN/M. INNES (Hg.), Uses of the Past; G. ALTHOFF/J. FRIED/P. GEARY (Hg.), Concepts.
[50] Vgl. H.-W. GOETZ, Moderne Mediävistik, 269 ff.; H. K. SCHULZE, Mediävistik und Begriffsgeschichte.

gegen bleibt es strittig, welche „Wirklichkeit" die zeitgenössische Terminologie widerspiegelt, zumal der erfassbare Bedeutungswandel wohl erst eine nachträgliche (geistige) Reaktion auf einen bereits vorher eingetretenen Sachwandel bildet.

Sobald nicht mehr individuelle Vorstellungswelten, sondern kollektive Vorstellungsweisen zum Forschungsobjekt werden, spricht man von einer *Mentalitätsgeschichte* (ohne dass eine genaue Abgrenzung erzielt oder sinnvoll wäre, da es zwischen Vorstellungen, Wahrnehmungen und Mentalitäten breite Überschneidungen gibt). Mentalitäten sind Geisteshaltungen, Einstellungen, „verinnerlichte Mechanismen" (F. Graus), die sich nicht explizit ausdrücken, sondern dem Denken, Reden, Verhalten und Handeln unterschwellig zugrunde liegen und daher forschungsmäßig nur schwer zu erfassen sind,[51] deren Analyse aber einen wichtigen Versuch darstellt, die mittelalterlichen Menschen gewissermaßen von innen heraus zu verstehen, denn erst die Mentalität bestimmt das Denken und Handeln (oder Verhalten). Die Mentalitätsgeschichte ist engstens mit der „Annales"-Historie verknüpft, die in der deutschen, fakten- und strukturorientierten Mediävistik, die für das „Imaginäre" wenig Gespür aufbrachte, nur sehr zögerlich aufgenommen wurde. Die Ablehnung schien um so begründeter, als die „Mentalität" der mittelalterlichen Menschen – zunächst und in manchen Studien bis heute – auf der einen Seite oft auf zu schmaler Quellenbasis erforscht und zu global von der „Moderne" abgehoben worden ist – etwa in den Arbeiten von Philippe Ariès zum Tod oder zur Kindheit –, während eine anthropologisch ausgerichtete Geschichtsbetrachtung zugleich die Konstanten betonte. Auf der anderen Seite hat man immer wieder versucht, spezifische Mentalitäten sozialer Gruppen und Schichten voneinander abzugrenzen, deren Existenz jedoch eher vorausgesetzt als bewiesen. Der erste umfassende Versuch Rolf Sprandels, die Mentalitätsgeschichte auch in der deutschen Mediävistik heimisch zu machen,[52] blieb zwar als solcher ohne große Resonanz, doch gibt es seither zunehmend Arbeiten, die sich ganz oder teilweise mentalitätsgeschichtlichen Aspekten widmen: etwa den Einstellungen gegenüber Natur, Raum und Zeit, zu Lebensaltern, zu sich selbst (Identität) und den anderen (Fremden), zur Arbeit, vor allem aber zu den religiösen Einstellungen (vgl. 3.4.4), doch auch zu den menschlichen Emotionen und Werten (wie Ehrgefühl) oder dem „Lebensgefühl" schlechthin. Dem frühen Mittelalter sind dabei vergleichsweise wenig einschlägige Untersuchungen gewidmet, so dass eine strikte Abgrenzung vom Hochmittelalter – wie beispielsweise bei Peter Dinzelbacher in Bezug auf die Angstzustände[53] – noch der Überprüfung bedarf. Am gelungensten erscheint die Thematik dort, wo sie sich in die lebensweltlichen Zustände einordnet, wie in dem ebenso bemerkenswerten wie einsichtsreichen Buch von Heinrich Fichtenau über das ob seiner Quellenarmut angeblich so „dunkle" zehnte Jahrhundert.[54] Neuerliche Ansätze einer umfassenden, auch die Entwicklung berücksichtigenden Gesamtschau unternahmen ein von Peter Dinzelbacher herausgegebener Sammelband zu ausgewählten, von der An-

---

51 Vgl. F. Graus, Mentalität; A. Gurjewitsch, Stimmen des Mittelalters; Jacques Le Goff, Les mentalités, in: Ders./P. Nora (Hg.), Faire de l'histoire, Bd. 3, 76–94.
52 R. Sprandel, Mentalitäten und Systeme.
53 P. Dinzelbacher, Angst im Mittelalter.
54 H. Fichtenau, Lebensordnungen.

tike bis zur Neuzeit geführten Aspekten sowie eine sich als Einführung verstehende Monographie von Hans Henning Kortüm, der sowohl thematische Aspekte wie gruppenbezogene Mentalitäten behandelt.[55] Versuche, in dem zuletzt genannten Sinn eine adlige,[56] geistliche oder gar bäuerliche Mentalität zu erfassen,[57] können bislang erst als vorläufige, jedoch ausbaufähige Ansätze gelten, zumal das Bewusstsein, ein Adliger, ein Bischof oder ein Mönch zu sein, stets nur *ein*, sich von anderen erst im Konfliktfall abgrenzendes Element der Mentalität bildet. So unpräzise die Mentalitätsgeschichte oft zwangsläufig auch arbeitet und so schwer sich gerade die Mentalität beschreiben lässt, ist deren Bedeutung für eine moderne Geschichtsbetrachtung doch kaum mehr zu bestreiten. Sie ist heute keineswegs überholt,[58] sondern zählt zum Kern einer anthropologisch ausgerichteten Geschichtswissenschaft und leistet gerade beim Verständnis uns fremd gewordener Epochen wie des frühen Mittelalters unverzichtbare Dienste, muss dazu allerdings ihr methodisches Instrumentarium noch verbessern.

4.4.5 Endzeiterwartungen um das Jahr 1000?[59]

Es mag kein Zufall sein, dass der Abt Adso von Montier-en-Der seine berühmte Schrift über den Antichrist („Epistola de ortu et tempore Antichristi") um die Mitte des 10. Jahrhunderts verfasste und das mit der Sage vom Endkaiser verband, wenngleich er sich deutlich von Naherwartungen und Identifizierungen mit historischen Personen distanzierte. Ob um das Jahr 1000 bzw. in der Zeitspanne bis zur 1000jährigen Wiederkehr des Todes Christi (1033) dann eine größere Endzeiterwartung oder Endzeitfurcht herrschte, bleibt aber eine strittige Frage. Während ein eschatologisches Bewusstsein grundsätzlich vorhanden war, aber kaum Anzeichen für eine allgemein verbreitete, akute Endzeitfurcht auszumachen sind, lassen verschiedene Indizien darauf schließen, dass man der Frage um das Jahr 800, vielleicht im Zusammenhang mit Weltären, die hier das Jahr 6000 erreichten,[60] und dann wieder um die Jahrtausendwende, im Zusammenhang mit sozialen und religiösen Umwälzungen, die in einem engeren Bezug stehen (Gottesfrieden, Reliquienkult und Häresien), eine verstärkte Beachtung schenkte.[61] Die Historien Rodulf Glabers gelten hier als wichtigstes, aber auch einseitig ausgewertetes Zeugnis. Man wird solche Tendenzen insgesamt wohl nicht überschätzen dürfen, zumal das gern angeführte Argument, die Quellen hätten angesichts des augustinischen Verdikts jeder Endzeitberechnung eine Endzeitfurcht bewusst verschwiegen (R. Landes), stets problematisch bleibt. Betrachtet man die in großer Zahl erhaltenen Handschriften, etwa des Pseudo-Methodius oder Adsos von

---

55 P. Dinzelbacher (Hg.), Europäische Mentalitätsgeschichte; H.-H. Kortüm, Menschen und Mentalitäten.
56 Vgl. H.-H. Kortüm, Menschen und Mentalitäten, 38ff.; im Hinblick auf adlige Wertvorstellungen: H. Fichtenau, Lebensordnungen, 185ff.
57 Vgl. G. Duby, Guerriers et paysans; H.-W. Goetz, Zur Mentalität bäuerlicher Schichten.
58 So M. Borgolte, „Selbstverständnis" und „Mentalitäten".
59 Lit.: Bibl. 5.3.4.10.
60 Vgl. R. Landes, Lest the Millenium Be Fulfilled; W. Brandes, „Tempora periculosa sunt".
61 Vgl. J. Fried, Endzeiterwartung; R. Landes, Fear of an Apocalyptic Year; Ders., *Millenarismus absconditus*; Ders., Sur les traces du Millenium; Ders., Vie apostolique.

Montier-en-Der, so stammen nur wenige aus der Zeit der Jahrtausendwende; die weitaus überwiegende Mehrzahl ist jünger. Wenn man apokalyptische Stimmungen in England hingegen mit den Normanneneinfällen in Verbindung gebracht hat (M. Godden), dann lagen deren Höhepunkte um 1000 wiederum bereits weit zurück. Man wird daher kaum „Beklommenheit und Angst" als „Signum der Epoche" betrachten dürfen.[62] Damit wird es aber auch fraglich, die wachsende Religiosität (Umkehr, Buße und Reform) aus der Endzeitfurcht erklären zu wollen (J. Fried).[63] Die „Hochkirche" teilte – und hier sind sich alle Forschungen einig – millenaristische Erwartungen ohnehin nicht. Häresien wiederum, die, wie es scheint, im 11. Jahrhundert oft regionalen Charakter trugen, sind zweifellos ein Ausdruck religiösen Aufbruchs und antikirchlicher Strömungen, aber nicht zwangsläufig Produkt einer Endzeitfurcht. Insgesamt, so scheint es, waren apokalyptische Ängste um 1000 (mit Schwerpunkten in Südfrankreich und Lothringen) vorhanden, aber keineswegs vorherrschend. Vergleiche mit anderen Epochen stehen tatsächlich noch aus. Eschatologische, auf das Ende ausgerichtete Vorstellungen hingegen zählten zu den Kernelementen christlichen Heilsdenkens schlechthin und waren im gesamten Mittelalter ebenso präsent[64] wie die Endkaisersage der Tiburtinischen Sibylle und des Pseudo-Methodius.[65]

4.4.6 Ein neues Verhältnis zu den Quellen?[66]

Ein wesentliches Merkmal der neueren Mediävistik scheint ein in mancherlei Hinsicht gewandeltes Verhältnis zu den Quellen zu sein, die zwar nach wie vor unsere Informanten für alle Fragen der mittelalterlichen Geschichte sind, aber mehr und mehr auch um ihrer selbst willen, als „Zeitzeugen", nämlich als subjektive und, soweit es sich um Schriftquellen handelt, „literarische" Arbeiten interessieren, welche die Intentionen des Autors ebenso widerspiegeln wie dessen hinter der Darstellung durchscheinende Vorstellungswelt und Wahrnehmung: Die Quellen teilen uns nicht mit, wie es damals war, sondern wie die Verfasser es jeweils sahen oder sehen wollten. Die mittelalterliche Historiographie ist beispielsweise nicht einfach (tendenziöses) Festhalten historischer Daten, sondern interessengeleitete Geschichtssicht,[67] die Hagiographie nicht nur Ausdruck des Heiligenkultes, sondern darüber hinaus ebenfalls konkreten Anliegen und bestimmten, oft institutionellen Interessen entsprungen;[68] Bildminiaturen sind nicht bloße Illustrationen des Textes, sondern sie entwickeln nicht selten ein eigenes Programm, dessen Bezug zum Text genauestens zu untersuchen ist. Eine moderne Mediävistik berücksichtigt daher nicht nur (quellenkritisch) die Tendenzen der Autoren, sondern fragt unmittelbar nach deren Intentionen und Darstellungsabsich-

---

62 So J. FRIED, Endzeiterwartung, 437.
63 Kritisch: D. BARTHÉLEMY, L'an mil; S. FREUND, Jahr 1000; S. GOUGENHEIM, Fausses terreurs; H.-H. KORTÜM, Milleniumsängste.
64 Vgl. C. BYNUM/P. FREEDMAN (Hg.), Last Things; B. MCGINN, Apocalypticism. Zu Apokalypsenkommentaren: R. EMMERSON/B. MCGINN (Hg.), Apocalypse.
65 Vgl. H. MÖHRING, Weltkaiser der Endzeit.
66 Lit.: Bibl. 5.3.4.11.
67 Vgl. G. ALTHOFF, Causa scribendi; H.-W. GOETZ, Geschichtsschreibung.
68 Vgl. S. COUÉ, Hagiographie im Kontext.

ten, nach ihrer Vorstellungswelt und Wahrnehmungsweise sowie nach der literarischen Gestaltung und den aktuellen Funktionen ihrer Werke („pragmatische Schriftlichkeit").

Dahinter steht die (literaturwissenschaftliche) Erkenntnis, dass jede Quelle nicht nur eine subjektive, sondern auch eine teils bewusst konstruierte, teils unreflektierte, durch zeitgemäße Denkmuster geprägte Sicht der Inhalte bietet, die es gründlichst zu erfassen gilt. Das umschließt nicht zuletzt auch das mittelalterliche Verständnis der Dinge, das Johannes Fried „Theoriebindung" genannt hat.[69] In einer „postmodernen" Überspitzung des so genannten „linguistic turn"[70] und dem dort zumindest anklingenden Versuch, auch historische Texte als „Fiktion" zu begreifen, die (nur) aus sich selbst heraus zu verstehen sei und die Unterscheidung zwischen Sprache und Wirklichkeit auflöse, würde ein solcher Ansatz allerdings über das Ziel hinausschießen.[71] Es bleibt die Aufgabe gerade der Geschichtswissenschaft, die hinter den Texten stehenden historischen Zusammenhänge zu erfassen. Mittelalterliche Geschichtswerke sind nicht „Fiktion", wohl aber gezielte literarische Gestaltung, „Geschichtskonstruktion" – und erst darin nimmt die Geschichte Gestalt an.[72] Gerade deshalb aber sind „historische" Quellen Texte, die auch literaturwissenschaftlich, in ihrer „Narrativität", zu analysieren sind, um ihren Inhalt ganz zu erschließen. Die angemessene geschichtswissenschaftliche Folgerung ist daher nicht eine überbetonte Skepsis gegenüber der Glaubwürdigkeit der Quellen, sondern eine umso sorgfältigere Aufarbeitung der Denk- und Schreibstrukturen mittelalterlicher Autoren: Letztlich hat sich die Quellenkritik hier nur enorm ausgeweitet und verfeinert. Gegenüber Fragen nach der Wahrnehmung und Vorstellungswelt der Zeitgenossen aber bietet die neue Sicht vertiefte, unmittelbare Einblicke.

Nicht weniger bezeichnend ist die Tatsache, dass längst nicht mehr nur der Urtext (das Original), sondern nicht minder dessen Rezeption, nämlich die spätere Benutzung, Transformierung und Funktionalisierung interessiert, ein ebenfalls aus den Literaturwissenschaften übernommener Ansatz, der aber beispielsweise auch auf Rechts- oder Schultexte anwendbar ist, deren Gebrauchsspuren etwas über ihren praktischen Nutzen verraten. Die Untersuchung der Rezeption bezieht sich nicht nur auf die Einzelschriften, sondern auch auf deren Überlieferungszusammenhänge und codicologische Einbindungen und führt zu einer verstärkten, nun aber inhaltlich-funktionalen Untersuchung der Sammelhandschriften und deren Verhältnis zu den kopierten Werken.[73] Hier bietet sich der Forschung noch ein weites, längst nicht ausgeschöpftes Arbeitsfeld. Trotz mancher Einzelanalysen fehlen bislang vergleichende Untersuchungen, die einen breiteren Einblick in die Arbeitsweisen und Ziele der frühmittelalterlichen Literaten bieten würden.

---

69 J. Fried, *Gens* und *regnum*.
70 Vgl. dazu E. Hanisch, Linguistische Wende; Ludolf Kuchenbuch, Sind mediävistische Quellen mittelalterliche Texte?, in: H.-W. Goetz (Hg.), Aktualität, 317–354; P. Schöttler, Wer hat Angst vor dem „linguistic turn"?
71 Vgl. G. Spiegel, The Past as Text.
72 Vgl. H.-W. Goetz, „Konstruktion der Vergangenheit".
73 Vgl. R. Corradini, Wiener Handschrift; C. Egger/H. Weigel (Hg.), Text; W. Pohl, Werkstätte der Erinnerung; Helmut Reimitz, Ein karolingisches Geschichtsbuch aus Saint-Amand, in: C. Egger/H. Weigl (Hg.), Text.

5 Bibliographie

5.1 Allgemeine und übergreifende Literatur

5.1.1 Das Konzept „Europa" in der mittelalterlichen Geschichte

BORGOLTE, Michael (Hg.), Das europäische Mittelalter im Spannungsbogen des Vergleichs, Berlin 2001.

DERS., Vor dem Ende der Nationalgeschichten? Chancen und Hindernisse für eine Geschichte Europas im Mittelalter, in: HZ 272 (2001), 561–596.

BRINCKEN, Anna-Dorothee von den, Europa in der Kartographie des Mittelalters, in: AKG 55 (1973), 289–304.

FICHTENAU, Heinrich, Gentiler und europäischer Horizont an der Schwelle des 1. Jahrhunderts, in: RömHM 23 (1981), 227–243.

FISCHER, Jürgen, Oriens – Occidens – Europa. Begriff und Gedanke „Europa" in der späten Antike und im frühen Mittelalter, Wiesbaden 1957.

HIESTAND, Rudolf, „Europa" im Mittelalter – vom geographischen Begriff zur politischen Idee, in: Hans Hecker (Hg.), Europa – Begriff und Idee, Bonn 1991, 33–48.

LE GOFF, Jacques, Das alte Europa und die Welt der Moderne, München 1994.

LEYSER, Karl, Concepts of Europe in the Early and High Middle Ages, in: P&P 137 (1992), 25–47.

MEIER-WALSER, Reinhard C./RILL, Bernd (Hg.), Der europäische Gedanke, Grünwald 2000.

SCHNEIDMÜLLER, Bernd, Die mittelalterlichen Konstruktionen Europas, in: Heinz Duchhardt/Andreas Kunz (Hg.), „Europäische Geschichte" als historiographisches Problem, Mainz 1997, 5–24.

SEGL, Peter, Europas Grundlegung im Mittelalter, in: Jörg A. Schlumberger/Ders. (Hg.), Europa – aber was ist es?, Köln 1994, 21–43.

DERS., Karl der Große und die Grundlegung Europas im Mittelalter, Abensberg 1993.

5.1.2 Zur Situation mediävistischer Forschung

BARROS, Carlos (Hg.), Historia a debate: Medieval, Santiago de Compostela 1995.

BORGOLTE, Michael (Hg.), Mittelalterforschung nach der Wende 1989, München 1995.

GOETZ, Hans-Werner, Moderne Mediävistik, Darmstadt 1999.

DERS., (Hg.), Die Aktualität des Mittelalters, Bochum 2000.
GRAUS, František, Verfassungsgeschichte des Mittelalters, in: HZ 243 (1986), 529–589.
HEINZLE, Joachim (Hg.), Modernes Mittelalter: neue Bilder einer populären Epoche, Frankfurt am Main 1994.
LE GOFF, Jacques/LOBRICHON, Guy (Hg.), Le Moyen Age aujourd'hui, Paris 1998.
DERS./NORA, Pierre (Hg.), Faire de l'histoire, 3 Bde., Paris ²1986.
SCHMITT, Jean-Claude/OEXLE, Otto G. (Hg.), Les tendances actuelles de l'histoire du Moyen Age en France et en Allemagne, Paris 2002.
VAN ENGEN, John (Hg.), The Past and Future of Medieval Studies, Notre Dame 1994.

5.1.3 Übergreifende Literatur

BARTLETT, Robert, The making of Europe, London 1993.
BEUMANN, Helmut, Wissenschaft vom Mittelalter, Köln 1972.
COLLINS, Roger, Early medieval Europe, 300–1000, Basingstoke 1991.
FRIED, Johannes, Die Formierung Europas: 840–1046, München 1991.
MCKITTERICK, Rosamond (Hg.), The early Middle Ages, Oxford 2001.
DIES. (Hg.), The New Cambridge Medieval History 2: c. 700 – c. 900, Cambridge 1995.
REUTER, Timothy (Hg.), The New Cambridge Medieval History 3: c. 900 – c. 1024, Cambridge 1999.
SCHIEFFER, Theodor (Hg.), Europa im Wandel von der Antike zum Mittelalter, HEG 1, Stuttgart 1976 (⁴1996).

5.2 Geschichte der einzelnen Länder

5.2.1 Germanenreiche/Transformation der Antike zum Mittelalter

5.2.1.1 Spätantike/Transformation/Kontinuität
BARNWELL, Paul S., Emperor, prefects and kings. The Roman West 395–565, London 1992.
BARRAL I ALTET, Xavier (Hg.), Image, Text and Script: studies in the transformations of visual literacy (c. 440 AD – c. 800 AD), Leiden 1999.
BROGIOLO, Gian P./GAUTHIER, Nancy/CHRISTIE, Neil (Hg.), Towns and their Territories between Late Antiquity and the Early Middle Ages, Leiden 2000.
DERS./WARD-PERKINS, Bryan (Hg.), The Idea and Ideal of the Town between Late Antiquity and the Early Middle Ages, Leiden 1999.
CHRIST, Karl (Hg.), Der Untergang des Römischen Reiches, Darmstadt 1970.
CHRISTIE, Neil/LOSEBY, Simon T. (Hg.), Towns in Transition, Aldershot 1996.
CHRYSOS, Evangelos/WOOD, Ian (Hg.), East and West: Modes of Communication, Leiden 1999.
DEMANDT, Alexander/GOETZ, Hans-Werner/REIMITZ, Helmut/STEUER, Heiko/BECK, Heinrich, Art. Kontinuitätsprobleme, in: RGA 17 (2001), 205–237.
DERS., Der Fall Roms, München 1984.

DOPSCH, Alfons, Wirtschaftliche und soziale Grundlagen der europäischen Kulturentwicklung aus der Zeit von Cäsar bis auf Karl den Großen, 2 Bde., Wien ²1923/1924.

EBLING, Horst/JARNUT, Jörg/KAMPERS, Gerd, Nomen et gens. Untersuchungen zu den Führungsschichten des Franken-, Langobarden- und Westgotenreiches im 6. und 7. Jahrhundert, in: Francia 8 (1980), 687–745.

ERZGRÄBER, Willi (Hg.), Kontinuität und Transformation der Antike im Mittelalter, Sigmaringen 1989.

EWIG, Eugen, Spätantikes und fränkisches Gallien. Gesammelte Schriften (1952–1973), 2 Bde., Zürich 1976/1979.

GEUENICH, Dieter/HAUBRICHS, Wolfgang/JARNUT, Jörg (Hg.), Nomen et gens. Zur historischen Aussagekraft frühmittelalterlicher Personennamen, Berlin 1997.

GOETZ, Hans-Werner/JARNUT, Jörg/POHL, Walter (Hg.), Regna and Gentes, Leiden 2002.

GOFFART, Walter, Barbarians and Romans A. D. 418–584, Princeton 1980.

HANSEN, Inge L./WICKHAM, Chris J. (Hg.), The Long Eighth Century, Leiden 2000.

HÜBINGER, Paul E. (Hg.), Kulturbruch oder Kulturkontinuität im Übergang von der Antike zum Mittelalter, Darmstadt 1968.

DERS. (Hg.), Zur Frage der Periodengrenze zwischen Altertum und Mittelalter, Darmstadt 1969.

POHL, Walter (Hg.), Kingdoms of the Empire, Leiden 1997.

DERS./REIMITZ, Helmut (Hg.), Strategies of Distinction, Leiden 1998.

DERS./WOOD, Ian/REIMITZ, Helmut (Hg.), The Transformation of Frontiers, Leiden 2001.

STAAB, Franz (Hg.), Zur Kontinuität zwischen Antike und Mittelalter am Oberrhein, Sigmaringen 1994.

THEUWS, Frans/NELSON, Janet L. (Hg.), Rituals of Power, Leiden 2000.

WEBSTER, Leslie/BROWN, Michelle (Hg.), The Transformation of the Roman World AD 400–900, Berkeley 1997.

WERNER, Joachim/EWIG, Eugen (Hg.), Von der Spätantike zum frühen Mittelalter, Sigmaringen 1979.

5.2.1.2 Einzelne Germanenreiche

5.2.1.2.1 Übergreifend und Ethnogenese

BARNWELL, Paul S., Kings, courtiers and imperium: The Barbarian West, AD 565–725, London 1997.

BRUNNER, Karl/MERTA, Brigitte (Hg.), Ethnogenese und Überlieferung, Wien 1994.

CUSACK, Carole M., Conversion among the Germanic peoples, London 1998.

DEMOUGEOT, Emilienne, La formation de l'Europe et les invasions barbares, Bd. 1: Des origines germaniques à l'avènement de Dioclétien, Paris 1969; Bd. 2: De l'avènement de Dioclétien (284) à l'occupation germanique de l'Empire romain d'Occident (début du VIe siècle), 2 Teil-Bde., Paris 1979.

GEARY, Patrick J., Europäische Völker im frühen Mittelalter, Frankfurt am Main 2002.

GÜNTHER, Rigobert/KORSUNSKIJ, Alexander R., Germanen erobern Rom, Berlin (Ost) 1986.

KRÜGER, Bruno (Hg.), Die Germanen, Berlin (Ost), Bd. 1, ²1978, Bd. 2, 1983.

MARTIN, Jochen, Spätantike und Völkerwanderung, München ³1995.

MOORHEAD, John, The Roman Empire divided, 400–700, Harlow 2001.
MÜLLER-WILLE, Michael/SCHNEIDER, Reinhard, Ausgewählte Probleme europäischer Landnahmen des Früh- und Hochmittelalters, Sigmaringen 1993.
POHL, Walter, Die Völkerwanderung, Stuttgart 2002.
PRINZ, Friedrich, Von Konstantin zu Karl dem Großen, Düsseldorf 2000.
RANDERS-PEHRSON, Justine D., Barbarians and Romans: The Birth Struggle of Europe, A. D. 400–700, Norman 1983.
SCHUTZ, Herbert, The Germanic Realms in pre-Carolingian Central Europe, 400–750, New York 2000.
TODD, Malcolm, The Early Germans, Oxford 1992.
WENSKUS, Reinhard, Stammesbildung und Verfassung. Das Werden der frühmittelalterlichen gentes, Köln 1961.
WOLFRAM, Herwig, Das Reich und die Germanen: zwischen Antike und Mittelalter, Berlin 1990.
DERS./POHL, Walter (Hg.), Typen der Ethnogenese unter besonderer Berücksichtigung der Bayern, 2 Bde., Wien 1990.
DERS./DAIM, Falko (Hg.), Die Völker an der mittleren und unteren Donau im 5./6. Jahrhundert, Wien 1980.

5.2.1.2.2 Ostgoten
AMORY, Patrick, People and Identity in Ostrogothic Italy, 489–554, Cambridge 1997.
BURNS, Thomas S., A History of the Ostrogoths, Bloomington 1984.
DERS., The Ostrogoths: Kingship and Society, Wiesbaden 1980.
CARILE, Antonio (Hg.), Teodorico e i Goti tra Oriente e Occidente, Ravenna 1995.
CLAUDE, Dietrich, Studien zu Handel und Wirtschaft im italischen Ostgotenreich, in: Münstersche Beiträge zur antiken Handelsgeschichte 15 (1996), 42–75.
EPP, Verena, Goten und Römer unter Theoderich dem Großen, in: Mathias Beer/Martin Kintzinger/Marita Krauss (Hg.), Migration und Integration, Stuttgart 1997, 55–73.
GIOVANDITTO, Amilcare, Teodorico il Grande e i suoi goti in Italia (454–526), Novara 1993.
HEATHER, Peter J., Goths and Romans 332–489, Oxford 1991.
DERS., The Goths, Oxford 1996.
DERS., Theoderic, king of the Goths, in: EME 4 (1995), 145–173.
KAZANSKI, Michel, Les Goths (Ier – VIIe siècle après J.-C.), Paris 1991.
MEYER-FLÜGEL, Beat, Das Bild der ostgotisch-römischen Gesellschaft bei Cassiodor, Bern 1992.
MOORHEAD, John, Theoderic in Italy, Oxford 1992.
SCHWARCZ, Andreas, Die Goten in Pannonien und auf dem Balkan nach dem Ende des Hunnenreiches bis zum Italienzug Theoderichs des Großen, in: MIÖG 100 (1992), 50–83.
Teodorico il Grande e i Goti d'Italia, 2 Bde., Spoleto 1993.
TÖNNIES, Bernhard, Die Amalertradition in den Quellen zur Geschichte der Ostgoten, Hildesheim 1989.
WOLFRAM, Herwig, Geschichte der Goten. Von den Anfängen bis zur Mitte des 6. Jahrhunderts, München 1979 (^{3}1990).

5.2.1.2.3 Westgoten

ARCE, Javier/DELOGU, Paolo (Hg.), Visigoti e Longobardi, Florenz 2001.
CLAUDE, Dietrich, Adel, Kirche und Königtum im Westgotenreich, Sigmaringen 1971.
DERS., Geschichte der Westgoten, Stuttgart 1970.
COLLINS, Roger, Early Medieval Spain. Unity in Diversity, 400–1000, New York ²1995.
DIESNER, Hans-Joachim, Politik und Ideologie im Westgotenreich von Toledo: Chindasvind, Berlin 1979.
DERS., Westgotische und langobardische Gefolgschaften und Untertanenverbände, Berlin 1978.
FERREIRO, Alberto (Hg.), The Visigoths, Leiden 1999.
FONTAINE, Jacques/PELLSTRANDI, Christine (Hg.), L'Europe héritière de l'Espagne wisigotique, Madrid 1992.
GARCIA VOLTA, Gabriel, Die Westgoten, Berg/Starnberger See 1979.
HEATHER, Peter J. (Hg.), The Visigoths, Woodbridge 1999.
JAMES, Edward (Hg.), Visigothic Spain, Oxford 1980.
KAMPERS, Gerd, Personengeschichtliche Studien zum Westgotenreich in Spanien, Münster 1979.
KIENAST, Walther, Gefolgswesen und Patrocinium im spanischen Westgotenreich, in: HZ 239 (1984), 23–75.
KING, P. D., Law and Society in the Visigothic Kingdom, Cambridge 1972.
ORLANDIS, José, Época visigoda (409–711), Madrid 1987.
PALOL, Pedro de/RIPOLL, Gisela, Die Goten, Stuttgart 1990.
SCHAEFERDIEK, Knut, Die Kirchen in den Reichen der Westgoten und Suewen bis zur Errichtung der westgotischen katholischen Staatskirche, Berlin 1967.
SCHWÖBEL, Heide, Synode und König im Westgotenreich, Köln 1982.
THOMPSON, Edward A., The Goths in Spain, Oxford 1969.

5.2.1.2.4 Sueben

HAMANN, Stefanie, Vorgeschichte und Geschichte der Sueben in Spanien, Diss. Regensburg 1971.
LOPEZ QUIROGA, J./RODRIGUEZ LOVELLE, M., De los Romanos a los Bárbaros: la instalación de los Suevos y sus consecuencias sobre la organización territorial en el Norte de Portugal (411–469), in: Studi medievali 38, II (1997), 529–560.

5.2.1.2.5 Vandalen

CLOVER, Frank M., The Late Roman West and the Vandals, Aldershot 1993.
COURTOIS, Christian, Les Vandales et l'Afrique, Paris 1955 (Nachdruck Aalen 1964).
DIESNER, Hans-Joachim, Das Vandalenreich. Aufstieg und Untergang, Stuttgart 1966.
DERS., Der Untergang der römischen Herrschaft in Nordafrika, Weimar 1964.

5.2.1.2.6 Burgunder

AMORY, Patrick, Names, Ethnic Identity, and Community in Fifth- and Sixth-Century Burgundy, in: Viator 25 (1994), 1–30.
FAVROD, Justin, Histoire politique du royaume burgonde (443–534), Lausanne 1997.

5.2.1.2.7 Angelsachsen
BASSETT, Steven (Hg.), The Origins of Anglo-Saxon kingdoms, London 1989.
CAMPBELL, James (Hg.), The Anglo-Saxons, Oxford 1982 (Nachdruck London 1991).
HINES, John (Hg.), The Anglo-Saxons from the migration period to the eighth century: an ethnographic perspective, Woodbridge 1997.
HOOKE, Della (Hg.), Anglo-Saxon Settlements, Oxford 1988.
KLEINSCHMIDT, Harald, Beyond Conventionality. Recent Work on the Germanic Migration to the British Isles, in: Studi medievali 3,36, II (1995), 975–1010.
LOVELUCK, Christopher P., Exchange and Society in Early Medieval England 400–700 A. D., Diss. Durham 1994.
STENTON, Frank M., Anglo-Saxon England, Oxford ³1971.
WILSON, David M., The Anglo-Saxons, New York 1960.

5.2.1.2.8 Langobarden
GASPARRI, Stefano/CAMMAROSANO, Paolo (Hg.), Langobardia, Udine 1990.
HARRISON, Dick, The Early State and the Towns: forms of integration in Lombard Italy AD 568–774, Lund 1993.
JARNUT, Jörg, Geschichte der Langobarden, Stuttgart 1982.
DERS., Prosopographische und sozialgeschichtliche Studien zum Langobardenreich in Italien (568–774), Bonn 1972.
MENGHIN, Wilfried, Die Langobarden: Archäologie und Geschichte, Stuttgart 1985.
MENIS, Gian C. (Hg.), Italia longobarda, Venedig 1991.
SESTAN, Ernesto, I longobardi, in: Ovidio Capitani/Giovanni Cherubini (Hg.), L'Italia dell'alto Medioevo, Mailand 1984, 71–117.

5.2.2 Frankenreich

5.2.2.1 Übergreifend

ARNOLD, Benjamin, Medieval Germany, 500–1300, Basingstoke 1997.
BAUTIER, Robert-Henri, Recherches sur l'histoire de la France médiévale, Aldershot 1991.
FLECKENSTEIN, Josef, Grundlagen und Beginn der deutschen Geschichte, Göttingen ³1988.
FRIED, Johannes, Der Weg in die Geschichte: die Ursprünge Deutschlands bis 1024, Berlin 1994.
HLAWITSCHKA, Eduard, Vom Frankenreich zur Formierung der europäischen Völkergemeinschaft 840–1046, Darmstadt 1986.
LEBECQ, Stéphane, Les origines franques. V^e–IXe siècle, Paris 1990.
PRINZ, Friedrich, Grundlagen und Anfänge. Deutschland bis 1056, München 1985.
REUTER, Timothy, Germany in the early Middle Ages (c. 800–1056), London 1991 (⁴1998).
ROUCHE, Michel, L'Aquitaine des Wisigoths aux Arabes (418–781), Paris 1979.
SCHNEIDER, Reinhard, Das Frankenreich, München 1982 (⁴2001).
SCHULZE, Hans K., Vom Reich der Franken zum Land der Deutschen, Berlin 1987.
WERNER, Karl Ferdinand, Histoire de France, Bd. 1, Les Origines, Paris 1984 (dt. Die Ursprünge Frankreichs bis zum Jahr 1000, Stuttgart 1989).

DERS., Structures politiques du monde franc (VIe – XIIe siècles), London 1979.
DERS., Vom Frankenreich zur Entfaltung Deutschlands und Frankreichs, Sigmaringen 1984.

5.2.2.2 Frühgeschichte und Merowinger

BACHRACH, Bernard S., The Anatomy of a Little War: a diplomatic and military history of the Gundovald affair (568–586), Boulder 1994.
BEISEL, Fritz, Theudebertus magnus rex Francorum. Persönlichkeit und Zeit, Idstein 1993.
BERNET, Anne, Clovis (466–511), Lyon 1996.
BLEIBER, Waltraut, Das Frankenreich der Merowinger, Wien 1988.
BRÜHL, Carlrichard, Studien zu den merowingischen Königsurkunden, Köln 1998.
DALY, William M., Clovis, How Barbaric, How Pagan?, in: Speculum 69 (1994), 619–664.
ERKENS, Franz-Reiner, Divisio legitima und unitas imperii. Teilungspraxis und Einheitsstreben im Frankenreich, in: DA 52 (1996), 423–486.
EWIG, Eugen, Die fränkischen Teilungen und Teilreiche 511–623, Mainz 1952.
DERS., Die Merowinger und das Frankenreich, Stuttgart ^{4}2001.
DERS., Die Merowinger und das Imperium, Opladen 1983.
DERS., Die Namengebung bei den ältesten Frankenkönigen und im merowingischen Königshaus, in: Francia 18/1 (1991), 21–69.
GEARY, Patrick J., Before France and Germany, New York 1988 (dt. Die Merowinger, München 1996).
GEUENICH, Dieter (Hg.), Die Franken und Alemannen bis zur „Schlacht bei Zülpich" (496/97), Berlin 1998.
GUYOTJEANNIN, Olivier (Hg.), Clovis chez les historiens, Paris 1996.
HEUCLIN, Jean, 1996. L'année Clovis, in: RHE 93 (1998), 442–450.
JAMES, Edward, The Franks, Oxford 1988.
KAISER, Reinhold, Das römische Erbe und das Merowingerreich, München ^{2}1997.
DERS., Die Franken: Roms Erben und Wegbereiter Europas?, Idstein 1997.
KÖLZER, Theo, Merowingerstudien, 2 Bde., Hannover 1998/1999.
MURRAY, Alexander C., Immunity, Nobility, and the Edict of Paris, in: Speculum 69 (1994), 18–39.
PÉRIN, Patrick/FEFFER, Laure-Charlotte, Les Francs, 2 Bde., Paris 1987.
ROUCHE, Michel (Hg.), Clovis: histoire et mémoire, Bd. 1: Le baptême de Clovis, l'événement, Bd. 2: Le baptême de Clovis, son écho à travers l'histoire, Paris 1997.
DERS., Clovis, Paris 1996.
SCHIEFFER, Rudolf (Hg.), Beiträge zur Geschichte des Regnum Francorum, Sigmaringen 1990.
SHANZER, Danuta, Dating the baptism of Clovis, in: EME 7 (1998), 29–57.
TESSIER, Georges, Le Baptême de Clovis: 25 décembre 496 (?), Paris 1996.
THEIS, Laurent, Clovis: de l'histoire au mythe, Brüssel 1996.
WALLACE-HADRILL, John M., The Long-Haired Kings, London 1962 (Nachdruck Toronto 1982).
WEIDEMANN, Margarete, Zur Chronologie der Merowinger im 7. und 8. Jh., in: Francia 25/1 (1998), 177–230.

WEISS, Rolf, Chlodwigs Taufe. Reims 508, Bern 1971.
WELCK, Karin von/WIECZOREK, Alfried/PÉRIN, Patrick (Hg.), Die Franken – Wegbereiter Europas, Mainz ²1997.
WOOD, Ian (Hg.), Franks and Alamanni in the Merovingian Period, Woodbridge 1998.
DERS., The Merovingian Kingdoms 450–751, London 1994.
ZÖLLNER, Erich, Geschichte der Franken bis zur Mitte des sechsten Jahrhunderts, München 1970.

5.2.2.3 Karolinger

AFFELDT, Werner, Untersuchungen zur Königserhebung Pippins, in: FMSt 14 (1980), 95–187.
AIRLIE, Stuart, Narratives of Triumph and Rituals of Submission, in: TRHS VI, 9 (1999), 93–120.
DERS., Private Bodies and the Body Politic in the Divorce Case of Lothar II, in: P&P 161 (1998), 3–38.
ALBERTONI, Giuseppe, L'Italia carolingia, Rom 1997.
BAUER, Thomas, Die Ordinatio imperii von 817, der Vertrag von Verdun 843 und die Herausbildung Lotharingiens, in: RhVjbll 58 (1994), 1–24.
DERS., Rechtliche Implikationen des Ehestreites Lothars II.: Eine Fallstudie zu Theorie und Praxis des geltenden Eherechts in der späten Karolingerzeit, in: ZRG GA 111 (1994), 41–87.
BECHER, Matthias, Drogo und die Königserhebung Pippins, in: FMSt 23 (1989), 131–153.
DERS., Die Kaiserkrönung im Jahr 800. Eine Streitfrage zwischen Karl dem Großen und Papst Leo III., in: RhVjbll 66 (2002), 1–38.
DERS., Karl der Große, München 1999.
BORGOLTE, Michael, Der Gesandtenaustausch der Karolinger mit den Abbasiden und mit dem Patriarchen von Jerusalem, Münster 1976.
BRAUNFELS, Wolfgang (Hg.), Karl der Große. Lebenswerk und Nachleben, 5 Bde., Düsseldorf 1965–1968.
BUSCH, Jörg W., Vom Attentat zur Haft. Die Behandlung von Konkurrenten und Opponenten der frühen Karolinger, in: HZ 263 (1996), 561–588.
BUTZER, Paul L./KERNER, Max/OBERSCHELP, Walter (Hg.), Karl der Große und sein Nachwirken/Charlemagne and His Heritage, 2 Bde., Turnhout 1997.
CLASSEN, Peter, Karl der Große und die Thronfolge im Frankenreich, in: Festschrift Hermann Heimpel, Bd. 3, Göttingen 1972, 109–134.
DERS., Karl der Große, das Papsttum und Byzanz, in: Wolfgang Braunfels (Hg.), Karl der Große 1, 537–608 (erweiterte Sonderpublikation: Ders., Karl der Große, das Papsttum und Byzanz: die Begründung des karolingischen Kaisertums, Sigmaringen, 1985).
DERS., Die Verträge von Verdun und Coulaines 843 als politische Grundlagen des westfränkischen Reiches, in: HZ 196 (1963), 1–35 (abgedruckt in: Ders., Ausgewählte Aufsätze, Sigmaringen 1983, 249–277).
COLLINS, Roger, Charlemagne, Basingstoke 1998.
DEPREUX, Philippe, Prosopographie de l'entourage de Louis le Pieux (781–840), Sigmaringen 1997.

DERS., Tassilon III et le roi des Francs: examen d'une vassalité controversée, in: RH 119 (1995), 23–73.
DÜMMLER, Ernst, Geschichte des ostfränkischen Reiches (814–918), 3 Bde., Leipzig ²1887/1888 (Nachdruck Darmstadt 1960).
EGGERT, Wolfgang, Das ostfränkisch-deutsche Reich in der Auffassung seiner Zeitgenossen, Berlin 1973.
EHLERS, Joachim, Die Sachsenmission als heilsgeschichtliches Ereignis, in: Vita religiosa im Mittelalter. Festschrift Kaspar Elm, Berlin 1999, 37–53.
FLECKENSTEIN, Josef, Das Großfränkische Reich: Möglichkeiten und Grenzen der Großreichsbildung im Mittelalter, in: HZ 33 (1981), 265–294.
DERS., Karl der Große, Göttingen ³1990.
FOURACRE, Paul, The Age of Charles Martel, London 2000.
FRIED, Johannes, Papst Leo III. besucht Karl den Großen in Paderborn oder Einhards Schweigen, in: HZ 272 (2001), 281–326.
GIBSON, Margaret T./NELSON, Janet L. (Hg.), Charles the Bald: Court and Kingdom, Aldershot ²1990.
GODMAN, Peter/COLLINS, Roger (Hg.), Charlemagne's Heir. New perspectives on the reign of Louis the Pious (814–840), Oxford 1990.
DERS./JARNUT, Jörg/JOHANEK, Peter (Hg.), Am Vorabend der Kaiserkrönung. Das Epos „Karolus Magnus et Leo papa" und der Papstbesuch in Paderborn 799, Berlin 2002.
HÄGERMANN, Dieter, Karl der Große, Berlin 2000.
DERS., Reichseinheit und Reichsteilung. Bemerkungen zur Divisio regnorum von 806 und zur Ordinatio Imperii von 817, in: HJb 95 (1975), 278–307.
HARTMANN, Wilfried, Ludwig der Deutsche, Darmstadt 2002.
HEIDECKER, Karl, Kerk, huwelijk en politieke macht: de zaak Lotharius II (866–869), Diss. Amsterdam 1997 (engl. Übersetzung in Vorbereitung).
JARNUT, Jörg, 799 und die Folgen. Fakten, Hypothesen und Spekulationen, in: Westfälische Zeitschrift 150 (2000), 192–209.
DERS./NONN, Ulrich/RICHTER, Michael (Hg.), Karl Martell in seiner Zeit, Sigmaringen 1994.
JOCH, Waltraud, Legitimation und Integration. Untersuchungen zu den Anfängen Karl Martells, Husum 1999.
KERNER, Max, Karl der Große. Entschleierung eines Mythos, Köln 2000 (²2001).
KRAH, Adelheid, Die Entstehung der „potestas regia" im Westfrankenreich während der ersten Regierungsjahre Kaiser Karls II. (840–877), Berlin 2001.
MARTINDALE, Jane, Charles the Bald and the Government of the Kingdom of Aquitaine, in: Dies., Status, Authority and Regional Power. Aquitaine and France, 9th to 12th Centuries, Aldershot 1997, 115–138.
MAYR-HARTING, Henry, Charlemagne, the Saxons, and the Imperial Coronation of 800, in: EHR 111 (1996), 1113–1133.
MCKITTERICK, Rosamond, The Frankish kingdoms under the Carolingians, 751–987, London 1983.
MÜHLBACHER, Engelbert, Deutsche Geschichte unter den Karolingern, Stuttgart 1896 (Nachdruck 1959).
Nascità dell'Europa ed Europa carolingia, 2 Bde., Spoleto 1981

NELSON, Janet L., Charles the Bald, London 1992.
DIES., The Search for Peace in a Time of War: the Carolingian Brüderkrieg, 840–843, in: Johannes Fried (Hg.), Träger und Instrumentarien des Friedens im hohen und späten Mittelalter, Sigmaringen 1996, 87–114.
NERLICH, Daniel, Diplomatische Gesandtschaften zwischen Ost- und Westkaisern 756–1002, Bern 1999.
NOBLE, Thomas F. X., The Monastic Ideal as a Model for Empire: The Case of Louis the Pious, in: Rev. Bén. 86 (1976), 235–250.
PENNDORF, Ursula, Das Problem der „Reichseinheitsidee" nach der Teilung von Verdun (843), München 1974.
RICHÉ, Pierre, Les Carolingiens, Paris 1983 (dt. Die Karolinger, Stuttgart 1987).
SCHIEFFER, Rudolf, Die Karolinger, Stuttgart ²1997.
DERS., Ludwig 'der Fromme'. Zur Entstehung eines karolingischen Herrscherbeinamens, in: FMSt 16 (1982), 58–73.
SCHIEFFER, Theodor, Die Krise des karolingischen Imperiums, in: Josef Engel/Hans Martin Klinkenberg (Hg.), Aus Mittelalter und Neuzeit. Festschrift Gerhard Kallen, Bonn 1957, 1–15.
SCHNEIDER, Reinhard, Brüdergemeine und Schwurfreundschaft. Der Auflösungsprozeß des Karlingerreiches im Spiegel der caritas-Terminologie in den Verträgen der karlingischen Teilkönige des 9. Jh., Lübeck 1964.
DERS., Stabilisierende und destabilisierende Faktoren im fränkischen Großreich bis zum Ende des 9. Jh., in: Carl August Lückerath/Uwe Uffelmann (Hg.), Das Mittelalter als Epoche, Idstein 1995, 49–72.
SCHUBERT, Ernst, Die Capitulatio de partibus Saxoniae, in: Dieter Brosius (Hg.), Geschichte in der Region. Festschrift Heinrich Schmidt, Hannover 1993, 3–28.
SMITH, Julia M. H., Province and Empire. Brittany and the Carolingians, Cambridge 1992.
STIEGEMANN, Christoph (Hg.), 799. Kunst und Kultur der Karolingerzeit. Karl der Große und Papst Leo III. in Paderborn, 3 Bde., Mainz 1999.
SULLIVAN, Richard E., The Carolingian Age. Reflections on Its Place and the History of the Middle Ages, in: Speculum 64 (1989), 267–306.
WERNER, Matthias, Der Lütticher Raum in frühkarolingischer Zeit. Untersuchungen zur Geschichte einer karolingischen Stammlandschaft, Göttingen 1980.
WOLF, Gunther, Bemerkungen zur Geschichte Herzog Tassilos III. von Bayern (748–788), in: ZRG GA 109 (1992), 353–373.
DERS. (Hg.), Zum Kaisertum Karls des Großen, Darmstadt 1972.

5.2.2.4 Normanneneinfälle
CHIBNALL, Marjorie, The Normans, Oxford 2000.
COUPLAND, Simon, From poachers to gamekeepers: Scandinavian warlords and Carolingian kings, in: EME 7 (1998), 85–114.
GOETZ, Hans-Werner, Zur Landnahmepolitik der Normannen im Fränkischen Reich, in: Annalen des Historischen Vereins für den Niederrhein 183 (1980), 9–17.
VOGEL, Walter, Die Normannen und das Fränkische Reich bis zur Gründung der Normandie (799–911), Heidelberg 1906.

ZETTEL, Horst, Das Bild der Normannen und der Normanneneinfälle in westfränkischen, ostfränkischen und angelsächsischen Quellen des 8. bis 11. Jh., München 1977.

5.2.3 Ostfranken-Deutschland

ALTHOFF, Gerd/KELLER, Hagen, Heinrich I. und Otto der Große. Neubeginn auf karolingischem Erbe, Göttingen 1985.
DERS., Otto III., Darmstadt 1996.
DERS., Die Ottonen, Stuttgart 2000.
DERS./SCHUBERT, Ernst (Hg.), Herrschaftsrepräsentation im ottonischen Sachsen, Sigmaringen 1998.
BAUMGÄRTNER, Ingrid (Hg.), Kunigunde – eine Kaiserin an der Jahrtausendwende, Kassel 1997.
BEUMANN, Helmut, Die Ottonen, Stuttgart ⁵2000.
BOSHOF, Egon, Das Reich in der Krise. Überlegungen zum Regierungsausgang Heinrichs III., in: HZ 228 (1979), 265–287.
BRUNHOFER, Ursula, Arduin von Ivrea und seine Anhänger, Augsburg 1999.
DAVIDS, Adelbert (Hg.), The empress Theophano. Byzantium and the West at the turn of the first millennium, Cambridge 1995.
ERKENS, Franz-Reiner, Einheit und Unteilbarkeit, in: AKG 80 (1998), 269–295.
DERS., Fürstliche Opposition in ottonisch-salischer Zeit, in: AKG 64 (1982), 307–370.
DERS., Konrad II., Regensburg 1998.
DERS., *Mirabilia mundi*. Ein kritischer Versuch über ein methodisches Problem und eine neue Deutung der Herrschaft Ottos III., in: AKG 79 (1997), 485–498.
DERS., *... more Grecorum conregnantem instituere vultis*? Zur Legitimation der Regentschaft Heinrichs des Zänkers im Thronstreit von 984, in: FMSt 27 (1993), 273–289.
EUW, Anton von/SCHREINER, Peter (Hg.), Kaiserin Theophanu. Begegnung des Ostens und Westens um die Wende des ersten Jahrtausends, 2 Bde., Köln 1991.
FALKENSTEIN, Ludwig, Otto III. und Aachen, Hannover 1998.
GIESE, Wolfgang, Ensis sine capulo. Der ungesalbte König Heinrich I. und die an ihm geübte Kritik, in: Karl Rudolf Schnith/Roland Pauler (Hg.), Festschrift Eduard Hlawitschka, Kallmünz/Opf. 1993, 151–164.
GLOCKER, Winfried, Die Verwandten der Ottonen und ihre Bedeutung in der Politik, Köln 1989.
GOETZ, Hans-Werner, Der letzte „Karolinger"? Die Regierung Konrads I. im Spiegel seiner Urkunden, in: AfD 26 (1980), 56–125.
GÖRICH, Knut, Otto III., Romanus Saxonicus et Italicus, Sigmaringen ²1995.
HOFFMANN, Hartmut, Mönchskönig und *rex idiota*. Studien zur Kirchenpolitik Heinrichs II. und Konrads II., Hannover 1993.
KELLER, Hagen, Zwischen regionaler Begrenzung und universalem Horizont. Deutschland im Imperium der Salier und Staufer 1024 bis 1250, Frankfurt am Main 1990.
DERS., Die Ottonen, München ²2001.
KÖRNTGEN, Ludger, Ottonen und Salier, Darmstadt 2002.

KRAH, Adelheid, Bayern und das Reich in der Zeit Arnolfs von Kärnten, in: Maximiliane Kriechbaum (Hg.), Festschrift für Sten Gagnér zum 3. März 1996, Ebelsbach/M. 1996, 1–31.
LAUDAGE, Johannes, Hausrecht und Thronfolge. Überlegungen zur Königserhebung Ottos des Großen und zu den Aufständen Thankmars, Heinrichs und Liudolfs, in: HJb 112 (1992), 23–71.
DERS., Otto der Große (912–973), Regensburg 2001.
LEYSER, Karl, Communications and Power in Medieval Europe. The Carolingian and Ottonian Centuries, London 1994.
SCHIEFFER, Theodor, Heinrich II. und Konrad II., in: DA 8 (1959), 384–437.
SCHMIDT, Paul Gerhard, Heinrich III., in: DA 39 (1983), 582–590.
SCHNEIDMÜLLER, Bernd, Neues über einen alten Kaiser? Heinrich II. in der Perspektive der modernen Forschung, in: Bericht des historischen Vereins für die Pflege der Geschichte des ehemaligen Fürstbistums Bamberg 133 (1997), 13–41.
SCHNEIDMÜLLER, Bernd/WEINFURTER, Stefan (Hg.), Otto III. – Heinrich II. Eine Wende?, Sigmaringen 1997.
DERS./WEINFURTER, Stefan (Hg.), Ottonische Neuanfänge, Mainz 2001.
SCHRAMM, Percy Ernst, Kaiser, Rom und Renovatio. Studien zur Geschichte des römischen Erneuerungsgedankens vom Ende des karolingischen Reiches bis zum Investiturstreit, 2 Bde., Leipzig 1929 (Nachdruck des Textbandes Darmstadt ⁴1984).
SCHULZE, Hans K., Hegemoniales Kaisertum, Ottonen und Salier, Berlin 1991.
Il secolo di ferro: mito e realtà del secolo X, Spoleto 1991.
TRILLMICH, Werner, Kaiser Konrad II. und seine Zeit, Bonn 1991.
VIOLANTE, Cinzio/FRIED, Johannes (Hg.), Il secolo XI: una svolta?, Bologna 1993.
WARNER, David A., Ideals and action in the reign of Otto III, in: JMedH 25 (1999), 1–18.
WEINFURTER, Stefan, Die Zentralisierung der Herrschaftsgewalt im Reich unter Kaiser Heinrich II., in: HJb 106 (1986), 241–297.
DERS., Heinrich II. (1002–1024). Herrscher am Ende der Zeiten, Regensburg 1999.
WOLFRAM, Herwig, Konrad II.: 990–1039. Kaiser dreier Reiche, München 2000.

5.2.4 Westfranken-Frankreich

DUNBABIN, Jean, France in the Making, 843–1180, Oxford 1985.
EHLERS, Joachim, Die Kapetinger, Stuttgart 2000.
DERS./MÜLLER, Heribert/SCHNEIDMÜLLER, Bernd (Hg.), Die französischen Könige des Mittelalters, München 1996.
FAVIER, Jean, Le temps des principautés de l'an Mil à 1515, Paris 1989 (dt. Frankreich im Zeitalter der Lehnsherrschaft, 1000–1515, Stuttgart 1989).
GAUVARD, Claude, La France au Moyen Age du Ve au XVe siècle, Paris ²1997.
HALLAM, Elizabeth, Capetian France, 987–1328, London 1980.
HUTH, Volkhard, Erzbischof Arnulf von Reims und der Kampf um das Königtum im Westfrankenreich, in: Francia 21/1 (1994), 85–124.
LE JAN, Régine, Histoire de la France: origines et premier essor 480–1180, Paris 1996.
LEWIS, Andrew W., Royal Succession in Capetian France, Cambridge/Mass. 1981.

MENANT, François/MARTIN, Hervé/MERDRIGNAC, Bernard/CHAUVIN, Monique, Les Capétiens. Histoire et dictionnaire 987–1328, Paris 1999.
PARISSE, Michel/BARRAL I ALTET, Xavier (Hg.), Le roi de France et son royaume autour de l'an Mil, Paris 1992.
SASSIER, Yves, Hugues Capet, Paris 1987.

5.2.5 Burgund und Italien

BÜNEMANN, Richard, Robert Guiskard 1015–1085, Köln 1997.
CAPITANI, Ovidio/CHERUBINI, Giovanni (Hg.), L'Italia dell'alto Medioevo, Mailand 1984.
DERS., Storia dell'Italia medievale 410–1216, Rom 1986 (^{5}1999).
KRAHWINKLER, Harald, Friaul im Frühmittelalter, Wien 1992.
KREUTZ, Barbara M., Before the Normans. Southern Italy in the Ninth and Tenth Centuries, Philadelphia 1991.
LA ROCCA, Cristina (Hg.), Italy in the Early Middle Ages, Oxford 2002.
LOUD, Graham A., The Age of Robert Guiscard, Harlow 2000.
LUDWIG, Uwe, Transalpine Beziehungen der Karolingerzeit im Spiegel der Memorialüberlieferung, Hannover 1999.
MORO, Pierandrea, Cenni di storia dell'Italia carolingia, in: Ders./Claudio Azzara (Hg.), I capitolari italici, Rom 1998, 13–30.
RILL, Bernd, Sizilien im Mittelalter, Stuttgart 1995.
RÖSCH, Gerhard, Venedig. Geschichte einer Seerepublik, Stuttgart 2000.
ROSENWEIN, Barbara H., The Family Politics of Berengar I, King of Italy (888–924), in: Speculum 71 (1996), 247–289.
TAVIANI-CAROZZI, Huguette, La principauté lombarde de Salerne (IXe–XIe siècle), 2 Bde., Rom 1991.

5.2.6 Britische Inseln

5.2.6.1 Angelsächsisches England
ABELS, Richard, Alfred the Great. War, Kingship and Culture in Anglo-Saxon England, London 1998.
BASSETT, Steven (Hg.), The Origins of the Anglo-Saxon Kingdoms, London 1989.
CAMPBELL, James u. a. (Hg.), The Anglo-Saxons, Oxford 1982.
CRAWFORD, Barbara E. (Hg.), Scandinavian Settlements and Northern Britain. Thirteen Studies of Place-Names in their historical context, London 1995.
HADLEY, Dawn M., The Northern Danelaw. Its Social Structure, c. 800–1100, London 2000.
HART, Cyril Roy, The Danelaw, London 1992.
HIGHAM, Nick J., An English empire. Bede and the early Anglo-Saxon kings, Manchester 1995.
DERS., The English Conquest. Gildas and Britain in the fifth century, Manchester 1994.
HINES, John (Hg.), The Anglo-Saxons from the Migration Period to the Eighth Century, Woodbridge 1997.
JOHN, Eric, Reassessing Anglo-Saxon England, Manchester 1996.

LOYN, Henry R., The Making of the English Nation. From the Anglo-Saxons to Edward I, London 1991.
DERS., The Vikings in Britain, Oxford ²1994.
PEDDIE, John, Alfred Warrior King, Gloucestershire 1999.
PELTERET, David A. E. (Hg.), Anglo-Saxon History, New York 2000.
SARNOWSKY, Jürgen, England im Mittelalter, Darmstadt 2002.
SMYTH, Alfred P., King Alfred the Great, Oxford 1995.
DERS., The effect of Scandinavian raiders on the English and Irish churches: a preliminary reassessment, in: Brendan Smith (Hg.), Britain and Ireland 900–1300, Cambridge 1999, 1–38.
STANCLIFFE, Clare/CAMBRIDGE, Eric (Hg.), Oswald. Northumbrian King to European Saint, Stamford 1995 (erweiterte Ausgabe 1996).
STURDY, David, Alfred the Great, London 1995.
WEBSTER, Leslie/BACKHOUSE, Janet (Hg.), The Making of England. Anglo-Saxon Art and Culture, AD 600–900, London 1991.
WILLIAMS, Ann, Kingship and Government in Pre-Conquest England, c. 500–1066, New York 1999.
YORKE, Barbara, The Anglo-Saxons, Stroud 1999.
DIES., Wessex in the Early Middle Ages, London 1995.

5.2.6.2 Keltische Gebiete

BARRELL, Andrew D. M., Medieval Scotland, Cambridge 2000.
CLARKE, Howard B./Ní MHAONAIGH, Máire/Ó FLOINN, Raghnall (Hg.), Ireland and Scandinavia in the Early Viking Age, Dublin 1998.
CRAWFORD, Barbara E. (Hg.), Scotland in Dark Age Britain, Aberdeen 1996.
CUMMINS, William Arthur, The Age of the Picts, Stroud 1995.
DAVIES, Wendy, Wales in the early Middle Ages, Leicester 1982.
DUMVILLE, David N. (Hg.), Saint Patrick, A. D. 493–1993, Woodbridge 1993.
EDWARDS, Nancy/LANE, Alan (Hg.), The Early Church in Wales and the West, Oxford 1992.
ETCHINGHAM, Colmán, Viking Raids on Irish Church Settlements in the Ninth Century, Maynooth 1996.
FOSTER, Sally M., Picts, Gaels and Scots. Early Historic Scotland, London 1996.
HUDSON, Benjamin T., Kings and Church in Early Scotland, in: Scottish Historical Review 73 (1994), 145–170.
KERBOUL, Christian Y. M., Les royaumes brittoniques au Très Haut Moyen Âge, Sautron 1997.
KOTTJE, Raymund, Beiträge der frühmittelalterlichen Iren zum gemeinsamen europäischen Haus, in: HJb 112 (1992), 3–22.
LÖWE, Heinz (Hg.), Die Iren und Europa im früheren Mittelalter, 2 Bde., Stuttgart 1982.
MYTUM, Harold C., The Origins of Early Christian Ireland, London 1992.
Ní CHATHÁIN, Próinséas/RICHTER, Michael (Hg.), Irland und Europa im früheren Mittelalter. Ireland and Europe in the Early Middle Ages. Bildung und Literatur. Learning and Literature, Stuttgart 1996.

Ó Cróinín, Dáibhí, Early Medieval Ireland, 400–1200, London 1995.
Picard, Jean-Michel (Hg.), Aquitaine and Ireland in the Middle Ages, Dublin 1995.
Richter, Michael, Irland im Mittelalter. Kultur und Geschichte, Stuttgart 1983.
Snyder, Christopher A., An Age of Tyrants. Britain and the Britons A. D. 400–600, Stroud 1998.
Taylor, Simon (Hg.), Kings, Clerics and Chronicles in Scotland 500–1297. Essays in honour of Marjorie Ogilvie Anderson on the occasion of her ninetieth birthday, Dublin 2000.

5.2.7 Skandinavien

Capelle, Torsten, Kultur- und Kunstgeschichte der Wikinger, Darmstadt 1986.
Foote, Peter G./Wilson, David M., The Viking Achievement, London 1970 (^{2}1980).
Jesch, Judith, Ships and Men in the late Viking Age. The Vocabulary of Runic Inscriptions and Skaldic Verse, Woodbridge 2001.
Kaufhold, Martin, Europas Norden im Mittelalter, Darmstadt 2001.
Maund, Karen L., „A Turmoil of Warring Princes": Political Leadership in Ninth-Century Denmark, in: Haskins Society Journal. Studies in Medieval History 6 (1994), 29–47
Page, Raymond I., Chronicles of the Vikings, London 1995.
Sawyer, Peter H., The Age of the Vikings, London 1962.
Ders., Kings and Vikings, London 1982.
Ders. (Hg.), The Oxford Illustrated History of the Vikings, Oxford 1997.
Ders./Sawyer, Birgit, Medieval Scandinavia, Minneapolis 1993.
Simek, Rudolf, Die Wikinger, München ^{3}2002.
Skyum-Nielsen, Niels/Lund, Niels (Hg.), Danish medieval history 1, Kopenhagen 1981.
Wilson, David M., The Vikings and Their Origins, London 1970 (Nachdruck 1989).

5.2.8 Ost- und Südosteuropa

Avenarius, Alexander, Die byzantinische Kultur und die Slawen, Wien 2000.
Bowlus, Charles R., Franks, Moravians, and Magyars. The Struggle for the Middle Danube, 788–907, Philadelphia 1995.
Ders., Die militärische Organisation des karolingischen Südostens (791–907), in: FMSt 31 (1997), 46–69.
Brather, Sebastian, Archäologie der westlichen Slawen, Berlin 2001.
Bratož, Rajko (Hg.), Slovenija in sosednje dežele med antiko in karolinško dobo – Slowenien und die Nachbarländer zwischen Antike und karolingischer Epoche, 2 Bde., Ljubljana 2000.
Csernus, Sándor/Korompay, Klára (Hg.), Les Hongrois et l'Europe, Paris 1999.
Curta, Florin, The Making of the Slavs. History and Archaeology of the Lower Danube Region, c. 500–700, Cambridge 2001.
Eggers, Martin, Das Erzbistum des Method. Lage, Wirkung und Nachleben der kyrillomethodianischen Mission, München 1996.
Ders., Das „Großmährische Reich". Realität oder Fiktion?, Stuttgart 1995.

FRANKLIN, Simon/SHEPARD, Jonathan, The Emergence of the Rus, 750–1200, London 1996.
FRIEDMANN, Bernhard, Untersuchungen zur Geschichte des abodritischen Fürstentums bis zum Ende des 10. Jahrhunderts, Berlin 1986.
HÄRTEL, Hans-Joachim/SCHÖNFELD, Roland, Bulgarien. Vom Mittelalter bis zur Gegenwart, Regensburg 1998.
HERRMANN, Joachim (Hg.), Welt der Slawen. Geschichte, Gesellschaft, Kultur, München 1986.
HÖSCH, Edgar, Geschichte der Balkanländer, München ^{4}2002.
DERS., Geschichte Rußlands, Stuttgart 1996.
KELLNER, Maximilian G., Die Ungarneinfälle im Bild der Quellen bis 1150, München 1997.
KONSTANTINOU, Evangelos (Hg.), Leben und Werk der byzantinischen Slavenapostel Methodios und Kyrillos, Münsterschwarzach 1991.
KRISTÓ, Gyula, Die Arpaden-Dynastie. Die Geschichte Ungarns von 899 bis 1301, Budapest 1993.
DERS./MAKK, Ferenc, Die ersten Könige Ungarns. Die Herrscher der Arpadendynastie, Herne 1999 (ungar. Originalausgabe: Az Árpád-ház uralkodói, Budapest 1995).
KUNSTMANN, Heinrich, Die Slaven, Stuttgart 1996.
LECIEJEWICZ, Lech, Słowianie zachodni. Z dziejów tworzenia sie średniowiecznej Europy, Wrocław 1989.
LÜBKE, Christian, Regesten zur Geschichte der Slaven an Elbe und Oder (vom Jahr 900 an), 5 Teile, Berlin 1984–1988.
DERS. (Hg.), Struktur und Wandel im Früh- und Hochmittelalter, Stuttgart 1998.
MARTIN, Janet, Medieval Russia, 980–1584, Cambridge 1995.
NITSCHE, Peter, Die Waräger und die Gründung des ältesten ostslavischen Staates, in: GWU 52 (2001), 507–520.
NITTNER, Ernst (Hg.), Tausend Jahre deutsch-tschechische Nachbarschaft, München 1988.
POHL, Walter, Die Awaren, München ^{2}2002.
PRINZ, Friedrich, Böhmen im mittelalterlichen Europa, München 1984.
RÓNA-TAS, András, Hungarians and Europe in the Early Middle Ages, Budapest 1999.
SCHOLZ, Birgit, Von der Chronistik zur modernen Geschichtswissenschaft: Die Warägerfrage in der russischen, deutschen und schwedischen Historiographie, Wiesbaden 2000.
URBAŃCZYK, Przemysław, The Neighbours of Poland in the 10th Century, Warschau 2000.

5.2.9 Spanien

BONNASSIE, Pierre, La Catalogne au tournant de l'an mil. Croissance et mutations d'une société (1973), Paris ^{2}1990.
BRONISCH, Alexander Pierre, Asturien und das Frankenreich zur Zeit Karls des Großen, in: HJb 119 (1999), 1–40.
COLLINS, Roger, The Arab Conquest of Spain 710–797, Oxford 1989.

DERS., The Basques, Oxford 1986.
DERS., Early Medieval Spain. Unity in Diversity, 400–1000, New York ²1995.
DERS., Law, Culture and Regionalism in Early Medieval Spain, Aldershot 1992.
GERBET, Marie-Claude, Les noblesses espagnoles au Moyen Âge. XIe–XVe siècle, Paris 1994.
DIES., L'Espagne au Moyen Âge. VIIIe–XVe siècle, Paris 1992.
GUICHARD, Pierre, Al-Andalus 711–1492, Paris 2000.
ISLA FREZ, Amancio, Monarchy and Neogothicism in the Astur Kingdom, 711–910, in: Francia 26/1 (1999), 41–56.
DERS., Realezas hispánicas del año mil, La Coruña 1999.
KENNEDY, Hugh, Muslim Spain and Portugal. A Political History of al-Andalus, London 1996.
LARREA, Juan José, La Navarre du IVe au XIIe siècle, Paris 1998.
LINEHAN, Peter, History and the Historians of Medieval Spain, Oxford 1993.
MENENDEZ PIDAL, Ramón/JOVER ZAMORA, José Maria (Hg.), Historia de España, Madrid 1963 ff. (überarbeitet 1990 ff.). Bd. 3: España Visigoda, 1963; Bd. 4–5: España Musulmana (711–1031), 1957/1967; Bd. 6: Los comienzos de la Reconquista (711–1038), ⁴1982; Bd. 7: La España cristiana de los siglos VIII al XI. T. 1: El reino asturleonés (722 a 1037), 1980.
PÉREZ, Carlos Baliños, El desarollo del poder real en la Europa atlántica: la Galicia asturiana y el Wessex anglosajón en el siglo IX, in: E. Portela (Hg.), Poder y Sociedad en la Galicia Medieval, Santiago de Compostela o. J., 21–45.
RUCQUOI, Adeline, Histoire médiévale de la Péninsule ibérique, Paris 1993.
TUÑÓN DE LARA, Manuel (Hg.), Historia de España, Barcelona 1980 ff. Bd. 2: Juan José Sayas Abengochea/Luis A. García Moreno, Romanismo y germanismo. El despertar de los pueblos hispánicos (siglos IV–X), 1981; Bd. 3: Rachel Arié, España musulmana (siglos VIII–XV), 1982; Bd. 4: Julio Valdéon/José M. Salrach/Javier Zabalo, Feudalismo y consolidación de los pueblos hispánicos (siglos XI–XV), 1980.
VONES, Ludwig, Geschichte der Iberischen Halbinsel im Mittelalter (711–1480). Reiche, Kronen, Regionen, Sigmaringen 1993.
WASSERSTEIN, David J., The Caliphate in the West. An Islamic Political Institution in the Iberian Peninsula, Oxford 1993.

5.2.10 Byzanz

ANGOLD, Michael, The Byzantine Empire 1025–1204, London 1984 (²1997).
CAVALLO, Guglielmo (Hg.), L'uomo bizantino, Rom 1992 (engl. The Byzantines, Chicago 1997).
HALDON, John, Warfare, State and Society in the Byzantine World, 565–1204, London 1999.
JAMES, Liz, Empresses and Power in early Byzantium, Leicester 2001.
KAEGI, Walter E., Byzantium and the early Islamic Conquests, Cambridge 1992 (Nachdruck 1997).
KONSTANTINOU, Evangelos (Hg.), Byzanz und das Abendland im 10. und 11. Jahrhundert, Köln 1997.

LILIE, Ralph-Johannes, Byzanz. Kaiser und Reich, Köln 1994.
MAZAL, Otto, Justinian I. und seine Zeit, Köln 2001.
MORRIS, Rosemary, Monks and laymen in Byzantium, 843–1118, Cambridge 1995.
OSTROGORSKY, Georg, Byzantinische Geschichte 324–1453, München 1940 (Nachdruck 1965/1996).

5.3 Strukturen der frühmittelalterlichen Geschichte

5.3.1 Verfassung, Recht und Politik

5.3.1.1 Allgemeines: Staat, Institution, Herrschaftsverband
AFFELDT, Werner, Die weltliche Gewalt in der Paulus-Exegese, Göttingen 1969.
ALTHOFF, Gerd, Amicitiae und Pacta. Bündnis, Einung, Politik und Gebetsgedenken im beginnenden 10. Jahrhundert, Hannover 1992.
DERS., Spielregeln der Politik im Mittelalter, Darmstadt 1997.
ASCHERI, Mario, Istituzioni medievali. Una introduzione, Bologna 1994.
BISSON, Thomas N. (Hg.), Cultures of power, Philadelphia 1995.
BRUNNER, Otto, Land und Herrschaft. Grundfragen der territorialen Verfassungsgeschichte Österreichs im Mittelalter, Baden bei Wien 1939 (Wien ⁵1965).
BUC, Philippe, L'ambiguité du livre. Prince, pouvoir et peuple dans les commentaires de la Bible au Moyen Âge, Paris 1994.
DAVIES, Wendy/FOURACRE, Paul (Hg.), Property and Power in the Early Middle Ages, Cambridge 1995.
DURLIAT, Jean, Les finances publiques de Dioclétien aux Carolingiens (284–889), Sigmaringen 1990.
FRIED, Johannes, Der karolingische Herrschaftsverband im 9. Jahrhundert zwischen „Kirche" und „Königshaus", in: HZ 235 (1982), 1–43.
DERS., *Gens* und *regnum*. Wahrnehmungs- und Deutungskategorien politischen Wandels im früheren Mittelalter. Bemerkungen zur doppelten Theoriebindung des Historikers, in: Jürgen Miethke/Klaus Schreiner (Hg.), Sozialer Wandel im Mittelalter, Sigmaringen 1994, 73–104.
GOETZ, Hans-Werner, Regnum: Zum politischen Denken der Karolingerzeit, in: ZRG GA 104 (1987), 110–189.
GRAUS, František, Europäisches Mittelalter. Schlagwort oder Forschungsaufgabe, in: ZHF 7 (1980), 385–399.
GUILLOT, Olivier/SASSIER, Yves (Hg.), Pouvoirs et institutions dans la France médiévale, Bd. 1: Des origines à l'époque féodale, Paris 1994.
KÄMPF, Hellmut (Hg.), Herrschaft und Staat im Mittelalter, Darmstadt 1956.
KELLER, Hagen, Ottonische Königsherrschaft, Darmstadt 2002.
DERS., Gruppenbindung, Herrschaftsorganisation und Schriftkultur unter den Ottonen, in: FMSt 23 (1989), 248–264.
KOZIOL, Geoffrey, Begging pardon and favor. Ritual and political order in early medieval France, Ithaca/N. Y. 1992.

KROESCHELL, Karl, Haus und Herrschaft im frühen deutschen Recht, Göttingen 1968 (auch in: Ders., Studien zum frühen und mittelalterlichen deutschen Recht, Berlin 1995, 113–155).
LEMARIGNIER, Jean-François, Le gouvernement royal aux premiers temps capétiens (987–1108), Paris 1965.
DERS., La France médiévale. Institutions et société, Paris 1970.
LEYSER, Karl, Ritual, Zeremonie und Gestik: das ottonische Reich, in: FMSt 27 (1993), 1–26.
LOYN, Henry R., The Governance of Anglo-Saxon England 500–1087, London 1984.
MAGNOU-NORTIER, Elisabeth (Hg.), Pouvoirs et libertés au temps des premiers Capétiens, Paris 1992.
NELSON, Janet L., Politics and Ritual in Early Medieval Europe, London 1986.
NORA, Pierre (Hg.), Les lieux de mémoire, 3 Bde., Paris 1984–1992.
POHL, Walter, Art. Herrschaft, in: RGA 14 (1999), 443–457.
RAYNAUD, Christiane, Images et pouvoirs au Moyen Âge, Paris 1993.
REYNOLDS, Susan, Kingdoms and communities in Western Europe, 900–1300, Oxford ²1997.
SCHLESINGER, Walter, Herrschaft und Gefolgschaft in der germanisch-deutschen Verfassungsgeschichte, in: HZ 176 (1953), 225–276.
SCHNEIDER, Reinhard, *Tractare de statu regni*. Bloßer Gedankenaustausch oder formalisierte Verfassungsdiskussion?, in: Jürgen Petersohn (Hg.), Mediaevalia Augiensia, Stuttgart 2001, 59–78.
STRAYER, Joseph R., Die mittelalterlichen Grundlagen des modernen Staates, Köln 1975.
STÜRNER, Wolfgang, Peccatum und Potestas. Der Sündenfall und die Entstehung der herrscherlichen Gewalt im mittelalterlichen Staatsdenken, Sigmaringen 1987.

5.3.1.2 Königtum und Königsherrschaft

5.3.1.2.1 Allgemein/Reiche und Teilreiche
ANTON, Hans Hubert, Synoden, Teilreichsepiskopat und die Herausbildung Lotharingiens (859–870), in: Georg Jenal (Hg.), Herrschaft, Kirche, Kultur. Beiträge zur Geschichte des Mittelalters. Festschrift Friedrich Prinz, Stuttgart 1993, 83–124.
BOSHOF, Egon, Königtum und Königsherrschaft im 10. und 11. Jahrhundert, München 1993.
DUGGAN, Anne J. (Hg.), Kings and Kingship in Medieval Europe, London 1993.
ISLA FREZ, Amanico, Monarchy and Neogothicism in the Astur Kingdom, 711–910, in: Francia 26/1 (1999), 41–56.
KASTEN, Brigitte, Königssöhne und Königsherrschaft. Untersuchungen zur Teilhabe am Reich in der Merowinger- und Karolingerzeit, Hannover 1997.
KLEINSCHMIDT, Harald, Untersuchungen über das englische Königtum im 10. Jahrhundert, Göttingen 1979.
OFFERGELD, Thilo, Reges pueri. Das Königtum Minderjähriger im frühen Mittelalter, Hannover 2001.
SAWYER, Peter H./WOOD, Ian N. (Hg.), Early medieval kingship, Leeds 1977.

SCHIEFFER, Rudolf, Väter und Söhne im Karolingerhause, in: Rudolf Schieffer (Hg.), Beiträge zur Geschichte des Regnum Francorum, Sigmaringen 1990, 149–164.
VOLLRATH, Hanna, Königsgedanke und Königtum bei den Angelsachsen bis zur Mitte des 9. Jahrhunderts, Köln 1971.
WALLACE-HADRILL, John M., Early Germanic kingship in England and on the continent, Oxford 1971.
YORKE, Barbara A. E., Kings and kingdoms of early Anglo-Saxon England, London 1990.

5.3.1.2.2 Königswahlen
BRONISCH, Alexander P., Krönungsritus und Kronenbrauch im Reich Asturien und León, in: Studi medievali 39 (1998), 327–366.
GIESE, Wolfgang, Designative Nachfolgeregelungen in germanischen Reichen der Völkerwanderungszeit, in: ZRG GA 117 (2000), 39–121.
HACK, Achim T., Zur Herkunft der karolingischen Königssalbung, in: ZKiG 110 (1999), 170–190.
HLAWITSCHKA, Eduard (Hg.), Königswahl und Thronfolge in fränkisch-karolingischer Zeit, Darmstadt 1975.
DERS. (Hg.), Königswahl und Thronfolge in ottonisch-frühdeutscher Zeit, Darmstadt 1971.
DERS., Der Thronwechsel des Jahres 1002 und die Konradiner, in: ZRG GA 110 (1993), 149–248.
DERS., Untersuchungen zu den Thronwechseln der ersten Hälfte des 11. Jahrhunderts und zur Adelsgeschichte Süddeutschlands, Sigmaringen 1987.
HOLENSTEIN, André, Die Huldigung der Untertanen. Rechtskultur und Herrschaftsordnung (800–1800), Stuttgart 1991.
JASKI, Bart, Early Irish Kingship and Succession, Dublin 2000.
KELLER, Hagen, Widukinds Bericht über die Aachener Wahl und Krönung Ottos I., in: FMSt 29 (1995), 390–453.
SCHNEIDER, Reinhard, Königswahl und Königserhebung im Frühmittelalter, Stuttgart 1972.
WEINFURTER, Stefan, Der Anspruch Heinrichs II. auf die Königsherrschaft 1002, in: Joachim Dahlhaus/Armin Kohnle (Hg.), Papstgeschichte und Landesgeschichte. Festschrift Hermann Jakobs, Köln 1995, 121–134.
WOLF, Armin, Wer war Kuno 'von Öhningen'? Überlegungen zum Herzogtum Konrads von Schwaben († 997) und zur Königswahl vom Jahre 1002, in: DA 36 (1980), 25–83.
DERS., Königskandidatur und Königsverwandtschaft. Hermann von Schwaben als Prüfstein für das „Prinzip der freien Wahl", in: DA 47 (1991), 45–117 (erweiterter Wiederabdruck in Genealogisches Jahrbuch 39 (1999), 5–56).

5.3.1.2.3 Königsideologie
AFFELDT, Werner, Die weltliche Gewalt in der Paulus-Exegese. Röm. 13,1–7 in den Römerbriefkommentaren der lateinischen Kirche bis zum Ende des 13. Jahrhunderts, Göttingen 1969.

ANTON, Hans Hubert, Fürstenspiegel und Herrscherethos in der Karolingerzeit, Bonn 1968.
AUFGEBAUER, Peter, Der tote König. Grablegen und Bestattungen mittelalterlicher Herrscher (10.–12. Jahrhundert), in: GWU 45 (1994), 680–692.
BEUMANN, Helmut, Widukind von Korvei. Untersuchungen zur Geschichtsschreibung und Ideengeschichte des 10. Jahrhunderts, Weimar 1950.
BLATTMANN, Marita, 'Ein Unglück für sein Volk'. Der Zusammenhang zwischen Fehlverhalten des Königs und Volkswohl in Quellen des 7.–12. Jahrhunderts, in: FMSt 30 (1996), 80–102.
CANNING, Joseph, A history of medieval political thought, 300–1450, London 1996.
CORBET, Patrick, Les saints ottoniens. Sainteté dynastique, sainteté royale et sainteté féminine autour de l'an Mil, Sigmaringen 1986.
FOLZ, Robert, Les saintes reines du Moyen Âge en occident (VIe–XIIIe siècles), Brüssel 1992.
DERS., Les saints rois du moyen âge en occident (VIe–XIIIe siècles), Brüssel 1984.
FRIED, Johannes, Otto III. und Boleslaw Chrobry: Das Widmungsbild des Aachener Evangeliars, der „Akt von Gnesen" und das frühe polnische und ungarische Königtum, Stuttgart ²2001.
HECKER, Hans (Hg.), Der Herrscher. Leitbild und Abbild in Mittelalter und Renaissance, Düsseldorf 1990.
HOFFMANN, Hartmut, Buchkunst und Königtum im ottonischen und frühsalischen Reich, Stuttgart 1986.
KARPF, Ernst, Herrscherlegitimation und Reichsbegriff in der ottonischen Geschichtsschreibung des 10. Jahrhunderts, Stuttgart 1985.
KELLER, Hagen, Herrscherbild und Herrschaftslegitimation. Zur Deutung der ottonischen Denkmäler, in: FMSt 19 (1985), 290–311.
KÖRNTGEN, Ludger, Königsherrschaft und Gottes Gnade. Zu Kontext und Funktion sakraler Vorstellungen in Historiographie und Bildzeugnissen der ottonisch-frühsalischen Zeit, Berlin 2001.
KRAMP, Mario (Hg.), Krönungen. Könige in Aachen – Geschichte und Mythos, 2 Bde., Mainz 2000.
La mort des grands. Hommage à Jean Devisse, Saint-Denis 1996 (=Médiévales 31).
NELSON, Janet L., Carolingian royal funerals, in: Dies./Frans Theuws (Hg.), Rituals of power, Leiden 2000, 131–184.
OTT, Joachim, Krone und Krönung. Die Verheißung und Verleihung von Kronen in der Kunst von der Spätantike bis um 1200 und die geistige Auslegung der Krone, Mainz 1998.
SCHNEIDMÜLLER, Bernd, Karolingische Tradition und frühes französisches Königtum. Untersuchungen zur Herrschaftslegitimation der westfränkisch-französischen Monarchie im 10. Jahrhundert, Wiesbaden 1979.
SCHRAMM, Percy Ernst, Die deutschen Kaiser und Könige in Bildern ihrer Zeit: 751–1190. Neuauflage, besorgt von Florentine Mütherich, München 1983.
SWINARSKI, Ursula, Herrschen mit den Heiligen. Kirchenbesuche, Pilgerfahrten und Heiligenverehrung früh- und hochmittelalterlicher Herrscher, Bern 1991.

WAGNER, Wolfgang, Das Gebetsgedenken der Liudolfinger im Spiegel der Königs- und Kaiserurkunden von Heinrich I. bis zu Otto III., in: AfD 40 (1994), 1–78.

WEINFURTER, Stefan, Idee und Funktion des „Sakralkönigtums" bei den ottonischen und salischen Herrschern (10. und 11. Jahrhundert), in: Rolf Gundlach/Hermann Weber (Hg.), Legitimation und Funktion des Herrschers, Stuttgart 1992, 99–127.

DERS., Sakralkönigtum und Herrschaftsbegründung um die Jahrtausendwende. Die Kaiser Otto III. und Heinrich II. in ihren Bildern, in: Helmut Altrichter (Hg.), Bilder erzählen Geschichte, Freiburg i. B. 1995, 47–103.

WOLLASCH, Joachim, Kaiser und Könige als Brüder der Mönche. Zum Herrscherbild in liturgischen Handschriften des 9. bis 11. Jahrhunderts, in: DA 40 (1984), 1–20.

5.3.1.2.4 Herrschaftspraxis

ALTHOFF, Gerd, Vom Zwang zur Mobilität und ihren Problemen, in: Xenja von Ertzdorff/Dieter Neukirch (Hg.), Reisen und Reiseliteratur im Mittelalter und in der Frühen Neuzeit, Amsterdam 1992, 91–111.

ALVERMANN, Dirk, Königsherrschaft und Reichsintegration. Eine Untersuchung zur politischen Struktur von regna und imperium zur Zeit Kaiser Ottos II. (967) 973–983, Berlin 1998.

BERNHARDT, John W., Itinerant Kingship and Royal Monasteries in Early Medieval Germany, c. 936–1075, Cambridge 1993.

BROWN, Warren, The Use of Norms in Disputes in Early Medieval Bavaria, in: Viator 30 (1999), 15–40.

BRÜHL, Carlrichard, Fodrum, gistum, servitium regis. Studien zu den wirtschaftlichen Grundlagen des Königtums im Frankenreich und in den fränkischen Nachfolgestaaten Deutschland, Frankreich und Italien vom 6. bis zur Mitte des 14. Jahrhunderts, 2 Bde., Köln 1968.

Deutsche Königspfalzen, 5 Bde., Göttingen 1963–2001.

EHLERS, Caspar (Hg.), Orte der Herrschaft. Mittelalterliche Königspfalzen, Göttingen 2002.

EIBL, Elfie-Marita, Zur Stellung Bayerns und Rheinfrankens im Reiche Arnulfs von Kärnten, in: JGF 8 (1984), 73–113.

ERKENS, Franz-Reiner, „Sicut Esther regina". Die westfränkische Königin als consors regni, in: Francia 20/1 (1993), 15–38.

FÖSSEL, Amalie, Die Königin im mittelalterlichen Reich, Stuttgart 2000.

HANNIG, Jürgen, Consensus fidelium. Frühfeudale Interpretationen des Verhältnisses von Königtum und Adel am Beispiel des Frankenreiches, Stuttgart 1982.

JÄSCHKE, Kurt-Ulrich, Notwendige Gefährtinnen. Königinnen der Salierzeit als Herrscherinnen und Ehefrauen im römisch-deutschen Reich des 11. und beginnenden 12. Jahrhunderts, Saarbrücken 1991.

KELLER, Hagen, Reichsstruktur und Herrschaftsauffassung in ottonisch-frühsalischer Zeit, in: FMSt 16 (1982), 74–128.

KOLB, Werner, Herrscherbegegnungen im Mittelalter, Bern 1988.

KÖLZER, Theo, Das Königtum Minderjähriger im fränkisch-deutschen Mittelalter, in: HZ 251 (1990), 291–323.

KRAH, Adelheid, Absetzungsverfahren als Spiegelbild von Königsmacht, Aalen 1987.

KRÄNZLE, Andreas, Der abwesende König. Überlegungen zur ottonischen Königsherrschaft, in: FMSt 31 (1997), 120–157.

MAYER, Theodor, Das deutsche Königtum und sein Wirkungsbereich, in: Das Reich und Europa, Leipzig ²1941, 52–74 (auch in: Ders., Mittelalterliche Studien. Gesammelte Aufsätze, Lindau 1959, 28–44).

MÜLLER-MERTENS, Eckhard, Die Reichsstruktur im Spiegel der Herrschaftspraxis Ottos des Großen, Berlin (Ost) 1980.

DERS./HUSCHNER, Wolfgang, Reichsintegration im Spiegel der Herrschaftspraxis Kaiser Konrads II., Weimar 1992.

PAMME-VOGELSANG, Gudrun, Die Ehe der mittelalterlichen Herrscher im Bild. Untersuchungen zu zeitgenössischen Herrscherpaardarstellungen des 9. bis 12. Jahrhunderts, München 1998.

PARSONS, John C. (Hg.), Medieval Queenship, New York 1993.

RIECKENBERG, Hans-Jürgen, Königsstraße und Königsgut in liudolfingischer und frühsalischer Zeit (919–1056), in: AUF 17 (1942), 32–154.

STAAB, Franz (Hg.), Die Pfalz. Probleme einer Begriffsgeschichte vom Kaiserpalast auf dem Palatin bis zum heutigen Regierungsbezirk, Speyer 1990.

STAFFORD, Pauline, Queens, Concubines and Dowagers. The King's Wife in the Early Middle Ages, Athens/GA 1983.

VOSS, Ingrid, Herrschertreffen im frühen und hohen Mittelalter, Köln 1987.

WEBER, Heinrich, Die Reichsversammlungen im ostfränkischen Reich 840–918, Diss. Würzburg 1962.

WOLFRAM, Herwig, Lateinische Herrschertitel und Herrschertitulaturen vom 7. bis zum 13. Jahrhundert, Köln 1988.

ZOTZ, Thomas, Beobachtungen zu Königtum und Forst im früheren Mittelalter, in: Werner Rösener (Hg.), Jagd und höfische Kultur im Mittelalter, Göttingen 1997, 95–122.

5.3.1.2.5 Herrschaftsrepräsentation

AIRLIE, Stuart, The Palace of Memory: The Carolingian Court as Political Centre, in: Sarah Rees Jones/Richard Marks/Alastair J. Minnis (Hg.), Courts and Regions in Medieval Europe, Woodbridge 2000, 1–20.

ALTHOFF, Gerd, Das Bett des Königs in Magdeburg. Zu Thietmar 2,28, in: Helmut Maurer/Hans Patze (Hg.), Festschrift Berent Schwineköper, Sigmaringen 1982, 141–153.

DERS., Gloria et nomen perpetuum. Wodurch wurde man im Mittelalter berühmt?, in: Ders. (Hg.), Person und Gemeinschaft im Mittelalter. Festschrift Karl Schmid, Sigmaringen 1988, 297–313.

DERS., Colloquium familiare – Colloquium secretum – Colloquium publicum. Beratung im politischen Leben des früheren Mittelalters, in: FMSt 24 (1990), 145–167.

DERS., Huld. Überlegungen zu einem Zentralbegriff der mittelalterlichen Herrschaftsordnung, in: FMSt 25 (1991), 259–282.

DERS., Demonstration und Inszenierung. Spielregeln der Kommunikation in mittelalterlicher Öffentlichkeit, in: FMSt 27 (1993), 27–50.

BUC, Philippe, The dangers of ritual, Princeton/N. J. 2001.

DERS., Ritual and interpretation: the early medieval case, in: EME 9 (2000), 183–210.

Bullough, Donald A., Aula renovata: the Carolingian court before the Aachen palace, in: Proceedings of the British Academy 71 (1985), 267–301.
Elze, Reinhard, Päpste, Kaiser, Könige und die mittelalterliche Herrschaftssymbolik, London 1982.
Huschner, Wolfgang, Kirchenfest und Herrschaftspraxis. Die Regierungszeiten der ersten beiden Kaiser aus liudolfingischem Hause (936–983), in: ZfG 41 (1993), Teil 1: Otto I. (936–973), 24–55, Teil 2: Otto II. (973–983), 117–134.
Krüger, Karl H., Königsgrabkirchen der Franken, Angelsachsen und Langobarden bis zur Mitte des 8. Jahrhundert, München 1971.
Morrison, Karl F., Holiness and politics in early medieval thought, London 1985.
Patzold, Steffen, Omnis anima potestatibus sublimioribus subdita sit. Zum Herrscherbild im Aachener Otto-Evangeliar, in: FMSt 35 (2001).
Schaller, Hans M., Der Heilige Tag als Termin mittelalterlicher Staatsakte, in: DA 30 (1974), 1–24.
Sierck, Michael, Festtag und Politik. Studien zur Tagewahl karolingischer Herrscher, Köln 1995.
Staubach, Nikolaus, Rex Christianus. Hofkultur und Herrschaftspropaganda im Reich Karls des Kahlen, 2 Bde., Köln 1992/1993.

5.3.1.3 Personale und politische Bindungen
Althoff, Gerd, Verwandte, Freunde und Getreue. Zum politischen Stellenwert von Gruppenbindungen im frühen Mittelalter, Darmstadt 1990.
Becher, Matthias, Eid und Herrschaft. Untersuchungen zum Herrscherethos Karls des Großen, Sigmaringen 1993.
Bloch, Marc, La société féodale, Paris 1939 (dt. Die Feudalgesellschaft, Frankfurt am Main 1982).
Bonnassie, Pierre (Hg.), Fiefs et féodalité dans l'Europe méridionale, Toulouse 2002.
Brunner, Karl, Oppositionelle Gruppen im Karolingerreich, Wien 1979.
Ganshof, François Louis, Was ist das Lehnswesen?, Darmstadt 1970.
Il feudalesimo nell'alto medioevo, 2 Bde., Spoleto 2000.
Kienast, Walther, Die fränkische Vasallität, Frankfurt am Main 1990.
Krah, Adelheid, Die fränkisch-karolingische Vasallität seit der Eingliederung Bayerns in das Karolingerreich, in: ZBLG 56 (1993), 613–633.
Le Jan, Régine (Hg.), La royauté et les élites dans l'Europe carolingienne (début IXe aux environs de 920), Lille 1998.
Lund, Niels, Lið, Leding og Landevaern. Hær og samfund i Danmark i ældre middelalder, Roskilde 1996.
Magnou-Nortier, Elisabeth, La féodalité en crise. Propos sur „Fiefs and Vassals" de Susan Reynolds, in: RH 296 (1996), 253–348.
Reynolds, Susan, Fiefs and Vassals, Oxford 1994.

5.3.1.4 Verwaltung, Ämter und Institutionen
Bauer, Thomas, Art. Graf/Grafio, § 2, in: RGA 12 (1999), 532–555.
Becher, Matthias, Rex, Dux und Gens. Untersuchungen zur Entstehung des sächsischen Herzogtums im 9. und 10. Jahrhundert, Husum 1996.

BEHR, Bruno, Das alemannische Herzogtum bis 750, Bern 1975.
BORGOLTE, Michael, Geschichte der Grafschaften Alemanniens in fränkischer Zeit, Sigmaringen 1984.
DERS., Die Grafen Alemanniens in merowingischer und karolingischer Zeit, Sigmaringen 1986.
BRÜSCH, Tania, Die Brunonen, ihre Grafschaften und die sächsische Geschichte, Husum 2000.
BRUNNER, Karl, Der fränkische Fürstentitel im neunten und zehnten Jahrhundert, in: Herwig Wolfram (Hg.), Intitulatio II. Lateinische Herrscher- und Fürstentitel im 9. und 10. Jahrhundert, Wien 1973, 179–340.
GASTROPH, H. L. Günter, Herrschaft und Gesellschaft in der Lex Baiuvariorum. Ein Beitrag zur Strukturanalyse des Agilolfingischen Stammesherzogtums vom 6. zum 8. Jahrhundert, München 1974.
GOETZ, Hans-Werner, „Dux" und „Ducatus". Begriffs- und verfassungsgeschichtliche Untersuchungen zur Entstehung des sogenannten „jüngeren" Stammesherzogtums an der Wende vom 9. zum 10. Jahrhundert, Bochum 1977.
DERS., Das Herzogtum der Billunger – ein sächsischer Sonderweg?, in: NdsJb 66 (1994), 167–197.
HANNIG, Jürgen, Pauperiores vassi de infra palatio? Zur Entstehung der karolingischen Königsbotenorganisation, in: MIÖG 91 (1983), 309–374.
DERS., Zur Funktion der karolingischen „missi dominici" in Bayern und in den südöstlichen Grenzgebieten, in: ZRG GA 101 (1984), 256–300.
KELLER, Hagen, Fränkische Herrschaft und alemannisches Herzogtum im 6. und 7. Jahrhundert, in: ZGO 124 (1976), 1–30.
KIENAST, Walther, Der Herzogtitel in Frankreich und Deutschland (9.–12. Jh.), München 1968.
LEWIS, Archibald R., The Dukes in the *Regnum Francorum*, A. D. 550–751, in: Speculum 51 (1976), 381–410.
MARTINDALE, Jane, Status, Authority and Regional Power. Aquitaine and France, 9th to 12th Centuries, Aldershot 1997.
MAURER, Helmut, Der Herzog von Schwaben. Grundlagen, Wirkungen und Wesen seiner Herrschaft in ottonischer, salischer und staufischer Zeit, Sigmaringen 1978.
MURRAY, Alexander C., The Position of the *grafio* in the Constitutional History of Merovingian Gaul, in: Speculum 61 (1986), 787–805.
NONN, Ulrich, Pagus und Comitatus in Niederlothringen. Untersuchungen zur politischen Raumgliederung im früheren Mittelalter, Bonn 1983.
PAULER, Roland, Das Regnum Italiae in ottonischer Zeit, Tübingen 1982.
SCHNEIDMÜLLER, Bernd, Regnum und Ducatus. Identität und Integration in der lothringischen Geschichte des 9. bis 11. Jahrhunderts, in: RhVjbll 51 (1987), 81–114.
SCHULZE, Hans K., Die Grafschaftsverfassung der Karolingerzeit in den Gebieten östlich des Rheins, Berlin 1973.
STINGL, Herfried, Die Entstehung der deutschen Stammesherzogtümer am Anfang des 10. Jahrhunderts, Aalen 1974.

WERNER, Karl Ferdinand, Missus – marchio – comes. Entre l'administration centrale et l'administration locale de l'Empire carolingien, in: Ders./Werner Paravicini (Hg.), Histoire comparée de l'administration (IVe–XVIIIe siècles), München 1980, 191–239.

5.3.1.5 Nationsbildung

AIRLIE, Stuart, After Empire – recent work on the emergence of post-Carolingian kingdoms, in: EME 2 (1993), 153–161.
BEUMANN, Helmut (Hg.), Beiträge zur Bildung der französischen Nation im Früh- und Hochmittelalter, Sigmaringen 1983.
DERS./SCHRÖDER, Werner (Hg.), Aspekte der Nationenbildung im Mittelalter, Sigmaringen 1978.
BRÜHL, Carlrichard, Die Anfänge der deutschen Geschichte, in: Sitzungsberichte der wissenschaftlichen Gesellschaft an der Johann Wolfgang Goethe-Universität Frankfurt am Main 10 (1972), 147–181.
DERS., Deutschland – Frankreich. Die Geburt zweier Völker, Köln 1990.
DERS./SCHNEIDMÜLLER, Bernd (Hg.), Beiträge zur mittelalterlichen Reichs- und Nationsbildung in Deutschland und Frankreich, München 1997.
BUES, Almut/REXHEUSER, Rex (Hg.), Mittelalterliche nationes – neuzeitliche Nationen. Probleme der Nationenbildung in Europa, Wiesbaden 1995.
CAROZZI, Claude/TAVIANI-CAROZZI, Huguette (Hg.), Peuples du Moyen Âge. Problèmes d'identification, Aix-en-Provence 1996.
EGGERT, Wolfgang, Das ostfränkisch-deutsche Reich in der Auffassung seiner Zeitgenossen, Berlin 1973.
DERS., Ostfränkisch – fränkisch – sächsisch – römisch – deutsch. Zur Benennung des rechtsrheinisch-nordalpinen Reiches bis zum Investiturstreit, in: FMSt 26 (1992), 239–273.
DERS./PÄTZOLD, Barbara, Wir-Gefühl und Regnum Saxonum bei frühmittelalterlichen Geschichtsschreibern, Weimar 1984.
EHLERS, Joachim, Die Anfänge der französischen Geschichte, in: HZ 240 (1985), 1–44.
DERS. (Hg.), Ansätze und Diskontinuität deutscher Nationsbildung im Mittelalter, Sigmaringen 1989.
DERS., Elemente mittelalterlicher Nationsbildung in Frankreich (10.–13. Jahrhundert), in: HZ 231 (1980), 565–587.
DERS., Die Entstehung des deutschen Reiches, München 1994.
EICHENBERGER, Thomas, Patria. Studien zur Bedeutung des Wortes im Mittelalter (6.–12. Jahrhundert), Sigmaringen 1991.
EWIG, Eugen, Beobachtungen zur politisch-geographischen Terminologie des fränkischen Großreiches und der Teilreiche des 9. Jahrhunderts, in: Konrad Repgen/Stephan Skalweit (Hg.), Spiegel der Geschichte. Festschrift Max Braubach, Münster 1964, 99–140.
FORDE, Simon/JOHNSON, Lesley/MURRAY, Alan V. (Hg.), Concepts of National Identity in the Middle Ages, Leeds 1995.
GRAUS, František, Die Nationenbildung der Westslawen im Mittelalter, Sigmaringen 1980.
HAUBRICHS, Wolfgang (Hg.), Deutsch – Wort und Begriff, Göttingen 1994.

Heßler, Wolfgang, Die Anfänge des deutschen Nationalgefühls in der ostfränkischen Geschichtsschreibung des 9. Jahrhunderts, Berlin 1943 (Nachdruck Vaduz 1965).

Hlawitschka, Eduard, Der Übergang von der fränkischen zur deutschen Geschichte. Ein Abwägen der Kriterien, in: ZBLG 59 (1996), 365–394.

Jakobs, Hermann, Theodisk im Frankenreich, Heidelberg 1998.

Jarnut, Jörg, Gedanken zur Entstehung des mittelalterlichen deutschen Reiches, in: GWU 32 (1981), 99–114.

Ders., Teotischis homines (a. 816). Studien und Reflexionen über den ältesten (urkundlichen) Beleg des Begriffes 'theodiscus', in: MIÖG 104 (1996), 26–40.

Ders., Ein Treppenwitz? Zur Deutung der Reichsbezeichnung regnum Teutonicorum in den Salzburger Annalen, in: Franz-Reiner Erkens/Hartmut Wolff (Hg.), Von Sacerdotium und Regnum. Festschrift Egon Boshof, Köln 2002, 313–323.

Kämpf, Hellmut (Hg.), Die Entstehung des deutschen Reiches, Darmstadt 1956.

Mohr, Walter, Die begriffliche Absonderung des ostfränkischen Gebietes in westfränkischen Quellen des 9. und 10. Jahrhunderts, ALMA 24 (1954), 19–41.

Ders., Von der „Francia Orientalis" zum „Regnum Teutonicum", in: ALMA 27 (1957), 27–49.

Müller-Mertens, Eckhard, Regnum Teutonicum. Aufkommen und Verbreitung der deutschen Reichs- und Königsauffassung im früheren Mittelalter, Berlin 1970.

Reiffenstein, Ingo, Bezeichnungen der deutschen Gesamtsprache, in: Werner Besch/Oskar Reichmann/Stefan Sonderegger (Hg.), Sprachgeschichte. Ein Handbuch zur Geschichte der deutschen Sprache und ihrer Erforschung, Bd. 2.2, Berlin 1985, 1717–1727.

Ders., Theodiscus/diutisc die »lingua gentilis«?, in: John O. Ashedal/Cathrine Fabricius-Hansen/Kurt E. Schöndorf (Hg.), Gedenkschrift für Ingerid Dal, Tübingen 1988, 6–16.

Schneidmüller, Bernd, Frankenreich – Westfrankenreich – Frankreich. Konstanz und Wandel in der mittelalterlichen Nationsbildung, in: GWU 44 (1993), 755–772.

Ders., Nomen patriae. Die Entstehung Frankreichs in der politisch-geographischen Terminologie (10.–13. Jahrhundert), Sigmaringen 1987.

Smyth, Alfred P. (Hg.), Medieval Europeans. Studies in ethnic identity and national perspectives in medieval Europe, Basingstoke 1998.

Springer, Matthias, Fragen zur Entstehung des mittelalterlichen deutschen Reichs, in: ZfG 43 (1995), 405–420.

Thomas, Heinz, Regnum Teutonicorum = diutiskono richi? Bemerkungen zur Doppelwahl des Jahres 919, in: RhVjbll 40 (1976), 17–45.

Ders., Der Ursprung des Wortes Theodiscus, in: HZ 247 (1988), 295–331.

Ders., Die Deutschen und die Rezeption ihres Volksnamens, in: Werner Paravicini (Hg.), Nord und Süd in der deutschen Geschichte des Mittelalters, Sigmaringen 1990, 19–50.

Ders., *Frenkisk*. Zur Geschichte von *theodiscus* und *teutonicus* im Frankenreich des 9. Jahrhunderts, in: Rudolf Schieffer (Hg.), Beiträge zur Geschichte des Regnum Francorum, Sigmaringen 1990, 67–95.

DERS., Zur Geschichte des Wortes „deutsch" vom Ende des 11. bis zur Mitte des 13. Jahrhunderts, in: Marlene Nikolay-Panter/Wilhelm Janssen/Wolfgang Herborn (Hg.), Geschichtliche Landeskunde der Rheinlande. Georg Droege zum Gedenken, Köln 1994, 131–158.

5.3.1.6 Kaisertum

ANGENENDT, Arnold, Kaiserherrschaft und Königstaufe, Berlin 1984.

BEUMANN, Helmut, Der deutsche König als 'Romanorum rex', Wiesbaden 1981.

DERS., Das imperiale Königtum im 10. Jahrhundert (1950), in: Ders., Wissenschaft vom Mittelalter, Köln 1972, 241–254.

DERS., Unitas ecclesiae – unitas imperii – unitas regni. Von der imperialen Reichseinheitsidee zur Einheit der regna, in: Nascità dell'Europa ed Europa carolingia, 2 Bde., Spoleto 1981, Bd. 2, 531–571 (auch in: Ders., Ausgewählte Aufsätze aus den Jahren 1966–1986, Sigmaringen 1987, 3–43).

CLASSEN, Peter, Karl der Große, das Papsttum und Byzanz. Die Begründung des karolingischen Kaisertums, Sigmaringen 1985.

HOLTZMANN, Robert, Der Weltherrschaftsgedanke des mittelalterlichen Kaisertums und die Souveränität der europäischen Staaten, in: HZ 159 (1939), 251–264.

HOLTZMANN, Walther, Das mittelalterliche Imperium und die werdenden Nationen, Köln 1953.

KELLER, Hagen, Entscheidungssituationen und Lernprozesse in den 'Anfängen der deutschen Geschichte'. Die 'Italien- und Kaiserpolitik' Ottos des Großen, in: FMSt 33 (1999), 20–48.

KEMPF, Friedrich, Das mittelalterliche Kaisertum, in: Das Königtum. Seine geistigen und rechtlichen Grundlagen, Lindau 1956, 225–242.

LÖWE, Heinz, Kaisertum und Abendland in Ottonischer und Frühsalischer Zeit, in: HZ 196 (1963), 529–562 (auch in: Ders., Von Cassiodor bis Dante. Ausgewählte Aufsätze zur Geschichtsschreibung und politischen Ideenwelt des Mittelalters, Berlin 1973, 231–259).

DERS., Von den Grenzen des Kaisergedankens in der Karolingerzeit, in: DA 14 (1958), 345–374 (auch in: Ders., Von Cassiodor bis Dante. Ausgewählte Aufsätze zur Geschichtsschreibung und politischen Ideenwelt des Mittelalters, Berlin 1973, 206–230).

OHNSORGE, Werner, Das Zweikaiserproblem im frühen Mittelalter, Hildesheim 1947.

SCHULZE, Hans K., Grundstrukturen der Verfassung im Mittelalter, Bd. 3: Kaiser und Reich, Stuttgart 1998.

STENGEL, Edmund E., Den Kaiser macht das Heer, in: Mario Krammer (Hg.), Historische Aufsätze. Festschrift Karl Zeumer, Weimar 1910, 247–310 (überarb. Fassung in: Ders., Abhandlungen und Untersuchungen zur Geschichte des Kaisergedankens im Mittelalter, Graz 1965, 1–169).

WERNER, Karl Ferdinand, Das hochmittelalterliche Imperium im politischen Bewußtsein Frankreichs (10.–12. Jahrhundert), in: HZ 200 (1965), 1–60.

WOLF, Gunther (Hg.), Zum Kaisertum Karls des Großen, Darmstadt 1972.

5.3.1.7 Konflikte

Althoff, Gerd, Königsherrschaft und Konfliktbewältigung im 10. und 11. Jahrhundert (1989), in: Ders., Spielregeln der Politik im Mittelalter, Darmstadt 1997, 21–56.

Ders., Zur Frage nach der Organisation sächsischer coniurationes in der Ottonenzeit, in: FMSt 16 (1982), 129–142.

Brown, Warren, Unjust Seizure. Conflict, Interest, and Authority in an Early Medieval Society, Ithaca/N. Y. 2001.

Cheyette, Fredric L., Suum cuique tribuere, in: FHS 6 (1970), 287–299.

Davies, Wendy/Fouracre, Paul (Hg.), The Settlement of Disputes in Early Medieval Europe, Cambridge 1986.

Geary, Patrick J., Vivre en conflit dans une France sans état: Typologie des mécanismes de règlement des conflits (1050–1200), in: Annales 41 (1986), 1107–1133.

Kamp, Hermann, Friedensstifter und Vermittler im Mittelalter, Darmstadt 2001.

Leyser, Karl J., Rule and Conflict in an Early Medieval Society. Ottonian Saxony, London 1979 (dt. Herrschaft und Konflikt. König und Adel im ottonischen Sachsen, Göttingen 1984).

Patzold, Steffen, Konflikte im Kloster. Studien zu Auseinandersetzungen in monastischen Gemeinschaften des ottonisch-salischen Reichs, Husum 2000.

White, Stephen D., „Pactum ... Legem Vincit et Amor Judicium". The Settlement of Disputes by Compromise in Eleventh-Century France, in: The American Journal of Legal History 22 (1978), 281–308.

Ders., Feuding and Peace-making in the Touraine around the year 1100, in: Traditio 42 (1986), 195–263.

5.3.1.8 Recht

Achter, Viktor, Die Geburt der Strafe, Frankfurt am Main 1951.

Barthélemy, Dominique, L'an mil et la paix de Dieu. La France chrétienne et féodale, 980–1060, Paris 1999.

Bartlett, Robert, Trial by fire and water: the medieval judicial ordeal, Oxford 1986.

Bühler, Arnold, Wort und Schrift im karolingischen Recht, in: AKG 72 (1990), 275–296.

Caenegem, Raoul C. van, Law in the Medieval World, in: TRG 49 (1981), 13–46.

Classen, Peter (Hg.), Recht und Schrift im Mittelalter, Sigmaringen 1977.

Dilcher, Gerhard, Friede durch Recht, in: Johannes Fried (Hg.), Träger und Instrumentarien des Friedens im hohen und späten Mittelalter, Sigmaringen 1996, 203–227.

Ders., Der Gedanke der Rechtserneuerung im Mittelalter, in: Friedrich Battenberg/Filippo Ranieri (Hg.), Geschichte der Zentraljustiz in Mitteleuropa. Festschrift Bernhard Diestelkamp, Weimar 1994, 1–16.

Ders. u. a. (Hg.), Gewohnheitsrecht und Rechtsgewohnheiten im Mittelalter, Berlin 1992.

Esders, Stefan, Römische Rechtstradition und merowingisches Königtum, Göttingen 1997.

Goetz, Hans-Werner, Kirchenschutz, Rechtswahrung und Reform. Zu den Zielen und zum Wesen der frühen Gottesfriedensbewegung in Frankreich, in: Francia 11 (1983), 193–239.

DERS., Die Gottesfriedensbewegung im Licht neuerer Forschungen, in: Arno Buschmann/Elmar Wadle (Hg.), Landfrieden. Anspruch und Wirklichkeit, Paderborn 2002, 31–54.
La giustizia nell'alto medioevo (secoli V–VIII), 2 Bde., Spoleto 1995.
La giustizia nell'alto medioevo (secoli IX–XI), 2 Bde., Spoleto 1997.
HARTMANN, Wilfried, Brauchen wir neue Editionen der Leges?, in: Rudolf Schieffer (Hg.), Mittelalterliche Texte, Hannover 1996, 233–245.
HATTENHAUER, Hans, Über Buße und Strafe im Mittelalter, in: ZRG GA 100 (1983), 53–74.
HEAD, Thomas/LANDES, Richard (Hg.), The Peace of God. Social Violence and Religious Response in France around the Year 1000, Ithaca 1992.
HENNING, Friedrich-Wilhelm, Die germanischen Volksrechte als wirtschafts- und sozialgeschichtliche Quelle unter besoderer Berücksichtigung der Lex Ribvaria, in: Götz Landwehr (Hg.), Studien zu den germanischen Volksrechten. Gedächtnisschrift für Wilhelm Ebel, Frankfurt am Main 1982, 35–68.
HOFFMANN, Hartmut, Gottesfriede und Treuga Dei, Stuttgart 1964.
HUBERTI, Ludwig, Studien zur Rechtsgeschichte der Gottesfrieden und Landfrieden, Bd. 1: Die Friedensordnung in Frankreich, Ansbach 1892.
KAISER, Reinhold, Selbsthilfe und Gewaltmonopol. Königliche Friedenswahrung in Deutschland und Frankreich im Mittelalter, in: FMSt 17 (1983), 55–72.
KERN, Fritz, Recht und Verfassung im Mittelalter, in: HZ 120 (1919), 1–79.
KÖBLER, Gerhard, Das Recht im frühen Mittelalter, Köln 1971.
KORTÜM, Hans-Henning, Necessitas temporis: Zur historischen Bedingtheit des Rechtes im früheren Mittelalter, in: ZRG KA 79 (1993), 34–55.
KOTTJE, Raymund, Zum Geltungsbereich der *Lex Alamannorum*, in: Helmut Beumann/Werner Schröder (Hg.), Die transalpinen Verbindungen der Bayern, Alemannen und Franken bis zum 10. Jahrhundert, Sigmaringen 1987, 359–377.
KRAUSE, Hermann, Dauer und Vergänglichkeit im mittelalterlichen Recht, in: ZRG GA 75 (1958), 206–251.
DERS., Königtum und Rechtsordnung in der Zeit der sächsischen und salischen Herrscher, in: ZRG GA 82 (1965), 1–98.
KROESCHELL, Karl, Germanisches Recht als Forschungsproblem, in: Ders. (Hg.), Festschrift Hans Thieme, Sigmaringen 1986, 3–19 (auch in: Ders., Studien zum frühen und mittelalterlichen deutschen Recht, Berlin 1995, 65–88).
DERS., Studien zum frühen und mittelalterlichen deutschen Recht, Berlin 1995.
La Paix de Dieu, X^e–XIe siècles, Le Puy 1988.
MORDEK, Hubert (Hg.), Überlieferung und Geltung normativer Texte des frühen und hohen Mittelalters, Sigmaringen 1986.
MURRAY, Alexander C., Immunity, Nobility, and the *Edict of Paris*, in: Speculum 69 (1994), 18–39.
NEHLSEN, Hermann, Sklavenrecht zwischen Antike und Mittelalter, Göttingen 1972.
NEHLSEN-VON STRYK, Karin, Die boni homines des frühen Mittelalters unter besonderer Berücksichtigung der fränkischen Quellen, Berlin 1981.
SCHMIDT-WIEGAND, Ruth, Stammesrecht und Volkssprache. Ausgewählte Aufsätze zu den Leges barbarorum, Weinheim 1991.
SCHOTT, Clausdieter, Der Stand der Leges-Forschung, in: FMSt 13 (1979), 29–55.

Ders., Zur Geltung der Lex Alamannorum, in: Pankraz Fried/Wolf-Dieter Sick (Hg.), Die historische Landschaft zwischen Lech und Vogesen, Augsburg 1988, 75–105.

Sellert, Wolfgang, Aufzeichnung des Rechts und Gesetz, in: Ders. (Hg.), Das Gesetz in Spätantike und frühem Mittelalter, Göttingen 1992, 67–102.

Siems, Harald, Studien zur Lex Frisionum, Ebelsbach 1980.

Ders./Nehlsen-Von Stryk, Karin/Strauch, Dieter (Hg.), Recht im frühmittelalterlichen Gallien, Köln 1995.

Töpfer, Bernhard, Volk und Kirche zur Zeit der beginnenden Gottesfriedensbewegung in Frankreich, Berlin 1957.

Wadle, Elmar, Gottesfrieden und Landfrieden als Gegenstand der Forschung nach 1950, in: Karl Kroeschell/Albrecht Cordes (Hg.), Funktion und Form. Quellen- und Methodenprobleme der mittelalterlichen Rechtsgeschichte, Berlin 1996, 63–91.

Weitzel, Jürgen, Dinggenossenschaft und Recht. Untersuchungen zum Rechtsverständnis im fränkisch-deutschen Mittelalter, 2 Bde., Köln 1985.

Ders., Strafe und Strafverfahren in der Merowingerzeit, in: ZRG GA 111 (1994), 66–147.

Wormald, Patrick, The Making of English Law. King Alfred to the Twelfth Century, Oxford 1999.

5.3.1.9 Heerwesen

Bachrach, Bernard S., Early Carolingian Warfare, Philadelphia 2001.

Ders., Warfare and military organisation in pre-crusade Europe, Aldershot 2002.

Brachmann, Hansjürgen, Der frühmittelalterliche Befestigungsbau in Mitteleuropa, Berlin 1993.

Bronisch, Alexander Pierre, Reconquista und heiliger Krieg. Die Deutung des Krieges im christlichen Spanien von den Westgoten bis ins frühe 12. Jahrhundert, Münster 1998.

Brooks, Nicholas, Communities and warfare, 700–1400, London 2000.

Castagnetti, Andrea, Arimanni in 'Langobardia' e in 'Romania' dall'età Carolingia all'età comunale, Verona 1996.

Debord, André, Aristocratie et pouvoir. Le rôle du château dans la France médiévale, Paris 2000.

Griffith, Paddy, The Viking Art of War, London 1995.

Hawkes, Sonia Chadwick (Hg.), Weapons and Warfare in Anglo-Saxon England, Oxford 1989.

Keen, Maurice, Medieval Warfare. A History, Oxford 1999.

Kottje, Raymund, Die Tötung im Kriege. Ein moralisches und rechtliches Problem im frühen Mittelalter, Barsbüttel 1991.

Ohler, Norbert, Krieg und Frieden im Mittelalter, München 1997.

Springer, Matthias, Jährliche Wiederkehr oder ganz anderes: Märzfeld oder Marsfeld?, in: Peter Dilg/Gundolf Keil/Dietz-Rüdiger Moser (Hg.), Rhythmus und Saisonalität, Sigmaringen 1995, 297–324.

Westerdahl, Christer, Society and sail. On symbols as specific social values and ships as catalysts of social units, in: O. Crumlin-Pedersen/B. Munch Thye (Hg.), Ship as Symbol, 41–50.

Zeune, Joachim, Burgen. Symbole der Macht, Regensburg 1996.

5.3.2 Gesellschaft und Wirtschaft

5.3.2.1 Allgemeines/Gesellschaftsbild

Borgolte, Michael, Das soziale Ganze als Thema deutscher Mittelalterforschung vor und nach der Wende, in: Francia 22/1 (1995), 155–171.

Ders., Sozialgeschichte des Mittelalters, München 1996.

Borst, Arno, Lebensformen im Mittelalter, Frankfurt am Main 1973 (¹⁴1995; Neuausgabe Berlin ²1999).

Bosl, Karl, Die Grundlagen der modernen Gesellschaft im Mittelalter, 2 Bde., Stuttgart 1972.

Ders., Potens und Pauper. Begriffsgeschichtliche Studien zur gesellschaftlichen Differenzierung im frühen Mittelalter und zum „Pauperismus" des Hochmittelalters, in: Alteuropa und die moderne Gesellschaft. Festschrift Otto Brunner, Göttingen 1963, 60–87.

Bührer-Thierry, Geneviève, Les sociétés en Europe, Paris 2002.

Campagnes médiévales: L'homme et son espace. Études offertes à Robert Fossier, Paris 1995.

Davies, Wendy, Small Worlds. The village community in early medieval Brittany, London 1988.

Depeyrot, Georges, Richesse et société chez les Mérovingiens et Carolingiens, Paris 1994.

Depreux, Philippe, Les sociétés occidentales du milieu du VIe à la fin du IXe siècle, Rennes 2002.

Duby, Georges, Guerriers et paysans, VIIe–XIIe siècle. Premier essor de l'économie européenne, Paris 1973 (dt. Krieger und Bauern. Die Entwicklung von Wirtschaft und Gesellschaft im frühen Mittelalter, Frankfurt am Main 1977).

Ders., La société aux XIe et XIIe siècles dans la région mâconnaise, Paris 1971 (¹1953).

Duvosquel, Jean-Marie/Thoen, Erik (Hg.), Peasants and Townsmen in Medieval Europe. Studia in Honorem Adriaan Verhulst, Gent 1995.

Fossier, Robert, Enfance de l'Europe. X^e–XIIe siècles, 2 Bde., Paris 1982.

Ders., Histoire sociale de l'Occident médiéval, Paris 1970.

Ders., Hommes et villages d'Occident au Moyen Age, Paris 1992.

Ders., La société médiévale, Paris 1991.

Glick, Thomas F., Islamic and Christian Spain in the Early Middle Ages, Princeton 1979.

Goetz, Hans-Werner, „Unterschichten" im Gesellschaftsbild karolingischer Geschichtsschreiber und Hagiographen, in: Hans Mommsen/Winfried Schulze (Hg.), Vom Elend der Handarbeit. Probleme historischer Unterschichtenforschung, Stuttgart 1981, 108–130.

Ders., Leben im Mittelalter vom 7. bis zum 13. Jahrhundert, München 1986 (⁷2002).

Houtte, Jan A. van (Hg.), Handbuch der europäischen Wirtschafts- und Sozialgeschichte, Bd. 2: Europäische Wirtschafts- und Sozialgeschichte im Mittelalter, Stuttgart 1980.

Innes, Matthew, State and Society in the Early Middle Ages, Cambridge 2000.

Irsigler, Franz, Freiheit und Unfreiheit im Mittelalter, in: WestF 28 (1976/77), 1–15.

Lewis, Archibald R., The Development of Southern French and Catalan Society, 718–1050, Austin 1965.

Magnou-Nortier, Elisabeth, La société laïque et l'église dans la province ecclésiastique de Narbonne (zone cispyrénéenne) de la fin du VIIIe à la fin du XIe siècle, Toulouse 1974.

Mitterauer, Michael, Probleme der Stratifikation in mittelalterlichen Gesellschaftssystemen, in: Jürgen Kocka (Hg.), Theorien in der Praxis des Historikers, Göttingen 1977, 13–43.

Oexle, Otto Gerhard, Soziale Gruppen in der Ständegesellschaft, in: Ders./Andrea von Hülsen-Esch (Hg.), Repräsentation der Gruppen, Göttingen 1998, 9–44.

Ders., Sozialgeschichte – Begriffsgeschichte – Wissenschaftsgeschichte. Anmerkungen zum Werk Otto Brunners, in: VSWG 71 (1984), 305–341.

Olberg, Gabriele von, Die Bezeichnungen für soziale Stände, Schichten und Gruppen in den Leges barbarorum, Berlin 1991.

Dies., Freie, Nachbarn und Gefolgsleute. Volkssprachige Bezeichnungen aus dem sozialen Bereich in den frühmittelalterlichen Leges, Frankfurt am Main 1983.

Staab, Franz, Untersuchungen zur Gesellschaft am Mittelrhein in der Karolingerzeit, Wiesbaden 1975.

Wickham, Chris, Early Medieval Italy, London 1981.

Ders., Land and Power. Studies in Italian and European Social History, London 1994.

Wunder, Heide, Probleme der Stratifikation in mittelalterlichen Gesellschaftssystemen, in: GG 4 (1978), 542–550.

5.3.2.2 Naturräumliche, geographische und demographische Bedingungen, Kulturlandschaft und Siedlung

Alexandre, Pierre, Le climat en Europe au Moyen Age, Paris 1987.

Ders., Histoire du climat et sources narratives du Moyen Age, in: MA 80 (1974), 101–116.

L'ambiente vegetale nell'alto medioevo, 2 Bde., Spoleto 1990.

Andreolli, Bruno/Montanari, Massimo (Hg.), Il bosco nel medioevo, Bologna 1988.

Bader, Karl S., Studien zur Rechtsgeschichte des mittelalterlichen Dorfes, 3 Bde., Köln 1957–1973.

Balard, Michel (Hg.), Villages et villageois au moyen âge, Paris 1992.

Beck, Heinrich/Denecke, Dietrich/Jankuhn, Herbert (Hg.), Untersuchungen zur eisenzeitlichen und frühmittelalterlichen Flur in Mitteleuropa und ihrer Nutzung, Göttingen 1979.

Benedictow, Ole J., The demography of the Viking Age and the High Middle Ages in the Nordic Countries, in: Scandinavian Journal of History 21 (1996), 151–182.

Berlioz, Jacques, Catastrophes naturelles et calamités au Moyen Age, Florenz 1998.

Bessmertny, Youri, La démographie historique de l'Europe: L'état des recherches en U.R.S.S., in: ADH (1990), 411–422.

Ders., La vision du monde et l'histoire démographique en France aux IXe–XVe siècles, Paris 1991.

Böhme, Horst W. (Hg.), Siedlungen und Landesausbau zur Salierzeit, 2 Bde., Sigmaringen 1991.

CHAPELOT, Jean/FOSSIER, Robert, Le village et la maison au moyen âge, Paris 1980 (²1985).
CIPOLLA, Carlo M./RUSSEL, John C. (Hg.), Bevölkerungsgeschichte Europas, München 1971.
CURSCHMANN, Fritz, Hungersnöte im Mittelalter, Leipzig 1900 (Nachdruck Aalen 1970).
DIRLMEIER, Ulf (Hg.), Geschichte des Wohnens, Bd. 2: 500–1800, Stuttgart 1998.
DÖLLING, Hildegard, Haus und Hof in westgermanischen Volksrechten, Münster 1958.
DONAT, Peter, Haus, Hof und Dorf in Mitteleuropa vom 7. bis 12. Jh., Berlin 1980.
ELIAS, Norbert, Über die Zeit, Frankfurt am Main 1984.
FLOHN, Hermann/FANTECHI, Roberto (Hg.), The Climate of Europe, Dordrecht 1984.
GALETTI, Paola, Abitare nel Medioevo. Forme e vicende dell'insediamento rurale nell' Italia altomedievale, Florenz 1997.
GRIMM, Hans-Ulrich, „Zeit" als „Beziehungssymbol": Die soziale Genese des bürgerlichen Zeitbewußtseins im Mittelalter, in: GWU 37 (1986), 199–221.
GRMEK, Mirko D. (Hg.), Die Geschichte des medizinischen Denkens, München 1996.
HERRMANN, Bernd/SPRANDEL, Rolf (Hg.), Determinanten der Bevölkerungsentwicklung im Mittelalter, Weinheim 1987.
HIGOUNET, Charles, Les forêts de l'Europe occidentale du Ve au XIe siècle, in: Agricoltura e mondo rurale in Occidente nell'alto medioevo, Spoleto 1966, 343–398.
HOCQUET, Jean-Claude, Le pain, le vin et la juste mésure à la table des moines carolingiens, in: Annales 40 (1985), 661–686.
JANKUHN, Herbert/SCHÜTZEICHEL, Rudolf/SCHWIND, Fred (Hg.), Das Dorf der Eisenzeit und des frühen Mittelalters, Göttingen 1977.
JANSSEN, Walter, Methodische Probleme archäologischer Wüstungsforschung, Göttingen 1968.
DERS., Mittelalterliche Dorfsiedlungen als archäologisches Problem, in: FMSt 2 (1968), 305–367.
DERS., Essen und Trinken und frühen und hohen Mittelalter aus archäologischer Sicht, in: T. J. Hoekstra/Hans L. Janssen/Ingrid W. L. Moerman (Hg.), Liber Castellorum. 40 Variaties op het thema kasteel, Zutphen 1981, 324–337.
KOSSACK, Georg/BEHRE, Karl-Ernst/SCHMID, Peter (Hg.), Archäologische und naturwissenschaftliche Untersuchungen an ländlichen und frühstädtischen Siedlungen im deutschen Küstengebiet vom 5. Jahrhundert v. Chr. bis zum 11. Jahrhundert n. Chr., Bd. 1: Ländliche Siedlungen, Weinheim 1984.
LE GOFF, Jacques, Au Moyen Âge: Temps de l'Église et temps du marchand, in: Annales 15 (1960), 417–433 (auch in: Ders., Pour un autre moyen âge, Paris 1977, 46–65).
LE ROY LADURIE, Emmanuel, Histoire du climat depuis l'an mil, Paris 1967 (engl. London 1972).
LECLERCQ, Jean, Zeiterfahrung und Zeitbegriff im Spätmittelalter, in: Albert Zimmermann (Hg.), Antiqui und Moderni. Traditionsbewußtsein und Fortschrittsbewußtsein im späten Mittelalter, Berlin 1979, 1–20.
LOT, Ferdinand, Conjectures démographiques sur la France au IXe siècle, in: MA 32 (1921), 1–27, 109–137.
LUTTERBACH, Hubertus, Der *Christus medicus* und die *sancti medici*. Zum wechselvollen Verhältnis zweier Grundmotive christlicher Frömmigkeit zwischen Spätantike und Früher Neuzeit, in: Saeculum 47 (1996), 239–281.

MADDICOTT, John R., Plague in Seventh-Century England, in: P&P 156 (1997), 7–54.
MENJOT, Denis (Hg.), Manger et boire au moyen âge, 2 Bde., Paris 1984.
NIEDERHELLMANN, Annette, Arzt und Heilkunde in den frühmittelalterlichen Leges, Berlin 1983.
PERRIN, Charles-Edmond, Note sur la population de Villeneuve-Saint-Georges au IXe siècle, in: MA 69 (1963), 75–86.
RÖSENER, Werner, Strukturen und Wandlungen des Dorfes in Altsiedellandschaften, in: Siedlungsforschung 17 (1999), 9–27.
ROUCHE, Michel, La faim à l'époque carolingienne: essai sur quelques types de rations alimentaires, in: RH 250 (1973), 295–320.
SAWYER, Peter H. (Hg.), English Medieval Settlement, London 1979.
SCHIPPERGES, Heinrich, Die Kranken im Mittelalter, München 1990.
SCHRÖDER, K. H. (Hg.), Die Anfänge der Landgemeinde und ihr Wesen, 2 Bde., Konstanz 1964 (^{2}1986).
SÉE, Henri, Peut-on évaluer la population de l'ancienne France?, in: Revue d'Économie politique 38 (1924), 647–655.

5.3.2.3 Mittelalterliche „Gesellschaftstheorien"

BOSL, Karl, Kasten, Stände, Klassen im mittelalterlichen Deutschland. Zur Problematik soziologischer Begriffe und ihrer Anwendung auf die mittelalterliche Gesellschaft, in: ZBLG 32 (1969), 477–494.
DUBY, Georges, Les trois ordres ou l'imaginaire du féodalisme, Paris 1978 (dt. Die drei Ordnungen, Frankfurt am Main 1981).
DUFERMONT, J.-C., Les pauvres d'après les sources anglo-saxonnes, du VIIe au XIe siècles, in: Revue du Nord 50 (1968), 189–201.
MANZ, Luise, Der Ordo-Gedanke, Stuttgart 1937.
MIETHKE, Jürgen/SCHREINER, Klaus (Hg.), Sozialer Wandel im Mittelalter, Sigmaringen 1994.
OEXLE, Otto Gerhard, Deutungsschemata der sozialen Wirklichkeit im frühen und hohen Mittelalter, in: František Graus (Hg.), Mentalitäten im Mittelalter, Sigmaringen 1987, 65–117.
DERS., Die funktionale Dreiteilung der „Gesellschaft" bei Adalbero von Laon. Deutungsschemata der sozialen Wirklichkeit im früheren Mittelalter, in: FMSt 12 (1978), 1–54.
STRUVE, Tilman, Die Entwicklung der organologischen Staatsauffassung im Mittelalter, Stuttgart 1978.
DERS., Pedes rei publicae. Die dienenden Stände im Verständnis des Mittelalters, in: HZ 236 (1983), 1–48.
WENSKUS, Reinhard/JANKUHN, Herbert/GRINDA, Klaus (Hg.), Wort und Begriff „Bauer", Göttingen 1975.

5.3.2.4 Ständegesellschaft

5.3.2.4.1 Adel
AURELL, Martin, La noblesse en Occident (V^e–XVe siècle), Paris 1996.

BERGENGRUEN, Alexander, Adel und Grundherrschaft im Merowingerreich, Wiesbaden 1958.
BOSL, Karl, Leitbilder und Wertvorstellungen des Adels von der Merowingerzeit bis zur Höhe der feudalen Gesellschaft, München 1974.
CLARKE, Peter L., The English Nobility under Edward the Confessor, Oxford 1994.
DUBY, Georges, Une enquête à poursuivre: La noblesse dans la France médiévale, in: RH 226 (1961), 1–22.
GENICOT, Léopold, La noblesse au Moyen Âge dans l'ancienne „Francie", in: Annales 17 (1962), 1–22.
DERS., La noblesse médiévale, in: TG 93 (1980), 341–356.
DERS., La noblesse médiévale: encore!, in: RHE 88 (1993), 173–201.
GOETZ, Hans-Werner, „Nobilis". Der Adel im Selbstverständnis der Karolingerzeit, in: VSWG 70 (1983), 153–191.
GRAHN-HOEK, Heike, Die fränkische Oberschicht im 6. Jahrhundert, Sigmaringen 1976.
HEINZELMANN, Martin, 'Adel' und 'Societas sanctorum': Soziale Ordnungen und christliches Weltbild von Augustinus bis zu Gregor von Tours, in: Otto Gerhard Oexle/Werner Paravicini (Hg.), Nobilitas. Funktion und Repräsentation des Adels in Alteuropa, Göttingen 1997, 216–256.
IRSIGLER, Franz, Untersuchungen zur Geschichte des frühfränkischen Adels, Bonn 1969 (²1981).
MARTINDALE, Jane, The French Aristocracy in the Early Middle Ages, in: P&P 75 (1977), 5–45.
MITTERAUER, Michael, Karolingische Markgrafen im Südosten, Wien 1963.
PARISSE, Michel, La noblesse lorraine. XIe–XIIIe siècles, 2 Bde., Paris 1976.
SCHMID, Karl, Geblüt – Herrschaft – Geschlechterbewußtsein, Sigmaringen 1998.
DERS., Über die Struktur des Adels im früheren Mittelalter, in: Jb. fränk. LF 19 (1959), 1–23.
DERS., Zur Problematik von Familie, Sippe und Geschlecht, Haus und Dynastie beim mittelalterlichen Adel, in: ZGO 105 (1957), 1–62.
SCHREINER, Klaus, Adel oder Oberschicht? Bemerkungen zur sozialen Schichtung der fränkischen Gesellschaft im 6. Jahrhundert, in: VSWG 68 (1981), 225–231.
SCHULZE, Hans K., Reichsaristokratie, Stammesadel und Fränkische Freiheit, in: HZ 227 (1978), 353–373.
SPRANDEL, Rolf, Der merovingische Adel und die Gebiete östlich des Rheins, Freiburg im Breisgau 1957.
STÖRMER, Wilhelm, Adelsgruppen im früh- und hochmittelalterlichen Bayern, München 1972.
DERS., Früher Adel, Stuttgart 1973.
WENSKUS, Reinhard, Amt und Adel in der frühen Merowingerzeit, in: Mitteilungen Universitätsbund Marburg 1959, Heft 1/2, 40–56.
DERS., Sächsischer Stammesadel und fränkischer Reichsadel, Göttingen 1976.
WERNER, Karl Ferdinand, Naissance de la noblesse. L'essor des élites politiques en Europe, Paris ²1999.
WOLLASCH, Joachim, Eine adlige Familie des frühen Mittelalters, in: AKG 39 (1957), 150–188.

Zotz, Thomas, Adel, Oberschicht, Freie. Zur Terminologie der frühmittelalterlichen Sozialgeschichte, in: ZGO 125 (1977), 3–20.

5.3.2.4.2 Freie

Bosl, Karl, Über soziale Mobilität in der mittelalterlichen „Gesellschaft", in: VSWG 47 (1960), 306–332.

Krause, Hermann, Die liberi der lex Baiuvariorum, in: Dieter Albrecht/Andreas Kraus/Kurt Reindel (Hg.), Festschrift Max Spindler, München 1969, 41–73.

Mayer, Theodor, Die Königsfreien und der Staat des frühen Mittelalters, in: Das Problem der Freiheit in der deutschen und schweizerischen Geschichte, Sigmaringen 1953 (^{4}1981), 7–56.

Ders., Königtum und Gemeinfreiheit im Mittelalter, in: DA 6 (1943), 329–362.

Müller-Mertens, Eckhard, Karl der Große, Ludwig der Fromme und die Freien, Berlin 1963.

Schmitt, Johannes, Untersuchungen zu den Liberi Homines der Karolingerzeit, Frankfurt am Main 1977.

Schulze, Hans K., Rodungsfreiheit und Königsfreiheit, in: HZ 219 (1974), 529–550.

5.3.2.4.3 Unfreie

Banzhaf, Michael, Unterschichten in bayerischen Quellen des 8. bis 11. Jahrhunderts, München 1991.

Bloch, Marc, Les transformations du servage, in: Mélanges d'histoire du moyen âge offerts à Ferdinand Lot, Paris 1925, 55–74.

Bonnassie, Pierre, Survie et extinction du régime esclavagiste dans l'Occident du haut moyen âge, in: CCM 28 (1985), 307–343 (engl. in: Ders., From Slavery to Feudalism, Cambridge 1991).

Davies, Wendy, On servile status in the early Middle Ages, in: Michael L. Bush (Hg.), Serfdom and Slavery, London 1996, 225–246.

Devroey, Jean-Pierre, Men and Women in Early Medieval Selfdom: The Ninth-Century North Frankish Evidence, in: P&P 166 (2000), 3–30.

Dollinger, Philippe, L'évolution des classes rurales en Bavière depuis la fin de l'époque carolingienne jusqu'au milieu du XIIIe siècle, Paris 1949 (dt. Der bayerische Bauernstand vom 9. bis zum 13. Jahrhundert, München 1982).

Goetz, Hans-Werner, Serfdom and the beginnings of a 'seigneurial system' in the Carolingian period: a survey of the evidence, in: EME 2 (1993), 29–51.

Hoffmann, Hartmut, Kirche und Sklaverei im frühen Mittelalter, in: DA 42 (1986), 1–24.

Nehlsen, Hermann, Sklavenrecht zwischen Antike und Mittelalter, Bd. 1, Göttingen 1972.

Obermeier, Monika, „Ancilla". Beiträge zur Geschichte der unfreien Frauen im Frühmittelalter, Pfaffenweiler 1996.

Panero, Francesco, Schiavi servi e villani nell'Italia medievale, Turin 1999.

Pelteret, David A. E., Slavery in Early Medieval England, Woodbrige 1995.

Rothenhöfer, Dieter, Untersuchungen zur Sklaverei in den ostgermanischen Nachfolgestaaten des Römischen Reiches, Diss. Tübingen 1966.

STUARD, Susan M., Ancillary Evidence for the Decline of Medieval Slavery, in: P&P 149 (1995), 3–28.
VERLINDEN, Charles, Ist mittelalterliche Sklaverei ein bedeutsamer demographischer Faktor gewesen?, in: VSWG 66 (1979), 153–173.
DERS., L'esclavage dans l'Europe médiévale, Bd. 1: Péninsule Ibérique – France, Brügge 1959; Bd. 2: Italie – Colonies italiennes du Levant – Levant latin – Empire byzantin, Gent 1977.
DERS., Wo, wann und warum gab es einen Großhandel mit Sklaven während des Mittelalters?, Köln 1970.

5.3.2.5 Randgruppen und Minderheiten

5.3.2.5.1 Allgemein/Randgruppenproblematik
GRAUS, František, Randgruppen der städtischen Gesellschaft im Spätmittelalter, in: ZHF 8 (1981), 385–437.
HARTUNG, Wolfgang, Gesellschaftliche Randgruppen im Spätmittelalter, in: Bernhard Kirchgässner/Fritz Reuter (Hg.), Städtische Randgruppen und Minderheiten, Sigmaringen 1986, 49–114.
HERGEMÖLLER, Bernd-Ulrich, Randgruppen der spätmittelalterlichen Gesellschaft – Einheit und Vielfalt, in: Ders. (Hg.), Randgruppen der spätmittelalterlichen Gesellschaft, Warendorf 1990 (^{3}2001), 1–51.
SCHUBERT, Ernst, Soziale Randgruppen und Bevölkerungsentwicklung im Mittelalter, in: Saeculum 39 (1988), 294–339.

5.3.2.5.2 Armut und Armenfürsorge
BOSHOF, Egon, Armenfürsorge im Frühmittelalter: Xenodochium, matricula, hospitale pauperum, in: VSWG 71 (1984), 153–174.
DERS., Untersuchungen zur Armenfürsorge im fränkischen Reich des 9. Jh., in: AKG 58 (1976), 265–339.
BOSL, Karl, Das Problem der Armut in der hochmittelalterlichen Gesellschaft, Wien 1974.
EPPERLEIN, Siegfried, Zur weltlichen und kirchlichen Armenfürsorge im karolingischen Imperium, in: JbWG 1 (1963), 41–60.
LAUDAGE, Marie-Luise, Caritas und Memoria mittelalterlicher Bischöfe, Köln 1993.
LE JAN-HENNEBIQUE, Régine, „Pauperes" et „paupertas" dans l'Occident carolingien au IXe et Xe siècle, in: Revue du Nord 50 (1968), 169–187.
LINDGREN, Uta, Europas Armut. Probleme, Methoden, Ergebnisse einer Untersuchungsserie, in: Saeculum 28 (1977), 396–418.
MOLLAT, Michel, Les pauvres au Moyen Âge. Étude social, Paris 1978 (dt. Die Armen im Mittelalter, München 1984).
DERS. (Hg.), Études sur l'histoire de la pauvreté, Bd. 1, Paris 1974.
STERNBERG, Thomas, Orientalium more secutus. Räume und Institutionen der Caritas des 5. bis 7. Jahrhunderts in Gallien, Münster 1991.

5.3.2.5.3 Juden

Battenberg, Friedrich, Das europäische Zeitalter der Juden, Bd. 1: Von den Anfängen bis 1650, Darmstadt 1990.

Ben-Sasson, Haim H., Geschichte des jüdischen Volkes, 2 Bde., München 1978/1979.

Blumenkranz, Bernhard, Les auteurs chrétiens latins du moyen âge sur les juifs et le judaïsme, Paris 1963.

Ders., Juifs et Chrétiens dans le monde occidental, 430–1096, Paris 1960.

Dasberg, Lea, Untersuchungen über die Entwertung des Judenstatus im 11. Jahrhundert, Paris 1965.

Devroey, Jean-Pierre/Brouwer, Christian, La participation des juifs au commerce dans le monde franc (VIe–Xe siècles), in: Alain Dierkens/Jean-Marie Sansterre/Jean-Louis Kupper (Hg.), Voyages et voyageurs à Byzance et en Occident du VIe au XIe siècles, Genf 2000, 339–374.

Geisel, Christof, Die Juden im Frankenreich, Frankfurt am Main 1998.

Geissler, Klaus, Die Juden in Deutschland und Bayern bis zur Mitte des 14. Jahrhunderts, München 1976.

Gli Ebrei nell'alto medioevo, Spoleto 1980.

Greive, Hermann, Die Juden. Grundzüge ihrer Geschichte im mittelalterlichen und neuzeitlichen Europa, Darmstadt 1980.

Heil, Johannes, Kompilation oder Konstruktion? Die Juden in den Pauluskommentaren des 9. Jahrhunderts, Hannover 1998.

Kisch, Guido, Forschungen zur Rechts- und Sozialgeschichte der Juden in Deutschland während des Mittelalters, Zürich 1955 (^{2}1978).

Lotter, Friedrich, Die Entwicklung des Judenrechts im christlichen Abendland bis zu den Kreuzzügen, in: Thomas Klein/Volker Losemann/Gunther Mai (Hg.), Judentum und Antisemitismus von der Antike bis zur Gegenwart, Düsseldorf 1984, 41–63.

Ders., Zu den Anfängen deutsch-jüdischer Symbiose in frühottonischer Zeit, in: AKG 55 (1973), 1–34.

Schubert, Kurt, Das Judentum in der Umwelt des christlichen Mittelalters, in: Kairos 17 (1975), 161–217.

Seiferth, Wolfgang, Synagoge und Kirche im Mittelalter, München 1964.

Toch, Michael, Die Juden im mittelalterlichen Reich, München 1998.

5.3.2.5.4 Reisende

Peyer, Hans C. (Hg.), Gastfreundschaft, Taverne und Gasthaus im Mittelalter, München 1983.

Ders., Gastfreundschaft und kommerzielle Gastlichkeit im Mittelalter, in: HZ 235 (1982), 265–288.

Ders., Von der Gastfreundschaft zum Gasthaus, Hannover 1987.

Viajeros, peregrinos, mercaderes en el Occidente Medieval, Pamplona 1992.

5.3.2.6 Lebensformen und Lebenskreise

5.3.2.6.1 Individuum und Gemeinschaft
AERTSEN, Jan A./SPEER, Andreas (Hg.), Individuum und Individualität im Mittelalter, Berlin 1996.
COLEMAN, Janet (Hg.), The Individual in Political Theory and Practice, Oxford 1996.
GURJEWITSCH, Aaron J., Das Individuum im europäischen Mittelalter, München 1994.
MORRIS, Colin, The Discovery of the Individual 1050–1200, London 1972.
SCHMID, Karl, Programmatisches zur Erforschung der mittelalterlichen Personen und Personengruppen, in: FMSt 8 (1974), 116–130.
DERS., Über das Verhältnis von Person und Gemeinschaft im früheren Mittelalter, in: FMSt 1 (1967), 225–249.
DERS./WOLLASCH, Joachim, Die Gemeinschaft der Lebenden und Verstorbenen in Zeugnissen des Mittelalters, in: FMSt 1 (1967), 365–405.
ULMANN, Walter, The individual and society in the Middle Ages, Baltimore 1966 (dt. Individuum und Gesellschaft im Mittelalter, Göttingen 1974).

5.3.2.6.2 Ehe, Familie, Verwandtschaft
ALEXANDRE-BIDON, Danièle/LETT, Didier, Les Enfants au Moyen Age. V^e–XVe siècles, Paris 1997.
ARIÈS, Philippe, L'enfant et la vie familiale sous l'Ancien Régime, Paris 1960 (Nachdruck 1973).
ARNOLD, Klaus, Kind und Gesellschaft in Mittelalter und Renaissance, Paderborn 1980.
DERS., Kindheit im europäischen Mittelalter, in: Jochen Martin/August Nitschke (Hg.), Zur Sozialgeschichte der Kindheit, Freiburg 1986, 443–467.
AURELL, Martin, Les noces du comte. Mariage et pouvoir en Catalogne (785–1213), Paris 1995.
BOSWELL, John, The Kindness of Strangers. The Abandonment of Children in Western Europe from Late Antiquity to the Renaissance, New York 1988 (Nachdruck London 1989).
BOUCHARD, Constance B., Consanguinity and Noble Marriages in the Tenth and Eleventh Century, in: Speculum 56 (1981), 268–287.
DIES., Family Structure and Family Consciousness among the Aristocracy in the 9th to 11th Centuries, in: Francia 14 (1986), 639–658.
DIES., „Those of My Blood". Constructing Noble Families in Medieval Francia, Philadelphia 2001.
BOUGARD, François/FELLER, Laurent/LE JAN, Régine, Dots et douaires dans le Haut Moyen Âge, Rom 2002.
BRUNDAGE, James A., Sex, Law and Marriage in the Middle Ages, Ashgate 1993.
BURGUIÈRE, André/KLAPISCH-ZUBER, Christiane/SEGALEN, Martine/ZONABEND, Françoise (Hg.), Histoire de la famille, Bd. 2: Moyen Âge, Paris 1986 (dt. Geschichte der Familie, Bd. 2: Mittelalter, Frankfurt am Main 1997).
CARRON, Roland, Enfant et parenté dans la France médiévale, X^e–XIIIe siècle, Genf 1989.
COLEMAN, Emily R., L'infanticide dans le Haut Moyen Âge, in: Annales 29 (1974), 315–335.

CRAWFORD, Sally, Childhood in Anglo-Saxon England, Stroud 1999.
DETTE, Christoph, Kinder und Jugendliche in der Adelsgesellschaft des frühen Mittelalters, in: AKG 76 (1994), 1–34.
DEVROEY, Jean-Pierre, Les méthodes d'analyse démographique des polyptyques du Haut Moyen Âge, in: Maurice A. Arnould (Hg.), Histoire et méthode, Brüssel 1981, 71–88.
DUBY, Georges, Mâle Moyen Âge. De l'amour et autres essais, Paris 1988 (dt. Die Frau ohne Stimme. Liebe und Ehe im Mittelalter, Berlin 1989).
DERS., Le mariage dans la société du Haut Moyen Âge, in: Il matrimonio nella società altomedievale, 2 Bde., Spoleto 1977, Bd. 1, 13–39.
DERS./LE GOFF, Jacques (Hg.), Famille et parenté dans l'occident médiéval, Rom 1977.
EBEL, Else, Das Konkubinat nach altwestnordischen Quellen, Berlin 1993.
DIES., Die sog. 'Friedelehe' im Island der Saga- und Freistaatszeit (870–1264), in: Dieter Schwab/Dieter Giesen/Joseph Listl/Hans-Wolfgang Strätz (Hg.), Staat, Kirche, Wissenschaft in einer pluralistischen Gesellschaft. Festschrift Paul Mikat, Berlin 1989, 243–258.
FLANDRIN, Jean-Louis, „Un temps pour embrasser". Aux origines de la morale sexuelle occidentale (VIe–XIe siècles), Paris 1983.
GLASSER, Marc, Marriage in Medieval Hagiography, in: StMRH n. s. 4 (1981), 1–34.
GOETZ, Hans-Werner, Zur Namengebung bäuerlicher Schichten im Frühmittelalter, in: Francia 15 (1987), 852–877.
GOODY, Jack, The Development of the family and marriage in Europe, Cambridge 1983 (dt. Die Entwicklung von Ehe und Familie in Europa, Berlin 1986).
GUERREAU-JALABERT, Anita, Qu'est-ce que l'adoptio dans la société chrétienne médiévale?, in: Médiévales 35 (1998), 33–49.
HAMMER, Carl I., Family and Familia in Early Medieval Bavaria, in: Richard Wall (Hg.), Family Forms in Historic Europe, Cambridge 1983, 217–248.
HÄRTEL, Reinhard (Hg.), Personennamen und Identität, Graz 1997.
HARTMANN, Wilfried, Über Liebe und Ehe im frühen Mittelalter, in: Peter Landau (Hg.), De iure canonico medii aevi. Festschrift Rudolf Weigand, Rom 1996, 189–216.
HEENE, Katrien, The Legacy of Paradise. Marriage, Motherhood and Woman in Carolingian Edifying Literature, Frankfurt am Main 1997.
HERLIHY, David, Medieval Households, Cambridge/Mass. 1985.
JONG, Mayke de, An Unsolved Riddle: Early Medieval Incest Legislation, in: Ian Wood (Hg.), Franks and Alamanni in the Merovingian Period, Woodbridge 1998, 107–140.
JUSSEN, Bernhard, Patenschaft und Adoption im frühen Mittelalter, Göttingen 1991.
KOTTJE, Raymund, Ehe und Eheverständnis in den vorgratianischen Bußbüchern, in: Willy van Hoecke/Andries Welkenhuysen (Hg.), Love and Marriage in the Twelfth Century, Leuven 1981, 18–40.
DERS., Eherechtliche Bestimmungen der germanischen Volksrechte (5.–8. Jh.), in: Werner Affeldt (Hg.), Frauen in Spätantike und Frühmittelalter, Sigmaringen 1990, 211–220.
KROESCHELL, Karl, Die Sippe im germanischen Recht, in: ZRG GA 77 (1960), 1–25 (auch in Ders., Studien zum frühen und mittelalterlichen deutschen Recht, Berlin 1995, 13–34).

Le Jan, Régine, Famille et pouvoir dans le monde franc (VIIe–Xe siècle), Paris 1995.
Il matrimonio nella società altomedievale, 2 Bde., Spoleto 1977.
McNamara, Jo Ann K./Wemple, Suzanne F., The Power of Women through the Family in Medieval Europe, 500 to 1100, in: Mary S. Hartman (Hg.), Clio's Consciousness Raised, New York 1974, 103–118.
Dies./Wemple, Suzanne F., Marriage and Divorce in the Frankish Kingdom, in: Susan Mosher Stuard (Hg.), Women in Medieval Society, Philadelphia ^{4}1982, 95–124.
Mikat, Paul, Die Inzestgesetzgebung der merowingisch-fränkischen Konzilien (511–626/27), Paderborn 1994.
Ders., Dotierte Ehe – rechte Ehe. Zur Entwicklung des Eheschließungsrechts in fränkischer Zeit, Opladen 1978.
Mitterauer, Michael, Grundtypen alteuropäischer Sozialformen, Stuttgart 1979.
Murray, Alexander C., Germanic Kinship Structure, Toronto 1983.
Nelson, Janet L., Parents, Children, and the Church in the Earlier Middle Ages, in: StCH 31 (1994), 81–114.
Reynolds, Philip L., Marriage in the Western Church, Leiden 1994.
Ring, Richard R., Early Medieval Peasant Households in Central Italy, in: JFH 4 (1979), 2–21.
Ritzer, Korbinian, Formen, Riten und religiöses Brauchtum der Eheschließung in den christlichen Kirchen des ersten Jahrtausends, München 1962.
Santinelli, Emmanuelle, Continuité ou rupture? L'adoption dans le droit mérovingien, in: Médiévales 35 (1998), 9–18.
Schuler, Thomas, Familien im Mittelalter, in: Heinz Reif (Hg.), Die Familie in der Geschichte, Göttingen 1982, 28–60.
Schwarz, Heinz Wilhelm, Der Schutz des Kindes im Recht des frühen Mittelalters, Jahrhunderts, Siegburg 1993.
Shahar, Shulamith, Childhood in the Middle Ages, London 1990 (dt. Kindheit im Mittelalter, München 1991).
Sheehan, Michael M., Choice of Marriage Partners in the Middle Ages, in: StMRH n. s. 1 (1978), 1–33.
Winter, Matthias, Kindheit und Jugend im Mittelalter, Freiburg 1984.

5.3.2.6.3 Frauen und Geschlechterverhältnis
Affeldt, Werner (Hg.), Frauen in Spätantike und Frühmittelalter, Sigmaringen 1990.
Ders., Frauen und Geschlechterbeziehungen im Frühmittelalter. Ein Forschungsbericht, in: Mediaevistik 10 (1997), 15–156.
Ders./Kuhn, Annette (Hg.), Interdisziplinäre Studien zur Geschichte der Frauen im Frühmittelalter, Düsseldorf 1986.
Ders./Nolte, Cordula/Reiter, Sabine/Vorwerk, Ursula (Hg.), Frauen im Frühmittelalter (Bibliographie), Frankfurt am Main 1990.
Arnold, Klaus, Die Frau als Autorin – und die Autorin als Frau im europäischen Mittelalter, in: Jochen Martin/Renate Zoepffel (Hg.), Aufgaben, Rollen und Räume von Frau und Mann, 2 Bde., Freiburg 1989, Bd. 2, 709–729.
Atkinson, Clarissa W., The Oldest Vocation. Christian Motherhood in the Middle Ages, Ithaca 1991.

BAUMGÄRTNER, Ingrid, Eine neue Sicht des Mittelalters? Fragestellungen und Perspektiven der Geschlechtergeschichte, in: Amalie Fößel/Christoph Kampmann (Hg.), Wozu Historie heute?, Köln 1996, 29–44.
BENNET, Judith M., Medievalism and Feminism, in: Speculum 68 (1993), 309–331.
BITEL, Lisa M., Land of Women. Tales of Sex and Gender from Early Ireland, Ithaca 1996.
BRANDT, Helga/KOCH, Julia K. (Hg.), Königin, Klosterfrau, Bäuerin, Münster 1997.
BYNUM, Caroline W., Holy Feast and Holy Fast. The religious significance of food to medieval women, Berkeley 1987.
DIES., Warum das ganze Theater mit dem Körper? Die Sicht einer Mediävistin, in: HA 4 (1996), 1–33.
CADDEN, Joan, Meanings of sex difference in the Middle Ages, Cambridge 1993.
CRISTIANI, Marta, La sainteté féminine du haut moyen âge, in: Les fonctions des saints dans le monde occidental (IIIe–XIIe siècle), Rom 1991, 385–434.
DRONKE, Peter, Women Writers of the Middle Ages, Cambridge 1984.
DUGGAN, Anne J. (Hg.), Queens and Queenship in Medieval Europe, Woodbridge 1997.
ECHOLS, Anne/WILLIAMS, Marty (Hg.), An Annotated Index of Medieval Women, Oxford 1992.
ENNEN, Edith, Frauen im Mittelalter, München 1984 (^{5}1994).
ESMYOL, Andrea, Geliebte oder Ehefrau? Konkubinen im frühen Mittelalter, Köln 2002.
GOETZ, Hans-Werner (Hg.), Weibliche Lebensgestaltung im frühen Mittelalter, Köln 1991.
DERS., Frauen im frühen Mittelalter, Köln 1995.
HARRISON, Dick, The Ages of Abbesses and Queens, Lund 1998.
HELLMUTH, Doris, Frau und Besitz, Sigmaringen 1998.
HERLIHY, David, Land, Family, and Women in Continental Europe, 701–1200, in: Traditio 18 (1962), 89–120.
DERS., *Opera muliebra*, Women and Work in Medieval Europe, Philadelphia 1990.
HOLLIS, Stephanie, Anglo-Saxon Women and the Church, Woodbridge 1992.
HOUTS, Elisabeth M. C. van, Memory and gender in medieval Europe 900–1200, Basingstoke 1999.
JESCH, Judith, Women in the Viking Age, Woodbridge 1991 (dt. Frauen der Vikingzeit, Wien 1993).
JOHNSON, Penelope D., Equal in Monastic Profession. Religious Women in Medieval France, Chicago 1991.
JUSSEN, Bernhard, Der Name der Witwe. Erkundungen zur Semantik der mittelalterlichen Bußkultur, Göttingen 2000.
KETSCH, Peter, Frauen im Mittelalter, 2 Bde., Düsseldorf 1984.
KLAPISCH-ZUBER, Christiane (Hg.), Histoire des femmes en Occident, Bd. 2: Le Moyen Age, Plon 1991 (dt. Geschichte der Frauen, Bd. 2: Mittelalter, Frankfurt am Main 1993).
KONECNY, Silvia, Die Frauen des karolingischen Königshauses, Wien 1976.
LEBECQ, Stéphane/DIERKENS, Alain/LE JAN, Régine/SANSTERRE, Jean-Marie (Hg.), Femmes et pouvoirs des femmes à Byzance et en Occident (VI–XIe siècle), Villeneuve d'Ascq 1999.

LIFSHITZ, Felice, Des femmes missionaires, in: RHE 83 (1988), 5–33.
MCKITTERICK, Rosamond, Nuns' scriptoria in England and Francia in the eighth century, in: Francia 19/1 (1992), 1–35.
MCNAMARA, Jo Ann K., Sisters in Arms, Cambridge/Mass. 1996.
MERTA, Brigitte, Helenae comparanda regina – secunda Isebel. Darstellung von Frauen des merowingischen Hauses in frühmittelalterlichen Quellen, in: MIÖG 96 (1988), 1–32.
MEYER, Marc A., Land Charters and the Legal Position of Anglo-Saxon Women, in: Barbara Kanner (Hg.), Women of England, London 1980, 57–82.
MOSTERT, Marco u. a. (Hg.), Vrouw, familie en macht, Hilversum 1990.
MULDER-BAKKER, Anneke B. (Hg.), Sanctity and Motherhood, New York 1995.
NAGL-DOCEKAL, Herta, Feministische Geschichtswissenschaft – ein unverzichtbares Projekt, in: L'homme 1 (1990), 7–18.
NELSON, Janet L., Gender and Genre in Women Historians of the Early Middle Ages, in: Jean-Philippe Genet (Hg.), L'historiographie médiévale en Europe, Paris 1991, 149–163.
DIES., Perception du pouvoir chez les historiennes du haut moyen âge, in: Michel Rouche/Jean Heuclin (Hg.), La femme au moyen âge, Paris 1990, 75–85.
OLBERG, Gabriele von, Aspekte der rechtlich-sozialen Stellung der Frauen in den frühmittelalterlichen Leges, in: Werner Affeldt (Hg.), Frauen in Spätantike und Frühmittelalter, Sigmaringen 1990, 221–235.
PARISSE, Michel (Hg.), Veuves et veuvages dans le haut Moyen Âge, Paris 1993.
PARSONS, John C./WHEELER, Bonnie (Hg.), Medieval Mothering, New York 1996.
POHL-RESL, Brigitte, „Quod me legibus contanget auere". Rechtsfähigkeit und Landbesitz langobardischer Frauen, in: MIÖG 101 (1993), 201–227.
DIES., Vorsorge, Memoria und soziales Ereignis. Frauen als Schenkerinnen in den bayerischen und alamannischen Urkunden des 8. und 9. Jahrhunderts, in: MIÖG 103 (1995), 265–287.
ROSENTHAL, Joel T. (Hg.), Medieval Women and the Sources of Medieval History, Athens 1990.
SCHULENBURG, Jane Tibbetts, Forgetful of Their Sex. Female Sanctity and Society, ca. 500–1100, Chicago 1998.
SEGURA GRAIÑO, Cristina (Hg.), La voz del silencio, Bd. 1: Fuentes directa para la historia de la mujeres (siglos VIII–XVIII); Bd. 2: Historia de las mujeres, Madrid 1992/1993.
SKINNER, Patricia, Women in Medieval Italian Society, 500–1200, Harlow 2001.
SMITH, Julia, The Problem of Female Sanctity in Carolingian Europe, c. 780–920, in: P&P 146 (1995), 3–37.
STAFFORD, Pauline, Queens, Concubines and Dowagers, London 1983.
DIES., Queens, Nunneries and Reforming Churchmen, in: P&P 163 (1999), 3–35.
STUARD, Susan Mosher (Hg.), Women in Medieval History and Historiography, Philadelphia 1987.
TAYLOR, Jane H. M./SMITH, Leslie (Hg.), Women and the Book, London 1996.
DIES./SMITH, Leslie (Hg.), Women, the Book and the Godly, Cambridge 1995.
DIES./SMITH, Leslie (Hg.), Women, the Book and the Worldly, Cambridge 1995.
VENARDE, Bruce L., Women's Monasticism and medieval society, Ithaca 1997.

WALSH, Katherine, Ein neues Bild der Frau im Mittelalter, in: Innsbrucker Studien 12/13 (1990), 396–580.
WEMPLE, Suzanne F., Women in Frankish Society, Philadelphia 1981.
WITTERN, Susanne, Frauen, Heiligkeit und Macht, Stuttgart 1994.

5.3.2.6.4 Grundherrschaft, Dorf, Pfarrei
ALGAZI, Gadi, Herrengewalt und Gewalt der Herren im späten Mittelalter, Frankfurt am Main 1996.
ANDREOLLI, Bruno/MONTANARI, Massimo, L'azienda curtense in Italia, Bologna 1983.
ASTON, Trevor H., The English Manor, in: P&P 16 (1956), 6–14.
DERS., The Origins of the Manor in England with A Postscript, in: Ders./P. R. Coss/Christopher Dyer/Joan Thirsk (Hg.), Social Relations and Ideas. Essays in Honour of R. H. Hilton, Cambridge 1983, 1–43.
BARCELÓ, Miquel/TOUBERT, Pierre (Hg.), „L'incastellamento", Rom 1998.
BLEIBER, Waltraut, Grundherrschaft, Handwerk und Markt im Gebiet von Paris in der Mitte des 9. Jh., in: Karl-Heinz Otto/Joachim Herrmann (Hg.), Siedlung, Burg und Stadt, Berlin 1969, 140–152.
DIES., Grundherrschaft und Markt zwischen Loire und Rhein während des 9. Jahrhunderts, in: JbWG 1982/3, 105–135.
Chiesa e mondo feudale nei secoli X–XII, Mailand 1995.
DESPY, Georges, Villes et campagnes aux IXe–Xe siècles, Revue du Nord 50 (1968), 145–168.
DEVROEY, Jean-Pierre, „Ad utilitatem monasterii". Mobiles et préoccupations de gestion dans l'économie monastique du monde franc, in: Rev. Bén. 103 (1993), 224–240.
DERS., A propos d'un article récent: L'utilisation du polyptyque d'Irminon en démographie, in: RBPH 55 (1977), 509–514.
DERS., La démographie du polyptyque de Saint-Remi de Reims, in: Patrick Demouy/Charles Vuilliez (Hg.), Compter les Champenois, Reims 1997, 81–94.
DERS., Études sur le grand domaine carolingien, Aldershot 1993.
DERS., Mansi absi. Indices de crise ou de croissance de l'économie rurale au Moyen Âge?, in: MA 82 (1976), 421–451.
DERS., Polyptyques et fiscalité à l'époque carolingienne: une nouvelle approche?, in: RBPH 63 (1985), 783–794.
DERS., Les polyptyques et les listes de cens de l'abbaye de Saint-Remi de Reims (IXe–XIe siècles), Reims 1984.
DERS., Problèmes de critique autour du polyptyque de l'abbaye de Saint-Germain-des-Prés, in: Hartmut Atsma (Hg.), La Neustrie. Les pays au nord de la Loire de 650 à 850, 2 Bde., Sigmaringen 1989, Bd. 1, 441–465.
DERS., Réflexions sur l'économie des premiers temps carolingiens (768–877), in: Francia 13 (1985), 475–488.
DERS., Un monastère dans l'économie d'échanges: les services de transport à l'abbaye Saint-Germain-des-Prés au IXe siècle, in: Annales 39 (1984), 570–589.
DILCHER, Gerhard, Mord und Totschlag im alten Worms. Zu Fehde, Sühne und Strafe im Hofrecht Bischof Burchards (AD 1023/25), in: Stephan Buchholz/Paul Mikat/Dieter Werkmüller (Hg.), Überlieferung, Bewahrung und Gestaltung in der

rechtsgeschichtlichen Forschung. Festschrift Ekkehard Kaufmann, Paderborn, 1993, 91–104.
DERS./VIOLANTE, Cinzio (Hg.), Strutture e trasformazioni della signoria rurale nei secoli X–XIII, Bologna 1996 (dt. Strukturen und Wandlungen der ländlichen Herrschaftsformen vom 10. zum 13. Jahrhundert, Berlin 2000).
DOPSCH, Alfons, Die Wirtschaftsentwicklung der Karolingerzeit vornehmlich in Deutschland, 2 Bde., Weimar 1912/1913 (Darmstadt ³1962).
DROEGE, Georg, Fränkische Siedlung in Westfalen, in: FMSt 4 (1970), 271–288.
DURLIAT, Jean, Du caput antique au manse médiévale, in: Pallas 19 (1982), 67–77.
DERS., Le polyptyque d'Irminon et l'impot pour l'armée, in: BECh 141 (1984), 183–208.
DERS., La vigne et le vin dans la région parisienne au début du IXe siècle d'après le polyptyque d'Irminon, in: MA 74 (1968), 387–419.
DUVOSQUEL, Jean-Marie/DIERKENS, Alain (Hg.), Villes et campagnes au Moyen Âge. Mélanges Georges Despy, Liège 1991.
DYER, Christopher, Lords, Peasants and the Development of the Manor, 900–1280, in: Alfred Haverkamp/Hanna Vollrath (Hg.), England and Germany in the High Middle Ages. In Honour of Karl J. Leyser, London 1996, 301–315.
ELMSHÄUSER, Konrad/HEDWIG, Andreas, Studien zum Polyptychon von Saint-Germain-des-Prés, Köln 1993.
EPPERLEIN, Siegfried, Herrschaft und Volk im karolingischen Imperium, Berlin 1969.
FAITH, Rosamond, The English Peasantry and the Growth of Lordship, London 1997.
FLINK, Klaus/JANSSEN, Wilhelm (Hg.), Grundherrschaft und Stadtentstehung am Niederrhein, Kleve 1989.
FOSSIER, Robert, La terre et les hommes en Picardie jusqu'à la fin du XIIIe siècle, Paris 1968.
DERS., Les tendances de l'économie: stagnation ou croissance?, in: Nascità dell'Europa ed Europa carolingia, 2 Bde., Spoleto 1981, Bd. 1, 261–274 (auch in: Ders., Hommes et villages d'occident au Moyen Âge, Paris 1992, 341–350).
GOETZ, Hans-Werner, Bäuerliche Arbeit und regionale Gewohnheit im Pariser Raum im frühen 9. Jahrhundert, in: Hartmut Atsma (Hg.), La Neustrie. Les pays au nord de la Loire de 650 à 850, 2 Bde., Sigmaringen 1989, Bd. 1, 505–522.
DERS., Herrschaft und Recht in der frühmittelalterlichen Grundherrschaft, in: HJb 104 (1984), 392–410.
GOFFART, Walter, From Roman Taxation to Mediaeval Seigneurie, in: Speculum 47 (1972), 165–187, 373–394.
DERS., Old and New in Merovingian Taxation, in: P&P 96 (1982), 3–21.
HÄGERMANN, Dieter, Anmerkungen zum Stand und zu den Aufgaben frühmittelalterlicher Urbarforschung, in: RhVjbll 50 (1986), 32–58.
DERS., Eine Grundherrschaft des 13. Jahrhunderts im Spiegel des Frühmittelalters, in: RhVjbll 45 (1981), 1–34.
KUCHENBUCH, Ludolf, Bäuerliche Gesellschaft und Klosterherrschaft im 9. Jahrhundert, Wiesbaden 1978.
DERS., Ordnungsverhalten im grundherrlichen Schriftgut vom 9. zum 12. Jahrhundert, in: Johannes Fried (Hg.), Dialektik und Rhetorik im früheren und hohen Mittelalter, München 1997, 175–268.

DERS., *Potestas* und *Utilitas*. Ein Versuch über Stand und Perspektiven der Forschung zur Grundherrschaft im 9.–13. Jahrhundert, in: HZ 265 (1997), 117–146.

LÜTGE, Friedrich, Die mitteldeutsche Grundherrschaft, Jena 1934 (Stuttgart ²1954).

LÜTZOW, Britta, Studien zum Reimser Polyptychon Sancti Remigii, in: Francia 7 (1979), 19–99.

MAGNOU-NORTIER, Elisabeth, Le grand domaine, in: Francia 15 (1987), 659–700.

DIES., La terre, la rente et le pouvoir dans les pays de Languedoc pendant le haut Moyen Âge, in: Francia 9 (1981), 79–115; 10 (1982), 21–66; 12 (1984), 53–118.

MENANT, François, Campagnes lombardes du Moyen Âge, Rom 1993.

METZ, Wolfgang, Die hofrechtlichen Bestimmungen der Lex Baiuuariorum I,13 und die fränkische Reichsgutsverwaltung, in: DA 12 (1956), 187–196.

DERS., Zur Geschichte und Kritik der frühmittelalterlichen Güterverzeichnisse, in: AfD 4 (1958), 183–206.

MONTANARI, Massimo, Contadini e città fra „Langobardia" e „Romania", Florenz 1988.

MORIMOTO, Yoshiki, Autour du grand domaine carolingien: aperçu critique des recherches récentes sur l'histoire rurale du haut Moyen Age, in: Ders./Adriaan Verhulst (Hg.), Économie rurale et Économie urbaine au Moyen Age, Gent 1994, 25–79.

DERS., Die Bedeutung des Prümer Urbars für die heutige Forschung, in: Reiner Nolden (Hg.), „anno verbi incarnati DCCCXCIII conscriptum", Trier 1993, 127–136.

DERS., Le commentaire de Césaire (1222) sur le polyptyque de Prüm (893), in: RBPH 68 (1990), 261–290.

DERS., État et perspectives des recherches sur les polyptyques carolingiens, in: Annales de l'Est 40 (1988), 99–150.

DERS., Le polyptyque de Prüm n'a-t-il pas été interpolé?, in: MA 92 (1986), 266–276.

DERS., Sur les manses surpeuplés ou fractionnaires dans le polyptyque de Prüm, in: Elisabeth Mornet (Hg.), Campagnes médiévales: L'homme et son espace. Études offertes à Robert Fossier, Paris 1995, 409–423.

DERS., „Villes et campagnes" au haut Moyen Âge, in: Cathérine Laurent/Bernard Merdrignac/Daniel Pichot (Hg.), Mondes de l'Ouest et villes du monde. Regards sur les sociétés médiévales. Mélanges en l'honneur d'André Chédeville, Rennes 1998, 605–613.

MÜLLER-MERTENS, Eckhard (Hg.), Feudalismus, Berlin (Ost) 1985.

OTT, Andreas G., Die Arbeitsverfassung der bayerischen Grundherrschaft, Berlin 1997.

PERCIVAL, John, Ninth-century polyptyques and the villa-system, in: Latomus 25 (1966), 134–138.

PERRIN, Charles-Edmond, Les classes paysannes et le régime seigneurial en France du début du IXe siècle à la fin du XIIe siècle, Paris 1940.

DERS., Recherches sur la seigneurie rurale en Lorraine d'après les plus anciens censiers, Paris 1935 (Nachdruck Genf 1978).

DERS., Seigneurie rurale en France et en Allemagne du début du IXe à la fin du XIIe siècle. Bd. 1: Les antécédents du régime domanial: la ville de l'époque carolingienne, Paris 1951.

PETRY, Klaus, Die Geldzinse im Prümer Urbar von 893, in: RhVjbll 52 (1988), 16–42.

RIVERS, Theodore-John, The manorial system in the light of „Lex Baiuvariorum" I,13, in: FMSt 25 (1991), 89–95.

Rösener, Werner, Strukturformen der älteren Agrarverfassung im sächsischen Raum, in: NdsJb 52 (1980), 107–143.
Ders. (Hg.), Strukturen der Grundherrschaft im frühen Mittelalter, Göttingen 1989 (²1993).
Ders., Grundherrschaft im Wandel, Göttingen 1991.
Ders. (Hg.), Grundherrschaft und bäuerliche Gesellschaft im Hochmittelalter, Göttingen 1995.
Scheler, Dieter, Grundherrschaft. Zur Geschichte eines Forschungskonzepts, in: Hans Mommsen/Winfried Schulze (Hg.), Vom Elend der Handarbeit. Probleme historischer Unterschichtenforschung, Stuttgart 1981, 142–157.
Schreiner, Klaus, „Grundherrschaft". Entstehung und Bedeutungswandel eines geschichtswissenschaftlichen Ordnungs- und Klärungsbegriffs, in: Hans Patze (Hg.), Die Grundherrschaft im späten Mittelalter, 2 Bde., Sigmaringen 1983, Bd. 1, 11–74.
Schwab, Ingo, Das Prümer Urbar, Düsseldorf 1983.
Toubert, Pierre, Il sistema curtense, in: Ruggiero Romano/Corrado Vivanti (Hg.), Storia d'Italia 6, Turin 1983 (²1995), 3–63.
Ders., Les structures du Latium médiéval, 2 Bde., Rom 1973.
Verhulst, Adriaan, La genèse du régime domanial classique en France au Moyen Âge, in: Agricoltura e mondo rurale in Occidente nell'alto Medioevo, Spoleto 1966, 135–160.
Ders., La diversité du régime domanial entre Loire et Rhin à l'époque carolingienne, in: Walter Janssen/Dietrich Lohrmann (Hg.), Villa – curtis – grangia. Landwirtschaft zwischen Loire und Rhein von der Römerzeit zum Hochmittelalter, München 1983, 133–148.
Ders. (Hg.), Le grand domaine aux époques mérovingiennes et carolingiennes, Gent 1985.
Ders., Rural and Urban Aspects of Early Medieval Northwest Europe, Aldershot 1992.
Ders./Morimoto, Yoshiki (Hg.), Économie rurale et économie urbaine au Moyen Âge. Landwirtschaft und Stadtwirtschaft im Mittelalter, Gent 1994.
Vollrath, Hanna, Herrschaft und Genossenschaft im Kontext frühmittelalterlicher Rechtsbeziehungen, in: HJb 102 (1982), 33–71.
Weidemann, Margarete, Das Testament des Bischofs Berthramn von Le Mans vom 27. März 616, Bonn 1986.
Weidinger, Ulrich, Untersuchungen zur Wirtschaftsstruktur des Klosters Fulda in der Karolingerzeit, Stuttgart 1991.
Wickham, Chris, Problems of Comparing Rural Societies in Early Medieval Western Europe, in: TRHS 6,2 (1992), 221–246 (auch in: Ders., Land and Power. Studies in Italian and European Social History, 400–1200, London 1994, 201–226).

5.3.2.6.5 Städte

Bader, Karl S./Dilcher, Gerhard, Deutsche Rechtsgeschichte, Berlin 1999.
Bordone, Renato, La società cittadina del regno d'Italia, Turin 1987.
Brachmann, Hansjürgen (Hg.), Burg – Burgstadt – Stadt, Berlin 1995.
Brühl, Carlrichard, Palatium und Civitas. Studien zur Profantopographie spätantiker Civitates vom 3. bis zum 13. Jh., Bd. 1: Gallien, Bd. 2: Belgica I, beide Germanien und Raetia II, Köln 1975/1990.

CALLMER, Johan, Urbanization in Scandinavia and the Baltic Region c. AD 700–1100, in: Björn Ambrosiani/Helen Clarke (Hg.), Developments around the Baltic and the North Sea in the Viking Age, 1994, 50–90.

DILCHER, Gerhard, Bischof und Stadtverfassung in Oberitalien, in: ZRG GA 81 (1964), 225–266.

DERS., Die Entstehung der lombardischen Stadtkommune, Aalen 1967.

ENNEN, Edith, Frühgeschichte der europäischen Stadt, Bonn 1953 (^{3}1981).

GARCÍA MORENO, Luis A., La città de la vita urbana nel Mediterraneo dal secolo V al secolo VII, in: Quaderni catanesi di cultura classica e medievale 5 (1993), 5–44.

GAUTHIER, Nancy (Hg.), Topographie chrétienne des cités de la Gaule des origines au milieu du VIIIe siècle, bislang 11 Bde., Paris 1986–2000.

HALL, Thomas, Mittelalterliche Stadtgrundrisse, Stockholm 1978.

HIRSCHMANN, Frank G., Stadtplanung, Bauprojekte und Großbaustellen im 10. und 11. Jh., Stuttgart 1998.

JANKUHN, Herbert/SCHLESINGER, Walter/STEUER, Heiko (Hg.), Vor- und Frühformen der europäischen Stadt im Mittelalter, 2 Bde., Göttingen 1973/1974.

JARNUT, Jörg/BORDONE, Renato (Hg.), L'evoluzione delle città italiane nell'XI secolo, Bologna 1988.

DERS./JOHANEK, Peter (Hg.), Die Frühgeschichte der europäischen Stadt im 11. Jahrhundert, Köln 1998.

KELLER, Hagen, Adelsherrschaft und städtische Gesellschaft in Oberitalien 9. bis 12. Jahrhundert, Tübingen 1979.

DERS., Die Entstehung der italienischen Stadtkommunen als Problem der Sozialgeschichte, in: FMSt 10 (1976), 169–211.

DERS., Pataria und Stadtverfassung, Stadtgemeinde und Reform, in: Josef Fleckenstein (Hg.), Investiturstreit und Reichsverfassung, Sigmaringen 1973, 321–350.

La città nell'alto medioevo, Spoleto 1959.

LEUDEMANN, Norbert, Deutsche Bischofsstädte im Mittelalter, München 1980.

PITZ, Ernst, Europäisches Städtewesen und Bürgertum, Darmstadt 1991.

RUSSO, Daniel G., Town Origins and Development in Early England, c. 400–950 A. D., Westport/Conn. 1998.

SLATER, Terry R. (Hg.), Towns in Decline AD 100–1600, Aldershot 2000.

Studien zu den Anfängen des europäischen Städtewesens, Konstanz 1958 (^{4}1975).

VERHULST, Adriaan, Anfänge des Städtewesens an Schelde, Maas und Rhein bis zum Jahre 1000, Köln 1996.

DERS., Le développement urbain dans le nord-ouest de l'Europe du IXe au Xe siècle, in: Girolamo Arnaldi (Hg.), Società, istituzioni, spiritualità. Studi in onore di Cinzio Violante, 2 Bde., Spoleto 1994, Bd. 2, 1037–1055.

5.3.2.6.6 Gilden und Genossenschaften

ANZ, Christoph, Gilden im mittelalterlichen Skandinavien, Göttingen 1998.

OEXLE, Otto Gerhard, Conjuratio und Gilde im frühen Mittelalter, in: Berent Schwineköper (Hg.), Gilden und Zünfte, Sigmaringen 1985, 151–214.

DERS., Die mittelalterlichen Gilden: Ihre Selbstdeutung und ihr Beitrag zur Formierung sozialer Strukturen, in: Albert Zimmermann (Hg.), Soziale Ordnungen im Selbstverständnis des Mittelalters, Berlin 1979, Bd. 1, 203–226.

5.3.2.7 Gesellschaftswandel um das Jahr 1000?

BARTHÉLEMY, Dominique, La mutation de l'an mil a-t-elle eu lieu?, Paris 1997.
DERS., La mutation féodale a-t-elle eu lieu?, in: Annales 47 (1992), 767–778.
DERS., L'an mil et la paix de Dieu, Paris 1999.
DERS., Qu'est-ce que le servage, en France, au XIe siècle?, in: RH 287 (1992), 233–284.
BISSON, Thomas N., The „Feudal Revolution", in: P&P 142 (1994), 6–42, mit Kommentaren (Debate: The „Feudal Revolution") von Dominique Barthélemy, ebd. 152 (1996), 196–205; Stephen D. White, ebd. 205–223; Timothy Reuter, ebd. 155 (1997), 177–195; Chris Wickham, ebd., 196–208, und einer Erwiderung von Thomas N. Bisson, 208–225.
BOIS, Gui, La mutation de l'an mil, Paris 1989 (dt. Umbruch im Jahr 1000, Stuttgart 1993).
BONNASSIE, Pierre, From Slavery to Feudalism in South-Western Europe, Paris 1991.
BOURIN, Monique (Hg.), L'an mil, in: Médiévales 21 (1991).
DELORT, Robert/IOGNA-PRAT, Dominique (Hg.), La France de l'an Mil, Paris 1990.
DITCHAM, Brian G. H., The Feudal Millenium?, in: Medieval History 3 (1993), 86–99.
FÖSSEL, Amalie, Europa um die Jahrtausendwende, in: Peter Segl (Hg.), Zeitenwenden – Wendezeiten, Dettelbach 2000, 102–119.
GEARY, Patrick J., Monastic Memory and the Mutation of the Year 1000, in: Sharon Farmer/Barbara Rosenwein (Hg.), Monks and Nuns, Saints and Outcasts. Religion in Medieval Society. Essays in Honor of Lester K. Little, Ithaca/N. Y. 2000, 19–36.
GUERREAU, Alain, Lournand au Xe siècle: histoire et fiction, in: MA 96 (1990), 519–537.
MOORE, Robert I., The First European Revolution, Oxford 2000 (dt. Die erste europäische Revolution, München 2001).
POLY, Jean-Pierre/BOURNAZEL, Eric, La mutation féodale, X^e–XIIe siècle, Paris ²1991.
RICHÉ, Pierre, Les grandeurs de l'an mille, Paris 1999.
VERHULST, Adriaan, The Decline of Slavery and the Economic Expansion of the Early Middle Ages, in: P&P 133 (1991), 195–203.

5.3.2.8 Wirtschaft und Technik

5.3.2.8.1 Allgemein

CONTAMINE, Philippe/BOMPAIRE, Marc/LEBECQ, Stéphane/SARRASIN, Jean-Luc (Hg.), L'économie médiévale, Paris 1993.
DEVROEY, Jean-Pierre, Histoire économique et sociale du haut moyen âge, in: Jacqueline Hamesse (Hg.), Bilan et perspectives des études médiévales en Europe, Louvain-la-Neuve 1995, 181–216.
DERS., Réflexions sur l'économie des premiers temps carolingiens (768–877), in: Francia 13 (1985), 475–488.
HAVIGHURST, Alfred F. (Hg.), The Pirenne Thesis, Boston 1958 (³1976).
HODGES, Richard/BOWDEN, William (Hg.), The Sixth Century Production, Leiden 1998.

DERS./WHITEHOUSE, David (Hg.), Mohammed, Charlemagne, and the Origins of Europe, London 1983.
MADDICOTT, John R., Trade, Industry and the Wealth of King Alfred, in: P&P 123 (1989), 3–51.
MCCORMICK, Michael, Origins of the European Economy, Cambridge 2001.
VERHULST, Adriaan, The Carolingian Economy, Cambridge 2002.
DERS., Medieval socio-economic historiography in Western Europe, in: JMH 23 (1997), 89–101.

5.3.2.8.2 Landwirtschaft

BENTZIEN, Ulrich, Bauernarbeit im Feudalismus, Berlin (Ost) 1980 (^{2}1990).
COMET, Georges, Le paysan et son outil, Rom 1992.
La croissance agricole du Haut Moyen Age, Auch 1990.
DUBY, Georges, L'économie rurale et la vie des campagnes dans l'Occident médiéval, Paris 1962 (Nachdruck 1977).
RÖSENER, Werner, Agrarwirtschaft, Agrarverfassung und ländliche Gesellschaft im Mittelalter, München 1992.
SWEENEY, Del (Hg.), Agriculture in the Middle Ages, Philadelphia 1995.

Ackerbau
ASTILL, Grenville/LANGDON, John (Hg.), Medieval Farming and Technology, Leiden 1997.
VERHULST, Adriaan, Karolingische Agrarpolitik, in: ZAA 13 (1965), 175–189.

Viehzucht
BENECKE, Norbert, Archäozoologische Studien zur Entwicklung der Haustierhaltung in Mitteleuropa und Südskandinavien von den Anfängen bis zum ausgehenden Mittelalter, Berlin 1994.
BERONOVÁ, Magdalena, The raising of domestic animals among Slavs in the Early Middle Ages according to archaeological sources, in: Jan Eisner (Hg.), Origines et débuts des Slaves, 7 Bde., Prag 1956–1972, Bd. 6, 153–196.
CRABTREE, Pam J., Sheep, Horses, Swine, and Kine: A Zooarchaelogical Perspective in the Anglo-Saxon Settlement of England, in: Journal of Field Archaeology 16 (1989), 205–213.
DELORT, Robert, Les Animaux ont une histoire, Paris 1984 (dt. Der Elefant, die Biene und der heilige Wolf. Die wahre Geschichte der Tiere, München 1987).
LAMPEN, Angelika, Fischerei und Fischhandel im Mittelalter, Husum 2000.
LUKE, Karin, Die Entwicklung der Tierhaltung in Deutschland bis zum Beginn der Neuzeit, Saarbrücken 1989.
L'uomo di fronte al mondo animale nell'alto medioevo, 2 Bde., Spoleto 1985.

Weinbau
BARRIE, Viviane (Hg.), Vins, vignobles et terroirs de l'Antiquité à nos jours, Nancy 1999.
DION, Roger, Histoire de la vigne et du vin en France des origines au XIXe siècle, Paris 1959.

ERICKSON, Stephen M., The Extension of Viticulture in the Early Middle Ages in its Historical Perspective, Long Beach 1999.
MATHEUS, Michael (Hg.), Weinproduktion und Weinkonsum im Mittelalter, Stuttgart 1999.
SCHRENK, Christian/WECKBACH, Hubert, Weinwirtschaft im Mittelalter, Heilbronn 1997.
STAAB, Franz, Agrarwissenschaft und Grundherrschaft, in: Alois Gerlich (Hg.), Weinbau, Weinhandel und Weinkultur, Stuttgart 1993, 1–47.
WEBER, Andreas Otto, Studien zum Weinbau der altbayerischen Klöster im Mittelalter, Stuttgart 1999.

5.3.2.8.2 Handwerk
HOCQUET, Jean-Claude, Le sel et le pouvoir, Paris 1985 (dt. Weißes Gold. Das Salz und die Macht in Europa von 800 bis 1800, Stuttgart 1993).
JANKUHN, Herbert/JANSSEN, Walter/SCHMIDT-WIEGAND, Ruth/TIEFENBACH, Heinrich (Hg.), Das Handwerk in vor- und frühgeschichtlicher Zeit, 2 Bde., Göttingen 1981/1983.
MAGGIO, Sebastiano, Le associazioni professionali nell'alto Medioevo, Catania 1996.

5.3.2.8.3 Handel und Verkehr
ADAM, Hildegard, Das Zollwesen im fränkischen Reich und das spätkarolingische Wirtschaftsleben, Stuttgart 1996.
CLAUDE, Dietrich, Handel im westlichen Mittelmeer während des Frühmittelalters, Göttingen 1985.
CRUMLIN-PEDERSEN, Ole/MUNCH THYHE, Brigitte (Hg.), The Ship as Symbol in Prehistoric and Medieval Scandinavia, Kopenhagen 1995.
DESPLAT, Christian (Hg.), Foires et Marchés dans les Campagnes de l'Europe médiévale et moderne, Toulouse 1996.
DURLIAT, Jean, Le Commerce Méditerranéen, in: Mediaevistik 3 (1990), 91–106.
DÜWEL, Klaus (Hg.), Untersuchungen zu Handel und Verkehr der vor- und frühgeschichtlichen Zeit in Mittel- und Nordeuropa, 6 Bde., Göttingen 1985/1989.
HODGES, Richard, Towns and Trade in the Age of Charlemagne, London 2000.
LEBECQ, Stéphane, Marchands et navigateurs frisons du haut moyen âge, 2 Bde., Lille 1983.
LEIGHTON, Albert C., Transport and Communication in Early Medieval Europe, Newton Abbot 1972.
MCGRAIL, Seán, Ancient Boats in North-West Europe, London 1987 (Nachdruck 1998).
Mercati e mercanti nell'alto medioevo, Spoleto 1993.
PFEIFFER, Friedrich, Rheinische Transitzölle im Mittelalter, Berlin 1997.
SIEMS, Harald, Handel und Wucher im Spiegel frühmittelalterlicher Rechtsquellen, Hannover 1992.
STOCLET, Alain J., Immunes ab omni teloneo. Étude de diplomatique, de philologie et d'histoire sur l'exemption de tonlieux au haut Moyen Age et spécialement sur la Praeceptio de navibus, Brüssel 1999.

5.3.2.8.4 Münzwesen und Geldwirtschaft
BLEIBER, Waltraut, Naturalwirtschaft und Ware-Geld-Beziehungen zwischen Somme und Loire während des 7. Jahrhunderts, Berlin 1981.
GRIERSON, Philip/BLACKBURN, Mark, Medieval European Coinage, Bd. 1, Cambridge 1986.
HAERTLE, Clemens M., Karolingische Münzfunde aus dem 9. Jahrhundert, 2 Bde., Köln 1997.
KLUGE, Bernd (Hg.), Fernhandel und Geldwirtschaft, Sigmaringen 1993.
MAGUIRE, Henry, Magic and Money in the Early Middle Ages, in: Speculum 72 (1997), 1037–1054.
SALRACH, Josep M., De estado romano a los reinos germanicos, in: Manuel C. Diaz y Diaz u. a. (Hg.), De la Antigüedad al Medioevo. Siglos IV–VIII, Madrid 1993, 95–142.
WITTHÖFT, Harald, Münzfuß, Kleingewichte, pondus Caroli und die Grundlegung des nordeuropäischen Maß- und Gewichtswesens in fränkischer Zeit, Ostfildern 1984.

5.3.2.8.5 Technik
BECK, Patrice (Hg.), L'innovation technique au Moyen Age, Paris 1998.
BINDING, Günther, Baubetrieb im Mittelalter, Darmstadt 1993.
DALARUN, Jacques (Hg.), L'eau dans la société médiévale, in: MEFRM 104/2 (1992), 341–553.
GREWE, Klaus (Hg.), Die Wasserversorgung im Mittelalter, Mainz 1991.
HÄGERMANN, Dieter, Technik im frühen Mittelalter zwischen 500 und 1000, in: Ders./Helmuth Schneider (Hg.), Landbau und Handwerk 750 v. Chr. bis 1000 n. Chr., Berlin 1991 (Nachdruck 1999), 315–505.
LINDGREN, Uta (Hg.), Europäische Technik im Mittelalter 800 bis 1200, Berlin 1996.
SQUATRITI, Paolo, Water and society in early medieval Italy, AD 400–1000, Cambridge 1998.

5.3.3 Kirche und Religion

5.3.3.1 Allgemeines

ANDENNA, Giancarlo/PICASSO, Giorgio (Hg.), Longobardia e longobardi nell'Italia meridionale: Le istituzioni ecclesiastiche, Mailand 1996.
ANGENENDT, Arnold, Das Frühmittelalter. Die abendländische Christenheit von 400 bis 900, Stuttgart 1990 ([3]2001).
DERS., Geschichte der Religiosität im Mittelalter, Darmstadt 1997 ([2]2000).
BAUER, Dieter R./HIESTAND, Rudolf/KASTEN, Brigitte/LORENZ, Sönke (Hg.), Mönchtum, Kirche, Herrschaft 750–1000, Sigmaringen 1998.
BIHLMEYER, Karl, Kirchengeschichte. Neu besorgt von Hermann TÜCHLE, Bd. 2: Das Mittelalter, Paderborn [18]1968 (Nachdruck 1996).
BORGOLTE, Michael, Die mittelalterliche Kirche, München 1992.
BORST, Arno (Hg.), Mönchtum, Episkopat und Adel zur Gründungszeit des Klosters Reichenau, Sigmaringen 1974.
BROOKE, Christopher N. L., Churches and churchmen in Medieval Europe, London 1999.

CHARLES-EDWARDS, Thomas M., Early Christian Ireland, Cambridge 2000.
CONZEMIUS, Victor, Kirchengeschichte als „nichttheologische" Disziplin, in: Theologische Quartalschrift 155 (1975), 187–197.
DAGRON, Gilbert/RICHÉ, Pierre/VAUCHEZ, André (Hg.), Bischöfe, Mönche und Kaiser (642–1054), Freiburg 1994.
DASSMANN, Ernst, Die Anfänge der Kirche in Deutschland, Stuttgart 1993.
FERNÁNDEZ CONDE, Francisco J., La Religiosidad Medieval en Espana, Bd. 1: Alta Edad Media (s. VII–X), Oviedo 2000.
FINK, Karl A., Papsttum und Kirche im abendländischen Mittelalter, München 1981 (Nachdruck 1994).
Grundfragen der kirchengeschichtlichen Methode – heute, in: Römische Quartalschrift 80 (1985), 1–258.
HAENDLER, Gert, Von der Reichskirche Ottos I. zur Papstherrschaft Gregors VII., Leipzig 1994.
HAGE, Wolfgang, Das Christentum im frühen Mittelalter, Göttingen 1993.
HAUCK, Albert, Kirchengeschichte Deutschlands, 5 Bde., Berlin ⁹1958.
ISERLOH, Erwin, Kirchengeschichte – Eine theologische Wissenschaft, Mainz 1982.
JEDIN, Hubert (Hg.), Handbuch der Kirchengeschichte, Bd. III/1–2: Die mittelalterliche Kirche, Freiburg ²1973 (Nachdruck 1999, CD-ROM Berlin 2001).
DERS., Kirchengeschichte ist Theologie und Geschichte, in: Raymund Kottje (Hg.), Kirchengeschichte heute – Geschichtswissenschaft oder Theologie?, Trier 1970, 33–48.
KNOWLES, David, Geschichte der Kirche, Bd. 2: Früh- und Hochmittelalter, Einsiedeln 1971.
LOYN, Heny R., The English Church 940–1154, Harlow 2000.
ORLANDIS, José, Estudios de historia ecclesiastica visigoda, Pamplona 1998.
RANDO, Daniela, Una chiesa di frontiere. Le istituzioni ecclesiastiche veneziane nei secoli VI–XII, Bologna 1994.
SEELIGER, Hans R., Kirchengeschichte, Geschichtstheologie, Geschichtswissenschaft, Düsseldorf 1981.
TELLENBACH, Gerd, Die westliche Kirche von 10. bis zum frühen 12. Jahrhundert, Göttingen 1988.

5.3.3.2 Mission und Christianisierung

BARTON, Peter F., Geschichte des Christentums in Österreich und Südostmitteleuropa, Wien 1995/1997.
BIRKFELLNER, Gerhard (Hg.), Millenium Russiae Christianae, Köln 1993.
Cristianizzazione ed organizzazione ecclesiastica delle campagne nell'alto medioevo, Spoleto 1982.
EGGERS, Martin, Das Erzbistum des Method, München 1996.
ERICHSEN, Johannes (Hg.), Kilian. Mönch aus Irland, aller Franken Patron, München 1989.
HIGHAM, Nick J., The convert kings. Power and Religious Affiliation in Early Anglo-Saxon England, Manchester 1997.
HYLSON-SMITH, Kenneth, Christianity in England from Roman Times to the Reformation, Bd. 1: From Roman Times to 1066, London 1966.

Kahl, Hans Dietrich, Karl der Große und die Sachsen, in: Herbert Ludat/Rainer C. Schwinges (Hg.), Politik, Gesellschaft, Geschichtsschreibung. Festschrift František Graus, Köln 1982, 49–130.

Kiesel, Georges/Schroeder, Jean (Hg.), Willibrord. Apostel der Niederlande. Gründer der Abtei Echternach. Luxemburg 1989.

Lifshitz, Felice, The Norman Conquest of Pious Neustria, Toronto 1995.

Lynch, Joseph H., Christianizing Kinship, Ithaca/N. Y. 1998.

MacMullen, Ramsay, Christianity and Paganism in the Fourth to Eighth Centuries, New Haven/Conn. 1997.

Müller, Ludolf, Die Taufe Russlands, München 1987.

Ní Chatháin, Próinséas/Richter, Michael (Hg.), Irland und Europa, Stuttgart 1984.

Nolte, Cordula, Conversio und Christianitas. Frauen in der Christianisierung vom 5. bis 8. Jahrhundert, Stuttgart 1995.

Padberg, Lutz E. von, Die Christianisierung Europas im Mittelalter, Stuttgart 1998.

Ders., Mission und Chistianisierung, Stuttgart 1995.

Ders., Missionare und Mönche auf dem Weg nach Rom und Monte Cassino im 8. Jahrhundert, in: ZKiG 111 (2000), 145–168.

Riché, Pierre (Hg.), La christianisation des pays entre Loire et Rhin, Paris 1993.

Röckelein, Hedwig, Reliquientranslationen nach Sachsen im 9. Jahrhundert, Stuttgart 2002.

Russell, James C., The Germanization of Early Medieval Christianity, New York 1994.

Schäferdiek, Knut (Hg.), Kirchengeschichte als Missionsgeschichte, Bd. 2,1: Die Kirche des früheren Mittelalters, München 1978.

Ders., Der Schwarze und der Weiße Hewald. Der erste Versuch einer Sachsenmission, in: Westfälische Zeitschrift 146 (1996), 9–24.

Wittstadt, Klaus (Hg.), St. Kilian. 1300 Jahre Martyrium der Frankenapostel, Würzburg 1989.

Wood, Ian N., The Mission of Augustine of Canterbury to the English, in: Speculum 69 (1994), 1–17.

Ders., The missionary life. Saints and the Evangelisation of Europe, 400–1050, Harlow 2001.

5.3.3.3 Bischöfe, Erzbischöfe, Metropolitanverband

Anton, Hans Hubert, „Bischofsherrschaften" und „Bischofsstaaten" in Spätantike und Frühmittelalter, in: Friedhelm Burgard/Christoph Cluse/Alfred Haverkamp (Hg.), Liber amicorum necnon et amicarum für Alfred Heit, Trier 1996, 461–473.

Baumgart, Susanne, Die Bischofsherrschaft im Gallien des 5. Jahrhunderts, München 1995.

Boshof, Egon, Köln, Mainz, Trier – Die Auseinandersetzungen um die Spitzenstellung im deutschen Episkopat in ottonisch-salischer Zeit, in: Jahrbuch des Kölnischen Geschichtsvereins 49 (1978), 19–48.

Bührer-Thierry, Geneviève, Évêques et pouvoir dans le royaume de Germanie, Paris 1997.

Claude, Dietrich, Die Bestellung der Bischöfe im merowingischen Reich, in: ZRG KA 49 (1963), 1–75.

ERKENS, Franz-Reiner (Hg.), Die früh- und hochmittelalterliche Bischofserhebung im europäischen Vergleich, Köln 1998.
FINCKENSTEIN, Albrecht Finck von, Bischof und Reich. Untersuchungen zum Integrationsprozeß des ottonisch-frühsalischen Reiches (919–1056), Sigmaringen 1989.
FRANK, Hieronymus, Die Klosterbischöfe des Frankenreiches, Münster 1932.
HEINZELMANN, Martin, Bischofsherrschaft in Gallien, Zürich 1976.
JUSSEN, Bernhard, Über 'Bischofsherrschaften' und die Prozeduren politisch-sozialer Umordnung in Gallien zwischen 'Antike' und 'Mittelalter', in: HZ 260 (1995), 673–718.
KAISER, Reinhold, Bischofsherrschaft zwischen Königtum und Fürstenmacht, Bonn 1981.
DERS., Bistumsgründung und Kirchenorganisation im 8. Jahrhundert, in: Harald Dickerhof/Ernst Reiter/Stefan Weinfurter (Hg.), Der hl. Willibald – Klosterbischof oder Bistumsgründer?, Regensburg 1990, 29–67.
MEYER-GEBEL, Marlene, Bischofsabsetzungen in der deutschen Reichskirche vom Wormser Konkordat (1122) bis zum Ausbruch des Alexandrinischen Schismas (1159), Siegburg 1992.
MOR, Carlo Guido (Hg.), I poteri temporali dei vescovi in Italia e in Germania nel Medioevo, Bologna 1979.
MORDEK, Hubert, Bischofsabsetzungen in spätmerowingischer Zeit, in: Ders. (Hg.), Papsttum, Kirche und Recht im Mittelalter. Festschrift Horst Fuhrmann, Tübingen 1991, 31–53.
PRINZ, Friedrich, Die bischöfliche Stadtherrschaft im Frankenreich vom 5. bis zum 7. Jahrhundert, in: HZ 217 (1973), 1–35.
DERS., (Hg.), Herrschaft und Kirche, Stuttgart 1988.
DERS., Herrschaftsformen und Kirche vom Ausgang der Spätantike bis zum Ende der Karolingerzeit, in: Ders. (Hg.), Herrschaft und Kirche, Stuttgart 1988, 1–21.
DERS., Klerus und Krieg im früheren Mittelalter. Untersuchungen zur Rolle der Kirche beim Aufbau der Königsherrschaft, Stuttgart 1971.
SCHEIBELREITER, Georg, Der Bischof in merowingischer Zeit, Wien 1983.
SCHIEFFER, Rudolf, Die Entstehung von Domkapiteln in Deutschland, Bonn 1976.
DERS., Papsttum und Bistumsgründung im Frankenreich, in: Rosalius J. Castillo Lara (Hg.), Studia in honorem Eminentissimi Cardinalis Alphonsi M. Stickler, Rom 1992, 517–528.
SCHOLZ, Sebastian, Transmigration und Translation. Studien zum Bistumswechsel der Bischöfe von der Spätantike bis zum Hohen Mittelalter, Köln 1992.
SERVATIUS, Carlo, „Per ordinationem principes ordinetur". Zum Modus der Bischofsernennung im Edikt Chlothars II. von 614, in: ZKiG 84 (1973), 1–29.
ZIELINSKI, Herbert, Der Reichsepiskopat in spätottonischer und salischer Zeit (1002–1125), T. 1, Stuttgart 1984.

5.3.3.4 Synoden
ANTON, Hans Hubert, Zum politischen Konzept karolingischer Synoden und zur karolingischen Brüdergemeinschaft, in: HJb 99 (1979), 55–132.
BAUER, Thomas, Kontinuität und Wandel synodaler Praxis nach der Reichsteilung von Verdun, in: AHC 23 (1991), 11–114.

CUBITT, Catherine, Anglo-Saxon Church Councils c. 650–c. 850, London 1995.
HARTMANN, Wilfried, Die Konzilien in der vorgratianischen Zeit des Kirchenrechts, in: Peter Landau/Joers Mueller (Hg.), Proceedings of the Ninth International Congress of Medieval Canon Law, Città del Vaticano 1997, 259–286.
DERS., Die Synoden der Karolingerzeit im Frankenreich und in Italien, Paderborn 1989.
HEFELE, C. J./LECLERQ, H., L'histoire des conciles, 11 Bde., Paris 1907–1921 (Nachdruck 1952, Hildesheim 1973).
ORLANDIS, José/RAMOS-LISSON, Domingo, Die Synoden auf der Iberischen Halbinsel bis zum Einbruch des Islam (711), Paderborn 1981.
PONTAL, Odette, Les conciles de la France capétienne jusqu'en 1215, Paris 1995.
DIES., Die Synoden im Merowingerreich, Paderborn 1986.
VOLLRATH, Hanna, Die Synoden Englands bis 1066, Paderborn 1985.
WALDMÜLLER, Lothar, Die Synoden in Dalmatien, Kroatien und Ungarn, Paderborn 1987.
WAVRA, Brigitte, Salzburg und Hamburg. Erzbistumsgründung und Missionspolitik in karolingischer Zeit, Berlin 1991.
WOLTER, Heinz, Die Synoden im Reichsgebiet und in Reichsitalien von 916 bis 1056, Paderborn 1988.

5.3.3.5 Papsttum
BORGOLTE, Michael, Petrusnachfolge und Kaiserimitation, Göttingen 1989 (^{2}1995).
FUHRMANN, Horst, Die Päpste, München 1998.
GRESCHAT, Martin, Das Papsttum, Bd. 1: Von den Anfängen bis zu den Päpsten in Avignon, Stuttgart 1985.
GUSSONE, Nikolaus, Thron und Inthronisation des Papstes von den Anfängen bis zum 12. Jahrhundert, Bonn 1978.
HERBERS, Klaus, Leo IV. und das Papsttum in der Mitte des 9. Jahrhunderts, Stuttgart 1996.
HERRMANN, Klaus-Jürgen, Das Tuskulanerpapsttum (1012–1046), Stuttgart 1973.
MACCARRONE, Michele (Hg.), Il primato del vescovo di Roma nel primo millennio, Città del Vaticano 1991.
Martino I papa (649–653) e il suo tempo, Spoleto 1992.
MITTERMAIER, Karl, Die deutschen Päpste, Graz 1991.
MOEHS, Teta E., Gregorius V, 996–999, Stuttgart 1972.
RICHARDS, Jeffrey, The popes and the papacy in the early middle ages, London 1979.
SCHIMMELPFENNIG, Bernhard, Das Papsttum, Darmstadt 1984 (^{4}1996).
ULLMANN, Walter, Kurze Geschichte des Papsttums im Mittelalter, Berlin 1978.
ZIMMERMANN, Harald, Das Papsttum im Mittelalter, Stuttgart 1981.

5.3.3.6 Klerus, Pfarreien, Niederkirchen, Eigenkirchenwesen
AUER, Leopold, Der Kriegsdienst des Klerus unter den sächsischen Kaisern, in: MIÖG 79 (1971), 316–407; 80 (1972), 48–70.
BORGOLTE, Michael, Stiftergrab und Eigenkirche, in: ZAM 13 (1985), 27–38.
COUTIEZ, Yannick/OVERSTRAETEN, Daniel van (Hg.), La paroisse en questions, Ath 1997.

ERKENS, Franz-Reiner, Das Niederkirchenwesen im Bistum Passau (11.–13. Jh.), in: MIÖG 102 (1994), 53–97.
FEINE, Hans E., Ursprung, Wesen und Bedeutung des Eigenkirchentums, in: MIÖG 58 (1950), 195–208.
HEDWIG, Andreas, Die Eigenkirche in den urbarialen Quellen zur fränkischen Grundherrschaft zwischen Loire und Rhein, in: ZRG KA 78 (1992), 1–64.
LANDAU, Peter, Eigenkirchenwesen, in: Theologische Realenzyklopädie, Bd. 9, Berlin 1982, 399–404.
LUTTERBACH, Hubertus, Die für Kleriker bestimmten Verbote des Waffentragens, des Jagens sowie der Vogel- und Hundehaltung (a. 500–900), in: ZKiG 109 (1998), 149–166.
PARAVICINI BAGLIANI, Agostino, La parrocchia nel medio evo, Rom 1995.
POUNDS, Norman J. G., A History of the English Parish, Cambridge 2000.
REYNOLDS, Roger E., Clerical Orders in the Early Middle Ages, Aldershot 1999.
DERS., Clerics in the Early Middle Ages, Aldershot 1999.
SCHÄFERDIEK, Knut, Das Heilige in Laienhand, in: Henning Schröer/Gerhard Müller (Hg.), Vom Amt des Laien in Kirche und Theologie. Festschrift Gerhard Krause, Berlin 1982, 122–140.
STUTZ, Ulrich, Die Eigenkirche als Element des mittelalterlich-germanischen Kirchenrechts, Berlin 1895 (Nachdruck Darmstadt 1964).

5.3.3.7 Hofkapelle und Reichskirche

BORGOLTE, Michael, Über Typologie und Chronologie des Königskanonikats im europäischen Mittelalter, in: DA 47 (1991), 19–44.
BRANDT, Michael/EGGEBRECHT, Arne (Hg.), Bernward von Hildesheim und das Zeitalter der Ottonen, 2 Bde., Hildesheim 1993.
CRUSIUS, Irene (Hg.), Beiträge zur Geschichte und Struktur der mittelalterlichen Germania Sacra, Göttingen 1989.
FLECKENSTEIN, Josef, Die Hofkapelle der deutschen Könige, 2 Bde., Stuttgart 1959/1966.
DERS., Problematik und Gestalt der ottonisch-salischen Reichskirche, in: Karl Schmid (Hg.), Reich und Kirche vor dem Investiturstreit, Sigmaringen 1985, 83–98.
DERS., Rex Canonicus. Über Entstehung und Bedeutung des mittelalterlichen Königskanonikats, in: Peter Classen/Peter Scheibert (Hg.), Festschrift Percy Ernst Schramm, 2 Bde., Wiesbaden 1964, Bd. 1, 57–71.
FUMAGALLI, Vito, Il potere civile dei vescovi italiani al tempo di Ottone I, in: Carlo G. Mor/Heinrich Schmidinger (Hg.), I poteri temporali dei vescovi in Italia e in Germania nel Medioevo, Bologna 1979, 77–86.
GROTEN, Manfred, Königskanonikat und Krönung, in: DA 48 (1992), 625–629.
DERS., Von der Gebetsverbrüderung zum Königskanonikat, in: HJb 103 (1983), 1–34.
KELLER, Hagen, Die Investitur. Ein Beitrag zum Problem der 'Staatssymbolik' im Hochmittelalter, in: FMSt 27 (1993), 51–86.
KÖHLER, Oskar, Die ottonische Reichskirche, in: Josef Fleckenstein/Karl Schmid (Hg.), Adel und Kirche. Festschrift Gerd Tellenbach, Freiburg 1968, 141–204.
METZ, Wolfgang, Quellenstudien zum *Servitium regis*, in: AfD 22 (1976), 187–271; 24 (1978), 203–291; 31 (1985), 273–326; 38 (1992), 17–68.

Reuter, Timothy, The 'Imperial Church System' of the Ottonian and Salian Rulers, in: JEcclH 33 (1982), 347–374.
Ronig, Franz J. (Hg.), Egbert. Erzbischof von Trier 977–993, 2 Bde., Trier 1993.
Santifaller, Leo, Zur Geschichte des ottonisch-salischen Reichskirchensystems, Wien 1954 (²1964).
Schieffer, Rudolf, Der geschichtliche Ort der ottonisch-salischen Reichskirchenpolitik, Opladen 1998.
Ders., Der ottonische Reichsepiskopat zwischen Königtum und Adel, in: FMSt 23 (1989), 291–301.
Schneider, Reinhard, Wechselwirkungen von kanonischer und weltlicher Wahl, in: Reinhard Schneider/Harald Zimmermann (Hg.), Wahlen und Wählen im Mittelalter, Sigmaringen 1990, 135–171.
Schwartz, Gerhard, Die Besetzung der Bistümer Reichsitaliens unter den sächsischen und salischen Kaisern, Leipzig 1913 (Nachdruck Spoleto 1993).
Vogtherr, Thomas, Die Reichsabteien der Benediktiner und das Königtum im hohen Mittelalter (900–1125), Stuttgart 2000.

5.3.3.8 Mönchtum und Klöster

Angenendt, Arnold, Monachi Peregrini. Studien zu Pirmin und den monastischen Vorstellungen des frühen Mittelalters, München 1972.
Bezzenberger, Günter E. Th., Vom Leben der Kanonissen im Mittelalter, in: Zeitschrift des Vereins für Hessische Geschichte/Landeskunde 99 (1994), 13–25.
Bulst, Neithard, Untersuchungen zu den Klosterreformen Wilhelms von Dijon (962–1031), Bonn 1973.
Constable, Giles/Melville, Gerd/Oberste, Jörg (Hg.), Die Cluniacenser in ihrem politisch-sozialen Umfeld, Münster 1998.
Cowdrey, Herbert E. J., The Cluniacs and the Gregorian Reform, Oxford 1970.
Crick, Julia, The Wealth, Patronage and Connections of Women's Houses in Late Anglo-Saxon England, in: Rev. Bén. 109 (1999), 154–185.
Crusius, Irene (Hg.), Studien zum weltlichen Kollegiatstift in Deutschland, Göttingen 1995.
Derda, Hans-Jürgen, Vita Communis. Studien zur Geschichte einer Lebensform in Mittelalter und Neuzeit, Köln 1992.
Elm, Kaspar/Parisse, Michel (Hg.), Doppelklöster und andere Formen der Symbiose männlicher und weiblicher Religiosen im Mittelalter, Berlin 1992.
Fechter, Johannes, Cluny, Adel und Volk, Tübingen 1966 (Diss. Tübingen 1965).
Felten, Franz J., Äbte und Laienäbte im Frankenreich, Stuttgart 1980.
Ders., Zum Problem der sozialen Zusammensetzung von alten Benediktinerklöstern und Konventen der neuen religiösen Bewegung, in: Alfred Haverkamp (Hg.), Hildegard von Bingen in ihrem historischen Umfeld, Mainz 2000, 189–235.
Frank, Karl Suso, Grundzüge der Geschichte des christlichen Mönchtums, Darmstadt 1975 (⁴1983).
Gleba, Gudrun, Klöster und Orden im Mittelalter, Darmstadt 2002.
Hallinger, Kassius, Gorze – Kluny. Studien zu den monastischen Lebensformen und Gegensätzen im Hochmittelalter, 2 Bde., Rom 1950/1951 (Nachdruck Graz 1971).

Hawel, Peter, Das Mönchtum im Abendland, Freiburg 1993.
Hecht, Konrad, Der St. Galler Klosterplan, Sigmaringen 1984.
Heidebrecht, Petra/Nolte, Cordula, Leben im Kloster, in: Ursula Becher/Jörn Rüsen (Hg.), Weiblichkeit in geschichtlicher Perspektive, Frankfurt am Main 1988, 79–115.
Jenal, Georg, Italia ascetica atque monastica. Die Asketen und das Mönchtum im Italien von den Anfängen bis zu den Langobarden (ca. 150/250–604), 2 Bde., Stuttgart 1995.
Jong, Mayke de, In Samuel's Image. Child Oblation in the Early Medieval West, Leiden 1996 (= überarbeitete Fassung der niederländischen Diss., Amsterdam 1986).
Jestice, Phyllis G., The Gorzian Reform and the light under the bushel, in: Viator 24 (1993), 51–78.
Ders., Wayward Monks and the Religous Revolution of the Eleventh Century, Leiden 1997.
Keller, Hagen/Neiske, Franz (Hg.), Vom Kloster zum Klosterverband. Das Werkzeug der Schriftlichkeit, München 1997.
Kottje, Raymund/Maurer, Helmut (Hg.), Monastische Reformen im 9. und 10. Jahrhundert, Sigmaringen 1989.
Lahaye-Geusen, Maria, Das Opfer der Kinder. Ein Beitrag zur Liturgie- und Sozialgeschichte des Mönchtums im Hohen Mittelalter, Altenberge 1991.
Lawrence, Clifford H., Medieval Monasticism, London 1984 (^{3}2001).
Leyser, Henrietta, Hermits and the New Monasticism, London 1984.
Lourdaux, Willem/Verhelst, Daniël (Hg.), Benedictine Culture 750–1050, Leuven 1983.
Lutterbach, Hubertus, Monachus factus est. Die Mönchwerdung im frühen Mittelalter, Münster 1995.
Marchal, Guy P., Was war das weltliche Kanonikerinstitut im Mittelalter?, in: RHE 94 (1999), 761–807; 95 (2000), 7–53.
Meyer, Marc A., Patronage of the West Saxon Royal Nunneries in Late Anglo-Saxon England, in: Rev. Bén. 91 (1981), 332–358.
Ders., Queens, Convents and Conversion in Early Anglo-Saxon England, in: Rev. Bén. 109 (1999), 90–116.
Milis, Ludo J. R., Angelic Monks and Earthly Men, Woodbridge 1992 (Nachdruck 1999).
Ders., Dispute and settlement in medieval cenobitical rules, in: Bulletin de l'Institut historique belge de Rome 60 (1990), 43–63.
Il monachesimo nell'alto medioevo e la formazione della civiltà occidentale, Spoleto 1957.
Moulin, Leo, La vie quotidienne des religieux du moyen âge, Paris 1978.
Neiske, Franz, Der Konvent des Klosters Cluny zur Zeit des Abtes Maiolus, in: Ders./Dietrich Poeck/Mechthild Sandmann (Hg.), Vinculum Societatis. Festschrift Joachim Wollasch, Sigmaringendorf 1991, 118–156.
Nightingale, John, Monasteries and Patrons in the Gorze Reform, Oxford 2001.
Oexle, Otto Gerhard, Forschungen zu monastischen und geistlichen Gemeinschaften im westfränkischen Bereich, München 1978.

PARISSE, Michel/OEXLE, Otto Gerhard (Hg.), L'abbaye de Gorze du Xe siècle, Nancy 1993.

DERS., Les nonnes au Moyen Age, Le Puy 1983.

DERS./HEILI, Pierre (Hg.), Les chapîtres des dames nobles entre France et Empire, Paris 1998.

POECK, Dietrich W., Cluniacensis Ecclesia. Der cluniacensische Klosterverband (10.–12. Jahrhundert), München 1998.

PRINZ, Friedrich (Hg.), Mönchtum und Gesellschaft im Frühmittelalter, Darmstadt 1976.

DERS., Frühes Mönchtum im Frankenreich, München 1965 (Darmstadt ²1988).

DERS., Grundzüge der Entfaltung des abendländischen Mönchtums bis zu Karl dem Großen, in: StMittOSB 102 (1991), 209–230.

RICHTER, Helmut (Hg.), Cluny. Beiträge zu Gestalt und Wirkung der cluniazensischen Reform, Darmstadt 1975.

ROSENWEIN, Barbara H., To Be the Neighbor of Saint Peter. The Social Meaning of Cluny's Property, 909–1049, Ithaca 1989.

DERS./HEAD, Thomas/FARMER, Sharon A., Monks and Their Enemies, in: Speculum 66 (1991), 764–796.

SCHÄFER, Dorothee, Studien zu Poppo von Stablo und den Klosterreformen im 11. Jahrhundert, München 1991 (Diss. 1990).

SCHIEFFER, Rudolf, Die Entstehung von Domkapiteln in Deutschland, Bonn 1976 (Nachdruck 1982).

SCHILP, Thomas, Norm und Wirklichkeit religiöser Frauengemeinschaften im Frühmittelalter, Göttingen 1998.

SCHMID, Karl (Hg.), Die Klostergemeinschaft von Fulda im früheren Mittelalter, 3 Bde. (5 Teilbde.), München 1978.

DERS., Die Mönchsgemeinschaft von Fulda als sozialgeschichtliches Problem, in: FMSt 4 (1970), 173–200.

SCHULENBURG, Jane Tibbets, Strict Active Enclosures and Its Effect on the Female Monastic Experience 500–1100, in: John A. Nichols/Lillian T. Shank (Hg.), Medieval Religious Women, 3 Bde., Kalamazoo 1984–1995, Bd. 1, 51–86.

SEMMLER, Josef, Benediktinische Reform und kaiserliches Privileg, in: Girolamo Arnaldi (Hg.), Società, istituzioni, spiritualità. Studi in onore di Cinzio Violante, 2 Bde., Spoleto 1994, Bd. 2, 787–823.

DERS., Die Klosterreform von Siegburg, Bonn 1959.

DERS., Traditio und Königsschutz, in: ZRG KA 45 (1959), 1–33.

STIENNON, Jacques, Quelques reflexions sur les moines et la création artistique dans l'Occident du Haut Moyen Age (VIIIe–XIe siècle), in: Rev. Bén. 103 (1993), 153–168.

TELLENBACH, Gerd (Hg.), Neue Forschungen über Cluny und die Cluniazenser, Freiburg 1959.

VALOUS, Guy de, Le monachisme clunisien des origines au XVe siècle, 2 Bde., Paris 1935 (²1970).

VENARDE, Bruce L., Women's Monasticism and Medieval Society, Ithaca/N. Y. 1997.

WEHLT, Hans-Peter, Reichsabtei und König, dargestellt am Beispiel der Abtei Lorsch mit Ausblicken auf Hersfeld, Stablo und Fulda, Göttingen 1970.

WHITE, Stephen D., Custom, Kinship, and Gifts to Saints, Chapel Hill/N. C. 1988.
WIECH, Martina, Das Amt des Abtes im Konflikt, Siegburg 1999.
WOLLASCH, Joachim, Cluny – 'Licht der Welt', Zürich 1996 (Düsseldorf ²2002).
DERS., Mönchtum des Mittelalters zwischen Kirche und Welt, München 1973.
DERS., Neue Methoden zur Erforschung des Mönchtums im Mittelalter, in: HZ 225 (1977), 529–571.
WOOD, Diana (Hg.), The Church and Childhood, Oxford 1994.
ZIMMERMANN, Gerd, Ordensleben und Lebensstandard, 2 Teile, Münster 1973 (Nachdruck Berlin 1999).

5.3.3.9 Religiöses Leben

5.3.3.9.1 Allgemeines
ANGENENDT, Arnold/BRAUCKS, Thomas/BUSCH, Rolf/LENTES, Thomas/LUTTERBACH, Hubertus, Gezählte Frömmigkeit, in: FMSt 29 (1995), 1–71.
BROOKE, Rosalind/BROOKE, Christopher, Popular religion in the middle ages, London 1984.
CHÉLINI, Jean, L'Aube du Moyen Age. Naissance de la Chrétienté occidentale, Paris 1991.
HEN, Yitzhak, Culture and Religion in Merovingian Gaul A. D. 481–751, Leiden 1995.
LAUWERS, Michel, Le cimetière chrétien, in: Annales 54 (1999), 1047–1072.
MCGINN, Bernard/MEYENDORFF, John/LECLERCQ, Jean (Hg.), Christian Spirituality, Bd. 1, New York 1985 (dt. Geschichte der christlichen Spiritualität, Bd. 1, Würzburg 1993).
MERDRIGNAC, Bernard, La vie religieuse en France au Moyen Âge, Paris 1994.
SCHALLER, Hans Martin, Der heilige Tag als Termin mittelalterlicher Staatsakte, in: DA 30 (1974), 1–24.
VAUCHEZ, André, La spiritualité du moyen âge occidental, VIIIe–XIIe siècles, Paris 1975 (erweiterte Neuausgabe 1994).

5.3.3.9.2 Heidnische und christliche Vorstellungswelten
FLINT, Valerie I. J., The Rise of Magic in Early Medieval Europe, Oxford 1991 (Nachdruck 2001).
DIES., The Transmission of Astrology in the Early Middle Ages, in: Viator 21 (1990), 1–27.
KECK, David, Angels and Angelology in the Middle Ages, New York 1998.
KIECKHEFER, Richard, Magie im Mittelalter, München 1992.
KÜNZEL, Rudi, Paganisme, syncrétisme et culture religieuse populaire au haut moyen âge, in: Annales 47 (1992), 1055–1069.
MOSTERT, Marco/DEMYTTENAERE, Albert (Hg.), De betovering van het middeleeuwse christendom, Hilversum 1995.
PADBERG, Lutz E. von, Odin oder Christus? Loyalitäts- und Orientierungskonflikte in der frühmittelalterlichen Christianisierungsepoche, in: AKG 77 (1995), 249–278.
PAXTON, Frederick S., Christianizing Death, Ithaca 1990.
SCHEIBELREITER, Georg, Die barbarische Gesellschaft, Darmstadt 1999.

5.3.3.9.3 Heiligen- und Reliquienkult

ALBERT, Bat-Sheva, Le pèlerinage à l'époque carolingienne, Louvain-la-Neuve 1999.
ANGENENDT, Arnold, Heilige und Reliquien, München 1994 (²1997).
BIRCH, Debra J., Pilgrimage to Rome in the Middle Ages, Woodbridge 1998.
BOZÓKY, Edina/HELVÉTIUS, Anne-Marie (Hg.), Les reliques, Turnhout 1999.
FICHTENAU, Heinrich, Zum Reliquienwesen im früheren Mittelalter, in: MIÖG 60 (1952), 60–89.
Les fonctions des saints dans le monde occidental (IIIe–XIIIe siècle), Paris 1991.
GEARY, Patrick J., Furta sacra. Thefts of relics in the central middle ages, Princeton 1978.
DERS., La coercition des saints dans la pratique religieuse médiévale, in: Pierre Boglioni (Hg.), La culture populaire au Moyen Age, Montreal 1979, 146–161 (engl. in: Ders., Living with the Dead in the Middle Ages, Ithaca 1994, 116–124).
DERS., L'humiliation des saints, in: Annales 34 (1979), 27–42 (engl. in: Ders., Living with the Dead in the Middle Ages, Ithaca 1994, 95–115).
GRAUS, František, Volk, Herrscher und Heiliger im Reich der Merowinger, Prag 1965.
HEFFERNAN, Thomas J., Sacred Biography, New York 1988.
HEINZELMANN, Martin (Hg.), L'hagiographie du haut moyen âge en Gaule du Nord, Stuttgart 2001.
NAHMER, Dieter von der, Die lateinische Heiligenvita, Darmstadt 1994.
PETERSOHN, Jürgen, Bischof und Heiligenverehrung, in: RQA 91 (1996), 207–229.
DERS. (Hg.), Politik und Heiligenverehrung im Hochmittelalter, Sigmaringen 1994.
PHILIPPART, Guy (Hg.), Hagiographies, bislang 3 Bde., Turnhout 1994–2001.
ROLLASON, David, Saints and relics in Anglo-Saxon England, Cambridge 1989.
Santi e demoni nell'alto medioevo (secoli V–XI), Spoleto 1989.
WARD, Benedicta, Miracles and the Medieval Mind, London 1982 (Nachdruck 1987).
WEBB, Diana, Pilgrims and Pilgrimage in the Medieval West, London 1999.
DIES., Pilgrimage in medieval England, London 2000.

5.3.3.9.4 Liturgie, Bußpraxis und Totenmemoria

ALTHOFF, Gerd, Adels- und Königsfamilien im Spiegel ihrer Memorialüberlieferung, München 1984.
GEARY, Patrick J., Living with the Dead in the Middle Ages, Ithaca 1994.
GERCHOW, Jan, Die Gedenküberlieferung der Angelsachsen, Berlin 1988.
HAMILTON, Sarah, The Practice of Penance 900–1050, Woodbridge 2001.
OEXLE, Otto Gerhard (Hg.), Memoria als Kultur, Göttingen 1995.
DERS., Memoria und Memorialüberlieferung im früheren Mittelalter, in: FMSt 10 (1976), 70–95.
DERS./GEUENICH, Dieter (Hg.), Memoria in der Gesellschaft des Mittelalters, Göttingen 1994.
REPSHER, Brian, The Rite of Church Dedication in the Early Medieval Era, Lewiston/N. Y. 1998.
SCHMID, Karl/WOLLASCH, Joachim, Societas et Fraternitas. Begründung eines kommentierten Quellenwerkes zur Erforschung der Personen und Personengruppen des Mittelalters, in: FMSt 9 (1975), 1–48.

DERS./WOLLASCH, Joachim, Memoria. Der geschichtliche Zeugniswert des liturgischen Gedenkens im Mittelalter, München 1984.
SCHOLZ, Sebastian, Das Grab in der Kirche – Zu seinen theologischen und rechtlichen Hintergründen in Spätantike und Frühmittelalter, in: ZRG KA 115 (1998), 270–306.
WAGNER, Wolfgang, Das Gebetsgedenken der Liudolfinger im Spiegel der Königs- und Kaiserurkunden von Heinrich I. bis zu Otto III., in: AfD 40 (1994), 1–78.

5.3.3.9.5 Theologische Streitigkeiten und Häresien
GOEZ, Werner, Kirchenreform und Investiturstreit 910–1122, Stuttgart 2000.
GORRE, Renate, Die Ketzer im 11. Jahrhundert, Konstanz 1982 (²1985).
NAGEL, Helmut, Karl der Große und die theologischen Herausforderungen seiner Zeit, Frankfurt am Main 1998.
SZABÓ-BECHSTEIN, Brigitte, Libertas Ecclesiae. Ein Schlüsselbegriff des Investiturstreites und seiner Vorgeschichte, Rom 1985.
WERNER, Ernst, Häresie und Gesellschaft im 11. Jh., Berlin 1975.
DERS., Religiöse Bewußtseinsformen im 11. Jh., in: ZfG 33 (1985), 40–61.
ZECHIEL-ECKES, Klaus, Florus von Lyon, Amalarius von Metz und der Traktat über die Bischofswahl, in: Rev. Bén. 106 (1996), 109–133.
DERS., Florus von Lyon als Kirchenpolitiker und Publizist, Stuttgart 1999.

5.3.4 Kultur, Alltag, Mentalität

5.3.4.1 Allgemeines
GOETZ, Hans-Werner (Hg.), Mediävistik als Kulturwissenschaft?, Berlin 2000.
HAWKES, Jane/MILLS, Susan, Northumbria's Golden Age, Stroud 1999.
LE GOFF, Jacques (Hg.), Der Mensch des Mittelalters, Frankfurt am Main 1989.
OCHSENBEIN, Peter (Hg.), Das Kloster St. Gallen im Mittelalter, Darmstadt 1999.
SCHRIMPF, Gangolf (Hg.), Kloster Fulda in der Welt der Karolinger und Ottonen, Frankfurt am Main 1996.
VOGLER, Werner (Hg.), Die Kultur der Abtei St. Gallen, Zürich 1990.
WEIDEMANN, Margarethe, Kulturgeschichte der Merowingerzeit nach den Werken Gregors von Tours, 2. Bde., Mainz 1982.

5.3.4.2 Bildung und Wissenschaft
ABELSON, Paul, The Seven Liberal Arts, New York 1965.
BERGMANN, Werner, Innovationen im Quadrivium des 10. und 11. Jahrhunderts, Wiesbaden 1985.
BERNARDO, Aldo S./LEVIN, Saul (Hg.), The Classics in the Middle Ages, Binghamton 1990.
BERNDT, Rainer (Hg.), Das Frankfurter Konzil von 794, 2 Bde., Mainz 1997.
BISCHOFF, Bernhard, Die Bibliothek im Dienste der Schule, in: La scuola nell'occidente latino dell'alto medioevo, Spoleto 1972, 385–415.
BORST, Arno, Astrolab und Klosterreform an der Jahrtausendwende, Heidelberg 1989.
DERS., Die karolingische Kalenderreform, Hannover 1998.
BOSHOF, Egon, Erzbischof Agobard von Lyon, Köln 1969.

BULLOUGH, Donald A., Carolingian Renewal, Manchester 1991.
DERS., Roman books and Carolingian renovatio, in: Ders., Carolingian Renewal: Sources and Heritage, Manchester 1991, 1–38.
CALLEBAT, Louis/DESBORDES, Olivier (Hg.), Science antique, Science médiévale, Hildesheim 2000.
CONTRENI, John J., Carolingian Learning, Masters and Manuscripts, Aldershot 1992.
DERS., The Carolingian Renaissance, in: W. Treadgold (Hg.), Renaissances before the Renaissance, Stanford 1984, 59–74.
DERS., The Carolingian renaissance: education and literary culture, in: Rosamond McKitterick (Hg.), New Cambridge Medieval History, Bd. 2, 709–757.
DALES, Richard C., The Intellectual Life of Western Europe in the Middle Ages, Washington 1980 (^{3}1995).
DEPREUX, Philippe, Ambitions et limites des réformes culturelles à l'époque carolingienne, in: RH 623 (2002), 721–754.
DERS., Büchersuche und Büchertausch im Zeitalter der karolingischen Renaissance am Beispiel des Briefwechsels des Lupus von Ferrières, in: AKG 76 (1994), 267–284.
DETTE, Christoph, Schüler im frühen und hohen Mittelalter, in: StMittOSB 105 (1994), 1–64.
DIAZ Y DIAZ, Manuel C., Problemas culturales en la Hispania tardo-romana y visigoda, in: De la antigüedad al medioevo. Siglos IV–VIII., o. O. 1993, 9–32.
EDELSTEIN, W., Eruditio und sapientia. Weltbild und Erziehung in der Karolingerzeit, Freiburg im Breisgau 1965.
EHLERS, Joachim, Dom- und Klosterschulen in Deutschland und Frankreich im 10. und 11. Jh., in: Martin Kintzinger/Sönke Lorenz/Michael Walter (Hg.), Schule und Schüler im Mittelalter, Köln 1996, 29–52.
ENGLISCH, Brigitte, Die Artes liberales im frühen Mittelalter (5.–9. Jh.), Stuttgart 1994.
FLECKENSTEIN, Josef, Alkuin im Kreis der Hofgelehrten Karls des Großen, in: Paul L. Butzer/Dietrich Lohrmann (Hg.), Science in western and eastern civilization in Carolingian times, Basel 1993, 3–21.
DERS., Die Bildungsreform Karls des Großen als Verwirklichung der norma rectitudinis, Bigge/Ruhr 1953.
FRIED, Johannes (Hg.), Dialektik und Rhetorik im früheren und hohen Mittelalter. Rezeption, München 1997.
GLAUCHE, Günter, Schullektüre im Mittelalter, München 1970.
GOMBOCZ, Wolfgang L., Die Philosophie der ausgehenden Antike und des frühen Mittelalters, München 1997.
GRETSCH, Mechthild, The Intellectual Foundations of the English Benedictine Reform, Cambridge 1999.
GUERREAU-JALABERT, Anita, La „Renaissance carolingienne", in: BECh 139 (1981), 5–35.
HEINZELMANN, Martin, „Studia sanctorum". Education, milieux d'instruction et valeurs éducatives dans l'hagiographie en Gaule jusqu'à la fin de l'époque mérovingienne, in: Michel Sot (Hg.), Haut Moyen-Age. Culture, Éducation et Société. Etudes offertes à P. Riché, La Garenne-Colombes 1990, 105–138.
HILDEBRANDT, Madge M., The External School in Carolingian Society, Leiden 1992.

ILLMER, Detlef, Formen der Erziehung und Wissensvermittlung im frühen Mittelalter, München 1971.
JAEGER, C. Stephen, The Envy of Angels. Cathedral Schools and Social Ideals in Medieval Europe, 950–1200, Philadelphia 1994.
KOCH, Josef (Hg.), Artes liberales, Leiden 1959.
KÖLMEL, Wilhelm, Imago mundi. Studien zum mittelzeitlichen Weltverständnis, Hamburg 1995
KOTTJE, Raymund, Einheit und Vielfalt des kirchlichen Lebens in der Karolingerzeit, in: ZKiG 76 (1965), 323–342.
LAPIDGE, Michael, Anglo-Latin Literature 900–1066, London 1993; Anglo-Latin Literature 600–899, London 1996.
LAW, Vivien, The Insular Latin Grammarians, Woodbridge 1982.
DIES., Wisdom, Authority and Grammar in the Seventh Century, Cambridge 1995.
DIES., Grammar and Grammarians in the Early Middle Ages, London 1997.
LECLERCQ, Jean, L'amour des lettres et le désir de Dieu, Paris 1957 (dt. Wissenschaft und Gottverlangen, Düsseldorf 1963).
LEONARDI, Claudio (Hg.), Giovanni Scoto nel suo tempo, Spoleto 1989.
DERS./CREMASCOLI, Giuseppe (Hg.), La Bibbia nel Medioevo, Bologna 1996.
LEVY, Bernard S. (Hg.), The Bible in the Middle Ages, Binghamton 1992.
LINDGREN, Uta, Gerbert von Aurillac und das Quadrivium, Wiesbaden 1976.
MARENBON, John, Aristotelian Logic, Platonism and the Context of Early Medieval Philosophy in the West, Aldershot 2000.
DERS., Carolingian thought, in: Paul Leo Butzer (Hg.), Science in western and eastern civilization in Carolingian times, Basel 1993, 171–192.
DERS., From the Circle of Alcuin to the School of Auxerre, Cambridge 1981.
DERS., Logic and theology at the court of Charlemagne, in: Ders., From the Circle of Alcuin to the School of Auxerre, Cambridge 1981, 30–66.
MCCLUSKEY, Stephen C., Astronomies and Cultures in Early Medieval Europe, Cambridge 1998.
MCKITTERICK, Rosamond, Carolingian book production: some problems, in: The Library 6/12 (1990), 1–33.
DIES. (Hg.), Carolingian culture, Cambridge 1994.
DIES., Books, scribes and learning in the Frankish Kingdoms 6th–9th centuries, Aldershot 1994.
MORAN, Dermot, The philosophy of John Scottus Eriugena, Cambridge 1989.
MOSTERT, Marco, The Political Theology of Abbo of Fleury, Hilversum 1987.
NELSON, Janet L., On the limits of the Carolingian Renaissance, in: Derek Baker (Hg.), Renaissance and Renewal in Christian History, Oxford 1977, 51–59 (auch in: Dies., Politics and Ritual in Early Medieval Europe, London 1986, 49–68).
PAUL, Jacques, Histoire intellectuelle de l'occident médiéval, Paris 1973.
RICHÉ, Pierre, Éducation et culture dans l'occident barbare, VIe–VIIIe siècles, Paris 1962.
DERS., Les écoles et l'enseignement dans l'occident chrétien de la fin du Ve siècle au milieu du XIe siècle, Paris 1979.
DERS./LOBRICHON, Pierre (Hg.), Le Moyen Age et la Bible, Paris 1984.
RUDNICK, Ulrich, Das System des Johannes Scottus Eriugena, Frankfurt am Main 1990.

SCHARER, Anton, Herrschaft und Repräsentation. Studien zur Hofkultur König Alfreds des Großen, Wien 2000.
SMALLEY, Beryl, The Study of the Bible in the Middle Ages, Oxford 1941 (³1983).
STAUBACH, Nikolaus, „Cultus divinus" und karolingische Reform, in: FMSt 18 (1984), 546–581.
SULLIVAN, Richard E. (Hg.), „The Gentle Voices of Teachers". Aspects of Learning in the Carolingian Age, Columbus/Ohio 1995.
TROMPF, Garry W., The concept of the Carolingian Renaissance, in: JHIdeas 34 (1973), 3–26.
WALTER, Michael, *Sunt preterea multa quae conferri magis quam scribi oportet*. Zur Materialität der Kommunikation im mittelalterlichen Gesangsunterricht, in: Martin Kintzinger/Sönke Lorenz/Michael Walter (Hg.), Schule und Schüler im Mittelalter, Köln 1996, 111–143.

5.3.4.3 Lateinische und volkssprachliche Dichtung

BRUNHÖLZL, Franz, Geschichte der lateinischen Literatur des Mittelalters, Bd. 1: Von Cassidor bis zum Ausklang der karolingischen Erneuerung, München 1975 (²1996); Bd. 2: Die Zwischenzeit vom Ausgang des Karolingischen Zeitalters bis zur Mitte des 11. Jahrhunderts, München 1992.
BUSSE, Wilhelm, Altenglische Literatur und ihre Geschichte, Düsseldorf 1987.
HAUBRICHS, Wolfgang, Von den Anfängen zum hohen Mittelalter. Teil 1: Die Anfänge: Versuche volkssprachiger Schriftlichkeit im frühen Mittelalter, Tübingen ²1995.
KARTSCHOKE, Dieter, Geschichte der deutschen Literatur im frühen Mittelalter, München 1990.
SEE, Klaus von (Hg.), Neues Handbuch der Literaturwissenschaft: Europäisches Frühmittelalter, Wiesbaden 1985.

5.3.4.4 Kunst

BRAUNFELS, Wolfgang, Die Kunst im Heiligen Römischen Reich Deutscher Nation, Bd. 6: Das Werk der Kaiser, Bischöfe, Äbte und ihrer Künstler, 750–1250, München 1989.
GRODECKI, Louis/MÜTHERICH, Florentine/TARALON, Jean/WORMALD, Francis, Die Zeit der Ottonen und Salier, München 1973.
HUBERT, Jean/PORCHER, Jean/VOLBACH, W. Fritz, Frühzeit des Mittelalters, München 1968.
DERS./PORCHER, Jean/VOLBACH, W. Fritz, Die Kunst der Karolingerzeit, München 1969.
JACOBSEN, Werner u. a. (Hg.), Vorromanische Kirchenbauten, München 1966–1971 (Nachdruck 1990).
KÖHLER, Wilhelm (Hg.), Die karolingischen Miniaturen, 6 Bde., Berlin 1930–1994.
MAYR-HARTING, Henry, Ottonische Buchmalerei, Stuttgart 1991.
REUDENBACH, Bruno, Rectitudo als Projekt: Bildpolitik und Bildungsreform Karls des Großen, in: Ursula Schaefer (Hg.), Artes im Mittelalter, Berlin 1999, 283–308.
SKUBISZEWSKI, Piotr, L'arte europea dal VI al IX secolo, Turin 1995 (franz. L'art du Haut Moyen Âge. L'art européen du VIᵉ au IXᵉ siècle, Paris 1998).

5.3.4.5 Volkskultur – Elitekultur

CHARTIER, Roger, Volkskultur und Gelehrtenkultur, in: Hans U. Gumbrecht/Ursula Link-Heer (Hg.), Epochenschwellen und Epochenstrukturen im Diskurs der Literatur- und Sprachhistorie, Frankfurt am Main 1985, 376–388.

DINZELBACHER, Peter, Volkskultur und Hochkultur im Spätmittelalter, in: Ders./Hans-Dieter Mück (Hg.), Volkskultur des europäischen Spätmittelalters, Stuttgart 1987, 1–14.

GOETZ, Hans-Werner/SAUERWEIN, Friederike (Hg.), Volkskultur und Elitekultur im frühen Mittelalter, Krems 1997.

GURJEWITSCH, Aaron, Mittelalterliche Volkskultur, München 1987.

LAUWERS, Michel, „Religion populaire", culture folklorique, mentalités, in: RHE 82 (1987), 221–258.

5.3.4.6 Schriftlichkeit und Mündlichkeit

ALTHOFF, Gerd, Empörung, Tränen, Zerknirschung: „Emotionen" in der öffentlichen Kommunikation des Mittelalters, in: FMSt 30 (1996), 60–79.

ALTHOFF, Gerd (Hg.), Formen und Funktionen öffentlicher Kommunikation im Mittelalter, Stuttgart 2001.

DERS., Rituale – symbolische Kommunikation. Zu einem neuen Feld der historischen Mittelalterforschung, in: GWU 50 (1999), 140–154.

DERS., Verformungen durch mündliche Tradition, in: Hagen Keller/Nikolaus Staubach (Hg.), Iconologia sacra. Festschrift Karl Hauck, Berlin 1994, 438–450.

DERS., Zur Bedeutung symbolischer Kommunikation für das Verständnis des Mittelalters, in: FMSt 31 (1997), 370–389.

BANNIARD, Michel, Viva voce. Communication écrite et communication orale du IVe au IXe siècle en Occident latin, Paris 1992.

BÜHLER, Arnold, Capitularia Relecta. Studien zur Entstehung und Überlieferung der Kapitularien Karls des Großen und Ludwigs des Frommen, in: AfD 32 (1986), 305–501.

CLANCHY, Michael T., From Memory to Written Record. England 1066–1307, Oxford 1979 (^{2}1995).

EGGER, Christoph/WEIGL, Herwig (Hg.), Text – Schrift – Codex, Wien 2000.

ELLIS, Roger/TIXIER, René/WEITEMEIER, Bernd (Hg.), The Medieval Translator, Turnhout 1998.

FRIED, Johannes, Die Kunst der Aktualisierung in der oralen Gesellschaft, in: GWU 44 (1993), 493–503.

GANSHOF, François-Louis, Was waren die Kapitularien?, Darmstadt 1961.

GREEN, Dennis H., Medieval listening and reading, Cambridge 1994.

GRUBMÜLLER, Klaus/KELLER, Hagen/STAUBACH, Nikolaus (Hg.), Pragmatische Schriftlichkeit im Mittelalter, München 1992.

HÄGERMANN, Dieter, Zur Entstehung der Kapitularien, in: Waldemar Schlögl/Peter Herde (Hg.), Grundwissenschaften und Geschichte. Festschrift Peter Acht, Kallmünz 1976, 12–27.

HECK, Philipp, Übersetzungsprobleme im frühen Mittelalter, Tübingen 1931 (Nachdruck Hildesheim 1977).

KASPER, Clemens M./SCHREINER, Klaus (Hg.), Viva vox und ratio scripta. Mündliche und schriftliche Kommunikationsformen im Mönchtum des Mittelalters, Münster 1997.

MCKITTERICK, Rosamond (Hg.), The Uses of Literacy in Early Medieval Europe, Cambridge 1990 (Nachdruck 1998).

DIES., The Carolingians and the Written Word, Cambridge 1989 (Nachdruck 1995).

MORDEK, Hubert, Karolingische Kapitularien, in: Ders. (Hg.), Überlieferung und Geltung normativer Texte des frühen und hohen Mittelalters, Sigmaringen 1986, 25–50.

MOSTERT, Marco (Hg.), New Approaches to Medieval Communication, Turnhout 1999.

DERS., Oraliteit, Amsterdam 1998.

OLBERG, Gabriele von, Übersetzungsprobleme beim Umgang mit mittelalterlichen Rechtstexten, in: ZRG GA 110 (1993), 406–457.

ONG, Walter J., Orality and Literacy, London 1982 (dt. Oralität und Literalität, Opladen 1987).

RICHTER, Michael, The Formation of the Medieval West, Dublin 1994.

DERS., The Oral Tradition in the Early Middle Ages, Turnhout 1994.

SCHAEFER, Ursula (Hg.), Schriftlichkeit im frühen Mittelalter, Tübingen 1993.

SCHIEFFER, Rudolf (Hg.), Schriftkultur und Reichsverwaltung unter den Karolingern, Opladen 1996.

SCHNEIDER, Reinhard, Zur rechtlichen Bedeutung der Kapitularientexte, in: DA 23 (1967), 273–294.

STOCK, Brian, The Implications of Literacy: Written Language and Models of Interpretation in the Eleventh and Twelfth Centuries, Princeton/N. J. 1983.

VOLLRATH, Hanna, Das Mittelalter in der Typik oraler Gesellschaften, in: HZ 233 (1981), 571–594.

DIES., Oral Modes of Perception in Eleventh-Century Chronicles, in: Alger N. Doane/Carol Braun Pasternack (Hg.), Vox intexta. Orality and Textuality in the Middle Ages, Madison 1991, 102–111.

5.3.4.7 Alltag, Alltagsgeschichte

ALTENBURG, Detlev/JARNUT, Jörg/STEINHOFF, Hans-Hugo (Hg.), Feste und Feiern im Mittelalter, Sigmaringen 1991.

BORGOLTE, Michael, Conversio Cottidiana. Zeugnisse vom Alltag in frühmittelalterlicher Überlieferung, in: Hans U. Nuber/Karl Schmid (Hg.), Archäologie und Geschichte des ersten Jahrtausends in Südwestdeutschland, Sigmaringen 1990, 295–385.

DELORT, Robert, La vie au moyen âge, Paris 1982.

FELGENHAUER-SCHMIEDT, Sabine, Die Sachkultur des Mittelalters im Lichte der archäologischen Funde, Frankfurt am Main 1993.

GEHL, Günter/REICHERTZ, Mathilde (Hg.), Leben im Mittelalter, 3 Bde., Weimar 1996–1999.

GOETZ, Hans-Werner, Geschichte des mittelalterlichen Alltags, in: Gerhard Jaritz (Hg.), Mensch und Objekt im Mittelalter und in der frühen Neuzeit, Wien 1990, 67–101.

DERS., Kirchenfest und weltliches Alltagsleben im früheren Mittelalter, in: Mediaevistik 2 (1989), 123–171.

Jaritz, Gerhard (Hg.), Mensch und Objekt im Mittelalter und in der frühen Neuzeit, Wien 1990.
Ders., Zwischen Augenblick und Ewigkeit. Einführung in die Alltagsgeschichte des Mittelalters, Wien 1989.
Jarnut, Jörg, Konsumvorschriften im Früh- und Hochmittelalter, in: Trude Ehlert (Hg.), Haushalt und Familie in Mittelalter und früher Neuzeit, Sigmaringen 1991, 119–128.
Lutterbach, Hubertus, Sexualität im Mittelalter, Köln 1999.
Magennis, Hugh, Anglo-Saxon Appetites. Food and Drink and their Consumption in Old English and Related Literature, Dublin 1999.
Pastoureau, Michel (Hg.), Le vêtement, Paris 1989.
Piponnier, Françoise/Mane, Perrine, Se vêtir au Moyen Âge, Paris 1995.
Pognon, Edmond, La vie quotidienne en l'an mil, Paris 1981 (Nachdruck 1992).
Riché, Pierre, La vie quotidienne dans l'Empire carolingien, Paris 1973 (dt. Die Welt der Karolinger, Stuttgart ²1999).
Salisbury, Joyce E., Medieval Sexuality, New York 1990.
Schubert, Ernst, Alltag im Mittelalter, Darmstadt 2002.
Veyne, Paul (Hg.), Histoire de la vie privée, Bd. 1, Paris 1985 (dt. Geschichte des privaten Lebens, Bd. 1: Vom Römischen Imperium zum Byzantinischen Reich, Frankfurt am Main 1989).

5.3.4.8 Vorstellungswelt und Mentalität

Althoff, Gerd, Gefühle in der öffentlichen Kommunikation des Mittelalters, in: Claudia Benthien/Anne Fleig/Ingrid Kasten (Hg.), Emotionalität, Köln 2000, 82–99.
Ariès, Philippe, L'homme devant la mort, Paris 1977 (dt. Geschichte des Todes, München ⁹1999).
Borgolte, Michael, „Selbstverständnis" und „Mentalitäten". Bewußtsein, Verhalten und Handeln mittelalterlicher Menschen im Verständnis moderner Historiker, in: AKG 79 (1997), 189–210.
Borst, Arno/Graevenitz, Gerhart von/Patschovsky, Alexander/Stierle, Karlheinz (Hg.), Tod im Mittelalter, Konstanz 1993 (²1995).
Brown, Peter, Vers la naissance du purgatoire, in: Annales 52 (1997), 1247–1261.
Carruthers, Mary, The Craft of Thought, Cambridge 1998.
Dinzelbacher, Peter (Hg.), Europäische Mentalitätsgeschichte, Stuttgart 1993.
Ders., Angst im Mittelalter, Paderborn 1996.
Dutton, Paul E., The Politics of Dreaming in the Carolingian Empire, Lincoln 1994.
Epp, Verena, Amicitia. Zur Geschichte personaler, sozialer, politischer und geistlicher Beziehungen im frühen Mittelalter, Stuttgart 1999.
Fichtenau, Heinrich, Lebensordnungen des 10. Jahrhunderts, 2 Bde., Stuttgart 1984.
Goetz, Hans-Werner, Ein Leben für den Tod? Todes- und Jenseitsvorstellungen im Mittelalter, in: Gerd Althoff/Ders./Ernst Schubert (Hg.), Menschen im Schatten der Kathedrale, Darmstadt 1998, 171–204.
Ders., Zur Mentalität bäuerlicher Schichten, in: VSWG 80 (1993), 153–174.
Graus, František, Mentalität – Versuch einer Begriffsbestimmung und Methoden der Untersuchung, in: Ders. (Hg.), Mentalitäten im Mittelalter, Sigmaringen 1987, 9–48.

GURJEWITSCH, Aaron J., Stimmen des Mittelalters – Fragen von heute, Frankfurt am Main 1993.
HASELDINE, Julian (Hg.), Friendship in Medieval Europe, Stroud 1999.
KORTÜM, Hans-Henning, Menschen und Mentalitäten, Berlin 1996.
KRUGER, Steven F., Dreaming in the Middle Ages, Cambridge 1992.
LAUWERS, Michel, La mort et le corps des saints, in: MA 94 (1988), 21–50.
LE GOFF, Jacques, Naissance du Purgatoire, Paris 1981 (dt. Die Geburt des Fegefeuers, Stuttgart 1984).
MACGUIRE, Brian P., Friendship and Community. The Monastic Experience 350–1250, Kalamazoo 1988.
NITSCHKE, August, Fremde Wirklichkeiten, Bd. 2: Dynamik der Natur und Bewegungen der Menschen, Goldbach 1995.
OEXLE, Otto Gerhard, Die Gegenwart der Toten, in: Herman Braet/Werner Verbeke (Hg.), Death in the Middle Ages, Leuven 1983, 19–77.
ROSENWEIN, Barbara (Hg.), Anger's Past. The Social Uses of an Emotion in the Middle Ages, Ithaca/N. Y. 1998.
RUSSELL, Jeffrey B., A History of Heaven. The Singing Silence, Princeton 1997 (dt. Geschichte des Himmels, Wien 1999).
SCHULZE, Hans K., Mediävistik und Begriffsgeschichte, in: Kurt-Ulrich Jäschke/Reinhard Wenskus (Hg.), Festschrift Helmut Beumann, Sigmaringen 1977, 388–405.
SPRANDEL, Rolf, Mentalitäten und Systeme, Stuttgart 1972.
VERDON, Jean, La nuit au moyen âge, Paris 1994.

5.3.4.9 Historiographie, Geschichts- und Zeitvorstellungen

ALTHOFF, Gerd/FRIED, Johannes/GEARY, Patrick (Hg.), Medieval Concepts of the Past, Cambridge 2002.
BERSCHIN, Walter, Biographie und Epochenstil im lateinischen Mittelalter, 4 Bde., Stuttgart 1986–2001.
BEUMANN, Helmut, Die Historiographie des Mittelalters als Quelle für die Ideengeschichte des Königtums (1955), in: Ders., Wissenschaft vom Mittelalter, Köln 1972, 201–240.
CORRADINI, Richard, Die Wiener Handschrift Cvp 430*. Ein Beitrag zur Historiographie in Fulda im frühen 9. Jahrhundert, Frankfurt am Main 2000.
EHLERT, Trude (Hg.), Zeitkonzeptionen – Zeiterfahrung – Zeitmessung, Paderborn 1997.
FRAKES, Jerold C., The Fate of Fortune in the Early Middle Ages, Leiden 1988.
GAUTIER DALCHÉ, Patrick, Géographie et culture, Aldershot 1997.
GOETZ, Hans-Werner, Geschichtsschreibung und Geschichtsbewußtsein im hohen Mittelalter, Berlin 1999.
DERS., Vergangenheitswahrnehmung, Vergangenheitsgebrauch und Geschichtssymbolismus in der Geschichtsschreibung der Karolingerzeit, in: Ideologie et pratiche del reimpiego nell'alto medioevo, Spoleto 1999, 177–225.
GOFFART, Walter, The Narrators of Barbarian History (A. D. 550–800), Princeton 1988.
GUENÉE, Bernard, Histoire et culture historique au moyen âge occidental, Paris 1980.
HEN, Yitzhak/INNES, Matthew (Hg.), The Uses of the Past in the Early Middle Ages, Cambridge 2000.

KERSKEN, Norbert, Geschichtsschreibung im Europa der „nationes", Köln 1995.
KORTÜM, Hans-Henning, Geschichtsschreibung, in: RGA 11 (1998), 477–488.
LÖWE, Heinz, Von Cassiodor bis Dante, Berlin 1973.
DERS., Von Theoderich dem Großen zu Karl dem Großen, in: DA 9 (1952), 353–401.
POHL, Walter, Werkstätte der Erinnerung, Wien 2001.
SCHARER, Anton/SCHEIBELREITER, Georg (Hg.), Historiographie im frühen Mittelalter, Wien 1994.
SCHMALE, Franz-Josef, Funktion und Formen mittelalterlicher Geschichtsschreibung, Darmstadt 1985 (²1993).
SULZGRUBER, Werner, Zeiterfahrung und Zeitordnung vom frühen Mittelalter bis ins 16. Jahrhundert, Hamburg 1995.
WOOD, Ian, Gregory of Tours, Bangor 1994.

5.3.4.10 Endzeitvorstellungen
BRANDES, Wolfram, „Tempora periculosa sunt". Eschatologisches im Vorfeld der Kaiserkrönung Karls des Großen, in: Rainer Berndt (Hg.), Das Frankfurter Konzil von 794, Mainz 1997, 49–79.
EMMERSON, Richard K./MCGINN, Bernard (Hg.), The Apocalypse in the Middle Ages, Ithaca/N. Y. 1992.
FREEDMAN, Paul H./BYNUM, Caroline Walker (Hg.), Last Things. Death and Apocalypse in the Middle Ages, Philadelphia 2000.
FREUND, Stephan, Das Jahr 1000. Ende der Welt oder Beginn eines neuen Zeitalters?, in: Enno Bünz/Rainer Gries/Frank Möller (Hg.), Der Tag X in der Geschichte, Stuttgart 1997, 24–49.
FRIED, Johannes, Endzeiterwartung um die Jahrtausendwende, in: DA 45 (1989), 381–473.
GODDEN, Malcolm, Apocalypse and Invasion in Late Anglo-Saxon England, in: Ders./Douglas Gray/Terry Hoad (Hg.), From Anglo-Saxon to Early Middle English. Studies presented to E.-G. Stanley, Oxford 1994, 130–162.
GOUGENHEIM, Sylvain, Les fausses terreurs de l'an mil, Paris 1999.
KORTÜM, Hans-Henning, Milleniumsängste – Mythos oder Realität?, in: Ulrich G. Leinsle/Jochen Mecke (Hg.), Zeit – Zeitenwechsel – Endzeit, Regensburg 2001, 171–188.
LANDES, Richard, La vie apostolique en Aquitaine en l'an mil, in: Annales 46 (1991), 573–593.
DERS., Lest the Millenium Be Fulfilled: Apocalyptic Expectations and the Pattern of Western Chronography 100–800 CE, in: Werner Verbeke/Daniel Verhelst/Andries Welkenhuysen (Hg.), The Use and Abuse of Eschatology in the Middle Ages, Leuven 1988, 137–211.
DERS., The Fear of an Apocalyptic Year 1000, in: Speculum 75 (2000), 97–145.
DERS., *Millenarismus absconditus*. L'historiographie augustinienne et le millénarisme du haut Moyen Age jusqu'au l'an Mil, in: MA 98 (1992), 355–377.
DERS., Sur les traces du Millenium, La „Vita Negativa", in: MA 99 (1993), 5–26.
MCGINN, Bernard, Apocalypticism in the Western Tradition, Aldershot 1994.
MÖHRING, Hannes, Der Weltkaiser der Endzeit, Stuttgart 2000.

5.3.4.11 Quellen als Kulturzeugnisse

ALTHOFF, Gerd, Causa scribendi und Darstellungsabsicht, in: Michael Borgolte/Herrad Spilling (Hg.), Litterae medii aevi. Festschrift Johanne Autenrieth, Sigmaringen 1988, 117–133.

COUÉ, Stephanie, Hagiographie im Kontext, Berlin 1996.

DUFT, Johannes (Hg.), Studien zum St. Galler Klosterplan, St. Gallen 1962.

GOETZ, Hans-Werner, „Konstruktion der Vergangenheit". Geschichtsbewußtsein und „Fiktionalität" in der hochmittelalterlichen Geschichtsschreibung, in: Johannes Laudage (Hg.), Mittelalterliche Geschichtsdarstellungen und ihre kritische Aufarbeitung (im Druck).

GRAF, Klaus, Exemplarische Geschichten. Thomas Lirers „Schwäbische Weltchronik" und die „Gmünder Kaiserchronik", München 1987.

HANISCH, Ernst, Die linguistische Wende, in: Wolfgang Hardtwig/Hans-Ulrich Wehler (Hg.), Kulturgeschichte Heute, Göttingen 1996, 212–230.

OCHSENBEIN, Peter/SCHMUKI, Karl (Hg.), Studien zum St. Galler Klosterplan II, St. Gallen 2002.

SCHÖTTLER, Peter, Wer hat Angst vor dem „linguistic turn"?, in: GG 23 (1997), 134–151.

SPIEGEL, Gabrielle M., The Past as Text. The Theory and Practice of Medieval Historiography, Baltimore 1997.

Zeittafel

(die Königsdaten finden sich in Kapitel 2 unter den einzelnen Reichen)

Politische Geschichte	Kirchengeschichte	Kulturgeschichte
		475/80–524 Boethius
		um 485–um 580 Cassiodor
418–507 Tolosanisches Westgotenreich in Spanien		
429–534 Vandalenreich in Nordafrika		
	um 480 – um 560 Benedikt von Nursia	
486 Sieg Chlodwigs über den römischen Statthalter Syagrius		
493–552 Ostgotenreich in Italien		
	498/508 Taufe Chlodwigs	
506 Breviarium Alarici (Lex Romana Visigothorum)		
507 Eingliederung des Tolosanischen Westgotenreichs in das Frankenreich		
	511 Konzil von Orléans	
534 Codex Iustinianus		
531/33 Eroberung des Thüringerreichs durch Theuderich		
532/34 Eingliederung des Burgunderreichs in das Frankenreich		
		um 560–636 Isidor von Sevilla
	563 Gründung des Klosters Iona durch Columba	

Politische Geschichte	**Kirchengeschichte**	**Kulturgeschichte**
568–773/74 Langobardenreich in Italien		
568–795/96 Awarenreich in Pannonien		
585 Eingliederung des Suebenreichs in das Toledanische Westgotenreich		
587 Vertrag von Andelot	587 Bekehrung des Westgotenkönigs Rekkared	
	589 3. Konzil von Toledo (Katholisierung des Westgotenreichs)	
	um 590 Beginn der Mission Columbans auf dem Kontinent	
	590–604 Papst Gregor I.	
	596/97 Mission des Augustinus in Kent	
	612/13 Gründung des Klosters Bobbio durch Columban	
614 Edictum Chlothars II.		
	622 Hedschra Mohammeds von Mekka nach Medina	
634/42 Islamische Eroberung der Ostprovinzen des Byzantinischen Reichs und Nordafrikas		um 639/45–709 Aldhelm von Malmesbury
643 Edictus Rothari		
661 Beginn der Omayyadenherrschaft	664 Synode von Whitby	673/74–735 Beda Venerabilis
674–678 Belagerung Konstantinopels durch die Araber	674 Gründung des Klosters Wearmouth durch Benedict Biskop	

Zeittafel

687 Sieg Pippins d.M. bei Tertry
711 Arabische Eroberung des spanischen Westgotenreichs
ab 690 Mission Willibrords in Friesland
732 Sieg Karl Martells über die Araber bei Tours und Poitiers
ab 719 Missionstätigkeit des Bonifatius
726 Beginn des Ikonoklasmus in Byzanz
um 730–804 Alkuin
735 Endgültige Erhebung Yorks zum Erzbistum
743 Concilium Germanicum
744 Gründung des Klosters Fulda
747 Synode von Cloveshoe
749 Beginn der Abbasidenherrschaft
751 Königskrönung Pippins des Jüngeren
754 Märtyrertod des Bonifatius
755/56 Kanonikerregel Chrodegangs von Metz
756 Begründung des Emirats von Córdoba durch Abderrahman I.
756 Pippinische Schenkung
762 „Totenbund" von Attigny
772 Beginn der Sachsenkriege Karls des Großen
773/74 Eroberung des Langobardenreichs durch Karl den Großen
785 Taufe Widukinds
787 Synode von Nicäa: Verbot des Ikonoklasmus
um 780–856 Hrabanus Maurus
788 Absetzung Tassilos III. von Bayern

444 Zeittafel

Politische Geschichte	Kirchengeschichte	Kulturgeschichte
789 Admonitio generalis Karls des Großen		
791/96 Eroberung des Awarenreichs durch Karl den Großen		8. Jh. Beowulf
793 Normannische Plünderung Lindisfarnes		
	794 Synode von Frankfurt	
	798 Erhebung Salzburgs zum Erzbistum	
799 Zusammenkunft Karls des Großen und Papst Leos III. in Paderborn		
800 Kaiserkrönung Karls des Großen		
		808/9–849 Walahfrid Strabo
	816/17 Aachener Reformsynoden	
817 Ordinatio imperii		
	826 Taufe des Dänen Harald Klak	
	831/34 Gründung des (Erz-)Bistums Hamburg	
830 Erste Absetzung Ludwigs des Frommen		
833 Zweite Absetzung Ludwigs des Frommen		
841 Schlacht von Fontenoy		
841/43 Stellinga-Aufstand in Sachsen		
	843 Endgültige Verurteilung des Ikonoklasmus in Byzanz	
843 Vertrag von Verdun/Vertrag von Coulaines		vor 850 Heliand
		842 Straßburger Eide
845 Normannen vor Paris		845–882 Ebf. Hinkmar von Reims
		seit 845–ca. 877 Johannes Scotus Eriugena

846 Sarazenen vor Rom

858–867 Papst Nikolaus I.
858/69 Streit zwischen Photios und Ignatios um den Patriarchat in Konstantinopel
862/63 Beginn der Slawenmission des Methodios und Kyrill-Konstantinos

863/71 Otfrids Evangelienbuch

870 Eingliederung Bulgariens in die byzantinische Kirche

870 Vertrag von Meerssen
875 Kaiserkrönung Karls des Kahlen
876 Sieg Ludwigs des Jüngeren bei Andernach über Karl den Kahlen
878 Sieg Alfreds von Wessex bei Edington über die Normannen
Vertrag von Wedmore zwischen Alfred von Wessex und dem Normannenführer Guttorm
880 Vertrag von Ribémont

881/82 Altdeutsches Ludwigslied

885/86 Normannen vor Paris
887 Absetzung Karls III.
891 Sieg Arnulfs an der Dyle über die Normannen

895 Synode von Tribur

896 Kaiserkrönung Arnulfs
906 Zerstörung des „Großmährischen Reiches" durch die Ungarn
907 Sieg der Ungarn bei Preßburg über das bayerische Heer

Politische Geschichte	**Kirchengeschichte**	**Kulturgeschichte**
		um 909/10–984 Aethelwold von Winchester
	910 Gründung des Klosters Cluny	
911 Ende der Karolingerherrschaft im Ostfränkischen Reich Vertrag von Saint-Clair-sur-Epte (Normandie)		
914 Krönung Simeons I. von Bulgarien zum Zaren		
915 Kaiserkrönung Berengars von Friaul		
	916 Synode von Hohenaltheim	
919 Beginn der Ottonenherrschaft im Ostfränkisch-Deutschen Reich		
921 Bonner Vertrag zwischen Heinrich I. und Karl dem Einfältigen		
925 Eingliederung Lothringens in das Ostfränkische Reich		
929 Quedlinburger Hausordnung Begründung des Kalifats von Córdoba durch Abderrahman III. Ermordung Wenceslavs von Böhmen		
933 Ungarnsieg Heinrichs I. bei Riade Verzicht Hugos auf Niederburgund		
	933/34 Reformierung des Klosters Gorze	
		um 935–um 973/75 Hrotsvith von Gandersheim

Zeittafel

937 Gründung des Mauritiusklosters in Magdeburg

940/45–1004 Abbo von Fleury

948 Gründung der dänischen Bistümer Schleswig, Ribe und Aarhus

um 950–1003 Gerbert von Aurillac

951/52 Eroberung Italiens durch Otto I.
954 Eroberung der Dänenherrschaft von York durch Eadred

955–vor 1020 Aelfric von Winchester

955 Ungarnsieg Otto I. auf dem Lechfeld

962 Kaiserkrönung Ottos I. in Rom

962 Mission Adalberts in Kiev
nach 960 Taufe Harald Blauzahns von Dänemark
966 Taufe Mieszkos I. von Polen
968 Gründung des Erzbistums Magdeburg
973 Gründung des Bistums Prag

982 Niederlage Ottos II. gegen die Sarazenen am Cap Colonne
983 Liutizenaufstand
987 Ende der Karolingerherrschaft im Westfränkischen Reich

988/89 Annahme des griechisch-orthodoxen Glaubens durch Vladimir von Kiev
989 Gottesfriede von Charroux
991–997 Reimser Bistumsstreit
994–1049 Abt Odilo von Cluny
997 Märtyrertod Adalberts von Prag

Politische Geschichte	Kirchengeschichte	Kulturgeschichte
	999–1003 Papst Silvester II. (Gerbert von Aurillac)	
	1000 Gründung des Erzbistums Gnesen	
	1001 Gründung des Erzbistums Gran	
1002 St. Brice's Day (Ermordung der Dänen in Britannien)		
	1007 Gründung des Bistums Bamberg	
	um 1008 Taufe Olaf Schoßkönigs von Schweden	
1013 Friede von Merseburg zwischen Heinrich II. und Boleslav I.		
seit 1015/16 Normannen in Süditalien		
1018 Friede von Bautzen zwischen Heinrich II. und Boleslav I.		
Eingliederung des Bulgarischen Reiches in das Byzantinische Reich		
1024 Beginn der Salierherrschaft im Ostfränkisch-Deutschen Reich		
1025 Königskrönung Boleslavs von Polen		
1033 Verzicht Mieszkos II. von Polen auf den Königstitel		
1033/34 Erwerb Burgunds durch Konrad II.		
1037 Constitutio de feudis		
Vereinigung von León und Kastilien unter Ferdinand I.		
	1046 Synode von Sutri	
	1049–1054 Papst Leo IX.	
	1054 Schisma mit Byzanz	

Verzeichnis der Karten

Abb. 1 Europa um 500 (nach: Untergang des Römischen Weltreiches – Germanische Völkerwanderung, Karten II (Ende des Weströmischen Reiches 476) u. III (Europa beim Tode Theoderichs d. Gr. 526), in: F. W. Putzger, Historischer Weltatlas, Berlin/Bielefeld 1965, S. 38f.) 32

Abb. 2 Europa um 800 (nach: Karte: Europa beim Tode Karls des Großen (814), in: Großer Historischer Weltatlas. Zweiter Teil. Mittelalter, hrsg. v. Bayerischen Schulbuch-Verlag, München 1979, S. 10f.) 62

Abb. 3 Deutschland und Frankreich um 1000 (nach: Das Abendland in der Zeit der Ottonen und Salier, in: Großer Atlas zur Weltgeschichte, hrsg. v. H.-E. Stier et al., München 1991, S. 58f. (Westermann-Atlas)) 78

Abb. 4 England und Irland im früheren Mittelalter (nach: England von König Alfred dem Großen bis zum Tode König Edgars (871–975), in: Großer Historischer Weltatlas. Zweiter Teil. Mittelalter, hrsg. v. Bayerischen Schulbuch-Verlag, München 1979, S. 12; Map 1 u. 2 Anglo-Saxon England, 700–900; Ireland, Wales and Scotland, 700–c.1000, in: The New Cambridge Medieval History. Vol. II c.700–c.900, hrsg. v. Rosamond McKitterick, Cambridge 1995, S. 22 u. 44) 90

Abb. 5 Europa um 1050 (nach: Europa z. Z. der sächsischen und der ersten salischen Kaiser (919–1056), in: Großer Historischer Weltatlas. Zweiter Teil. Mittelalter, hrsg. v. Bayerischen Schulbuch-Verlag, München 1979, S. 18f.) 116

Abb. 6 Itinerar Ottos des Großen (nach: Itinerar Ottos des Großen. Politische Zentralräume des Regnum 936–973, zum Beitrag: Eckhard Müller-Mertens, Verfassung Reichsstruktur und Herrschaftspraxis unter Otto I., in: Otto der Große, Magdeburg und Europa, Bd. I, Essays, hrsg. v. Matthias Puhle, Mainz 2001, S. 194.) 132

Abb. 7 Kirchenprovinzen um 1050 (nach: Die kirchliche Einteilung der christlichen Welt um 1050, in: Großer Historischer Weltatlas. Zweiter Teil. Mittelalter, hrsg. v. Bayerischen Schulbuch-Verlag, München 1979, S. 25) 216

Abb. 8 Bildungsstätten im früheren Mittelalter (nach: Carolingian schools, scriptoria and literary centres, in: The New Cambridge Medieval History. Vol. II c.700–c.900, hrsg. v. Rosamond McKitterick, Cambridge 1995, Map 20, S. 722f.; Centres d'études VIe – fin VIIe siècle, Centres d'études carolingiens VIIIe – IXe siècles, Centres d'études X^e – milieu XIe siècle, in: Pierre Riché, Ecoles et enseignement dans le Haut Moyen Age. Fin du Ve siècle – milieu du XIe siècle, Paris 1989, S. 9, 100f., 138f.) .. 254

Die Zeichnungen fertigte Simon Elling, Hamburg, nach Vorlagen aus der zitierten Literatur.

Personen-, Orts- und Sachregister

Die fett gedruckten Seitenzahlen verweisen auf weiterführende Literatur in der Bibliographie.

Aachen 63, 64, 79, 126, 128, 133, 190, 223, 236, 239, 247, 264, 266, 269, 350,
Synoden v. (809, 816, 817 u. 818/19) 64, 190, 223, 236, 247
Aarhus 213
Abbasiden 63, 97, 111f., 114
Abbo v. Fleury (Abt) 238, 258
Abbo v. Saint-Germain-des-Prés 260
Abd-al-Asis 110
Abdallah (Emir) 110
Abderrahman (Emir) 60
Abderrahman I. (Emir) 110, 111
Abderrahman II. (Emir) 110, 111
Abderrahman III. (Kalif) 107, 110, 111
Abderrahman IV. (Kalif) 110
Abderrahman V. (Kalif) 110
Abendland 18, 19, 21, 22, 23, 46, 61, 97, 99, 103, 109, 110, 113, 115, 135, 137, 152, 157, 168, 173, 192, 194, 202, 215, 224, 232, 239, 246, 249, 250, 252, 253, 258, 298, 341, 345, 346, 347, 349
Abingdon 238
Abodriten 61, 99, 100, 213
Abrogans 262
Abt 29, 138, 139, 160, 176, 187, 189, 190, 208, 218, 222, 225, 226, 232, 233, 234, 235, 236, 237, 242, 246, 271, 274, 347, 314
Adalbero I. (Bf. v. Metz) 237
Adalbero v. Laon (Bf.) 167, 258
Adalbero v. Reims (Ebf.) 83, 124

Adalbert I. (Mgf. v. Tuszien) 151
Adalbert (Bf. v. Prag) 100, 101, 214
Adalbert v. St. Maximin (Ebf. v. Magdeburg) 102, 214
Adalbert (it. Kg.) 77
Adalberte 86
Adaldag (Ebf. v. Hamburg) 213
Adalhard (Ratgeber Karls d. Gr.) 64, 253
Adaloald (langob. Kg.) 44, 45
Adam v. Bremen (Bf.) 149
Adel 24, 25, 28, 29, 30, 31, 32, 38, 40, 51, 56, 66, 71, 75, 81, 86, 87, 97, 108, 115, 119, 131, 139, 140, 142, 145, 146, 147, 149, 155, 158, 159, 166, 168, 169–172, 175, 176, 178, 180, 183, 186, 188, 189, 208, 210, 215, 220, 221, 224, 229, 231, 233, 234, 235, 236, 237, 238, 248, 272, 277, 285, 287, 289, 300, 303, 304, 305, 307, 312, 313, 314, 315–319, 325, 326, 327, 333, 342, 344, 347, 350, 351, 352, **402f.**
Adelchis (langob. Kg.) 44
Adelheid (ostfr. Kg.in) 77, 79, 86, 135
Admonitio ad omnes regni ordines 65, 166
Admonitio generalis 143
Ado v. Vienne (Ebf.) 273
Adoptianismus 107, 246f.
Adria 87
Adrianopel, Schlacht bei (378) 281
Adso v. Montier-en-Der 365
Aegidius (röm. Statthalter) 51

Aelfric v. Winchester 258
Aethelbald (Kg. v. Wessex) 89, 92
Aethelbald (Kg. v. Mercia) 91
Aethelbert (Kg. v. Wessex) 89, 210
Aethelred „Unread" (Kg. v. Wessex) 89, 93, 154
Aethelred (Kg. v. Wessex) 89, 92
Aethelstan (Kg. v. Wessex) 89, 92, 93, 154
Aethelswith (Kg. v. Mercia) 92
Aethelweard (Historiograph) 272
Aethelwold v. Winchester (Bf.) 238, 258, 262
Aethelwulf (Kg. v. Wessex) 89, 92, 122
Aëtius (röm. Heermeister) 42
Afrika 22, 23, 34, 35, 38, 40, 41, 72, 111, 113, 200, 202, 333
Agila (westgot. Kg.) 37
Agilolfinger 147
Agilulf (langob. Kg.) 44, 45, 208
Agilulf (sueb. Kg.) 40
Aglabiden 72, 88
Agnellus v. Ravenna (Historiograph) 273
Agnes v. Poitou (dt. Kg.in) 82, 84, 135
Agobard v. Lyon (Ebf.) 67, 135, 173f., 247, 257
Aimoin v. Fleury (Historiograph) 272
Aistulf (langob. Kg.) 44, 59
Akklamation 61, 125, 126, 151
Akolyth 231
al-Andalus 107
Alanen 40, 41
Alarich (got. „Kg.") 38

Personen-, Orts- und Sachregister

Alarich II. (westgot. Kg.) 37, 48, 51
Âlava 107
Alba 96
Alberich (röm. Stadtpräfekt) 86
Alboin (langob. Kg.) 44, 45, 48
Aldhelm v. Malmesbury (Abt) 91, 251, 261
Alemannen 23, 34, 35, 42, 47, 52, 53, 154, 159, 209, 217, 339, 361
Alemannien (s.a. Schwaben) 57, 58, 67, 85, 144, 147, 148, 234, 260, 301, 302
Alexiuslied 263
Alfons I. (span. Kg.) 107, 108
Alfons II. (span. Kg.) 107, 108
Alfons III. (span. Kg.) 107, 108, 255
Alfons IV. (span. Kg.) 108
Alfons V. (span. Kg.) 108
Alfons VI. (span. Kg.) 109
Alfred der Große (Kg. v. Wessex) 89, 92, 93, 154, 167, 192, 202, 255, 262, 272, 343, 360
Alfredian Renaissance 93
al-Hakam I. (Emir) 110, 111
al-Hakam II. (Kalif) 110, 111
Aligernus (ostgot. Kg.) 36
Alkuin 151, 191, 209, 247, 253, 256, 257, 260
Allod/Allodialisierung 26, 141, 145, 146, 299, 300, 301
Alltag 136, 161, 176, 189, 233, 243, 245, 249, 277, 278, 279, 353, 359, 360–362, **436f.**
Almoraviden 112
al-Mundhier 110
Alpert v. Metz (Historiograph) 191, 202
Altmühl 206
Amalar v. Metz (Ebf. v. Trier) 247, 257
Amalarich (westgot. Kg.) 37, 48
Amaler 36, 37
Amalfi 88, 202
Amandus, Hl. 210
Ambrosius Autpertus 258
amicitiae 75, 140, 190, 290, 315, 323, 352
Amiens 134
Amöneburg 211
Ampsivarier 50

Anastasius Bibliothecarius 262
Anastasja (ung. Kg.in) 103
Ancona 151
Andalusien 41, 110, 111
Andelot, Vertrag v. (587) 55
Andenne (Kloster) 64
Andernach, Schlacht bei 69
Andreas I. (ung. Kg.) 103, 106
Andreas v. Bergamo (Historiograph) 273
Angeln, s. Angelsachsen
Angelsachsen, s.a. England 21, 22, 24, 28, 34, 42f., 47, 48, 58, 75, 83, 89–94, 96, 117, 119, 122, 124, 127, 129, 143, 144, 152, 154, 159, 168, 191, 194, 201, 204, 208, 209, 210, 211, 217, 218, 220, 222, 227, 228, 234, 236, 243, 244, 251, 253, 256, 262, 263, 272, 295, 334, **373, 380f.**
Angelsächsische Chronik 263, 272
Angilbert (Hofkaplan) 253, 260
Anjou 84, 150
Anna (byz. Pr.in) 103
Anna v. Kiev (westfr. Kg.in) 103
Annales Bertiniani 272
Annales Fuldenses 272
Annales Iuvavenses maximi 294
Annales Mettenses priores 272
Annales regni Francorum 272
Annales, Schule der 277, 321
Annalistik 95, 130, 161, 239, 272, 273
Annegray 234
Ansegisel 58
Ansgar (Ebf. v. Hamburg-Bremen) 65, 98, 99, 213, 221
Ansgard (fränk. Kg.in) 70
Ansprand (langob. Kg.) 44, 45
Antichrist 365
Antike 18–21, 22, 48, 167, 179, 193, 199, 200, 240, 250, 251, 253, 259, 260, 275, 280, 281, 309, 311, 340
Antrustionen 138
Anund Jakob (schwed. Kg.) 97
Apostel 79, 215, 233
Apulien 44, 88
Aquileja 87, 253, 260
Aquitanien 22, 34, 54, 55, 56,

57, 58, 60, 64, 66, 69, 70, 84, 127, 147, 150, 183, 232, 303
Araber 57, 61, 108, 110, 111, 113, 114, 258
Aragón 40, 107, 109
Arbeit 36, 167, 190, 200, 205, 245, 316, 317, 330, 335, 337, 343, 361, 364
Archidiakon 223, 230
Architektur 264f.
Arcos de la Frontera, Schlacht bei (711) 110
Arduin v. Ivrea (it. Kg.) 80, 87
Argyll 95
Århus 98
Arianismus 27, 34, 38, 41, 45, 47, 207, 209, 246, 247, 345
arimanni/Heermannen 45, 157
Ariold (langob. Kg.) 44
Aripert I. (langob. Kg.) 44, 45, 208
Aripert II. (langob. Kg.) 44
Aristoteles 249
Arithmetik, s.a. artes liberales 256, 259
Arles 85, 217
Armagh 95
Armenfürsorge 175, 239, 246, 268, 347, **405**
Armut 166, 174, 312, **405**
Arnegund (fränk. Königin) 134
Arnulf (ostfr. Kg.) 58, 70, 72, 73, 74, 75, 77, 83, 84, 85, 86, 148, 229, 290, 293
Arnulf v. Bayern (Hzg.) 75, 77, 148, 149, 297
Arnulf v. Metz (Bf.) 58
Arnulf v. Reims (Ebf.) 84, 379
Árpád (ung. Führer) 72
Arpaden 106, 383
Arras 248
artes liberales 253, 256, 259, 262
Artus (leg. brit. Kg.) 43, 94
Ascoli Piceno 283
Asowsches Meer 104
Asparuch (bulg. Khan) 105
Asser (Historiograph) 92, 272
Astorga 107
Astronomie, s.a. artes liberales 256, 258
Astronomus (Historiograph) 272, 287
Asturien 40, 107, 109, 124, 223

Personen-, Orts- und Sachregister

Athalarich (ostgot. Kg.) 36, 37
Amalaswintha (ostgot. Kg.) 36, 37
Athanagild (westgot. Kg.) 37, 39
Athanarich (got. Kg.) 38
Athaulf (westgot. Kg.) 37, 38, 46, 48
Atlakvira 263
Attigny 246
Attila (Hunnenführer) 34, 36
Atto v. Vercelli (Bf.) 258
Audoin (langob. Kg.) 44
Augustin (Kirchenvater) 166, 249, 259
Augustinus (Missionar) 89, 166, 210, 403
Aurelius (span. Kg.) 108
Austrasien/Austrien 49, 50, 55, 56, 57, 58, 66, 144, 148, 234, 251
Authari (langob. Kg.) 44, 45
Auvergne 38, 147
Auxerre 67, 257, 265
Avenches 215
Aversa 88
Avitus v. Vienne (Bf.) 53, 127, 209
Awaren 55, 60, 100, 104, 106, 113, 209, 213, 214, 217

Babenberger 72, 74, 76
Badajoz 111
Badegisel v. Le Mans (Bf.) 347
Bagdad 63, 111
Bajan 105
Balduine 150
Balearen 41
Balthen 38
Balthild (fränk. Kg.in u. Hl.) 129, 136
Bamberg 80, 87, 129, 218, 219, 225, 255, 292
Bann 130
Barbarisierung 35, 250, 280, 284, 345
Barcelona 61, 108
Bari 88, 202
Basel 85
Basileios I. (byz. Ks.) 113, 114
Basileios II. (byz. Ks.) 113, 114
Basileus 63, 105, 114, 152, 271
Basken 60, 109
Bataver 50
Bauern 30, 31, 45, 147, 162, 165, 167, 171, 172, 175, 177, 179, 183, 185, 186, 187, 196, 199, 248, 261, 267, 312, 314, 319, 321, 334, 336, 339, 340
Bauhandwerk 200, 207
Bautzen, Friede v. (1018) 80, 101
Bayern 45, 47, 57, 58, 60, 64, 66, 69, 70, 71, 73, 74, 75, 76, 80, 100, 104, 106, 133, 137, 140, 147, 148, 149, 154, 168, 214, 217, 265, 292, 302, 303, 356
Beatrix v. Tuszien 82
Beatus v. Liébana 258
Beda Venerabilis 43, 89, 91, 251, 256, 257, 272, 273
Bedeutungsforschung 363
Begga (Mutter Pippins d. M.) 58
Begriffsgeschichte 363f.
Belgica 54, 283
Belisar 37
Benedict Biscop 91
Benedictus Levita 202
Benedikt VII. (Papst) 79
Benedikt IX. (Papst) 81, 249
Benedikt v. Aniane/Witiza (Abt) 64, 236, 258, 350
Benedikt v. Nursia 188, 232, 237, 243
Benedikt v. San Andrea 273
Benediktregel/Regula Benedicti 64, 189, 232, 236, 253, 258, 261
beneficium 57, 140, 298
Benevent 23, 44, 45, 60, 68, 88, 117
Beornwulf (Kg. v. Mercia) 92
Beowulf 262
Berber 110, 111
Berchar (Hausmeier) 57
Berengar v. Friaul (it. Kg.) 70, 86, 152, 260
Berengar v. Ivrea (it. Kg.) 77, 86f.
Bergbau 200
Bern (Abt. v. Reichenau) 258
Bernhard I. v. Sachsen (Hzg.) 149
Bernhard v. Septimanien 67
Berno (Abt v. Cluny) 237
Bertha (westfr. Kg.in) 84
Bertha (merow. Pr.in) 211
Berthar v. Verdun (Historiograph) 273
Berthold (Gf. v. Schwaben) 74
Berthramn v. Le Mans (Bf.) 183
Besançon 42, 85
Bettler 174, 322
Bevölkerung 162, 401
Bibel 64, 239, 251, 252f., 257, 259, 261, 360
Bibeldichtung 212, 263
Bibelexegese, s. Exegese
Bibliothek 252, 253
Billunger 148, 149, 305
Biographien (wiss.) 278
Birka 97, 99, 213
Bischof, Bischöfe 29, 31, 39, 40, 53, 74, 86, 87, 111, 126, 128, 134, 138, 139, 141, 144, 145, 151, 155, 158, 160, 173, 175, 188, 192, 193, 194, 195, 208, 211, 212, 213, 214, 215, 217, 218, 219, 220–223, 224, 225, 226, 227, 231, 233, 234, 235, 237, 238, 240, 241, 242, 244, 245, 246, 255, 272, 273, 274, 291, 314, 345, 347f., 349, 350, 365, **422f.**
Bisin (thür. Kg.) 48, 54
Bistum, Bistümer 28, 39, 64, 76, 80, 89, 98, 100, 101, 136, 138, 146, 151, 160, 189, 207, 210, 211, 213, 215–220, 221, 223, 224, 225, 226, 227, 230, 233, 258, 273, 275, 282, 291, 346, 348, 350, 356
Blois 84, 150
Bobbio 234, 255, 258
Boethius 167, 249, 251, 257, 259, 262, 272
Böhmen 44, 71, 81, 99, 100, 101, 213
Boleslav I. (böhm Fs.) 100
Bolesław I. Chrobry (poln. Kg.) 80, 81, 101
Boleslav II. (böhm Fs.) 100
Boleslav III. (böhm Fs.) 100
boni homines 155
Bonifatius/Winfrid (Missionar, Bf. v. Mainz) 28, 58, 166, 211, 228, 231, 235, 243, 251, 260
Bonifaz (Mgf. d. Toskana) 151
Bonn, Vertrag v. (921) 75, 83, 293

Bordeaux 217
Boris (Kg. d. Kiever Reichs) 103
Boris I./Michael I. (bulg. Khan) 105, 214
Boris II. (bulg. Khan) 105
Bořivoj (böhm Fs.) 100
Borna (kroat. Fs.) 104
boroughs 145, 193
Boso v. Vienne (Kg. v. Niederburgund) 68, 85
Bosoniden 86
Bourges 54, 134, 217
Brabant 72
Brandenburg 76, 100, 136, 213
Braulio v. Sevilla 261
Bregenz 234
Bréifne 95
Bremen 212, 213, 217, 221
Brescia 44, 194
Breslau 214
Bretagne 23, 43, 54, 84, 94, 150, 183
Břetislav I. (böhm Fs.) 100
Bretonen 61, 71
Bretwalda/rex Britanniae 43, 89
Brian Bóruma (Kg. v. Munster) 95
Britannien 34, 91, 210, 233, 251
Briten 34, 43, 91, 96
Britische Inseln 23, 42, 47, 71, 89, 97, 162
Brogne 237
Brukterer 50
Brun, s. Gregor V.
Brun v. Köln (Ebf.) 76, 192, 225
Brunanburh, Schlacht v. (937) 263
Brunichild (fränk. Königin) 55, 135
Bruno v. Toul, s. Leo IX.
Buchmalerei 79, 128, 205, 206, 252, 265f., 266, 331, 366
Bug 102
Bulgaren 63, 102, 104, 106, 113, 114, 115, 229, 271
Bulgarien 24, 104, 105, 114, 214, 215
Büraburg 211, 218
Burchard v. Schwaben (Hzg.) 75, 148
Burchard v. Worms (Bf.) 157, 186, 188

Burg, -en 31, 75, 77, 134, 147, 159, 166, 186, 192–194
Burgund 23, 42, 45, 48, 49, 50, 54, 55, 56, 57, 66, 67, 68, 69, 70, 81, 83, 84, 85, 115, 121, 124, 147, 150, 183, 224, 233, 237, 248, 265, 297, 349, **380**
Burgunder 22, 23, 27, 34, 36, 41f., 47, 48, 51, 54, 129, 154, 208, **372**
Burgward 77
Bußbücher 95, 157, 179, 245, 257, 327, 354, 362
Buße, Bußwesen, -praxis 42, 155, 179, 205, 208, 239, 240, 241, 244, 245, 267, 269, 271, 366, **430f.**
Butilin (alem. Hzg.) 147
Byzanz/Oströmisches Reich 18, 23, 27, 36, 37, 39, 41, 44, 45, 48, 53, 54, 59, 61, 63, 77, 79, 80, 87, 88, 97, 99, 102, 103, 104, 112–115, 120, 135, 136, 151, 152, 173, 174, 200, 204, 214, 215, 227, 228, 246, 271, 291, 308, 335, **384f.**

Caedmon 261, 263
Caesarius v. Arles 190, 236
Caledonian Mainland 96
Cambrai 50, 52, 273
Cannstatt, Gericht v. (746) 58, 148
canones 28, 157, 219
Canossa 151
Cantar de mio Cid 263
Canterbury 89, 191, 218, 219, 220
Cap Colonne, Schlacht am (982) 79, 88
Capitulare de villis 185, 199, 201
Capitulatio de partibus Saxoniae 60, 212
cappellani 225, 244
Capua 88
Carthaginensis 39, 218
Cassian 258
Cassiodor 37, 249, 251, 272, 363
Cenél Conaill 95
Cenél nEógain 95
Centula 264
Cenwulf (Kg. v. Mercia) 91

Ceuta 112
Chalon-sur-Saône 55
Chalpaida (Mutter Karl Martells) 57
Chamaven 50
Chararich (fränk. Kg.) 52
Chararich (sueb. Kg.) 40
Charibert I. (fränk. Kg.) 49, 55, 56, 211
Chartres 164, 255
Chattuarier 50
Chazaren 102, 104
Chelsea 220
Childebad (ostgot. Kg.) 36
Childebert I. (fränk. Kg.) 49
Childebert II. (fränk. Kg.) 49, 55
Childebert III. (fränk. Kg.) 49
Childerich I (fränk. Kg.) 51
Childerich II. (fränk. Kg.) 49, 56
Childerich III. (fränk. Kg.) 49, 58
Chilperich I. (burgund. Kg.) 41, 42
Chilperich I. (fränk. Kg.) 49, 55, 174
Chilperich II. (burgund. Kg.) 41
Chilperich II. (fränk. Kg.) 49, 201
Chindasvinth (westgot. Kg.) 38, 39
Chinthila (westgot. Kg.) 38
Chlodio (fränk. Kg.) 50
Chlodomer (fränk. Kg.) 49, 54
Chlodwig I (fränk. Kg.) 23, 27, 34, 38, 42, 48, 50, 51, 52, 53, 54, 57, 127, 136, 208, 209f., 215, 281, 311, 316, 346, 348
Chlodwig II. (fränk. Kg.) 49, 56
Chlodwig III. (fränk. Kg.) 49
Chlothar I. (fränk. Kg.) 48, 49, 54, 55
Chlothar II. (fränk. Kg.) 49, 56
Chlothar III. (fränk. Kg.) 49
Chorbischof 230
Christentum 18, 19, 21, 27, 71, 99, 101, 103, 210, 212, 213, 215, 223, 240, 241, 249, 280, 282, 319, 345, 346
Christianisierung, s.a. Mission 17, 22, 24, 27, 28, 30, 47, 53, 89, 95, 99, 104, 106, 117, 173, 208, 209–215,

218, 230, 238, 239, 242, 243, 249, 281, 284, 342, 344, 345–347, **421f.**
Chrodechilde (fränk. Kg.in) 42, 48, 52, 54, 136, 209
Chrodechilde (merow. Pr.in) 234
Chrodegang v. Metz (Bf.) 64, 223, 237, 246
Chronicon Salernitanum 273
Chronicon Venetum 273
Chronistik 159, 272, 273
Chur 217, 224
Churrätien 54, 67
Cicero 256
Claudius v. Turin 258
Clemens II./Suidger v. Bamberg (Papst) 81, 229, 249
Cleph (langob. Kg.) 44, 45
Clondalkin 95
Clontarf, Schlacht v. (1014) 95
Cluny 188, 189, 233, 237, 238, 248, 265, 350, 351
Codex Aureus 265, 266
Codex Euricianus 38
Colmar, Schlacht bei (833) 67, 139
Columba (Missionar) 96
Columban (Missionar) 45, 95, 211, 234, 236
comes/comites 38, 42, 144, 147, 158, 300
comites civitatis 42
commendae 202
Comminges, Belagerung v. (585) 159
Como 265
Concilium Germanicum (743) 211
coniuratio/coniurationes 140, 190f., 195, 290, 306, 315, 323, 324, 396
Connaught 95
Conques 266
consensus fidelium 131
consors regni 135, 181
Constitutio de feudis (1037) 81
consuetudines 64, 203, 351
Conversio Bagoariorum et Carantanorum 104
Corbie 201, 233, 247, 255, 265
Córdoba 77, 110, 111, 112, 134
Cork 95
Cornwall 34, 43, 94
Corvey 212, 255, 260, 264, 272
Coulaines, Vertrag v. (843) 69

Cremona 194
Crescentier 87, 229, 249
Cumbrien 96
Cunincpert (langob. Kg.) 44
Cynewulf 263

Dagobert I. (fränk. Kg.) 49, 56, 129, 174, 244
Dagobert II. (fränk. Kg.) 49
Dagobert III. (fränk. Kg.) 49
Dakien 36
Dál Riata 95
Dalmatien 87, 104
Damaskus 110
Damasus II./Poppo v. Brixen (Papst) 81
Danegeld 93, 130
Danelaw 72, 91, 92, 93, 146
Dänemark 23, 24, 93, 96–98, 194, 210, 213, 218
Dänen 61, 89, 92, 93, 100, 117, 210, 213, 222
Danewerk 98
Daroca 111
Demographie 327, 338, 342
Desiderius v. Tuszien (langob. Kg.) 44, 46, 60
Deutsches Reich/Deutschland, s. Ostfranken/ Deutschland
Devon 94
Dhuoda v. Septimanien (Gf.in) 182, 239, 246
Diakon 231, 257
Dialektik, s.a. artes liberales 256, 259
Dichtung 97, 159, 166, 192, 253, 260–264, 363, **434**
Dienheim 165
Dietrich v. Bern 262
Dietrich v. Trier (Ebf.) 219
Dijon 42, 237, 265
Dionysius Exiguus 273
Dionysius, Hl./St. Denis 56, 244
Divisio regnorum (806) 65, 143, 152
Dnjepr 99, 102, 106
Doge 87
Domesday Book 92, 145, 206
Domkapitel 220, 222f., 224
Don 103
Donatus 256, 257
Donau 18, 31, 99, 100, 103, 104, 106, 113, 203, 206, 361
Donaugrafschaft 71
Doppelkloster 234

Dorestad 202
Dorf 30, 161, 164, 165, 176, 183, 185, 186, 187, 193, 197, 199, 323, 333, 338, 340, **412–415**
dos 178
Dreifelderwirtschaft 197
Drogo (Hausmeier) 57
Drogo (Sohn Karlmanns d. Ä.) 58, 121
Drogo-Sakramentar 266
Dublin 95
Duero 107, 283
Dukat, s. Herzogtum
Duncan (schott. Kg.) 96
Dunkeld 96
Dunrally 95
Dunstan v. Canterbury (Bf.) 238
Durrow 265
dux, s.a. Herzog 44, 45, 75, 87, 91, 147, 158, 303
Dyfed 94
Dyle, Schlacht an der (891) 72
Dynastie 25, 35, 38, 59, 74, 75, 80, 84, 86, 93, 94, 95, 106, 109, 111, 112, 113, 114, 120, 122, 123, 124, 130, 133, 143, 273

Eadgifu (westfränk. Kg.in) 83, 93
Eadgyth (ostfr. Kg.in) 75, 93
Eadhild (Hzg.in v. Franzien) 93
Eadred (Kg. v. Wessex) 89, 93
Ealdormen 91, 145
Earl 93, 98, 145
East Anglia 43, 89, 92, 93, 211
Easter, Synode v. (964) 238
Eauze 217
Eberhard v. Franken (Hzg.) 75, 76, 150
Ebo v. Reims (Ebf.) 64, 66, 220
Ebo-Evangeliar 265
Eborich (sueb. Kg.) 40
Ebro 23, 39, 110, 111
Ebroin (Hausmeier) 56
Ecbasis captivi 261
Ecgfrith (Kg. v. Northumbria) 91
Echternach 64, 211, 243, 255, 265, 266
Écija 110
Edgar (Kg. v. Wessex) 89, 93, 154, 238

Personen-, Orts- und Sachregister

Edictum Chlotharii (614) 56, 144
Edictus Rothari (643) 45
Edington, Schlacht bei 92
Edmund (Kg. v. Wessex) 89, 93
Edward der Ältere (Kg. v. Wessex) 89, 93, 154
Edward der Bekenner (engl. Kg.) 89, 93f., 145, 227
Edward der Märtyrer (Kg. v. Wessex) 89, 93
Edwin (Kg. v. Wessex) 89, 91, 129, 211
Egbert (Kg. v. Wessex) 89, 92, 211, 223, 266
Egica (westgot. Kg.) 38, 174
Egil 263
Ehe 38, 45, 68, 82, 83, 84, 89, 92, 93, 109, 111, 135f., 168, 169, 172, 174, 177–181, 245, 324–328, 330, 361, **407–409**
Eichstätt 211
Eidgenossenschaft 137, 191, 315
Eidhelfer 155, 324
Eifel 130, 332
Eigenkirchenwesen 28, 150, 230, 231f., 349, **424f.**
Eigenkloster 234, 237, 351
Einhard 59, 61, 151, 192, 238, 239, 253, 273, 323
Einsiedeln 214, 266
Ekkehard I. v. St. Gallen 260
Ekkehard IV. v. St. Gallen 186, 189, 238, 260, 274
Ekkehard v. Meißen (Mgf.) 80
Elbe 18, 23, 34, 44, 54, 71, 77, 99, 203
Elipandus v. Toledo (Ebf.) 247
Elisabeth (norw. Kg.in) 103
Ellendun 92
Elsass 67, 147
Emilia 228
Emir 88
Emirat v. Córdoba 111
Emma (Kg.in v. Wessex) 93
Emmeram (Missionar) 211, 217
Emotionen 267, 364
Emund (schwed. Kg.) 97
Endzeiterwartung 248, 340, 365f., **439**
Engel 242, 259, 270
England, s.a. Angelsachsen 22, 23, 24, 27, 42f., 63, 71, 83, 89–94, 98, 117, 118, 124, 126, 130, 131, 133, 139, 142, 143, 144, 145f., 154, 164, 165, 168, 170, 192, 193, 194, 199, 201, 202, 210, 211, 213, 218, 219, 222, 230, 231, 237, 238, 239, 244, 251, 255, 256, 258, 261, 262, 263, 264, 265, 266, 272, 292, 296, 298, 300, 313, 328, 334, 349, 351, 357, 366, **380f.**
Epistola de litteris colendis 255
Erarich (ostgot. Kg.) 36
Erblichkeit 26, 47, 56, 70, 81, 87, 120, 121, 123, 124, 141, 145, 146, 147, 150, 289, 291, 302
Erchanger (Hzg. v. Schwaben) 74
Erchempert (Historiograph) 273
Eremiten 239
Erfurt 211, 218
Erich I. Blutaxt (norw. Kg.) 93, 97
Erik (schwed. Kg.) 97
Erik der Rote 99
Erispoë (bret. Fs.) 94
Eriu, s. Irland
Ermoldus Nigellus 260
Ernährung 163, 196, 198, 361
Ernst (Mgf. v. Sachsen) 70
Ernst II. v. Schwaben (Hzg.) 81, 149f.
Ervig (westgot. Kg.) 38
Erzbischof, -bischöfe 53, 126, 213, 219f., 229, 270, **422f.**
Erzbistum 28, 76, 79, 89, 98, 100, 101, 104, 106, 211, 213, 214, 217, 218, 219, 225, 244
Essex 43, 89, 211
Esther (bibl. Vorbild) 135
Ethnogenese 35, 36, 42, 47, 71, 99, 120, 283f., 294, 296, 297, 302, 305, **370**
Eugenius Vulgarius 261
Eulalialied 263
Eurich (westgot. Kg.) 37
Europa 17f, 21, 57, 94, 215, 253, 290, 339, 341, **368**
Eusebius-Hieronymus 273
Ewalde (Missionare) 212
Exarch 44
Exegese 95, 173, 207, 255, 257, 258, 263, 288, 363
Exorzismus 231, 241, 270
Extremadura 108

Fáfila 108
Fahrende 175, 321, 322
Familie 25, 26, 27, 28, 30, 39, 42, 45, 47, 56, 58, 71, 80, 87, 98, 109, 112, 114, 139, 145, 148, 150, 151, 162, 163, 167, 169, 172, 176–180, 182, 184, 188, 190, 204, 208, 210, 220, 221, 224, 229, 232, 233, 234, 246, 255, 277, 313, 315, 316, 317, 318, 323, 324–328, 331, 338, 339, 352, 361, **407–409**
Fatimiden 88, 111
Fehde 82, 131, 156, 163, 277
Felix v. Urgel (Bf.) 246f.
Ferdinand González (Gf. v. Kastilien) 107
Ferdinand I. (span. Kg.) 108, 109
Fermo 151
Fest/Festtag 29, 130, 136, 156, 191, 192, 226, 239, 245, 362
Feudalismus 31, 299, 340, 342, 350
Figurengedichte 257, 261
Flandern 84, 150, 194, 202, 341
Fleury 238, 243, 258, 265
Flodoard v. Reims (Historiograph) 271, 272, 273
Florus v. Lyon (Diakon) 173, 223, 247, 257, 260
Flur 165, 197
Föderaten 35, 38, 42, 46, 282
Fontaines 234
Fontanelle/Saint-Wandrille 273
Fontenoy, Schlacht v. (841) 67, 160
Formelsammlungen 250, 333
Formosus (Papst) 229
Fortun Garcés (Kg. v. Navarra) 109
fossa Carolina 206
Fosses 201
Francia 54, 55, 59, 294, 295
Franken/Frankenreich 19, 20, 22, 23, 24, 27, 28, 34, 35, 36, 38, 39, 42, 43, 45, 46, 47, 48, 49–73,, 75, 76, 83,

Personen-, Orts- und Sachregister

86, 88, 93, 94, 98, 100, 104, 105, 106, 115, 118, 119, 120, 121, 122, 126, 127, 131, 133, 142, 143, 148, 149, 151, 154, 155, 168, 174, 178, 180, 181, 200, 203, 204, 208, 209, 211, 212, 217, 219, 220, 224, 225, 228, 230, 232, 233, 234, 236, 242, 244, 246, 250, 251, 264, 272, 273, 275, 283, 284, 291, 292, 294, 297, 302, 305, 312, 316, 317, 318, 319, 320, 331, 333, 348, 350, **373–377**
Frankentage 69
Frankfurt 133, 204
Frankfurt, Synode v. (794) 201, 212, 247
Frankreich, s. Westfranken-Frankreich
Frau 68, 103, 111, 136, 163, 171, 176, 178, 179, 180–183, 190, 198, 199, 210, 231, 233, 235, 236, 242, 246, 261, 278, 314, 324, 325, 327, 328–332, 351, **409–411**
Frechulf v. Lisieux (Bf.) 273
Fredegund 55, 135
Fredegar (Historiograph) 20, 147
fredus, s. Friedensgeld
Freie 29, 30, 31, 42, 45, 75, 126, 130, 138, 140, 144, 154, 155, 157, 158, 159, 166, 168, 169, 170, 171, 172, 176, 185, 198, 300, 313, 316, 317, 319, **404**
Freiheit 19, 141, 171, 248, 314, 319
Freising 211, 217, 255, 261
Fréjus 72
Friaul 44, 86, 151, 283
Friedelehe 178, 326f.
Frieden 26, 153
Friedensgeld 155
Friesen 22, 34, 42, 154, 202, 204, 211
Friesland 68, 71, 97, 194, 199, 201, 202, 204, 211
Fritzlar 211
Fruela I. (span. Kg.) 108
Fruela II. (span. Kg.) 108
Fruttuaria 238

Fulbert v. Chartres (Bf.) 258
Fulco v. Reims (Ebf.) 83
Fulconen 150
Fulda 131, 139, 188, 212, 233, 236, 238, 243, 247, 249, 255, 257, 261, 265, 266, 271, 352
Fulrad v. St.-Denis (Abt) 64
Fürstenspiegel 127, 128, 257, 272
Fürsten, Fürstentum, -tümer 23, 24, 26, 44, 45, 71, 83, 84, 85, 88, 94, 96, 97, 99, 100, 101, 106, 124, 126, 147, 148, 150, 158, 192, 213, 229, 238, 277, 285, 302, 303, 304, 305

Gaeta 88
Galen 163
Galicien 22, 34, 107
Galizien 40
Galla Placidia (röm. Pr.in) 38
Gallien 22, 27, 38, 43, 49, 50, 51, 52, 53, 79, 97, 144, 175, 215, 219, 221, 232, 233, 284, 290, 312, 333, 347, 360
Gallus, Hl. 243
Galswinth (westgot. Pr.in) 55
García (span. Kg.) 108
García Iñiguez (Kg. v. Navarra) 109
García Sánchez I. (Kg. v. Navarra) 109
García Sánchez II. (Kg. v. Navarra) 109
García Sanchez IV. (Kg. v. Navarra) 109
Garibald (langob. Kg.) 44
Garonne 71, 200
Gascogne 60, 84, 109, 150
Gastalden 45
Gastfreundschaft 176
Gastung 26, 80
Gau 56, 144
Gavril Radomir (bulg. Khan) 105
Gebetsgedenken, s.a. memoria 75, 129, 175, 191, 239, 241, 245, 268, 290, 349, 351, 352
Gebhard v. Eichstätt, s. Viktor II.
Gedenkbücher, s.a. memoria 86, 180, 188, 246, 268, 313, 318, 323, 324, 325, 326, 350, 352

Gefolgschaft 47, 138, 140, 143, 144, 176, 283, 285, 315, 316, 323
Geiserich (vandal. Kg.) 41
Geistliche s. Klerus
Geldwirtschaft 32, 186, 204f., 338, **420**
Gelimar (vandal. Kg.) 41
Genealogisch-besitzgeschichtliche Methode 313, 318
Genitien 199
Gentilly, Synode v. (776) 247
Genua 194, 202
Geometrie, s.a. artes liberales 256, 259
Georgslied 263
Gepiden 22, 34, 44
Gerald v. Aurillac (Gf., Hl.) 238
Gerardus v. Brogne 237
Gerberga (Tochter Heinrichs I.) 76, 83, 149
Gerbert v. Aurillac, s. Silvester II.
Gerhard v. Augsburg 192
Germanen/Germanenreiche 19, 21, 22, 24, 27, 34–48, 49, 50, 51, 53, 54, 97, 113, 115, 118, 120, 139, 147, 157, 168, 208, 215, 221, 240, 241, 246, 250, 251, 261, 264, 280, 282, 283, 285, 286, 311, 316, 320, 325, **369, 370**
Germania Sacra (Reihe) 345
Germanien 79, 162, 212, 217, 240, 283, 345
Germigny 264
Gernrode 265
Gero (Mgf. d. sächs. Ostmark) 77
Gerold (fränk. Präfekt i. Bayern) 60
Gerschom bar Jehuda 173
Gesalech (westgot. Kg.) 37
Geschichtliche Grundbegriffe 363
Geschichtsbild 293, 363
Geschichtsdichtung, s.a. Historiographie 260f., 262f.
Geschichtsschreibung, s. Historiographie
Geschlechtergeschichte/gender studies 190, 278, 312, 328, 329, 332
Gesellschaft 19, 21, 28, 29–32, 45, 47, 95, 97, 103, 109,

458 Personen-, Orts- und Sachregister

115, 133, 138, 139, 142, 148, 153, 157, 161, 166–176, 180, 182, 183, 189, 193, 207, 208, 222, 232, 234, 235, 238, 239, 240, 241, 248, 253, 267, 280, 283, 288, 300, 305, 307, 310, 311, 312, 313, 314, 315, 316, 321, 322, 324, 325, 326, 328, 329, 330, 331, 332, 338, 340, 341, 345, 350, 351, 352, 355, 357, 358, 362, **399f.**
Gesellschaftsgeschichte 312
Gesellschaftsschichtung 313
Gesellschaftstheorie 166, 313, **402**
Gesetzgebung 45, 153, 179, 220, 299
Géza (ung. Kg.) 106
Gibichingen 42
Gilde 190, 191, 202, 323, 352, **416f.**
Gisela (ung. Kg.in) 106,
Gisela (ostfr. Kg.in)135
Giselbert v. Lothringen (Hzg.) 76, 83, 149, 150
Giselher v. Magdeburg (Ebf.) 219, 221
Glastonbury 238
Glaubensbekenntnis 105, 247
Gleb (Fs. v. Kiev) 103
Glossen 360
Gnesen 28, 79, 101, 106, 214, 218
Godegisel (burgund. Kg.) 41
Goden 98
Godepert (langob. Kg.) 44
Godomar I. (burgund. Kg.) 41
Godomar II. (burgund. Kg.) 41
Godwin (Earl v. Wessex) 93, 94, 145
Gonzalo (Gf. v. Ribagorza u. Sobrarbe) 109
Gorm der Alte (dän. Kg.) 96, 98
Gorodishche 102
Gorze 237
Goslar 81
Götar 99
Gottesfriedensbewegung 150, 156, 240, 248, 342, 365
Gottesurteil 155, 241
Gottfried der Bärtige (Hzg. v. Oberlothringen) 82
Gottfried v. Anjou (Gf.) 84

Gottfried/Göttrik (dän. Kg.) 61, 72, 96, 98
Gottschalk 247
Gozelo (Hzg.) v. Lothringen) 82
Grablege 28, 56, 57, 59, 76, 81, 129, 234, 239, 243, 269, 283, 284, 292, 352
Grado 87
Graf/Grafschaft 26, 27, 60, 63, 81, 84, 85, 86, 93, 109, 133, 140, 144–151, 155, 156, 158, 193, 221, 222, 238, 277, 300–302, 303, 304
Grammatik, s.a. artes liberales 256, 257
Gran 28, 79, 106, 214, 218
Granada 174
Gregor der Große (Papst) 89, 210, 218, 227, 228, 232, 258, 262
Gregor III. (Papst) 45, 211
Gregor V./Brun (Papst) 79
Gregor VI. (Papst) 81, 249
Gregor VII. (Papst) 230
Gregor v. Tours (Bf., Historiograph) 51, 53, 119, 135, 147, 159, 163, 193, 209, 220, 221, 241, 249, 250, 272, 274, 283, 316, 346
Griechenland 162
Grifo (Halbbruder Pippins) 58, 121
Grimnismál Gárbarðsljóð 263
Grimoald (Hausmeier) 56, 57
Grimoald (langob. Kg.) 44
Grimoald II. (Hausmeier) 57
Grönland 24, 99
Großmährisches Reich 24, 71, 73, 100, 106, 214
Grundherrschaft 20, 24, 30, 31, 130, 138, 141, 151, 154, 162, 165, 169, 170, 171, 172, 176, 177, 179, 183–188, 190, 193, 195, 199, 201, 206, 222, 231, 235, 277, 285, 286, 313, 315, 316, 320, 323, 324, 326, 332–340, 341, 343, 351, **412–415**
Guadalquivir 110
Gundahar (burgund. Kg.) 41
Gundemar (westgot. Kg.) 38
Gundiok (burgund. Kg.) 41, 42
Gundobad (burgund. Kg.) 41, 42
Gundowald 122, 159

Guntchramn (fränk. Kg.) 49, 55, 311
Gunthamund (vandal. Kg.) 41
Guntharich (vandal. Kg.) 41
Guthlac 263
Guttorm/Guthrum (dän Kg.) 92
Gwent 94
Gwynedd 94

Hadrian II. (Papst) 214, 229
Hadwig (otton. Pr.in) 83
Hagano 139
Hagia Sophia 114, 230
Hagiographie 29, 51, 95, 129, 163, 170, 206, 210, 213, 221, 222, 234, 242, 243, 250, 256, 258, 260, 262, 266, 269, 270, 272, 274f., 279, 331, 346, 354, 360, 366
Haimo v. Auxerre 173, 257
Haithabu/Hedeby 97, 202
Hákon I. (norw. Kg.) 97, 213
Hakon Sigurdsson (Statthalter d. dän. Kg.s) 97
Halberstadt 76, 212
Halinard v. Lyon (Ebf.) 82
Hallfreðr 263
Hamburg 28, 98, 212, 213, 214, 217, 221, 346
Hamðismál 263
Hammudiden 112
Handel 32, 87, 97, 101, 111, 173, 186, 194, 200–202, 203, 204, 338, 342, 343, **419**
Handwerk 32, 173, 186, 190, 193, 199f., 206, 313, 338, **419**
Harald (dän. Kg.) 96
Harald Blauzahn (dän. Kg.) 96, 98, 213
Harald Godwinson (engl. Kg.) 89
Harald Hasenfuß (dän. Kg. v. Engl.) 89
Harald I. Schönhaar (norw. Kg.) 97, 98
Harald II. Graufell (norw. Kg.) 97
Harald Sigurdsson (dän.-norw. Kg.) 94, 97, 98, 103
Harald/Heriald Klak (dän. Kg.) 65, 72, 96, 98, 210
Hardeknut (dän. Kg.) 89, 93, 96
Häresie 115, 240, 246–248, 312, 321, 322, 342, 365, **431**

Personen-, Orts- und Sachregister

Harold (Sohn Knuts d. Gr.) 93
Harold v. Wessex (Earl) 94
Hasdingen 41
Hastings, Schlacht bei (1066) 94
Hatfield, Synode v. (679) 211
Hatheburg (ostfr. Kg.in) 76
Hathumodvita 318
Haus, Hausformen 165f, 222
Hausmeier/maior domus 45, 50, 56, 57, 58, 65, 122, 143, 148, 211, 347
Hávamál 263
Havelberg 76, 100, 136, 213
Heer, -wesen 35, 36, 40, 46, 47, 56, 60, 72, 75, 77, 92, 108, 111, 114, 120, 130, 141, 143, 145, 150, 157–160, 170, 171, 175, 222, 225, 280, 282, 299, 349, **398**
Heerkönigtum 35, 47, 120
Heermeister 35, 36, 42, 120
Heiden, -tum 72, 101, 102, 115, 160, 191, 209, 210, 213, 214, 240, 241, 249, 263, 264, 270, 337, 345, 346, **429**
Heilige 29, 51, 76, 84, 85, 95, 98, 106, 128, 129, 136, 170, 182, 188, 206, 207, 210, 213, 221, 225, 238, 239, 240, 242, 243, 244, 247, 250, 260, 268, 269, 270, 274, 275, 328, 330, 331, 354, 360
Heilige Lanze 76, 85, 128
Heiligenkult 29, 32, 175, 210, 239, 242–244, 268, 291, 366, **430**
Heiligenviten, s. Hagiographie
Heinrich (Heerführer) 72
Heinrich (Hzg. v. Bayern) 76, 106, 148
Heinrich der Zänker (Hzg. v. Bayern) 76, 79, 149, 150
Heinrich I. (ostfr. Kg.) 73, 74f., 76, 77, 83, 85, 100, 106, 123, 125, 127, 148, 290, 293, 304, 305
Heinrich I. (westfr. Kg.) 82, 84, 103
Heinrich II. (ostfr. Kg.) 73, 79, 80, 84, 85, 87, 101, 106, 126, 129, 134, 135, 137, 149, 218, 222, 223, 224,
225, 238, 266, 291, 292, 308, 327, 349
Heinrich III. (ostfr. Kg.) 73, 81, 82, 84, 135, 153, 229, 238, 248, 308
Heinrich IV. (ostfr. Kg.) 82, 230
Heinrich V. (ostfr. Kg.) 309
Heinrich v. Schweinfurt 80, 137
Heinrich der Löwe (Hzg. v. Sachsen) 303
Heiric v. Auxerre 257, 273
Helena (Regentin d. Kiever Reichs) 102
Helgaud v. Fleury 84, 129, 272
Heliand 212, 239, 263
Helisachar (Kanzler) 64, 67
Hemming (dän. Kg.) 96
Hengist (leg. Führer d. Angelsachsen) 43
Heraklea 87
Herakleios (byz. Ks.) 112, 113, 114, 174
Heriberte 150
Hermann Billung (Hzg. v. Sachsen) 77, 140, 149
Hermann v. Reichenau (Historiograph) 258, 273
Hermann (Hzg. v. Schwaben) 75, 76, 80, 87
Hermerich (sueb. Kg.) 40
Herminafrid (thür. Kg.) 54
Herrschaft 19, 21, 24, 25, 27, 29, 30, 31, 34, 36, 38, 39, 41, 43, 44, 46, 47, 49, 51, 53, 54, 56, 57, 58, 59, 60, 63, 64, 67, 68, 69, 70, 74, 75, 77, 79, 80, 82, 83, 84, 85, 86, 87, 88, 91, 92, 93, 94, 96, 97, 98, 100, 101, 102, 104, 106, 107, 108, 109, 110, 111, 112, 115, 119, 120, 121, 122, 123, 125, 128, 129, 131, 133, 134, 135, 138, 139, 140, 143, 144, 146, 147, 148, 151, 152, 153, 155, 158, 159, 166, 168, 169, 174, 181, 183, 186, 187, 193, 208, 220, 221, 226, 227, 228, 229, 231, 234, 235, 248, 253, 275, 277, 284, 285, 286, 287, 289–291, 292, 299, 301, 303, 308, 313, 314, 315, 316, 317,
319, 325, 332, 333, 335, 336, 339, 347, 354, 357
Herrschaftspraxis 22, 25, 26, 69, 79, 119, 129, 130, 131, 136, 239, 277, 288, 289, 290, 305, **389f.**
Herrschaftsrepräsentation 27, 79, 128, 129, 136–138, 226, 227, 277, 288, 290, **390f.**
Herrschaftsverband 25, 119, 138, 185, 277, 284–289, **385**
Herrscherbilder 128
Hersfeld 131, 200, 236, 265
Herstal, Kapitular v. (779) 191
Hertford, Synode v. (673) 211
Herzog, -zöge, Herzogtum, s.a. dux 24, 26, 38, 45, 57, 60, 70, 74, 75, 76, 77, 80, 81, 82, 83, 85, 101, 104, 125, 126, 134, 137, 140, 147, 148, 149, 150, 151, 156, 158, 225, 228, 277, 301, 302–305, 311, 350
Hessen 74, 134, 211
Heveller 100
Hexham, Schlacht v. (633) 91
Hibernia, s. Irland
Hildebrandslied 262, 326
Hildeprand (langob. Kg.) 44
Hilderich (vandal. Kg.) 41
Hildesheim 212, 220, 223, 225, 255, 264, 266, 271
Hilduin v. St.-Denis (Abt) 64, 67
Hinkmar v. Laon (Bf.) 141
Hinkmar v. Reims (Ebf.) 70, 130, 217, 229, 247, 257, 260, 272
Hirsau 238
Hischam I. (Emir) 110
Hischam II. (Kalif) 110, 112
Hischam III. (Kalif) 110, 112
Historiographie 50, 51, 58, 59, 67, 74, 103, 127, 128f., 134, 148, 220, 253, 256, 260, 263, 271–275, 276, 277, 279, 291, 295, 305, 329, 340, 358, 359, 363, 366, 367, **438f.**
Historische Anthropologie 268, 353
Hofämter 142
Hofkapelle 29, 64, 67, 143, 223, 225, 290, 291, 349, **425**
Hofkultur, s.a. Kultur 192
Holk 204

Personen-, Orts- und Sachregister

Honorius (röm Ks.) 42
Horaz 260
Horich I. (dän. Kg.) 96
Horich II. (dän. Kg.) 96
Hörige 31, 138, 162, 171, 172, 179, 183, 185, 186, 187, 191, 199, 202, 313, 319, 320, 321, 323, 333, 334, 335, 336
Hörigkeit 30, 31, 169, 313, 320
Horsa (leg. Führer d. Angelsachsen) 43
Hrabanus Maurus 173, 247, 257
Hrotsvith v. Gandersheim 260, 261
Hucbald v. Saint-Amand 260
Huesca 111
Hufe/mansus 158, 162, 169, 170, 172, 177, 184, 185, 199, 324, 334, 339
Hugo (Abt v. Cluny) 237
Hugo (Hzg. v. Franzien) 83, 93
Hugo v. Vienne (it. Kg.) 86
Hugo Capet (westfr. Kg.) 82, 83, 84, 124
Hugo v. Arles (Gf.) 85
Hugo v. Franzien 93
Humber 91, 93
Humbert v. Silva Candida (Kardinal) 229, 259
Hunerich (vandal. Kg.) 41
Hunfridinger 74, 148
Hunnen 34, 36, 42, 46, 106
Hywel 94

Iaropolk (Kg. d. Kiever Reichs) 103
Iberische Halbinsel 39, 40, 110
Ida (Hzg.in v. Schwaben) 149
Ifrikija 41, 88, 110
Ignatios (Patriarch v. Konstantinopel) 228
Igor (Kg. d. Kiever Reichs) 102, 103, 214
Ikonoklasmus 63, 115, 246
Ilarion (Metropolit v. Kiev) 103
Ildefons v. Toledo 261
Immunität 27, 64, 155, 235
Imperium Romanum 18, 19f., 22, 27, 34, 38, 46, 48, 51, 113, 115, 144, 151, 204, 221, 271, 281, 282, 308
Incastellamento 147, 186, 187, 340, 412

Individuum 323f., 352, 361, **407**
Ine (Kg. v. Wessex) 91, 154
Ingelheim 65, 210, 271
Iñigo Arista (Kg. v. Navarra) 109
Inkarnationsära 273
Insignien 126, 128, 206, 210, 271
Institutio canonicorum 223
Institutio sanctimonialium 190, 236
Integration 24, 36, 46, 47, 52, 57, 60, 63, 64, 70, 72, 212, 225, 326, 339
Interdisziplinarität 279
Investitur 126, 137, 224, 227, 349
Investiturstreit 20, 82, 129, 153, 226, 230, 248, 259, 271, 350, 351
Iona 96
Iren 45, 94, 95, 251, 259
Irene (byz. Ks.in/Regentin) 112, 113
Iringsage 262
Irland 21, 28, 42, 71, 91, 94, 95, 98, 124, 127, 159, 194, 208, 210, 211, 222, 233f., 236, 237, 245, 251, 261, 265, 325, 330, **381**
Irmina 211
Irmingard 327
Irminsul 212
Isidor v. Sevilla 39, 249, 251, 257, 262, 266, 273
Islam 19, 22, 23, 27, 40, 41, 63, 107, 108, 110, 111, 112, 113, 114, 115, 117, 157, 172, 173, 174, 197, 200, 320
Island 24, 95, 98, 213
Istrien 44, 63
Italien 22, 23, 25, 31, 34, 36, 37, 38, 44, 46, 54, 59, 61, 63, 66, 67, 68, 70, 72, 77, 79, 80, 81, 82, 83, 85, 86–88, 106, 113, 115, 117, 124, 133, 135, 136, 140, 141, 142, 147, 151, 152, 153, 155, 159, 162, 168, 171, 172, 173, 184, 193, 194, 195, 199, 202, 203, 207, 214, 215, 218, 219, 224, 225, 227, 232, 237, 238, 248, 251, 255, 258, 260, 262, 264, 266, 269,

273, 290, 291, 294, 297, 299, 306, 307–309, 332, 333, 335, 349, 356, 360, **380**
Italienpolitik 80, 153, 291, 297, 307
Itinerar 131, 133, 136, 226, 290f.
Ivan Vladislav (bulg. Khan) 105
Ivois, Treffen in (1023) 84
Ivrea 80, 151

Jahrtausendwende 19, 27, 109, 147, 156, 162, 173, 203, 213, 237, 291, 292, 314, 320, 334, 340f., 341, 365, **417**
Jakobus, Hl. 107, 243
Jarl, s. Earl
Jaromir (böhm. Fs.) 100
Jaroslav I. der Weise (Kg. d. Kiever Reichs) 103
Jarrow/Wearmouth 91, 251
Jelling-Dynastie 98
Jimena 109
Johannes I. Tzimiskes (byz. Ks.) 77, 113, 114
Johannes Scottus Eriugena 247, 256, 257, 259, 260
Johannes VIII. (Papst) 229
Johannes v. Amalfi 262
Johannes v. Gorze 77
Johannes XII. (Papst) 77
Jonas v. Orléans (Bf.) 64, 179, 239, 257
Jordanes (Historiograph) 37, 272
Juden 111, 172–174, 202, 321, **406**
Judith (fränk. Kg.in) 67, 92, 135, 148
Jumièges 60, 265
Justin I. (byz. Ks.) 112
Justin II. (byz. Ks.) 112
Justinian (byz. Ks.) 23, 112, 113, 115
Justinian II. (byz. Ks.) 112
Jūsuf (Statthalter v. Córdoba) 111
Jüten 22, 34, 42

Kairuan 111
Kaiser/Kaisertum 19, 22, 23, 24, 25, 28, 34, 35, 36, 38, 39, 41, 42, 46, 47, 48, 49, 53, 59, 61, 63, 64, 66, 68,

73, 74, 77, 79, 80, 81, 84, 85, 86, 88, 101, 103, 113, 114, 115, 120, 121, 125, 128, 135, 136, 151–153, 156, 174, 179, 209, 210, 215, 219, 227, 228, 229, 238, 248, 249, 253, 272, 273, 281, 291, 297, 300, 307–309, 311, 327, 345, 346, 347, 348, 350, **395**
Kalabrien 44, 88
Kalender 32, 161, 173, 244, 253
Kalif 110, 111, 112
Kalifat 109, 112
Kama 106
Kamba 80
Kämmerer 143
Kanonisse 233
Kantabrien 107
Kanzlei 52, 86, 143, 150, 225
Kapetinger 82, 84, 123, 126, 129, 133, 150, 152, 272
Kapitular 63, 67, 86, 143, 145, 154, 157, 158, 166, 168, 169, 170, 171, 175, 179, 181, 182, 185, 191, 204, 231, 232, 279, 289, 319, 355
Kaplan 143, 225, 227
Karantanen 99, 104, 213
Karantanien/Kärnten 60, 70, 71, 74, 76, 104, 149, 302
Kardam (bulg. Khan) 105
Kardinal 229f.
Karl der Einfältige (westfr. Kg.) 70, 74, 75, 82, 83, 93, 123
Karl der Große (fränk. Kg.) 17, 18, 19, 22, 23, 26, 46, 58, 59, 60, 61, 63, 65, 66, 70, 79, 98, 104, 107, 106, 108, 114, 121, 125, 127, 129, 131, 133, 138, 140, 141, 143, 144, 145, 146, 148, 151, 153, 154, 155, 157, 158, 163, 168, 170, 185, 192, 201, 204, 206, 209, 212, 217, 228, 235, 238, 239, 246, 250, 251, 253, 255, 256, 260, 264, 265, 272, 273, 275, 287, 289, 291, 295, 302, 307, 308, 316, 323, 356, 360
Karl der Kahle (fränk. Kg.) 65, 67, 69, 70, 92, 127, 128, 139, 141, 143, 150, 192, 229, 253, 257, 259, 260, 265, 266, 391

Karl III., der Dicke (fränk. Kg.) 65, 69, 70, 72, 73, 83, 85, 86, 122, 123, 125, 139, 293
Karl Martell (Hausmeier) 45, 56, 57, 58, 60, 110, 122, 141, 221, 326
Karl v. d. Provence (fränk. Kg.) 65
Karl (Hzg. v. Niederlothringen) 84, 124
Karlmann (Hausmeier) 57, 58, 121
Karlmann (fränk. Kg.) 58, 59, 121
Karlmann (ostfr. Kg.) 65, 69, 70
Karlmann (westfr. Kg.) 65, 68, 69
Karolinger 21, 23, 27, 28, 29, 46, 50, 56, 57, 58–73, 74, 75, 82, 83, 84, 85, 86, 94, 100, 107, 121, 123, 124, 125, 126, 127, 128, 129, 130, 131, 133, 134, 139, 140, 143, 145, 146, 148, 150, 151, 154, 155, 156, 157, 158, 159, 164, 165, 169, 173, 177, 178, 182, 184, 185, 186, 190, 191, 192, 196, 200, 202, 203, 205, 208, 211, 219, 221, 222, 224, 225, 228, 230, 234, 235, 236, 246, 251, 252, 253, 257, 259, 262, 264, 265, 266, 269, 272, 274, 286, 287, 289, 290, 294, 295, 298, 300, 301, 302, 303, 305, 312, 320, 326, 332, 334, 338, 340, 343, 347, 349, 356, **375–377**
Karolingische Minuskel 252
Karolingische Renaissance 21, 64, 251–255
Karpaten 72, 99, 106
Karthago 41, 114
Kasimir I. (poln. Kg.) 101
Kaspisches Meer 104, 106
Kastellan/Kastellanate 147, 150, 159, 186
Kastilien 107, 109
Katalanien 38, 108, 180, 247, 258
Kataster 338
Kaufleute 138, 173, 175, 201, 202
Kells 265

Kelten 94
Kennemerland 72
Kenneth I. Mac Alpin (Kg. v. „Alba") 96
Kent 43, 89, 91, 92, 210, 218
Khan/khagan 102, 104, 214
Khardja 263
Kiev 24, 102, 214
Kilian (Missionar) 211, 266
Kinder/Kindheit 58, 162, 163, 169, 177, 178, 179, 180, 181, 234, 253, 314, 324, 325, 326, 327, 328, 361, 364
Kindersterblichkeit 163, 328
Kirche 17, 22, 25, 27–29, 30, 32, 34, 36, 39, 45, 47, 53, 57, 59, 64, 65, 76, 79, 81, 84, 91, 95, 98, 101, 103, 106, 111, 115, 119, 120, 125, 127, 128, 134, 136, 146, 150, 151, 152, 156, 161, 162, 166, 168, 170, 172, 174, 176, 178, 179, 183, 190, 191, 207–232, 236, 239, 240, 241, 242, 244, 248, 249, 259, 261, 264, 271, 282, 287, 289, 307, 319, 320, 322, 326, 330, 331, 332, 333, 339, 344–352, 359, **420f.**
Kirche (Bauwerk) 31, 165, 175, 193, 194, 207, 239, 240, 241, 242, 243, 264, 265, 269
Kirchengeschichte 272, 276, 344f.
Kirchenprovinz 28, 64, 70, 98, 100, 106, 145, 211, 214, 215, 217, 218, 219, 282
Kirchenrecht 28, 39, 68, 95, 155, 157, 219, 226, 228, 230, 231, 253, 344
Kirchenreform 20, 28, 29, 57, 66, 81, 150, 211, 220, 229, 231, 232, 238, 248f., 253, 292, 342, 351
Kirchenstaat 59, 60, 65, 228, 229
Kirchenväter 20, 207, 241, 249, 259
Kitzingen 211
Kleidung 137, 181, 189, 207, 231, 237, 269, 361, 362
Kleinasien 114
Klerus 29, 30, 32, 115, 155, 160, 167, 207, 215, 219,

220, 222, 223, 231, 240,
246, 249, 252, 324, 354,
355, **424**
Klima 161, 339
Klimageschichte 278
Kloster 28, 30, 32, 46, 52, 58,
64, 68, 86, 91, 95, 107, 112,
128, 129, 131, 134, 136,
137, 139, 145, 146, 150,
156, 160, 161, 162, 163,
175, 176, 182, 187,
188–190, 194, 195, 199,
205, 208, 210, 211, 212,
222, 223, 225, 226, 230,
231, 232–238, 239, 240,
243, 244, 245, 246, 247,
248, 249, 251, 252, 253,
255, 257, 258, 260, 261,
265, 267, 268, 272, 273,
275, 277, 292, 303, 307,
315, 323, 324, 326, 330,
331, 332, 335, 338, 344,
348, 350f., 352, 356, 357,
358, 359, **426–429**
Kloster (Bauwerk) 264f.
Klosterreform 64, 84, 93, 109,
189, 212, 222, 236f., 237,
238, 258, 350f., 357
Knut der Große (dän. Kg.) 89,
93, 96, 98, 117, 124, 130,
145, 213, 222
Kocel 71, 104
Kogge 204
Kolberg 214
Köln 68, 69, 194, 205, 212,
217, 219, 225, 255, 265,
269, 331
Kolonen 19, 31, 184
Komitat, s. Grafschaft
Kommendation 140, 141
Kommunikation 137, 260, 267,
289, 306, 307, 354, 355,
357, 359
Kompilation 173, 257
Konflikte 25, 61, 64, 68, 75,
77, 79, 98, 115, 124, 137,
138, 150, 179, 188, 189,
208, 224, 236, 246, 289,
305–307, 312, 336, 359, **396**
König/Königtum 17, 24, 25,
26, 27, 28, 29, 30, 34, 36,
37, 38, 39, 40, 41, 42, 44,
45, 47, 49, 50, 51, 52, 53,
54, 55, 56, 57, 58, 59, 60,
61, 63, 64, 65, 68, 69, 70,
71, 72, 73, 74, 75, 77, 81,

82, 83, 84, 85, 86, 88, 89,
91, 93, 95, 96, 97, 98, 99,
100, 101, 103, 105, 106,
108, 109, 118, 119–138,
139, 140, 141, 142, 143,
144, 145, 146, 147, 148,
149, 150, 151, 152, 153,
154, 155, 157, 158, 169,
170, 173, 175, 177, 182,
183, 192, 205, 207, 208,
209, 210, 215, 219, 220,
221, 222, 223, 224, 225,
226, 227, 228, 230, 231,
232, 233, 234, 235, 237,
238, 242, 244, 245, 246,
252, 262, 263, 267, 269,
271, 272, 274, 276, 277,
282, 285, 286, 288, 289–
291, 292, 296, 297, 299,
300, 302, 303, 304, 305,
306, 307, 308, 309, 309,
311, 316, 317, 319, 323,
326, 333, 336, 338, 342,
343, 346, 347, 348, 349,
350, 351, 359, 360, **386**
Königin 129, 134f., 135, 136,
149, 163, 181, 233, 242,
330, 332
Königsboten/missi dominici 26,
63, 141, 145, 192, 222, 289
Königserhebung 50, 57, 59, 85,
122, 125, 126, 143, 228,
267, 271, 283, 305, 358
Königsgut 134, 144, 145, 300,
301, 319
Königsheil 127
Königsideologie 25, 127, 137,
387f.
Königskanonikat 349
Königswahl 122–127, 294, **387**
Konkubinat 178, 327
Konrad I. (Kg. v. Hochburg-
und) 85
Konrad I. (ostfr. Kg.) 73–75,
123, 127, 148, 293
Konrad II. (ostfr. Kg.) 73, 80f.,
85, 101, 103, 126, 128, 131,
133, 135, 143, 150, 187,
238, 265, 267, 272, 290,
291, 292, 294, 327
Konrad (Hzg. v. Lothringen)
149
Konradiner 73, 74, 148
Konsekrationsdekret 224
Konstans II. (byz. Ks.) 112
Konstantin der Große (Ks.) 53,

102, 103, 228
Konstantin IV. (byz. Ks.) 112
Konstantin IX. Monomachos
(byz. Ks.) 113
Konstantin V. (byz. Ks.) 112
Konstantin VI. (byz. Ks.) 112,
113
Konstantin VII. Porphyrogennetos (byz. Ks.) 113, 114
Konstantin VIII. (byz. Ks.) 113,
114
Konstantinische Schenkung
151, 228
Konstantinopel 34, 53, 71, 111,
113, 114, 115, 134, 152,
214, 228, 271
Konstanz 217, 218, 224, 235
Kontinuität 18, 19, 22, 35, 43,
52, 60, 82, 118, 141, 147,
173, 193, 194, 195, 205,
207, 215, 240, 280–284,
291, 295, 296, 309, 348, **369**
Konzil 25, 28, 39, 40, 53, 81,
86, 91, 115, 122, 153, 155,
156, 157, 163, 169, 175,
177, 179, 204, 210, 211,
215, 217, 219, 220, 222,
223, 224, 226, 229, 230,
232, 238, 239, 245, 246,
247, 249, 251, 292, 327,
345, 349, **423f.**
Korbinian (Missionar) 211, 217
Kormesij (bulg. Khan) 105
Kormisos (bulg. Khan) 105
Korsika 41
Krakau 101, 214
Krankheit 32, 161, 162, 163,
175, 243, 361
Kroaten/Kroatien 24, 99, 104
Krondomäne 83, 84, 133, 150,
349
Krönungsordo 126, 128, 135
Krum (bulg. Khan) 105
Kultur 21, 22, 29, 32, 39, 47,
54, 57, 60, 64, 94, 95, 103,
109, 111, 115, 150, 182,
192, 240, 249, 250, 251,
282, 284, 288, 330, 344,
350, 352, 353, 354, 356,
359, **431–436**
Kulturwissenschaft 278, 353
Kunigunde (ostfr. Kg.in) 80,
135
Kunst 27, 252, 260, 262,
264–266, 280, 323, 358,
377, 388, **434**

Kunsthandwerk 200, 207, 266
Kuren 101
Kursan (ungar. Führer) 72
Kyrill/ Konstantinos (Missionar) 27, 71, 104, 214, 263

Laien 30, 143, 167, 178, 180, 189, 207, 217, 220, 222, 231, 239, 246, 248, 255, 263, 269, 324, 326, 341, 354
Laienäbte 235
Laigin 95
Landeskirche 39, 91, 214, 215, 218, 223, 346
Landnahme 35, 46, 73, 94, 118, 120
Landnámabók 99
Landwirtschaft 106, 186, 193, 195–199, 205, 206, 342, **418**
Langobarden 23, 27, 44– 46, 47, 48, 50, 55, 59, 60, 61, 86, 87, 88, 119, 120, 131, 147, 151, 154, 157, 204, 208, 218, 228, 230, 234, 253, 272, 283, 295, 319, 335, 370, **373**
Laon 83, 255
Lateran 228
Lausanne 215
Lausitz 77, 80, 81, 101
Lebenserwartung 162, 163, 268, 269
Lebenskreise 30, 119, 176, 277, 315, 324, **407**
Lechfeld, Schlacht auf dem (955) 75, 77, 106, 136, 308
Leges s. Volksrechte
Lehen 31, 70, 80, 81, 88, 130, 140, 141, 170, 185, 289, 298, 299, 303
Lehnswesen 26, 31, 57, 81, 138, 140, 141, 142, 176, 298–300, 315, 326, **391**
Leif Eriksson 99
Leinster 95
Lektor 231, 256
Leo III. (Papst) 61, 151, 228, 247, 260
Leo IV. (Papst) 114
Leo IX./Bruno v. Toul (Papst) 81, 229, 249
Leo v. Neapel 262
Leo v. Vercelli 261
Leofric (Earl) 145
León 107, 108, 109

Leon III. (byz. Ks.) 112, 115
Leon IV. (byz. Ks.) 112
Leon V. (byz. Ks.) 112, 115
Leon VI. (byz. Ks.) 113, 114
Leovigild (westgot. Kg.) 38, 39
Lérins 232
Les Estinnes 211
Letten 101
Leudast (Gf.) 221
Leuthardus (Häretiker) 248
Leuthari (alem. Hzg.) 147
Levante 110
Lex Alamannorum 312, 320
Lex Ribuaria 312
Lex Romana Burgundionum 42
Lex Salica 20, 50, 52, 144, 154, 165, 168, 181, 196, 205, 262, 311f.
Liafwin/Lebuin (Missionar) 212
Liber pontificalis 273
libertas ecclesiae 248
Libri Carolini 246
Libutius (Missionar) 214
Ligurien 151
Limburg auf der Hardt 265
Limburger Hofrecht 146, 187
Lindisfarne 71, 91, 265
Lindsay 43, 92
linguistic turn 279, 367
Linonen 100
Litauer 101
Liturgie 29, 64, 71, 104, 128, 135, 207, 208, 209, 214, 228, 231, 237, 244, 246, 247, 251, 253, 257, 260, 266, 267, 280, 337, 352, 358, 359, **430f.**
Liudgard (Hzg.in v. Lothringen) 149
Liudger (Missionar) 212, 266
Liudolf (Hzg. v. Schwaben) 76, 148, 318
Liudolfinger 74, 76, 129, 148, 272, 305, 359
Liudprand v. Cremona (Bf., Historiograph) 77, 115, 152, 229, 271, 272
Liuthar-Evangeliar 128
Liutizen 77, 79, 81, 100, 213
Liutpert (langob. Kg.) 44
Liutpold 76
Liutpoldinger 74, 148
Liutprand (langob. Kg.) 44, 45
Liuva I. (westgot. Kg.) 38, 39

Liuva II. (westgot. Kg.) 38
Ljudevit (kroat. Fs.) 104
Lobbes 273
Loire 28, 34, 38, 51, 71, 184, 197, 200, 203, 221, 233, 347
Lombardei 162, 224, 291, 325
London 92, 131, 134, 164, 218
Lorsch 255, 261, 264
Lothar v. Vienne (it. Kg.) 77, 86
Lothar (westfr.. Kg.) 82, 83, 84, 86, 124
Lothar I. (fränk. Kg.) 65, 66, 67, 68, 72, 86, 121, 152, 257, 265, 291, 308, 337
Lothar II. (fränk. Kg.) 65, 68, 69, 178, 229
Lothian 96
Lothringen/Lotharingien 23, 68, 69, 70, 72, 74, 75, 76, 82, 83, 106, 122, 124, 130, 133, 139, 144, 148, 149, 184, 195, 225, 235, 237, 248, 258, 265, 291, 297, 301, 302, 332, 339, 366, 392
Lough Neagh 95
Lough Ree 95
Louth 95
Lucca 194
Ludwig das Kind (ostfr. Kg.) 73, 74, 75, 289
Ludwig der Blinde (Kg. v. Niederburgund) 85
Ludwig der Deutsche (ostfr. Kg.) 65, 69, 70, 71, 104, 214
Ludwig der Fromme (fränk. Kg.) 23, 26, 58, 63, 64, 65, 66, 67, 98, 121, 124, 127, 135, 139, 143, 144, 145, 146, 150, 152, 160, 166, 173, 191, 192, 210, 217, 219, 235, 236, 253, 255, 257, 260, 272, 287, 289, 302, 308, 317, 337, 404, 435
Ludwig der Jüngere (ostfr. Kg.) 65, 69, 70, 72, 264 Anm. 31
Ludwig der Stammler (westfr. Kg.) 65, 70, 83
Ludwig II. (fränk. Kg.) 65, 68, 72, 86, 88
Ludwig III. (westfr. Kg.) 65, 72
Ludwig IV. (westfr. Kg.) 82, 83, 271
Ludwig V. (westfr. Kg.) 82, 83
Ludwig v. d. Provence (it. Kg.) 86

Ludwigslied 262
Lugdunensis 42
Lugo, Konzil v. (569) 40
Lukan 260
Lund 28, 98, 139, 213, 218
Lupus v. Ferrières 247, 260
Lüttich 225, 255, 265, 273
Luxemburger Fehde 80
Luxeuil 234
Lyon 42, 174, 217, 255

Maas 50, 52, 68, 203, 233
Maastricht 264
Macbeth (schott. Kg.) 96
Mâcon 85, 237, 314, 332, 351
Mâcon, Konzil v. (585) 245
Magdeburg 28, 76, 79, 101, 102, 129, 136, 213, 214, 217, 219, 221, 225, 244, 255, 265, 346
Magie 241
magister officiorum 37
Magnus (dän. Kg.) 96
Magnus Olafsson der Gute (norw. Kg.) 97
Magyaren 106
Mährer 71, 99, 100, 213, 214
Mailand 81, 194, 195, 283
Mailänder Toleranzedikt (313) 281
Mainz 28, 76, 100, 126, 173, 202, 205, 212, 217, 219, 247, 255, 261, 266, 267, 271
Mainz, Synode v. (848) 247
Maiolus (Abt v. Cluny) 233, 237
maior domus, s. Hausmeier
Malamir (bulg. Khan) 105
Malamocco 87
Mälarsee 99
Malbergglossen 262
Malchras/Frumari (sueb. Kg.) 40
Malcolm II. (schott. Kg.) 96
Maldon, Schlacht bei (991) 93, 263
Mals 265
mansi absi 339
Mantua 194
Marken 61, 71, 77, 100, 101
Markgraf 70, 158, 303, 304, 318
Markgrafschaft 86, 148, 151
Markt 31, 164, 193, 194, 202, 203, 222, 239, 338, 343
Marozia (Tochter d. Theophylakt) 229

Marschall 143
Martianus Capella 249, 257, 262
Martin v. Tours, Hl. 225, 232, 244, 269, 274
Märtyrer 91, 212, 213, 242, 243, 269
Maserfelth, Schlacht v. (642) 91
Mathilde (ostfr. Kg.in) 76, 129
Mauregatus (span. Kg.) 108
Mauretanien 41
Maurikios (byz. Ks.) 112
Mauritius, Hl. 76, 244
Meaux 84
Mecklenburg 100
Medina 281
Medizin 163, 269
Meerssen, Vertrag v. (870) 68
Meier 185, 186, 187
Meinwerk (Bf. v. Paderborn) 224
Meißen/Milzener Land 76, 77, 80, 101, 213
Mekka 281
Memoria 29, 136, 175, 181, 188, 226, 244, 245, 263, 268, 291, 306, 312, 352, **430f.**
Mentalität 32, 133, 209, 238, 249, 262, 267, 268–271, 277, 278, 279, 280, 306, 312, 329, 330, 344, 346, 353, 362–365, **437f.**
Mercia 43, 89, 91, 92, 93
Mérida 39, 111
Merowech (leg. Stammvater d. Merowinger) 51
Merowinger 23, 28, 47, 49–58, 59, 65, 70, 85, 94, 100, 120, 121, 122, 123, 124, 125, 129, 130, 131, 134, 138, 143, 144, 145, 147, 169, 184, 190, 202, 203, 220, 222, 223, 230, 233, 245, 249, 250, 269, 274, 275, 315, 333, 355, **374**
Merseburg 76, 101, 129, 160, 213, 241, 272
Merseburg, Friede v. (1013) 80
Merseburger Zaubersprüche 262
Meseta 110
Methodius (Missionar) 27, 71, 104, 214 263, 366
Metropolitanverband 215, **422f.**

Metz 55, 69, 80, 130, 173, 184, 226, 237, 247, 255, 265, 266, 273, 337
Michael (Erzengel) 270
Michael I. (bulg. Khan), s. Boris I.
Michael I. (byz. Ks.) 63, 105, 112, 114
Michael II. (byz. Ks.) 113, 114
Michael III. (byz. Ks.) 113, 114, 115
Michael IV. (byz. Ks.) 113
Michael V. Kalaphates (byz. Ks.) 113
Micy 187
Middle Anglia 43, 92
Middlesex 43
Midlands 92
Mieszko I. (poln. Kg.) 101
Mieszko II. (poln. Kg.) 81, 101, 103
Mikrohistorie 361
Milo v. St. Amand 260
Minden 212, 217
Minderheiten, s. Randgruppen
Ministeriale, Ministerialität 20, 75, 146, 159, 172
Miro (sueb. Kg.) 40
missi dominici, s. Königsboten
Mission 27, 45, 58, 60, 64, 65, 71, 79, 91, 98, 99, 100, 101, 102, 104, 114, 131, 209, 210, 211, 212, 213, 214, 217, 218, 234, 236, 243, 251, 261, 272, 331, 346
Mission, angelsächsische 21, 28, 58, 91, 208, 210, 211, 218, 222, 233f., 243
Mission, irische 28, 95, 208, 210, 211, 233f., 236
Mittelmeer 23, 24, 39, 200, 202, 203
Mobilität 30, 133, 171, 175, 314, 317
Modoin v. Autun 253, 260
Mojmir I. (böhm Fs.) 100, 104
Mojmir II. (böhm Fs.) 100
Mönchtum 28, 29, 32, 128, 130, 188, 189, 208, 211, 214, 215, 222, 223, 228, 232, 233, 234, 235, 236, 238, 239, 240, 243, 245, 249, 252, 253, 255, 257, 258, 266, 270, 272, 312, 314, 324, 344, 348, 350, 351, 352, 355, 358

Monophysiten 115
Monseer Fragmente 261
Montecassino 58, 236, 255, 266
Monteforte 248
Mont-Saint-Michel 266
Moosburg 104
Morman 94
Mosel 68, 130, 233
Mozaraber 107, 108, 110f
Mstislav (Kg. d. Kiever Reichs) 103
Muhammad I. (Emir) 110
Muhammad ibn Abi Amir 112
Muhammad III. (Emir) 110
Mühle 186, 198, 199, 205, 206
Muladíes 111
Mündlichkeit 267, 310, 353, 354, 355, 358, 359, **435f.**
Mundschenk 143
Munster 95
Münster 212, 217, 352
Munt 27, 177, 181, 182
Muntehe 177, 178, 326
Münze, -wesen 47, 52, 120, 130, 202, 204f., 222, **420**
Murbach 261
Murcia 110
Mūsâ (Statthalter d. Ifrikija) 110
Musik, s.a. artes liberales 192, 256, 259, 260
Muspilli 263
Müstair 265

Nachbarschaft 83, 100, 269, 323, 361
Namengebung 39, 42, 51, 59, 180, 181, 284, 323, 325
Namur 130, 237
Nanthild (Regentin d. fränk. Reichs) 56
Narbonne 38, 39, 217, 314
Narentaner 104
Narses (byz. Feldherr) 37, 54
Nationsbildung 23, 65, 117, 292–297, 307, **393f.**
Natur 32, 160, 161, 163, 182, 246, 256, 259, 263, 278, 364
Naumburg 213
Navarra 107, 109, 122
Neahtanesmere, Schlacht bei (685) 91
Neapel 72, 88, 202
Nekrologien 268, 352
Nestor-Chronik 102

Neuplatonismus 259
Neustrien 49, 50, 55, 56, 57, 66, 84, 121, 150, 183, 202, 347
Nibelungen 42, 262
Nicäa, Bekenntnis v. 27
Nicäa, Synode v. (787) 246
Niederlande 162
Nikephoros Phokas (byz. Ks.) 112, 113f., 114
Nikephoros Phokas (byz. Regent) 113, 114
Nikolaitismus, s. Priesterehe
Nikolaus I. (Papst) 68, 228, 229
Nikolaus II. (Papst) 229
Nithard (Historiograph) 67, 274
Nitra 104
Nivelles 64
Nominoë (bret. Kg.) 71, 94
Nordalbingien 61
Nordamerika 99
Nordjütland 98
Normandie 72, 83, 84, 93, 150, 265
Normannen 23, 24, 67, 71, 83, 88, 91, 92, 93, 94, 95, 96, 97, 98, 102, 117, 121, 124, 139, 142, 148, 157, 159, 194, 201, 202, 213, 217, 220, 221, 298, 346, 366
Northumbria 43, 89, 91, 92, 93, 96, 211
Norwegen 24, 93, 97, 98, 103, 213
Notitia dignitatum 217
Notker der Stammler (Historiograph) 59, 115, 175, 192, 260, 262, 271, 272, 273
Novalese 255
Novgorod 102
Noyon 59, 215
Numidien 41

Oblaten 234
Oblation 188f., 427
Ochsenfurt 211
Odense 98
Oder 41, 101
Odilo (Abt v. Cluny) 237
Odo (Abt v. Cluny) 237, 258
Odo (westfr. Kg.) 70, 82, 83, 86
Odo I. v. Blois (Gf.) 81
Odo II. v. Blois (Gf.) 84, 85
Odoaker 34, 36
Oeren 64

Offa (Kg. v. Mercien) 91, 201
Ogham-Schrift 95
Oise 83
Olaf Eriksson Schoßkönig (schwed. Kg.) 97, 99, 213
Olaf I. Tryggvason (norw. Kg.) 93, 213
Olaf II. Haraldsson der Heilige (norw. Kg.) 97, 98, 213
Oldenburg in Holstein 100, 213
Oleg (Kg. d. Kiever Reichs) 102, 103
Olga (Regentin d. Kiever Reichs) 103, 214
Olmütz 213
Omar ibn Hafsûn 111
Omayyaden 72, 111, 134, 174
Omurtag (bulg. Khan) 105
Orale Gesellschaft/Kultur 32, 267, 278, 279, 289, 310, 355, 357
Ordinatio imperii (817) 66, 121, 152
Ordoño I. (span. Kg.) 107, 108
Ordoño II. (span. Kg.) 108
Ordoño III. (span. Kg.) 108
Ordoño IV. (span. Kg.) 108
Orléans 49, 54, 55, 175, 223, 248, 253, 265
Orléans, Konzil v. (511) 53
Orosius (Historiograph) 46, 262, 274
Ortsnamen 92, 282, 284
Osnabrück 212, 217
Österreich 302, 357
Ostertafeln 273
Ostfranken-Deutschland 23, 65, 66, 68, 69, 70, 71, 73–82, 83, 85, 86, 87, 100, 102, 104, 115, 125, 126, 131, 133, 142, 149, 150, 152, 158, 162, 164, 180, 194, 202, 213, 214, 218, 219, 226, 227, 230, 235, 239, 271, 272, 275, 277, 290, 291, 292–297, 299, 302, 303, 306, 307, 308, 316, 321, 332, 335, 342, 344, 349, 356, 357, **378f.**
Ostgoten 22, 23, 34, 36f., 42, 45, 48, 50, 52, 54, 204, 251, 283, 319, **371**
Ostiarius 231
Oswald (Kg. v. Northumbria) 89, 91, 129, 211
Oswald v. Worcester (Bf.) 238

Oswiu (Kg. v. Northumbria) 91, 129, 211
Otfrid v. Weißenburg 239, 263
Otto I., der Große (ostfr. Kg.) 24, 73, 74, 75, 76, 77, 79, 83, 86, 88, 93, 100, 106, 125, 126, 131, 133, 135, 136, 148, 150, 151, 152, 153, 213, 217, 219, 225, 227, 229, 244, 260, 271, 290, 293, 304, 307, 308
Otto II. (ostfr. Kg.) 73, 75, 76, 77, 79, 83, 87, 88, 100, 126, 131, 135, 136, 150, 152, 213, 225, 290, 308
Otto III. (ostfr. Kg.) 28, 73, 75, 79, 80, 87, 101, 128, 129, 133, 150, 153, 214, 218, 258, 266, 269, 291, 292, 307, 308
Otto v. Bamberg (Bf.) 214
Otto v. Hammerstein 327
Ottonen 73, 75, 76, 77, 79, 80, 81, 85, 87, 100, 122, 123, 124, 125, 128, 129, 133, 134, 135, 136, 137, 140, 148, 151, 152, 173, 192, 194, 202, 208, 213, 214, 222, 225, 227, 244, 255, 265, 289–291, 292, 294, 304, 305, 306, 334, 349, 352
Ottonianum 77
Ovid 260
Oviedo 107, 265, 421

Pactum Hludovicianum (817) 64
Pactum Ottonianum 229
Paderborn 60, 61, 212, 260
Paderborn, Treffen in (799) 61
Palermo 88
Palladius (Missionar) 95
Pallium 217, 218, 229
Pamplona 40, 109
Pannonien 36, 44, 54, 60, 71, 104, 106, 214
Papst, Papsttum 27, 28, 45, 59, 60, 61, 65, 68, 77, 79, 81, 86, 89, 104, 115, 151, 153, 210, 211, 214, 215, 217, 218, 219, 227–230, 235, 237, 249, 258, 273, 308, 345, 351, **424**
Papstwahldekret (1059) 229
Paris 49, 52, 53, 54, 55, 56, 71, 83, 134, 162, 163, 185, 206, 244, 255, 260, 324, 331
Paris, Konzil v. (614) 231
Paschasius Radbertus 247, 257, 260
Passau 71
Patenschaft 65, 179, 210
Patriarch 87, 114, 115, 214, 215, 227, 228, 253
Patriarchat 87, 214
Patrick, Hl. 36, 86, 94, 95, 210, 307, 341
Patrimonium Petri 59, 60, 228
Paulinus (Partiarch v. Aquileia) 247, 253, 260
Paulinus v. Nola 232
Paulus (Apostel) 129, 176, 215, 227, 237
Paulus Diaconus (Historiograph) 253, 260, 272, 273, 275
Pavia 44, 45, 46, 60, 81, 86, 87, 131, 194
Pavia, Synode v. (850) 86, 131
Pelagianismus 246, 247
Pelagius (span. Kg.) 107, 108
Penda (Kg. v. Mercia) 91
Pentapolis 44, 45, 151, 228
Perctarit (langob. Kg.) 44, 45, 208
peregrinatio 210, 211, 233
Perser 113
Personenverband 174, 288, 300, 323, **391**
Personenverbandsstaat 26, 277, 284
Petar (bulg. Khan) 105
Petar II. Odeljan (bulg. Khan) 105
Peter I. Orseolo (ungar. Kg.) 81, 106
Petrus (Apostel) 215, 227, 228, 237, 271
Petrus Damiani 229, 259, 260
Petrus II. Orseolo (Doge v. Venedig) 87
Petrus v. Pisa 253
Petschenegen 103, 106, 114, 115
Pfalz 25, 133, 134, 166, 192, 206, 226
Pfalzel bei Trier (Kloster) 64
Pfalzgraf 143
Pfarrei 28, 30, 183, 230f., 235, 315, 323, 350, **412–415, 424**
Pflug 197, 205, 206

Philosophie 259f.
Phokas (byz. Ks.) 112
Photios (Patriarch v. Konstantinopel) 228
Physiologus 266
Piasten 101
Piemont 151
Pikten 42, 91, 95
Pilger 138, 175, 201, 243
Pilgerschaft 175, 211
Pippin (Unterkg. i. Aquitanien) 66, 67, 69
Pippin d. J. (fränk. Kg.) 46, 50, 57, 58, 59, 60, 61, 63, 64, 65, 86, 121, 122, 125, 143, 148, 204, 212, 228, 312
Pippin d. Ä. (Hausmeier) 56, 58
Pippin d. M. (Hausmeier) 57, 58
Pippinische Schenkung 46, 60, 65, 78, 228
Pirmin (Missionar) 211, 235, 237
Pisa 194, 202
Pîtres, Hoftag v. (864) 187
Plektrud (Gemahlin Pippins d.M.) 57
Po 203
Poeta Saxo 260
Poitiers 38, 51, 54, 57, 234, 269
Poitiers, Schlacht v. (732) 57
Polen 18, 24, 28, 79, 80, 81, 82, 99, 100, 101, 103, 106, 142, 213, 218, 321
Pommern 214
Pomoranen 101
Ponthion, Treffen in 59
Poppo v. Brixen s. Damasus II.
Poppo v. Stablo 238, 292
Popponen 74
Portugal 107
Posen 76, 101, 213
Powys 94
Prädestination 246, 247
Praetextatus v. Rouen 224
Prag 76, 100, 101, 213
Predigten 191, 239, 257, 258, 263, 354
Prekarie 298
Přemysliden 100
Presian (bulg. Khan) 105
Preußen/Prußen 100, 101, 214
Prévôt 150
Pribina 71, 104

Personen-, Orts- und Sachregister

Priester 161, 176, 230, 231, 232, 242
Priesterehe 248
Primat 208, 215, 219, 228, 271, 276
Primogenitur 125
Prinzipat, s. Fürstentum
Prior 237
Pripjet 102
Priscian 256, 257
privilegium fori 231
Prosopographie 140, 277, 298, 301, 313, 345
Prostituierte 322
Provence 42, 54, 55, 57, 68, 72, 85, 183, 341
Provins 84
Prudentius v. Troyes (Historiograph) 272
Prüm 67, 263, 332, 336, 337
Prümer Urbar 199, 336, 337
Pseudo-Dionysius Areopagita 240, 257
Pseudoisidor 217, 227
Pseudo-Methodius 365
Purgatorium 268
Puszta 106
Pyrenäen 40, 41, 52, 54, 107, 109, 110, 183, 203, 239

Quadrivium, s.a. artes liberales 256, 258, 259
Quedlinburg 76, 77, 129, 149, 265
Quellen 279f., 366f., **440**
Quentowic 202
Quierzy 141 Vertrag v. (858) 70, Synode v. (849) 247, Synode v. (883) 247
Quintilian 256

Rachinburgen 155
Radegund (fränk. Kg.in) 48, 129, 136
Raginpert (langob. Kg.) 44
Ragnachar (fränk. Kg.) 52
Rainulf (norm. Führer) 88
Ralph (Earl) 145
Ramiro I. (span. Kg.) 108, 109
Ramiro II. (span. Kg.) 108
Ramiro III. (span. Kg.) 108, 124
Ramsey 238
Ramward v. Minden (Bf.) 160
Randgruppen 172–176, 314, 321–323, 346, **405**

Rastislav (böhm. Fürst) 71, 100, 104, 214
Ratchis (langob. Kg.) 44
Rather v. Verona (Bf.) 258
Rathramnus v. Corbie 247, 257
Ravenna 37, 44, 45, 114, 151, 228, 258, 264, 265, 283
Rechiar (sueb. Kg.) 40
Rechila (sueb. Kg.) 40
Recht 17, 18, 25, 26, 29, 30, 32, 38, 42, 47, 50, 52, 53, 57, 63, 66, 76, 86, 93, 95, 123, 124, 130, 131, 136, 137, 139, 144, 145, 146, 149, 152, 153–157, 165, 168, 169, 173, 177, 178, 181, 182, 192, 200, 201, 204, 206, 215, 217, 219, 220, 224, 228, 230, 232, 237, 245, 267, 276, 277, 279, 287, 289, 290, 298, 300, 301, 303, 307, 309f., 311, 312, 317, 319, 330, 331, 333, 335, 336, 337, 341, 342, 355, 357, 358, 359, 367, **396–398**
Reconquista 107, 109, 117, 157, 160, 174, 263
Redarier 77, 100
Redon 94
Reform 17, 28, 64, 67, 81, 190, 228, 231, 236, 237, 238, 240, 248, 253, 265, 350, 351, 427, cluniazensische 28, lothringische 28
Regalien 25, 130, 222
Regensburg 211, 214, 217, 247, 255, 261, 266
Regentschaft 37, 55, 56, 57, 79, 82, 84, 102, 103, 113, 122, 134f., 149, 214
Reginare 74, 148
Reginfrid (dän. Kg.) 96
Regino v. Prüm (Historiograph) 67, 157, 272, 273
Regula ad virgines 190
Regula Benedicti, s. Benediktregel
Reichenau 214, 255, 258, 260, 261, 265
Reichenauer Verbrüderungsbuch 246
Reichsbildung 23, 35, 47, 56, 117, 119, 272
Reichseinheit 54, 56, 66, 67, 73, 121

Reichsgründung 34, 35
Reichsgut 26, 120, 129, 130, 134, 150
Reichsitalien 87, 424
Reichskirche 29, 38, 53, 64, 76, 79, 107, 134, 207, 208, 219, 223–227, 229, 236, 289, 292, 348–350, **425**
Reichskloster 29, 64, 226, 235, 238
Reichsteilung 23, 50, 53f., 55, 57, 65–67, 68, 70, 73, 75, 119, 121, 122, 152, 219, 293, 294, 300, 302
Reichsversammlung 25, 26, 130, 131, 219, 220, 224, 226, 239, 289
Reims 49, 54, 55, 65, 83, 134, 164, 194, 217, 244, 255, 258, 264, 265
Reisekönigtum 25, 133
Reisen 134, 135, 164, 176, 202, 230, 314, 361
Reisende 175, 343, **406**
Rekkared I. (westgot. Kg.) 38, 39, 174, 208, 219
Rekkared II. (westgot. Kg.) 38
Rekkasvinth (westgot. Kg.) 38, 39
Religion 27f., 153, 172, 174, 207f., 238, 240, 241, 330, 345, 346, 347, 354
Religiosität 32, 128, 238–246, 249, 259, 268–271, 282, 312, 347, 351, 354, 366, **429**
Reliquien, -kult 29, 76, 87, 155, 161, 195, 209, 210, 228, 239, 240, 241, 242, 243, 244, 268, 365, **430**
Reliquientranslation 212, 274, 422
Remigius, Hl./Saint Remi 208, 209, 244, 257
Remiremont 133
Remismund (sueb. Kg.) 40
Renovatio imperii Romanorum 61, 79, 153, 291
Renovatio regni Francorum 65, 80, 291
Rethar v. Paderborn (Bf.) 224
Reyes de Taifas 112
Rezat 206
Rhein 18, 28, 31, 41, 42, 50, 52, 55, 74, 144, 160, 162, 165, 184, 194, 199, 202,

203, 206, 211, 233, 264, 283, 290, 314, 335
Rhetorik, s.a. artes liberales 250, 256
Rhodri Mawr 94
Rhône 22, 34, 38, 42, 68, 85, 203, 221
Rialto 87
Ribe 97, 98, 213
Ribémont, Vertrag v. 68
Ribuarier 50, 58
Richar (fränk. Kg.) 52
Richard (Abt v. St. Vanne) 238
Richard v. Aversa (norm. Herrscher) 88
Richer v. Saint-Remi 124, 164, 272
Rignomer (fränk. Kg.) 52
Rioja 107
Rittertum 20, 30, 158, 192, 248, 342
Ritual 136, 137, 191, 209, 241, 267, 277, 288, 289, 290, 306, 307, 352, 359, 362
Rjurik (Fs. d. Kiever Reichs) 102, 103
Rjurikiden 102, 103
Robert I. (westfr. Kg.) 83
Robert Guiskard (norm. Herrscher) 88
Robert II. der Fromme (westfr. Kg.) 82, 84, 129, 167, 173, 272
Robertiner 77, 82, 83, 84, 124, 150
Roderich (westgot. Kg.) 38, 110
Rodoald (langob. Kg.) 44
Rodulf Glaber (Historiograph) 272, 365
Rodungen 164
Roger I. (Kg. v. Sizilien) 88
Roger II. (Kg. v. Sizilien) 88
Rolandslied 263
Rollo/Hrolf (norm. Herrscher) 72, 83
Rom 18, 25, 27, 39, 41, 44, 45, 51, 58, 61, 72, 77, 79, 82, 86, 89, 91, 103, 104, 129, 151, 152, 153, 202, 208, 212, 215, 227, 228, 229, 234, 243, 247, 249, 253, 284, 291, 308, 347
Roma (Personifikation) 79
Romainmôtier 265
Romanik 207, 264f.

Romanisierung 35, 42, 45, 47, 49, 52, 284
Romanos/Symeon (bulg. Khan) 105
Romanos I. Lakapenos (byz. Ks.) 113
Romanos II. (byz. Ks.) 113
Romanos III. (byz. Ks.) 113
Römer 37, 40, 41, 42, 46, 53, 63, 80, 109, 114, 152, 275, 282, 283, 348
Römisches Reich, s. Imperium Romanum
Romulus Augustulus (röm. Ks.) 34, 151
Roncevaux/Roncesvalles 60
Rorik (skand. Führer) 72, 96
Roskilde 98
Rothad v. Soissons (Bf.) 217
Rothari (langob. Kg.) 44
Rouen 56, 72, 83, 217
Rudolf (Kg. v. Hochburgund) 70, 85
Rudolf (westfr. Kg.) 82, 83
Rudolf II. (Kg. v. Hochburgund) 76, 85
Rudolf III. (Kg. v. Hochburgund) 85
Rudolf v. Burgund 76
Rudolfinger 81
Rufinus v. Aquileia 232
Runen 263
Ruodlieb 192, 261
Ruotger (Historiograph) 192, 225
Rupert (Missionar) 211, 217
Russen 99, 114, 115
Russland 18, 24, 27, 76, 97, 102, 103, 194, 215
Rüstringen i. Friesland 72
Ruthard (Gf. v. Alemannien) 301

Saale 18, 34, 77
Sabin (bulg. Khan) 105
Sachsen 22, 27, 35, 47, 60, 64, 65, 69, 70, 74, 81, 100, 119, 131, 133, 148, 149, 154, 168, 187, 190, 209, 212, 213, 236, 272, 274, 289, 291, 303, 305, 306, 334, 336
Sacramentarium Gelasianum 265
Sagas 97, 263, 354
Saint-Amand 197, 255, 367
Saint-Benoît-sur-Loire 265

Saint-Bertin/ Sithiu 58, 266, 273
Saint-Denis 56, 57, 59, 129, 133, 202, 233, 244, 255, 269
Sainte-Croix 234
Saint-Germain-des-Prés 56, 129, 162, 171, 179, 185, 206, 233, 255, 257, 264, 265, 266, 324, 327, 332, 335, 337, 338
Saint-Germain d'Auxerre 255, 264, 265
Saint-Jean i. Besançon 264
Saint-Martin-de-Tours 255
Saint-Maurice d'Augune 42, 264
Saint-Philibert i. Tournus 265
Saint-Remi 194
Saint-Vaast 266
Saint-Vincent 129
Sakralkönigtum 25, 39, 120, 127, 128, 135
Salbung 59, 76, 125, 126, 135, 241
Salier (Volk) 50
Salier (Kg.sgeschlecht) 73, 80, 81, 101, 123, 125, 127, 133, 148, 149, 274, 292, 305, 307, 348, 349
Salland 181, 184, 185, 197, 333, 334
Salomon 94
Salz 200
Salzburg 28, 64, 71, 211, 213, 214, 217, 255, 266, 346
Salzburger Annalen 74
Samo 56, 100
Samuil (bulg. Khan) 105
San Salvatore i. Brescia 264
San Vincenzo a Galliano 265
Sancho I. (span. Kg.) 108, 109
Sancho Garcés I. (Kg. v. Navarra) 109
Sancho Garcés II. (Kg. v. Navarra) 109
Sancho Garcés III. der Große (Kg. v. Navarra) 109, 122
Santiago de Compostela 107, 243, 368
Saône 22, 34, 68, 85, 203
Sapaudia 42
Sarazenen 24, 57, 67, 71, 72, 77, 79, 87, 88, 121, 157
Sardinien 41
Saucourt, Schlacht v. (881) 72, 263

Personen-, Orts- und Sachregister

Save 44, 104
Schelde 50, 52, 68, 72, 203, 416
Schiffahrt 203
Schisma 115, 230
Schlesien 101
Schleswig 98, 202, 213
Schöffen 155
Schotten, s.a. Pikten 42, 95
Schottland 95, 208, 325, **381**
Schrift 32, 95, 251, 252, 280, 337, 355, 356, 359
Schriftlichkeit 20, 26, 47, 63, 130, 143, 146, 153, 157, 182, 225, 249–264, 267, 271–275, 290, 306, 307, 309, 310, 323, 330, 331, 337, 351, 353, 354, 355, 356, 357, 358, 367, **435f.**
Schule, Schulwesen 64, 225, 235, 249, 252, 253, 255, 256, 267, 342
Schwaben, s.a. Alemannien 69, 74, 75, 76, 144, 148, 149, 305
Schweden 24, 97, 98, 99, 213
Schwurgemeinschaft 190f.
Schwurgenossenschaften, s. coniuratio
Sclavinia 79
Sedulius Scottus 127, 257, 260
Seigneurie banale 147, 186
Seigneurie, s.a. Grundherrschaft 332, 333, 338, 340
Seine 57, 60, 71, 109, 169, 198, 283, 292, 301, 303, 343
Seldschuken 114
Seligenstadt 264
Seneschall, s. Truchseß
Sens 217
Septimanien 39, 51, 54, 60, 107, 150, 221
Sequenzen 260
Serben 99, 104
servitium regis 26, 29, 225, 226, 291, 349
Seuchen 161, 162, 163, 175
Sevar (bulg. Khan) 105
Sexualität 179, 245, 327, 361, 362
Sheriff 145
Shetland- und Orkney-Inseln 96
Siedlung 20, 35, 39, 43, 44, 46, 50, 72, 92, 93, 95, 98, 159, 160, 163, 164, 165, 173,

174, 193, 194, 196, 203, 234, 269, 282, 283, 301, 315, 323, 324, 334, 361
Siegburg 238
Siegfried 96
Sigerich (westgot. Kg.) 37, 42
Sigibert I. (fränk. Kg.) 49, 52, 55
Sigibert II. (fränk. Kg.) 49, 56
Sigibert III. (fränk. Kg.) 49, 56
Sigifred/Godefrid (dän. Kg.) 96
Sigismund (burgund. Kg.) 41, 42, 48, 54, 129, 208
Sigiwald (Hzg. d. Auvergne) 147
Sigvatr þórðarson 263
Silingen 41
Silo 108
Silvester I. (Papst) 228
Silvester II./Gerbert v. Aurillac (Papst) 79, 258, 260
Silvester III. (Papst) 81, 249
Simeon der Große (bulg. Khan) 105, 114
Simonie 229, 248
Sippe 127, 155, 156, 177, 309, 313, 318, 324, 325
Sirmium 34, 104, 214
Sisebut (westgot. Kg.) 38, 174
Sisenand (westgot. Kg.) 38
Siweard (Earl) 145
Sizilien 41, 72, 88, 202
Skaldendichtung 263
Skandinavien 24, 27, 28, 65, 72, 96–99, 102, 124, 139, 142, 162, 165, 177, 191, 194, 201, 202, 213, 214, 230, 263, 327, **382**
Sklaven 19, 31, 111, 169, 183, 185, 200, 313, 320, 341
Sklaverei 168, 169, 313, 319f., 320, 334, 340, 342
Skriptorium 235, 252, 323
Slawen 24, 27, 56, 61, 71, 75, 76, 77, 99–104, 106, 113, 114, 117, 119, 121, 124, 148, 157, 159, 162, 163, 165, 194, 213, 214, 215, 217, 263, 346, **382f.**
Smaragd v. Saint-Mihiel 257
Sodomiter 176, 321, 322
Soissons 49, 51, 54, 55, 59, 211, 264, 265
Somerset 91, 238
Somme 51, 54, 233
Sorben 61, 99, 100

Sorbische Mark 61
Spanien 22, 23, 31, 38, 39, 40, 51, 60, 63, 107–109, 110, 112, 113, 115, 124, 127, 134, 142, 144, 157, 172, 173, 194, 197, 200, 202, 215, 224, 232, 234, 237, 246, 250, 251, 255, 258, 263, 264, 325, 334, 341, 360, **383f.**
Spanische Mark 61, 108
Speyer 81, 129, 173, 225, 255
Spielleute 192, 321
Spoleto 44, 45, 70, 86, 88, 117, 151, 253
Sprache 32, 43, 47, 50, 92, 93, 99, 154, 212, 250, 251, 252, 256, 261, 262, 264, 273, 284, 286, 294, 295, 311, 359f., 360, 367
St. Alban 92, 261
St. Albans 92
St. Benigne 237
St. Brice's Day 93
St. Emmeram 255, 261, 265
St. Èvre 237, 261
St. Gallen 184, 197, 233, 235, 238, 243, 249, 255, 260, 261, 265, 266, 273, 320
St. Galler Klosterplan 190, 199, 206, 255, 427
St. Maximin 187, 237, 255, 265
St. Riquier 233, 253
St. Vanne 238
St. Victor vor Marseille 232
Staat, Staatlichkeit 19, 22, 25, 26, 30, 84, 102, 106, 113, 114, 118, 119, 131, 137, 138, 139, 146, 207, 208, 223, 280, 284–289, 290, 306, 313, 319, 338, **385**
Stadt 19, 30, 31, 37, 45, 86, 95, 107, 110, 111, 112, 137, 144, 151, 161, 162, 164, 166, 172, 173, 180, 192–195, 199, 202, 221, 227, 230, 248, 277, 280, 283, 291, 338, 342, 343, 347, 348, **415f.**
Stamfordbridge, Schlacht v. (1066) 94, 98
Stand/ordo 29, 30, 42, 65, 154, 157, 166, 168–171, 172, 176, 178, 179, 180, 181, 185, 271, 276, 311, 312,

313, 315–320, 323, 326, 329, 339, **402**
Ständelehren 167
Staraja Ladoga (Altladoga) 102
Stefan Drzislav (kroat. Kg.) 104
Stefan Vojislav (serb. Kg.) 104
Steiermark 302
Steinbach 264
Stellinga 336
Stellingaaufstand 213
Stenkil 99
Stephan I. der Heilige/ Vajk (Kg. v. Ungarn) 106, 129, 214
Stephan II. (Papst) 45, 59
Stephan IV. (Papst) 63
Steuerwesen 130, 338
Stift 161, 175, 195, 245, 252, 323, 350
Strafe 155f.
Straßburger Eide (842) 67, 250
Subdiakon 231
Sueben 22, 34, 39, 40, 41, **372**
Sueton 260, 273
Suffraganbistümer, Suffragane 91, 217, 215
Suidbert (Missionar) 212
Suidger v. Bamberg, s. Clemens II.
Suinthila (westgot. Kg.) 38, 39
Sulayman 110
Sulpicius Severus 274
Surrey 43
Sussex 43, 89
Sutri, Synode v. (1046) 81, 153, 249
Svatopluk/Sventopulk (mähr. Fürst) 71, 100
Svear 99
Sven Gabelbart (dän. Kg.) 89, 93, 96, 98, 213
Sven(d) Estridsson 96, 98
Svjatopolk (Kg. d. Kiever Reichs) 103
Svjatoslav Igorevič (Kg. d. Kiever Reichs) 102, 103, 125, 214
Syagrius (röm. Statthalter) 34, 51, 52, 54, 130
Symbol/Symbolik 18, 123, 154, 177, 227, 259, 267, 271, 288, 312, 359, 363
Synode, s. Konzil
Synode, v. Mainz (nach 900) 173
Syrien 114

Tabula Peutingeriana 50
Tacitus 139
Tajo 39, 283
Tanger 112
Taormina 88
Tara, s. Connaught
Tarent 88
Tariq (isl. Führer) 110
Tassilo III. (bay. Hzg.) 60, 148
Tatian 261
Tauberbischofsheim 211
Taufe 27, 51, 52, 53, 65, 72, 92, 99, 125, 127, 209, 211, 230, 244, 270, 346
Taufpatronat 346
Technik 195, 205–207, **420**
Tees 92
Tegernsee 255, 261, 266
Teja (ostgot. Kg.) 36, 37
Telec (bulg. Khan) 105
Telerig (bulg. Khan) 105
Tenkterer 50
Teppich v. Bayeux 94
Tertry-sur-Somme, Schlacht bei (687) 57
Tervel (bulg. Khan) 105
Teufel 209, 242, 263, 270
Thankmar (Halbbruder Ottos I.) 76
Thegan 272, 317
Theiß 34, 100
thema/Themen 114f.
Theodahad (ostgot. kg.) 36, 37
Theodemir (sueb. Kg.) 40
Theoderich (ostgot. Kg.) 34, 36, 37, 42, 48, 52, 53, 54
Theoderich (westgot. Kg.) 37, 48
Theoderich II. (westgot. Kg.) 40
Theoderid (westgot. Kg.) 37, 38
theodisc 264
Theodor v. Canterbury (Ebf.) 91, 218
Theodora (byz. Pr.in) 113
Theodosius (röm. Ks.) 209, 223
Theodulf v. Orléans 253, 260
Theophanu (ostfr. Kg.in) 77, 79, 134, 135, 136, 152
Theophilos (byz. Ks.) 113, 115
Theophilus 207
Theophylakt (röm. Statthalter) 229
Theorien (anderer Disziplinen) 279, 280, 353, 360

Theudebald (fränk. Kg.) 49, 55
Theudebert I. (fränk. Kg.) 49, 120
Theudebert II. (fränk. Kg.) 49, 55
Theudegisel (westgot. Kg.) 37
Theuderich (Sohn Childerichs III.) 58
Theuderich I. (fränk. Kg.) 48, 49, 54, 55, 138
Theuderich II. (fränk. Kg.) 49, 55, 56
Theuderich III. (fränk. Kg.) 49
Theuderich IV. (fränk. Kg.) 49
Theudis (westgot. Kg.) 37
Theutberga (ostfr. Kg.in) 68
Thietmar v. Merseburg (Bf.) 128, 137, 160, 241, 272
Thiméon, Schlacht bei (880) 72
Thing 97, 99, 144
Thiudimir (ostgot. Kg.) 36
Þorarinn 263
Thrakien 38
Thrasamund (vandal. Kg.) 41, 48
Thronfolge 75, 76, 98
Thüringen 57, 69, 74, 100, 133, 134, 147, 211, 302
Thüringer 22, 23, 34, 35, 48, 54
Thurismund (westgot. Kg.) 37
Tiberios I. Konstantinos (byz. Ks.) 112
Tiburtinische Sibylle 366
Tiel 191, 202, 203
Tod 37, 38, 40, 52, 54, 55, 56, 57, 59, 65, 67, 68, 69, 74, 76, 77, 79, 80, 82, 83, 85, 86, 88, 92, 93, 100, 105, 121, 141, 152, 171, 213, 214, 224, 239, 243, 247, 268, 269, 270, 273, 287, 361, 364
Todesvorstellungen 268–270, 352
Toktu (bulg. Khan) 105
Toledanisches Reich 38, 39
Toledo 39, 107, 109, 110, 111, 131, 208, 218, 219, 223
Toledo, 3. Konzil v. (589) 39
Tolosanisches Reich 37, 38
Tomislav (kroat. Kg.) 104
Toskana 86, 151
Totila (ostgot. Kg.) 36, 37
Toul 237, 255, 261
Toulouse 38, 51, 84

Personen-, Orts- und Sachregister

Tournai 50, 51, 215
Tours 53, 54, 134, 147, 217, 220, 253, 255, 265, 269
Trebetas 219
Trent 92
Treueid 61, 82, 125, 138, 141, 152
Tribur, Synode v. (895) 230
Trier 80, 187, 214, 217, 219, 237, 255, 265, 266, 271
Trivium, s.a. artes liberales 256
Troyes 84
Trpimir 104
Truchseß 143
Tubanten 50
Tudela 111
Tulga (westgot. Kg.) 38
Turin 44, 151, 248
Tusculaner 87, 229

Überlieferung 278, 367
Übersetzungen 93, 239, 258, 261, 360
Udalrich (böhm. Fs.) 100
Uí Néill 95
Ulaid 95
Ulrich v. Augsburg (Bf.) 192
Ulster 95
Umor 105
Umwelt 160, 278, 279, 342, 345
Umweltgeschichte 278
Unfreie 27, 29, 30, 31, 75, 140, 142, 146, 155, 168, 169, 171, 172, 183, 184, 185, 231, 313, 314, 318, 319, 320, 337, **404**
Ungarn 18, 23, 24, 28, 71, 72, 74, 75, 77, 79, 81, 86, 87, 100, 103, 104, 106, 117, 121, 129, 136, 142, 148, 157, 159, 196, 214, 218
Unibos 166, 261
Unni 213
Unruochinger 86, 151
Unstrut, Schlacht an der (933) 75, 106
Untermösien 36
Unterschichten 30, 168, 172, 313, 314, 321
Uppsala 99
Ural 106
Urbar 158, 162, 185, 195, 196, 197, 199, 205, 206, 280, 335, 337, 338, 355
Urkunden 25, 51, 52, 61, 63, 66, 124, 127, 130, 133, 135, 138, 139, 143, 154, 187, 189, 197, 201, 206, 250, 252, 279, 289, 301, 304, 309, 320, 358
Usipeter 50
Utrecht 211, 265
Utrecht-Psalter 265

Vandalen 22, 34, 36, 40, 41, 47, 48, **372**
Vasallen, Vasallität 57, 84, 88, 126, 135, 138, 139, 140, 141, 142, 147, 149, 150, 154, 158, 160, 167, 170, 185, 188, 222, 225, 298, 299, 303, 319, 323
Vatikan 228
Venantius Fortunatus 250, 260
Venedig 44, 87, 194, 202, 294
Venetien 63, 104
Verbrüderungen 86, 140, 188, 237, 246, 290, 315, 323
Verden 60, 212, 217, Strafgericht in 60
Verdun 68, 238, 293, Vertrag v. (843) 68, 238, 293
Verfassung 24, 26, 28, 35, 45, 61, 76, 118, 125, 138, 139, 142, 146, 150, 158, 166, 208, 222, 227, 276, 285, 294, 301, 309, 314, 315, 340, 349
Vergil 260
Verkehr 200, 202, 203f., 245, 342, 343
Vermandois 84, 150
Vermudo I. (span. Kg.) 108
Vermudo II. (span. Kg.) 108
Vermudo III. (span. Kg.) 108, 109
Verona 44, 194, 398
Verwaltung 22, 26, 27, 36, 38, 39, 42, 47, 51, 52, 63, 88, 93, 101, 115, 120, 130, 134, 135, 141, 142–147, 148, 150, 159, 160, 177, 205, 207, 215, 220, 221, 225, 235, 251, 252, 280, 334, 355, 356, **391**
Vestervig 98
Viborg 98
Vienne 42, 85, 217
Viktor II./Gebhard v. Eichstätt (Papst) 81, 229
Villikationen 185, 186
Vinech 105

Vision 242, 270
vita communis 223, 232, 248
Vivarium 249
Vivianbibel 128, 265
Vladimir (bulg. Khan) 105
Vladimir I. (Kg. d. Kiever Reichs) 103, 125, 214
Vogesen 234
Vogt 155
Völkerwanderung 35, 99, 221, 345, 347
Volksglaube, s. Religiosität
Volkskultur 32, 267, 277, 282, 353–355, **435**
Volksrechte 29, 30, 38, 50, 51, 63, 93, 143, 154, 155, 156, 163, 165, 168, 171, 176, 177, 181, 184, 196, 202, 205, 206, 262, 279, 310, 311, 312, 313, 316, 319, 333
Vorstellungen, Vorstellungswelt 18, 20, 32, 97, 181, 182, 192, 209, 220, 240, 241, 242, 259, 268, 269, 270, 276, 277, 284, 286, 294, 309, 317, 331, 332, 341, 345, 346, 353, 357, 359, 360, 362, 363, 364, 366, 367, **437f.**
Vouillé, Schlacht v. (507) 38, 51

Wacho (langob. Kg.) 44
Waffen 158f
Wahlrecht, kanonisches 224
Wahrnehmung 277, 314, 331, 353, 362, 364
Wala (Ratgeber Karls d. Gr.) 64, 67
Walahfrid Strabo 260, 261
Walcheren 72
Wald 163f., 183, 186, 196
Waldrada (Konkubine Lothars II.) 68
Wales 34, 43, 91, 94, 95, 208, **381**
Wallia (westgot. Kg.) 37, 38
Waltharius 261
Wamba (westgot. Kg.) 38, 157
Wandalbert v. Prüm 260
Waräger 97, 102
Warin 301
Wasser 164, 206, 420
Waterford 95
Wearmouth 91, 251
Wedmore, Frieden v. (878) 92

Weichsel 41, 99, 101
Weihe 59, 61, 104, 125, 220, 223, 224, 228, 235, 241, 308, 354
Wein, -bau 186, 196, 198f.
Weißenburg 261
Weistum 153
Welf III. 82
Wenzel, Hl. 100, 244
Werden 185, 264
Wergeld 139, 156, 168, 169, 181, 316
Weser 203
Wesir 112
Wessex 24, 43, 89, 91, 92, 93, 117, 122, 124, 223, 262, 272, 360
Westfalen 217
Westfranken/Frankreich 23, 24, 29, 31, 56, 65, 66, 67, 68, 69, 70, 71, 72, 68, 69, 70, 71, 82–84, 85, 86, 92, 103, 123, 124, 125, 126, 129, 133, 141, 147, 150, 156, 159, 162, 164, 167, 170, 173, 180, 184, 186, 193, 194, 197, 202, 213, 215, 218, 224, 229, 227, 233, 234, 237, 239, 247, 248, 251, 255, 256, 258, 263, 265, 266, 292–297, 302, 303, 305, 307, 318, 332, 333, 334, 335, 340, 341, 342, 343, 352, 356, 360, 366, **379f.**
Westgoten 22, 23, 27, 34, 36, 37–40, 41, 42, 48, 50, 51, 52, 53, 54, 55, 64, 107, 109, 110, 115, 121, 124, 126, 131, 147, 154, 173, 174, 203, 208, 218, 219, 220, 223, 250, 251, 253, 261, 283, **372**
Westminster 93, 134
Wexford 95
Whitby, Synode v. (664) 91, 211
Wichmann (sächs. Gf.) 140
Wido v. Spoleto (it. Kg.) 70, 86
Widonen 86, 151
Widsith 262
Widukind (sächs. Fs.) 60
Widukind v. Corvey (Historiograph) 74, 75, 123, 125, 126, 127, 272, 302, 308, 359
Wife's Lament 263

Wikinger 92, 97, 98, 139, 342
Wilfrid v. York (Missionar) 211, 218
Wilhelm der Eroberer (Kg. v. Engl.) 94, 124
Wilhelm (Sohn Dhuodas) 182, 246
Wilhelm (Abt v. St. Benigne) 237
Wilhelm I. „der Fromme" (Hzg. v. Aquitanien) 237
Wilhelm V. v. Aquitanien (Hzg.) 82
Wilhelminer 74
Wilhelmslied 263
Willehad 212
Willibrord (Missionar) 211, 243
Willigis v. Mainz (Ebf.) 219
Wilton, Schlacht v. (871) 92
Wilzen 99, 100
Winchester 93, 131, 134, 164, 211, 238, 266
Windisch 42, 215
Winwaed 91
Wipo 81, 126, 128, 143, 267, 272, 287
Wirtschaft 29, 31, 111, 160, 183, 195, 196, 281, 312, 330, 331, 338f., 341, 342f., **417**
Wislanen 101
Wissenschaft 250, 252, 257–260, 308, 342, 359, 363, **431–434**
Witenagemôt 131
Witigis (ostgot. Kg.) 36, 37
Witiza (westgot. Kg.) 38, 110
Witiza s. Benedikt v. Aniane
Witterich (westgot. Kg.) 38
Witwe 138, 233, 330
Wolfgang (Bf. v. Regensburg) 214
Wolga 102
Worms 42, 173, 225, 255
writs 144
Wroxeter 92
Wucher 201
Wulf and Eadwacer 263
Wulfila 38
Wulfstan v. Winchester 261
Wunder 32, 239, 242
Würzburg 211, 225, 255
Wüstungen 164

Xenodochien 175

Ynglingar 98
York 89, 92, 93, 218
Youghal 95

Zacharias (Papst) 45, 59
Zaragossa 110, 111
Zehnt 28, 230
Zeitmessung 161
Zeitz 76, 213
Zenon 36, 41
Zensualen 172
Zoe 114
Zölibat 231
Zoll 200, 201, 203, 204
Zülpich, Alemannenschlacht bei (496/97) 52
Zwentibold 74

Autorenregister

Fett gedruckte Seitenzahlen verweisen auf die Bibliographie und bibliographische Angaben in den Fußnoten.

ABELS, Richard 92, **380**
ABELSON, Paul 256, **431**
ACHTER, Viktor 155, **396**
ADAM, Hildegard 201, **419**
AFFELDT, Werner 59, 180, 181, 190, 288, 330, 331, **375, 385, 387, 408, 409, 411**
AIRLIE, Stuart 60, 68, 192, 292, 297, **375, 390, 393**
ALBERT, Bat-Sheva 176, 243, **430**
ALBERTONI, Giuseppe 68, 86, **375**
ALEXANDRE, Pierre 161, 328, **400, 407**
ALEXANDRE-BIDON, Danièle 328, **407**
ALGAZI, Gadi 335, **412**
ALTENBURG, Detlev 362, **436**
ALTHOFF, Gerd 73, 74, 75, 79, 128, 129, 133, 136, 137, 138, 140, 146, 226, 227, 267, 286, 288, 289, 290, 291, 306, 315, 323, 352, 357, 358, 359, 363, 366, **378, 385, 389, 390, 391, 396, 430, 435, 437, 438, 440**
ALVERMANN, Dirk 131, 291, 308, **389**
AMORY, Patrick 36, 42, **371, 372**
ANDREOLLI, Bruno 163, 197, **400, 412**
ANGENENDT, Arnold 179, 209, 210, 235, 238, 239, 241, 245, 344, 346, **395, 420, 426, 429, 430**
ANTON, Hans Hubert 63, 69, 122, 127, 128, 347, **378, 386, 388, 422, 423, 434, 439**
ARIÈS, Philippe 268, 269, 328, 364, **407, 437**
ARNOLD, Benjamin 73, **373**
ARNOLD, Klaus 328, 330, **407, 409**

ASCHERI, Mario 118, **385**
ASTON, Trevor H. 334, **412**
ATKINSON, Clarissa W. 330, **409**
AUBIN, Hermann 281
AUFGEBAUER, Peter 129, **388**
AURELL, Martin 180, 318, **402, 407**
AVENARIUS, Alexander 103, **382**
BACHRACH, Bernard S. 55, **374, 398**
BADER, Karl S. 164, **400, 415**
BALARD, Michel 164, **400**
BALZARETTI, Ross **343**
BANNIARD, Michel 355, 360, **435**
BANZHAF, Michael 168, 169, **404**
BARCELÓ, Miquel 187, 282, **412**
BARRAL i Altet, Xavier 282, **369, 380**
BARRELL, Andrew D. M. 95, **381**
BARROS, Carlos 276, **368**
BARTHÉLEMY, Dominique 156, 341, 366, **396, 417**
BARTON, Peter F. 214, **421**
BATES, David **300**
BAUER, Dieter R. 130, 140, 211, 214, 228, 348, **420**
BAUER, Thomas 66, 68, 144, 300, **375, 391, 423**
BAUMGART, Susanne 221, 347, **422**
BAUMGÄRTNER, Ingrid 80, 332, **378, 410**
BÄUML, Franz H. **358**
BAUTIER, Robert-Henri 49, 58, 65, 82, **373**
BECHER, Matthias 56, 58, 59, 60, 61, 138, 148, 305, **375, 391, 427**
BECHT-JÖRDENS, Gereon **139**
BECK, Heinrich 165, 281, **369, 400, 420**
BEHAGHEL, Otto 315

BEHR, Bruno 148, **392**
BEHRE, Karl-Ernst 164, **401**
BEISEL, Fritz 55, **374**
BENEDICTOW, Ole Jorgen 162, **400**
BENISON, Líam 360
BENNET, Judith M. 329, **410**
BERGENGRUEN, Alexander 316, **403**
BERGMANN, Werner 258, **431**
BERLIOZ, Jacques 161, **400**
BERNDT, Rainer 251, **431, 439**
BERNET, Anne 51, **374**
BERNHARDT, John W. 131, 226, **389**
BERSCHIN, Walter 192, **438**
BESSMERTNY, Youri 162, 327, **400**
BEUMANN, Helmut 73, 127, 287, 293, 295, 296, 307, 308, 309, 363, **369, 378, 388, 393, 395, 397, 438**
BEYREUTHER, Gerald **331**
BEZZENBERGER, Günter E. T. 222, **426**
BIERBRAUER, Volker **284**
BIHLMEYER-TÜCHLE **344**
BINDING, Günther 207, **420**
BIRCH, Debra J. 243, **430**
BIRKFELLNER, Gerhard 102, 214, **421**
BISCHOFF, Bernhard 356, **431**
BISSON, Thomas N. 288, 299, 340, 341, **385, 417**
BITEL, Lisa M. 330, **410**
BLACKBURN, Mark 282, **420**
BLATTMANN, Marita 128, **388**
BLEIBER, Waltraut 49, 204, 338, 343, **374, 412, 420**
BLOCH, Marc 21, 140, 169, 298, 319, 340, **391, 404**
BODARWÉ, Katrinette **233**
BÖHME, Horst W. 164, 284, **400**

Bois, Guy 340, **417**
Bompaire, Marc 195, **417**
Bonnassie, Pierre 109, 169, 299, 300, 320, 339, 340, **383, 391, 404, 417**
Borgolte, Michael 18, 63, 144, 183, 276, 301, 310, 312, 313, 321, 344, 349, 352, 358, 361, 365, **368, 375, 392, 399, 420, 424, 425, 436, 437, 440**
Borst, Arno 222, 235, 258, 268, 315, **399, 420, 431, 437**
Boshof, Egon 66, 82, 119, 123, 214, 257, **378, 386, 394, 405, 422, 431**
Bosl, Karl 160, 166, 312, 314, 316, 317, 319, 321, **399, 402, 403, 404, 405**
Boswell, John 322, 328, **407**
Bouchard, Constance B. 176, 318, 325, 327, **407**
Bougard, François 68, 178, **407**
Bourdieu, Pierre 353
Bourin, Monique 180, **417**
Bournazel, Eric 340, **417**
Bowden, William 282, 342, **417**
Bowlus, Charles R. 100, **382**
Brachmann, Hansjürgen 159, **398, 415**
Brandes, Wolfram 365, **439**
Brandt, Helga 233, 330, **410**
Brandt, Michael 223, **425**
Braucks, Thomas 239, **429**
Braunfels, Wolfgang 58, 59, 60, 66, 212, 235, 250, 251, 253, 316, **375, 434**
Bresslau, Harry **143, 267**
Brogiolo, Gian P. 192, 282, **369**
Bronisch, Alexander P. 127, 160, **383, 387, 398**
Brown, Michelle 282, **370**
Brown, Peter 268, **437**
Brown, Warren 146, **389, 396**
Brühl, Carlrichard 52, 66, 131, 134, 194, 290, 291, 292, 294, 296, 308, **374, 389, 393, 415**
Brunhofer, Ursula 80, **378**
Brunhölzl, Franz 260, **434**
Brunner, Karl 140, 148, 196, 283, 304, 305, **370, 391, 392**
Brunner, Otto 277, 285, 286, 324, 333, 335, 363, **385, 399, 400**
Brüsch, Tania 302, **392**
Buc, Philippe 288, 359, **385, 390**

Bues, Almut 292, 293, **393**
Bühler, Arnold 310, 355, **396, 435**
Bührer-Thierry, Geneviève 223, 349, **399, 422**
Bulst, Neithard 238, **426**
Bund, Konrad 125
Busch, Jörg W. 58, **375**
Busch, Rolf 239, **429**
Busse, Wilhelm G. 262, **434**
Büttner, Heinrich **212**
Butzer, Paul L. 59, 251, 356, **375, 432, 433**
Bynum, Caroline W. 331, 366, **410, 439**
Cadden, Joan 331, **410**
Callebat, Louis 258, **432**
Cambridge, Eric 89, **381**
Canning, Joseph 127, **388**
Capitani, Ovidio 86, **373, 380**
Carozzi, Claude 293, 296, **393**
Carron, Roland 328, **407**
Castagnetti, Andrea 157, **398**
Chapelot, Jean 164, 165, **401**
Chartier, Roger 354, **435**
Chauvin, Monique 82, **380**
Chélini, Jean 238, **429**
Cherubini, Giovanni 86, **373, 380**
Cheyette, Fredric L. 307, **396**
Christ, Karl 280, **369**
Christie, Neil 192, 282, **369**
Chrysos, Evangelos 282, **369**
Cipolla, Carlo M. 162, **401**
Clanchy, Michael T. 356, **435**
Clarke, Howard 94, **381**
Clarke, Peter L. 145, 170, **403**
Classen, Peter 61, 65, 70, 310, 355, **375, 395, 396, 425**
Claude, Dietrich 39, 224, 342, **371, 372, 379, 384, 393, 401, 419, 422**
Coleman, Emily R. 328, **407**
Collins, Roger 59, 63, 64, 65, 66, **369, 372, 375, 376, 383, 384**
Constable, Giles 351, **426**
Contamine, Philippe 158, 195, 296, **417**
Contreni, John J. 251, 252, **432**
Conze, Werner 363
Conzemius, Victor 344, **421**
Corbet, Patrick 129, **388**
Corradini, Richard 367, **438**
Coué, Stephanie 366, **440**
Cowdrey, Herbert E. J. 351, **426**

Crawford, Barbara E. 91, 95, **380, 381**
Crawford, Sally 328, **408**
Cremascoli, Guiseppe 257, **433**
Crick, Julia 351, **426**
Cristiani, Marta 330, **410**
Crusius, Irene 222, **425, 426**
Cubitt, Catherine 91, **424**
Cummins, William A. 95, **381**
Curschmann, Fritz 161, **401**
Curta, Florin 99, **382**
Dalarun, Jacques 206, **420**
Dales, Richard C. 260, **432**
Daly, William M.. 51, **374**
Dannenbauer, Heinrich 316, 319
Davies, Wendy 94, 155, 168, 187, 288, 307, 310, 315, 320, **381, 385, 396, 399, 404**
Dawson, Christopher H. 17, 21
Debord, André 159, **398**
Delort, Robert 362, **417, 418, 436**
Demandt, Alexander 18, 280, 281, **369**
Demyttenaere, Albert 241, **429**
Denecke, Dietrich 165, **400**
Depeyrot, Georges 160, **399**
Depreux, Philippe 60, 63, 252, **375, 376, 399, 432**
Derda, Hans-Jürgen 232, **426**
Desbordes, Olivier 258, **432**
Despy, Georges 338, **412, 413**
Dette, Christoph 255, 328, **408, 432**
Devroey, Jean-Pierre 169, 197, 320, 328, 330, 337, 338, 339, 343, **404, 406, 408, 412, 417**
Diaz y Diaz, Manuel C. 250, **420, 432**
Dierkens, Alain 53, 330, 338, 339, **406, 413**
Dilcher, Gerhard 188, 195, 310, 336, 357, **396, 412, 413, 415, 416**
Dinzelbacher, Peter 268, 354, 364, 365, **435, 437**
Dirlmeier, Ulf 165, **401**
Dölling, Hildegard 164, 165, **401**
Dollinger, Philippe 168, 319, **404**
Dombart, B. **166**
Donat, Peter 164, 165, **401**
Dopsch, Alfons 281, 332, 333, **370, 413**
Droege, Georg 334, **395, 413**

Autorenregister

DRONKE, Peter 330, **410**
DUBY, Georges 160, 314, 318, 331, 332, 340, 342, 365, **399, 402, 403, 408, 418**
DUFERMONT, J.-C. 166, **402**
DUGGAN, Anne J. 119, 133, 134, 135, **386, 410**
DÜMMLER, Ernst 65, **376**
DUMVILLE, David N. 94, **381**
DUNBABIN, Jean 82, **379**
DURLIAT, Jean 46, 130, 200, 205, 338, **385, 413, 419**
DUVOSQUEL, Jean-Marie 160, 199, 338, 339, **399, 413**
DÜWEL, Klaus 202, 203, 342, **419**
DYER, Christopher 334, **412, 413**
EBEL, Else 327, **397, 408**
EBLING, Horst 284, **370**
ECHOLS, Anne 330, **410**
ECKHARDT, Karl August 311
EDELSTEIN, W. 252, **432**
EDWARDS, Nancy 94, **381**
EGGEBRECHT, Arne 223, **425**
EGGER, Christoph 367, **435**
EGGERS, Martin 100, 104, 214, **382, 421**
EGGERT, Wolfgang 66, 294, 295, **376, 393**
EHLERS, Caspar 134, **389**
EHLERS, Joachim 82, 129, 255, 292, 293, 294, 295, 296, 297, **376, 379, 393, 432**
EIBL, Elfie-Marita 291, **389**
EICHENBERGER, Thomas 293, **393**
ELIAS, Norbert 161, 279, **401**
ELLIS, Roger 360, **435**
ELM, Kaspar 234, **376, 426**
ELMSHÄUSER, Konrad 332, 337, **413**
EMMERSON, Richard K. 366, **439**
ENGLISCH, Brigitte 256, **432**
ENNEN, Edith 193, 331, **410, 416**
EPP, Verena 167, 290, **371, 437**
EPPERLEIN, Siegfried 187, 336, **405, 413**
ERDMANN, C. 125
ERKENS, Franz-Reiner 54, 66, 73, 79, 80, 82, 121, 122, 123, 128, 134, 135, 222, 223, 291, 292, **374, 378, 389, 394, 423, 425**
ERZGRÄBER, Willi 282, **370**
ESDERS, Stefan 155, 311, **396**
ESMYOL, Andrea 178, 327, **403**
ETCHINGHAM, Colmán 94, **381**

EUW, Anton von 79, 134, **378**
EWIG, Eugen 49, 51, 53, 56, 283, 294, 347, **370, 374, 393**
FAITH, Rosamond 334, **413**
FALKENSTEIN, Ludwig 291, **378**
FANTECHI, Roberto 161, **401**
FARMER, Sharon A. 236, **417, 428**
FAVIER, Jean 82, 84, **379**
FECHTER, Johannes 351, **426**
FEFFER, Laure-Charlotte 49, **374**
FELD, Helmut **331**
FELGENHAUER-SCHMIEDT, Sabine 362, **436**
FELLER, Laurent 178, **407**
FELTEN, Franz J. 236, **426**
FICHTENAU, Heinrich 364, 365, 368, **430, 437**
FICKER, J. 308
FINCKENSTEIN, Albrecht Finck von 223, 225, **423**
FISCHER, Jürgen 18, **368**
FLANDRIN, Jean-Louis 327, **408**
FLASCH, Kurt 257
FLECKENSTEIN, Josef 59, 65, 66, 73, 121, 143, 223, 252, 253, 348, 349, **373, 376, 416, 425, 432**
FLINK, Klaus 338, **413**
FLOHN, Hermann 161, **401**
FOLZ, Robert 129, **388**
FORDE, Simon 293, **393**
FÖßEL, Amalie 134, 136, 330, 332, 342, **389, 410, 417**
FOSSIER, Robert 160, 162, 164, 165, 332, 338, 339, 342, **399, 401, 413, 414**
FOSTER, Sally M. 95, **381**
FOUCAULT, Michel 279, 353
FOURACRE, Paul 57, 155, 187, 288, 307, 310, **376, 385, 396**
FRAKES, Jerold C. 272, **438**
FRANK, Hieronymus 218, **423**
FRANKLIN, Simon 102, **383**
FREEDMAN, Paul H. 366, **439**
FREUND, Stephan 366, **439**
FRIED, Johannes 21, 61, 65, 73, 128, 256, 286, 287, 290, 292, 297, 358, 363, 365, 366, 367, **369, 373, 376, 377, 379, 385, 388, 396, 398, 413, 432, 435, 438, 439**
FRIEDMANN, Bernhard 99, **383**
FUMAGALLI, Vito 227, **425**
GALETTI, Paola 165, **401**
GANSHOF, François Louis 140, 298, 355, **391, 435**
GANZ, David **252**

GASTROPH, H. L. Günter 148, **392**
GAUTHIER, Nancy 194, 282, **369, 416**
GAUVARD, Claude 49, 82, **379**
GEARY, Patrick J. 49, 243, 268, 286, 307, 341, 363, **370, 374, 396, 417, 430, 438**
GEERTZ, Clifford 360
GEHL, Günter 362, **436**
GEISEL, Christoph 173, 174, **406**
GENICOT, Léopold 316, **403**
GEORGI, Wolfgang 68
GERBET, Marie-Claude 108, **384**
GEREMEK, Bronislaw 321
GEUENICH, Dieter 52, 209, 236, 284, 352, **370, 374, 430**
GIBSON, Margaret T. 192, 253, **376**
GIERKE, Otto 119
GIESE, Wolfgang 76, **378, 387**
GILOMEN, Hans-Jörg **354**
GLAUCHE, Günter 255, 256, **432**
GLICK, Thomas F. 160, 282, **399**
GLOCKER, Winfried 73, **378**
GODDEN, Malcolm 366, **439**
GODMAN, Peter 61, 63, 64, 65, 66, **376**
GOETZ, Hans-Werner 47, 74, 136, 148, 156, 169, 171, 176, 181, 183, 184, 190, 242, 268, 276, 281, 282, 286, 287, 304, 305, 313, 315, 317, 320, 321, 324, 325, 329, 330, 331, 332, 333, 335, 336, 351, 353, 354, 357, 359, 361, 362, 363, 365, 366, 367, **368, 369, 370, 377, 378, 385, 392, 396, 397, 399, 403, 404, 420, 431, 435, 436, 437, 438, 440**
GOFFART, Walter 38, 46, 338, **370, 413, 438**
GOMBOCZ, Wolfgang L. 259, **432**
GOODY, Jack 326, **408**
GÖRICH, Knut 79, 291, **378**
GORRE, Renate 248, **431**
GOUGENHEIM, Sylvain 366, **439**
GRAEVENITZ, Gerhart von 268, **437**
GRAHN-HOEK, Heike 317, **403**
GRAUS, František 222, 242, 244, 277, 293, 321, 355, 364, **369, 385, 393, 402, 405, 422, 430, 437**
GREEN, Dennis H. 358, **435**
GREWE, Klaus 206, **420**

Autorenregister

GRIMM, Hans-Ulrich 161, **401**
GRINDA, Klaus 167, **402**
GRMEK, Mirko D. 163, **401**
GROTEN, Manfred 349, **425**
GRUBMÜLLER, Klaus 357, **435**
GUENÉE, Bernard 363, **438**
GUERREAU, Alain 179, 251, 343, **408, 417, 432**
GUERREAU-JALABERT, Anita 179, 251, **408, 432**
GUILLOT, Olivier 118, **385**
GURJEWITSCH, Aaron 354, 355, 364, **407, 435, 438**
GUYOTJEANNIN, Olivier 51, **374**
HACK, Achim T. 126, **387**
HADLEY, Dawn M. 91, 92, **380**
HAEFELE, Hans F. **175, 192**
HAERTLE, Clemens M. 205, **420**
HÄGERMANN, Dieter 59, 66, 197, 206, 333, 336, 337, 339, 351, 355, **376, 413, 420, 435**
HALL, Thomas 194, **416**
HALLAM, Elizabeth 82, **379**
HALLINGER, Kassius 351, **426**
HAMILTON, Sarah 245, **430**
HANISCH, Ernst 367, **440**
HANNIG, Jürgen 131, 145, **389, 392**
HANSEN, Inge L. 282, **370**
HÄRKE, H. **159**
HARRISON, Dick 330, **373, 410**
HART, Cyril Roy 91, **380**
HÄRTEL, Hans-Joachim 104, **383**
HÄRTEL, Reinhard 325, **408**
HARTMANN, Wilfried 220, 228, 231, 311, **376, 397, 408, 424**
HARTUNG, Wolfgang 321, **405**
HÄSE, Angelika **192**
HATTENHAUER, Hans 155, **397**
HAUBRICHS, Wolfgang 264, 284, 295, **370, 393, 434**
HAUCK, Albert 64, 344, **421, 435**
HAVIGHURST, Alfred F. 342, **417**
HAWKES, Jane 89, **398, 431**
HEAD, Thomas 156, 236, **397, 428**
HEATHER, Peter J. 37, 46, **371, 372**
HECK, Philipp 359, **435**
HECKER, Hans 127, **368, 388**
HEDWIG, Andreas 197, 332, **413, 425**
HEENE, Katrien 176, 330, **408**
HEFFERNAN, Thomas J. 244, **430**
HEHL, Ernst-Dieter **152, 226**
HEIDEBRECHT, Petra 190, **427**
HEIDECKER, Karl 68, **376**

HEIDRICH, Ingrid 181
HEIL, Johannes 173, **406**
HEILI, Pierre 222, 269, **428**
HEINZELMANN, Martin 170, 220, 244, 250, 347, **403, 423, 430, 432**
HEINZLE, Joachim 276, 354, **369**
HELLMUTH, Doris 181, 330, **394, 410**
HEN, Yitzhak 240, 241, 363, **429, 438**
HENNING, Friedrich-Wilhelm 311, 365, **397, 425, 438, 439**
HERBERS, Klaus 228, **424**
HERGEMÖLLER, Bernd-Ulrich 321, 322, **405**
HERLIHY, David 171, 176, 181, 327, 330, **408, 410**
HERRMANN, Bernd 162, **401**
HERRMANN, Joachim 99, **383**
HESSLER, Wolfgang 295, **394**
HEUCLIN, Jean 51, **374, 411**
HIDDINK, Henk A. **284**
HIESTAND, Rudolf 130, 211, 214, 228, 236, 348, **368, 420**
HIGOUNET, Charles 163, **401**
HILDEBRANDT, Magde M. 255, **432**
HIRSCHMANN, Frank G. 195, **416**
HLAWITSCHKA, Eduard 58, 73, 123, 292, 294, **373, 378, 387, 394**
HOCQUET, Jean-Claude 161, **401, 419**
HODGES, Richard 282, 342, **417, 418, 419**
HOFFMANN, Hartmut 80, 81, 128, 156, 164, 168, 292, 320, **378, 388, 397, 404**
HOLDER-EGGER, O. **239**
HOLENSTEIN, André 125, **387**
HOLLIS, Stephanie 330, **410**
HOLTZMANN, Robert 125, **395**
HOLTZMANN, Walther 307, **395**
HÖSCH, Edgar 102, 104, **383**
HOUTS, Elisabeth M. C. van 330, **410**
HOUTTE, Jan A. van 160, **399**
HUBERTI, Ludwig 156, **397**
HÜBINGER, Paul E. 281, **370**
HUDSON, Benjamin T. 95, **381**
HUSCHNER, Wolfgang 131, 136, 239, 291, **390, 391**
HUTH, Volkhard 84, **379**
Il feudalesimo **391**
ILLMER, Detlef 255, **433**
INNES, Matthew 160, 271, 314, 423, **399, 438**

IRSIGLER, Franz 199, 314, 316, 317, **399, 403**
ISERLOH, Erwin 344, **421**
ISLA FREZ, Amanico 124, **384, 386**
JAEGER, Stephen 255, **433**
JAKOBS, Hermann 295, **387, 394**
JAMES, Edward 49, **372, 374**
JANKUHN, Herbert 161, 164, 165, 167, 190, **400, 401, 402, 416, 419**
JANSSEN, Walter 163, 164, 190, 338, **395, 401, 413, 415, 419**
JARITZ, Gerhard 353, 361, **436, 437**
JARNUT, Jörg 47, 56, 57, 58, 61, 282, 283, 284, 294, 295, 296, 325, 362, **370, 373, 376, 394, 416, 436, 437**
JÄSCHKE, Kurt-Ulrich 134, 136, **389, 438**
JASKI, Bart 124, **387**
JEDIN, Hubert 344, **421**
JENAL, Georg 232, **386, 427**
JESCH, Judith 330, **382, 410**
JESTICE, Phyllis G. 237, 351, **427**
JOCH, Waltraud 57, 197, 326, **376**
JOHANEK, Peter 61, **376, 416**
JOHNSON, Lesley 293, **393**
JOHNSON, Penelope D. 330, **410**
JONG, Mayke de 178, 189, 234, 245, **408, 427**
JUSSEN, Bernhard 179, 330, 347, 348, **408, 410, 423**
KAHL, Hans Dietrich 212, **422**
KAISER, Reinhold 49, 156, 215, 347, 348, **374, 397, 423**
KALB, A. **166**
KAMP, Hermann 306, **396**
KAMPERS, Gerd 39, 284, **370, 372**
KÄMPF, Hellmut 284, 285, 292, 293, 296, **385, 394**
KARPF, Ernst 128, **388**
KASPER, Clemens M. 357, **436**
KASTEN, Brigitte 123, 124, 125, 130, 140, 168, 211, 214, 228, 236, 298, 348, **386, 402, 420, 437**
KECK, David 242, **429**
KELLER, Hagen 73, 74, 81, 126, 128, 143, 148, 149, 195, 224, 237, 267, 286, 287, 288, 289, 290, 291, 305, 308, 357, **378, 385, 387,**

Autorenregister

388, 389, 392, 395, 416, 425, 427, 435
KELLNER, Maximilian G. 106, **383**
KEMPF, Friedrich 307, **395**
KERN, Fritz 309, **397**
KETSCH, Peter 331, **410**
KEYNES, Simon **91**
KIENAST, Walther 140, 148, 298, 303, 304, **372, 391, 392**
KLAPISCH-ZUBER, Christiane 330, **407, 410**
KLUGE, Bernd 205, **420**
KÖBLER, Gerhard 309, **397**
KOCH, Julia K. 233, 256, 330, **410, 433**
KÖHLER, Oskar 348, **425, 434**
KOLB, Werner 69, **389**
KÖLMEL, Wilhelm 259, **433**
KÖLZER, Theo 52, 122, 135, **374, 389**
KONECNY, Silvia 176, **410**
KONSTANTINOU, Evangelos 104, **383, 384**
KÖRNTGEN, Ludger 128, 227, **378, 388**
KORTÜM, Hans Henning 309, 365, 366, **397, 438, 439**
KOSELLECK, Reinhart 363
KOSSACK, Georg 164, **401**
KOTTJE, Raymund 94, 160, 181, 245, 312, 351, **381, 397, 398, 408, 421, 427, 433**
KOZIOL, Geoffrey 288, **385**
KRAH, Adelheid 67, 69, 74, 289, 298, 306, **376, 379, 389, 391**
KRAMP, Mario 128, **388**
KRAUSE, Hermann 309, **397, 404, 425**
KREUTZ, Barbara M. 88, **380**
KRISTÓ, Gyula 106, **383**
KROESCHELL, Karl 286, 309, 324, **386, 397, 398, 408**
KRUSCH, B. **250**
KUCHENBUCH, Ludolf 171, 330, 332, 335, 337, 338, 355, 367, **413**
KUDER, Ulrich **128**
KUHN, Annette 190, 330, **409**
KUNSTMANN, Heinrich 99, 102, **383**
KÜNZEL, Rudi 240, **429**
LAHAYE-GEUSEN, Maria 234, **427**
LANDES, Richard 28, 37, 38, 40, 46, 51, 85, 88, 101, 128, 147, 151, 156, 164, 167,

184, 202, 222, 230, 285, 365, **397, 439**
LANE, Alan 94, **381**
LAPIDGE, Michael 260, **433**
LARREA, Juan José 109, 160, 314, **384**
LAUDAGE, Johannes 75, 76, 125, **379**
LAUDAGE, Marie-Luise 175, 246, **405**
LAUWERS, Michel 239, 268, 354, **429, 435, 438**
Law, Vivien 256, **433**
LE GOFF, Jacques 17, 21, 161, 268, 276, 343, 364, **368, 369, 401, 408, 431, 438**
LE JAN, Régine 49, 55, 68, 82, 138, 177, 178, 180, 318, 327, 330, **379, 391, 405, 407, 409, 410**
LE ROY LADURIE, Emmanuel 161, **401**
LEBECQ, Stéphane 195, 330, **373, 410, 417, 419**
LECIEJEWICZ, Lech 99, **383**
LECLERCQ, Jean 161, 240, 258, **401, 429, 433**
LEMARIGNIER, Jean-François 147, **386**
LENTES, Thomas 239, **429**
LEONARDI, Claudio 252, 253, 257, 260, **433**
LERNER, Gerda 328, 329
LETT, Didier 328, **407**
LEUDEMANN, Norbert 194, **416**
LEVISON, W. **250**
LEVY, Bernard S. 257, **433**
LEWIS, Andrew W. 82, 147, 160, 314, **379, 392, 400**
LEYSER, Henrietta 239, **427**
LEYSER, Karl 73, 288, 289, 306, 359, **368, 379, 386, 396**
LIEBESCHÜTZ, W. **46**
LIFSHITZ, Felice 210, 331, **410, 422**
LINDGREN, Uta 258, **405, 433**
LINTZEL, Martin 293
LOBRICHON, Guy 276, 343, **369**
LOBRICHON, Pierre 257, **433**
LOHRMANN, Dietrich 206, **415, 432**
LORENZ, Sönke 130, 211, 214, 228, 236, 348, **420, 432, 434**
LOSEBY, Simon T. 192, **369**
LOT, Ferdinand 162, **401, 404**
LOURDAUX, Willem 335, **427**
LÖWE, Heinz 94, 363, **381, 395, 439**

LOYN, Henry R. 91, 118, 145, **381, 386, 421**
LÜBKE, Christian 99, 100, **383**
LUDWIG, Uwe 86, **380**
LUHMANN, Niklas 279
LUND, Niels 139, **382, 391**
LÜTGE, Friedrich 334, 342, **414**
LUTTERBACH, Hubertus 163, 231, 234, 239, 245, 362, **401, 425, 427, 429, 437**
LÜTZOW, Britta 337, **414**
LYNCH, Joseph H. 210, **422**
MACCARRONE, Michele 227, **424**
MACMULLEN, Ramsay 241, 345, **422**
MADDICOTT, John R. 162, 343, **402, 418**
MAGNOU-NORTIER, Elisabeth 82, 160, 288, 299, 314, 340, **386, 391, 400, 414**
MAGUIRE, Henry 205, **420**
MAKK, Ferenc 106, **383**
MANE, Perrine 362, **437**
MARCHAL, Guy P. 222, **427**
MARENBON, John 252, 256, 259, **433**
MARTIN, Hervé 82, **380**
MARTIN, Janet 69, 102, 103, 317, **383**
MARTINDALE, Jane 69, 317, **376, 392, 403**
MAUND, Karen L. 98, **382**
MAURER, Helmut 148, 149, 351, **392, 427**
MAYER, Theodor 26, 277, 285, 290, 319, **390, 404**
MCCLUSKEY, Stephen C. 256, **433**
MCCORMICK, Michael 200, 203, 343, **418**
MCGINN, Bernard 240, 366, **429, 439**
MCKITTERICK, Rosamond 251, 252, 267, 271, 312, 330, 331, 356, 357, **369, 376, 411, 432, 433, 436**
MCNAMARA, Jo-Ann 326, 329, 330, **409, 411**
MELVILLE, Gerd 351, **426**
MENANT, François 82, 332, **380, 414**
MENJOT, Denis 163, **402**
MERDRIGNAC, Bernard 82, 238, **380, 414, 429**
MERSIOWSKY, Mark 252
MERTA, Brigitte 283, **370, 411**
METZ, Wolfgang 184, 226, 337, **414, 425**

478 Autorenregister

Meyendorff, John 240, **429**
Meyer, Marc A. 181, 225, 351, **411, 427**
Meyer-Gebel, Marlene 225, **423**
Mikat, Paul 178, **408, 409,** 412
Milis, Ludo J. R. 189, **427**
Mills, Susan 89, **431**
Mitteis, Heinrich 75, 139, 141, 298, 300
Mitterauer, Michael 313, 318, **400, 403, 409**
Mittermaier, Karl 229, **424**
Mohr, Walter 294, **394**
Möhring, Hannes 366, **439**
Montanari, Massimo 163, 333, **400, 412, 414**
Moore, Robert I. 17, 164, 203, 342, **417**
Moran, Dermot 260, **433**
Mordek, Hubert 311, 355, **397, 423, 436**
Morimoto, Yoshiki 183, 332, 334, 335, 336, 337, 338, 339, 340, **414, 415**
Moro, Pierandrea 86, **380**
Morris, Colin 323, **385, 407**
Mostert, Marco 176, 180, 241, 258, 282, 330, 332, 357, 358, **411, 429, 433, 436**
Moulin, Leo 190, **427**
Mühlbacher, Engelbert 58, **376**
Mulder-Bakker, Anneke B. 330, **411**
Müller-Mertens, Eckhard 131, 290, 291, 294, 319, 336, **390, 394, 404, 414**
Murray, Alexander C. 56, 144, 155, 293, 300, 325, **374, 392, 393, 397, 409**
Mytum, Harold C. 94, **381**
Nagel, Helmut 246, **431**
Nagl-Docekal, Herta 329, **411**
Nahmer, Dieter von der 244, **430**
Nehlsen, Hermann 168, 311, 319, **397, 404**
Nehlsen-Von Stryk, Karin 155, 312, **397, 398**
Neiske, Franz 233, 237, 267, 357, **427**
Nelson, Janet L. 67, 69, 129, 135, 136, 192, 251, 252, 253, 282, 289, 330, 343, **370, 376, 377, 386, 388, 409, 411, 433**
Nerlich, Daniel 23, 63, **377**
Ní Chatháin, Próinséas 94, **381, 422**

Ní Mhaonaigh, Máire 94, **381**
Niederhellmann, Annette 163, **402**
Nitsche, Peter 102, **383**
Nittner, Ernst 100, **383**
Noble, Thomas F. X. 63, **377, 407**
Nolte, Cordula 180, 190, 210, 330, 331, **409, 422, 427**
Nonn, Ulrich 56, 57, 144, 301, **376, 392**
Nora, Pierre 276, 288, 364, **369, 386**
Ó Corráin, Donnchadh **94**
Ó Cróinín, Dáibhí 94, **382**
Ó Floinn, Raghnall 94, **381**
Obermeier, Monika 169, 330, **404**
Oberschelp, W. 59, 251, 356, **375**
Oberste, Jörg 351, **426**
Ochsenbein, Peter 249, **431, 440**
Oexle, Otto Gerhard 188, 190, 203, 268, 269, 276, 313, 315, 319, 352, **369, 400, 402, 403, 416, 417, 427, 428, 430, 438**
Offergeld, Thilo 122, 135, **386**
Ohly, Friedrich 363
Olberg, Gabriele v. 181, 311, 313, 320, 359, **400, 411, 436**
Ong, Walter J. 356, **436**
Ossel, Paul van **283**
Ott, Irene **192**
Ott, Joachim 128, **388**
Padberg, Lutz E. v. 211, 241, 243, 346, **422, 429**
Pamme-Vogelsang, Gudrun 135, **390**
Panero, Francesco 168, 320, **404**
Paravicini, Werner 319, **393, 394, 403, 425**
Parisse, Michel 190, 222, 234, 318, 330, **380, 403, 411, 426, 428**
Parsons, John C. 134, 330, **390, 411**
Pastoureau, Michel 362, **437**
Patschovsky, Alexander 268, **437**
Pätzold, Barbara 295, 331, **393**
Patzold, Steffen 189, 236, 305, 307, 359, **391, 396**
Pauler, Roland 151, **378, 392**
Paxton, Frederick S. 241, **429**

Pelteret, David A. E. 168, 320, **381, 404**
Penndorf, Ursula 66, 121, 295, **377**
Percival, John 338, **414**
Périn, Patrick 49, 50, 53, 55, 283, **374, 375**
Perrin, Charles-Edmond 162, 332, **402, 414**
Pertz, G. H. **318**
Petersohn, Jürgen 244, **386, 430**
Petry, Klaus 338, **414**
Pfeiffer, Friedrich 201, **419**
Picard, Jean-Michel 94, **382**
Piganiol, André 280
Pinna, Mario **161**
Piponnier, Françoise 362, **437**
Pirenne, Henri 19, 342
Pitz, Ernst 194, **416**
Poeck, Dietrich W. 352, **427, 428**
Pognon, Edmond 362, **437**
Pohl, Walter 19, 46, 47, 106, 181, 282, 286, 367, **370, 371, 383, 386, 411, 439**
Pohl-Resl, Brigitte 181, **411**
Poly, Jean-Pierre 340, **417**
Prinz, Friedrich 21, 65, 73, 100, 222, 234, 236, 303, 332, 339, 347, 350, **371, 373, 383, 386, 423, 428**
Raynaud, Christiane 288, **386**
Reichertz, Mathilde 362, **436**
Reiffenstein, Ingo 295, **394**
Reimitz, Helmut 281, 282, 367, **369, 370**
Reiter, Sabine 180, 330, **409, 423**
Reudenbach, Bruno 265, **434**
Reuter, Timothy 65, 73, 187, 348, 349, **369, 373, 405, 417, 426**
Rexheuser, Rex 292, 293, **393**
Rexroth, Frank **321**
Reynolds, Roger E. 231, **425**
Reynolds, Susan 140, 298, 299, **386, 391**
Riché, Pierre 58, 253, 255, 257, 341, 362, **377, 417, 421, 422, 432, 433, 437**
Richter, Michael 56, 57, 94, 357, **376, 381, 382, 422, 436**
Riehl, Wilhelm Heinrich 324
Rij, H. v. **191**
Rill, Bernd 88, **368, 380**
Rivers, Theodore-John 184, **414**

RÖCKELEIN, Hedwig 212, 274, **422**
ROLLASON, David 244, **430**
RÓNA-TAS, András 106, **383**
RONIG, Franz J. 223, **426**
RÖSCH, Gerhard 87, **380**
RÖSENER, Werner 164, 184, 332, 334, 335, 337, 339, 340, **390, 402, 414, 415, 418**
ROSENTHAL, Joel T. 332, **411**
ROSENWEIN, Barbara 86, 189, 236, 240, 351, **380, 417, 428, 438**
ROTHENHÖFER, Dieter 320, **405**
ROUCHE, Michel 51, 53, 161, **373, 374, 402, 411**
RUDNICK, Ulrich 260, **433**
RUSSEL, Jeffrey B. 268, 345, **438**
RUSSEL, John C. **162**, 401
SACKUR, E. 237
SALISBURY, Joyce E. 362, **437**
SALRACH, Josep M. 205, **384, 420**
SANSTERRE, Jean-Marie 330, **406, 410**
SANTIFALLER, Leo 348, **426**
SANTINELLI, Emmanuelle 179, **409**
SARRASIN, Jean-Luc 195, **417**
SASSIER, Yves 84, 118, 147, **380, 385**
SAUERWEIN, Friederike 354, **435**
SAWYER, Peter H. 91, 94, 164, **382, 386, 402**
SCHAEFER, Ursula 337, 356, 358, **434, 436**
SCHÄFER, Dorothee 238, **428**
SCHÄFERDIEK, Knut 212, **422, 425**
SCHALLER, Hans M. 136, 239, **391, 429**
SCHARER, Anton 253, **434, 439**
SCHEIBELREITER, Georg 241, **423, 429, 439**
SCHELER, Dieter 332, **415**
SCHIEFFER, Rudolf 57, 58, 63, 64, 65, 125, 215, 218, 222, 223, 227, 252, 348, 349, 350, 355, 356, **374, 377, 387, 394, 397, 423, 426, 428, 436**
SCHIEFFER, Theodor 20, 65, 66, 68, 121, 218, 292, **369, 377, 379**
SCHILP, Thomas 190, 222, **428**
SCHIPPERGES, Heinrich 163, **402**
SCHLESINGER, Walter 66, 121, 277, 285, 293, 296, **386, 416**

SCHMID, Karl 139, 180, 188, 313, 318, 323, 324, 325, 352, **390, 403, 407, 425, 428, 430, 431, 436**
SCHMID, Peter 164, **401**
SCHMIDT, Paul G. 82, 181, 190, 311, 312, **377, 379, 397, 419**
SCHMIDT-WIEGAND, Ruth 181, 190, 311, 312, **397, 419**
SCHMITT, Jean-Claude 276, **369**
SCHMITT, Johannes 319, **404**
SCHMITT, Sigrid **335**
SCHNEIDER, Reinhard 49, 58, 69, 121, 223, 288, 355, **371, 373, 377, 386, 387, 426, 436**
SCHNEIDMÜLLER, Bernd 73, 77, 79, 80, 123, 129, 152, 291, 292, 293, 294, 295, 296, 297, 358, **368, 379, 388, 392, 393, 394**
SCHNITH, Karl Rudolf 331, **378**
SCHOLZ, Sebastian 221, 239, **383, 423, 431**
SCHÖNFELD, Roland 104, **383**
SCHOTT, Clausdieter 311, 312, **397, 398**
SCHÖTTLER, Peter 367, **440**
SCHRAMM, Percy Ernst 79, 128, 291, 308, **379, 388, 425**
SCHREINER, Klaus 317, 334, 351, 357, **402, 403, 415, 436**
SCHREINER, Peter 79, 134, **378**
SCHRIMPF, Gangolf 249, **431**
SCHRÖDER, K. H. 164, **402**
SCHRÖDER, Werner 293, 307, **393**
SCHUBERT, Ernst 60, 79, 128, 129, 212, 226, 227, 321, 322, 362, **377, 378, 405, 406, 437**
SCHULENBURG, Jane T. 190, 233, 329, 330, 331, **411, 428**
SCHULTE, Alois 344, 349
SCHULZE, Hans K. 58, 65, 73, 144, 301, 316, 319, 363, **373, 379, 392, 395, 403, 404, 438**
SCHÜTZEICHEL, Rudolf 161, 164, **401**
SCHWAB, Ingo 337, **415**
SCHWARTZ, Gerhard 224, **426**
SCHWARZ, Heinz W. 328, **409**
SCHWIND, E. v. **188**
SCHWIND, Fred 161, 164, 165, **401**
SEDGEFIELD, W. J. **167**
SÉE, Henri 162, **402**
SEELIGER, Georg 333, 344, **421**

SEELIGER, Hans R. 333, 344, **421**
SEGL, Peter 18, **368, 417**
SEGURA Graiño, C. 330, **411**
SEIBERT, Hubertus **77**
SELLERT, Wolfgang 310, **398**
SEMMLER, Josef 140, 211, 222, 235, 236, 350, **428**
SERVATIUS, Carlo 224, **423**
SHAHAR, Shulamith 328, **409**
SHANZER, Danuta 51, **374**
SHEPARD, Jonathan 102, **383**
SIEMS, Harald 201, 202, 311, 312, **398, 419**
SIERCK, Michael 136, 239, **391**
SIGAUT, F. 282
SIMMEL, Georg 353
SMALLEY, Beryl 257, **434**
SMITH, Julia 71, 94, 330, 331, **377, 411**
SMITH, Leslie 330, **411**
SMYTH, Alfred P. 92, 293, **381, 394**
SPÄTH, Markus **351**, 357
SPIEGEL, Gabrielle M. 367, **440**
SPÖRL, Johannes 363
SPRANDEL, Rolf 162, 316, 364, **401, 403, 438**
SPRINGER, Matthias 50, 75, 157, 295, 297, **394, 398**
SQUATRITI, Paolo 206, **420**
STAAB, Franz 134, 160, 240, 283, 314, **370, 390, 400, 419**
STAFFORD, Pauline 134, 136, 330, 331, **390, 411**
STANCLIFFE, Clare 89, **381**
STAUBACH, Nikolaus 64, 127, 192, 253, 357, **391, 434, 435**
STEINEN, Wolfram von den **250**
STEINHOFF, Hans-Hugo 362, **436**
STENGEL, Edmund E. 255, 308, **395**
STERNBERG, Thomas 175, **405**
STEUER, Heiko 150, 281, **369, 416**
STIEGEMANN, Christoph 59, **377**
STIENNON, Jacques 235, **428**
STIERLE, Karlheinz 268, **437**
STINGL, Herfried 148, 304, **392**
STOCK, Brian 356, **416, 436**
STOCLET, Alain J. 201, **419**
STÖRMER, Wilhelm 316, 318, **403**
STRATMANN, Martina **356**
STRAUCH, Dieter 312, **398**
STRAYER, Joseph R. 285, **386**
STUARD, Susan M. 169, 180, 329, 330, **405, 409, 411**
STURDY, David 92, **381**

Autorenregister

Stürner, Wolfgang 288, **386**
Stutz, Ulrich 231, **425**
Sullivan, Richard E. 255, **377**, **434**
Sweeney, Del 196, **418**
Swinarski, Ursula 128, 244, **388**
Sybel, H. v. 308
Taviani-Carozzi, Huguette 88, 293, 296, **380**, **393**
Taylor, Jane H. M. 330, **411**
Taylor, Simon 95, 382
Tellenbach, Gerd 139, 293, 296, 316, 350, 351, 352, **421**, **425**, **428**
Tenckhoff, F. **224**
Tessier, Georges 51, **374**
Theis, Laurent 51, **374**
Theuws, Franz 282, 284, **370**, **388**
Thoen, Erik 160, 199, **399**
Thomas, Heinz 295, **394**, **395**
Tiefenbach, Heinrich 190, **419**
Tixier, René 360, **435**
Töpfer, Bernhard 156, **398**
Toubert, Pierre 187, 332, 339, **412**, **415**
Tremp, E. **287**
Trillmich, Werner 80, **379**
Trompf, Garry W. 251, **434**
Uitz, Erika **331**
Ullmann, Walter 227, **424**
Valous, Guy de 190, **428**
Van Engen, John 276, **369**
Venarde, Bruce L. 330, **411**, **428**
Verhelst, Daniël 335, **427**, **439**
Verhulst, Adriaan 195, 201, 333, 334, 335, 337, 338, 339, 340, 343, **399**, **414**, **415**, **416**, **417**, **418**
Verlinden, Charles 169, 320, **405**
Veyne, Paul 362, **437**
Violante, Cinzio 73, 334, 336, **379**, **413**, **416**, **428**
Vogler, Werner 249, **431**
Vogtherr, Thomas 222, 226, 227, **426**

Vollrath, Hanna 307, 310, 335, 336, 357, 358, **387**, **413**, **415**, **424**, **436**
Vorwerk, Ursula 330, **409**
Voss, Ingrid 69, **390**
Waas, A. 300
Wadle, Elmar 156, **397**, **398**
Wagner, Wolfgang 129, **389**, **431**
Waitz, Georg **135**
Wallace-Hadrill, John M. 123, **374**, **387**
Walsh, Katherine 180, 330, **411**
Walter, Michael 256, **434**
Warburg, Aby 353
Ward-Perkins, Bryan 192, 282, **369**
Warner, David A. 80, **379**
Wartmann, H. **197**
Wasserstein, David J. 112, **384**
Wavra, Brigitte 217, **424**
Webb, Diana 243, **430**
Weber, Heinrich 130, **389**, **390**, **419**
Webster, Leslie 282, **370**, **381**
Weidemann, Margarete 51, 183, 249, **374**, **415**, **431**
Weidinger, Ulrich 332, 334, **415**
Weigl, Herwig 367, **435**
Weinfurter, Stefan 73, 77, 79, 80, 128, 129, 148, 149, 152, 291, 292, 307, 358, **379**, **387**, **389**, **423**
Weiss, Rolf 53, **375**
Weitemeier, Bernd 360, **435**
Weitzel, Jürgen 156, 310, **398**
Welck, Karin v. 49, 50, 53, 55, 283, **375**
Wemple, Suzanne F. 176, 326, 329, 330, **409**, **412**
Wenskus, Reinhard 35, 167, 283, 294, 316, 318, **371**, **402**, **403**, **438**
Werner, Ernst 248, **431**
Werner, Joachim 283, **370**
Werner, Karl Ferdinand 55, 82, 139, 144, 145, 296, 297,

302, 303, 316, **373**, **374**, **393**, **395**, **403**
Werner, Matthias 58, **377**
Westerdahl, Christer 160, **398**
Wheeler, Bonnie 330, **411**
White, Lynn 197
White, Stephen D. 189, 307, **396**, **417**, **429**
Whitehouse, David 342, **418**
Wickham, Chris 160, 282, 333, **370**, **400**, **415**, **417**
Wiech, Martina 189, 236, **429**
Wieczorek, Alfried 49, 50, 53, 55, 283, **375**
Willerding, Ulrich **161**
Williams, Marty 330, 381, **410**
Winter, Matthias 328, **409**
Wirth, G. **46**
Wittern, Susanne 330, **412**
Witthöft, Harald 204, **420**
Wolf, Gunther 60, 61, 80, **377**, **395**
Wolfram, Herwig 36, 37, 48, 80, 292, **371**, **379**, **390**
Wollasch, Joachim 128, 188, 236, 317, 324, 350, 351, 352, **389**, **404**, **407**, **427**, **429**, **430**, **431**
Wood, Diana 234, **429**
Wood, Ian N. 49, 53, 211, 282, **386**, **422**
Wopfner, H. **187**
Wormald, Patrick 154, 311, **398**, **434**
Wunder, Heide 313, **400**
Zechiel-Eckes, Klaus 223, 247, 257, **431**
Zeumer, Karl 139, **395**
Zeune, Joachim 159, **398**
Zielinski, Herbert 138, 223, **423**
Zimmermann, Gerd 190, **401**, **417**, **424**, **426**, **429**
Zoller, Chantal **339**
Zöllner, Erich 49, **375**
Zotz, Thomas 130, 133, 292, 317, **390**, **404**